# Questões de Direito Societário em Portugal e no Brasil

**2012**

Fábio Ulhoa Coelho
(coord.)
Professor da Pontifícia Universidade
Católica de São Paulo

Maria de Fátima Ribeiro
(coord.)
Professora da Universidade
Católica Portuguesa

**QUESTÕES DE DIREITO SOCIETÁRIO EM PORTUGAL E NO BRASIL**
AUTORA
Maria de Fátima Ribeiro (coord.)
EDITOR
EDIÇÕES ALMEDINA, S.A.
Rua Fernandes Tomás, nºs 76, 78 e 79
3000-167 Coimbra
Tel.: 239 851 904 · Fax: 239 851 901
www.almedina.net · editora@almedina.net
DESIGN DE CAPA
FBA.
PRÉ-IMPRESSÃO
EDIÇÕES ALMEDINA, S.A.
IMPRESSÃO E ACABAMENTO
DPS - Digital Printing Services, Lda
Junho, 2012
DEPÓSITO LEGAL
345197/12

Apesar do cuidado e rigor colocados na elaboração da presente obra, devem os diplomas legais dela constantes ser sempre objeto de confirmação com as publicações oficiais.
Toda a reprodução desta obra, por fotocópia ou outro qualquer processo, sem prévia autorização escrita do Editor, é ilícita e passível de procedimento judicial contra o infrator.

 GRUPOALMEDINA

BIBLIOTECA NACIONAL DE PORTUGAL – CATALOGAÇÃO NA PUBLICAÇÃO
QUESTÕES DE DIREITO SOCIETÁRIO EM PORTUGAL
E NO BRASIL

Questões de direito societário em Portugal
e no Brasil / coord. Maria de Fátima Ribeiro

ISBN 978-972-40-4831-4

I – RIBEIRO, Maria de Fátima

CDU 347

## APRESENTAÇÃO

O aprofundamento das relações académicas entre os estudiosos do direito comercial em Portugal e no Brasil não tem recebido a atenção que merece. Infelizmente. A proximidade histórica e cultural e a mesma língua parecem não ser suficientes para vencer os poucos obstáculos que se antepõem a este aprofundamento.

O livro que o leitor tem em mãos foi pensado como um primeiro passo na direção do maior entrelaçamento entre as reflexões de comercialistas portugueses e brasileiros. Sua estrutura é simples, como este seu objetivo: o mesmo tema é desenvolvido por uma dupla, ficando cada comercialista responsável pelo direito vigente em seu país.

Não é obra de direito comparado, embora em alguns artigos encontrará o leitor reflexões desta natureza. Ela não pretende, por outro lado, esgotar os assuntos do vasto campo do direito societário, mas apresentar aqueles em que proximidades ou diferenças, entre os sistemas jurídicos português e brasileiro, chamam a atenção dos pesquisadores.

Os coordenadores pretendem dar continuidade à rica experiência de intercâmbio académico, entre os estudiosos do direito comercial de aquém e além mar, que este livro proporciona. Os paralelos aqui fincados relativamente ao direito societário devem ser replicados, também, nos demais campos do direito comercial, abarcando contratos, títulos de crédito, propriedade industrial, concorrência e crise da empresa.

FÁBIO ULHOA COELHO　　　MARIA DE FÁTIMA RIBEIRO

# PLANO DA OBRA

**CORPORATE GOVERNANCE**

CORPORATE GOVERNANCE                    *Beatriz Zancaner Costa Furtado*

CORPORATE GOVERNANCE EM PORTUGAL                    *Pedro Maia*

**RESPONSABILIDADE CIVIL DOS ADMINISTRADORES**

RESPONSABILIDADE CIVIL DOS ADMINISTRADORES
DE SOCIEDADES NO DIREITO BRASILEIRO                    *Marcelo Vieira von Adamek*

RESPONSABILIDADE CIVIL DE GERENTES
E ADMINISTRADORES EM PORTUGAL                    *J. M. Coutinho de Abreu*

**O PODER DOS SÓCIOS NAS SOCIEDADES**

O PODER DOS SÓCIOS                    *Rodrigo R. Monteiro de Castro*

O PODER DOS SÓCIOS                    *Paulo Olavo Cunha*

**A PROTEÇÃO DO SÓCIO MINORITÁRIO**

A PROTEÇÃO DO SÓCIO MINORITÁRIO NA LEI
DAS SOCIEDADES ANÔNIMAS BRASILEIRA                    *Manoel de Queiroz Pereira Calças*

A PROTEÇÃO DO SÓCIO MINORITÁRIO
NO CÓDIGO DAS SOCIEDADES PORTUGUÊS                    *Armando Triunfante*

## TRANSMISSÃO DE PARTICIPAÇÕES SOCIAIS

TRANSMISSÃO DE PARTICIPAÇÕES SOCIAIS — *Murilo Zanetti Leal*

AS FORMALIDADES DA TRANSMISSÃO DE QUOTAS E ACÇÕES
NO DIREITO PORTUGUÊS: DOS PRINCÍPIOS À PRÁTICA — *Jorge Simões Cortez*

## SOCIEDADES UNIPESSOAIS

A SOCIEDADE UNIPESSOAL NO DIREITO BRASILEIRO — *Fábio Ulhoa Coelho*

SOCIEDADES UNIPESSOAIS
– PERSPETIVAS DA EXPERIÊNCIA PORTUGUESA — *Maria Elisabete Gomes Ramos*

## CAPITALIZAÇÃO DE SOCIEDADES

SOCIEDADE UNIPESSOAL E CAPITAL SOCIAL MÍNIMO
A EIRELI E O TEMA DA PROTEÇÃO DE CREDORES:
PERSPECTIVAS A PARTIR DE UMA
ANÁLISE COMPARATIVA — *Ivens Henrique Hübert*

CAPITALIZAÇÃO DE SOCIEDADES — *Paulo de Tarso Domingues*

## DESCONSIDERAÇÃO DA PERSONALIDADE JURÍDICA E TUTELA DE CREDORES

DESCONSIDERAÇÃO DA PERSONALIDADE JURÍDICA
E TUTELA DE CREDORES — *Ana Frazão*

DESCONSIDERAÇÃO DA PERSONALIDADE JURÍDICA
E TUTELA DE CREDORES — *Maria de Fátima Ribeiro*

## FUSÃO E CISÃO DE SOCIEDADES

INCORPORAÇÃO, FUSÃO E CISÃO
NO DIREITO BRASILEIRO — *Pedro Marcelo Dittrich*

FUSÃO E CISÃO DE SOCIEDADES (PORTUGAL) — *Fábio Castro Russo*

# CORPORATE GOVERNANCE

# Corporate Governance

BEATRIZ ZANCANER COSTA FURTADO[*]

## 1. Considerações Iniciais

O direito societário atual depara-se com frequência com o termo *corporate governance*, no Brasil utilizado mais usualmente como governança corporativa.

Criada com o intuito de ser uma ferramenta eficaz no combate aos escândalos financeiros ocorridos em companhias abertas nas décadas de 80 e 90, esta expressão ganhou abrangência mundial no Código de Melhores Práticas datado de 1992 coordenado pelo inglês Lord Cadbury.

Pautada nos princípios da segregação entre os interesses pessoais dos sócios e administradores e os interesses da empresa, da gestão profissional, da redução do conflito de interesses e do acesso à informação (transparência), a governança passou a ser um pilar para o desenvolvimento sustentável do mercado de capitais mundial.

As bolsas de valores e alguns institutos passaram a editar códigos de melhores práticas contendo recomendações para as empresas e seus administradores, as quais eram bastante apreciadas pelos investidores do mercado financeiro. Os investidores revelaram-se mais dispostos a aplicar recursos em empresas adeptas a boas práticas de governança[1] e, como

---

[*] Mestre em Direito Comercial pela PUC/SP. Advogada em São Paulo.
[1] De acordo com uma pesquisa divulgada em junho de 2000 realizada pelo Banco Mundial e pela empresa de consultoria McKinsey, denominada "Investors Opinion Survey", os inves-

consequência, a globalização se encarregou de disseminar estas recomendações. E foi desta forma que a governança corporativa chegou ao Brasil.

Com a finalidade de atrair mais investimentos para o país, um grupo de estudiosos, de certa forma inspirados no *Neuer Markt* alemão, apresentou uma solução inovadora para o fomento do mercado de capitais nacional, a saber, os níveis diferenciados de governança corporativa, denominados Novo Mercado, Nível 1 e Nível 2.

Lançados no ano de 2000 pela então Bovespa (Bolsa de Valores de São Paulo), atualmente BM&FBovespa, estes níveis consistem em segmentos especiais de listagem na referida bolsa de valores, com regras de governança mais rígidas do que as normas constantes da legislação societária nacional.

Trataremos neste trabalho da natureza de tais segmentos de listagem, bem como das melhores práticas recomendadas pelo Regulamento do Novo Mercado, apresentando paralelamente a legislação societária pertinente.

## 2. A realidade das sociedades brasileiras

Nossa opção neste artigo de focar nas recomendações constantes do Regulamento do Novo Mercado e, consequentemente, nas companhias abertas listadas em tal segmento justifica-se pelo fato de ele ter sido o grande propulsor da governança corporativa no Brasil e de continuar a ser uma importante referência sobre o tema neste país. Além disso, as companhias abertas captam recursos da poupança popular, o que faz com que as práticas de governança sejam mais relevantes a tais empresas do que àquelas que não o fazem.

Muito embora nossa opção, cumpre esclarecer que o Brasil vive um contraste, ou melhor, uma dupla realidade no âmbito societário. De um lado, é inegável a evolução do mercado de capitais nacional, especialmente após o lançamento dos segmentos de listagem, sendo que na última década pudemos assistir à pulverização do capital de algumas empresas e até mesmo a tentativas de tomada de controle por meio de ofertas hostis; por outro lado, a imensa maioria das empresas nacionais é de capital fechado.

No início de janeiro de 2012 o Brasil contava com aproximadamente 420 companhias abertas com ações negociadas na BM&FBovespa, sendo dentre elas 125 listadas no Novo Mercado[2]. Dentre milhões de empre-

---

tidores estariam dispostos a pagar até 24,5% a mais por ação de empresas brasileiras com melhores práticas de governança.

[2] Informações disponíveis no site da BM&FBovespa: www.bmfbovespa.com.br/cias--listadas/Empresas-Listadas/BuscaEmpresaListada.aspx?indiceAba=2&seg=BM& Idioma=pt-br. Acesso em 03 de janeiro de 2012.

sas existentes no Brasil, pouquíssimas possuem suas ações negociadas em bolsa de valores.

Os principais tipos societários utilizados no Brasil são a sociedade por ações e a sociedade limitada, sendo este último sem dúvida o mais expressivo. A sociedade por ações, de organização mais complexa, é regida pela Lei n. 6.404, de 15 de dezembro de 1976 (Lei das S/A), podendo ser de capital aberto ou fechado conforme seus valores mobiliários estejam ou não admitidos à negociação no mercado de valores mobiliários. A sociedade limitada, de organização mais simples, é regida pelos artigos 1.052 a 1.087 da Lei n. 10.406, de 10 de janeiro de 2002 (Código Civil), com regência supletiva pelas normas atinentes às sociedades simples[3], podendo ainda ser regida supletivamente pela Lei das S/A se assim determinar o seu Contrato Social.

Independentemente do tipo societário, o Brasil conta com um grande número de empresas familiares e empresas com baixo faturamento, estas últimas classificadas como microempresas ou empresas de pequeno porte conforme sua receita bruta anual não exceda R$ 360.000,00 (trezentos e sessenta mil reais) e R$ 3.600.000,00 (três milhões e seiscentos mil reais), respectivamente. Esta classificação permite às empresas optarem por um regime tributário diferenciado mais reduzido denominado Simples, o qual é regido pela Lei Complementar n. 123 de 14 de dezembro de 2006.

As práticas de governança são também desejáveis para as sociedades que não captam recursos junto à poupança popular, independente de seu tipo societário, porte ou de sua composição societária ser familiar ou não.

A segregação dos interesses pessoais dos sócios e administradores dos interesses da empresa, bem como a clara definição e separação de seus patrimônios visam o melhor desenvolvimento e crescimento da empresa. Da mesma forma, a gestão profissional – incluindo a exercida por sócios ou membros da família com competência – objetiva melhores resultados para a empresa. No que se refere à transparência, divulgar os resultados da empresa pode ser importante para um bom relacionamento com seus credores e fornecedores.

Nesta linha, o Instituto Brasileiro de Governança Corporativa – IBGC – tem também dedicado atenção às empresas fechadas e até mesmo às

---

[3] Tipo societário pouco utilizado introduzido em nosso ordenamento pelo Código Civil de 2002 – artigos 997 a 1.038.

empresas estatais e entidades do terceiro setor, o que ficou refletido na última revisão do Código de Governança Corporativa[4] em que o IBGC optou por utilizar a expressão "organização" ao invés de sociedade, mencionando expressamente que esta alteração teve por objetivo tornar o Código o mais abrangente possível, cabendo a cada organização a tarefa de avaliar as práticas a serem por ela adotadas.

Cumpre aqui esclarecer que além do trânsito da governança corporativa pela legislação societária e pelos segmentos de listagem especial da BM&FBovespa há que se apontar sua presença em códigos de governança, sendo os mais expressivos no Brasil o Código de Governança Corporativa do IBGC e a Cartilha de Governança Corporativa editada pela Comissão de Valores Mobiliários – CVM. Ambos trazem recomendações de boas práticas de governança, sendo o primeiro mais abrangente, pois direcionado às pessoas jurídicas em geral, e a segunda mais específica, haja vista seu foco nas companhias abertas, as quais deverão atentar para as recomendações constantes da Cartilha observando o modelo pratique ou explique.

## 3. Os segmentos especiais de listagem da BM&FBovespa
Conforme já referido neste artigo, no ano de 2000 a BM&FBovespa lançou 3 (três) segmentos especiais de listagem, os quais trazem em seus regulamentos práticas de governança corporativa diferenciadas, mais rígidas do que as constantes da legislação nacional. A graduação da rigidez é crescente, sendo o Nível 2 o mais brando, o Nível 1 o intermediário e o Novo Mercado o mais rígido.

A natureza jurídica do vínculo entre a companhia que optou por ser listada em um dos segmentos especiais e a BM&FBovespa é contratual. Trata-se de contrato de adesão da BM&FBovespa – denominado Contrato de Participação – a ser assinado pela companhia e por seu acionista controlador, com anuência dos administradores e membros do Conselho Fiscal.

As disposições constantes do Contrato de Participação devem ser respeitadas pela companhia sob pena da aplicação de sanções constantes do contrato e regulamento de listagem do segmento especial. Esta foi a alternativa encontrada pela BM&FBovespa para regulamentar as sociedades e estabelecer sanções às companhias infratoras.

---

[4] Disponível em: www.ibgc.org.br/CodigoMelhoresPraticas.aspx. Acesso em 04 de janeiro de 2012.

## 4. O Novo Mercado

O Regulamento do Novo Mercado, datado de 2000, foi recentemente revisado pela BM&FBovespa com a participação de profissionais do mercado e aprovado pelas empresas integrantes do segmento de listagem, tendo as regras atualizadas entrado em vigor em 10 de maio de 2011.

As exigências mínimas para uma companhia aderir ao Novo Mercado consistem em: (a) obter e manter atualizado registro junto à CVM para negociação de ações ordinárias em bolsa; (b) solicitar registro para negociação de seus valores mobiliários na BM&FBovespa; (c) assinar, em conjunto com seu acionista controlador, se houver, o Contrato de Participação no Novo Mercado; (d) protocolar os Termos de Anuência dos Administradores e Termos de Anuência dos Membros do Conselho Fiscal devidamente assinados junto à BM&FBovespa; (e) adaptar seu Estatuto Social às cláusulas mínimas divulgadas pela BM&FBovespa, especialmente a cláusula compromissória para solução de conflitos por meio de arbitragem perante a Câmara de Arbitragem do Mercado; (f) ter e manter percentual mínimo de ações em circulação de 25% (vinte e cinco por cento) do total das ações da companhia; (g) ter seu capital social dividido exclusivamente em ações ordinárias (exceto em caso de desestatização); (h) não possuir partes beneficiárias; e (i) observar as normas legais e regulamentares referentes ao Novo Mercado.

As providências descritas nos itens (a) e (b) acima devem seguir rigorosamente as disposições da regulamentação pertinente e a assinatura do Contrato de Participação referido no item (c) deve ocorrer de acordo com a minuta padrão da BM&FBovespa.

Os Termos de Anuência referidos no item (d) a serem subscritos pelos administradores e membros do Conselho Fiscal são os documentos nos quais eles concordam irrestritamente com o Regulamento da Câmara de Arbitragem do Mercado, servindo tais Termos como cláusula compromissória de acordo com o artigo 4º da Lei n. 9.307/96 (Lei de Arbitragem). Os modelos destes Termos são anexos ao Regulamento do Novo Mercado.

Além da concordância com a arbitragem, no Termo de Anuência dos Administradores consta a assunção expressa de responsabilidade pessoal dos administradores pelas regras constantes do Contrato de Participação no Novo Mercado e do Regulamento do Novo Mercado sujeitando-se às multas e penalidades constantes de tais instrumentos.

No item (e) nos deparamos com a necessidade da companhia ajustar seu Estatuto Social aos termos do Regulamento do Novo Mercado. Dentre as adaptações cabe ressaltar a obrigatoriedade da adoção da arbitragem como forma de solução de conflitos da companhia. Esta iniciativa visa conferir maior agilidade e qualidade na solução de eventuais disputas societárias, pois os casos serão julgados por profissionais especializados e com maior celeridade.

A criação de uma câmara de arbitragem especializada em questões societárias e de mercado de capitais – a Câmara de Arbitragem do Mercado – também é extremamente benéfica a todos os envolvidos neste mercado, haja vista sua peculiaridade e especificidade.

Com relação ao percentual mínimo de ações em circulação de 25% (vinte e cinco por cento)[5] referido no item (f) acima, cumpre esclarecer que o Diretor Presidente da BM&FBovespa poderá, mediante pedido formal e fundamentado da companhia, conceder um período de enquadramento para a companhia atingir o percentual mínimo exigido pelo regulamento.

No que se refere à exigência constante do item (g), muito embora o capital social das companhias tenha que ser composto exclusivamente por ações ordinárias, pode ocorrer a redução do número de votos de certos acionistas, ou seja, o voto de um acionista que detenha 30% (trinta por cento) das ações ordinárias pode ser computado como 10% (dez por cento) apenas, não prevalecendo o preceito "1 (uma) ação, 1 (um) voto".

Na versão revisada do Regulamento do Novo Mercado foi inserida disposição que determina que a empresa que aderir ao Novo Mercado não poderá prever em seu Estatuto Social limitação do número de votos de acionista ou grupo de acionistas em percentuais inferiores a 5% (cinco por cento) do capital social, exceto nos casos de desestatização ou de limites exigidos em lei ou regulamentação aplicável, desde que justificados e submetidos à aprovação da BM&FBovespa.

---

[5] Conforme definição constante do Regulamento do Novo Mercado: "ações em circulação significa todas as ações emitidas pela Companhia, excetuadas as ações detidas pelo Acionista Controlador, por pessoas a ele vinculadas, por Administradores da Companhia, aquelas em tesouraria e preferenciais de classe especial que tenham por fim garantir direitos políticos diferenciados, sejam intransferíveis e de propriedade exclusiva do ente desestatizante."

CORPORATE GOVERNANCE

Além disso, a versão revisada do Regulamento do Novo Mercado inovou ao não permitir cláusula que exija quórum qualificado para a aprovação de matérias que devam ser submetidas à assembleia geral de acionistas, exceto se previsto em lei ou regulamentação aplicável.

Cabe aqui ressaltar que embora as cláusulas de quórum qualificado não sejam permitidas pelo Regulamento do Novo Mercado, a redução do número de votos de certas ações pode levar ao mesmo resultado da imposição de tal quórum. Desta forma, a limitação do número de votos de acionista ou grupo de acionistas resulta no mesmo efeito de se ter quórum qualificado ou mesmo ações preferenciais. No entanto, o Regulamento do Novo Mercado revisado ao menos fixou em 5% (cinco por cento) o percentual máximo de insignificância que um acionista ou grupo de acionistas pode ter.

Feitas estas considerações iniciais, abaixo passaremos a discorrer sobre os principais temas abordados pelo Regulamento do Novo Mercado.

## 4.1. O Conselho de Administração

A Lei das S/A estabelece que o Conselho de Administração deve ser composto por no mínimo 3 (três) membros, pessoas físicas residentes no Brasil, e não faz qualquer exigência sobre a composição do conselho por pessoas independentes.

O Regulamento do Novo Mercado determina que o Conselho de Administração deverá ser composto por no mínimo 5 (cinco) membros sendo que 20% (vinte por cento) deverão ser conselheiros independentes. As exigências para um conselheiro ser considerado independente são amplas. Somente são conselheiros independentes as pessoas que não possuem qualquer outra relação com a companhia além da ocupação do referido cargo, incluindo relevante prestação de serviços e fornecimento de produtos, relação familiar com o acionista controlador, entre outras[6].

---

[6] Conforme definição do Regulamento do Novo Mercado, o conselheiro independente "caracteriza-se, por: (i) não ter qualquer vínculo com a companhia, exceto participação no capital social; (ii) não ser Acionista Controlador, cônjuge, ou parente até segundo grau daquele, ou não ser ou não ter sido, nos últimos 3 (três) anos, vinculado a sociedade ou entidade relacionada ao Acionista Controlador (pessoas vinculadas a instituições pública de ensino e/ou pesquisa estão excluídas desta restrição); (iii) não ter sido, nos últimos 3 (três) anos, empregado ou diretor da Companhia, do Acionista Controlador ou de sociedade controlada pela Companhia; (iv) não ser fornecedor ou comprador, direto ou indireto, de serviços e/ou

Também são considerados independentes, nos termos do regulamento, os conselheiros eleitos de acordo com o artigo 141, parágrafos 4º e 5º ou artigo 239 da Lei das S/A.

O artigo 141 trata, em seus parágrafos 4º e 5º, do direito de eleger um membro do Conselho de Administração e seu suplente em votação em separado na assembleia geral, excluído o acionista controlador, o qual é assegurado a: (a) acionistas detentores de pelo menos 15% (quinze por cento) das ações com direito a voto de companhia aberta; e (b) acionistas detentores de ações preferenciais sem direito a voto ou com voto restrito que representem pelo menos 10% (dez por cento) do total das ações da companhia (desde que não tenham exercido a prerrogativa de eleição de um membro em separado nos termos do artigo 18 da mesma lei).

Se os quóruns previstos não forem atingidos pelo grupo de acionistas referido no item (a) ou (b) acima, estes grupos podem se unir para eleger em conjunto um membro do Conselho de Administração e seu suplente desde que juntos eles atinjam 10% (dez por cento) do total das ações.

O artigo 239 da Lei das S/A estabelece a obrigação da companhia de economia mista de ter um Conselho de Administração e o direito de seus acionistas minoritários de eleger pelo menos um de seus membros e respectivo suplente.

A obrigatoriedade de conselheiros independentes é a exigência mais significativa do Regulamento do Novo Mercado face às disposições da Lei das S/A com relação ao tema do Conselho de Administração. No entanto, há outras diferenças a serem destacadas.

---

produtos da Companhia, em magnitude que implique perda de independência; (v) não ser funcionário ou administrador de sociedade ou entidade que esteja oferecendo ou demandando serviços e/ou produtos à Companhia em magnitude que implique perda de independência; (vi) não ser cônjuge ou parente até segundo grau de algum administrador da Companhia; e (vii) não receber outra remuneração da Companhia além daquela relativa ao cargo de conselheiro (proventos em dinheiro oriundos de participação no capital estão excluídos desta restrição)." Note que as exceções destacadas nos itens (i) e (vii) acima faziam sentido porque a Lei das S/A determinava que todos os membros do Conselho de Administração deveriam ser acionistas da companhia. Na prática, era comum que as companhias elegessem seus conselheiros e algum acionista lhes cedia 1 (uma) ação do capital social em caráter fiduciário para cumprimento da legislação. Esta exigência legal, criticada pela doutrina, foi suprimida recentemente pela Lei n. 12.431, de 24 de junho de 2011, que alterou o artigo 146 da Lei das S/A excluindo a necessidade dos membros do Conselho de Administração serem acionistas.

CORPORATE GOVERNANCE

O Regulamento do Novo Mercado prevê mandato unificado de 2 (dois) anos para os membros do Conselho de Administração, sendo permitida a reeleição. O mandato unificado de 3 (três) anos é permitido em situações excepcionais, por uma única vez, para fins de transição e desde que na companhia não haja acionista controlador titular de mais de 50% do capital social. De acordo com a Lei das S/A, o mandato do Conselho de Administração pode ser de até 3 (três) anos, permitida a reeleição.

No que se refere à acumulação de cargos, a Lei das S/A prevê a possibilidade de 1/3 (um terço) dos membros do Conselho de Administração ser eleito para cargos de Diretores. Em adição, o Regulamento do Novo Mercado estabelece que uma mesma pessoa não pode ocupar o cargo de Presidente do Conselho de Administração e Diretor Presidente, exceto na hipótese de vacância, que ensejará comunicação específica ao mercado e providências para preenchimento do cargo em 180 (cento e oitenta) dias. Em caráter excepcional e como regra de transição, as companhias que ingressarem no Novo Mercado poderão ter estes cargos acumulados pela mesma pessoa pelo prazo máximo de 3 (três) anos contados de sua entrada em tal segmento de listagem.

As funções do Conselho de Administração constam do artigo 142 da Lei das S/A e compreendem, dentre outras, a fixação da orientação geral dos negócios da companhia, a eleição e destituição dos Diretores, a escolha dos auditores independentes, a manifestação sobre as contas da companhia.

Em acréscimo ao texto legal, o Regulamento do Novo Mercado, na versão revisada de maio de 2011, estabelece a obrigação do Conselho de Administração de elaborar e tornar público parecer prévio sobre toda e qualquer oferta pública de aquisição de ações da companhia, apresentando sua opinião fundamentada favorável ou contrária à aceitação da oferta pública, ressalvando que a decisão final será de responsabilidade de cada acionista.

Em tal parecer o Conselho de Administração deve se posicionar, nos termos constantes do regulamento: "*(i) sobre a conveniência e oportunidade da oferta quanto ao interesse do conjunto dos acionistas e em relação à liquidez dos valores mobiliários de sua titularidade; (ii) sobre as repercussões da oferta sobre os interesses da Companhia; (iii) quanto aos planos estratégicos divulgados pelo ofertante em relação à Companhia; e (iv) outros pontos que considerar pertinentes.*"

À primeira vista, a obrigatoriedade de parecer prévio do Conselho de Administração sobre toda e qualquer oferta pública de aquisição de ações da companhia parece representar uma ampliação dos poderes deste órgão da administração. No entanto, considerando que o Conselho de Administração tem como sua principal função a fixação da orientação geral dos negócios da companhia e tendo em vista a relevância de uma oferta pública de aquisição de ações, a obrigatoriedade de emitir um parecer sobre tal oferta pública e os impactos que ela trará à companhia pode ser considerada um detalhamento de sua função atual, prevista expressamente no artigo 142, I da Lei das S/A.

É inegável que este parecer tem caráter importante e instrutivo para a tomada de decisão do acionista, especialmente do acionista minoritário que não está próximo ao dia-a-dia social. Por outro lado, apesar de seu caráter não vinculante, há que se considerar que a tomada de decisão do acionista será fortemente influenciada pelo parecer do Conselho de Administração. Reforça-se, nesse passo, que a opinião do Conselho de Administração deve ser pautada no interesse social da companhia, já que o conselho tem o dever de exercer suas atribuições no interesse da companhia, conforme disposição expressa constante do artigo 154 da Lei das S/A.

### 4.2. O Conselho Fiscal e o Comitê de Auditoria Estatutário

O Regulamento do Novo Mercado trata do Conselho Fiscal de forma bastante simplificada, tão somente fazendo alusão à sua competência e aos seus deveres e responsabilidades constantes da Lei das S/A. Além disso, exige como condição para a posse dos membros do Conselho Fiscal eleitos a subscrição do Termo de Anuência que, como já mencionado neste trabalho, nada mais é do que uma cláusula compromissória aceitando a solução de conflitos pela Câmara de Arbitragem do Mercado.

A Lei das S/A, em seu artigo 161 e seguintes determina que a companhia tenha um Conselho Fiscal composto de no mínimo 3 (três) e no máximo 5 (cinco) membros, os quais devem ser pessoas naturais, residentes no Brasil, que possuam diploma de curso universitário ou tenham exercido cargo de administrador ou membro de Conselho Fiscal por 3 (três) anos. A lei veda o preenchimento de cargos do Conselho Fiscal por membros da administração (incluindo cônjuge e parentes até o terceiro grau) e empregados da companhia ou de empresa do mesmo grupo.

O funcionamento do Conselho Fiscal pode ser permanente ou não conforme dispuser o Estatuto Social. A praxe das companhias brasileiras é não possuir Conselho Fiscal permanente, mas a sua instalação pode ocorrer a qualquer tempo, por deliberação da assembleia geral, mediante pedido de acionistas titulares de 10% (dez por cento) das ações com direito a voto ou de 5% (cinco por cento) das ações sem direito a voto de emissão da companhia.

Na eleição dos membros do Conselho Fiscal observar-se-á o seguinte: (a) acionistas titulares de ações sem direito a voto ou com direito de voto restrito poderão eleger, em voto em separado, um membro do Conselho e seu suplente; (b) acionistas minoritários que detenham em conjunto no mínimo 10% (dez por cento) das ações com direito a voto também podem eleger um membro e seu suplente em votação em separado; e (c) os demais acionistas com direito a voto podem eleger os demais membros e seus suplentes em igual número aos eleitos na forma dos itens (a) e/ou (b) acima mais um.

O pedido de instalação do Conselho Fiscal pode ser realizado em qualquer assembleia geral da companhia, independentemente desta matéria constar ou não da ordem do dia, sendo que a eleição de seus membros ocorrerá na própria assembleia. O Conselho Fiscal instalado funcionará até a primeira assembleia geral ordinária após a sua instalação.

Os deveres e responsabilidades dos membros do Conselho Fiscal são os mesmos dos administradores da companhia. As competências do Conselho Fiscal constam do artigo 163 da Lei das S/A, podendo ser resumidas em fiscalizar os atos dos administradores e denunciá-los se não tomarem as providências necessárias para a proteção da companhia, examinar e opinar sobre as demonstrações financeiras da companhia, bem como opinar sobre o relatório da administração e certas propostas da administração a serem submetidas à assembleia geral.

Além do Conselho Fiscal, em 16 de novembro de 2011 foi editada a Instrução Normativa CVM n. 509, a qual alterou as Instruções Normativas CVM n. 308/99 e n. 480/09 e estabeleceu as diretrizes para a instalação, na companhia, de um Comitê de Auditoria Estatutário – CAE.

Trata-se de comitê vinculado ao Conselho de Administração da Companhia, cujas principais atribuições consistem em: (a) opinar sobre a contratação e destituição do auditor independente e supervisionar suas atividades; (b) monitorar a qualidade e integridade dos mecanismos de controles internos e informações financeiras e contábeis da companhia; (c) avaliar e monitorar as exposições de risco da companhia, com prerrogativa para avaliar os procedimentos relacionados à remuneração da administração, utilização de ativos da companhia e suas despesas;

e (d) avaliar e monitorar a área de auditoria interna e operações com partes relacionadas.

A instalação do CAE e a alteração do Estatuto Social para incluir disposições sobre o comitê é facultativa às companhias, mas aquelas que decidirem agir desta forma terão como benefício a possibilidade de ampliar o prazo de rodízio da empresa de auditoria que audita as demonstrações financeiras da companhia de 5 (cinco) para 10 (dez) anos.

Apesar do benefício relevante para as companhias, especialmente ao se atentar para o custo e esforço envolvido na substituição dos auditores a cada 5 (cinco) anos, o CAE também implicará custos adicionais, pois deve possuir autonomia operacional e dotação orçamentária para consultas, avaliações e investigações, podendo inclusive utilizar especialistas externos.

Ademais, seus integrantes (mínimo de 3) devem ser em sua maioria pessoas independentes e ao menos um membro deverá ter reconhecida experiência em assuntos de contabilidade societária – o que deve ser documentalmente comprovado, ficando os documentos à disposição na sede da companhia para exame pela CVM durante prazo de 5 (cinco) anos contados do último dia do seu mandato.

As atribuições do CAE são muito próximas às do Conselho Fiscal. No entanto, considerando que este último não possui funcionamento permanente e que seu funcionamento permanente dependeria de alteração da Lei das S/A, o CAE nos parece uma tentativa da CVM de estabelecer um órgão interno de funcionamento permanente na companhia monitorando as contas e procedimentos relevantes.

A faculdade conferida às empresas para a instalação de tal órgão aliada à contrapartida de dilação do prazo de rotação dos auditores independentes é uma alternativa inteligente de fazer com que as empresas cada vez mais adotem boas práticas de governança.

A utilização de um mecanismo de adesão voluntário aliado a um benefício repete o modelo de auto regulação já utilizado quando da edição dos segmentos especiais de governança corporativa, com a ressalva de que naquele caso não havia benefício direto oferecido, mas uma expectativa de melhor aceitação da companhia pelo mercado.

A nova Instrução Normativa admite que a realização do rodízio de auditores a cada 10 (dez) anos pode ser utilizada pela companhia que tiver o CAE instalado no exercício social anterior à contratação do auditor.

Para o exercício de 2012, poderá se beneficiar dos termos da Instrução Normativa a companhia onde o CAE for instalado e estiver em funcionamento até 31 de dezembro de 2011, podendo a companhia promover a alteração de seu Estatuto Social para prever a existência do CAE em até 120 (cento e vinte) dias contados a partir de 1º de janeiro de 2012.

### 4.3. *Full disclosure* – transparência e simetria de informações

A Lei das S/A estabelece diversas regras de disponibilização de informação a fim de dar conhecimento aos acionistas e ao mercado sobre os principais temas afetos às companhias. Dentre elas destacamos a necessidade de publicação das atas de assembleia geral, bem como da sua respectiva convocação e a obrigatoriedade de publicação das demonstrações financeiras da companhia.

Todas as atas de assembleia geral da companhia devem ser publicadas em 2 (dois) jornais, sendo um necessariamente o Diário Oficial do Estado ou da União e o outro um jornal de grande circulação. A convocação das assembleias também deve ser objeto de publicação, por 3 (três) vezes, nos mesmos jornais, com informações sobre o local, a data e horário da assembleia, sua ordem do dia e, se esta contemplar a reforma do Estatuto Social, a indicação da matéria que será objeto de deliberação.

A primeira convocação deve ser publicada com no mínimo 8 (oito) dias de antecedência da data da assembleia nas companhias fechadas. Nas companhias abertas este prazo mínimo é de 15 (quinze) dias. As assembleias devem ser realizadas na sede da companhia ou, se necessário, em outro edifício, mas na mesma localidade da sede.

As publicações devem ser sempre realizadas no mesmo jornal e a alteração do jornal deve ser previamente comunicada aos acionistas no extrato da ata da assembleia geral ordinária.

Ao final de cada exercício social a companhia deverá elaborar suas demonstrações financeiras de acordo com os preceitos da Lei das S/A e dos princípios de contabilidade geralmente aceitos.

Nos termos do artigo 133 da Lei das S/A, a administração da companhia deve comunicar os acionistas, com antecedência mínima de 1 (um) mês da data da realização da assembleia geral ordinária, que estão à disposição dos acionistas, suas demonstrações financeiras, acrescidas de relatório da administração, de parecer dos auditores independentes e do Conselho Fiscal, se houver, e demais documentos pertinentes.

Além da publicação do anúncio, as demonstrações financeiras, o relatório da administração e o parecer dos auditores independentes deverão ser publicados com pelo menos 5 (cinco) dias de antecedência da data da realização da assembleia geral ordinária.

A companhia fechada que tiver menos de 20 (vinte) acionistas e patrimônio líquido inferior a R$ 1.000.000,00 (um milhão de reais) é dispensada por lei da obrigatoriedade de publicação dos documentos referidos do artigo 133 da Lei das S/A, devendo, no entanto, arquivar tais documentos na competente Junta Comercial juntamente com a respectiva ata de assembleia geral ordinária que deliberar sobre eles.

A companhia aberta deve observar outros preceitos específicos constantes de Instruções Normativas emitidas pela CVM visando assegurar o *full disclosure* e a simetria de informações a todos os participantes do mercado de capitais.

Destaca-se a Instrução Normativa CVM n. 480/09, que dispõe sobre o registro de emissores de valores mobiliários junto à CVM e traz, em seu artigo 21, diversas informações periódicas a serem fornecidas pela Companhia, tais como o formulário de informações trimestrais – ITR, com informações contábeis da companhia no período, entre outras.

Conforme artigo 60 da Instrução Normativa CVM n. 480, a não apresentação reiterada de tais informações nos prazos fixados pela instrução normativa ou a entrega de informações falsas, incompletas, imprecisas ou que induzam o investidor a erro, bem como a realização de assembleia geral ordinária fora do prazo legal (até 4 meses contados do fim do exercício social) constitui falta grave nos termos do artigo 11, parágrafo 3º da Lei n. 6.385/76, estando sujeito o infrator às penalidades lá previstas[7].

---

[7] Lei n. 6.385/76, art. 11: *"A Comissão de Valores Mobiliários poderá impor aos infratores das normas desta Lei, da lei de sociedades por ações, das suas resoluções, bem como de outras normas legais cujo cumprimento lhe incumba fiscalizar, as seguintes penalidades:*
*I – advertência;*
*II – multa;*
*III – suspensão do exercício do cargo de administrador ou de conselheiro fiscal de companhia aberta, de entidade do sistema de distribuição ou de outras entidades que dependam de autorização ou registro na Comissão de Valores Mobiliários;*
*IV – inabilitação temporária, até o máximo de vinte anos, para o exercício dos cargos referidos no inciso anterior;*
*V – suspensão da autorização ou registro para o exercício das atividades de que trata esta Lei;*

CORPORATE GOVERNANCE

Em acréscimo às informações exigidas das companhias abertas nos termos da Instrução Normativa CVM n. 480 acima referida, o Regulamento do Novo Mercado determina que as companhias listadas em tal segmento devem divulgar: (a) suas demonstrações financeiras trimestrais traduzidas para o inglês; (b) nota sobre as transações com partes relacionadas no ITR, contendo as informações exigidas pelas regras contábeis referentes às demonstrações financeiras anuais; e (c) posição acionária de todo aquele que for detentor de mais de 5% (cinco por cento) do capital social, até o nível de pessoa física, desde que a companhia possua tal informação.

A companhia listada no Novo Mercado deverá também cumprir certa agenda a ser apresentada à BM&FBovespa até 10 de dezembro de cada ano contendo um calendário anual com a data dos eventos societários da companhia e o agendamento de pelo menos uma reunião pública com analistas de mercado.

Além disso, as companhias listadas no Novo Mercado deverão divulgar e enviar à BM&FBovespa sua Política de Negociação de Valores Mobiliários e seu Código de Conduta. A primeira pretende conferir maior transparência e disciplinar as operações de ações com a própria companhia, devendo ser observada pela companhia, seu acionista controlador, administradores, membros do Conselho Fiscal, quando houver, e por demais integrantes de órgãos estatutários com funções técnicas ou consultivas. O Código de Conduta deve estabelecer os valores e princípios observados

*VI – cassação de autorização ou registro, para o exercício das atividades de que trata esta Lei;*

*VII – proibição temporária, até o máximo de vinte anos, de praticar determinadas atividades ou operações, para os integrantes do sistema de distribuição ou de outras entidades que dependam de autorização ou registro na Comissão de Valores Mobiliários;*

*VIII – proibição temporária, até o máximo de dez anos, de atuar, direta ou indiretamente, em uma ou mais modalidades de operação no mercado de valores mobiliários.*

*§ 1º – A multa não excederá o maior destes valores:*

*I – R$ 500.000,00 (quinhentos mil reais);*

*II – cinquenta por cento do valor da emissão ou operação irregular; ou*

*III – três vezes o montante da vantagem econômica obtida ou da perda evitada em decorrência do ilícito.*

*§ 2º Nos casos de reincidência serão aplicadas, alternativamente, multa nos termos do parágrafo anterior, até o triplo dos valores fixados, ou penalidade prevista nos incisos III a VIII do caput deste artigo.*

*§ 3º Ressalvado o disposto no parágrafo anterior, as penalidades previstas nos incisos III a VIII do caput deste artigo somente serão aplicadas nos casos de infração grave, assim definidas em normas da Comissão de Valores Mobiliários.”*

pela companhia na condução de suas atividades a serem preservados em sua relação com os *stakeholders*.

Outro ponto a ser destacado nas companhias abertas é a obrigatoriedade de divulgação de fatos relevantes. O artigo 157, parágrafo 4º da Lei das S/A impõe a obrigação aos administradores da companhia aberta de comunicar imediatamente a bolsa de valores e de divulgar pela imprensa fato relevante aos negócios da companhia, assim entendido, nos termos da lei, como aquele que pode *"influir, de modo ponderável, na decisão dos investidores do mercado de vender ou comprar valores mobiliários emitidos pela companhia"*.

Note que a caracterização do fato relevante dá-se em razão da influência que ele pode causar nos investidores, que resultará no impacto do preço de negociação das ações da companhia. Assim, nas companhias abertas a disponibilização da informação visa à proteção do mercado como um todo, incluindo os investidores que não compõem o capital social, mas podem estar interessados em adquirir participação na companhia. Este conceito também pode ser verificado quando da leitura da Instrução Normativa CVM n. 358/02 que dispõe sobre a divulgação e uso de informações sobre ato ou fato relevante relativo às companhias abertas.

O administrador tem o dever de informar o mercado dos fatos relevantes atinentes à companhia e não poderá em nenhuma hipótese beneficiar-se de tais informações.

O artigo 155, parágrafo 1º da Lei das S/A coíbe a prática do *insider trading*, condenando o administrador de companhia aberta que utilizar informação, por ele conhecida em razão de seu cargo, ainda não divulgada ao mercado, com o objetivo de auferir vantagem para si ou outros, mediante compra ou venda de valores mobiliários.

Esta vedação é estendida, conforme disposição constante do parágrafo 4º do mesmo dispositivo legal, a qualquer pessoa que tenha tido acesso a informação relevante não divulgada e que a utilize para auferir vantagem para si ou para terceiros.

Na lição de Fábio Konder Comparato:

> *"Na insider trading, o que existe é o aproveitamento de informações reservadas sobre a sociedade emissora dos títulos, em detrimento do outro contratante, que as ignora. Há, por conseguinte, antes uma omissão volitiva, do que uma atuação ou pressão qualquer sobre o valor de mercado dos direitos ou papéis negociados."* [8].

---

[8] *Ensaios e Pareceres de Direito Empresarial*. 1. ed. Rio de Janeiro: Forense, 1978, p. 13.

No âmbito do Regulamento do Novo Mercado, como já mencionado, a companhia deverá preparar sua Política de Negociação de Valores Mobiliários.

A simetria de informações a todos os participantes do mercado é objeto de proteção pela legislação brasileira até mesmo na esfera criminal. Neste sentido, o artigo 27-D da Lei n. 6.385/76 tipifica o *insider trading* como uma das modalidades de crime contra o mercado de capitais apenada com reclusão e multa, *in verbis*:

> *"Art. 27-D: Utilizar informação relevante ainda não divulgada ao mercado, de que tenha conhecimento e da qual deva manter sigilo, capaz de propiciar, para si ou para outrem, vantagem indevida, mediante negociação, em nome próprio ou de terceiro, com valores mobiliários: Pena – reclusão, de 1 (um) a 5 (cinco) anos, e multa de até 3 (três) vezes o montante da vantagem ilícita obtida em decorrência do crime."*

## 4.4. Alienação de Controle

Uma das questões mais polêmicas relacionadas ao tema da governança é o direito, conferido pela Lei das S/A e ratificado pelo Regulamento do Novo Mercado, do acionista ordinário acompanhar a venda do controlador nas hipóteses de venda de controle da companhia – *tag along*[9].

A instrumentalização deste direito se dá por meio de oferta pública de aquisição de ações, sendo que a alienação do controle deverá ser contratada sob condição suspensiva ou resolutiva de que se realize uma oferta pública de aquisição pelo adquirente.

Os textos da Lei das S/A e do Regulamento do Novo Mercado obrigam o adquirente do controle, direto ou indireto, da companhia, a realizar uma oferta pública de aquisição das ações da companhia com direito a voto, assegurando: (a) o preço mínimo de 80% (oitenta por cento) do preço por ação com direito a voto do bloco de controle, conforme determinação da Lei das S/A; ou (b) tratamento igualitário ao conferido ao acionista controlador, no caso de companhias listadas no Novo Mercado, conforme regulamento de tal segmento de listagem. Nota-se, aqui, claramente a maior geração de valor que uma companhia listada no Novo

---

[9] Sobre as razões que justificam a extensão total ou parcial do prêmio de controle aos acionistas minoritários ver NELSON EIZIRIK, *A lei das S/A comentada*. v III. São Paulo: Quartier Latin, 2011, p. 414 a 418.

Mercado pode conferir ao seu acionista minoritário comparativamente a uma companhia não listada neste segmento especial.

A matéria está disciplinada no artigo 254-A da Lei das S/A e na seção VIII do Regulamento do Novo Mercado.

O *caput* do artigo 254-A da Lei das S/A estabelece, *in verbis*:

> *"Art. 254-A. A alienação, direta ou indireta, do controle de companhia aberta somente poderá ser contratada sob a condição, suspensiva ou resolutiva, de que o adquirente se obrigue a fazer oferta pública de aquisição das ações com direito a voto de propriedade dos demais acionistas da companhia, de modo a lhes assegurar o preço no mínimo igual a 80% (oitenta por cento) do valor pago por ação com direito a voto, integrante do bloco de controle."*

O artigo 254-A, § 1º da Lei das S/A define como alienação de controle a ensejar a obrigatoriedade de oferta pública aos demais acionistas da companhia a transferência direta ou indireta *"de ações integrantes do bloco de controle, de ações vinculadas a acordos de acionistas e de valores mobiliários conversíveis em ações com direito a voto, cessão de direitos de subscrição de ações e de outros títulos ou direitos relativos a valores mobiliários conversíveis em ações que venham a resultar na alienação de controle acionário da sociedade."* Ou seja, a lei prevê a alienação de valores mobiliários de forma abrangente.

O item 8.1 do Regulamento do Novo Mercado traz uma redação semelhante ao artigo 254-A da Lei das S/A, acrescentando, porém, que a aquisição do controle pode ocorrer por meio de uma única operação ou por meio de diversas operações sucessivas, e fazendo constar que a oferta pública deverá apresentar as mesmas condições oferecidas ao acionista controlador. Abaixo a íntegra do item 8.1 do regulamento:

> *"Contratação da Alienação de Controle da Companhia. A Alienação de Controle da Companhia, tanto por meio de uma única operação, como por meio de operações sucessivas, deverá ser contratada sob a condição, suspensiva ou resolutiva, de que o Adquirente se obrigue a efetivar oferta pública de aquisição das ações dos demais acionistas da Companhia, observando as condições e os prazos previstos na legislação vigente e neste Regulamento, de forma a lhes assegurar tratamento igualitário àquele dado ao Acionista Controlador Alienante."*

Além da obrigatoriedade de realização de oferta pública de aquisição, o Regulamento do Novo Mercado impõe ao acionista que adquirir o con-

CORPORATE GOVERNANCE

trole de companhia por meio de diversas operações a obrigação de pagar a diferença entre o preço por ação constante da oferta pública e o preço pago por ação adquirida em bolsa nos 6 (seis) meses que antecederam a aquisição do controle[10].

Muito embora os textos do artigo 254-A da Lei das S/A e do item 8.1 do Regulamento do Novo Mercado acima transcritos sejam dotados de clareza suficiente para que o adquirente seja obrigado a realizar a oferta pública, a polêmica está na definição e abrangência de três conceitos: (a) poder de controle; (b) acionista controlador; e (c) alienação.

A Lei das S/A não apresenta um conceito de poder de controle, no entanto, seu artigo 116 define acionista controlador como a pessoa titular de direitos que lhe assegure de forma permanente a maioria dos votos nas assembleias gerais e o poder de eleger a maioria dos administradores, bem como que usa efetivamente seu poder para gerir a companhia.

Desta forma, nos termos da lei, o poder de controle está relacionado à titularidade de certos direitos e ao seu exercício efetivo, conforme *caput* do artigo 116, *in verbis*:

> *"Art. 116. Entende-se por acionista controlador a pessoa, natural ou jurídica, ou o grupo de pessoas vinculadas por acordo de voto, ou sob controle comum, que:*
>
> *a) é titular de direitos de sócio que lhe assegurem, de modo permanente, a maioria dos votos nas deliberações da assembleia-geral e o poder de eleger a maioria dos administradores da companhia; e*
>
> *b) usa efetivamente seu poder para dirigir as atividades sociais e orientar o funcionamento dos órgãos da companhia."*

A existência de um acionista (ou grupo de acionistas vinculados por acordo de voto) titular de ações com direito a voto que representem mais da metade do capital social pode com segurança nos indicar qual o acionista controlador de uma companhia. Isto porque o titular de tais ações que não estiver exercendo, por qualquer razão, seu poder de controle conforme exige a alínea b) acima, pode passar a exercê-lo a qualquer tempo, já que a titularidade das ações lhe assegura esta possibilidade.

---

[10] A forma de distribuição de tal diferença entre os acionistas está fixada no item 8.2(ii) do Regulamento do Novo Mercado.

Há situações, no entanto, em que nenhum acionista (ou grupo de acionistas vinculados por acordo de voto) detém a maioria do capital social. Estes casos, por muito tempo longínquos da realidade brasileira passaram a integrar nosso cotidiano na última década. Já é possível verificar companhias abertas de capital pulverizado no Brasil nas quais a figura do acionista controlador enquanto titular permanente de direitos é inexistente.

Em uma companhia de capital pulverizado, em que os acionistas não se organizaram por meio de acordo de acionistas, *proxies* ou outra forma para a formação de um bloco representativo de acionistas detentores da maioria do capital social, ter-se-á controle disperso. Nesta situação, as deliberações da companhia podem ser tomadas por acionista minoritário (ou grupo) com participação relevante que consegue a maioria dos presentes nas assembleias gerais haja vista o absenteísmo dos demais acionistas, ou, em última instância, a companhia vivenciará o denominado controle gerencial.

Acerca deste tema o Regulamento do Novo Mercado traz uma definição de poder de controle atrelada exclusivamente à direção efetiva da companhia, ou seja, ao uso do poder, independente da titularidade das ações que assegurem ao acionista o direito permanente de gerir a companhia, admitindo que tal poder de controle seja de fato ou de direito.

Como o conceito do Novo Mercado está vinculado ao uso do poder, o regulamento estabelece uma presunção relativa de titularidade de controle, novamente vinculada ao uso, presumindo como controlador o titular de ações que lhe assegurou a maioria dos votos dos presentes nas últimas 3 (três) assembleias da companhia.

Abaixo a definição constante do Regulamento do Novo Mercado, *in verbis*:

> *"Poder de Controle significa o poder efetivamente utilizado de dirigir as atividades sociais e orientar o funcionamento dos órgãos da Companhia, de forma direta ou indireta, de fato ou de direito, independentemente da participação acionária detida. Há presunção relativa de titularidade do controle em relação à pessoa ou ao Grupo de Acionistas que seja titular de ações que lhe tenham assegurado a maioria absoluta dos votos dos acionistas presentes nas 3 (três) últimas assembleias gerais da Companhia, ainda que não seja titular de ações que lhe assegurem a maioria absoluta do capital votante."*

O gatilho para o direito de *tag along* ora tratado e conferido aos acionistas não controladores é a alienação do controle da companhia, ou seja, a transferência do poder de gerir as atividades sociais a outra pessoa.

Na lição clássica de Fábio Konder Comparato, em obra revisada e atualizada por Calixto Salomão Filho: "*o que se transfere numa cessão de controle, como salientamos, não é um bloco de ações e, sim, o poder de dominação e disposição de uma empresa.*"[11]

A alienação de controle pressupõe a existência de um ou mais acionistas controladores identificados em uma companhia[12]. No entanto, quando o capital é disperso não há que se falar em alienação de controle, já que, nos termos da Lei das S/A, nenhum acionista é titular de direitos que lhe assegure de forma permanente a maioria dos votos nas assembleias e a eleição da maioria dos administradores.

Somos da opinião que, até mesmo o chamado controle minoritário exercido pelo maior acionista isolado de uma companhia de capital pulverizado não pode ser entendido como um direito permanente. Por mais que esta situação possa ser constatada na prática ao se verificar o quórum das decisões das últimas assembleias gerais de certa companhia, nada impede que os demais acionistas dispersos se unam e possam compor um bloco majoritário. Assim, não há segurança jurídica sobre a titularidade do poder de controle minoritário.

Cabe comentar que o Regulamento do Novo Mercado apresenta uma definição de poder de controle e acionista controlador pautado apenas no uso de tal poder, independente da titularidade. Tal definição diverge da constante do artigo 116 da Lei das S/A, que se funda na titularidade e no uso de tal poder.

A título de argumentação, ao se atentar somente para a definição de poder de controle constante do Regulamento do Novo Mercado, uma venda de participação relevante, mas não majoritária, detida por um acionista de uma companhia listada no Novo Mercado poderia ser considerada uma alienação de controle, ensejando a realização de uma oferta pública de aquisição aos demais acionistas.

---

[11] *O poder de controle na sociedade anônima*. 4. ed. Rio de Janeiro: Ed. Forense, 2005, p. 287.

[12] Nelson Eizirik esclarece, apresentando inclusive decisões da CVM a respeito, que não há que se falar em alienação de controle nas seguintes hipóteses: (a) mudança de posição dentro do bloco de controle sem o ingresso de terceiro; (b) ingresso de terceiro no bloco de controle que não assuma posição predominante em tal bloco; ou (c) reorganização societária do controlador com a manutenção do acionista controlador final. NELSON EIZIRIK, *A lei das S/A comentada*. v III. São Paulo: Quartier Latin, 2011, p. 426 a 428.

Apesar de logicamente possível, entendemos que a adoção de tal posicionamento pela CVM traria insegurança jurídica para os participantes do mercado.

A este respeito, há doutrina no sentido de que o artigo 116 da Lei das S/A admite o controle minoritário, pois o texto da lei não exige que o acionista controlador seja titular da maioria do capital social votante, mas sim apresenta um conceito mais aberto de titularidade de direitos que assegurem ao acionista de forma permanente a maioria dos votos nas deliberações.

A nosso ver, o artigo 116 da Lei das S/A refere-se a: segurança – "assegura" – e constância – "permanente". Assim, ainda que um acionista tenha tido a maioria dos votos nas últimas assembleias de forma constante, não há segurança sobre esta situação no futuro.

Cita-se neste passo a declaração de voto da Presidente Maria Helena Santana no Processo Administrativo CVM RJ 2009/1956, a qual defende que a avaliação do controle de fato caso a caso pode trazer insegurança e que a CVM deve buscar aprofundar esta questão para definir critérios mais objetivos para a identificação do controle quando uma companhia tiver capital disperso com acionista minoritário com participação relevante.

Menciona também que a CVM ainda não precisou se manifestar sobre um caso desta natureza, mas que a autarquia está sujeita a enfrentar esta questão diretamente a qualquer tempo tendo em vista o número de empresas nacionais com capital pulverizado[13].

Tal processo discutiu a necessidade de realização de oferta pública em razão de suposta transferência indireta de controle da TIM Participações S/A, sendo que a decisão do colegiado foi pela inexigibilidade de realização da oferta pública[14].

---

[13] Nelson Eizirik noticia que na Europa a 13ª Diretiva sobre fusões e aquisições determinou que os países fixassem um percentual do capital com direito a voto que será considerado controle para fins de gatilho para a obrigatoriedade de oferta pública. NELSON EIZIRIK, *A lei das S/A comentada*. v III. São Paulo: Quartier Latin, 2011, p. 438. Na declaração de voto Presidente Maria Helena Santana no Processo Administrativo CVM RJ 2009/1956 ela menciona que a Itália fixou este percentual em 30%.

[14] O extrato da Ata de Reunião Extraordinária do Colegiado da CVM de 28.07.2009 que julgou este processo, bem como os respectivos votos estão disponíveis em: www.cvm.gov.br. Acesso em 03 de janeiro de 2012.

CORPORATE GOVERNANCE

Acerca da transferência de controle indireto, a Instrução Normativa CVM n. 361/02, em seu artigo 29, parágrafo 6º, estabelece que na hipótese de alienação indireta do controle o adquirente que realizar a oferta pública deverá apresentar à CVM, quando do pedido de registro da oferta pública de aquisição, a demonstração justificada do cálculo do preço atribuído à companhia indiretamente controlada, sendo que a CVM poderá ainda determinar a apresentação de laudo de avaliação da companhia.

Da mesma forma, o item 8.1.1.(ii) do Regulamento do Novo Mercado estabelece que o acionista controlador alienante deve declarar à BM&FBovespa o valor atribuído à companhia e anexar documentos comprobatórios, no caso de alienação de controle indireto.

Além das questões acima apresentadas envolvendo o conceito de poder de controle e acionista controlador, também foi objeto de discussão se as operações de incorporação e incorporação de ações em que ao final há mudança de controle de uma das companhias ensejariam ou não a obrigatoriedade de realização de oferta pública de aquisição pelo novo controlador.

Apesar de ser claro que a operação de incorporação (regulada pelo artigo 223 e seguintes da Lei das S/A) e a operação de incorporação de ações (artigo 252 da Lei das S/A) não configuram uma alienação de ações, o resultado final – mudança de controle – é o mesmo que enseja a obrigatoriedade da oferta pública de aquisição.

A CVM já se posicionou sobre este tema tendo consolidado o entendimento contrario à obrigatoriedade da realização de oferta pública de aquisição, haja vista que as operações de incorporação ou incorporação de ações não configuram uma alienação de controle propriamente dita.

A este respeito cita-se a decisão do colegiado no Processo Administrativo RJ n. 2008/4156[15]. Neste julgamento, o Diretor Marcos Barbosa Pinto, em seu voto, alerta que caso a CVM venha a se deparar com uma incorporação de fachada, deverá ser esta declarada fraudulenta, exigindo-se, neste caso, a realização da oferta pública.

Ainda sobre este tema a CVM emitiu, em 01 de setembro de 2008, o Parecer de Orientação n. 35, acerca das operações de incorporação, incorporação de ações e fusão, reforçando em referido documento os deveres fiduciários dos administradores em tais operações quando envolverem sociedades controladoras e controladas ou sob controle comum. Justifica

---

[15] Disponível em www.cvm.gov.br. Acesso em 03 de janeiro de 2012.

a CVM sua intervenção pelo fato de inexistir, nestes casos, duas maiorias acionárias distintas.

O parecer estabelece procedimentos para concretizar o cumprimento dos deveres fiduciários dos administradores na negociação da relação de troca acionária decorrente destas operações, bem como recomenda que sejam adotadas uma das seguintes medidas: (a) a constituição de um comitê especial para negociar a operação, sugerindo inclusive possíveis composições para tal comitê de forma a haver sempre a presença de pessoas independentes; ou (b) a aprovação da operação pela maioria dos acionistas não integrantes do bloco de controle, incluindo detentores de ações sem direito a voto ou com voto restrito.

Cabe comentar que a discussão acerca da obrigatoriedade de realização de oferta pública nas operações de incorporação também considerou o fato de algumas companhias terem em seus Estatutos Sociais cláusulas protecionistas contra a tomada de controle hostil. No entanto, o gatilho constante de tais cláusulas para a realização de oferta pública era a aquisição de controle, ou aquisição de ações representativas de certo percentual do capital social. Desta forma, tais cláusulas não interferiram no exame da questão.

Em companhias de capital disperso o adquirente pode preferir realizar uma oferta pública dirigida a todos os acionistas a negociar a aquisição diretamente com diversos acionistas, o que resulta muitas vezes em ofertas hostis para a aquisição do controle, assim denominadas as ofertas realizadas sem o consentimento da administração da companhia[16].

Nas companhias que desejam manter seu capital pulverizado os acionistas precisam se proteger contra uma oferta hostil de um acionista que vise se tornar controlador. Não só o controle pode representar uma ameaça como também a existência de um acionista minoritário relevante pode não ser algo desejado pela administração e pelos demais acionistas.

Desta forma, a existência de empresas com capital disperso foi seguida no Brasil por uma onda de alterações estatutárias para incluir especialmente dois tipos de cláusula.

A primeira, denominada *poison pill*, estabelece que o acionista que adquirir ações e atingir determinado percentual (por exemplo 30%) deverá fazer uma oferta pública a todos os demais acionistas. A segunda, denominada cláusula pétrea, impede o acionista de votar favoravelmente à supressão

---

[16] Nelson Eizirik, *A lei das S/A comentada*. v III. São Paulo: Quartier Latin, 2011, p. 413.

da *poison pill* do Estatuto Social ou impõe ônus ao acionista que votar desta forma, a saber, realizar a oferta pública para a aquisição das ações da companhia nos termos anteriormente previstos pela *poison pill*.

A este respeito a CVM editou o Parecer de Orientação n. 36 em 23 de junho de 2009, o qual estabelece que a aplicação concreta de uma cláusula pétrea que imponha a obrigação do acionista que votou favoravelmente à supressão ou alteração da *poison pill* é incompatível com os princípios e normas societárias em vigor. Em razão disto, a CVM não aplicará penalidades aos acionistas que votarem pela alteração ou exclusão de cláusula de proteção à dispersão acionária.

Ainda sobre este tema, na revisão do Regulamento do Novo Mercado foi incorporado ao seu texto a posição da CVM antes manifestada no Parecer de Orientação n. 36. Desta forma, o item 3.1.2.(ii) do regulamento determina que para aderir ao Novo Mercado as companhias não poderão conter em seus Estatutos Sociais cláusulas que proíbam o voto favorável ou imponham ônus aos acionistas que votarem favoravelmente à alteração ou supressão de cláusulas estatutárias.

Por fim, para encerrar este item acerca da alienação de controle cumpre esclarecer que o direito de participar da oferta pública ensejada por uma alienação de controle não é extensivo às ações sem direito a voto ou com direito restrito, salvo se a tais ações preferenciais for expressamente conferida esta vantagem, nos termos do art. 17, parágrafo 1º, III, da Lei das S/A, ou pelo fato da companhia estar listada no segmento Nível 2 da BM&FBovespa.

Conforme versão revisada do Regulamento do Nível 2 que entrou em vigor em 10 de maio de 2011, a oferta pública aos detentores de ações sem direito a voto ou com voto restrito deverá ser realizada pelo mesmo valor e nas mesmas condições oferecidas aos detentores de ações ordinárias[17].

## 4.5. Saída do Novo Mercado e/ou Cancelamento de Registro de Companhia Aberta

O cancelamento de registro de companhia aberta para negociação de ações no mercado deve ser precedido de oferta pública para aquisição da totalidade das ações em circulação no mercado, a ser feita pela companhia ou seu acionista controlador, direto ou indireto, por preço justo.

---

[17] A versão anterior do regulamento assegurava aos preferencialistas sem direito a voto ou com voto restrito 80% do valor oferecido aos detentores de ações com direito a voto.

QUESTÕES DE DIREITO SOCIETÁRIO EM PORTUGAL E NO BRASIL

Esta exigência consta do artigo 4º, parágrafo 4º da Lei das S/A, o qual estabelece também os critérios para a avaliação da companhia, a serem usados de forma isolada ou em conjunto, para fixação do preço justo, dentre eles, patrimônio líquido avaliado a preço de mercado, fluxo de caixa descontado, comparação por múltiplos, entre outros, desde que aceitos pela CVM.

Independente do critério adotado, acionistas representando no mínimo 10% (dez por cento) das ações em circulação[18] da companhia poderão solicitar, mediante requerimento fundamentado, a convocação de assembleia geral especial somente dos acionistas titulares das ações em circulação no mercado, cuja ordem do dia será a deliberação sobre a necessidade de nova avaliação do valor das ações da companhia, utilizando-se o mesmo critério de avaliação já utilizado ou outro.

Esta possibilidade de revisão do preço das ações consta do artigo 4º-A da Lei das S/A, que traz todo procedimento a ser observado por tais acionistas, tal como o prazo para requerer a realização da assembleia geral, entre outros.

Em acréscimo a tais disposições, o Regulamento do Novo Mercado exige para as companhias listadas em tal segmento que o preço justo seja igual ou maior ao fixado por laudo de avaliação fundamentado do valor econômico da empresa, elaborado por empresa especializada, com comprovada experiência e independência com relação à companhia, seus administradores e ao acionista controlador. O custo de elaboração do laudo será suportado pelo ofertante.

Tal empresa especializada será responsável perante a companhia, acionistas e terceiros por eventuais danos causados, possuindo também responsabilidade penal pela avaliação realizada, nos termos do artigo 8º, parágrafo 6º da Lei das S/A.

O regulamento assegura ainda aos acionistas que a escolha da empresa especializada seja de competência privativa da assembleia geral, que decidirá com base em lista tríplice apresentada pelo Conselho de Administra-

---

[18] Conforme artigo 4º-A, parágrafo 2º da Lei das S/A: *"Consideram-se ações em circulação no mercado todas as ações do capital da companhia aberta menos as de propriedade do acionista controlador, de diretores, de conselheiros de administração e as em tesouraria."*

CORPORATE GOVERNANCE

ção, observando-se o quórum de maioria dos acionistas presentes titulares das ações em circulação[19].

A companhia listada no Novo Mercado poderá sair deste segmento de listagem a qualquer momento, permanecendo ou não com seu registro de companhia aberta, desde que sua saída seja aprovada previamente por assembleia geral e a companhia comunique a BM&FBovespa por escrito com antecedência mínima de 30 (trinta) dias.

Nesta hipótese deverá o acionista controlador realizar uma oferta pública de aquisição das ações detidas pelos demais acionistas, sendo que o valor mínimo de tal oferta deverá ser apurado na forma prevista no regulamento para o cancelamento de registro de companhia aberta. Caso não haja acionista controlador, a assembleia que deliberar sobre a saída do Novo Mercado deverá definir o responsável pela realização da oferta pública, que deverá estar presente na assembleia e assumir esta obrigação.

Se no prazo de 12 (doze) meses após a saída da companhia do Novo Mercado ocorrer a alienação de seu controle acionário, o acionista controlador e o adquirente têm a obrigação solidária de oferecer aos demais acionistas a aquisição de suas ações pelo mesmo preço e condições obtidas pelo acionista controlador na venda de suas próprias ações. Se o preço da venda for superior ao da oferta pública realizada quando da saída da companhia do Novo Mercado, o acionista controlador e o adquirente serão conjunta e solidariamente responsáveis pelo pagamento da diferença de valor aos demais, devendo tal obrigação ser averbada no Livro de Registro de Ações da companhia.

Por fim, cabe ressaltar que a companhia que sair do Novo Mercado não poderá voltar a ter suas ações negociadas em tal segmento de listagem pelo prazo de 2 (dois) anos contados de sua saída. Exceção a esta regra é a companhia que tiver seu controle alienado após a saída do Novo Mercado.

Todos estes mecanismos têm por objetivo proteger o acionista minoritário, haja vista a possível diminuição da liquidez de suas ações com a saída da companhia do Novo Mercado ou mesmo a drástica redução de

---

[19] O Regulamento do Novo Mercado traz uma definição de ações em circulação diversa da Lei das S/A, a saber: *"Ações em circulação significa todas as ações emitidas pela Companhia, excetuadas as ações detidas pelo Acionista Controlador, por pessoas a ele vinculadas, por Administradores da Companhia, aquelas em tesouraria e preferenciais de classe especial que tenham por fim garantir direitos políticos diferenciados, sejam intransferíveis e de propriedade exclusiva do ente desestatizante."*

sua possibilidade de saída da companhia na hipótese desta se tornar uma companhia de capital fechado.

## 4.6. Sanções

O item XII do Regulamento do Novo Mercado disciplina as possíveis sanções a serem impostas à companhia e demais envolvidos em razão de descumprimento a qualquer das disposições do regulamento. Antes da aplicação de qualquer sanção será assegurada a ampla defesa ao responsável pelo descumprimento.

As possíveis sanções obedecem a um escalonamento e incluem a aplicação de multa, sanções não pecuniárias, cancelamento da autorização para negociar no Novo Mercado, sem prejuízo de perdas e danos, incluindo lucros cessantes.

Antes da aplicação de qualquer penalidade a BM&FBovespa notificará a companhia e os responsáveis sobre um descumprimento ocorrido fixando um prazo para sanar o descumprimento, se for possível.

A pena mais simples a ser aplicada pela BM&FBovespa são as multas. Para determinação de seu valor levar-se-á em consideração a natureza e gravidade da infração, os danos para o mercado e benefícios para o infrator, assim como o histórico de inadimplementos do infrator.

O valor fixado a título de multa poderá ser pago no prazo de 10 (dez) dias com desconto de 50% (cinquenta por cento). Os valores pagos como multa serão recebidos pela BM&FBovespa e destinados à manutenção da Câmara de Arbitragem do Mercado.

Além da aplicação da multa, dependendo da gravidade da infração a BM&FBovespa poderá aplicar sanções não pecuniárias conforme item 12.4 do regulamento, sendo a mais grave a suspensão da negociação dos valores mobiliários emitidos pela companhia até que seja remediada a infração cometida no prazo fixado pela BM&FBovespa.

A falha em remediar a infração no prazo fixado pela BM&FBovespa poderá resultar no cancelamento da autorização da companhia para negociar no Novo Mercado, devendo o acionista controlador realizar oferta pública de aquisição das ações pertencentes aos demais acionistas.

O item 12.5.2. traz disposições adicionais para o caso de a companhia não possuir acionista controlador. Se o descumprimento ao regulamento decorrer de deliberação em assembleia geral, os acionistas que votaram favoravelmente ao descumprimento deverão realizar oferta pública de aquisição nos termos aqui mencionados. De outra forma, se o descumprimento for decorrente de ato ou fato da administração, os administradores deverão convocar assembleia geral para deliberar sobre o possível saneamento do descumprimento ou a saída do Novo Mercado.

## 4.7. Disposições Gerais

Qualquer modificação relevante ao Regulamento do Novo Mercado deverá ser objeto de prévia audiência restrita com as companhias integrantes de tal segmento de listagem, em prazo a ser estabelecido, mas não inferior a 30 (trinta) dias, sendo que tal modificação somente poderá ser implementada se não houver manifestação expressa em contrário de companhias representando mais de 1/3 (um terço) das participantes da audiência. Deverá também a modificação ser aprovada pela CVM.

Em razão do processo de audiência restrita para revisão do Regulamento do Novo Mercado ocorrido recentemente, que resultou na nova versão do regulamento que entrou em vigor em 10 de maio de 2011, o item 14.5 do regulamento apresenta 3 (três) regras de transição para as empresas já listadas no Novo Mercado antes da realização da revisão.

A primeira diz respeito à nova regra de vedação de acumulação de cargos pelo Diretor Presidente e Presidente do Conselho de Administração das companhias. Fixou-se um prazo de 3 (três) anos contados da entrada em vigor da versão revisada do regulamento para as companhias adaptarem seus Estatutos Sociais em atendimento a tal regra.

A segunda refere-se a disposições estatutárias sobre quórum qualificado de deliberação e cláusulas pétreas, que poderão ser mantidas nos Estatutos Sociais das companhias listadas no Novo Mercado que já possuíam estas cláusulas em seus Estatutos Sociais antes de 10 de maio de 2011.

A última também diz respeito à manutenção de disposições estatutárias constantes dos Estatutos Sociais de companhias listadas no Novo Mercado antes de 10 de maio de 2011, permitindo a limitação do número de votos de acionista em percentual inferior a 5% (cinco por cento) do capital social exclusivamente para deliberação sobre modificação de cláusula estatutária que exija a realização de oferta pública para aquisição de ações por acionista que atingir determinado percentual do capital social.

## 5. Considerações Finais

Como se verificou neste trabalho, a governança corporativa no Brasil está presente na legislação societária nacional, nos segmentos de listagem com governança corporativa diferenciados da BM&FBovespa e em códigos de boas práticas.

Esta diversificação de instrumentos, incluindo dispositivos legais, obrigações contratuais e recomendações de melhores práticas, possibilitou a ampla difusão da governança corporativa no país, bem como permitiu a adequada adoção dos mecanismos de governança pelas pessoas jurídicas de acordo com a complexidade de sua organização, seu porte financeiro e a captação ou não de recursos da poupança popular.

Desta forma, sociedades por ações, sociedades limitadas, empresas públicas, entidades do terceiro setor, enfim, pessoas jurídicas em geral, têm a opção de incorporar ao seu dia-a-dia as recomendações de governança que lhes forem pertinentes, inspirando-se nos códigos de melhores práticas.

As sociedades por ações, de organização mais complexa, estão obrigadas ao atendimento dos preceitos estabelecidos na Lei das S/A. A companhia aberta, por sua vez, considerando sua característica de captação de recursos da poupança popular, deverá atender, além das exigências da Lei das S/A, as Instruções Normativas próprias editadas pela CVM. Poderá, adicionalmente, aderir a um dos segmentos especiais de listagem da BM&FBovespa com governança corporativa diferenciada, obrigando-se, desta forma, a regras mais rígidas de governança corporativa em razão de vínculo contratual com referida bolsa de valores. Esta adesão, totalmente voluntária, certamente só será realizada pela companhia que enxergar oportunidade de valor na sua listagem em segmento especial.

Este leque de possibilidades às empresas é positivo, haja vista que as práticas de governança podem ser utilizadas sem onerar excessivamente empresas menores. Se a lei incorporasse todas as boas práticas de governança ao seu texto tornando-as obrigatórias às empresas indiscriminadamente, desprezando seu porte e relevância da prática de governança, isto certamente representaria custos desnecessários e desgaste a pessoas jurídicas de menor porte.

A comemoração de 35 anos da Lei das S/A no ano de 2011 e as poucas alterações feitas ao seu texto em tão longo período refletem a solidez de nossa legislação societária, propiciando segurança às empresas nacionais.

CORPORATE GOVERNANCE

Pautados nos fundamentos desta lei, os segmentos de listagem com governança corporativa diferenciada da BM&FBovespa propulsionaram a evolução ocorrida no mercado de capitais nacional na última década, criando oportunidades de desenvolvimento ao Brasil. A revisão de seus regulamentos de listagem ocorrida em 2011 representou o reconhecimento da evolução do mercado de capitais e a tentativa de cumprir o desafio constante de acompanhar as mudanças.

Não obstante os mecanismos de governança corporativa existentes em nosso país, mudanças no cenário econômico continuarão a exigir reflexões e melhorias constantes nos mecanismos propriamente ditos e nas práticas de governança. Como é possível perceber da leitura do presente trabalho, no momento atual tais reflexões estão direcionadas principalmente às empresas de capital pulverizado.

# *Corporate Governance* em Portugal[*]

PEDRO MAIA[1]

**1. Noção e enquadramento histórico, no plano internacional e europeu[2]**
A vastíssima bibliografia que, sobretudo nos últimos vinte anos, tem sido publicada acerca da *corporate governance*[3] – patentemente um assunto "na

---

[*] Faremos uma abordagem da *corporate governance* centrada nas sociedades anónimas, por ser neste tipo societário que se concentram as principais questões de governo societário.

[1] Professor Auxiliar da Faculdade de Direito da Universidade de Coimbra.

[2] Para mais desenvolvimentos sobre este ponto, *vide* PEDRO MAIA, *Voto e Corporate Governance...*, (no prelo), Capítulo VI, que, a espaços, seguimos aqui de perto.

[3] Utilizamos a expressão *corporate governance*, embora entre os autores portugueses se constate uma certa flutuação terminológica ("governo das sociedades", "governação de sociedades", "governança de sociedades").

Cfr. ANTÓNIO MENEZES CORDEIRO, *Manual de direito das sociedades*, pp. 841ss. (que, sublinhando não existir "um equivalente claro, no Direito português das sociedades", para a expressão *corporate governance*, adota *governo das sociedades*), ANTÓNIO MENEZES CORDEIRO, "Do governo...", in *Prof. Doutor Inocêncio Galvão Telles: 90 anos Homenagem da Faculdade de Direito de Lisboa*, pp. 91ss. (advertindo, expressamente, para o facto de não existir "um equivalente claro, no direito das sociedades português", para a *corporate governance*), ANTÓNIO MENEZES CORDEIRO, "A crise...", *RDS Atualidade*, 2009, ano I, nº 2, pp. 263ss., PAULO CÂMARA, «O governo...», *CadMVM*, 2001, nº 12, pp. 45ss., PAULO CÂMARA, «O governo...», in *Jornadas sociedades abertas, valores mobiliários e intermediação financeira*, p. 163, PAULO CÂMARA, «O governo...», in *Código das Sociedades Comerciais e governo das sociedades*, pp. 9ss. (que também se refere, a pp. 20, a "modelos de governação"), CARLOS FRANCISCO ALVES, *Os investidores...*, moda"[4]– não ajuda a precisar o conteúdo do conceito, posto que sob essa comum (e "ambígua"[5]) designação se encontram compreensões diversas ou, até, *muito diversas,* tornando muito discutido o seu conteúdo[6]. Mesmo do ponto de vista histórico, a *corporate governance* não assenta numa construção dogmática que lhe empreste um sentido preciso – a *corporate governance* não é um conceito jurídico[7] –, acabando por, em muitos casos, consistir num conjunto de *temas* ou de *assuntos,* mormente de direito das sociedades, mas nem sequer exclusivamente de direito das sociedades. Aliás, não

---

*passim,* Luís Manuel Teles de Menezes Leitão, "Voto...", *CadMVM,* 2006, 24, p. 271, Miguel J. A. Pupo Correia, *Direito...,* pp. 249ss., Dimitilde Gomes, "O código...", *RB Direito e Banca,* 2008, 65, pp. 48ss., Pedro Verga Matos, "A relação entre os acionistas e os gestores...", *CadMVM,* 2009, nº 33, pp. 93ss.

Tal como nós, usam a expressão em língua inglesa João Soares da Silva, "Responsabilidade...", *ROA Doutrina,* 1997, ano 57, II, pp. 605ss., João Soares da Silva, "O Action...", *CadMVM,* pp. 72ss. (referindo-se, justamente, ao movimento internacional), Carlos Alves/ Victor Mendes, "As recomendações...", *CadMVM,* pp. 57ss., José A. Engrácia Antunes, *Direito das sociedades...,* pp. 113s., Paula Costa e Silva, *Direito...,* pp. 275ss., Pedro Caetano Nunes, *Corporate...,* *passim,* Filipe Cassiano dos Santos, *Estrutura...,* pp. 55s., Carlos Blanco de Morais, "Introdução...", *Estudos em Honra de Ruy de Albuquerque,* 2006, I, pp. 233ss., Gabriela Figueiredo Dias, *Fiscalização...,* pp. 22ss., João Calvão da Silva, ""Corporate...", *RLJ,* 2006, nº 3940, pp. 31ss., António Pereira de Almeida, *Sociedades comerciais...,* pp. 537ss., Bruno Ferreira, "A responsabilidade...", *CadMVM,* pp. 7ss.

Servindo-se tanto da expressão inglesa como da tradução "governo das sociedades", cfr. Paula Costa e Silva, *Direito...* , pp. 254ss. e 275ss.

Usando quer "governação", quer "governo" de sociedades, mas preferindo a primeira (que considera menos elegante), para deixar reservada a segunda para as situações em que está envolvida a gestão da *res* publica e a regulação do Estado, *vide* Paulo Olavo Cunha, *Direito das sociedades...,* p. 524, nota 646.

Optando pelo termo "governação", *vide* Jorge Manuel Coutinho de Abreu, *Governação...,* pp. 5s. (que prefere "governação" a "governo", por este vocábulo "estar mais conotado com poder político-executivo e, também por isso, menos recetivo do que «governação» para significar (a par de administração) o controlo societário"), Maria de Fátima Ribeiro, "Sociedades...", in *Jornadas sociedades abertas, valores mobiliários e intermediação financeira,* pp. 18ss. (que, usando também a expressão inglesa, a traduz por "governação").

[4] John Farrar, *Corporate...,* p. 3.

[5] A expressão é de Leonard M. Leiman, "Corporate...", *Journal of Comparative Corporate Law and Securities Regulation,* 1979, 2, p. 89.

[6] Cfr. Klaus J. Hopt, "Gemeinsame Grundsätze der Corporate...", *ZGR,* 2000, 6, p. 782.

[7] Cfr. Uwe H. Schneider/Christian Strenger, "Die „Corporate Governance-Grundsätze" der...", *AG,* 2000, 3, p. 106.

CORPORATE GOVERNANCE EM PORTUGAL

deixa de ser revelador o facto de vários autores se referirem àquilo a que a *corporate governance respeita* e não ao que ela é[8]: a dificuldade ou mesmo a impossibilidade de apresentar uma definição rigorosa de *corporate governance* conduz à imprecisão e à indefinição do conceito.

Por isso se refere a "ambiguidade"[9] e a "falta de exatidão"[10] de que o conceito padece, sublinhando-se que a diversidade do seu conteúdo se constata tanto no confronto entre ordens jurídicas como também em cada ordem jurídica isoladamente considerada[11]: "one thing that is clear about the concept of corporate governance is that there is no set definition as to what means"[12]. Não surpreende, portanto, que a "ambiguidade" e a "falta de exatidão" do conceito acabem por se refletir nas definições apresentadas, que variam, desde logo, no seu *núcleo essencial*, mas também no seu âmbito e, até, no ramo de direito em que, fruto dessa diferença de âmbito, a *corporate governance* pode inscrever-se (direito das sociedades? direito do mercado de capitais? direito público da economia?).

Num sentido mais restrito, a *corporate governance* centra-se nas relações internas da sociedade, o que remete para a análise das competências de cada um dos órgãos, bem como para a apreciação dos direitos e deveres dos respetivos membros. Neste sentido, é correto dizer-se que a *corporate governance* é, pelo menos, tão antiga quanto a própria sociedade anónima[13], ou que a sua discussão remonta às origens do regime legal da anónima no séc. XIX[14], pois desde sempre foi necessário responder às questões de saber *quem* exerce *que poderes*, com que *direitos* e submetido a que *deveres*. A conceção consagrada no *Relatório Cadbury*[15], acolhida entretanto em muitos

---

[8] *Vide*, entre muitíssimos, Klaus J. Hopt, "Gemeinsame Grundsätze der Corporate...", *ZGR*, 2000, 6, p. 782.

[9] John Farrar, *Corporate...* , p. 3.

[10] John H. Farrar/Brenda Hannigan, *Farrar's...*, p. 301.

[11] Cfr. Jill Solomon, *Corporate governance and accountability*, p. 12.

[12] Cfr. Jean Jacques du Plessis/James McConvill/Mirko Bagaric, *Principles...*, p. 1.

[13] Cfr., por exemplo, Paul L. Davies/Sarah Worthington/Eva Micheler, *Gower...*, p. 359, e, entre nós, Miguel J. A. Pupo Correia, *Direito...*, p. 250.

[14] Cfr. Klaus J. Hopt, "New ways in Corporate Governance: european...", *Michigan Law Review*, 1984, 82, pp. 1338s.

[15] Relatório Cadbury é a designação comum para o *Report of the Committee on the Financial Aspects of Corporate Governance*, que constitui um marco na corporate governance, pelo menos no espaço europeu. *Vide*, por exemplo, Paulo Câmara, «Votação e influência...», in *O Governo das Organizações – a vocação universal do corporate governance* , p. 14.

QUESTÕES DE DIREITO SOCIETÁRIO EM PORTUGAL E NO BRASIL

trabalhos, e mesmo em documentos oficiais[16], reflete esta visão neutra e de cariz estrutural: "corporate governance is the system by wich companies are directed and controlled"[17]. Um entendimento idêntico a este, mas numa perspetiva mais funcional e menos estrutural, poderá centrar-se no *processo* de administração e de controlo das sociedades[18].

Numa visão mais restrita ainda, a *corporate governance* pode cingir-se à relação entre *acionistas* e *administração*[19]. E é justamente a esta noção restrita que, no essencial, faz apelo a *teoria da agência*, cujo paradigma, de natureza *financeira*, alicerçou a generalidade das análises da *corporate governance* nos Estados Unidos desde finais da década de 70 até, pelo menos, meados dos anos 90[20]. Neste paradigma, o problema colocado pelo "governo da sociedade" respeita, apenas, aos sujeitos a quem interessa esse mesmo governo: os acionistas (os *principais*) e os *managers* (os *agents*). Por sua vez, esta visão fundada na teoria da agência conduziu à formação da teoria designada de "primazia dos acionistas" (*shareholders primacy*), conferindo à *corporate governance* um vincado cunho de defesa ou de tutela dos interesses dos acionistas. A relação acionistas/*managers* constitui, para os defensores da teoria da agência, o cerne da *corporate governance*, visando esta resolver os *problemas* (*agency problem*) dessa relação e reduzir os respetivos *custos* (*agency costs*).

Mais recentemente, sem abandonar a conceção de empresa como rede de contratos e também sem afastar a qualificação da relação entre acionistas e *managers* como uma relação de agência, emergiu a *directors primacy*

---

[16] Cfr., por exemplo, entre muitíssimos, G. P. STAPLEDON, *Institutional...*, p. 3, ALESSANDRA ZANARDO, "La nuova...", *Contratto e Impresa*, 2004, p. 391, nota 1, BRIAN R. CHEFFINS, "Tendenze attuali di *corporate governance*: la Londra...", *Giurisprudenza Commerciale*, 2001, p. 161.
A Comissão Europeia, por exemplo, na Comunicação ao Conselho, de 21.5.2003 ("Modernizar o direito das sociedadades..."), escreve: "por governo das sociedades, que pode ser definido de diversas formas, entende-se normalmente o sistema mediante o qual as empresas são administradas e controladas" (p. 11). Entre nós, a CMVM, por exemplo na Recomendação de 2007 sobre governo das sociedades, também adotou esta noção ("Por governo das sociedades quer-se referir o sistema de regras e condutas relativo ao exercício da direção e do controlo das sociedades").

[17] Cfr. "The financial...", 1992, Introdução, ponto 2.5.

[18] Cfr. GLEN E. HESS, "Corporate...", in *Governance – Optimierung der Unternehmensführung und der Unternehmenskontrolle im deutschen und amerikanischen Aktienrecht*, p. 10.

[19] Cfr. SPINDLER, "Stimmrecht und Teilnahme...", *Institut für Wirtschaftsrecht Universität Göttingen*, 2006, pp. 2s., que começa por formular a *corporate governance* nesses termos.

[20] Cfr. JILL SOLOMON, *Corporate governance and accountability*, p. 12.

*approach*, que recusa que a primazia pertença aos acionistas e que a estes deva caber o controlo da sociedade: aos *directors* deve pertencer o poder – a primazia –, mas permanecendo eles determinados e subordinados ao dever de lealdade aos acionistas, que são os beneficiários da atuação dos *directors*. O núcleo da *corporate governance* deve, neste caso, deslocar-se do exercício de poderes e de controlo pelos (e a favor dos) acionistas, para o cumprimento dos deveres de lealdade dos *directors* e para o efetivo cumprimento das suas funções.

A *corporate governance* pode, contudo, ser entendida de modo mais amplo, estendendo-se então a todas as partes que contratam com a sociedade – não apenas à relação com os acionistas –, mas também a fornecedores de bens ou serviços, clientes, trabalhadores, credores, etc. Nesta visão mais ampla, a *corporate governance* ocupa-se também da relação da sociedade com todos os *stakeholders*[21]. Nos ordenamentos jurídicos europeus, sobretudo naqueles em que é marcante a preocupação de tutela dos trabalhadores – mormente na Alemanha, tendo em conta a lei da cogestão –, vários autores sustentam que o âmbito da *corporate governance* deve estender-se, pelo menos, às relações da sociedade com os trabalhadores[22]. Nesta perspetiva, a responsabilidade social constitui, também, um tema de *corporate governance*[23].

A fluidez ou ambiguidade que o movimento de *corporate governance* apresenta não respeita apenas ao respetivo âmbito, mas também aos *problemas* que pretende resolver e aos *objetivos* que visa alcançar. Na verdade, apreciada sob um prisma *meramente organizatório* – respeitante à distribuição de poder dentro da sociedade –, a *corporate governance* constitui um movi-

---

[21] Os *stakeholders* podem ser definidos como todos os que têm interesse no sucesso da empresa. Neste sentido, veja-se, por exemplo, THOMAS E. ABELTSHAUSER, "Corporate....", in *Corporate Governance Tagungsband der 1. Hannoveraner Unternehmensrechtstage*, p. 6, nota 29, e G. P. STAPLEDON, *Institutional...* , p. 8.

[22] *Vide*, por exemplo, CHRISTOPH TEICHMANN, "Corporate...", *ZGR*, 2001, Nr. 5, pp. 648s., THOMAS E. ABELTSHAUSER, "Corporate....", in *Corporate Governance Tagungsband der 1. Hannoveraner Unternehmensrechtstage*, pp. 5s. Mas também não faltam autores que defendem que a tutela de tais interesses – do mercado, dos trabalhadores, dos credores, etc. – há de fazer-se fora do âmbito do direito das sociedades: ao direito das sociedades só deve caber a relação entre a sociedade e os seus acionistas (neste sentido, EDDY WYMEERSCH, "Gesellschaftsrecht im Wandel: Ursachen...", *ZGR*, 2001, 2, p. 303).

[23] Uma notícia recente sobre a matéria pode ler-se em CATARINA SERRA, "A responsabilidade social...", in *Estudos em homenagem ao Prof. Doutor Manuel Henrique Mesquita*, pp. 835ss.

mento *neutro*, que não se mostra nem temporal, nem geograficamente condicionado: em todas as sociedades anónimas, em todos os ordenamentos jurídicos, em todas as épocas, mostra-se necessário proceder à repartição de poderes no seio do grémio social, definir o estatuto dos membros do órgão de administração e de fiscalização, etc. Nesta visão neutra, a *corporate governance* não se propõe resolver um *problema específico* – de sociedades de capital disperso ou de sociedades abertas, ou de sociedades de grande dimensão –, nem se propõe alcançar um *objetivo específico* – por exemplo, melhorar o desempenho económico da sociedade, do mercado de capitais ou a competitividade de um país –, mas tão-somente descrever ou analisar o exercício da função de administração e de fiscalização na sociedade.

Podendo embora admitir-se uma tal conceção neutra da *corporate governance*, não é esse o sentido que, progressivamente, o conceito tem vindo a adquirir[24]. Quando assuma um objetivo, a noção de *corporate governance* pode centrar-se mais na *estrutura societária* – buscando o modelo organizatório mais eficiente – ou *no comportamento* dos titulares dos seus órgãos[25]. E, justamente porque não é neutra à realidade do tráfico jurídico-societário, nem aos problemas que ele apresenta, o movimento de *corporate governance* tem assumido diferentes feições ou matizes.

Numa primeira e embrionária fase, a reflexão da *corporate governance* respeitava às sociedades anónimas de capital disperso e ao problema específico que tais sociedades colocam, o da dissociação entre a qualidade de acionista e a administração da sociedade. Daí o seu surgimento ter ocorrido nos países em que as sociedades têm o seu capital mais disperso (Estados Unidos e Grã-Bretanha). Nesta fase – em que ainda não era, sequer, utilizada a expressão *corporate governance*, que só viria a surgir mais tarde –, a perspetiva não era a de *alterar* ou de *intervir* sobre a situação, que se tomava como um *dado*, mas apenas a de apreciar as respetivas *consequências*. Perante

---

[24] De resto, é cada vez mais comum incluir na noção de *corporate governance* uma dimensão *qualitativa*: não se trata, apenas, de descrever o modelo de administração e de fiscalização das sociedades, mas sim de procurar a *boa* administração e fiscalização da sociedade. *Vide*, por exemplo, MARCUS LUTTER, "Deutscher...", in *Reform des Aktienrechts, der Rechnungslegung und der Prüfung KonTraG – Corporate Governance – TransPuG*, p. 69.

[25] Cfr. JONATHAN R. MACEY, *Corporate Governance promises kept, promises...*, pp. 1 e 18 ("the purpose of corporate governance is to persuade, induce, compel, and otherwise motivate corporate managers to keep the promises they make to investors", e, noutro passo: "corporate governance is generally about promises...").

CORPORATE GOVERNANCE EM PORTUGAL

a ampla dispersão de capital e a ausência de acionistas no controlo, a doutrina debatia os reflexos que uma tal dissociação de poder teria sobre os deveres dos administradores: no interesse de quem estavam os *managers* obrigados a atuar, qual o ou os objetivos que a sua atuação deveria servir, qual o fim ou os fins da sociedade.

Foi neste quadro que, na década de 30 do século passado, se desenvolveu o debate entre Adolf Berle e E. Dodd, que constitui, ainda hoje, uma referência para o estudo da *corporate governance*: a divergência entre os autores não respeitava nem ao *facto* da dispersão, que ambos assumiam como verdadeiro, nem à sua *implicação direta* – posto que ambos tomavam a cisão entre a propriedade e poder como inevitável[26]. A querela residia nas *consequências mediatas* que esse facto produzia, ou poderia produzir, sobre o estatuto dos administradores, sobre os seus deveres e, mais genericamente, sobre o "conceito de sociedade" – aqui entendido como *papel* ou *função* da sociedade[27].

Após aquele debate do início dos anos 30, a *corporate governance* não suscitaria, nos Estados Unidos, a atenção da doutrina nos anos 40 e 50[28]. No início dos anos 60, Manning sentenciava, até, que "corporation law, as a field of intellectual effort, is dead in the United States"[29]. Mas, pelos anos 70, reemergiu um intenso debate, que ultrapassou o mundo académico e chegou aos reguladores, às organizações de *managers*, etc.[30] Nesta fase, "the

---

[26] Referindo-se a uma outra obra de Berle (Berle/Means, *Power without property*), PHILIP A. JR. LOOMIS/BEVERLY K. RUBMAN, "Corporate...", *Hofstra Law Review*, 1979-1980, 8, p. 144, escreve que "Berle e Menas reconheciam a inerente inevitabilidade desta situação [a dispersão do capital e ausência de poder dos acionistas]".

[27] Explicando que a expressão "concept of corporation", muito comum, é usada com esse sentido, cfr. JOSEPH L. WEINER, "The berle-dodd...", *Columbia Law Review*, 1964, 64, p. 1458, nota 1.

[28] Cfr. PHILIP A. JR. LOOMIS/BEVERLY K. RUBMAN, "Corporate...", *Hofstra Law Review*, 1979-1980, 8, p. 141. Mesmo o tema da querela Berle/Dodd só seria retomado nos anos 60 e 70 (*vide* JOSEPH L. WEINER, "The berle-dodd...", *Columbia Law Review*, 1964, 64, pp. 1458ss., e DAVID L. ENGEL, "An approach to corporate...", *Standford Law Review*, 1979-1980, 32, pp. 1ss.).

[29] Cfr. BAYLESS MANNING, "The shareholder's...", *The Yale Law Journal*, 1962, 72, Nº. 2, p. 245, nota 37.

[30] Cfr. DANIEL R. FISCHEL, "The Corporate...", *Vanderbilt Law Review*, 1982, 35, Nº. 6, pp. 1260s.

theory of corporate governance underwent a revolution..."[31] e iniciou-se uma intensa produção doutrinal sobre a matéria[32].

Diferentemente do que sucedera naquela primeira fase, dos anos 30, a discussão já não versou sobre as *consequências* de uma situação que se assumia como inevitável – a dispersão do capital e o alheamento dos acionistas da gestão da grande sociedade anónima –, mas sim sobre a situação em si mesma e sobre o *problema* que ela apresentava. Não se afigurava, contudo, claro qual fosse *o problema* que, concretamente, se impunha resolver, mas já se desenhavam, ainda que em termos vagos, alguns dos temas que, quarenta anos mais tarde, viriam a estar no centro da *corporate governance*: os poderes dos acionistas – vertidos na fórmula "democracia acionista" – e o controlo da atuação dos *managers* – uma matéria de "accountability".

O renascimento do interesse sobre a *corporate governance* teve, nos anos 70, duas causas diretas: por um lado, um crescente mal-estar social e político nos Estados Unidos, gerado nos anos 60, que se repercutiu numa visão pública muito negativa das grandes sociedades; por outro lado, uma série de escândalos respeitantes a pagamentos indevidos efetuados pelos *managers* das grandes sociedades.

Mas, no segundo momento, que vigorou durante os anos 80, viria a prevalecer como "main engine for corporate governance the hostile takeover"[33]. A febre das OPAs vivida nessa época – cujo ímpeto neutralizou as tendências de "democratização" que se haviam formado na sequência das campanhas GM e seguintes –, e que começou a formar-se em meados dos anos 70, relegou para segundo plano todas as estratégias que passassem por atribuir mais poder aos acionistas *dentro da sociedade*[34] – reforçando

---

[31] Cfr. GEORGE W. DENT, "The revolution in Corporate...", *Boston University Law Review*, 1981, 61, p. 623.

[32] Veja-se, por exemplo, JOHN C. COFFEE, "Beyond the shut-eyed...", *Virginia Law Review*, 1977, 63, pp. 1099ss.

[33] Cfr. JOHN POUND, "The rise...", *New York University Law Review*, 1993, 68, pp. 1009s. As *takeovers* terão surgido em 1956, mas a maturidade do mecanismo e a sua excecional dimensão ocorreu a partir dos finais dos anos 70, prolongando-se pela década de 80, para decair drasticamente nos começos dos anos 90. Sobre este fenómeno e as suas causas, cfr., entre muitos, JOHN POUND, "The rise...", *New York University Law Review*, 1993, 68, pp. 1015ss.

[34] Por isso se pôde afirmar que a febre das OPAs, que teve o seu apogeu nos anos 80, culminou um longo processo de substituição de um modelo político de governo da sociedade por um modelo de governo através de OPAs (*vide* JOHN POUND, "The rise...", *New York University Law Review*, 1993, 68, p. 1017).

CORPORATE GOVERNANCE EM PORTUGAL

a via *voice* – e mesmo, em certa medida, qualquer reforço de fiscalização com vista a assegurar o alinhamento de interesses dos *managers* com os dos acionistas: partindo do pressuposto de que o preço das ações incorporaria a qualidade do desempenho dos *managers* e de que os mercados são eficientes, os acionistas estariam sempre protegidos pelo próprio mercado[35]. As sociedades não seriam governadas nem por princípios democráticos, nem plutocráticos, mas sim pelos princípios de funcionamento do mercado[36].

Nesta fase, o debate da *corporate governance* centrou-se, por conseguinte e como não poderia deixar de ser, nas matérias relativas às OPAs: os deveres e os poderes dos *managers* da sociedade visada, a admissibilidade de consagração de mecanismos anti-OPA, a admissibilidade de OPAs concorrentes.

Mas foi, curiosamente, como instrumento de tutela da via *exit* que os investidores institucionais começariam a reclamar algum, específico, poder dentro da sociedade. Na verdade, o *primeiro ativismo* dos investidores institucionais – e todas as questões que ele viria a suscitar – surgiu, se assim se pode dizer, para tutela da sua *passividade* e da via, por eles preferida, de *exit*. Uma vez que os investidores institucionais pretendiam assegurar a existência e o bom funcionamento do mercado para o controlo (*market for corporate control*)[37] – pois era este mercado que mais eficazmente lhes garantia a via *exit* –, passaram a exigir que lhes fosse dada a palavra, quer dizer, que os acionistas tivessem de ser consultados sobre a introdução de medidas anti-OPA nos estatutos da sociedade, sobre a adoção de medidas que frustrassem uma OPA, sobre a criação de *golden parachutes*, etc.[38]. A *voice* que os acionistas reclamavam era meramente *instrumental* do seu obje-

---

[35] Incisivamente neste sentido, que corresponde a uma visão de liberalismo absoluto, assente na crença de que o mercado é maximamente eficiente, cfr. FRANK H. EASTERBROOK/DANIEL R. FISCHEL, "Takeover bids, defensive...", *The Business Lawyer*, 1980-1981, 36, pp. 1733ss., FRANK H. EASTERBROOK/DANIEL R. FISCHEL, "The proper...", *Harvard Law Review*, 1981, 94, Nº. 6, pp. 1169ss., e DANIEL R. FISCHEL, "The Corporate...", *Vanderbilt Law Review*, 1982, 35, Nº. 6, p. 1266., ROBERT COOTER/THOMAS ULEN, *Law...*, pp. 146s.

[36] Cfr. HENRY G. MANNE, "The myth of corporate responsibility...", *The Business Lawyer*, 1970-1971, 26, pp. 533ss.

[37] Cfr. HENRY G. MANNE, "Mergers..." *Journal of Political Economy*, 1965, pp. 110ss., MICHAEL BRADLEY, "Interfirm...", *The Journal of Business*, 1980, 53, Nº. 4, pp. 345ss., JOHN C. COFFEE, "Regulating...", *Columbia Law Review*, 1984, 84, pp. 1145ss., MARK J. LOEWENSTEIN, "The conundrum..." *Wake Forest Law Review*, 2000, p. 11.

[38] Cfr. J. RONALD GILSON/REINIER KRAAKMAN, "Reinventing...", *Stanford Law Review*, 1990-1991, 43, p. 868.

tivo nuclear que era o *exit*: pretendia-se que os acionistas tivessem poder dentro da sociedade (*voice*) para evitar que não pudessem sair da sociedade (*exit*). Ou, segundo alguns autores, para poderem beneficiar economicamente, ainda que de forma indireta, da existência de um mercado de controlo das sociedades.

A necessidade ou a conveniência de assegurar o mercado de controlo, mas também de assegurar que a generalidade das sociedades fosse gerida com vista à satisfação dos interesses dos acionistas, levou a que, nesse período, começasse a emergir um novo modelo de *board*: o *monitoring model* – em que ao *board* eram confiadas funções de fiscalização –, que veio substituir o *managerial model*, dominante até finais do anos 70 – em que o *board* era tomado como um órgão de administração[39].

Imediata e diretamente relacionada com este novo modelo de *board* despontou a emergência do *outside diretor* – ou *independent diretor* – na composição do órgão: uma vez que se pretendia que o órgão cumprisse uma função de fiscalização no interesse dos acionistas, então, no mínimo, os membros do órgão deveriam ser *independentes* da administração. Este passou a constituir, desde os anos 80, um dos principais temas de *corporate governance*[40], pela dificuldade em instituir um sistema que não só assegurasse que os membros do *board* não fossem capturados pelos *managers*, mas ainda que garantisse que a função de monitorização era efetiva e eficientemente cumprida. A mera circunstância, negativa, de os membros do

---

[39] Sobre estes dois modelos e sobre a substituição de um pelo outro, cfr., por exemplo, MELVIN ARON EISENBERG, *The structure...*, pp. 156ss., GEORGE W. DENT, "The revolution in Corporate...", *Boston University Law Review*, 1981, 61, pp. 623ss., e MELVIN ARON EISENBERG, "Corporate...", *Columbia Law Review*, 1999, 99, pp. 1278ss., JEFFREY N. GORDON, "The rise...", *Stanford Law Review*, 2006-2007, 59, pp. 1514ss., e DALIA TSUK MITCHELL, "Status bound: the twentieth century...", *NYU Journal of Law and Business*, 2009, 5, pp. 132ss.

Mas, em si mesmos, os benefícios da monitorização interna não são indiscutíveis, havendo autores que sublinham o excessivo custo e a inevitável ineficiência do sistema (cfr., por exemplo, DONALD C. LANGEVOORT, "Monitoring...", *Georgetown University Law Center Business, Economics, and Regulatory Policy, Law and Economics Research Paper Nº. 276121* 2001, pp. 1ss.).

[40] Advogando a presença de independentes no *board*, cfr. ARTHUR J. GOLDBERG, "A defense of the bureaucracy...", *The George Washington Law Review*, 1979-1980, 48, pp. 519s. (que defendia que estes "independentes" deveriam prosseguir também o interesse público), BERNARD S. BLACK, "The value...", *UCLA Law Review*, 1991-1992, 39, pp. 899ss., MARTIN LIPTON/JAY W. LORSCH, "A modest proposal for improved...", *The Business Lawyer*, 1992-1993, 48, p. 67 (sugerindo uma *ratio* de dois independentes por cada não-independente).

*board* serem independentes dos *managers* não garantia, por si só, que tais membros atuassem efetiva e diligentemente na defesa dos interesses dos acionistas. Tendo emergido nessa época, o problema da eficiência da fiscalização interna das sociedades continua a ser um dos principais assuntos do movimento de *corporate governance*.

Extinta a vaga de OPAs dos anos 80 – que ficou conhecida como a "deal decade"[41] –, e dada a sempre crescente hegemonia dos investidores institucionais no mercado – que titulavam percentagens cada vez mais elevadas do capital das sociedades[42] –, o ativismo acionista, que, numa primeira fase, fora *meramente instrumental* da existência e do (bom) funcionamento de um *mercado de controlo* – por isso mesmo, os temas essenciais do ativismo acionista centraram-se, nesse tempo, nas matérias que permitissem aos *managers* limitar ou mesmo excluir que as respetivas sociedades fossem alvo de uma OPA –, passou a constituir uma das vias, de importância crescente, para a realização *direta* dos interesses dos investidores institucionais. Esse novo "ativismo acionista" era mesmo convocado por importante parte da doutrina[43], que atribuía a uma categoria de investidores institucionais – a dos fundos públicos de pensões – o relevante papel de fiscalizar ativamente o desempenho dos *managers*[44]. Sem disporem de um mercado de domínio ativo, os investidores institucionais, detentores de percentagens cada vez

---

[41] Cfr. JEFFREY N. GORDON, "The rise...", *Stanford Law Review*, 2006-2007, 59, p. 1521.

[42] Sobre a evolução da posição dos investidores institucionais no mercado de captiais, cfr. LOUIS LOWENSTEIN/IRA M. MILLSTEIN, "The American...", *Columbia Business Law Review*, 1988, 1988, pp. 742ss.

[43] Uma aguda análise dos custos e benefícios do ativismo para os investidores institucionais pode encontrar-se em ROBERT C. POZEN, "Institutional perspetive on shareholder nominations...", *The Business Lawyer*, 2003-2004, 59, pp. 96ss.

[44] Cfr., por exemplo, BERNARD S. BLACK, "Shareholder...", *Michigan Law Review*, 1990, pp. 520ss., BERNARD S. BLACK, "Agents watching...", *UCLA Law Review*, 1991-1992, 39, pp. 811ss., JOHN C. COFFEE, "Liquidity...", *Columbia Law Review*, 1991, 91, Nº. 6, pp. 1277ss., J. RONALD GILSON/REINIER KRAAKMAN, "Reinventing...", *Stanford Law Review*, 1990-1991, 43, pp. 863ss., em esp. pp. 883ss. Porém, procurando "moderar esse entusiasmo", dando uma "dose de realismo ao debate sobre o ativismo acionista", cfr. ROBERTA ROMANO, "Public...", *Columbia Law Review*, 1993, 93, Nº. 4, pp. 795ss. (que evidencia os problemas que a atuação dos fundos de pensões coloca, visto serem vulneráveis a pressões políticas e os respetivos *managers* também terem um problema de agência).

mais elevadas de títulos, deixaram de contar, na prática, com a via *exit*, pelo que a tutela dos seus interesses teria de assentar na via *voice*[45].

Paradoxalmente, o aumento do *ativismo acionista* deveu-se, em parte também, à passividade que os investidores, enquanto investidores, revelavam: não querendo procurar novos investimentos nem novos ativos em que pudessem investir, estes investidores tornaram-se mais ativos enquanto acionistas[46].

A solução encontrada para ultrapassar este "dilema" foi, em parte, a da independência do *board*, a quem, justamente devido a essa *independência*, se poderia confiar o poder de decidir a respeito da conveniência de cada OPA em concreto, no que toca ao almejado propósito de criação de valor para os acionistas[47]. Os anos 90 assistiram, assim, a um espetacular aumento da percentagem de "membros independentes" no *board*.

Progressivamente convertido num órgão de fiscalização (ou, segundo outra terminologia, de *monitorização*) – à luz do referido "monitoring model" –, ao *board* era atribuída pela doutrina não só a função de zelar pelo cumprimento da lei e dos estatutos, mas também a (nova e) importantíssima função de *avaliar o desempenho* dos *managers*. O cumprimento desta nova função era crucial à luz da também nova e entretanto dominante "teoria da agência" (*agency theory*): encarados os *managers* como *agents* dos acionistas, era crucial assegurar que aqueles prosseguiriam o melhor possível os interesses dos "principais" (*principals*). Ao *board* não se pedia que

---

[45] Cfr., entre muitos, EDWARD S. ADAMS, "Bridging the gap between...", *The Journal of Corporation Law*, 2008-2009, 34, p. 425. Num inquérito realizado, em 1992, aos *CEOs* já se mostrava evidente para quase todos (somente 6% pensavam o contrário) que os investidores institucionais iriam aumentar o seu envolvimento no governo das sociedades (cfr. MARTIN LIPTON/JAY W. LORSCH, "A modest proposal for improved...", *The Business Lawyer*, 1992--1993, 48, p. 61, nota 12).

[46] Cfr. ROBERT A. G. MONKS/NELL MINOW, *Corporate...*, pp. 142s.

[47] Cfr. JEFFREY N. GORDON, "The rise...", *Stanford Law Review*, 2006-2007, 59, pp. 1526s. Esta solução foi muito induzida pela jurisprudência norte-americana, que, em vários casos (*Unocal Corp. v. Mesa Petroleum Co., Moran v. Household International, Inc.*, e *Paramount Communications, Inc. v. Time, Inc.*), associou a validade de medidas defensivas de OPA à presença maioritária de independentes no *board*. Neste último caso, de 1990, em que o Tribunal do Delaware abriu a porta a que a administração da sociedade visada pudesse recusar a OPA ("just say no"), foi também invocado o argumento de a decisão ter sido tomada por membros independentes do *board* (cfr., por exemplo, JEFFREY N. GORDON, "The rise...", *Stanford Law Review*, 2006--2007, 59, pp. 1523ss.).

## CORPORATE GOVERNANCE EM PORTUGAL

cumprisse, apenas, uma *função negativa* – de impedir que os *managers* violassem a lei, os estatutos ou os seus deveres (de cuidado e de diligência) –, mas também que desempenhasse um papel *positivo*, quer no escrutínio da *qualidade* da atuação dos *managers*, quer, ainda, no *estímulo à máxima qualidade de desempenho*, no estímulo ao alinhamento de interesses dos *managers* com os dos acionistas.

Ora, foi justamente esta segunda vertente que desencadeou a especial relevância da estrutura remuneratória dos *managers*, que se tornou o principal ou até o único veículo em que o movimento de *corporate governance* se concentrou para a promoção do referido "alinhamento de interesses". Uma vez reconduzida a relação acionistas/*managers* a uma relação de agência e uma vez identificado aí um *problema* – o problema que consiste em o *agente* (o *manager*), sempre que tenha interesses divergentes dos do *principal* (o acionista), poder optar por prosseguir os seus próprios interesses –, a remuneração passou a ser encarada como o veículo certo para que os *managers* pudessem satisfazer o seu interesse na máxima remuneração se e na medida em que os acionistas alcançassem, também, a máxima satisfação do seu próprio interesse: o interesse próprio dos *managers* deveria ser "legítimo"[48], por os ganhos destes assentarem nos ganhos dos acionistas.

Este movimento de *corporate governance*, de cunho norte-americano, começou, entretanto, a *internacionalizar-se* e mesmo a *globalizar-se*[49]. Vista como a consequência *natural* ou *inevitável* da nova realidade económica global, advinda da proximidade dos mercados de capitais – atenta a facilidade que as novas tecnologias trouxeram à comunicação à distância –, a globalização do movimento de *corporate governance* corresponde, também ela, a um *vincado interesse dos investidores institucionais*. E, uma vez que esta globa-

---

[48] Cfr. Lynne L. Dallas, "Two models...", *University of Michigan Journal of Law Reform*, 1988--1989, 22, p. 63 (mas o autor adota uma posição crítica).

[49] Não pode excluir-se que este movimento acabe por adquirir *sentido duplo*: se o regime jurídico noutros mercados de capitais se mostrar mais favorável aos interesses dos investidores institucionais, estes tenderão a deslocar-se para fora dos Estados Unidos, com o que, por razões de competitividade, aumentará o "ímpeto para a reforma" do direito norte-americano. Invocando este argumento para sustentar que a *SEC* acolha maximamente os interesses dos investidores institucionais, cfr. George W. Dent, "Corporate...", *The Journal of Corporation Law*, 2005-2006, 31, pp. 74s., e, dando notícia de estudos que abordam esta possibilidade, Lucian A. Bebchuk/Michael S. Weisbach, "The state of Corporate...", *Fisher College of Business Working Paper Series*, 2009, p. 20.

lização se efetuou, em parte, pelo uso das novas tecnologias, mormente no setor financeiro, compreende-se que, tendo os Estados Unidos liderado a entrada nas novas tecnologias, tenham transportado o seu ambiente jurídico para o mundo virtual[50].

A OCDE aprovou, em maio de 1999, os princípios de *Corporate Governance*, em cujo preâmbulo se afirma que os "Princípios" se centravam nos problemas criados pela separação entre a qualidade de acionista e o controlo – quer dizer, o problema que o movimento de *corporate governance* de origem norte-americana intentava resolver. E logo se acrescentava nesse preâmbulo que assumem "particular relevância as relações entre as práticas de *corporate governance* e o caráter progressivamente internacional do investimento". Os princípios de *Corporate Governance* da OCDE incidiram sobre os temas essenciais: direitos dos acionistas, princípio da igualdade de tratamento dos acionistas, o papel dos *stakeholders*, divulgação de informação e responsabilidade de membros do *board*.

Os princípios da OCDE foram criticados pelo seu caráter muito genérico, que lhes retiraria conteúdo útil[51]. Porém, estes princípios constituíram um importante marco na *globalização* do movimento norte-americano de *corporate governance*: fixaram um patamar mínimo (ou "máximo denominador comum", como a OCDE referiu), a partir do qual se prepararam os posteriores desenvolvimentos (logo no preâmbulo se referia, de resto, que os princípios tinham caráter "evolutivo"); estabeleceram um padrão ou um modelo para a abordagem da matéria (não legal, nem imperativa); induziram os estados-membros da OCDE a assumirem como padrão aqueles princípios.

Também o Banco Mundial lançou, nesse mesmo ano de 1999, um programa de reforma global de *corporate governance*, tomando como referência os princípios da OCDE; e, também nesse ano, constituiu com esta organização o *Global Corporate Governance Forum (GCGF)*, cujo objetivo consiste em ajudar os países a melhorarem os padrões de *governance* das respetivas sociedades[52].

A relevância que a data de 1999 teve na internacionalização do movimento de *corporate governance* não constitui um mero acaso: uma impor-

---

[50]  Cfr. EDDY WYMEERSCH, "Die Harmonisierung...", in *FS Marcus Lutter*, pp. 228s.
[51]  Cfr. ROBERT A. G. MONKS/NELL MINOW, *Corporate...*, p. 299.
[52]  *Vide* http://www.valuebasedmanagement.net/organizations_worldbank.html.

CORPORATE GOVERNANCE EM PORTUGAL

tante crise financeira emergira na Ásia (1997-1999), o que, nas palavras da própria OCDE, tornara "muito clara a importância da fiscalização e da divulgação de informação para assegurar a confiança dos investidores"[53].

Neste processo de globalização ou de internacionalização, o movimento de *corporate governance* norte-americano teve um primeiro (prematuro, mesmo) aliado na Europa: o Reino Unido[54]. De facto, foi no Reino Unido que surgiu o primeiro código de *corporate governance*, ainda em 1992 – antes, portanto, de o movimento de *corporate governance* se internacionalizar em maior escala –, e foi no Reino Unido que mais intensamente se desenvolveu este movimento. As razões habitualmente apontadas para este facto respeitam à proximidade da economia do Reino Unido com a dos Estados Unidos, ao facto de, tal como as norte-americanas, as sociedades do Reino Unido terem o seu capital muito disperso e, por fim, às afinidades culturais e jurídicas entre os dois países.

O movimento de *corporate governance* também haveria de chegar, pelos finais dos anos 90, mas sobretudo pelos começos do séc. XXI, à Comunidade Europeia. Várias iniciativas, ainda não especificamente dirigidas ao cerne da *corporate governance*, foram lançadas – o Plano de Ação para os Serviços Financeiros (1999)[55], a Estratégia da União Europeia para o futuro em matéria de informações financeiras a prestar pelas empresas (2000)[56], a Comunicação Relativa à Responsabilidade Social das Empresas (2002)[57], a Comunicação relativa às prioridades no domínio da revisão oficial de contas da União Europeia (2003) –, mas foi a constituição de um grupo de peritos, em setembro de 2001, que iniciou um processo consistente de receção do movimento de *corporate governance* na Europa. A constituição desta comissão – o "Grupo de Alto Nível de peritos no domínio do direito das

---

[53] Cfr. FLORIAN MÖSLEIN, "Contract governance within...", pp. 4s.

[54] Justamente identificando a origem norte-americana do movimento de *corporate governance* e sublinhando que a sua receção na Europa se fez através do Reino Unido (e da Holanda), cfr. CARSTEN P. CLAUSSEN, "Zum zukünftigen...", in *Reform des Aktienrechts, der Rechnungslegung und der Prüfung KonTraG – Corporate Governance – TransPuG*, p. 571.

[55] Disponível em http://europa.eu/legislation_summaries/internal_market/single_market_services/financial_services_general_framework/l24210_pt.htm.

[56] Disponível em http://eur-lex.europa.eu/LexUriServ/LexUriServ.do?uri=CELEX:52000 DC0359:PT:HTML.

[57] Refletindo sobre o tema, *vide*, CATARINA SERRA, "A responsabilidade social...", in *Estudos em homenagem ao Prof. Doutor Manuel Henrique Mesquita*, pp. 835ss. (com amplas referências).

sociedades", presidido por Jaap Winter – surgiu após o Parlamento Europeu ter reprovado, em julho de 2001, a Proposta de 13ª Diretiva (Diretiva das OPAs), pretendendo a Comissão obter auxílio na preparação de uma nova proposta de Diretiva e, bem assim, na definição de novas prioridades para o desenvolvimento do direito societário europeu[58]. O Grupo de Alto Nível produziu um primeiro relatório – conhecido como o Relatório Winter I –, que se focava, essencialmente, no regime das OPAs.

Entretanto, o Grupo de Alto Nível produziu o segundo Relatório, conhecido como Relatório Winter II, onde abordou diversos temas entre os quais o "governo das empresas".

Em 2003, a Comissão viriaa aprovar o seu Plano de Ação (Comunicação de 21.5.2003, "Modernizar o direito das sociedades e reforçar o governo das sociedades na União Europeia – Uma estratégia para o futuro")[59].

Compreende-se que a abordagem da *corporate governance* na Europa, rodeada, desde o seu início, de sucessivos escândalos e crises no mercado de capitais, se tenha associado ao combate a fraudes e abusos: daí o importante incremento das regras de contabilidade, auditoria, demonstrações financeiras, transparência, independência, etc.

Mas a verdade é que esta associação – que, de resto, foi feita pela própria Comissão Europeia[60] – não passa, de certo modo, de uma *mera circunstância*: basta atentar nas origens e na evolução do movimento de *corporate governance* norte-americano para se perceber que o problema de que essencialmente ele parte – o da dissociação entre a qualidade de acionista e a administração – e a solução que ele propugna – o reforço dos direitos dos acionistas, exigido pela proeminência dos investidores institucionais – são separáveis dos escândalos e dos abusos que têm tomado conta de agendas políticas. A *corporate governance* não é solicitada apenas pelas crises ocorridas, mas também pelo mercado de capitais[61].

---

[58] Cfr. a "Nota de imprensa da Comissão Europeia de 4 de setembro de 2001" (publicada, por exemplo, no Anexo 1 tanto do Relatório Winter I, p. 69, como do Relatório Winter II, p. 149).
[59] Disponível em http://eur-lex.europa.eu/LexUriServ/LexUriServ.do?uri=COM:2003:028 4:FIN:PT:PDF.
[60] Por exemplo, no *Plano de Ação*, a pp. 11, escreve assim a Comissão Europeia, logo a abrir o ponto dedicado ao "governo das sociedades": "À luz dos recentes escândalos relacionados com a gestão das empresas, ocorridos sobretudo nos EUA, trata-se atualmente de uma questão [a do governo das sociedades] que assume um importância à escala mundial".
[61] Cfr. GERRIT VOLK, "Deutsche Corporate Governance-Konzepte", *DStR*, 2001, p. 412.

O Plano de Ação, cujo alcance não se esgota no âmbito da *corporate governance*, viria a concretizar-se em Diretivas – destacando-se a dos direitos dos acionistas[62] – e em Recomendações – como, por exemplo, sobre administradores não executivos (independentes), ou sobre remunerações dos administradores.

Nesta sinopse sobre a receção do movimento de *corporate governance* no espaço comunitário, importa ainda sublinhar algumas notas. A primeira diz respeito à opção que as instâncias comunitárias assumiram de não intervirem através de um "código de governo das sociedades" à escala da União Europeia[63]: por se constatar que os diversos códigos de governo existentes nos países da EU "denotam um grau de convergência notável"[64] e, por outro lado, fruto do entendimento de que a intervenção comunitária pouco acrescentaria nessa matéria.

A segunda respeita à opção, assumida pela generalidade das ordens jurídicas europeias, de atuar sobre as matérias de *corporate governance* a dois níveis distintos: através de prescrições injuntivas, mas também através da chamada *soft law* (atos meramente recomendatórios). Em muitos casos, assume especial importância a *soft law*, que se serve frequentemente da técnica *comply or explain*. Apesar de não terem serem injuntivas, tais regras acabam por ter elevadas taxas de cumprimento[65].

## 2. A receção do movimento de *corporate governance* em Portugal

A receção do movimento de *corporate governance* em Portugal foi relativamente tardia: na doutrina, a primeira referência expressa surgiu já nos finais dos anos 90[66], depois retomada, de forma ainda esparsa, nos começos do

---

[62] Diretiva 2007/36/CE do Parlamento Europeu e do Conselho, de 11 de julho de 2007, relativa ao exercício de certos direitos dos acionistas das sociedades cotadas (*JO L 184 de 14.7.2007*, pp. 17-24).

[63] Cfr. *Plano de Ação*, p. 12.

[64] Cfr. *Plano de Ação*, p. 12.

[65] Veja-se, por exemplo, o estudo recentíssimo da Universidade Católica Portuguesa, intitulado "Relatório sobre o grau de acolhimento de recomendações – índice e rating de governo societário", disponível em http://www.emitentes.pt/images/media/docs/172_logos_552111219_AEM_CatolicaLisbon_Relatorio.pdf.

[66] Cfr. João Soares da Silva, "Responsabilidade...", *ROA Doutrina*, 1997, ano 57, II, pp. 605ss.

século XXI[67]. Somente na segunda metade da década, sobretudo após a Reforma do Código das Sociedades Comerciais, ocorrida em 2006[68], é que a *corporate governance* passou a constituir tema frequentemente abordado, seja em trabalhos monográficos, seja em lições[69]. E compreende-se que assim

---

[67] Cfr. PAULO Câmara, « O governo...», *CadMVM*, 2001, nº 12, pp. 45ss., e CARLOS ALVES/ /VICTOR MENDES, "As recomendações...", *CadMVM*, pp. 57ss.

[68] Decreto-Lei nº 76-A/2006, de 29 de março.

[69] Sem a preocupação de sermos exaustivos, veja-se JOSÉ FERREIRA GOMES, "Auditors...", *The Columbia Journal of European Law,* 2005, 11, nº 3, pp. 665ss., JOSÉ FERREIRA GOMES, "A fiscalização...", *Faculdade de Direito da Universidade de Lisboa,* 2005, pp 1ss., JOÃO CALVÃO DA SILVA, "Corporate...", *RLJ,* 2006, nº 3940, pp. 31ss., GABRIELA FIGUEIREDO DIAS, *Fiscalização...* , *passim,* CARLOS BLANCO DE MORAIS, "Introdução...", *Estudos em Honra de Ruy de Albuquerque,* 2006, I, pp. 233ss., PEDRO CAETANO NUNES, *Corporate...* , *passim,* ANTÓNIO MENEZES CORDEIRO, "Do governo...", in *Prof. Doutor Inocêncio Galvão Telles: 90 anos Homenagem da Faculdade de Direito de Lisboa,* pp. 91ss., PAULO Câmara, «Os modelos...», in *Reformas do Código das Sociedades,* pp. 179ss., PAULO Câmara, «O governo...», in *Jornadas sociedades abertas, valores mobiliários e intermediação financeira,* pp. 163ss., ARMANDO TRIUNFANTE, "A revisão...", in *Jornadas sociedades abertas, valores mobiliários e intermediação financeira,* pp. 181ss., PAULO Câmara, «O governo...», in *Código das Sociedades Comerciais e governo das sociedades,* pp. 9ss., DIMITILDE GOMES, "O código...", *RB Direito e Banca,* 2008, 65, pp. 49ss., PEDRO MAIA, *Voto e Corporate Governance...*, *passim,* ANTÓNIO MENEZES CORDEIRO, "A crise...", *RDS Atualidade,* 2009, ano I, nº 2, pp. 236ss., MANUEL PORTO/JOÃO NUNO CALVÃO DA SILVA, "Corporate Governance...", *Temas de Integração,* 2009, nºs 27 e 28, pp. 365ss., JOSÉ FERREIRA GOMES, "Os deveres de informação sobre negócios...", *CadMVM,* 2009, nº 33, pp. 105ss., PEDRO VERGA MATOS, "A relação entre os acionistas e os gestores...", *CadMVM,* 2009, nº 33, pp. 92ss., JOSÉ FERREIRA GOMES, "Os deveres de informação sobre negócios...", *CadMVM,* 2009, nº 33, pp. 105ss., JOSÉ A. ENGRÁCIA ANTUNES, "Os "hedge funds" e o governo...", in *Direito dos Valores Mobiliários,* pp. 9ss., , *passim,* ANTÓNIO PEDRO A. FERREIRA, *O governo...*, *passim,* CATARINA SERRA, "A responsabilidade social...", in *Estudos em homenagem ao Prof. Doutor Manuel Henrique Mesquita,* pp. 835ss., PAULO OLAVO CUNHA, *Direito das sociedades...*, pp. 573ss., ANTÓNIO MENEZES CORDEIRO, "Novas regras sobre assembleias...", in *RDS,* pp. 11ss., JORGE MANUEL COUTINHO DE ABREU, *Governação...*, *passim* (a primeira edição é de 2006), J. M. COUTINHO DE ABREU, "Corporate Governance em Portugal", *IDET – Instituto de Direito das Empresas e do Trabalho,* 2010, nº 6, pp. 9ss., pp. 75ss., JOSÉ ENGRÁCIA ANTUNES, "A igualdade de tratamento...", *Direito das Sociedades em Revista,* 2010, III, ano II, pp. 87ss., JOSÉ FERREIRA GOMES, "Conflitos de interesses entre acionistas...", in *Conflito de interesses no direito societário e financeiro Um balanço a partir da crise financeira,* pp. 75ss., JOÃO SOUSA GIÃO, "Conflitos de interesses entre administradores...", in *Conflito de interesses no direito societário e financeiro Um balanço a partir da crise financeira,* pp. 215ss., RUI DE OLIVEIRA NEVES, "O conflito de interesses no exercício...", in *Conflito de interesses no direito societário e financeiro Um balanço a partir da crise financeira,* pp. 293ss., GABRIELA FIGUEIREDO DIAS, "Conflito de interesses em audi-

CORPORATE GOVERNANCE EM PORTUGAL

tenha sido, visto que foi nessa altura que, tanto no plano europeu, como no plano nacional, se assistiu à intensificação de produção nesta matéria.

Sob o impulso da União Europeia, a CMVM assumiu um papel de especial relevo, desde logo ao emitir recomendações para as sociedades cotadas – a primeira, em 1999[70] –, mas também impulsionando a Reforma do Código das Sociedades Comerciais, cujo anteprojeto preparou[71], e assu-

---

toria", in *Conflito de interesses no direito societário e financeiro Um balanço a partir da crise financeira*, pp. 565ss., CATARINA SERRA, "Entre corporate...", *Direito das Sociedades em Revista, I Congresso*, 2011, pp. 211ss., JORGE ANDRÉ CARITA SIMÃO, "A remuneração dos administradores...", in *RDS – Doutrina*, pp. 795ss., FATIMA GOMES, "Remuneração de administradores...", *Direito das Sociedades em Revista, I Congresso*, 2011, pp. 297ss., PAULO OLAVO CUNHA, "Entre corporate...", *Direito das Sociedades em Revista, I Congresso*, 2011, pp. 259ss., PAULO Câmara, «Votação e influência...», in *O Governo das Organizações – a vocação universal do corporate governance* pp. 13ss., PAULO Câmara/GABRIELA FIGUEIREDO DIAS, "O governo das...", in *O governo das organizações – a vocação universal do corporate governance*, pp. 43ss., HUGO MOREDO SANTOS, "um governo...", in *O governo das organizações – a vocação universal do corporate governance*, pp. 371ss., ANTÓNIO FERNANDES DE OLIVEIRA, "Democratrizar o Governo...", in *O governo das organizações – a vocação universal do corporate governance*, pp. 721ss., RUI DE OLIVEIRA NEVES, "O governo das sociedades...", in *O governo das organizações – a vocação universal do corporate governance*, pp. 671ss., PAULO OLAVO CUNHA, "Entre corporate...", *Direito das Sociedades em Revista, I Congresso*, 2011, pp. 259ss., DUARTE SCHMIDT LINO/PEDRO LOMBA, "Democratrizar o Governo...", in *O governo das organizações – a vocação universal do corporate governance*, pp. 683ss., INÊS ERMIDA DE SOUSA GUEDES, *A Remuneração...*, passim, RUI DE OLIVEIRA NEVES, "O governo das sociedades...", in *O governo das organizações – a vocação universal do corporate governance*, pp. 671ss..

[70] Recomendações da CMVM sobre o governo das sociedades cotadas (1999), disponíveis em http://www.cmvm.pt/CMVM/Recomendacao/Recomendacoes/Soccot/Soccot_99/Pages/indice.aspx.

Estas recomendações foram sucessivamente revistas em 2001 (http://www.cmvm.pt/CMVM/Recomendacao/Recomendacoes/Soccot/Soccot_Dez2001/Pages/indice.asp), em 2003 (http://www.cmvm.pt/CMVM/Recomendacao/Recomendacoes/Soccot/Soccot_Nov2003/Pages/completo.aspx), em 2005 (http://www.cmvm.pt/CMVM/Recomendacao/Recomendacoes/Soccot/Soccot_Nov2005/Documents/43d104c4a8434d1ea100c3565316970erecomendacoesNov2005.pdf), em 2007 (http://www.cmvm.pt/CMVM/Recomendacao/Recomendacoes/Soccot/Soccot_Set2007/Documents/f6bac7142a7447fa89b0e8f3d91bea0bCodigoGS15022008_2_.pdf) e em 2010 (http://www.cmvm.pt/CMVM/Recomendacao/Recomendacoes/Documents/CodigodeGovernodasSociedadesCMVM2010.pdf e a versão consolidada em http://www.cmvm.pt/CMVM/Recomendacao/Recomendacoes/Documents/ConsFontesGS022010.pdf).

[71] O texto da anteproposta encontra-se disponível em http://www.cmvm.pt/CMVM/Consultas%20Publicas/Cmvm/Documents/59bf1f4f121d4ca4a76729b3d33a0dc5proposta_articulado_csc.pdf e o texto submetido a consulta pública pode ver-se em http://www.cmvm.pt/

mindo, ainda, o encargo da preparação de diversos diplomas que transpõem para a ordem jurídica portuguesa diretivas comunitárias no domínio da *corporate governance*[72]. Na verdade, a Reforma do Código das Sociedades de 2006 foi assumidamente centrada na matéria da *corporate governance*, tendo visado, desde logo, proceder à transposição da Oitava Diretiva de Direito das Sociedades[73] e adequar o direito interno a outras alterações do direito comunitário que se avizinhavam. Sob essa orientação, procedeu-se a uma relevante alteração organizatória das sociedades anónimas[74].

A esta primeira fase de receção do movimento de *corporate governance*, seguiu-se uma outra, marcada por dois aspetos: por um lado, a crise dos mercados financeiros – que reforçou, em certas áreas, a liderança europeia na matéria e que passou a ditar uma forte preocupação com alguns aspetos de *corporate governance* (mormente, prestação de informação e remunerações), e, por outro lado, uma tendência para o reforço da "especialização" da *corporate governance*, isto é, para uma abordagem não generalista, mas sim dirigida a grupos específicos de entidades ou de setores de atividade (*v.g.*, entidades de interesse público[75], instituições de crédito[76], seguradoras, setor empresarial do Estado[77]).

Esta fase coincidiu com a abolição do regime especial a que a posição do acionista Estado português se encontrava sujeita, quer através de direi-

---

CMVM/Consultas%20Publicas/Cmvm/Documents/386be55a90fb4af5b225d6d5aedb32d 4proposta_alter_csc.pdf.

[72] Foi o que sucedeu, por exemplo, com a Diretiva 2004/25/CE, sobre ofertas públicas de aquisição, a Diretiva 2004/109/CE, relativa à harmonização dos requisitos de transparência no que se refere às informações respeitantes aos emitentes cujos valores mobiliários estão admitidos à negociação num mercado regulamentado, a Diretiva 2007/36/CE do Parlamento Europeu e do Conselho, de 11 de julho, relativa ao exercício de certos direitos dos acionistas de sociedades cotadas.

[73] Diretiva 2006/43/CE do Parlamento Europeu e do Conselho, de 17.05.2006, relativa à revisão legal das contas anuais e às contas consolidadas.

[74] *Vide, infra*, 3.1.

[75] Definidas no Decreto-Lei nº 225/2008, de 20 de novembro.

[76] Decreto-Lei nº 88/2011, que transpõe a Diretiva nº 2010/76/EU, de 24 de novembro.

[77] Resolução do Conselho de Ministros nº 49/2007 e a Resolução da Assembleia da República nº 53/2011, de 22 de março ("Cumprir ou justificar no universo das empresas públicas não financeiras"). Sobre o tema, *vide* DIMITILDE GOMES, "O código...", *RB Direito e Banca*, 2008, 65, pp. 49ss., DUARTE SCHMIDT LINO/PEDRO LOMBA, "Democratrizar o Governo...", in *O governo das organizações – a vocação universal do corporate governance*, pp. 683ss.

CORPORATE GOVERNANCE EM PORTUGAL

tos especiais incorporados em ações (*golden shares*)[78], quer através de uma posição especial resultante diretamente da lei[79].

Junta-se, ainda, o facto de em 2010 a CMVM ter aprovado um Código de Governo das Sociedades[80], cuja extensão e profundidade ultrapassa, largamente, as versões anteriores, contendo mais de cinquenta recomendações.

Pode admitir-se que, nos próximos tempos, venha a manter-se ou até a aumentar o interesse pelos temas da *corporate governance* e que tanto no plano nacional como europeu continuem a surgir novos diplomas, de natureza injuntiva ou meramente recomendatória.

---

[78] O Decreto-Lei nº 90/2011, de 25 de julho, aboliu "os direitos especiais que o Estado, enquanto acionista, detém na EDP – Energias de Portugal, S. A., na GALP Energia, SGPS, S. A., e na Portugal Telecom, SGPS, S. A., e bem assim as disposições dos diplomas relativos à respetiva privatização que estabelecem não ser aplicável ao Estado e às entidades a ele equiparadas a limitação da contagem de votos permitida pela alínea *b*) do nº 2 do artigo 384º do Código das Sociedades Comerciais, relativamente às ações a privatizar detidas em sociedades em processo de privatização" (art. 1º). Deste modo, a participação do Estado deixou de beneficiar de direitos especiais e passou a estar sujeita aos tetos de voto que vigorem em cada sociedade.

A abolição dos direitos especiais do Estado é uma das medidas previstas no Programa de Assistência Financeira que Portugal acordou com a União Europeia, o Fundo Monetário Internacional e o Banco Central Europeu, mas era já exigida, há largo tempo, pelas instituições comunitárias. Cfr. PAULO Câmara, « The end...», *European Business Organization Law Review,* 2002, pp. 503ss., PEDRO DE ALBUQUERQUE/MARIA DE LURDES PEREIRA, *As «Golden Shares»..., passim,* MARIA DE LURDES PEREIRA, "O regime...", in *A reforma do Código das Sociedades Comerciais Jornadas em Homenagem ao Professor Doutor Raúl Ventura,* pp. 259ss., NUNO CUNHA RODRIGUES, "As "golden-shares...", in *Direito dos valores mobiliários,* pp. 19ss., JOÃO CALVÃO DA SILVA, *Mercado...,* pp. 69ss.

[79] Até à Reforma de 2006, os administradores designados pelo Estado não podiam ser destituídos sem justa causa (discutia-se, até, se mesmo existindo com justa era admissível a destituição).

[80] *Vide* o Regulamento nº 1/2010 da CMVM (disponível em http://www.cmvm.pt/CMVM/ Legislacao_Regulamentos/Regulamentos/2010/Documents/Regulamento12010Governodas-SociedadesCotadas1.pdf) e a Recomendação (disponível em http://www.cmvm.pt/CMVM/ Recomendacao/Recomendacoes/Documents/CodigodeGovernodasSociedadesCMVM2010. pdf). Presentemente, encontra-se em discussão pública o Projeto de Código de Governo das Sociedades do Instituto Português de Corporate Governance, a cuja comissão de redação presidimos (disponível em www.cgov.pt).

O Código de Governo das Sociedades da CMVM divide-se em vários capítulos: Assembleia geral (I), Órgãos de administração e fiscalização (II), Informação e auditoria (III) e Conflitos de interesses (IV).

Desde logo, porque a Comissão Europeia lançou um livro verde sobre o quadro do governo das sociedades na União Europeia – que, na verdade, constitui uma consulta pública sobre um conjunto de questões respeitantes ao governo societário[81] – e cujo desenvolvimento pode conduzir a novas intervenções nesta matéria. A este livro verde junta-se outro, muito relevante, respeitante à auditoria[82], e que também poderá desencadear a produção de novos diplomas nesta matéria. Acresce o facto de a Diretiva das OPAs se encontrar em fase de revisão, por força do disposto no seu art. 20º.

### 3. Relance sobre alguns temas de *corporate governance*

Atento o caráter algo disperso e variável da *corporate governance* e tendo em conta que o presente trabalho visa, por um lado, dar a conhecer a matéria no ordenamento jurídico português e, por outro lado, permitir o confronto com a realidade brasileira, optámos por uma apresentação de caráter essencialmente *funcional*, selecionando alguns dos temas mais relevantes na matéria. Iremos abordar, ainda que de forma sintética, a relação entre acionistas e o órgão de administração (3.1.) – descrevendo a respetiva repartição de poderes, a forma de designação, a composição dos membros da administração –, e o desempenho da função de fiscalização (interna e externa) (3.2.). Aludiremos ao regime de remuneração dos membros da administração (3.3), apresentaremos o regime de negócios com partes relacionadas (3.4.) e terminaremos com uma breve referência à prestação de informação (3.5.).

A apresentação que fizemos da evolução da *corporate governance* (*supra* 1. e 2.) permite compreender que o conjunto de temas que esta inclui resulta de sucessivas adições, por vezes resultantes de abordagens cujo paradigmas

---

[81] Disponível em http://ec.europa.eu/internal_market/company/docs/modern/com2011-164_pt.pdf#page=2. Os resultados da consulta podem ver-se em http://ec.europa.eu/internal_market/company/docs/modern/20111115-feedback-statement_en.pdf.
A resposta do IPCG (Instituto Português de Corporate Governance) pode ser consultada em http://www.cgov.pt/images/stories/ficheiros/resposta_ao_livro_verde_ue_20110721.pdf; a resposta da AEM (Associação de Empresas Emitentes de Valores Cotados em Mercado Regulamentado) está disponível em http://www.emitentes.pt/images/media/docs/159_logos_748110615_AEM_GreenPaper_RespostaConsultaPuœblica_final.pdf.
[82] Livro verde. Política de auditoria: as lições da crise (disponível em http://ec.europa.eu/internal_market/consultations/docs/2010/audit/green_paper_audit_pt.pdf).

CORPORATE GOVERNANCE EM PORTUGAL

dogmáticos são distintos: deveres dos administradores, direitos dos acionistas, ofertas públicas de aquisição, prestação de informação, administradores independentes, sistemas de remuneração, são temas cuja emergência e relevo para a *corporate governance* não é suportada por um enquadramento *sistemático coerente* e *homogéneo*, ainda que exista uma realidade subjacente que a determina fortemente. Essa realidade é a da presença crescente dos investidores institucionais nos mercados de capitais e da alteração estrutural que estes, por essa razão, sofreram[83].

### 3.1. Os acionistas e a administração da sociedade anónima: modelos organizatórios

As sociedades anónimas, qualquer que seja o modelo adotado, integram um órgão designado de assembleia geral (ou coletividade de sócios), composto pelos sócios, mas não necessariamente por *todos os sócios*: os estatutos da sociedade podem derrogar o direito dos titulares de ações preferenciais de participarem na assembleia (art. 379º, nº 2)[84]; por outro lado, os estatutos podem exigir um número mínimo de ações para que o acionista tenha o direito de participar na assembleia[85] – não atingindo o número de ações fixado, o acionista goza, ainda assim, do chamado direito de agrupamento (art. 379º, nº 2, al. *a*))[86].

O poder de voto assenta numa relação de proporcionalidade, cabendo, em princípio, um voto a cada ação (art. 384º, nº 1).

Mantendo esta proporcionalidade, podem os estatutos atribuir um voto a um conjunto de ações – ficando cada ação com menos do que um voto – mas, inversamente, já é proibido o voto plural – atribuição de mais do que um voto por ação (art. 384º, nº 5). Exceção feita às ações preferenciais sem voto – que se encontram privadas do voto, salvo se não houver distribuição do dividendo prioritário em dois exercícios (art. 342º, nº 3) –, todas as

---

[83] Desenvolvidamente sobre a matéria, cfr. PEDRO MAIA, *Voto e Corporate Governance...*, (no prelo), *passim*, mas pode ler-se uma súmula em Conclusão – a mudança de paradigma.

[84] Mas, neste caso, têm direito a fazerem-se representar na assembleia por um dos titulares de ações preferenciais sem voto (art. 343º).

[85] Mas a cada 1.000 euros de capital tem de corresponder, pelo menos, um voto (art. 384º, nº 2, al. *a*)).

[86] Sobre o direito de agrupamento, *vide* PEDRO MAIA, *Voto e Corporate Governance...*, (no prelo), Capítulo X, 2.

## QUESTÕES DE DIREITO SOCIETÁRIO EM PORTUGAL E NO BRASIL

ações incorporam o mesmo poder de voto, não sendo admissível a criação de direitos especiais sobre o voto.

Já a participação social, no seu conjunto, pode ser sujeita a limites no respetivo poder de voto, através dos chamados *tetos de voto*, expressamente admitidos no art. 384º, nº 2, al. *b)*.

A proporcionalidade que, nos termos acabados de referir, a lei impõe entre o número de ações e o respetivo número de votos não significa, todavia, proporcionalidade entre o *investimento* de cada acionista e o respetivo *poder*. Na verdade, uma vez que os acionistas podem realizar entradas de montante diferente para a subscrição de ações, então pode suceder que, para obterem o mesmo número de ações e, portanto, o mesmo número de votos, realizem entradas de montante diferente. Mesmo que as ações tenham valor nominal[87] – caso em que o valor tem de ser o mesmo em todas (art. 276º, nº 2) –, os acionistas podem fazer entradas de valor superior (ágio ou prémio de emissão), diferente entre uns e outros, assim se criando a referida desproporção. Neste sentido, a imperativa proporcionalidade entre investimento e poder é meramente *formal*.

A consagração legal do princípio da igualdade de tratamento[88] não obsta a que os acionistas possam gozar de direitos diferentes: é o que sucede,

---

[87] O ordenamento jurídico português admite ações sem valor nominal, a partir do Decreto-Lei nº 49/2010, de 19 de maio, que, *inter alia*, deu uma nova redação ao art. 276º, nº 1, do Código das Sociedades Comerciais ("as ações das sociedades anónimas podem ser ações com valor nominal ou ações sem valor nominal"). Sobre as ações sem valor nominal, *vide* PAULO DE TARSO DOMINGUES, "As ações sem valor...", *Direito das Sociedades em Revista Doutrina*, 2010, IV, ano II, pp. 181ss., ANTÓNIO MENEZES CORDEIRO, "as ações...", in *RDS – Atualidade*, pp. 471ss., PAULO OLAVO CUNHA, "Aspetos críticos...", in *Capital social livre e ações sem valor nominal*, pp. 131ss., PAULO Câmara/ANA FILIPA MORAIS ANTUNES, *Ações...*, passim, PAULO DE TARSO DOMINGUES, "As ações...", *Direito das Sociedades em Revista, I Congresso*, 2011, pp. 53ss., PAULO DE TARSO DOMINGUES, "Traços essenciais", in *Capital social livre e ações sem valor nominal*, pp. 107ss.

[88] *Vide* art. 321º CSC e art. 15º CVM. Sobre o princípio da igualdade de tratamento, *vide* RAÚL VENTURA, *Estudos vários...*, pp. 369ss., FILIPE CASSIANO DOS SANTOS, *Estrutura...*, pp. 555ss., ARMANDO MANUEL TRIUNFANTE, *A tutela...*, pp. 327ss., PAULA COSTA E SILVA, *Direito...*, pp. 235s., ALEXANDRE SOVERAL MARTINS, "A propósito...", *Cadernos de Direito Privado*, 2006, p. 46, JOSÉ ENGRÁCIA ANTUNES, "A igualdade de tratamento...", *Direito das Sociedades em Revista*, 2010, III, ano II, pp. 87ss., JORGE MANUEL COUTINHO DE ABREU, *Curso...*, II, pp. 214ss.

CORPORATE GOVERNANCE EM PORTUGAL

desde logo, no caso de atribuição de direitos especiais (art. 24º CSC)[89], mas é também o que, em certos termos, decorre do uso de uma técnica legislativa de escalonamento de direitos, exigindo-se a titularidade de uma determinada fração de capital social para o exercício de determinados direitos[90]. Note-se, porém, que no direito português só podem ser atribuídos direitos especiais a categorias de ações, com duas relevantes consequências: a de não se poder atribuir um direito especial a acionistas em concreto e a de os direitos especiais, porque inerem às ações, se transmitirem com estas (art. 24º, nº 4, *in fine*).

Por ser muito relevante para o poder que, de facto, os acionistas logram exercer no grémio social, a lei portuguesa admite o voto por correspondência. Primeiramente, o Código de Valores Mobiliários admitiu, logo em 1996, o voto por correspondência nas assembleias das sociedades abertas, não permitindo o seu afastamento pelos estatutos quanto a certas maté-

---

[89] Sobre os direitos especiais, veja-se, por exemplo, PAULO OLAVO CUNHA, *Os direitos especiais...*, *passim*, ARMANDO MANUEL TRIUNFANTE, *A tutela...*, pp. 395ss., PEDRO PAIS DE VASCONCELOS, *A participação social...*, pp. 229ss., ALEXANDRE SOVERAL MARTINS/ELISABETE RAMOS, "As participações...", in *Estudos de Direito das Sociedades*, pp. 130ss. e 138ss., ANTÓNIO MENEZES CORDEIRO, *direito*, I, pp. 615ss., JORGE MANUEL COUTINHO DE ABREU, *Curso...*, II, pp. 209ss.

[90] É o que sucede, frequentemente, a respeito dos chamados *direitos das minorias*, como, por exemplo, o direito à informação (arts. 288º, 289º, nº 3, 291º), o direito de requerer convocatória de assembleia geral (art. 375º, nº 2), de aditar assuntos à ordem de trabalhos (art. 378º, nº 1), de eleger membros do conselho de administração e do conselho geral e de supervisão (arts. 392º e 435º, nº 3, respetivamente) ou de requerer a designação judicial de membros para o conselho fiscal (art. 418º, nº 1). Tratando-se de sociedades emitentes de ações admitidas à negociação em mercado regulamentado, o exercício de alguns direitos está sujeito a uma percentagem menor de capital, em regra 2% (*vide* arts. 23º-A e 23º-B, aditados ao Código dos Valores Mobiliários pelo Decreto-Lei nº 49/2010, de 19 de maio) (sobre alguns problemas suscitados pela aplicação do novo regime a CMVM emitiu uma Recomendação em fevereiro de 2011, disponível em http://www.cmvm.pt/CMVM/Recomendacao/Recomendacoes/Pages/RecomendaçõesdaCMVMemfacedoNovoRegimedaParticipaçãonasAssembleiasGeraisdasSociedadescomAçõesAdmitidasaoMercadoRegulamentad.aspx). Nas *sociedades abertas* (sobre esta noção, veja-se o art. 13º CVM e, na doutrina, por todos, PAULO Câmara, *Manual de Direito...*, pp. 495ss.), a providência cautelar de suspensão de deliberação social só pode ser requerida por sócios que, isolada ou conjuntamente, possuam ações correspondentes, pelo menos, a 0,5% do capital social (art. 24º, nº 1, CVM).

QUESTÕES DE DIREITO SOCIETÁRIO EM PORTUGAL E NO BRASIL

rias (eleição de corpos sociais e alterações estatutárias)[91]. Posteriormente, a Reforma de 2006 veio a estender a todas as sociedades anónimas a possibilidade de exercício do voto por correspondência, salvo disposição estatutária em sentido contrário (art. 384º, nº 9, CSC)[92]. À admissibilidade do voto por correspondência, juntou-se, ainda, a admissibilidade de realização de assembleia por meios telemáticos (art. 377º, nº 6, al. b), CSC)[93].

A determinação da posição dos acionistas em face da administração da sociedade depende, em grande medida, do regime a que a lei sujeite dois pontos essenciais: a distribuição de competências, mormente a atribuição de competências de administração aos acionistas; a subordinação da administração às (eventuais) deliberações dos acionistas em tais matérias.

Neste aspeto, o direito português adotou um modelo de anónima em que os acionistas usufruem de escasso poder no âmbito da administração. Na verdade, além de os arts. 405º, 406º e 431º atribuírem os poderes de gestão e de administração a um órgão distinto da assembleia geral, o art. 373º, nº 3, dispõe que, "sobre matérias de gestão da sociedade, os acionistas só podem deliberar a pedido do órgão de administração". Devendo entender-se que a norma tem caráter imperativo, daqui resulta uma relevantíssima subordinação ou até mesmo exclusão dos acionistas das matérias de administração: os estatutos não podem atribuir tais competências à assembleia geral e não podem, sequer, subordinar o órgão de administra-

---

[91] A admissibilidade do voto por correspondência viria a ser imposta pela chamada *Diretiva dos acionistas* (Diretiva nº 2007/36/CE, do Parlamento Europeu e do Conselho, de 11 de julho, relativa ao exercício de certos direitos dos acionistas de sociedades cotadas).

[92] Para maior desenvolvimento, cfr. PEDRO MAIA, *Voto e Corporate Governance...*, (no prelo), Capítulo X.

[93] Sobre a matéria, *vide* PAULO DE TARSO DOMINGUES, "Os meios...", in *Reformas do Código das Sociedades*, pp. 87ss., LUÍS MANUEL TELES DE MENEZES LEITÃO, "Voto...", in *A reforma do Código das Sociedades Comerciais Jornadas em Homenagem ao Professor Doutor Raúl Ventura*, pp. 275ss., ARMANDO MANUEL TRIUNFANTE, *Código...*, pp. 359s., ARMANDO TRIUNFANTE, "A revisão...", in *Jornadas sociedades abertas, valores mobiliários e intermediação financeira*, pp. 184ss., ANTÓNIO MENEZES CORDEIRO, *SA: assembleia...*, pp. 66s., JORGE MANUEL COUTINHO DE ABREU, *Governação...*, pp. 20ss.

CORPORATE GOVERNANCE EM PORTUGAL

ção à dupla obrigação de, em primeiro lugar, consultar os acionistas e de, posteriormente, seguir o sentido da decisão que estes tomem[94].

Se a isto se acrescentar que a lei não permite a consagração estatutária de um direito especial à *designação de administradores* (art. 391º, nº, 2, *in fine*, CSC) – e deve entender-se que também não é permitida a atribuição de um direito especial *a integrar a administração* –, tem de concluir-se que o regime legal da sociedade vinca um relevante distanciamento dos acionistas em face da gestão da sociedade[95]. Sendo incontestável que, na prática, o ou os acionistas maioritários acabam por conduzir a administração, a verdade é que, *juridicamente*, essa condução não encontra nenhum suporte na lei[96]. Bem pelo contrário: o quadro de deveres estabelecido no art. 64º CSC torna claro que, no exercício das respetivas funções, os membros do órgão de administração não podem prosseguir interesses específicos de determinados acionistas ou guiar-se pela satisfação de tais interesses. Em consonância com esta orientação, o art. 17º, nº 2, CSC proíbe que os acordos parassociais celebrados entre sócios respeitem à conduta de intervenientes ou de outras pessoas no exercício de funções de administração.

O poder dos acionistas sobre a administração assenta, por isso, em dois pilares essenciais: o da competência para *designar* e o do poder de *destituir*, não só com justa causa, mas também *ad nutum*. Os acionistas podem, em qualquer momento, destituir, sem motivo, todos ou parte dos administradores (art. 403º, nº 1, e 430º, nº 1). E a lei até suscita uma reapreciação anual do desempenho do cargo na assembleia geral que aprecie as contas anuais, facilitando a respetiva destituição, que pode ocorrer mesmo que não

---

[94] Neste sentido, desenvolvidamente, *vide* PEDRO MAIA, *Função e funcionamento...*, pp. 137ss. Mas existem na doutrina entendimentos diferentes: cfr., por exemplo, FILIPE CASSIANO DOS SANTOS, *Estrutura...*, pp. 304ss., e JORGE MANUEL COUTINHO DE ABREU, *Governação...*, pp. 49ss.

[95] Mas esta distância pode ser diminuída ou mitigada através de alguns mecanismos, como seja a exigência da qualidade de acionista para integrar o órgão de administração (art. 390º, nº 3, CSC) e a consagração de regimes especiais de eleição do órgão de administração (art. 392º CSC).

[96] Salvo se existir uma relação de grupo – constituída nos termos dos arts. 481º ss. CSC –, que confere à sociedade diretora ou à sociedade totalmente dominante o direito de dar instruções (art. 503º CSC). Sobre esta matéria, *vide*, por todos, JOSÉ A. ENGRÁCIA ANTUNES, *Os grupos...*, pp. 718ss. e 890ss.

conste da ordem de trabalhos (art. 451º CSC). Acresce, ainda, que, justamente para salvaguardar a efetiva liberdade de destituição pelos acionistas, a lei limita o montante da indemnização a pagar ao administrador em caso de destituição *ad nutum*: a indemnização não pode "exceder o montante das remunerações que presumivelmente receberia até ao final do período para que fora eleito" (art. 403º, nº 5, e 430º, nº 2, CSC).

A partir da Reforma de 2006, a administração e a fiscalização da sociedade anónima podem ser estruturadas seguindo uma de três modalidades previstas no art. 278º, nº 1: conselho de administração e conselho fiscal (conhecido na doutrina como *modelo monista, latino* ou *tradicional*), conselho de administração, comissão de auditoria e revisor oficial de contas (conhecido como *modelo anglo-saxónico*) e conselho de administração executivo, conselho geral e de supervisão e revisor oficial de contas (conhecido como modelo dualista ou germânico)[97]. Os modelos monista e anglo-saxónico podem ser alterados – e, na prática, é isso que sucede – através da chamada delegação de poderes: ao abrigo do disposto no art. 407º, nº 3, o conselho de administração pode "delegar num ou mais administradores ou numa comissão executiva a gestão corrente da sociedade". Deste modo, produz-se um *duplo efeito*: por um lado, os administradores delegados – designados, na prática, como administradores executivos – passam a dispor de poderes à margem do conselho, isto é, poderes que não tinham até esse momento (efeito positivo da delegação); por outro lado, os administradores não delegados – designados no tráfico de administradores não executivos – ficam remetidos para uma função de "vigilância geral da atuação" dos administradores delegados (art. 407º, nº 5), isto é, ficam isentos do dever de gerir correntemente a sociedade (efeito negativo da delegação). Note-se, porém, que a delegação não exclui a competência do conselho para deliberar sobre as matérias objeto da delegação: deixa, isso sim, de ter estar obrigado a fazê-lo (art. 407º, nº 1)[98].

Estes modelos podem ainda sofrer variações.

---

[97] Sobre estes diversos modelos, *vide*, por todos, João CALVÃO DA SILVA, "Corporate...", *RLJ*, 2006, nº 3940, pp. 31ss., e PAULO Câmara, «Os modelos...», in *Reformas do Código das Sociedades*, pp. 179ss.

[98] Sobre isto, desenvolvidamente, cfr. PEDRO MAIA, *Função e funcionamento...*, pp. 247ss., e ALEXANDRE SOVERAL MARTINS, *Administradores delegados...*, *passim*.

CORPORATE GOVERNANCE EM PORTUGAL

Por um lado, os órgãos, previstos como *pluripessoais*, podem, em certos casos, assumir caráter *unipessoal*: é o que sucede com o conselho de administração, com o conselho de administração executivo e com o conselho fiscal, que, verificados certos pressupostos, podem ser substituídos por um administrador único (arts. 278º, nº 2, e 390º, nº 2), um administrador executivo único (arts. 278º, nº 2, e 424º, nº 2) ou fiscal único (art. 278º, nº 2, e 413º, nº 1, alínea *a*)), respetivamente.

Por outro lado, a fiscalização da sociedade pode ter de assumir uma *estrutura reforçada*, quando se trate de sociedades emitentes de valores mobiliários admitidos à negociação em mercado regulamentado e de sociedades que, não sendo totalmente dominadas por outra sociedade que adote este modelo, durante dois anos consecutivos, ultrapassem dois dos seguintes limites: total do balanço €100 000 000; total de vendas líquidas e outros proveitos €150 000 000 (arts. 278º, nºs 3 e 4, 413º, nº 2, 423º-B, nº 4, 444º, nº 2)[99]. O reforço da fiscalização decorre da dissociação entre a fiscalização financeira e a restante fiscalização, passando a sociedade a ter: no modelo monista, além de um conselho fiscal, um revisor oficial de contas que não integra aquele órgão (arts. 278º, nº 3, e 413º, nº 2); no modelo dualista, uma comissão para as matérias financeiras, composta por membros do conselho geral e de supervisão (arts. 278º, nº 4, e 444º, nº 2).

Podendo optar livremente por qualquer dos modelos referidos e podendo, também livremente, substituir o modelo adotado por um dos outros (art. 278º, nº 6), os acionistas não podem, todavia, conjugar elementos de diferentes tipos[100].

A *composição quantitativa* do órgão de administração é bastante livre: pode consistir num número par ou ímpar; não existe limite máximo; no modelo monista e no modelo dualista, pode até ser unipessoal, se o capital social não exceder 200 000€ (arts. 390º, nº 2, e 424º, nº 2, CSC).

Já quanto à *composição qualitativa* do órgão de administração a lei estabelece, apenas, o requisito da personalidade singular com capacidade jurídica plena (art. 390º, nº 3 CSC). Uma pessoa coletiva poderá ser eleita, mas

---

[99] A estrutura de fiscalização reforçada corresponde a uma exigência da Diretiva 2006/437 /CE, transposta pelo Decreto-Lei nº 225/2008, de 20 de novembro, diploma este que define em termos bastante amplos entidades de interesse público, sujeitando-as à obrigação de o revisor oficial de contas, a quem compete emitir a certificação legal de contas, não integrar o respetivo órgão de fiscalização.

[100] Cfr. João Calvão da Silva, "Corporate...", *RLJ*, 2006, nº 3940, p. 32.

terá de indicar uma pessoa singular, que exercerá o cargo em nome próprio[101]. A adequação de currículo ou a independência não são, em geral[102], requisitos legais de elegibilidade, embora constem das recomendações do Código de bom Governo das Sociedades aprovado pela CMVM[103].

Todos os membros do órgão de administração devem ser *periodicamente eleitos: periodicamente*, porque a lei limita a duração dos mandatos a, no máximo, 4 anos, podendo os estatutos estabelecer uma duração inferior (art. 391º, nº 3, e 425º, nº 2, CSC)[104]; *eleitos*, porque a lei não permite a atribuição de um direito especial a integrar a administração. Esta regra não é excecionada pelo facto de se admitir a designação dos administradores logo no ato constitutivo da sociedade[105]. Os administradores podem, em certas circunstâncias, ser designados pelo Tribunal, a requerimento de qualquer acionista (arts. 394º e 426º CSC).

A eleição assenta numa deliberação, sujeita a uma regra especial quanto ao respetivo *quorum*: considera-se aprovada a proposta que obtiver o maior número de votos (art. 386º, nº 2, CSC), mesmo que tal número não corresponda à maioria de todos os votos (maioria relativa). Nos termos gerais, só relevam os votos emitidos e não se contam as abstenções (art. 386º, nº 1, CSC). Não é certo que a eleição tenha de efetuar-se por listas, atenta

---

[101] É, todavia, muito debatido o exato regime a que ficam sujeitos tais administradores e os poderes de que a pessoa coletiva goza após ter indicado a pessoa singular. Sobre a matéria, *vide* M. Nogueira Serens, "Pessoas...", *Revista da Banca*, 1994, nº 30, pp. 75ss., e Paulo Olavo Cunha, "Designação...", *Direito das sociedades em revista*, 2009, I, ano I, pp. 165ss.

[102] Para sociedades sujeitas a regime especial, como sucede, por exemplo, com as instituições de crédito, sociedades financeiras e seguradoras, estão por vezes previstos requisitos específicos de idoneidade e qualificação profissional (*vide* arts. 30º e 31º do Regime Geral das Instituições de Crédito, disponível em http://www.bportugal.pt/pt-PT/Legislacaoenormas/Documents/RegimeGeral.pdf; art. 51º do *Decreto-Lei nº 94-B/98, de 17 de abril* (republicado pelo *Decreto-Lei nº 2/2009, de 5 de janeiro*) e alterado pelo *Decreto-Lei nº 52/2010, de 26 de maio* (disponível em http://dre.pt/pdf1sdip/2009/01/00200/0002600105.pdf).

[103] "De entre os administradores não executivos deve contar-se um número adequado de administradores independentes, tendo em conta a dimensão da sociedade e a sua estrutura acionista, que não pode em caso algum ser inferior a um quarto do número total de administradores" (cfr. Recomendação II.1.2.2.).

[104] Os administradores mantêm-se, porém, em funções até se proceder a nova eleição (art. 391º, nº 4, CSC).

[105] Deve entender-se que a cláusula dos estatutos que estabeleça a primeira composição do órgão de administração tem a natureza de uma deliberação unânime por escrito.

CORPORATE GOVERNANCE EM PORTUGAL

a redação do 392º, nº 7, CSC, que implicitamente admite que nem todos os administradores eleitos tenham colhido o mesmo número de votos – hipótese que só poderá ocorrer se a eleição não se efetuar por listas. Vedando, embora, a possibilidade de atribuição de um direito especial à administração, a lei atribui a todo o acionista o direito "a ser designado para os órgãos de administração..." (art. 21º, nº 1, al. *d*), CSC). Nas sociedades anónimas, este direito deve ser entendido como o *direito de apresentar propostas* para a eleição de membros da administração[106].

O art. 392º prevê regras especiais de eleição, sujeitando as sociedades abertas necessariamente a, pelo menos, um dos dois sistemas aí previstos (art. 392º, nº 8). Trata-se de sistemas que usualmente se designam de "representação das minorias", porque permitem que franjas minoritárias de capital – no mínimo de 10% e, num dos sistemas, no máximo de 20% – elejam uma parte dos administradores. Isto é, em vez de, por força do princípio maioritário, o conselho de administração ser integralmente composto pelos membros de uma só lista (a lista vencedora), uma parte de tais membros pode ser eleita por outros acionistas[107]. Mas os sistemas previstos na norma podem ter um alcance e uma utilidade que não se confinem, em rigor, a uma "representação das minorias" contra a "maioria".

No sistema dualista, os administradores podem não ser eleitos pelos acionistas, mas sim pelo conselho geral e de supervisão. Este era, até à reforma de 2006, um traço caracterizador deste modelo, visto que a competência para a eleição não podia caber aos acionistas[108]. A Reforma de 2006 passou a permitir que, por opção estatuária, a competência seja atribuída aos acionistas, que, nesse caso, além de elegerem o conselho geral e de supervisão, também elegem o conselho de administração executivo (art. 425º, nº 1, CSC).

---

[106] Cfr. PEDRO MAIA, *Voto e Corporate Governance...*, (no prelo), Capítulo I, 1.2.

[107] Sobre este sistema de eleição, que suscita inúmeras questões, algumas das quais fruto da alteração introduzida pela Reforma de 2006, cfr. RAÚL VENTURA, *Estudos vários...*, pp. 513ss., PEDRO MAIA, *Função e funcionamento...*, pp. 304ss., JORGE MANUEL COUTINHO DE ABREU, *Governação...*, pp. 76ss., ANTÓNIO MENEZES CORDEIRO, *Código das Sociedades Comerciais anotado...*, pp. 1052ss.

[108] Cfr., por exemplo, PEDRO MAIA, "Tipos...", in *Estudos de Direito das Sociedades*, p. 28.

## 3.2. A fiscalização das sociedades anónimas

A Reforma de 2006 introduziu relevantes alterações no regime de fiscalização das sociedades anónimas. Desde logo, a referida alteração orgânica, impondo a fiscalização reforçada a determinadas sociedades. Mas também o estatuto dos membros do órgão e as respetivas competências.

O órgão de fiscalização passou a ter de integrar pelo menos um membro que tenha curso superior adequado ao exercício das suas funções e conhecimentos em auditoria ou contabilidade e que seja independente (arts. 414º, nº 4, 423º-B, nº 4, e 444º, nº 5, CSC)[109]. Note-se que à "independência" exigida somente a um dos membros do órgão – definida no art. 414º, nº 5, CSC –, o art. 414º-A[110] acrescenta um extenso quadro de "incompatibilidades" particularmente exigente: desde logo, porque se aplica a todos os membros do órgão, mas também porque é causa de nulidade da eleição ou de caducidade do respetivo mandato (art. 414º-A, nº 3, CSC).

Com a Reforma de 2006, a remuneração dos membros do órgão de fiscalização passou a ser obrigatoriamente fixa (cfr. arts. 422º-A, nº 1, 423º-D, 440º, nº 3)[111].

## 3.3. Remuneração dos membros da administração

A matéria das remunerações tem merecido uma atenção crescente do legislador, da doutrina e dos reguladores[112].

---

[109] Sobre a matéria, *vide* João Calvão da Silva, "Corporate...", *RLJ*, 2006, nº 3940, pp. 40s., Paulo Olavo Cunha, "Entre corporate...", *Direito das Sociedades em Revista, I Congresso*, 2011, pp. 259ss., Paulo Câmara/Gabriela Figueiredo Dias, "O governo das...", in *O governo das organizações – a vocação universal do corporate governance*, pp. 85ss.

[110] Aplicável aos membros da comissão de auditoria e do conselho geral e de supervisão, por remissão dos arts. 423º-B, nº 3, 434º, nº 4, e 444º, nº 3, CSC.

[111] Para uma notícia atualizada do regime dos órgãos de fiscalização, *vide* Paulo Câmara/ Gabriela Figueiredo Dias, "O governo das...", in *O governo das organizações – a vocação universal do corporate governance*, pp. 69ss.

[112] *Vide* Pedro Maia, *Voto e Corporate Governance...*, (no prelo), Capítulo IX, João Sousa Gião, "Conflitos de interesses entre administradores...", in *Conflito de interesses no direito societário e financeiro Um balanço a partir da crise financeira*, pp. 268ss., Paulo Câmara, «Votação e influência...», in *O Governo das Organizações – a vocação universal do corporate governance*, pp. 31ss., Fatima Gomes, "Remuneração de administradores...", *Direito das Sociedades em Revista, I Congresso*, 2011, pp. 297ss., Paulo Câmara/Gabriela Figueiredo Dias, "O governo das...", in *O governo das organizações – a vocação universal do corporate governance*, pp. 58s., Jorge André

## CORPORATE GOVERNANCE EM PORTUGAL

A remuneração dos membros da administração é fixada pelo órgão competente para a respetiva eleição ou por uma comissão por si designada[113]. Até à Reforma de 2006, essa comissão, quando se tratasse de comissão eleita pela assembleia, teria de ser composta por acionistas. Tal exigência deixou de existir.

A lei não estabelece limites ao montante da remuneração, estabelecendo, apenas, que na sua fixação deve ter-se "em conta as funções desempenhadas e a situação económica da sociedade" (art. 399º, nº 1, CSC). Acrescenta o nº 2 que "a remuneração pode ser certa ou consistir parcialmente numa percentagem dos lucros de exercício, mas a percentagem máxima destinada aos administradores deve ser autorizada por cláusula do contrato de sociedade". A norma suscita diversas dificuldades de interpretação quando se trate de estabelecer uma remuneração que não seja "certa". Mas, pese embora a letra da lei, não tem sido questionada a legalidade de diversos mecanismos de *remuneração variável*, como os que consistam na atribuição de *stock options* ou de planos de atribuição de ações[114]. Mais tradicional, tem sido o reconhecimento do controlo da remuneração através do instituto do abuso de direito, que permite a anulação de deliberações da assembleia, nos termos do art. 58º, nº 1, al. b), CSC.

Para as "entidades de interesse público"[115], a Lei nº 28/2009, de 19 de junho, veio impor que os acionistas se pronunciem sobre a política de remu-

---

CARITA SIMÃO, "A remuneração dos administradores...", in *RDS – Doutrina*, pp. 795ss., INÊS ERMIDA DE SOUSA GUEDES, *A Remuneração...*, *passim*.

[113] Deste modo, no modelo monista e anglo-saxónico, a competência pertence sempre à assembleia, pois cabe sempre a este órgão a competência para eleger os membros da administração (art. 399º). Já no modelo dualista, em que a competência para eleger o conselho de administração executivo tanto pode pertencer à assembleia geral como ao conselho geral e de supervisão, a remuneração será, conforme o caso, fixada por um ou outro órgão (art. 429º CSC).

[114] O próprio legislador parece pressupor a legalidade de tais remunerações, admitindo que estas nem sejam "certas" nem consistam numa percentagem dos lucros de exercício: *vide*, por exemplo, o art. 2º, nº 3, da Lei nº 28/2009, de 19 de junho.

[115] As entidades de interesse público são definidas pelo Decreto-Lei nº 225/2008, de 20 de novembro, às quais a Lei nº 28/2009 acrescenta, para efeitos da respetiva aplicação, as sociedades financeiras, as sociedades gestoras de fundos de capital de risco e de fundos de pensões (art. 2º, nº 2).

nerações que tenha sido fixada pela comissão de remunerações[116]. Mas as soluções acolhidas são, em diversos aspetos, questionáveis[117].

As remunerações nas instituições de crédito têm sido sujeitas as regras especiais[118]: recentemente, o Aviso nº 10/2011, do Banco de Portugal[119], introduziu uma relevante novidade, porque sujeitou "colaboradores" da sociedade – e já não apenas os titulares dos órgãos sociais – à obrigação de divulgação de remunerações e aos limites impostos à sua composição.

### 3.4. Negócios com partes relacionadas

Aspeto muito crítico da *corporate governance* é o da celebração de negócios entre a sociedade e "partes relacionadas", mormente acionistas e membros do órgão de administração ou de fiscalização.

A abordagem inicial do legislador foi a de sujeitar alguns de tais negócios a um sistema de controlo: quanto aos negócios com acionistas, o controlo assenta na necessidade de intervenção de um revisor oficial de contas e de deliberação pela assembleia geral (art. 29º CSC)[120]; quanto aos mem-

---

[116] A obrigatoriedade de divulgação das remunerações, bem como dos planos de atribuição de ações e/ou opções de aquisição de ações, e os respetivos termos estão regulados pelos arts. 3º e 4º do Regulamento nº 1/2010 da CMVM.

[117] Sobre a matéria, *vide* PAULO Câmara, «Votação e influência...», in *O Governo das Organizações – a vocação universal do corporate governance* , pp. 31ss., e PAULO Câmara/GABRIELA FIGUEIREDO DIAS, "O governo das...", in *O governo das organizações – a vocação universal do corporate governance*, pp. 58s.

[118] *Vide* as Recomendações da Comissão Europeia 2009/384/CE e 2009/385/CE, de 30 de abril, relativas, respetivamente, às políticas de remuneração no setor dos serviços financeiros e ao regime de remuneração dos administradores de sociedades cotadas; o Aviso nº 1/2010 e a Carta-Circular nº 2/2010/DSB, ambos do Banco de Portugal; a Diretiva 2010/76/UE do Parlamento Europeu e do Conselho, de 24 de novembro de 2010 (conhecida como "CRD III"), que alterou as Diretivas 2006/48/CE e 2006/49/CE e impõe novos requisitos às instituições de crédito e às empresas de investimento no sentido de exigir a adoção de políticas e práticas de remuneração consentâneas com uma gestão de riscos sã e prudente. Esta Diretiva foi transposta para o ordenamento jurídico nacional pelo Decreto-Lei nº 88/2011, de 20 de julho.

[119] Disponível em http://www.bportugal.pt/sibap/application/appl/aviso.asp?pver=p&pnum =10/2011.

[120] Note-se que o regime descrito tem um âmbito de aplicação muito restrito, porque só respeita aos negócios celebrados no período de dois anos após a constituição da sociedade ou o aumento de capital. A sua *ratio* é, fundamentalmente, impedir que o regime de controlo das entradas em espécie (art. 28º) possa ser facilmente contornado, mediante a celebração de negócios de alienação de bens à sociedade após a respetiva constituição ou aumento de

CORPORATE GOVERNANCE EM PORTUGAL

bros do órgão de administração, a par da proibição absoluta relativamente a certos negócios – por exemplo, concessão de empréstimos[121] –, a lei exige, quanto aos restantes, um parecer favorável do conselho fiscal e uma deliberação do conselho de administração, em que o administrador interessado não pode votar (art. 397º, nº 1 e 2, também a aplicável a outros órgãos, por remissão dos arts. 423º-H, 428º e 445º CSC).

Este modelo assenta, portanto, na *proibição do negócio* ou no *controlo* dos respetivos termos, a que pode juntar-se o mecanismo geral da proibição do abuso de direito, sempre que se mostre que a deliberação – da assembleia geral ou do órgão de administração, consoante o caso – é abusiva (art. 58º, nº 1, al. *b*) CSC)[122].

Com a entrada em vigor do Decreto-Lei nº 185/2009, de 12 de agosto[123], que aditou o art. 66º-A ao CSC, foi acrescentada uma outra abordagem aos problemas suscitados pelos negócios celebrados com partes relacionadas: o da obrigatoriedade de divulgação de informação sobre a matéria[124].

---

capital. Sobre a matéria, *vide* M. NOGUEIRA SERENS, *Notas...*, p. 22, PEDRO MAIA, *Voto e Corporate Governance...*, (no prelo), Capítulo V, nota 695, e PAULO DE TARSO DOMINGUES, in *Código das Sociedades...*, I, pp. 465ss.

[121] Mas é discutível o exato âmbito da proibição: *vide* JORGE MANUEL COUTINHO DE ABREU, *Governação...*, pp. 27ss., JOÃO SOUSA GIÃO, "Conflitos de interesses entre administradores...", in *Conflito de interesses no direito societário e financeiro Um balanço a partir da crise financeira*, pp. 249ss., e JOSÉ FERREIRA GOMES, "Os deveres de informação sobre negócios...", *CadMVM*, 2009, nº 33, pp. 122ss.

[122] A possibilidade de impugnar deliberações do órgão de administração com fundamento no abuso de direito não é inquestionável, uma vez que o art. 411º não a prevê. Sobre a invalidade de deliberações do órgão de administração e respetivo regime, *vide* RAÚL VENTURA, *Estudos vários...*, pp. 555ss., LUÍS BRITO CORREIA, "Deliberações...", in *Problemas do Direito das Sociedades*, pp. 413ss., JORGE MANUEL COUTINHO DE ABREU, *Governação...*, pp. 1112ss., ANTÓNIO MENEZES CORDEIRO, *Código das Sociedades Comerciais anotado...* pp. 1083s., PAULO OLAVO CUNHA, *Direito das sociedades...*, pp. 810ss., RICARDO FALCÃO, "Da impugnação judicial direta...", in *RDS Doutrina*, pp. 311ss.

[123] Este diploma transpôs a Diretiva nº 2006/46/CE, do Parlamento Europeu e do Conselho, de 14 de junho de 2006, que altera a Diretiva 78/660/CEE do Conselho relativa às contas anuais de certas formas de sociedades, a Diretiva 83/349/CEE do Conselho relativa às contas consolidadas, a Diretiva 86/635/CEE do Conselho relativa às contas anuais e às contas consolidadas dos bancos e outras instituições financeiras e a Diretiva 91/674/CEE do Conselho relativa às contas anuais e às contas consolidadas das empresas de seguros.

[124] Desenvolvidamente sobre a matéria, *vide* JOSÉ FERREIRA GOMES, "Os deveres de informação sobre negócios...", *CadMVM*, 2009, nº 33, pp. 105ss.

## 3.5. Prestação de informação

Pode dizer-se que um dos pilares do movimento de *corporate governance* reside na prestação de informação, de onde se espera retirar uma pluralidade de efeitos: prevenir comportamentos ilícitos, diminuir a assimetria de informação entre *insiders* e *outsiders*, facultar e facilitar a efetiva fiscalização da sociedade e o efetivo escrutínio por todos os interessados.

A prestação de informação em muitos casos é ditada por lei, a que acrescem recomendações, nos códigos de governo, de prestação de mais informação.

Com a alteração do art. 70º, nº 2, al. b), CSC[125], as sociedades passaram a ter a obrigação de disponibilizar, na sede da sociedade e no sítio da internet, o Relatório sobre a estrutura e as práticas de governo societário. Não se esclarece, porém, qual o exato conteúdo de tal documento, ao invés do que sucede relativamente às sociedades emitentes de ações admitidas à negociação em mercado regulamentado (art. 245º-A CVM)[126].

---

[125] Pelo Decreto-Lei nº 185/2009.

[126] Sobre a questão, cfr. PAULO Câmara, «Votação e influência...», in *O Governo das Organizações – a vocação universal do corporate governance* , pp. 28ss. Sobre os deveres de informação nos mercados financeiros, cfr. PAULO Câmara, *Manual de Direito...*, pp. 683ss. A respeito da publicidade de participações sociais, veja-se RUI PINTO DUARTE, "Publicidade...", in *Estudo em homenagem ao Professor Doutor Carlos Ferreira de Almeida*, pp. 65ss.

Por fim, quanto às implicações que a ampla e constante divulgação de informação tem sobre o papel e o relevo dos prestadores de serviços financeiros e quanto à nova assimetria de informação que essa profusa divulgação cria, *vide* PEDRO MAIA, *Voto e Corporate Governance...*, (no prelo), Conclusão – a mudança de paradigma.

# Bibliografia

ABELTSHAUSER, Thomas E., "Corporate Governance – Standort und Dimensionen", in *Corporate Governance Tagungsband der 1. Hannoveraner Unternehmensrechtstage*, Carl Heymanns Verlag KG, Köln · Berlin · München, 2004, pp. 1-21

ABREU, J. M. Coutinho de, "Corporate Governance em Portugal", *IDET*, Miscelâneas nº 6, 2010, pp. 7-47

ABREU, Jorge Manuel Coutinho de, *Curso de direito comercial*, II, 4ª edição, Almedina, Coimbra, 2011

ABREU, Jorge Manuel Coutinho de, *Governação das sociedades comerciais*, 2ª ed., Almedina, Coimbra, 2010

ADAMS, Edward S., "Bridging the gap between ownership and control", *The Journal of Corporation Law*, 34, 2008-2009, pp. 409-446

ALBUQUERQUE, Pedro de/PEREIRA, Maria de Lurdes, *As «Golden Shares» do estado português em empresas privatizadas: limites à sua admissibilidade e exercício*, Coimbra Editora, Coimbra, 2006

ALMEIDA, António Pereira de, *Sociedades comerciais e valores mobiliários (Reformulada e atualizada de acordo com os Decretos-Leis nºs 8/2007 e 357-A/2007)*, 5ª edição, Coimbra Editora, Coimbra, 2008

ALVES, Carlos/MENDES, Victor, "As recomendações da CMVM relativas ao Corporate Governance e a performance das sociedades", *CadMVM*, 2001, pp. 57-88

ALVES, Carlos Francisco, *Os investidores institucionais e o governo das sociedades: disponibilidade, condicionantes e implicações*, Almedina, Coimbra, 2005

ANTUNES, José A. Engrácia, *Direito das sociedades comerciais perspetiva do seu ensino*, Almedina, Coimbra, 2000

ANTUNES, José A. Engrácia, "Os "hedge funds" e o governo das sociedades", in *Direito dos Valores Mobiliários*, IX, Coimbra Editora, Coimbra, 2009, pp. 9-70

ANTUNES, José A. Engrácia, *Os grupos de sociedades estrutura e organização jurídica da empresa plurissocietária*, 2ª edição, revista e atualizada, Almedina, Coimbra, 2002

ANTUNES, José Engrácia, "A igualdade de tratamento dos acionistas na OPA", *Direito das Sociedades em Revista*, III, 2010, pp. 87-113

BEBCHUK, Lucian A./WEISBACH, Michael S., "The state of Corporate Governance research", *Fisher College of Business Working Paper Series*, 2009, pp. 1-37

BLACK, Bernard S., "Agents watching agents: the promise of institutional investor voice", *UCLA Law Review*, 39, 1991-1992, pp. 811-893

BLACK, Bernard S., "Shareholder passivity reexamined", *Michigan Law Review*, 1990, pp. 520-608

BLACK, Bernard S., "The value of institutional investor monitoring: the empirical evidence", *UCLA Law Review*, 39, 1991-1992, pp. 895-939

BRADLEY, Michael, "Interfirm tender offers and the market for corporate control", *The Journal of Business*, 53, Nº. 4, 1980, pp. 345-376

CÂMARA, Paulo, «The end of the «Golden» age of privatisations? – The recent ECJ decisions on *Golden Shares*", *European Business Organization Law Review*, 2002, pp. 503-513

QUESTÕES DE DIREITO SOCIETÁRIO EM PORTUGAL E NO BRASIL

Câmara, Paulo, *Manual de Direito dos Valores Mobiliários*, 2ª ed., Almedina, Coimbra, 2011

Câmara, Paulo, «O governo das sociedades e a reforma do Código das Sociedades Comerciais», in *Código das Sociedades Comerciais e governo das sociedades*, Almedina, Coimbra, 2008, pp. 9-141

Câmara, Paulo, «O governo das sociedades e os deveres fiduciários dos administradores», in *Jornadas sociedades abertas, valores mobiliários e intermediação financeira*, Almedina, Coimbra, 2007, pp. 163-179

Câmara, Paulo, «O governo das sociedades em Portugal: uma introdução», *CadMVM*, nº 12, 2001, pp. 45-55

Câmara, Paulo, «Os modelos de governo das sociedades anónimas», in *Reformas do Código das Sociedades*, nº 3, Almedina, Coimbra, 2007, pp. 179-242

Câmara, Paulo, «Vocação e influência universal do *corporate governance*: uma visão transversal sobre o tema", in *O Governo das Organizações – a vocação universal do corporate governance* 2011, pp. 13-43

Câmara, Paulo/Dias, Gabriela Figueiredo, "O governo das sociedades anónimas", in *O governo das organizações – a vocação universal do corporate governance*, Almedina, Coimbra, 2011, pp. 43-94

Cheffins, Brian R., "Tendenze attuali di *corporate governance*: da Londra a Milano, via Toronto", *Giurisprudenza Commerciale*, 2001, pp. 161-192

Claussen, Carsten P., "Zum zukünftigen Aktienrecht – Anstösse für die nächsten Reformen", in *Reform des Aktienrechts, der Rechnungslegung und der Prüfung KonTraG – Corporate Governance – TransPuG*, 2. überarbeitete und erweiterte Auflage, Schäffer-Poeschel Verlag, Stuttgart, 2003, pp. 565-589

Coffee, John C., "Beyond the shut-eyed sentry: toward a theoretical view of corporate misconduct and an effective legal response", *Virginia Law Review*, 63, 1977, pp. 1099-1278

Coffee, John C., "Liquidity versus control: the institutional investor as corporate monitor", *Columbia Law Review*, 91, Nº. 6, 1991, pp. 1277-1368

Coffee, John C., "Regulating the market for corporate control: a critical assessment of the tender offer's role in Corporate Governance", *Columbia Law Review*, 84, 1984, pp. 1145-1296

Cooter, Robert/Ulen, Thomas, *Law & Economics*, fifty edition, Pearson International Edition, Boston San Francisco New York London Toronto Sydney Tokyo Singapore Madrid Mexico City Munich Paris Cape Town Hong Kong Montreal Marka, 2008

Cordeiro, António Menezes, "As ações sem valor nominal", in *RDS*, ano III, nº 3-4, 2011, pp. 471-509

Cordeiro, António Menezes, *Código das Sociedades Comerciais anotado,* 2ª ed., Almedina, Coimbra, 2011

Cordeiro, António Menezes, "A crise planetária de 2007/2010 e o governo das sociedades", *RDS Atualidade*, ano I, nº 2, 2009, pp. 263-286

Cordeiro, António Menezes, "Do governo das sociedades: A flexibilização da dogmática continental", in *Prof. Doutor Inocêncio Galvão Telles: 90 anos Homenagem da Faculdade de Direito de Lisboa*, Coimbra, Almedina, 2007, pp. 91-103

CORPORATE GOVERNANCE EM PORTUGAL

CORDEIRO, António Menezes, "Novas regras sobre assembleias gerais: a reforma de 2010", in *RDS*, ano II – nº 1-2, 2010, pp. 11-33

CORDEIRO, António Menezes, *SA: assembleia geral e deliberações sociais*, Almedina, Coimbra, 2009

CORREIA, Luís Brito, "Deliberações do conselho de administração de sociedades anónimas", in *Problemas do Direito das Sociedades*, Almedina, Coimbra, 2002, pp. 399-419

CORREIA, Miguel J. A. Pupo, *Direito comercial Direito da empresa*, 10ª edição, revista e actualizada, EDIFORUM, Lisboa, 2007

CUNHA, Paulo Olavo, "Aspetos críticos da aplicação prática do regime das ações sem valor nominal", in *Capital social livre e ações sem valor nominal*, Almedina, Coimbra, 2011, pp. 131-152

CUNHA, Paulo Olavo, "Designação de pessoas coletivas para os órgãos de sociedades anónimas e por quotas", *Direito das Sociedades em Revista*, I, ano I, 2009, pp. 165-215

CUNHA, Paulo Olavo, *Direito das sociedades comerciais*, 3ª edição, Almedina, Coimbra, 2007

CUNHA, Paulo Olavo, *Direito das sociedades comerciais*, 4ª edição, Almedina, Coimbra, 2010

CUNHA, Paulo Olavo, "Independência e inexistência de incompatibilidade para o desempenho de cargos sociais", *Direito das Sociedades em Revista, I Congresso*, 2011, pp. 259-296

CUNHA, Paulo Olavo, *Os direitos especiais nas sociedades anónimas: as ações privilegiadas*, Almedina, Coimbra, 1993

DALLAS, Lynne L., "Two models of corporate governance: beyond berle and means", *University of Michigan Journal of Law Reform*, 22, 1988-1989, pp. 19-116

DAVIES, Paul L./WORTHINGTON, Sarah/MICHELER, Eva, *Gower and Davies's principles of modern company law*, Eighth Edition, Sweet & Maxwell, London, 2008

DENT, George W., "Corporate Governance: still broke, no fix in sight", *The Journal of Corporation Law*, 31, 2005-2006, pp. 39-76

DENT, George W., "The revolution in Corporate Governance, the monitoring board, and the director's duty of care", *Boston University Law Review*, 61, 1981, pp. 623-682

DIAS, Gabriela Figueiredo, "Conflito de interesses em auditoria", in *Conflito de interesses no direito societário e financeiro. Um balanço a partir da crise financeira*, Almedina, Coimbra, 2010, pp. 565--623

DIAS, Gabriela Figueiredo, *Fiscalização de sociedades e responsabilidade civil (após a reforma do Código das Sociedades Comerciais)*, Coimbra Editora, Coimbra, 2006

DOMINGUES, Paulo de Tarso, "As ações sem valor nominal", *Direito das Sociedades em Revista*, IV, 2010, pp. 181-214

DOMINGUES, Paulo de Tarso, "As ações sem valor nominal no direito português", *Direito das Sociedades em Revista, I Congresso*, 2011, pp. 53-74

DOMINGUES, Paulo de Tarso, "Os meios telemáticos no funcionamento dos órgãos sociais. Uma primeira aproximação ao regime do CSC", in *Reformas do Código das Sociedades*, nº 3, Almedina, Coimbra, 2007, pp. 87-120

DOMINGUES, Paulo de Tarso, "Traços essenciais do novo regime das ações sem valor nominal", in *Capital social livre e ações sem valor nominal*, Almedina, Coimbra, 2011, pp. 107-130

DUARTE, Rui Pinto, "Publicidade das participações nas sociedades comerciais", in *Estudo em homenagem ao Professor Doutor Carlos Ferreira de Almeida*, IV Almedina, Coimbra, 2011, pp. 97-121

QUESTÕES DE DIREITO SOCIETÁRIO EM PORTUGAL E NO BRASIL

EASTERBROOK, Frank H./FISCHEL, Daniel R., "The proper role of a target's management in responding to a tender offer", *Harvard Law Review*, 94, Nº. 6, 1981, pp. 1161--1204

EASTERBROOK, Frank H./FISCHEL, Daniel R., "Takeover bids, defensive tactics, and shareholders' welfare", *The Business Lawyer*, 36, 1980-1981, pp. 1733-1750

EISENBERG, Melvin Aron, "Corporate law and social norms", *Columbia Law Review*, 99, 1999, pp. 1253-1292

EISENBERG, Melvin Aron, *The structure of the corporation: a legal analysis*, 1976

ENGEL, David L., "An approach to corporate social responsibility", *Standford Law Review*, 32, 1979-1980, pp. 1-98

FALCÃO, Ricardo, "Da impugnação judicial direta das deliberações do conselho de administração", in *RDS*, ano II – nº 1-2, 2010, pp. 311-332

FARRAR, John, *Corporate Governance – Theories, principles, and practice*, Second Edition, Oxford University Press, Oxford,

FARRAR, John H./HANNIGAN, Brenda, *Farrar's company law*, Fourth edition, Butterworths, London Edinburgh and Dublin, 1998

FERREIRA, António Pedro A., *O governo das sociedades e a supervisão bancária – Interações e complementaridades*, Quid Juris, Lisboa, 2009

FERREIRA, Bruno, "A responsabilidade dos administradores e os deveres de cuidado enquanto estratégias de *Corporate Governance Implicações da reforma do código das sociedades comerciais*", *CadMVM*, 2008, pp. 7-18

FISCHEL, Daniel R., "The Corporate Governance movement", *Vanderbilt Law Review*, 35, Nº. 6, 1982, pp. 1259-1292

GIÃO, João Sousa, "Conflitos de interesses entre administradores e os acionistas na sociedade anónima: os negócios com a sociedade e a remuneração dos administradores", in *Conflito de interesses no direito societário e financeiro Um balanço a partir da crise financeira*, Almedina, Coimbra, 2010, pp. 215-291

GILSON, J. Ronald/KRAAKMAN, Reinier, "Reinventing the outside diretor: an agenda for institutional investors", *Stanford Law Review*, 43, 1990-1991, pp. 863-906

GOLDBERG, Arthur J., "A defense of the bureaucracy in corporate regulation and some personal suggestions for corporate reform", *The George Washington Law Review*, 48, 1979-1980, pp. 514-520

GOMES, Dimitilde, "O código de governo das empresas públicas do setor empresarial do Estado (SEE)", *RB Direito e Banca*, 65, 2008, pp. 49-79

GOMES, Fatima "Remuneração de administradores nas sociedades anónimas "cotadas" , em geral e no setor financeiro, em particular", *Direito das Sociedades em Revista, I Congresso*, 2011, pp. 297-334

GOMES, José Ferreira, "Auditors as gatekeepers: the European reform of auditors' legal regime and the American influence", *The Columbia Journal of European Law*, 11, nº 3, 2005, pp. 665-703

GOMES, José Ferreira, "Conflitos de interesses entre acionistas nos negócios celebrados entre a sociedade anónima e o seu acionista controlador", in *Conflito de interesses no direito societário e financeiro Um balanço a partir da crise financeira*, Almedina, Coimbra, 2010, pp. 75-213

CORPORATE GOVERNANCE EM PORTUGAL

GOMES, José Ferreira, "A fiscalização externa das sociedades comerciais e a independência dos auditores a reforma europeia, a influência norte-americana e a transposição para o direito português", *Faculdade de Direito da Universidade de Lisboa*, 2005, pp. 1-88

GOMES, José Ferreira, "Os deveres de informação sobre negócios com partes relacionadas e os recentes Decretos-Lei nºs 158/2009 e 185/2009", *CadMVM*, nº 33, 2009, pp. 105-141

GORDON, Jeffrey N., "The rise of independent directors in the United States, 1950-2005: of shareholder value and stock market prices", *Stanford Law Review*, 59, 2006-2007, pp. 1465-1568

HESS, Glen E., "Corporate Governance – zum Stand der Diskussion in den Vereinigten Staaten", in *Governance – Optimierung der Unternehmensführung und der Unternehmenskontrolle im deutschen und amerikanischen Aktienrecht*, Verlag Dr. Otto Schmidt, Köln, 1996, pp. 9-24

HOPT, Klaus J., "Gemeinsame Grundsätze der Corporate Governance in Europa?", *ZGR*, 6, 2000, pp. 779-818

HOPT, Klaus J., "New ways in Corporate Governance: european experiments with labor representation on corporate boards", *Michigan Law Review*, 82, 1984, pp. 1338-1363

LANGEVOORT, Donald C., "Monitoring: the behavioral economics of inducing agents' compliance with legal rules", *Georgetown University Law Center Business, Economics, and Regulatory Policy, Law and Economics Research Paper Nº. 276121* 2001, pp. 1-39

LEIMAN, Leonard M., "Corporate Governance: the United States debate", *Journal of Comparative Corporate Law and Securities Regulation*, 2, 1979, pp. 89-98

LEITÃO, Luís Manuel Teles de Menezes, "Voto por correspondência e realização telemática de reuniões de órgãos sociais", *CadMVM*, 24, 2006, pp. 256-260

LEITÃO, Luís Manuel Teles de Menezes, "Voto por correspondência e realização telemática de reuniões e órgãos sociais", in *A reforma do Código das Sociedades Comerciais Jornadas em Homenagem ao Professor Doutor Raúl Ventura*, Almedina, Coimbra, 2007, pp. 269-277

LINO, Duarte Schmidt/LOMBA, Pedro, "Democratrizar o Governo das empresas públicas: o problema do duplo grau de agência", in *O governo das organizações – a vocação universal do corporate governance*, Coimbra, Almedina, 2011, pp. 683-721

LIPTON, Martin/LORSCH, Jay W., "A modest proposal for improved Corporate Governance", *The Business Lawyer*, 48, 1992-1993, pp. 59-78

LOOMIS, Philip A. Jr./RUBMAN, Beverly K., "Corporate Governance in historical perspective", *Hofstra Law Review*, 8, 1979-1980, pp. 141-182

LOWENSTEIN, Louis/MILLSTEIN, Ira M., "The American corporation and the institutional investor: are there lessons from abroad?", *Columbia Business Law Review*, 1988, 1988, pp. 739-750

LUTTER, Marcus, "Deutscher Corporate Governance Kodex", in *Reform des Aktienrechts, der Rechnungslegung und der Prüfung KonTraG – Corporate Governance – TransPuG*, 2. überarbeitete und erweiterte Auflage, Schäffer-Poeschel Verlag, Stuttgart, 2003, pp. 67-79

MACEY, Jonathan R., *Corporate Governance promises kept, promises broken*, Princeton University Press, Princeton Oxford, 2008

MAIA, Pedro, *Função e funcionamento do conselho de administração da sociedade anónima*, Coimbra Editora, Coimbra, 2002

MAIA, Pedro, "Tipos de sociedades comerciais", in *Estudos de Direito das Sociedades*, 10ª edição, Almedina, Coimbra, 2010, pp. 7-39

MAIA, Pedro, *Voto e Corporate Governance um novo paradigma para a sociedade anónima*, Policop., Coimbra, 2009

MANNE, Henry G., "The myth of corporate responsibility or will the real ralph nader please stand up?", *The Business Lawyer*, 26, 1970-1971, pp. 533-540

MANNING, Bayless, "The shareholder's appraisal remedy: an essay for Frank Coker", *The Yale Law Journal*, 72, Nº. 2, 1962, pp. 223-265

MARTINS, Alexandre Soveral, *Administradores delegados e comissões executivas – algumas considerações*, I, Almedina, Coimbra, 2011

MARTINS, Alexandre Soveral, "A propósito da suspensão de deliberações sociais e do princípio da igualdade de tratamento acórdão do Tribunal da Relação de Guimarães de 15.10.2003, proc. 1552/03", *Cadernos de Direito Privado*, 2006, pp. 37-50

MARTINS, Alexandre Soveral/RAMOS, Elisabete, "As participações sociais", in *Estudos de Direito das Sociedades*, 10ª, Edição Almedina, Coimbra, 2010, pp. 131-173

MATOS, Pedro Verga, "A relação entre os acionistas e os gestores de sociedades cotadas: alguns problemas e soluções", *CadMVM*, nº 33, 2009, pp. 92-104

MITCHELL, Dalia Tsuk, "Status bound: the twentieth century evolution of directors' liability", *NYU Journal of Law and Business*, 5, 2009, pp. 63-152

MONKS, Robert A. G./MINOW, Nell, *Corporate Governance*, Third Edition, Blackwell Publishing, 2004

MORAIS, Carlos Blanco de, "Introdução aos princípios de *"Corporate Governance"* aplicáveis às sociedades anónimas cotadas em bolsa", *Estudos em Honra de Ruy de Albuquerque*, I, 2006, pp. 233-268

MÖSLEIN, FLORIAN, "Contract governance within corporate governance – A lesson from the global financial crisis –", pp. 1-20

NEVES, Rui de Oliveira, "O conflito de interesses no exercício de funções de fiscalização nas sociedades anónimas", in *Conflito de interesses no direito societário e financeiro Um balanço a partir da crise financeira*, Almedina, Coimbra, 2010, pp. 293-313

NEVES, Rui de Oliveira, "O governo das sociedades prestadoras de serviços de interesse económico geral: Notas acerca de algumas características do caso Português", in *O governo das organizações – a vocação universal do corporate governance*, 2011, pp. 671-682

NUNES, Pedro Caetano, *Corporate Governance*, Almedina, Coimbra, 2006

OLIVEIRA, António Fernandes de, "o governo dos órgãos de soberania: uma introdução", in *O governo das organizações – a vocação universal do corporate governance*, 2011, pp. 721-767

PEREIRA, Maria de Lurdes, "O regime societário do estado enquanto acionista", in *A reforma do Código das Sociedades Comerciais Jornadas em Homenagem ao Professor Doutor Raúl Ventura*, Almedina, Coimbra, 2007, pp. 259-267

PLESSIS, Jean Jacques du/MCCONVILL, James/BAGARIC, Mirko, *Principles of contemporary Corporate Governance*, Cambridge University Press, 2005

PORTO, Manuel/SILVA, João Nuno Calvão da "Corporate Governance nas Empresas Públicas", *Temas de Integração*, 2009 Nº 27 e 28, 2009, pp. 365 a 404

POUND, John, "The rise of the political model of corporate governance and corporate control", *New York University Law Review*, 68, 1993, pp. 1003-1071

POZEN, Robert C., "Institutional perspetive on shareholder nominations of corporate directors", *The Business Lawyer*, 59, 2003-2004, pp. 95-108

CORPORATE GOVERNANCE EM PORTUGAL

RIBEIRO, Maria de Fátima, "Sociedades abertas, valores mobiliários e intermediação financeira", in *Jornadas sociedades abertas, valores mobiliários e intermediação financeira*, Almedina, Coimbra, 2007, pp. 11-29

RODRIGUES, Nuno Cunha, "As "golden-shares" no direito português", in *Direito dos valores mobiliários*, VII, Coimbra Editora, Coimbra, 2007, pp. 191-231

ROMANO, Roberta, "Public pension fund activism in Corporate Governance reconsidered", *Columbia Law Review*, 93, Nº. 4, 1993, pp. 795-853

SANTOS, Hugo Moredo, "Um governo para os fundos de investimento", in *O governo das organizações – a vocação universal do corporate governance*, 2011, pp. 371-414

SCHNEIDER, Uwe H./STRENGER, Christian, "Die „Corporate Governance-Grundsätze" der Grundsatzkommission Corporate Governance (German Panel on Corporate Governance)", *AG*, 3, 2000, pp. 106-109

SERENS, M. Nogueira, *Notas sobre a sociedade anónima*, 2ª edição, Coimbra Editora, Coimbra, 1997

SERENS, M. Nogueira, "Pessoas coletivas – Administradores de sociedades anónimas?", *Revista da Banca*, nº 30, 1994, pp. 75-91

SERRA, Catarina, "Entre corporate governance e corporate responsibility. Deveres fiduciários e «interesse social iluminado»", *Direito das Sociedades em Revista, I Congresso*, 2011, pp. 211-258

SERRA, Catarina, "A responsabilidade social das empresas – sinais de um instituto jurídico iminente?", in *Estudos em homenagem ao Prof. Doutor Manuel Henrique Mesquita*, II, Coimbra Editora, Coimbra, 2009, pp. 835-867

SILVA, João Calvão da, ""Corporate Governance" Responsabilidade civil de administradores não executivos, da comissão de auditoria e do conselho geral e de supervisão", *RLJ*, nº 3940, 2006, pp. 31-59

SILVA, João Calvão da, *Mercado e Estado – Serviços de interesse económico geral*, Almedina, Coimbra, 2008

SILVA, João Soares da, "O *Action Plan* da Comissão Europeia e o Contexto da *Corporate Governance* no início do Séc. XXI", *CadMVM*, 2004, pp. 72-80

SILVA, João Soares da, "Responsabilidade civil dos administradores de sociedade: os deveres gerais e a Corporate Governance", *ROA*, ano 57, II, 1997, pp. 605--628

SILVA, Paula Costa e, *Direito dos valores mobiliários Relatório*, Lisboa, 2005

SIMÃO, Jorge André Carita, "A remuneração dos administradores das sociedades e as suas implicações no contexto da crise financeira mundial", in *RDS*, ano III, nº 3-4, 2011, pp. 795-820

SOLOMON, Jill, *Corporate governance and accountability*, 2, John Wiley and Sons, 2007

SPINDLER, "Stimmrecht und Teilnahme an der Hauptversammlung Entwicklungen und Perspektiven in der EU und in Deutschland", *Institut für Wirtschaftsrecht Universität Göttingen*, 2006, pp. 1-30

STAPLEDON, G. P., *Institutional shareholders and Corporate Governance*, Clarendon Press, Oxford, 1996

TEICHMANN, Christoph, "Corporate Governance in Europa", *ZGR*, Nr. 5, 2001, pp. 645--679

QUESTÕES DE DIREITO SOCIETÁRIO EM PORTUGAL E NO BRASIL

TRIUNFANTE, Armando, "A revisão do CSC e o regime das reuniões e deliberações dos órgãos de administração e de fiscalização da SA", in *Jornadas sociedades abertas, valores mobiliários e intermediação financeira*, Almedina, Coimbra, 2007, pp. 181-199

TRIUNFANTE, Armando Manuel, *Código das Sociedades Comerciais Anotado (Anotações a todos os preceitos alterados) Atualizado até ao DL Nº 8/2007, de 17 de janeiro*, Coimbra Editora, Coimbra, 2007

VENTURA, Raúl, *Estudos vários sobre sociedades anónimas*, Almedina, Coimbra, 1992

VOLK, Gerrit, "Deutsche Corporate Governance-Konzepte", *DStR*, 2001, pp. 412-416

WEINER, Joseph L., "The Berle-Dodd dialogue on the concept of the corporation", *Columbia Law Review*, 64, 1964, pp. 1458-1467

WYMEERSCH, Eddy, "Die Harmonisierung des Gesellschaftsrechts im Zeitalter des Internets", in *FS Marcus Lutter*, 2000, pp. 213-230

WYMEERSCH, Eddy, "Gesellschaftsrecht im Wandel: Ursachen und Entwicklungslinien", *ZGR*, 2, 2001, pp. 294-324

ZANARDO, Alessandra, "La nuova versione del Codice di autodisciplina delle società quotate: alcune osservazioni alla luce delle contestuali esperienze internazionali in materia di *corporate governance*", *Contratto e Impresa*, 2004, pp. 391-429

# RESPONSABILIDADE DE GERENTES E ADMINISTRADORES

# Responsabilidade Civil dos Administradores de Sociedades no Direito Brasileiro

MARCELO VIEIRA VON ADAMEK[*]

1. Introdução. **2.** Responsabilidade civil dos administradores: funções e inserção no sistema geral. **3.** Os pressupostos do dever de indenizar na lei acionária. **3.1.** Conduta antijurídica imputável: a regra da Lei das S/A. **3.1.1.** Irresponsabilidade por ato regular de gestão. **3.1.2.** Responsabilidade por culpa ou dolo. **3.1.3.** Responsabilidade decorrente da violação da lei ou dos estatutos. **3.1.4.** Equivalência ou diferença entre ambas as hipóteses. **3.2.** Conduta antijurídica: a regra do CC. **3.3.** Nexo de causalidade. **3.4.** Dano. **3.4.1.** Atributos do dano ressarcível. **3.4.2.** Danos diretos e indiretos (reflexos sobre a ação cabível). **3.5.** Responsabilidade individual e solidária: a regra da Lei das S/A. **3.5.1.** Solidariedade pelo descumprimento de deveres legais destinados a assegurar o regular funcionamento da companhia. **3.5.2.** Solidariedade pelo descumprimento de outros deveres. **3.5.3.** Solidariedade dos terceiros. **3.6.** Responsabilidade individual e solidária: a regra do CC. **4.** Causas extintivas *lato sensu*. **4.1.** Prescrição. **4.2.** Exoneração (*quitus*). **5.** Conclusão.

---

[*] Doutor e Mestre em Direito Comercial pela Faculdade de Direito da USP. Pós-graduado pelo IBRE/EASP-FGV. Conselheiro da Associação dos Advogados de São Paulo. Advogado em São Paulo.

# 1. Introdução

O presente estudo tem por objetivo apresentar, em suas grandes linhas, o regime jurídico da responsabilidade civil dos administradores de sociedades no direito brasileiro[1], com ênfase para as regras legais dos tipos societários mais utilizados na exploração da atividade empresarial – a saber, as sociedades limitadas e as sociedades anônimas[2].

No direito brasileiro, as *sociedades limitadas* são reguladas pelos arts. 1.052 a 1.087 do Código Civil (Lei nº 10.406, de 10 de janeiro de 2002) e, nas suas omissões, aplicam-se as regras da sociedade simples (CC, arts. 997 a 1.038), regras essas que, assim, funcionam como *eixo do sistema* societário[3]. Não obstante isso, o contrato social pode, alternativamente, prever a

---

[1] A análise mais pormenorizada do sistema de responsabilidade civil dos administradores foi por nós apresentada em trabalho de maior fôlego (*Responsabilidade civil dos administradores de S/A e as ações correlatas*, 1ª ed. – 2ª tir. SP: Saraiva, 2010), do qual o presente constitui essencialmente a súmula, adaptada e atualizada, do seu capítulo 5.

[2] A sociedade limitada é a forma adotada pela imensa maioria das sociedades empresárias brasileiras. O último resultado do censo divulgado pelo "Departamento Nacional do Registro do Comércio", no ano de 2005, indicava a existência de 4.300.257 sociedades limitadas, contra 20.080 sociedades anônimas, 21.731 sociedades cooperativas (que, no entanto, são sociedades não-empresárias pela forma) e 4.534 sociedades de outros tipos (fonte: http://www.dnrc.gov. br/Estatisticas/Caep0100.htm; acesso em 01.01.2012). A doutrina tem, com razão, destacado que, na prática, as sociedades empresárias personificadas adotam apenas duas formas: "Em outros tempos, os comerciantes ou industriais valiam-se de diversos tipos societários para acomodação dos seus interesses. Hoje, a realidade demonstra que as opções resumem-se a praticamente duas: sociedades anônimas e sociedades limitadas" (PAULA ANDREA FORGIONI, *A evolução do direito comercial brasileiro: da mercancia ao mercado*, SP: RT, 2009, nº 37, p. 155). O abandono dos demais tipos societários pode ser explicado pela inexistência de regra estipulando capital social mínimo para as limitadas, tornando assim racionalmente inexplicável a escolha pelos interessados de sociedade de responsabilidade ilimitada ou mista, e, também, pela ausência de regras tributárias ou de cogestão que tornem mais vantajosa outra opção.

[3] A parcial unificação formal do direito privado empreendida pelo legislador brasileiro, preste-se ou não adesão à diretriz adotada, levou a que, na atualidade, as regras gerais de direito societário encontrem-se no Livro II – "Do Direito de Empresa" do Código Civil de 2002 (Lei nº 10.406, de 10 de janeiro de 2002). As sociedades simples, que por definição são não-empresárias (CC, art. 983), estão reguladas dentro deste mesmo livro. A compreensível estranheza de se ter uma sociedade não-empresária dentro da parte reservada ao "Direito de Empresa", tanto mais funcionando as suas regras como fonte supletiva das sociedades empresárias contratuais, deve ser imputada exclusivamente a uma inoportuna mudança de nome do livro ocorrida durante o processo legislativo. Originariamente, o livro foi batizado pelo autor desta parte do Anteprojeto de Código Civil, o grande comercialista SYLVIO MARCONDES,

RESPONSABILIDADE CIVIL DOS ADMINISTRADORES DE SOCIEDADES

regência supletiva da sociedade limitada pelas normas da sociedade anônima (CC, art. 1.053, par. ún.).

As *sociedades anônimas*, ou companhias, por sua vez, encontram-se reguladas por lei especial, à qual apenas nos casos omissos são aplicáveis as regras do Código Civil (CC, art. 1.089). A vigente Lei das S/A (Lei nº 6.404, de 15 de dezembro de 1976) é, possivelmente, o melhor e mais perfeito diploma legal que se produziu entre nós, e ainda hoje nada fica a dever às mais modernas leis societárias estrangeiras: apresenta disciplina minuciosa e completa para os mais variados institutos, muitos dos quais apenas em tempos recentes passaram a ser utilizados pelos empresários.

De acordo com a Lei das S/A, a *administração das sociedades anônimas* compete ordinariamente à Diretoria, órgão obrigatório em qualquer companhia (LSA, arts. 138 e 144)[4], e ao Conselho de Administração, órgão de deliberação colegiada (LSA, arts. 138, § 1º, e 142)[5]: cada qual destes órgãos

---

de "Atividade Negocial" (*Problemas de direito mercantil*, SP: Max Limonad, 1970, pp. 135-136, e *Questões de direito mercantil*, SP: Saraiva, 1977, p. 7), o que, além de tornar a alocação topográfica da matéria mais racional (tendo-se no código, sucessivamente, a disciplina de pessoas, bens, negócio jurídico, contratos e atividade), era muito mais técnica: o que singulariza os institutos tratados nesta parte do Código Civil é justamente a *atividade*, cuja disciplina jurídica, como se sabe, é completamente diversa da regulamentação dos atos jurídicos em geral (por todos, vide: TULLIO ASCARELLI, *O empresário* – trad. Fábio Konder Comparato, RDM 109/183-189).

[4] A Diretoria é órgão obrigatório de administração em todas as companhias. Apesar de a lei exigir a sua composição por 2 (duas) ou mais pessoas naturais residentes no País (LSA, arts. 143 e 145), eleitas privativamente pelo Conselho de Administração ou, se não houver, pela Assembléia Geral, cada diretor detém *ex vi legis* funções próprias, individualmente exercitáveis (LSA, arts. 143, IV, e 144). A Diretoria é "órgão *presentante* e *dirigente*" (PONTES DE MIRANDA, *Tratado de direito privado*, 3ª ed. – 2ª reimp. SP: RT, 1984, tomo L, § 5.331, p. 383), pois os seus membros detêm poderes de dupla natureza: poderes de gestão (administração interna), expressos na atividade de condução dos negócios da companhia mediante a execução de todos os atos e operações necessários à consecução do objeto social (LSA, art. 2º), e poderes de representação (administração externa), cabendo privativamente a eles a manifestação, exteriorização da vontade social a terceiros (LSA, arts. 138, § 1º, e 144). O estatuto pode, no entanto, estabelecer que determinadas decisões sejam tomadas em reunião de Diretoria (LSA, art. 143, § 2º), da mesma forma como pode exigir a assinatura conjunta dos diretores em certos atos. Atuando isoladamente, submete-se o diretor a regime próprio de responsabilidade individual; atuando coletivamente, são aplicados aos seus atos os princípios da responsabilidade coletiva.

[5] O Conselho de Administração é órgão de deliberação colegiada (LSA, art. 138, § 1º) – obrigatório nas companhias abertas, nas de capital autorizado e nas sociedades de economia mista

QUESTÕES DE DIREITO SOCIETÁRIO EM PORTUGAL E NO BRASIL

tem competências privativas e, portanto, logicamente indelegáveis (LSA, art. 139)[6].

(LSA, arts. 138, § 2º, e 239) e facultativo nas demais. Possui atribuições específicas (LSA, art. 142), para deliberar sobre a administração social, fixando a orientação dos negócios, e fiscalizar a atuação dos diretores (evidentemente que sem prejuízo da competência do Conselho Fiscal, *ex vi* do disposto no art. 163, I, da Lei das S/A). Os seus membros, acionistas ou não, nunca em número inferior a 3 (três) e com prazo de gestão também não superior a 3 (três) anos (facultada a reeleição), são eleitos e destituídos pela Assembléia Geral (LSA, art.140). Na estrutura orgânica da companhia, o Conselho de Administração insere-se entre a Assembléia Geral e a Diretoria (embora não com o mesmo vigor registrado em outros sistemas jurídicos, notadamente o alemão) e, na medida em que o órgão é dominado pela maioria, é possível afirmar que se trata de instância societária de *consolidação* do poder do controlador. Justifica--se essa afirmação quando se constata que o Conselho exerce atribuições que, de ordinário, competiriam privativamente à Assembléia Geral (*v.g.* LSA, arts. 142, I, II, III, VI e VII, e 208, § 1º) e outras vezes à Diretoria (*v.g.* LSA, art. 142, IV, VIII e IX), afastando ainda mais os acionistas da tomada de decisões estratégicas da empresa e colocando os diretores na posição de executores das deliberações do Conselho. O Conselho de Administração, porém, não tem qualquer poder de *representação*, já que a administração externa compete privativamente aos diretores. A finalidade da atribuição dos cargos dos conselheiros é, nessa medida, diversa da dos diretores (LSA, art. 154). Mas nem por isso os conselheiros forram-se de responsabilidades perante acionistas ou terceiros, na medida em que, da sua atuação ou inação, podem resultar prejuízos externos à companhia. A responsabilidade dos titulares do Conselho de Administração é sempre responsabilidade coletiva, própria da administração colegial; mas, desde logo convém aqui registrar, não se trata de responsabilidade objetiva: a solidariedade porventura resultante de ato de administração colegial não decorre do só fato de o conselheiro integrar o órgão, mas apenas pode resultar de sua própria contribuição para a tomada da deliberação *ou* de sua própria omissão na adoção de providências para impedir ou atenuar as conseqüências danosas do ato colegial.

[6] Afora a Diretoria e o Conselho de Administração, que têm na lei acionária a sua própria conformação, podem os estatutos criar órgãos técnicos e consultivos (LSA, art. 160), aos quais *não* podem ser delegadas as funções privativas daqueles órgãos legais (LSA, arts. 122, 139 e 163, § 7º). Esses conselhos facultativos poderão apenas ter funções técnicas ou consultivas (orientação e aconselhamento), e nada mais. Além disso, apesar de as regras sobre deveres e responsabilidades dos administradores aplicarem-se, de forma remissiva, aos membros desses órgãos auxiliares (LSA, art. 160), não integram eles a administração orgânica da companhia (muito embora, sob o estrito prisma da ciência da administração, outra possa ser a conclusão). A mesma inferência é válida para o Conselho Fiscal: apesar de serem aplicáveis aos seus conselheiros os deveres e as responsabilidades próprios de administradores (LSA, art. 165), nem o órgão integra a administração e nem os seus titulares, os conselheiros fiscais, são administradores. Diversa, no entanto, é a situação do liquidante, o qual também se submete às mesmas responsabilidades dos administradores (LSA, art. 217), mas que, depois de

## RESPONSABILIDADE CIVIL DOS ADMINISTRADORES DE SOCIEDADES

A *administração das sociedades limitadas*, por sua vez, compete à Diretoria, único órgão de administração especificamente regulado na lei para o tipo societário em questão[7]. Apesar disso e, portanto, apesar de não existir expressa previsão em lei para a existência de Conselho de Administração em sociedades limitadas, a maioria da doutrina entende ser viável – e os órgãos do Registro de Empresas têm admitido – que, por aplicação supletiva da Lei das S/A (CC, art. 1.053, par. ún.), o contrato social crie em concreto aquele órgão de administração colegiada, desde que a ele não se atribuam competências que o Código Civil expressamente conferiu à Assembléia ou Reunião de Sócios[8].

De maneira geral, pode-se afirmar que a disciplina da Lei das S/A é muito mais minuciosa e completa que a do Código Civil. Não obstante

---

nomeado, exerce realmente poderes próprios dos diretores (LSA, arts. 210 e 211); entretanto, como a sua atuação é direcionada para o fim específico de realizar o ativo e pagar o passivo, sendo-lhe, de modo geral, vedado prosseguir no exercício da empresa para outros fins (LSA, art. 211, par. ún.), merece ser considerado administrador extraordinário, em contraposição aos administradores ordinários (LSA, art. 138).

[7] Ao disciplinar a administração das sociedades limitadas, o legislador não batizou expressamente o órgão e, mais do que isso, designou a seção que trata da matéria "Da Administração". Na prática, portanto, é comum referir-se ao administrador de sociedade limitada apenas por "administrador" ou, sendo sócio, "sócio-administrador". Em realidade, porém, o nome do órgão aparece, de soslaio, dentro do preceito que trata das atribuições do Conselho Fiscal: "Art. 1.069. Além de outras atribuições determinadas na lei ou no contrato social, aos membros do conselho fiscal incumbem, individual ou conjuntamente, os deveres seguintes: (...) V – convocar a assembléia dos sócios se a *diretoria* retardar por mais de trinta dias a sua convocação anual, ou sempre que ocorram motivos graves e urgentes". No regime pretérito (do D. nº 3.708/1919, revogado pelo CC-2002), o administrador era chamado de "gerente" – palavra essa hoje reservada exclusivamente a uma categoria de preposto (CC, arts. 1.172 a 1.176), que não se insere na adminstração orgânica da sociedade.

[8] Na medida em que a aplicação da Lei das S/A se legitima apenas nas omissões das regras do capítulo do CC sobre limitadas (o qual, no particular, não é omisso; é, antes, expresso ao disciplinar a estruturação da administração social), é discutível se seria mesmo possível invocar as regras da lei acionária para, assim, criar o Conselho de Administração (sobre o ponto, vide: PAULO FERNANDO CAMPOS SALLES DE TOLEDO, *As sociedades limitadas podem ter Conselho de Administração?*, 'in' *Poder de controle e outros temas de direito societário e mercado de capitais* (obra coletiva) – coords. Rodrigo R. Monteiro de Castro e Luís André N. de Moura Azevedo, SP: Quartier Latin, 2010, pp. 357-373). Admitida que seja esta construção, as atribuições do órgão serão bem mais acanhadas do que na Lei das S/A, precisamente porque não é possível transferir a ele competências que o CC expressamente atribuiu, de forma privativa, ao órgão de deliberação dos sócios (Assembléia ou Reunião de Sócios).

isso, e no que tange ao tema deste trabalho, pode-se também afirmar que entre elas há mais convergências do que dessemelhanças, o que autoriza a opção pela análise conjunta da matéria.

## 2. Responsabilidade civil dos administradores: funções e inserção no sistema geral

De partida, vale fixar a premissa de que o tema da responsabilidade civil dos administradores insere-se no contexto maior da responsabilidade civil em geral – de cujas regras, por isso, subsidiariamente se aproveita –, mas constitui, dentro dele, capítulo especial, a clamar por distinta e hábil calibração do legislador e, secundariamente, do aplicador da lei. Afinal, os administradores de sociedades, em especial de macroempresas, exercem parcela significativa de poder social e, do desempenho de suas funções, podem resultar danos significativos à própria sociedade, aos sócios e até mesmo aos terceiros em geral[9]. Os administradores não são simples mandatários encarregados de executar as decisões tomadas pelos sócios; eles mesmos tomam as suas próprias decisões, principalmente em matéria de gestão, e devem por elas assumir as conseqüências. "O público compreenderia mal que homens de negócios pudessem dilapidar impunemente as economias dos sócios ou dos credores sociais"[10].

A responsabilidade civil, escusado dizê-lo, constitui importante elemento de regulação da conduta dos administradores[11], pois torna efetivos os seus vários deveres nos planos societários, interno e externo: a *responsabilidade interna* constitui critério de balanceamento dos poderes atribuídos pela lei e pelo contrato social aos administradores, assegurando que o seu exercício seja corretamente direcionado para a consecução do interesse social; e a *responsabilidade externa*, voltada a sancionar os demais interesses também prestigiados pelo legislador (inclusive os interesses individuais dos seus membros), constitui, nas palavras de Massimo Franzoni, "il mezzo

---

[9] Maurice Cozian e Alain Viandier afirmam, perentoriamente, que "les dirigeants sociaux exercent une fonction dangereuse, pour eux-mêmes, mais aussi pour la société et pour les tiers; d'où un régime de *responsabilité civile spécifique*" (*Droit des sociétés*, 5ª ed. Paris: Litec, 1992, nº 740, p. 248).

[10] Yves Guyon *Droit des affaires*, tomo 1, 12ª ed. Paris: Economica, 2003, nº 457, p. 500.

[11] Waldirio Bulgarelli bem frisou, neste sentido, que "poder sem responsabilidade converte-se obviamente em arbítrio" (*Manual das sociedades anônimas*, 6ª ed. SP: Atlas, 1991, nº 7.10, p. 160).

RESPONSABILIDADE CIVIL DOS ADMINISTRADORES DE SOCIEDADES

per giustificare l'esercizio di un potere che non trova legittimazione nella proprietà"[12]. Esta última afirmação justifica, aliás, o agravamento das responsabilidades dos administradores de companhias abertas.

Entretanto, é claro que nem todos os danos causados na condução dos negócios podem ser imputados aos administradores, pois, em princípio, atuando na condição de órgão, encarnam e exteriorizam a vontade social (CC, art. 47). Em outras tantas situações, porém, ao violarem os seus deveres, não poderiam ficar incólumes, nem perante terceiros nem frente à sociedade.

Coloca-se, assim, a delicada questão de equacionar a responsabilidade civil dos administradores que, se de um lado não pode ser tratada com excessiva liberalidade, de outro lado também não deve incidir no vício oposto – pois os excessos do legislador outro efeito não teriam senão limitar a atuação de pessoas conscienciosas, capacitadas e bem intencionadas, afastando-as da direção das empresas, para em seu lugar atrair os aventureiros e os oportunistas, trazendo como conseqüências a ineficiência e a irresponsabilidade na condução dos negócios[13].

Ciente desses riscos, todas as legislações societárias da atualidade contêm regras específicas para lidar com o assunto, as quais formam, pois, capítulo à parte dentro do amplo tema da responsabilidade civil em geral. Os preceitos legais que traçam deveres gerais de conduta e balizam a responsabilidade civil dos administradores constituem, pois, uma das seções mais importantes das legislações societárias.

Em linha com tais observações, e palmilhando a mesma rota trilhada pelas mais modernas leis societárias, também o legislador brasileiro, ao invés de procurar inutilmente restringir a atuação e o poder decisório dos administradores, por meio de preceitos rígidos e específicos para cada um

---

[12] MASSIMO FRANZONI, *La responsabilità civile degli amministratori di società di capitali*, 'in' *Trattato di diritto commerciale e di diritto pubblico dell'economia* – diretto da Francesco Galgano, vol. 19º: *La responsabilità degli amministratori e dei sindaci*, Padova: CEDAM, 1994, nº 1, p. 3.

[13] A responsabilidade objetiva do administrador, por exemplo, é com boas razões repelida pela doutrina (cf.: LUIZ GASTÃO PAES DE BARROS LEÃES, *Responsabilidade dos administradores das sociedades por cotas de responsabilidade limitada*, RDM 25/50; ORLANDO GOMES, *Responsabilidade dos administradores de sociedades por ações*, RDM 8/13; ROBERTO PAPINI, *Sociedade anônima e mercado de valores mobiliário*, 4ª ed. RJ: Forense, 2004, p. 254; e WILSON DO EGITO COELHO, *Da responsabilidade dos administradores das sociedades por ações em face da nova lei e da Lei 6.024/74*, RDM 40/38-41).

dos múltiplos acontecimentos da vida negocial, no que certamente teria fracassado e contribuído para gerar maiores ineficiências através de um sistema inflexível, corretamente optou, *de um lado*, por preservar a liberdade de atuação dos administradores, conferindo-lhes atribuições e poderes privativos e (conseqüentemente) indelegáveis, e, *de outro lado*, resolveu pautar o comportamento dos administradores por padrões de conduta gerais e abstratos, verdadeiras cláusulas-gerais a serem contrastadas com a sua atuação específica em cada caso concreto (LSA, arts. 153 a 157; e CC, arts. 1.011, 1.013, § 2º, e 1.017), em uma clara aproximação à técnica legislativa da *common law*[14].

Ademais, trouxe o legislador regras específicas para tratar da responsabilidade civil dos administradores (LSA, art. 158; e CC, art. 1.016) e, no caso da lei acionária, regulou inclusive a efetivação judicial da responsabilidade perante a companhia, os acionistas e terceiros (LSA, art. 159).

### 3. Os pressupostos do dever de indenizar na lei acionária

Para que haja responsabilidade civil do administrador, é preciso que se tenha por preenchidos os seguintes requisitos ou pressupostos do dever de indenizar: conduta antijurídica (omissiva ou comissiva) imputável ao agente, o dano experimentado pelo lesado e o nexo de causalidade (liame de causa a efeito entre a conduta do agente e o dano experimentado pelo lesado)[15]. Vejamos, com maior vagar, cada qual.

### 3.1. Conduta antijurídica imputável: a regra da Lei das S/A

O *princípio básico* de responsabilidade civil dos administradores de companhia encontra-se enunciado no art. 158 da Lei das S/A, de acordo com o qual "o administrador não é pessoalmente responsável pelas obrigações que contrair em nome da sociedade e em virtude de ato regular de gestão; responde, porém, civilmente, pelos prejuízos que causar, quando

---

[14] Cf.: Eduardo Salomão Neto, *O 'trust' e o direito brasileiro*, SP: LTr, 1996, nº 5.1.3, pp. 114-115.

[15] A prova de cada um desses requisitos compete, em princípio, ao autor da ação: trata-se de fato constitutivo da demanda (CPC, art. 333, I). "Cumpre ao terceiro que se diz prejudicado não só comprovar os atos ilícitos imputados aos diretores, como a ocorrência de lesão ao seu patrimônio em nexo causal com os mesmos" (TJSP, Ap. 184.080, 4ª CC., Rel. Des. Newton Hermano, v.u., j. 08.10.1970, RT 428/173).

RESPONSABILIDADE CIVIL DOS ADMINISTRADORES DE SOCIEDADES

proceder: I – dentro de suas atribuições ou poderes, com dolo ou culpa; e II – com violação da lei ou do estatuto"[16].

Em sua primeira parte, o preceito consagra a *irresponsabilidade pessoal do administrador por atos regulares de gestão*[17]. A regra é intuitiva: como decorrência da personalidade jurídica reconhecida à companhia (CC, arts. 44, II, e 985) e da sua estruturação orgânica, o administrador exterioriza a vontade social (LSA, art. 144), na condição de órgão da sociedade, e, perante ter-

---

[16] LSA, art. 158: "Art. 158. O administrador não é pessoalmente responsável pelas obrigações que contrair em nome da sociedade e em virtude de ato regular de gestão; responde, porém, civilmente, pelos prejuízos que causar, quando proceder: I – dentro de suas atribuições ou poderes, com culpa ou dolo; II – com violação da lei ou do estatuto. § 1º O administrador não é responsável por atos ilícitos de outros administradores, salvo se com eles for conivente, se negligenciar em descobri-los ou se, deles tendo conhecimento, deixar de agir para impedir a sua prática. Exime-se de responsabilidade o administrador dissidente que faça consignar sua divergência em ata de reunião do órgão de administração ou, não sendo possível, dela dê ciência imediata e por escrito ao órgão da administração, ao conselho fiscal, se em funcionamento, ou à assembléia geral. § 2º Os administradores são solidariamente responsáveis pelos prejuízos causados em virtude do não cumprimento dos deveres impostos por lei para assegurar o funcionamento normal da companhia, ainda que, pelo estatuto, tais deveres não caibam a todos eles. § 3º Nas companhias abertas, a responsabilidade de que trata o § 2º ficará restrita, ressalvado o disposto no § 4º, aos administradores que, por disposição do estatuto, tenham atribuição específica de dar cumprimento àqueles deveres. § 4º O administrador que, tendo conhecimento do não cumprimento desses deveres por seu predecessor, ou pelo administrador competente nos termos do § 3º, deixar de comunicar o fato à assembléia geral, tornar-se--á por ele solidariamente responsável. § 5º Responderá solidariamente com o administrador quem, com o fim de obter vantagem para si ou para outrem, concorrer para a prática de ato com violação da lei ou do estatuto". Além desta regra geral, a Lei das S/A contém outras regras esparsas, e a razão para isso, segundo explica PAULO SALVADOR FRONTINI, "é a seguinte: a) em alguns casos, o destaque à responsabilidade resulta da necessidade de enfatizar a *solidariedade passiva* de todos os administradores (p. ex., arts. 99; 62, § 1º; 24, § 1º; 201, § 1º), quer entre si, quer junto com terceiro (p. ex., art. 117, § 2º); b) em outros casos, a lei apenas quer acentuar essa responsabilidade; trata-se de uma ênfase que, se não existisse, não implicaria inexistência da responsabilidade, sempre emergente por força dos preceitos genéricos sobre a matéria (p. ex., arts. 13, § 1º, e 23, § 1º); c) finalmente, em algumas hipóteses, a explicitação da responsabilidade se dá em face de comportamento do administrador que violou seu dever de ofício, *no âmbito de suas atribuições*" (*Responsabilidade dos administradores em face da nova Lei das Sociedades por Ações*, RDM 26/47).

[17] O princípio da irresponsabilidade do administrador por atos regulares de gestão não constitui apanágio da teoria organicista nem se revela incompatível com a superada visão de que o administrador seria mandatário da sociedade, pois, mesmo em matéria de mandato, prevalece regra análoga (CC, art. 663, 1ª parte).

# QUESTÕES DE DIREITO SOCIETÁRIO EM PORTUGAL E NO BRASIL

ceiros, será a própria sociedade quem estará assumindo obrigações e exercendo direitos e poderes (CC, art. 47; e LSA, art. 158); segue-se daí que os terceiros não podem querer responsabilizar pessoalmente o administrador por atos ou operações *regulares* de sua gestão[18], mesmo que, ao final, lhes resultem prejuízos. "Os terceiros que se sentem lesados", anotam Maurice Cozian e Alain Viandier, "devem se voltar contra a sociedade e não pessoalmente contra o dirigente. A sociedade constitui um corta-fogo, mantendo os dirigentes ao abrigo dos ataques de terceiros"[19]. *A contrario sensu*, esta mesma regra contempla a responsabilidade pessoal do administrador por atos *irregulares* de gestão[20-21].

---

[18] Neste sentido: "Não têm os terceiros, contra os diretores, ação alguma baseada em atos ou operações praticadas por estes, dentro de suas atribuições ou poderes. Contudo, podem os terceiros ter direitos a demandar contra a companhia, nunca contra os administradores por ato praticado na gestão da sociedade" (TJPR, Ap. 584/89, 4ª CC., Rel. Des. WILSON REBACK, v.u., j. 27.06.1990, RT 683/132).

[19] MAURICE COZIAN e ALAIN VIANDIER, *op. cit.*, nº 742, p. 248.

[20] A noção antagônica da expressão "ato regular de gestão" deve compreender-se logicamente na expressão antitética "ato irregular de gestão", como verso e reverso da mesma moeda. E, como necessariamente os únicos parâmetros válidos para a aferição da regularidade do ato do administrador devem ser encontrados na lei ou no estatuto (ato-norma), segue-se que irregular será o ato de gestão praticado com violação da lei ou do estatuto; também o será o ato praticado fora dos limites das atribuições de seu cargo, já que semelhante atuação, por evidente, contrastará igualmente com a lei e com o estatuto. Com razão, observa JOSÉ ALEXANDRE TAVARES GUERREIRO que o legislador pátrio teria assim "incidido em manifesta tautologia, ao erigir como pressuposto da irresponsabilidade do administrador a condicionante de ter o ato por ele praticado se revestido da conotação necessária de ato regular de gestão", pois, se "os únicos parâmetros admissíveis para a aferição da regularidade do ato de gestão são exatamente os preceitos da lei e as disposições do estatuto" – conclui o citado autor –, "não há sentido para a duplicidade de condições" (*Responsabilidade dos administradores de sociedades anônimas*, RDM 42/73). As noções de ato irregular de gestão e ato praticado com violação da lei ou do estatuto acabam por se confundir, de modo que "será ato irregular de gestão todo aquele que resultar da infração de dever legal do administrador, qualquer que seja", e aquele que "contrariar o estatuto".

[21] O administrador também não responde civilmente quando der cumprimento às decisões da assembléia geral às quais deva se curvar, isto é, decisões que estejam no âmbito privativo dos poderes do órgão deliberativo. Consoante bem anota ANTÓNIO PEREIRA DE ALMEIDA, "o cumprimento de uma deliberação dos sócios só é causa de exclusão da responsabilidade quando o administrador deva obediência a essa deliberação" (*Sociedades comerciais*, Coimbra: Coimbra, 1997, p. 115). Nestes casos, estará praticando ato regular de gestão. No entanto, se se tratar de decisão ilegal, fora do âmbito dos poderes da assembléia geral ou de outro órgão

RESPONSABILIDADE CIVIL DOS ADMINISTRADORES DE SOCIEDADES

Assim, na segunda parte, o preceito enuncia as hipóteses de *responsabilidade civil do administrador por conduta antijurídica*, "quando proceder: I – dentro de suas atribuições ou poderes, com dolo ou culpa; e II – com violação da lei[22] ou do estatuto[23]" (LSA, art. 158).

A maioria da doutrina tradicional, atendo-se estritamente à segregação das hipóteses de responsabilidade feita pelo legislador, e sem maiores desenvolvimentos, sustenta que, na hipótese do inc. I, a responsabilidade seria subjetiva pura (cabendo ao autor da demanda o ônus da prova da conduta culposa) e, no inc. II, a culpa do administrador seria presumida (presunção *juris tantum*), operando-se, como conseqüência, a inversão do ônus da prova: ao administrador competiria, então, o ônus de justificar a sua conduta, demonstrando, por exemplo, "que a violação da lei ou do estatuto resultara de circunstâncias especialíssimas, por ele não provocadas ou relativamente às quais não poderia ele ter nenhuma influência, ou que os prejuízos verificados ocorreriam em qualquer hipótese", nas palavras de J. C. Sampaio de Lacerda[24].

Mais recentemente, porém, parcela da doutrina, à qual nos filiamos, tem discutido o acerto desta interpretação, pondo em relevo o fato de que as hipóteses previstas nos distintos incisos do art. 158 da Lei das S/A são, em si, interdefiníveis e, com outra retórica, miram uma mesma realidade: para que haja responsabilidade civil por violação da lei ou do estatuto, é preciso que o administrador tenha agido culposa ou dolosamente; para que se

---

de administração, o administrador pode e deve resistir ao cumprimento do ato, sob pena de tornar-se responsável pelos danos causados.

[22] A qual lei estaria o preceito a se referir: apenas à própria lei acionária ou, também, a outras leis e demais atos regulamentares? A resposta é intuitiva: "a expressão 'violação a lei' é genérica. Abrange não só os preceitos da lei reguladora das sociedades por ações, como ainda todos aqueles que, nas diferentes leis especiais, traçam a conduta dos administradores de empresas coletivas em face da ordem social" (TRAJANO DE MIRANDA VALVERDE, *Sociedade por ações*, 2ª ed. RJ: Forense, 1953, vol. II, nº 635, p. 322).

[23] Na medida em que o administrador de companhia tem o dever legal de obedecer o estatuto, a sua violação importa, por conseqüência, também em violação da lei (cf.: FÁBIO ULHOA COELHO, *A natureza subjetiva da responsabilidade civil dos administradores de companhia*, Revista de Direito da Empresa 1/28).

[24] J. C. SAMPAIO DE LACERDA, *Comentários à Lei das Sociedades Anônimas*, 3º vol., SP: Saraiva, 1978, p. 206 – dentre tantos outros que defendem a mesma posição. Há quem, indo além, entenda tratar-se de responsabilidade objetiva (p. ex.: MODESTO CARVALHOSA, *Comentários à Lei das Sociedades Anônimas*, 3º vol., 4ª ed. SP: Saraiva, 2009, p. 361).

QUESTÕES DE DIREITO SOCIETÁRIO EM PORTUGAL E NO BRASIL

tenha a sua conduta como culposa ou dolosa, é preciso que se a caracterize como contrastante com dever legal ou estatutário. A ser assim, a matriz da responsabilidade civil do administrador reside, em última análise, no descumprimento culposo de dever legal ou estatutário[25]-[26]. Portanto, sob tal perspetiva, o art. 158 da Lei das S/A teria se limitado a repetir, sem a mesma precisão, a regra geral de responsabilidade civil por ato ilícito (CC, art. 186).

[25] Vale transcrever o raciocínio desenvolvido por FÁBIO ULHOA COELHO: "As duas hipóteses elencadas pelo art. 158 da Lei das S/A, na definição da responsabilidade dos administradores, são interdefiníveis. Com efeito, a ação culposa ou dolosa é, forçosamente, ilícita, violadora da lei. Se, por exemplo, um administrador deixa de aplicar disponibilidades financeiras da sociedade, ele age com negligência ou até imperícia. A natureza culposa de sua omissão é, assim, clara e indiscutível. Contudo, este mesmo comportamento também caracteriza a inobservância dos deveres de diligência e de lealdade. Conseqüentemente, o administrador que age culposamente viola a lei. Por outro lado, toda violação à lei ou aos estatutos é uma conduta culposa ou dolosa. O administrador que descumpre norma legal ou cláusula estatutária, se não atua conscientemente, estará sendo negligente, imprudente ou imperito. Em razão da interdefinibilidade das hipóteses de responsabilização civil dos administradores de sociedade anônima, não há – ressalte-se – que distinguir a natureza delas. O que se afirma sobre a responsabilidade fundada no inciso I do art. 158 da Lei das S/A aplica-se inevitavelmente à fundada no inc. II do mesmo dispositivo. Assim, não comporta ser feita qualquer separação entre as duas hipóteses destacadas pelo legislador, que reclamam tratamento uniforme" (*A natureza subjetiva..*, cit., pp.26-27). E conclui: "para a eficiente operacionalização das normas sobre responsabilidade civil dos administradores de companhia, é suficiente a noção de que o descumprimento de dever legal acarreta a obrigação de recompor os danos provocados por tal conduta. Na verdade, trata-se apenas de aplicar ao caso dos administradores de sociedade anônima a regra geral de responsabilidade civil por danos derivados de ilícitos. Em outros termos, o fundamento para atribuir ao administrador a obrigação de ressarcir prejuízos originados de ação ou deliberação sua, no exercício de cargo da sociedade anônima, será sempre o descumprimento de um dever prescrito na lei. Presente este pressuposto, deve-se seguir a imposição da sanção civil" (*op. et loc. cits.*). Na mesma linha, à qual nos filiamos (MARCELO VIEIRA VON ADAMEK, *Responsabilidade civil dos administradores de S/A e as ações correlatas*, cit., nº 5.2.4, pp. 217-225), confira-se também: NELSON EIZIRIK, *A Lei das S/A comentada*, vol. II, SP: Quartier Latin, 2011, p. 401; e ATTILA DE SOUZA LEÃO ANDRADE JR., *Comentários ao novo Código Civil*, vol. IV, RJ: Forense, 2002, nº 8.9.2, pp. 277-278.

[26] Até mesmo o descumprimento de deveres estatutários não deixa de portar, em si, a violação da lei: seja porque sobre o administrador (e acionistas) recai o dever legal de atender o estatuto, seja porque as convenções em geral devem ser cumpridas, seja, por fim, porque, em consonância com modernas teorias, as regras estatutárias (gerais e abstratas) têm a natureza de direito objetivo (normas secundárias e complementares), inserindo-se numa hierarquia normativa em que o seu fundamento de validade (*Geltungsgrund*) é a lei.

RESPONSABILIDADE CIVIL DOS ADMINISTRADORES DE SOCIEDADES

Conseqüência direta a extrair-se desta inferência é a de que não há, em qualquer caso, culpa presumida ou inversão do ônus da prova[27]. O ônus da prova do comportamento antijurídico imputável ao administrador compete sempre ao autor da ação de indenização (CPC, art. 333, I). A *Aktiengesetz* alemã de 1937 seguiu outra linha, impondo aos administradores o ônus de provar que agiram em conformidade com o padrão de diligência requerido (AktG 1937 § 84(2)); a vigente *Aktiengesetz* alemã de 1965 e o Código das Sociedades Comerciais português, com igual orientação, também preveem caber ao administrador o ônus de demonstrar a correção de sua conduta ao abrigo do dever de diligência. No direito brasileiro, essa regra não existe. Por isso, ainda quando estiver em discussão o descumprimento do dever de diligência, o autor da ação terá o ônus de descrever na petição inicial e provar no curso da ação: (i) a conduta dos administradores (comissiva ou omissiva); (ii) aquela que teria sido a correta, sob o prisma do dever de diligência; e (iii) a inadequação daquela conduta concreta à luz da abstrata. Os réus, por sua vez, poderão negar a conduta, ou reconhecê-la e demonstrar que ela se conforma ao dever de diligência, ou provar a ocorrência de alguma causa excludente.

A culpa *lato sensu* (culpa ou dolo), no caso, corresponde à culpa civil (CC, art. 186). Mas, para bem caracterizá-la, é necessário recorrer ao *standard* específico do dever de diligência (LSA, art. 153)[28]. A diligência exigida do administrador é a normal ou ordinária, e não de maior ou menor intensi-

---

[27] De fato, "não existe nenhuma disposição legal de direito positivo a excecionar, em relação aos administradores de sociedade anônima, a regra geral de responsabilidade civil. O art. 158 da Lei das S/A não menciona inversão do ônus probatório, nem descarta a culpa como pressuposto da responsabilidade. O fato de apenas o inc. I, e não o inc. II, acomodar as expressões 'culpa ou dolo', não tem qualquer relevância na discussão do tema, já que são interdefiníveis as hipóteses contempladas em cada um deles – infringir a lei ou os estatutos é, para um administrador de empresa, agir com negligência, no mínimo" (FÁBIO ULHOA COELHO, *A natureza subjetiva..*, cit., p. 28).

[28] Ao contrário do que sucede noutros sistemas jurídicos (AktG § 93, I (2) e CSC, art. 72º, nº 2), não há no direito brasileiro expressa enunciação da *business judgement rule*. Alguns autores tendem a identificá-la no art. 159, § 6º, da LSA (de acordo com o qual "o juiz poderá reconhecer a exclusão da responsabilidade do administrador, se convencido de que este agiu de boa-fé e visando o interesse da companhia"), o que não nos parece exato: a regra aqui é de *exclusão* de responsabilidade, uma *causa de justificação*, e, portanto, ao aplicá-la, o juiz já terá assentado previamente a antijuridicidade da conduta. De todo modo, com ou sem fundamento normativo expresso, entende-se tranquilamente entre nós que a *business judgement rule* é um desdobra-

dade, mas que deve ser aferida em confronto com o tipo de atividade exercida pela companhia, inclusive a sua dimensão e importância, os recursos disponíveis e a sua qualidade de administrador de bens alheios. Em suma, para saber se o comportamento do agente foi ilícito ou não, a avaliação é feita em abstrato (*juízo de ilicitude*); mas, daí a poder dizê-lo culpável, a aferição é feita segundo as particularidades do caso, não mais *in abstrato* mas *in concreto* (*juízo de culpabilidade*)[29].

Assim é no direito acionário. Seria diferente, porém, para as limitadas?

### 3.2. Conduta antijurídica: a regra do CC

O *princípio básico* de responsabilidade civil dos administradores de sociedades limitadas encontra-se no art. 1.016 do Código Civil, segundo o qual "os administradores respondem solidariamente perante a sociedade e os terceiros prejudicados, por culpa no desempenho de suas funções". A regra, como se vê, é excessivamente sintética. Mas, uma vez estabelecida no item precedente a interpretação segundo a qual o art. 158 da Lei das S/A veicula a regra de que o administrador responde civilmente quando culposamente violar dever legal ou estatutário do seu cargo, infere-se que, a despeito da diversa forma de expressão vernacular, ambas as regras são, em substância, a mesma[30].

### 3.3. Nexo de causalidade

O nexo de causalidade constitui outro pressuposto do dever de indenizar. Para que se possa cogitar, concretamente, da responsabilidade civil do administrador, é essencial estabelecer a relação direta de causa a efeito

---

mento do próprio sistema de responsabilidade civil dos administradores e, mesmo no direito brasileiro, tem aplicação na apuração das falhas de gestão, pela bitola do dever de diligência.

[29] Ou seja, embora "o dever de diligência seja definido em abstrato, pela referência a modelos fundamentais, o julgamento do administrador deve se basear, a nosso ver, não no juízo de ilicitude, mas no juízo de culpabilidade, ou seja, há de verificar-se, em concreto, se o agente poderia, à vista das circunstâncias, ter atuado conforme o direito. O juízo daí resultante é de culpabilidade, e não de ilicitude" (José Alexandre Tavares Guerreiro, *Responsabilidade...*, cit., pp. 77-78).

[30] É fato que o CC menciona outras situações em que o administrador responde perante a sociedade e os sócios (da mesma forma como também o faz a lei acionária). Todas essas regras complementares, essencialmente, constituem desdobramentos dos deveres gerais de diligência e lealdade; não interferem nem negam o princípio segundo a qual o administrador responde no caso de culposamente violar dever, legal ou estatutário.

RESPONSABILIDADE CIVIL DOS ADMINISTRADORES DE SOCIEDADES

entre a sua conduta e o dano sofrido pelo prejudicado. A existência de dano ressarcível, por si só, não importa na responsabilidade civil do agente, caso não se possa apontar liame de causalidade entre o dano e o seu comportamento antijurídico. Por identidade de razão, também não basta o mero proceder de forma contrária ao direito: a infração isoladamente considerada, a prática de uma conduta censurável ou qualquer outra ação contra o direito posto não gera a responsabilidade civil de seu autor. "Não basta" – adverte Sérgio Cavalieri Filho – "não basta que o agente tenha praticado uma conduta ilícita; tampouco que a vítima tenha sofrido um dano. É preciso que esse dano tenha sido causado pela conduta ilícita do agente, que exista entre ambos uma necessária relação de causa e efeito"[31]. Ou, ainda, de acordo com as palavras precisas de José de Aguiar Dias, "causalidade é o que se exige e não mera coincidência entre o dano e o procedimento do imputado responsável"[32].

Na prática, contudo, detectar a verdadeira causa do dano nem sempre é tarefa das mais fáceis[33], mormente quando estiverem em análise operações empresariais. No mundo dos fatos, os acontecimentos são complexos e, não raro, o dano resulta da contribuição de diversas pessoas e, assim, de concurso de causas (*concausas concomitantes*), ou, ainda, pode decorrer da sucessão de distintos eventos que, mesmo remotamente, exerceram alguma influência na dinâmica da materialização do dano, dando, assim, margem ao aparecimento de verdadeira cadeia causal (*concausas sucessivas*). Em casos que tais, surge a necessidade de determinar se alguns dos fatos, concorrentes ou posteriores, teve a aptidão de interromper a cadeia causal e em que momento o fez, de modo a libertar o agente frente ao dano verificado nas etapas subseqüentes do encadeamento dos fatos. Afinal, conforme argutamente observou Agostinho Alvim, "toda causa é causa em relação ao efeito que produz, mas é efeito, em relação à causa que a produziu, esta-

---

[31] SÉRGIO CAVALIERI FILHO, *Programa de responsabilidade civil*, 3ª ed. SP: Malheiros, 2002, nº 10, p. 57.

[32] JOSÉ DE AGUIAR DIAS, *Da responsabilidade civil*, 3ª ed. RJ: Forense, tomo I, nota 225, p. 120.

[33] FRANCO BONELLI confirma: "Il problema del nesso causale, pur essendo ovviamente di carattere generale, in questa materia non è di semplice soluzione, poiché molte violazioni degli obblighi degli amministratori non determinano direttamente alcun danno né alla società né ai terzi, e talvolta, anzi, determinano dei vantaggi alla società (si pensi, ad es., a talune violazioni di norme fiscali o previdenziali" (*La responsabilità degli amministratori di società per azioni*, Milão: Giuffrè, 1992, nº 3, p. 9).

belecendo-se, deste modo, uma cadeia indefinida de causas e efeitos"[34]. Por isso, diante de um evento danoso, quase sempre será possível apontar causas, mais ou menos remotas, mas isso, por si só, não bastará para impingir aleatoriamente o dever de indenizar a qualquer das pessoas envolvidas. Limites hão de ser estabelecidos e, para regrá-los, aplicam-se, de acordo com o direito posto de cada país, as diversas teorias sobre nexo causal.

Diante de nossas regras gerais sobre responsabilidade civil (CC, art. 403), a doutrina pátria sustenta, de forma majoritária, a prevalência no sistema jurídico brasileiro da teoria da causalidade imediata, de modo que, entre o fato desencadeador da responsabilidade e o dano verificado, deve existir relação de causa e efeito, direta e imediata. Como explicou Orlando Gomes, "o nexo causal se estabelece entre o dano e o fato que foi sua *causa necessária*, isto é, direta, no sentido de que não pode ser atribuída a outra"[35]. Tal não significa, porém, em absoluto, que ao juiz não caiba a relevantíssima tarefa de aplicá-la com o necessário discernimento, sem levá-la a extremos. "A adoção de qualquer das teorias sobre nexo causal" – adverte Antonio Lindbergh Montenegro – "pode conduzir a situações paradoxais. Na verdade, só a sabedoria do juiz permite evitar os excessos e injustiças resultantes do emprego dessa ou daquela teoria, uma vez que, no fundo, o problema se resume numa *quaestio facti*"[36]. A doutrina insiste nesta tecla[37].

A quem toca o ônus da prova do nexo causal? Ora, sendo o nexo causal pressuposto ou requisito da responsabilidade civil, o ônus de sua prova compete ao demandante (CPC, art. 333, I)[38]. A doutrina é uníssona[39]. Serpa

---

[34] AGOSTINHO ALVIM, *Da inexecução das obrigações e suas conseqüências*, SP: Saraiva, 1949, p. 301.

[35] ORLANDO GOMES, *Obrigações*, 8ª ed. RJ: Forense, 1986, nº nº 197, p. 334.

[36] ANTONIO LINDBERGH MONTENEGRO, *Ressarcimento de danos*, 6ª ed. RJ: Lumen Juris, 1999, nº 20, p. 52.

[37] *V.g.*: CAIO MÁRIO DA SILVA PEREIRA, *Responsabilidade civil*, 3ª ed. RJ: Forense, 1992, nº 73, p. 82.

[38] Neste sentido: "A prova do nexo de causalidade é do autor" (TJRJ, Ap. 21.415, 8ª CC., Rel. Des. DOURADO DE GUSMÃO, v.u., j. 22.03.1983, RT 573/202). No mesmo sentido, vide: TJSP, Ap. 184.080, 4ª CC., Rel. Des. NEWTON HERMANO, v.u., j. 08.10.1970, RT 428/173.

[39] Cf.: TRAJANO DE MIRANDA VALVERDE, *Sociedade por ações*, vol. II, cit., nº 636, p. 323; ORLANDO GOMES, *Obrigações*, cit., nº 197, p. 335; MIGUEL MARIA DE SERPA LOPES, *Curso de direito civil*, vol. V, 3ª ed. RJ: Freitas Bastos, 1964, nº 200, p. 253; e SILVIO RODRIGUES, *Direito civil*, vol. IV, 8ª ed. SP: Saraiva, 1984, nº 8, p. 18. Em direito comparado: JEAN NICOLAS DRUEY, *Die materiellen Grundlagen der Verantwortlichkeit des Verwaltungsrates*, 'in' *Die Verantwortlichkeit des Verwaltungsrates – La responsabilité des administrateurs* – obra coletiva, Zürich: Schulthess Poly-

RESPONSABILIDADE CIVIL DOS ADMINISTRADORES DE SOCIEDADES

Lopes destacava que "sendo a causa um dos elementos integrantes da responsabilidade civil, impõe-se vir ela devidamente provada, ônus este que cabe ao autor da demanda"[40]. Daí porque – concluía Silvio Rodrigues – "se a vítima experimentar um dano, mas não se evidenciar que o mesmo resultou do comportamento ou da atitude do réu, o pedido de indenização, formulado por aquela, deverá ser julgado improcedente"[41]. A prova deve ser integralmente feita: a demonstração da mera possibilidade de existência nexo de causalidade não é suficiente[42].

### 3.4. Dano

Além do nexo causal e do comportamento antijurídico do administrador, para que exsurja a sua responsabilidade civil, é imprescindível ficar demonstrada a existência do dano sofrido pelo prejudicado, e essa prova também cabe ao autor da ação[43]. A comprovação do dano nem sempre é tarefa simples[44], mas, sem dano, não há falar em responsabilização civil

---

graphischer Verlag, 1994, p. 47 (acrescentando que essa prova é espinhosa, "recht dornig"); e ESTELLE SCHOLASTIQUE, *Le devoir de diligence des administrateurs de sociétés: droits français et anglais*, Paris: LGDJ, 1998, nº 290, p. 167.

[40] MIGUEL MARIA DE SERPA LOPES, *Curso de direito civil*, vol. V, cit., nº 200, p. 253.

[41] SILVIO RODRIGUES, *Direito civil*, vol. IV, cit., nº 8, p. 18.

[42] ADOLF BAUMBACH e ALFRED HUECK, *GmbH-Gesetz*, 16ª ed. München: C. H. Beck, 1996, § 43 IV, nº 5, p. 807 (com o registro: "a demonstração da mera possibilidade de um nexo de imputação não basta").

[43] Cf. (prova do dano incumbe ao autor): DARCY ARRUDA MIRANDA JR., *Breves comentários à Lei das Sociedades por Ações*, SP: Saraiva, 1977, 224; FRAN MARTINS, *Prescrição de ação de responsabilidade civil contra administradores de sociedades anônimas*, 'in' *Novos estudos de direito societário (sociedades anônimas e sociedades por quotas)*, SP: Saraiva, 1988, p. 158; JOSÉ ALEXANDRE TAVARES GUERREIRO, *Responsabilidade...*, cit., p. 79; OSCAR BARRETO FILHO, *Medidas judiciais da companhia contra os administradores*, RDM 40/12; PONTES DE MIRANDA, *Tratado de direito privado*, tomo L, cit., § 5.332, p. 409; e TRAJANO DE MIRANDA VALVERDE, *Sociedade por ações*, vol. II, cit., nº 636, p. 323. Em direito comparado: MARCUS LUTTER e PETER HOMMELHOFF, *GmbH-Gesetz*, 14ª ed. Köln: Otto Schmidt, 1995, § 43, nº 21, p. 551; e FRANCO BONELLI, *La responsabilità...*, cit., p. 8.

[44] Pelo contrário, JORGE LOBO a considera tarefa das mais árduas, "extremamente difícil" para o autor da ação de indenização (*Fraudes à Lei de S/A*, RDM 113/109). JEAN NICOLAS DRUEY, de igual modo, após registrar que também no direito suíço o ônus da prova do dano cabe ao autor, acrescenta: "Tão banais quanto tais afirmações são, tão difíceis, porém, podem ser as questões sobre se, no caso concreto, efetivamente ocorreu um dano" (*Die materiellen Grundlagen...*, cit., 'in' *Die Verantwortlichkeit...*, cit., p. 45).

do administrador[45]-[46]. "Diz-se, por isso, que a existência do prejuízo é da essência da responsabilidade civil e o que a distingue da responsabilidade moral ou penal. O prejuízo deve ser de ordem patrimonial, é certo, pouco importando se o seu montante não seja desde logo possível fixar-se"[47].

O dano causado pelo administrador – destaca Massimo Franzoni – não pode ser apenas presumido nem calculado *à forfait* ou predeterminado de qualquer modo, mas deve ser rigorosamente demonstrado sob a base da estrita relação de causalidade[48]. De igual modo, a demonstração da potencialidade lesiva do ato não é suficiente[49]: "não basta" – ensinava José de Aguiar Dias – "não basta que o autor mostre que o fato de que se queixa, na ação, seja capaz de produzir dano, seja de natureza prejudicial"[50]. A violação da lei, por exemplo, não tem como conseqüência necessária o surgimento de dano para a sociedade[51].

---

[45] Cf.: "Se não provado que diretores de sociedade anônima deram prejuízo aos acionistas por venda de terrenos, administração de fazendas ou por cessão de comodato de área de terra a diretor, improcede qualquer pedido de indenização, mormente se se tratar de atos aprovados pela assembléia dos acionistas" (1º TACivSP, Ap. 221.590, 1ª Câm., Rel. Juiz Ferreira da Cruz, v.u., j. 20.03.1979, RT 527/107). Cf. ainda (embora versando sobre a responsabilidade civil do controlador): "Dano. Prova. Ausência. Se o negócio concretizado pelo acionista controlador não causou dano algum aos acionistas minoritários integrantes das sociedades controladas, não há o que indenizar, pois a prova da existência do dano efetivo constitui pressuposto ao acolhimento da ação indenizatória. Dessa forma, ainda que o controlador tenha agido com abuso de poder, se não houve dano concreto, não será ele responsabilizado. Sentença reformada" (TJRJ, Ap. 2001.001.10.401-RJ, 14ª CC., Rel. Des. Mauro Fonseca Pinto Nogueira, v.u., j. 28.08.2001, BAASP, 2284/611-e). "Ainda mesmo que se comprove a violação de um dever jurídico, e que tenha existido culpa ou dolo por parte do infrator, nenhuma indenização será devida, dês que, dela, não tenha decorrido prejuízo" (STJ, REsp 20.386-RJ, 1ª T., Rel. Min. Demócrito Reinaldo, v.u., j. 23.05.1994, RSTJ 63/251).

[46] Diversamente, Modesto Carvalhosa defende posição singular, distinguindo "prejuízo" de "dano" para, assim, sustentar que "o fato de não se ter materializado a lesão ou ofensa em prejuízo patrimonial não descaracteriza o dano nem elimina a responsabilidade do administrador" (*Comentários à Lei das Sociedades Anônimas*, 3º vol., cit., pp. 317, 352-353 e 386). A lição não nos convence, com a devida vênia.

[47] Trajano de Miranda Valverde, *Sociedade por ações*, vol. II, cit., nº 636, p. 323.

[48] Cf.: Massimo Franzoni, *La responsabilità civile degli amministratori...*, cit., nº 30, p. 98.

[49] Cf.: TJRJ, AI s/nº, 8ª CC., Rel. Des. Fernando Celso Guimarães, v.u., j. 24.08.1993, RJTJRJ 20/269.

[50] José de Aguiar Dias, *Da responsabilidade civil*, tomo I, cit., p. 101.

[51] A sonegação de impostos, ninguém duvida, é ato contrário à lei. Se o administrador sonegá-los e o fisco deixar de autuar a sociedade dentro do período para constituição do crédito

RESPONSABILIDADE CIVIL DOS ADMINISTRADORES DE SOCIEDADES

O dano também não pode ser estimado simplesmente a partir do resultado geral do exercício social. Seja porque a sociedade pode ter tido lucro no exercício, mas prejuízo em certa operação, como conseqüência do ato ilícito praticado pelo administrador, e isso não será detectado através da análise do resultado geral da sociedade, quer no balanço, quer na demonstração de resultados do exercício, ou em outra demonstração financeira qualquer[52]. Seja ainda porque a obrigação de *gestão* a cargo do administrador qualifica-se como obrigação de *meio*: o administrador por mais não se compromete do que a desempenhar, diligentemente, a sua função, de forma hábil, em tese, a atingir o resultado, mas sem se vincular à sua efetiva consecução.

O raciocínio exposto no parágrafo precedente é válido, sem dúvida, quando se está diante de operações distintas e segregáveis. As dificuldades tornam-se enormes quando se trata de analisar operações complexas, nas quais existe a imbricação de vários e sucessivos atos de gestão, e em que uma determinada operação pode apresentar prejuízo, mas ser, de outro lado, contrabalançada pelos ganhos que ulteriormente o ato (aparentemente) prejudicial permitiu realizar[53]. É o que amiúde ocorre com a prática de atos isoladamente passíveis de serem considerados gratuitos ou prejudiciais à empresa, mas através dos quais ela obtém retornos expressivos (promoções, eventos públicos etc.).

Por mais árdua que possa ser esta demonstração, não cabe cogitar de pretensa inversão do ônus da prova do dano, de modo a atribuir ao réu o encargo de demonstrar a inocorrência de prejuízo. O dano, lembra Sérgio Cavalieri Filho, "deve ser provado por quem o alega. Esta é a regra geral, que só admite exceção nos casos previstos em lei (...). Condenar sem prova do dano colide com todos os princípios que regem a matéria"[54].

---

tributário, terá havido "ganho" para a sociedade, que deixou de recolher os impostos. É claro que, em semelhante caso, a companhia poderá (e deverá) substituir o administrador. Mas só poderia responsabilizá-lo civilmente, se tivesse sofrido algum prejuízo, e na extensão do prejuízo experimentado.

[52] Por tal motivo, aliás, julga-se aberrante o efeito extintivo da aprovação, sem reservas, das demonstrações financeiras e das contas dos administradores (LSA, art. 134, § 3º).

[53] Cf.: Yves Guyon, *Droit des affaires*, tomo 1, cit., nº 460 – o qual anota que na França os tribunais tendem a não ter em conta senão o resultado global e, pois, não condenar o administrador, se ao final o saldo não foi negativo.

[54] Sérgio Cavalieri Filho, *Programa...*, cit., nº 20.9, p. 119.

QUESTÕES DE DIREITO SOCIETÁRIO EM PORTUGAL E NO BRASIL

E tem mais: a *existência* de dano, à semelhança do que ocorre nas demais ações de indenização em geral, deverá ser provada no processo de conhecimento, não sendo possível relegar a sua constatação para outra fase; o que se pode deixar para a subseqüente fase de liquidação é tão-somente a quantificação, a aferição de sua exata extensão, a determinação do seu valor[55]. Daí porque, nas palavras de José de Aguiar Dias "é preciso que prove o dano concreto, assim entendida a realidade do dano que experimentou, relegando para a liquidação a avaliação do seu montante"[56]. Ainda nesta mesma linha, também não há como pretender impingir sentença de caráter condicional (CPC, art. 460, par. ún.), inferência essa que se impõe mesmo diante de pedido genérico de indenização (CPC, art. 286).

É importante registrar que o dano, em si mesmo considerado, não é suficiente para imputar responsabilidade civil ao administrador. "Fundamento da responsabilidade do administrador", advertia Giuseppe Ferri, "é a violação de uma obrigação, o não cumprimento de um dos seus deveres, e não o resultado mais ou menos favorável do ato por ele realizado"[57].

### 3.4.1. Atributos do dano ressarcível

O dano patrimonial ressarcível[58] deve ser certo *e* atual. *Certo* é atributo do dano ressarcível, visto que não se há de conceber a reparação de "dano

---

[55] Os tribunais têm constantemente frisado que, nas ações de responsabilidade civil em geral, "a prova da existência do dano efetivo constitui pressuposto ao acolhimento da ação indenizatória" (STJ, REsp 107.426-RS, 4ª T., Rel. Min. BARROS MONTEIRO, v.u., j. 20.02.2000, DJU 30.04.2000, JSTJ 144/90). Por isso, "se não se comprovam as perdas e danos durante a ação, não pode esta vingar. Só se apuram em execução quando evidenciados na ação" (TJSP, Ap. 57.304-1, 5ª CC., Rel. Des. SILVA COSTA, v.u., j. 30.05.1985, RJTJESP 97/225). "Não há como deixar para a execução a prova dos prejuízos. Eles deveriam ter sido provados na ação de conhecimento. Na liquidação, só se admitiria prova do *quantum* de prejuízos já comprovados. À falta dessa prova, a ação é improcedente, a respeito das perdas e danos" (TJSP, Ap. 95.663-2, 11ª CC., Rel. Des. SALLES PENTEADO, v.u., j. 24.04.1986, RJTJESP 101/166).

[56] JOSÉ DE AGUIAR DIAS, *Da responsabilidade civil*, tomo I, cit., p. 101.

[57] GIUSEPPE FERRI, *Manuale di diritto commerciale*, 8ª ed. Torino: UTET, 1991, nº 229, p. 399.

[58] Escrevendo sobre o tema antes da CF/1988, que veio a tornar incontestável o direito à reparação de danos extrapatrimoniais, a doutrina entendia admissível apenas a reparação do dano patrimonial (cf.: FERNANDO RUDGE LEITE FILHO, *Da responsabilidade dos administradores das sociedades anônimas no direito brasileiro e comparado*, RDM 11/38; e TRAJANO DE MIRANDA VALVERDE, *Sociedade por ações*, vol. II, cit., nº 636, p. 323). Cabe indagar: não se poderia pedir a indenização por dano extrapatrimonial através da ação, social ou individual, de responsa-

RESPONSABILIDADE CIVIL DOS ADMINISTRADORES DE SOCIEDADES

meramente *hipotético, eventual ou conjuntural,* isto é, aquele que pode não vir a concretizar-se", conforme ensinava Caio Mário da Silva Pereira. *Atual,* por outro lado, é adjetivo destinado a qualificar o momento da consumação dos *fatos lesivos,* e não tanto o *dano* em si: "pode ser objeto de reparação um prejuízo futuro, porém, certo no sentido de que seja suscetível de avaliação na data do ajuizamento da ação de indenização (Mazeaud e Mazeaud, *Responsabilité civile,* vol. I, nº 217). Não se requer, portanto, que o prejuízo esteja inteiramente realizado, exigindo-se apenas que se tenha certeza de que se produzirá, ou possa ser apreciado por ocasião da sentença na ação respetiva (René Rodière, nº 1.598; Yves Chartier, *La Réparation du Préjudice,* nº 17, p. 25). Ou, como dizem Weill e Terré, 'se sua avaliação judicial é possível' (ob. cit., nº 601)"[59]. O que não pode é ser hipotético, expectativo, incerto ou eventual (CC, art. 403). Nem ser presumido[60].

### 3.4.2. Danos diretos e indiretos (reflexos sobre a ação cabível)

A atuação do administrador pode causar danos à sociedade, aos sócios e a terceiros, de forma direta ou indireta. A determinação do titular do *dano direto* constitui questão de grande relevância para a definição da pessoa legitimada a agir contra o administrador e, por extensão, da espécie de ação de indenização proponível, não sendo insignificantes as diferenças exis-

---

bilidade civil contra administrador? Em princípio, não há razão para excluir o cabimento do pleito (CC, art. 52 c.c. arts. 12 e 186).

[59] CAIO MÁRIO DA SILVA PEREIRA, *Responsabilidade civil,* cit., nºs 36 e 37, pp. 39-41.

[60] Há que se distinguir entre a prova dos danos emergentes e dos lucros cessantes. "Para, autorizadamente, se computar o lucro cessante, a mera possibilidade não basta, mas também não se exige a certeza absoluta. O critério acertado está em condicionar o lucro cessante a uma probabilidade objetiva resultante do desenvolvimento normal dos acontecimentos conjugados às circunstâncias peculiares ao caso concreto" (JOSÉ DE AGUIAR DIAS, *Da responsabilidade civil,* tomo II, cit., pp. 710 e 713). Na jurisprudência: "A expressão 'o que razoavelmente deixou de lucrar', constante do art. 1.059 do Código Civil (de 1916), deve ser interpretada no sentido de que, até prova em contrário, se admite que o credor haveria de lucrar aquilo que o bom senso diz que lucraria, existindo a presunção de que os fatos se desenrolariam dentro do seu curso normal, tendo em vista os antecedentes" (STJ, REsp 61.512-SP, 4ª T., Rel. Min. SÁLVIO DE FIGUEIREDO TEIXEIRA, v.u., j. 25.08.1997, DJU 01.12.1997). É evidente, aliás, que, na ação de responsabilidade civil, pode ser pedida a reparação dos danos emergentes e dos lucros cessantes, espécies que são do gênero perdas e danos.

## QUESTÕES DE DIREITO SOCIETÁRIO EM PORTUGAL E NO BRASIL

tentes entre uma e outra[61]. Se o dano for causado ao patrimônio da sociedade, terá cabimento a ação social; se o dano for causado diretamente ao patrimônio do sócio ou de terceiros, a ação será individual; e, se o dano sofrido pelo sócio for apenas indireto (como conseqüência do dano direto suportado pelo patrimônio da sociedade), não haverá espaço para a ação individual, mas sim para a social[62].

[61] A Lei das S/A regulou a ação social de responsabilidade civil no art. 159 – inclusive a ação substitutiva dos sócios (§ 3º) e a ação derivada (§ 4º), que podem ser propostas por acionistas, na condição de substitutos processuais (legitimação extraordinária) – e mencionou os casos de ação individual de responsabilidade civil (§ 7º). A regra é precisa: "Art. 159. Compete à companhia, mediante prévia deliberação da assembléia geral, a ação de responsabilidade civil contra o administrador, pelos prejuízos causados ao seu patrimônio. § 1º A deliberação poderá ser tomada em assembléia geral ordinária e, se prevista na ordem do dia, ou for conseqüência direta de assunto nela incluído, em assembléia geral extraordinária. § 2º O administrador ou administradores contra os quais deva ser proposta a ação ficarão impedidos e deverão ser substituídos na mesma assembléia. § 3º Qualquer acionista poderá promover a ação, se não for proposta no prazo de três meses da deliberação da assembléia geral. § 4º Se a assembléia deliberar não promover a ação, poderá ela ser proposta por acionistas que representem cinco por cento, pelo menos, do capital social. § 5º Os resultados da ação promovida por acionista deferem-se à companhia, mas esta deverá indenizá-lo, até o limite daqueles resultados, de todas as despesas em que tiver incorrido, inclusive correção monetária e juros dos dispêndios realizados. § 6º O juiz poderá reconhecer a exclusão da responsabilidade do administrador, se convencido de que este agiu de boa-fé e visando ao interesse da companhia. § 7º A ação prevista neste artigo não exclui a que couber ao acionista ou terceiro diretamente prejudicado por ato de administrador". A análise minuciosa do regime jurídico das ações de responsabilidade civil foi por nós apresentada noutra obra (MARCELO VIEIRA VON ADAMEK, *Responsabilidade civil dos administradores de S/A e as ações correlatas*, cit., caps. 7 e 8).

[62] Sobre o ponto, ainda: MARCELO VIEIRA VON ADAMEK, *Ação individual contra administrador de companhia para o fim de obter a reparação de dano individual reflexo ou indireto (LSA, art. 159, § 7º): descabimento* (comentário a acórdão), RDM 142/ 248-255.

Cf.: "Os danos diretamente causados à sociedade, em regra, trazem reflexos indiretos a todos os seus acionistas. Com o ressarcimento dos prejuízos à companhia, é de se esperar que as perdas dos acionistas sejam revertidas. Por isso, se os danos narrados na inicial não foram diretamente causados aos acionistas minoritários, não detém eles legitimidade ativa para a propositura de ação individual com base no art. 159, § 7º, da Lei das Sociedades por Ações. Recurso Especial não conhecido" (STJ, REsp 1.014.496-SC, 3ª T., Rel. Min. NANCY ANDRIGHI, v.u., j. 04.03.2008, DJe 01.04.2008). "Tratando-se de alegação de dano causado à sociedade, carecem de legitimidade ativa para a causa os acionistas autores, que buscam indevidamente, pela ação social, o ressarcimento por violação, em tese, a direitos individuais" (STJ, REsp 1.002.055-SC, 4ª T., Rel. Min. ALDIR PASSARINHO JR, v.u., j. 09.12.2008, DJe 23.03.2009).

## RESPONSABILIDADE CIVIL DOS ADMINISTRADORES DE SOCIEDADES

### 3.5. Responsabilidade individual e solidária: a regra da Lei das S/A

A responsabilidade dos administradores é, de regra, individual, mas a lei acionária regula hipóteses das quais pode resultar a sua responsabilidade solidária, nos casos de descumprimento de deveres legais destinados a assegurar o regular funcionamento da companhia (LSA, art. 158, §§ 2º a 4º) e de violação de deveres ordinários (LSA, art. 158, § 1º). Também prevê a responsabilidade solidária de terceiros que concorram para a prática de ato com violação da lei ou do estatuto (LSA, art. 158, § 5º), segundo adiante detalhado.

Desde já, importa destacar que *a solidariedade não se estabelece sob bases objetivas*. Pelo contrário, depende sempre da conjugação de outro ato culposo (omissivo ou comissivo) do corresponsável. O administrador não pode responder por ato de outro apenas por integrar o mesmo órgão, ainda que seja colegiado. Para que isso ocorra, é preciso que também ele tenha descumprido dever legal ou estatutário. Quando for conivente com a prática de ilícitos, se negligenciar em descobri-los ou se, deles tendo conhecimento, deixar de agir para impedir a sua prática, o administrador estará, pessoalmente, descumprindo dever jurídico a seu cargo: sem prejuízo da concorrente violação de dever específico, estará violando o dever de lealdade, quando for conivente, o de vigilância, ao negligenciar em descobrir os ilícitos alheios, e o de diligência, se, deles tendo conhecimento, deixar de agir para impedir a sua prática[63]. Disso resultará o concurso de comportamentos antijurídicos e, por conseqüência, a responsabilidade solidária de todos os administradores culpados. Segundo bem explica Pierre Tercier, Professor da Universidade de Friburgo, "pour que la victime puisse rechercher l'un des administrateurs ou l'un des autres responsables, il faut nécessairement que les conditions de la responsabilité soient remplies à son égard («la solidarité exige la responsabilité»). On ne saurait en effet rendre une personne responsable du seul fait qu'elle est membre

---

[63] A mesma inferência é válida para o caso de não cumprimento de deveres impostos por lei para assegurar o funcionamento normal da companhia, os quais, pelos estatutos, podem caber a apenas um dos administradores, mas, por lei, competem a todos eles na companhia fechada (na aberta, o cumprimento de tais deveres pode, por disposição estatutária, competir privativamente a certos cargos de administrador). Também neste caso, a solidariedade é resultado da concorrência de ilícitos pessoais dos administradores. E, mesmo na companhia aberta, o administrador, a quem não tocar a tarefa de atender aqueles deveres, poderá ser responsabilizado, se tendo conhecimento do não cumprimento desses deveres por seu predecessor, ou pelo administrador competente, deixar de comunicar o fato à assembléia geral.

QUESTÕES DE DIREITO SOCIETÁRIO EM PORTUGAL E NO BRASIL

d'un conseil; il faut qu'elle en réponde personnellement, aux conditions habituelles"[64]. Ou seja, segundo explica Karsten Schmidt, "vários administradores respondem solidariamente – isto todavia não no sentido de uma responsabilidade decorrente da simples participação no órgão – mas apenas na medida em que tiveram também participação culposa nos danos causados à sociedade, por ação, omissão ou tolerância"[65]. Com igual orientação, Franco Bonelli observa que é atualmente de todo superada a opinião segundo a qual a responsabilidade solidária dos administradores seria uma responsabilidade sem culpa ou por fato de outrem[66].

A Lei das S/A não pressupõe o prévio concerto entre os administradores[67], nem exige faltas da mesma espécie[68]. Para resultar a solidariedade

---

[64] PIERRE TERCIER, La solidarité et les actions récursoires entre les responsables d'un dommage selon le nouveau droit de la société anonyme, 'in' Die Verantwortlichkeit..., cit., p. 69. Em tradução livre: "para que a vítima possa perseguir um dos administradores ou responsáveis, é necessário que as condições de responsabilidade estejam preenchidas a seu respeito («a solidariedade exige a responsabilidade»). Não se pode, de fato, tornar uma pessoa responsável pelo único fato de ser membro de um conselho".

[65] KARSTEN SCHMIDT, Gesellschaftsrecht, 4ª ed. Köln: Carl Heymanns, 2002, § 36, II, p. 1.077. "Pressuposto para a responsabilidade de mais de uma pessoa é que cada qual preencha por si mesma os pressupostos da responsabilidade" (ADOLF BAUMBACH e ALFRED HUECK, GmbH-Gesetz, cit., § 43, IV, nº 17, p. 805).

[66] FRANCO BONELLI, La responsabilità..., cit., nº 13, pp. 111-112, e Gli amministratori di s.p.a. dopo la Riforma delle Società, Milano: Giuffrè, 2004, pp. 187-188 – acrescentando, no último trabalho citado, que "questa opinione, già criticata dalla pacifica giurisprudenza e dalla maggioranza della dottrina, è stata anche respinta anche dalla Relazione alla legge di riforma del 2003". Interpretando a regra de solidariedade inserida no art. 2.392 do CC it., equivalente à do art. 158 da Lei das S/A, MASSIMO FRANZONI defende a mesma lição: "A solidariedade não transforma o título da responsabilidade em uma forma de responsabilidade indireta e objetiva, pois, como já observamos, entre as obrigações dos administradores existe também o dever de vigiar e controlar a atividade alheia a fim de evitar danos à sociedade. Não se trata, portanto, de uma responsabilidade indireta, como aquela prevista nos arts. 1.228 e 2.049 do Código Civil, mas de um tipo de responsabilidade na qual concorre o ilícito alheio e o fato próprio da omissão de controle" (La responsabilità civile degli amministratori..., cit., nº 18, p. 55).

[67] A lição, espelhando o entendimento prevalente, é de JOSÉ DE AGUIAR DIAS: "A solidariedade passiva não depende do concerto prévio entre os responsáveis" (Da responsabilidade civil, tomo II, cit., nº 252, p. 805). Nos tribunais: TJSP, AI 124.287-1, 7ª CC., Rel. Des. SOUSA LIMA, v.u., j. 28.03.1990, RT 655/83. Mesmo sem ter havido a intenção comum de causar danos a outrem, os corresponsáveis poderão ser responsabilizados solidariamente.

[68] "A falta comum" – ensinavam GEORGES RIPERT e RENÉ ROBLOT – "não é a falta semelhante. Um administrador pode ter praticado um ato culposo e os outros não terem vigiado

## RESPONSABILIDADE CIVIL DOS ADMINISTRADORES DE SOCIEDADES

entre os corresponsáveis, basta a concorrência de comportamentos culposos, independentemente de conluio ou de idêntica participação para a consumação do dano.

Seguindo além nesta linha, é possível mesmo afirmar, com Massimo Franzoni, que o administrador responde pela imperícia e pela negligência próprias, enquanto que, pela imperícia de outrem, responde só a título de negligência por omissa vigilância[69]. Não há responsabilidade indireta por fato de terceiro nas regras de solidariedade; existe responsabilidade por ato próprio, comissivo ou omissivo

Passemos, pois, a apreciar as distintas hipóteses previstas na lei acionária.

### 3.5.1. Solidariedade pelo descumprimento de deveres legais destinados a assegurar o regular funcionamento da companhia

Os administradores são solidariamente responsáveis pelos prejuízos causados em virtude do não cumprimento dos deveres impostos por lei para assegurar o funcionamento normal da companhia (LSA, art. 158, § 2º). Na companhia fechada, essa responsabilidade recai sobre todos os administradores, ainda que, pelo estatuto, tais deveres não caibam a todos eles. Trajano de Miranda Valverde justificava essa responsabilidade solidária, existente também na antiga lei acionária, aduzindo que "a diligência de um só teria evitado o prejuízo"[70].

Na companhia aberta, a divisão interna de atribuições do órgão mostra-se mais estanque e rígida, presumindo a lei acionária que, pelo porte de suas operações, é mais difícil exercer a supervisão e a vigilância geral sobre a atividade dos demais administradores. Por isso, e diferentemente do que sucede na companhia fechada, onde o contato mais próximo e intenso dos administradores entre si disponibiliza maiores informações sobre o andamento geral dos negócios, a lei acionária prevê que, na companhia aberta, a solidariedade resultante do não cumprimento de deveres impostos por

---

seu ato. Os que cometeram um ato de negligência aliam-se à falta do outro (Req., 22.06.1926, *Sem. juridique*, 1926, nº 1346; 21.121936, *J. soc.*, 1938, 216; 16.02 1937, *Gaz. Pal.*, 1937.1.807). É nesta qualidade que os membros do conselho podem ser considerados responsáveis solidariamente com o presidente e o diretor-geral" (*Traité de droit commercial*, tomo 1, 14ª ed. Paris: LGDJ, 1991, nº 1.370, p. 1.048).

[69] MASSIMO FRANZONI, *La responsabilità civile degli amministratori...*, cit., nº 18, p. 56.

[70] TRAJANO DE MIRANDA VALVERDE, *Sociedade por ações*, vol. II, cit., nº 640, p. 327.

QUESTÕES DE DIREITO SOCIETÁRIO EM PORTUGAL E NO BRASIL

lei para assegurar o funcionamento normal da companhia ficará restrita aos administradores que, por disposição do estatuto, tenham atribuição específica de dar-lhes cumprimento (LSA, art. 158, § 3º). Esta é a regra geral, mas, por exceção (aplicável também às fechadas[71]), se o administrador tiver conhecimento do não cumprimento desses deveres por seu predecessor, ou por administrador a quem competir a sua prática, deixar de comunicar o fato à assembléia geral ou adotar medidas para evitar que o dano possa se concretizar, tornar-se-á solidariamente responsável pela reparação dos danos resultantes[72].

Estas regras, frise-se, aplicam-se somente às hipóteses de descumprimento de deveres legais destinados a assegurar o regular funcionamento da companhia e, portanto, são variáveis, de órgão para órgão, cada qual com as suas respetivas competências privativas (LSA, art. 139)[73].

### 3.5.2. Solidariedade pelo descumprimento de outros deveres

A responsabilidade solidária dos administradores pode ainda surgir em virtude do descumprimento de outros deveres que não sejam tidos por essenciais ao funcionamento da companhia, sob condições específicas (LSA, art. 158, § 1º). Nessas hipóteses, prevalece, em princípio, o primado da inco-

---

[71] Cf.: Rubens Requião, *Curso de direito comercial*, 2º vol., 13ª ed. SP: Saraiva, 1984, nº 417, p. 187.

[72] Cf.: Franco Bonelli, *La responsabilità...*, cit., nº 9, p. 58.

[73] Dentre as atribuições da diretoria, poderiam ser mencionadas as tarefas de: (i) convocar a assembléia geral, se não houver conselho de administração (LSA, art. 123), publicando os pertinentes anúncios e editais; (ii) elaborar o relatório da administração (LSA, art. 133, I); (iii) elaborar as demonstrações financeiras (LSA, art. 176); (iv) comparecer e prestar esclarecimentos em assembléia geral (LSA, art. 134, § 1º); (v) prestar informações e fornecer os documentos solicitados pelo conselho de administração ou pelo conselho fiscal (LSA, arts. 142, III, 2ª parte, e 163, §§ 1º e 2º); (vi) manter atualizados e em boa ordem a contabilidade empresarial e os livros sociais (LSA, arts. 100 a 105, e 177); e (vii) publicar e registrar os atos previstos em lei. Em relação ao conselho de administração, são exemplos de atos essenciais ao funcionamento da companhia os seguintes: (i) eleger e destituir os diretores e fixar-lhes as atribuições (LSA, art. 142, II, 1ª parte); (ii) convocar a assembléia geral (LSA, art. 142, IV); e (iii) manifestar-se sobre o relatório da administração e as contas da diretoria (LSA, art. 142, V). A responsabilidade dos primeiros administradores (LSA, art. 99) é outra hipótese típica de solidariedade decorrente do descumprimento de dever legal destinado a assegurar o regular funcionamento da companhia (ou, mais propriamente no caso, destinado a assegurar a *existência* da companhia).

114

## RESPONSABILIDADE CIVIL DOS ADMINISTRADORES DE SOCIEDADES

municabilidade da culpa, de modo que o administrador não é responsável por atos ilícitos praticados por outros administradores. Todavia, mesmo nessas hipóteses, responderá solidariamente pelos ilícitos cometidos por terceiros administradores, se com eles for conivente, se negligenciar em descobri-los ou se, deles tendo conhecimento, deixar de agir para impedir a sua prática. Em todas estas situações, a responsabilidade solidária não é objetiva, mas desponta como conseqüência da participação culposa do administrador que, ao proceder de uma dessas formas, estará pessoalmente violando deveres de seu cargo.

Não se nega, porém, que, dependendo da espécie de órgão de administração, a efetivação da responsabilidade solidária apresenta particularidades. A distinção a ser aqui feita não é propriamente entre Conselho de Administração e Diretoria, mas entre órgãos colegiados ou não. Isto porque, conquanto seja o Conselho de Administração sempre órgão colegiado (LSA, art. 138, § 1º), o estatuto pode estabelecer que determinadas decisões, de competência dos diretores, sejam tomadas em reunião da Diretoria (LSA, art. 143, § 2º), funcionando, nestas situações, como órgão colegiado. Há, portanto, atos colegiais e atos individuais dos órgãos de administração.

Nos órgãos de administração colegiada, os seus integrantes assumem responsabilidade coletiva pelas deliberações ou decisões colegiadas[74]. O fundamento da responsabilidade do administrador continuará a residir na culpa *lato sensu*, conseqüência da violação de seus deveres gerais (como os de diligência, lealdade e vigilância), mas em caráter presumido[75], tanto assim que a abstenção do administrador ou a sua falta injustificada ao conclave não o isenta de responsabilidades[76]. *A contrario sensu*, segundo Giancarlo Frè e Giuseppe Sbisà, "não deverão responder solidariamente com os outros administradores aquele ou aqueles entre eles que não tenham, por justos motivos, participado da reunião do conselho na qual foi tomada uma deliberação prejudicial à sociedade, da qual ele ou eles tenham tido notícia

---

[74] Cf.: José Alexandre Tavares Guerreiro, *Responsabilidade...*, cit., p. 86.

[75] O que se presume não é propriamente a culpa, mas a sua aquiescência à decisão colegiada.

[76] Cf.: "Os diretores de uma sociedade anônima assumem deveres, não podendo eximir-se com o mero pretexto de que não exerceram as atribuições de que foram investidos" (TJSP, Ap. 110.865, 5ª CC., Rel. Des. Afonso André, v.u., j. 22.09.1961, RT 326/305). Na esfera administrativa: "A abstenção de conselheiro em decisão que afeta a orientação geral dos negócios da companhia, sem qualquer justificativa, equivale a omissão" (CVM, Inq. Adm. nº 4/1999, Rel. Dir. Norma Jonssen Parente, v.u., j. 17.04.2002).

quando já era muito tarde para evitar o dano ou para dele se proteger"[77]. Por isso, o prejudicado pelo ato colegiado não precisa demonstrar a participação culposa de cada um dos administradores do órgão, mas estes poderão, como defesa, eventualmente demonstrar que não foram negligentes ou coniventes com os demais administradores, tomando tempestivamente as medidas previstas em lei para a exoneração de suas responsabilidades.

O integrante dissidente do ato colegial eximir-se-á de responsabilidade caso faça constar a sua divergência em ata de reunião do órgão ou, não sendo possível, dela dê ciência imediata e por escrito ao órgão da administração, ao conselho fiscal, se em funcionamento, ou à assembléia geral (LSA, art. 158, § 1º, 2ª parte). O administrador diligente, integrante de órgão colegial, tem, pois, o dever de dissidência, caso identifique alguma decisão criticável de seus pares. Diante disso, "é essencial" – consoante ensinava Rubens Requião – "que o administrador que dissentir revele, aos órgãos da sociedade, na seqüência estabelecida no § 1º do art. 158, a sua oposição. Sem isso, de nada vale a sua reação à prática do ato irregular. É imperativo que ele a exteriorize, advertindo os órgãos sociais de tal ou qual prática. Somente assim se eximirá da responsabilidade solidária"[78]. É claro, porém, que, para que essa excludente seja operante, o próprio administrador que registra a sua dissidência tem de ser isento de culpa pelo ato praticado[79].

As considerações acima aplicam-se, é claro, apenas àqueles atos coletivamente exercitáveis. Logo, os conselheiros não poderão responder solidariamente quando a obrigação violada referir-se, concretamente, apenas a um administrador – que, por exemplo, descumpriu dever de não agir em conflito de interesses.

Nos órgãos de administração não-colegiada (como de ordinário sucede na Diretoria), prevalece, em toda a sua extensão, o princípio da incomunicabilidade da culpa, cabendo ao interessado em estabelecer a responsabilidade solidária do administrador, por atos ilícitos de outros administradores, provar a participação culposa para a concretização do dano, isto é, demons-

---

[77] GIANCARLO FRÈ e GIUSEPPE SBISÀ, *Società per azioni*, tomo. I, 6ª ed. Bologna: Zanichelli, 1997, p. 843.

[78] RUBENS REQUIÃO, *Curso...*, cit., 2º vol., nº 417, p. 187.

[79] Cf.: ALBERTO TOFFOLETTO, *Diritto delle società: manuale breve* – obra coletiva, 2ª ed. Milão: Giuffrè, 2005, § 97, p. 226.

trar a sua conivência para com os demais, ou sua negligência em descobrir o ilícito ou, ainda, a sua inércia para impedir a prática do ato ilícito de seu conhecimento (LSA, art. 158, § 1º, 1ª parte)[80].

Fora dos parâmetros aqui expostos, a solidariedade apenas existirá se regulada diversamente em lei, em situações específicas.

### 3.5.3. Solidariedade dos terceiros

Por fim, a Lei das S/A refere-se, no § 5º do art. 158, à responsabilidade de terceiros, dispondo que "responderá solidariamente com o administrador quem, com o fim de obter vantagem para si ou para outrem, concorrer para a prática de ato com violação da lei ou do estatuto"[81]. Os terceiros poderão ser desde titulares de outros órgãos da companhia, colaboradores

---

[80] Merece aqui ser novamente lembrada a necessidade de aquilatar a intensidade dos deveres de diligência e vigilância à luz do padrão legal de conduta, que é o ordinário e não excepcional, aferido diante das particularidades da empresa.

[81] FRAN MARTINS chamava atenção para o fato de que o legislador, no preceito da lei acionária em questão, não teria erigido a *obtenção* de vantagens à condição de responsabilidade do terceiro, contentando-se com "a *intenção* que tinha o terceiro de obter vantagens para si ou para outrem em virtude do ato violador do estatuto ou da lei praticado com sua ajuda pelo administrador" (*Comentários...*, vol. 2 – tomo I, cit., nº 707, p. 410). Além disso, sustentava que "se o terceiro concorreu para que o administrador praticasse ato violador da lei ou do estatuto, mas, apesar de dar seu concurso, não visou com isso obter vantagem para si ou para outrem, esse terceiro não será solidário com o administrador faltoso pelos prejuízos causados pela violação da lei ou do estatuto" (*op. et loc. cits.*). No entanto, esta chocante conclusão só poderia ser aceita, se estivéssemos a analisar *exclusivamente* a regra da lei acionária. Contudo, não se pode olvidar a regra geral de responsabilidade civil (CC, art. 942), que impõe a solidariedade passiva *ex delicto* aos coautores, independentemente de sua intenção ou da natureza da obrigação descumprida (se contratual ou não) (vide: CARLOS ALBERTO MENEZES DIREITO e SÉRGIO CAVALIERI FILHO, *Comentários ao novo Código Civil*, vol. XIII, RJ: Forense, 2004, pp. 313-314). Não cremos, por isso, que o terceiro que, por exemplo, com o fim de causar prejuízo à sociedade (note-se: o seu intuito não é beneficiar ninguém), concorresse para a prática de ato ilícito não teria responsabilidade solidária. A regra de solidariedade da Lei das S/A não exclui a regra geral do Código Civil, frente a qual aquela se torna até mesmo expletiva. Assim tem-se decidido, com toda razão: "Parece desnecessária a referência expressa da lei especial 'aos acionistas ou terceiros que concorrem para a prática dos atos abusivos do controlador-administrador', em razão do disposto no art. 1.518 do Código Civil" de 1916 (TJSP, AI 256.415-1, 1ª CC., Rel. Des. LUÍS DE MACEDO, v.u., j. 25.04.1995, RJTJESP 173/199). Ainda no mesmo sentido: STJ, REsp 78.580-SP, 4ª T., Rel. Min. SÁLVIO DE FIGUEIREDO TEIXEIRA, v.u., j. 24.03.1998, DJU 25.05.1998, RT 755/208; TJSP, AI 29.804-1, 3ª CC., Rel. Des. CÉSAR DE MORAES, v.u., j. 07.12.1982, RJTJESP 83/230.

QUESTÕES DE DIREITO SOCIETÁRIO EM PORTUGAL E NO BRASIL

(interno ou externo), acionistas[82], credores sociais, até terceiro cúmplice qualquer. Todos respondem solidariamente pela reparação dos danos causados, tendo a companhia ou os seus substitutos processuais legitimação ativa para promover a ação contra o administrador em litisconsórcio passivo com tais indivíduos[83].

### 3.6. Responsabilidade individual e solidária: a regra do CC

A espartana disciplina societária do Código Civil (CC, art. 1.016) não traz regra específica para disciplinar as hipóteses de responsabilidade solidária dos administradores. Prevalece, pois, a regra geral de solidariedade *ex delicto* (CC, art. 942). Nos casos, porém, em que a sociedade limitada for regida supletivamente pela Lei das S/A (CC, art. 1.053, par. ún.) e, *a fortiori*, possuir Conselho de Administração, aplicam-se as regras dos parágrafos do art. 158 da Lei das S/A, em especial aquelas voltadas a disciplinar a responsabilidade coletiva dos administradores no seio de órgão colegial; havendo decisões colegiadas na Diretoria, a aplicação das regras da lei acionária também é de rigor (ainda que por via analógica, no caso de a regência supletiva da limitada se der pelas regras da sociedade simples).

### 4. Causas extintivas *lato sensu*

Dentre as diversas causas extintivas *lato sensu* do dever de indenizar, merecem aqui ser referidas a prescrição e a exoneração (ou *quitus*) resultante da aprovação sem reservas das demonstrações financeiras e contas do administrador. Vejamos cada qual.

### 4.1. Prescrição

O prazo prescricional geral para o exercício judicial de pretensão indenizatória pela sociedade contra os administradores[84], por violação da lei ou do estatuto, é de 3 (três) anos, contados da apresentação do balanço referente ao exercício em que a violação tenha sido praticada, ou da assembléia

---

[82] O acionista poderá eventualmente ser incluído no polo passivo da ação, com fundamento no art. 158, § 5º, da Lei das S/A (cf.: 1º TACivSP, Ap. 376.022-0, 4ª Câm., Rel. Juiz REIS KUNTZ, v.u., j. 30.09.1987, RT 624/125).

[83] Cf.: TJSP, AI 256.415-1, 1ª CC., Rel. Des. LUÍS DE MACEDO, v.u., j. 25.04.1995, RJTJESP 173/199.

[84] A regra vale para administradores no exercício do cargo ou que dele tenham se afastado (vide: STJ, REsp 31.620-SP, 3ª T., Rel. Min. EDUARDO RIBEIRO, v.u., j. 08.08.1994, DJU 29.08.1994, RSTJ 54/319).

RESPONSABILIDADE CIVIL DOS ADMINISTRADORES DE SOCIEDADES

geral que dela deva tomar conhecimento (CC, art. 206, § 3º, VII, *b*)[85]. O mesmo prazo aplica-se à pretensão de sócios ou terceiros contra os administradores – incide o mesmo prazo, porquanto não há na lei qualquer alusão ao titular da pretensão, dando-se ênfase somente ao sujeito passivo. O regime jurídico aplicável à prescrição é, em qualquer caso, o geral da lei civil (CC, arts. 189 a 206)[86].

Na falência da sociedade empresária, todavia, a regra é outra. A Lei de Recuperação de Empresas e Falências (Lei nº 11.101, de 9 de fevereiro de

---

[85] Há exceções à regra. A primeira delas refere-se à hipótese em que a sociedade vem a ter a sua falência decretada (LRF, art. 82), conforme exposto na seqüência do texto. A segunda abrange as situações em que a sociedade é dissolvida e entra em processo de liquidação, caso em que o termo inicial do prazo prescricional para o exercício da pretensão contra os últimos administradores ordinários terá início com a publicação do balanço inicial da liquidação (LSA, art. 210, III). A terceira diz respeito à própria responsabilidade civil do liquidante e, também, dos membros do conselho de administração que venham a permanecer no exercício de suas funções na liquidação, a qual se submete à regra prescricional específica prevista no art. 206, § 3º, VII, *c*, do Código Civil – regra esta que se reporta somente ao liquidante, mas que, por extensão e identidade de razões, deve abranger os conselheiros que venham a permanecer no exercício de suas funções na liquidação (LSA, art. 208, § 1º). Por fim, a quarta (discutível e bastante controvertida) exceção refere-se ao termo inicial do prazo para o exercício de pretensão contra administradores de sociedades de economia mista, que, por influxo do regime jurídico público, não seria a data da assembléia geral de aprovação de contas e sim da publicação do julgamento das contas dos administradores pelo Tribunal de Contas (cf.: TJSP, AI 57.204-1, 1ª CC., Rel. Des. RANGEL DINAMARCO, v.u., j. 11.06.1985, RJTJESP 97/323).

[86] Há, porém, uma mui significativa diferença em matéria de *causa obstativa do prazo prescricional*, conforme se trate de sociedade anônima ou limitada. De acordo com a Lei das S/A, "quando a ação se originar de fato que deva ser apurado no juízo criminal, não *ocorrerá* a prescrição antes da respetiva sentença definitiva, ou da prescrição da ação penal" (LSA, art. 288). Não há aqui impedimento à fluência do prazo prescricional, mas prolongamento do seu termo final. Diversamente, de acordo com o Código Civil (aplicável às sociedades limitadas, no particular), "quando a ação se originar de fato que deva ser apurado no juízo criminal, não *correrá* a prescrição antes da respetiva sentença definitiva" (CC, art. 200). Ou seja, o que existe aqui é uma causa impeditiva da prescrição (o verbo utilizado é "correr"). Em qualquer caso, continua válida a advertência de PONTES DE MIRANDA: "Se houve o crime, ou se não houve, é questão estranha à *quaestio iuris* do prazo de prescrição (...). Se houve, ou se não houve crime, não importa: é matéria para o exame do mérito em ação penal, como a existência do ato ilícito, de que possa resultar responsabilidade civil, é assunto do mérito da ação de direito privado" (*Tratado de direito privado*, tomo LI, cit., § 5.363, p. 121). Em todo caso, para que a causa impeditiva incida, é preciso que o fato potencialmente típico na esfera penal esteja bem delineado, não bastando a nebulosa e imprecisa desconfiança da existência de "visos de ilicitude penal" (vide: TJSP, Ap. 6.773-1, 1ª CC., Rel. Des. VALENTIM SILVA, v.u., j. 09.12.1980, RJTJESP 70/121).

QUESTÕES DE DIREITO SOCIETÁRIO EM PORTUGAL E NO BRASIL

2005) dispõe que a responsabilidade dos administradores da sociedade falida será apurada no juízo falimentar e a respetiva "ação de responsabilização" (*rectius*: pretensão) prescreverá em 2 (dois) anos, contados do trânsito em julgado da sentença de encerramento da falência (LRF, art. 82, § 1º). Trata-se de prazo especial que, por isso, prevalece sobre o geral (LICC, art. 2º, § 2º)[87].

### 4.2. Exoneração (*quitus*)

A decisão dos sócios aprovando a gestão empreendida pelos administradores da sociedade designa-se *quitus* (*scarico*, em italiano, *décharge*, em francês, ou *Entlastung*, em alemão) e, ainda em alguns poucos sistemas jurídicos, exonera os administradores de responsabilidades. É o que, lamentavelmente, ainda hoje sucede no direito brasileiro: a vigente lei acionária prescreve que "a aprovação, sem reservas, das demonstrações financeiras e das contas, exonera de responsabilidade os administradores e fiscais, salvo erro, dolo, fraude ou simulação (art. 286)" (LSA, art. 134, § 3º)[88]; de forma semelhante para as sociedades limitadas[89], o Código Civil prevê que "a aprovação, sem reservas, do balanço patrimonial e do de resultado econômico, salvo erro, dolo ou simulação, exonera de responsabilidade os membros da administração e, se houver, os do conselho fiscal" (CC, art. 1.078, § 3º).

É deveras lamentável, neste ponto, o olímpico desconhecimento do legislador pátrio a propósito do que se passa no mundo empresarial, abrindo largas portas à impunidade, de que é exemplo o *quitus* facilitado,

---

[87] Cf.: CARLOS KLEIN ZANINI, *Comentários à Lei de Recuperação de Empresas e Falência* – obra coletiva, coords. Francisco Satiro de Souza Jr. e Antônio Sérgio A. de Moraes Pitombo, SP: RT, 2005, nº 206, p. 351.

[88] A regra era praticamente idêntica perante o DL. 2.627/1940 (art. 101) e o vetusto Decreto nº 434/1891 (art. 145). Críticas autorizadas ecoam desde longa data (p. ex.: J. X. CARVALHO DE MENDONÇA, *Tratado de direito comercial brasileiro*, vol. IV, 5ª ed. RJ: Freitas Bastos, 1954, nº 1.206, p. 69; ORLANDO GOMES, *Responsabilidade dos administradores de sociedades por ações*, RDM 8/13-14; SYLVIO MARCONDES, *Problemas de direito mercantil*, cit., pp. 240-241; e WALDEMAR MARTINS FERREIRA, *Tratado de direito comercial*, 4º vol., SP: Saraiva, 1961, nº 821, pp. 393-394), sem conseguir despertar o legislador pátrio, ainda desfalecido em berço esplêndido, apesar dos escândalos e inomináveis fraudes contábeis perpetradas aqui e alhures.

[89] A regra encontra-se dentro do capítulo destinado a regrar as sociedades limitadas e, dada a sua natureza excepcional e restritiva de direitos, não se aplica aos demais tipos societários regulados no Código Civil – exceção feita à "empresa individual de responsabilidade limitada" (CC, art. 980-A) que, porém, nada mais é do que a sociedade limitada unipessoal.

abrangente, com eficácia preclusiva de pretensões indenizatórias[90] e, na prática do foro, sempre de difícil reversão[91].

[90] A indagação acerca da natureza jurídica do *quitus* sempre passou ao largo das preocupações de nosso estudiosos. Em uma primeira aproximação, poder-se-ia pretender assimilá-lo a institutos como a remissão, a quitação ou o reconhecimento negativo de dívida (ou reconhecimento de inexistência de dívida). Tais posicionamentos, porém, são combatidos por KARSTEN SCHMIDT que, com total razão, denuncia a confusão entre o *objeto* da deliberação de exoneração dos administradores (*quitus*) e os seus *efeitos*, que resultam da lei e podem variar profundamente, dependendo do que a respeito dispuser a lei de regência de cada tipo societário. A exoneração dos administradores, pela aprovação da gestão, não importa, em si mesmo, em qualquer renúncia de pretensão e o eventual reflexo deste ato no regime da responsabilidade civil constituiria efeito preclusivo, que só se manifesta por obra do legislador. Assim, combatendo a visão tradicional, segundo a qual a exoneração importaria renúncia ou reconhecimento negativo de dívida, KARSTEN SCHMIDT verbera: "Esta interpretação está ultrapassada. Pelos motivos a seguir expostos não havia como acompanhá-la, pois: (1) ela escolhe um efeito de exoneração particularmente palpável para o jurista, acostumado a pensar em pretensões, julgando que este efeito seja a exoneração; (2) ela coloca este efeito de exoneração *ex post* no centro da deliberação sobre a exoneração, embora a renúncia à pretensão, conforme as regras, não seja objeto da manifestação de vontade da assembléia; (3) ela leva a que a deliberação 'é dada a exoneração' possua uma natureza jurídica totalmente diversa, conforme o caso, se a lei admite a supressão de pretensões (exemplo: na GmbH) ou não (exemplo: na AG)" (*Gesellschaftsrecht*, 4. ed. Köln: Carl Heymanns, 2002, § 14, VI, p. 430). Indo além, KARSTEN SCHMIDT explica o real alcance da exoneração (*quitus*) concedida pela sociedade aos seus administradores: "Em se distinguindo corretamente entre o *objeto* da deliberação relativa à exoneração e os *efeitos* da exoneração que resultem com ou sem a vontade de quem delibera, o que vale é o seguinte: o *objeto da deliberação pertinente à exoneração* é apenas a aprovação da administração conforme a incumbência dos órgãos societários pertinente a certo período temporal ou pertinente a determinadas medidas. A aprovação representa uma declaração de confiança, inerente ao direito das coletividades, concedida aos seus órgãos. A renúncia à pretensão não é objeto da deliberação sobre a exoneração. Tal deliberação, antes pelo contrário, é tomada na maioria das vezes na suposição de que inexistem pretensões a indenização contra o órgão exonerando. Os efeitos da renúncia – não apenas relativamente a pretensões eventualmente existentes, mas também no que pertine a demais sanções – são apenas conseqüência preclusiva da aludida demonstração de confiança. (...) A extensão da exoneração, quer no tocante à pessoa, ao período de tempo ou ao que constitui seu objeto, rege-se de conformidade com a deliberação de exoneração. Se posteriormente se tornarem conhecidos fatos que antes não eram suscetíveis de serem conhecidos e aos quais a exoneração por isso mesmo não poderia se referir, não impede a exoneração uma ação de indenização ou outras quaisquer sanções" (*Gesellschaftsrecht*, cit., § 14, VI, pp. 430-431). Filiamo--nos, incondicionalmente, a essa escorreita visão: a exoneração (*quitus*) não constitui renúncia a qualquer pretensão, embora a lei (como ocorre no direito brasileiro) possa atribuir-lhe *eficácia preclusiva* de pretensões de caráter indenizatório contra o beneficiário da deliberação.

[91] Em sentido contrário, JOSÉ EDWALDO TAVARES BORBA afirma que a liberação dos administradores seria "relativa e aparente", já que a reversão seria pouco complicada: "A exonera-

QUESTÕES DE DIREITO SOCIETÁRIO EM PORTUGAL E NO BRASIL

Em certos países, a aprovação das contas e do balanço não isenta, sob nenhuma hipótese, o administrador de responsabilidades; em outros, exige-se expressa manifestação da assembléia geral nesse sentido, assegurando-se o direito de oposição por parte de minoria qualificada; em outros, ainda, prevalece sistema misto (com a abreviação dos prazos extintivos e a preservação da iniciativa judicial dos substitutos processuais)[92]. No direito brasileiro, entretanto, tudo se passa de forma mais liberal e, o que é exceção ou mesmo proibido em outros países, vem de merecer o irrestrito acolhimento por parte do legislador: a aprovação das contas *e* das demonstrações financeiras, no caso das sociedades anônimas, ou apenas dos balanços, no caso das limitadas, dependente em qualquer caso da votação da maioria simples dos presentes ao conclave e sem qualquer direito de oposição por parte da minoria, importa, por si só, na exoneração dos administradores e, com isso, impede que contra eles sejam exercidas as pretensões indenizatórias da sociedade.

ção dos administradores, que decorre da aprovação das demonstrações financeiras, é relativa e aparente, pois tudo aquilo que tenha escapado ao conhecimento dos acionistas, e que seja substancial, posto que suficiente para demovê-los de aprovar as contas, caracterizará uma hipótese de erro, consequenciando a reabertura do problema, para efeito de responsabilização dos envolvidos" (*Direito societário*, 8ª ed. RJ: Renovar, 2003, nº 153, pp. 382-383). Com todas as vênias, a liberação não é relativa nem aparente: encontrar sócio ou acionista disposto a propor ação em juízo para anular a deliberação assemblear (e nisso encontrar juiz que não tenha a visão refratária à invalidação); para depois esperar nova deliberação da assembléia sobre as contas e a propositura de eventual ação social; para, finalmente, ingressar com ação *ut singuli* (se ainda viável), e tudo isso dentro dos prazos extintivos, não é nada fácil nem corriqueiro.

[92] Na proposta de 5ª Diretiva do Conselho das Comunidades Européias prevê-se o seguinte: "Art. 18º (renúncia à ação social). 1. A renúncia à ação social baseada no art. 14º não decorre: a) Da mera aprovação, pela assembléia geral, das contas relativas ao exercício em cujo decurso ocorreram os fatos danosos; b) Da mera quitação concedida pela assembléia geral aos membros dos órgãos de direção ou de vigilância a propósito desse exercício. 2. A renúncia em causa fica subordinada: a) À determinação dos danos; b) A uma deliberação expressa da assembléia geral; essa deliberação não prejudica o direito conferido pelo art. 16º a um ou a vários acionistas que reúnam as condições do referido artigo, desde que tenham votado contra ela ou tenham formulado, contra ela, uma oposição registrada em ata. 3. As disposições deste artigo aplicam-se a qualquer transação relativa à ação de responsabilidade concluída entre a sociedade e o membro de algum dos seus órgãos cuja responsabilidade tenha sido posta em causa" (cf.: António Menezes Cordeiro, *Direito europeu das sociedades*, Coimbra: Almedina, 2005, pp. 689-690).

É evidente que assim não deveria ser, nem faltam objeções sérias contra o efeito liberatório do *quitus* dado aos administradores. *Em primeiro lugar*, as demonstrações financeiras nem sempre exprimem com clareza a situação do patrimônio da sociedade e as mutações ocorridas no exercício, já que, embora a lei societária atual tenha avançado em comparação à anterior, certos balanços ainda hoje continuam a ser "logogrifos indecifráveis"[93]. Existem, assim, sérios problemas de confiabilidade das informações[94], em parte amenizados em sociedades sujeitas à realização de auditorias independentes (ainda que recentes e rumorosos escândalos no mercado de capitais, brasileiro e estrangeiro, tenham representado forte golpe na credibilidade destes profissionais). *Em segundo lugar*, os sócios (não raras vezes simples investidores) nem sempre têm conhecimentos técnicos suficientes para interpretar as demonstrações financeiras[95], para delas extrair juízo crítico sobre a gestão. *Em terceiro lugar*, as demonstrações financeiras apresentam o resultado global das operações praticadas pela sociedade. Não trazem qualquer informação a respeito do resultado e das condições de operações isoladas. Não indicam as suas causas. E nelas não se divisa ato que, honestamente, se pudesse qualificar de prestação de contas. Além disso, o lucro geral do exercício pode facilmente mascarar grandes perdas e desvios. Da mesma forma, o prejuízo isoladamente considerado não demonstra a desonestidade do administrador. *Em quarto lugar*, mesmo tendo acesso ao pro-

---

[93] A expressão foi cunhada por J. X. CARVALHO DE MENDONÇA, em lição antiga, mas ainda hoje saborosa: "Os balanços apresentados em público pelas nossas sociedades anônimas, a começar por aquelas em que a União tem grandes interesses pecuniários e direta intervenção, são, em geral, peças deficientes. Vá o acionista adivinhar o que se contém no bojo das rubricas *contas diversas, contas de ordem e diversas*, que figuram nesses balanços, facultados à sua inspeção uma vez por ano! Tais rubricas simulam, de ordinário, prejuízos em transações mal calculadas, senão desonestas, ou em créditos duvidosos, que mascaram coisas que os administradores não querem explicar. Por esse meio, preparam-se dividendos fictícios e a empresa vive até o dia em que é devorado todo o seu ativo real. São logogrifos indecifráveis esses balanços; a negação da contabilidade. Ao invés da clareza e da ordem que deviam oferecer, confundem e enredam os próprios donos da empresa, os acionistas: parecem inventados para os embrulhar" (*Tratado de direito comercial brasileiro*, vol. IV, cit., nº 1.206, p. 69).

[94] Cf.: ARNALDO CARLOS DE REZENDE REIS, *Demonstrações contábeis: estrutura e análise*, SP: Saraiva, 2003, nº 6.1.4, p. 109.

[95] Até mesmo os especialistas reconhecem, honestamente, que "a análise financeira e de balanços é um dos aspectos mais difíceis e que exigem mais maturidade por parte do contador gerencial" (SÉRGIO DE IUDÍCIBUS, *Contabilidade gerencial*, 6ª ed. SP: Atlas, 1998, nº 3.1, p. 65).

## QUESTÕES DE DIREITO SOCIETÁRIO EM PORTUGAL E NO BRASIL

jeto das demonstrações financeiras com um mês de antecedência (LSA, art. 133; e CC, art. 1.078, § 1º), os sócios não têm condições de se inteirar de todas as particularidades das operações sociais e, muitas vezes, apenas na própria assembléia vêm a ser (mal) informados pelos administradores sobre certos acontecimentos, não havendo tempo disponível para reflexão profunda. *Em quinto lugar*, é chocante admitir que alguém possa passar recibo por atos e operações de que nem sequer tem conhecimento, e, de futuro, ficar impedido de livremente agir ao tomar conhecimento da desonestidade do gestor. Muito mais se poderia dizer, mas, por ser tão manifesta a péssima escolha do nosso legislador, isso nem seria mesmo necessário. Fica a crítica e o voto de esperança de que o tema venha a merecer reforma por parte do legislador pátrio.

No atual quadro, a aprovação das demonstrações e das contas exonera os administradores de responsabilidade civil[96]. Mas com qual alcance? De acordo com a orientação prevalente, entende-se que a liberação, do ponto de vista objetivo, impõe-se de forma ampla, não se restringindo à responsabilidade decorrente de vícios incorridos na confecção das demonstrações financeiras e, portanto, abrange sobretudo os atos de gestão. Do ponto de vista subjetivo, entende-se que a exoneração somente produz efeitos perante a própria sociedade, sem afetar as pretensões pessoais dos sócios e dos terceiros: mesmo aqueles que porventura tenham votado favoravelmente à aprovação das contas e das demonstrações não ficam impedidos de propor ação individual contra os administradores, em busca da reparação de danos diretamente sofridos em seus patrimônios, dada a diversidade da natureza e da titularidade das pretensões.

Ou seja, a exoneração *ex lege* resultante da aprovação, sem reservas, das contas *e* das demonstrações financeiras, no caso das sociedades anônimas (LSA, art. 134, § 3º), ou apenas dos balanços, no caso das limitadas (CC, art. 1.078, § 3º), *impede a propositura da ação social de responsabilidade civil contra os administradores*. Não a poderão propor a sociedade (ação social *ut universi*) e, no regime das sociedades anônimas, nem os acionistas poderão fazê-lo como substitutos processuais (ação social *ut singuli*), ainda que congreguem

---

[96] O *quitus* não elide, porém, a responsabilidade administrativa: a aprovação sem reservas das demonstrações financeiras e das contas não elide a responsabilidade administrativa dos administradores por falhas verificadas na elaboração de ditos documentos (CVM, Processo nº 24/2003, Rel. Dir. WLADIMIR CASTELO BRANCO CASTRO, m.v., j. 09.06.2005).

RESPONSABILIDADE CIVIL DOS ADMINISTRADORES DE SOCIEDADES

5% do capital social (LSA, art. 159, § 4º). Em realidade, para que a ação de responsabilidade civil tenha trânsito será de rigor desconstituir a referida deliberação assemblear de aprovação[97], sendo que, com isso, não há a reabertura do prazo prescricional da pretensão indenizatória, o qual flui a partir do seu termo originário. Será de rigor fazê-lo o interessado através de ação constitutiva negativa autônoma *ou* cumulando o pedido desconstitutivo ao condenatório, hipótese esta em que as ações cumuladas serão simultaneamente propostas contra a sociedade e os administradores, em litisconsórcio passivo necessário: nesse cúmulo de pretensões e na inserção da sociedade no polo passivo, em si, não há nenhuma ilogicidade[98].

A deliberação assemblear poderá ser desconstituída, por exemplo, nos casos em que os votos determinantes da formação da maioria forem viciados por erro, dolo, fraude ou simulação (LSA, art. 134, § 3º; e CC, art. 1.078, § 3º), que são defeitos ou causas de invalidade dos atos jurídicos em geral. A deliberação também poderá ser atingida, indiretamente, como conseqüência da invalidação da própria assembléia, diante das várias situações em que isso pode ocorrer, já que, em semelhante hipótese, invalidada a própria assembléia, ficam invalidadas por extensão todas as deliberações nela tomadas. A aprovação poderá cair, ainda, nos casos em que forem invalidados votos em percentual tal que, com a sua exclusão, não haja mais

---

[97] Nos tribunais: "A aprovação das contas pela assembléia geral implica quitação, sem cuja anulação os administradores não podem ser chamados à responsabilidade" (STJ, REsp 257.753-DF, 3ª T., Rel. Min. WALDEMAR ZVEITER, m.v., j. 08.05.2001, DJU 25.06.2001, RSTJ 148/323). No mesmo sentido ainda: STJ, REsp 256.596-SP, 3ª T., Rel. Min. ANTÔNIO DE PÁDUA RIBEIRO, m.v., j. 08.05.2001, DJU 18.06.2001, RSTJ 151/313; TJDF, AI 1998.00.2.000932-5, 1ª T. Cível, Rel. Des. WALDIR LEÔNCIO JÚNIOR, v.u., j. 01.02.1999; TJDF, Ap. 2004.01.1.073316-6, 1ª T. Cív., Rel. Des. JOSÉ DIVINO DE OLIVEIRA, v.u., j. 16.08.2006 (com a observação de que "embora seja inquestionável a legitimidade do acionista minoritário para propor a ação de responsabilidade, caso a companhia não o faça, tal demanda somente é viável após a anulação do ato da assembléia geral que aprovou as contas do administrador, em face de sua eficácia liberatória"); e TJGO, Ap. 26.162-5/188, 3ª CC., Rel. Des. HOMERO SABINO DE FREITAS, v.u., j. 25.08.1992, DJ 28.09.1992 (assentando que "à luz dos arts. 134 e 286 da Lei 6.404/76, constitui requisito imprescindível à responsabilização de ex-administradores de sociedade anônima, cujas contas tenham sido aprovadas, sem reservas, em assembléia geral, a anulação dessa deliberação").

[98] No caso de ação proposta por acionistas para anular a deliberação assemblear e responsabilizar os diretores, a própria sociedade figurará no polo passivo da ação social derivada (cf.: STF, RE 88.695, 1ª T., Rel. Min. RODRIGUES ALCKMIN, v.u., j. 18.04.1978, JB 64/109).

## QUESTÕES DE DIREITO SOCIETÁRIO EM PORTUGAL E NO BRASIL

quorum para suportar a deliberação (*teste de resistência*), e isso poderá ocorrer não apenas por força dos vícios de consentimento referidos, mas, também, por exemplo, em caso de incapacidade absoluta ou relativa do agente (CC, arts. 166, I, e 171, I) ou na situação em que o agente estava impedido de votar ou tinha interesse conflitante com o da sociedade (LSA, arts. 134, § 1º, e 115, §§ 1º e 4º; e CC, arts. 1.010, § 3º). A ação correspondente será sempre proposta contra a própria companhia, e a legitimidade ativa para propô-la variará conforme se trate de nulidade ou anulabilidade.

Lembre-se, no entanto, que o prazo decadencial para o exercício da ação anulatória de deliberação assemblear é de 2 (dois) anos (LSA, art. 286; e CC, art. 1.078, § 4º). Pode acontecer, por isso, que, se o interessado não desconstituir o *quitus* a tempo, ficará impedido de agir contra o administrador[99], ainda que não tenha se consumado a prescrição trienal da pretensão indenizatória: a decadência obstará a ulterior propositura da ação de responsabilidade civil. Bem por isso, e como ação alguma termina em nosso país antes de 3 (três) anos, o interessado deve preferencialmente cumular os pedidos de invalidação da deliberação e de condenação dos administradores, sob pena de poder ver a sua pretensão restar irremediavelmente prejudicada[100].

Conquanto controvertida a tese, entende-se também que a própria assembléia geral pode anular ou revogar a deliberação de aprovação das

---

[99] Neste sentido: "A aprovação das contas pela assembléia geral implica quitação, sem cuja anulação os administradores não podem ser chamados à responsabilidade" (STJ, REsp 257.753-DF, 3ª T., Rel. Min. WALDEMAR ZVEITER, m.v., j. 08.05.2001, DJU 25.06.2001, RSTJ 148/323). Sobre o ponto, ainda: TJSP, Ap. 80.734, 2ª CC., Rel. Des. DIMAS DE ALMEIDA, v.u., j. 30.04.1957, RT 267/234; e TJSP, Ap. 28.123-1, 6ª CC., Rel. Des. MACEDO BITTENCOURT, v.u., j. 23.09.1982, RT 567/80.

[100] Cf.: "Considera-se prescrita a ação de responsabilidade de administrador que teve suas contas aprovadas sem reservas pela assembléia geral, se esta não foi anulada dentro do biênio legal, mas só posteriormente, por deliberação de outra assembléia geral, a partir de cuja publicação da ata se pretendeu contar o triênio extintivo" (STJ, REsp 256.596-SP, 3ª T., Rel. Min. ANTÔNIO DE PÁDUA RIBEIRO, m.v., j. 08.05.2001, DJU 18.06.2001, RSTJ 151/313). "O entendimento dominante neste STJ é de que, para propositura da ação de responsabilidade civil contra os administradores, é necessária a prévia propositura da ação de anulação da assembléia de aprovação de contas da sociedade no prazo bienal previsto no artigo 286 da Lei 6.404/76" (STJ, AI 640.050-RS-AgRg, 4ª T., Rel. Min. LUIS FELIPE SALOMÃO, v.u., j. 19.05.2009, DJe 01.06.2009). Vide ainda: TJSP, EI 92.527-1, 4ª CC., Rel. Des. OLAVO SILVEIRA, m.v., j. 09.02.1989, RJTJESP 118/393.

RESPONSABILIDADE CIVIL DOS ADMINISTRADORES DE SOCIEDADES

contas e/ou das demonstrações financeiras. Na realidade, a assembléia pode e deve rever as suas próprias deliberações, notadamente as inválidas[101], inclusive as de aprovação das contas e demonstrações financeiras. Como observa Fábio Konder Comparato, "investida de competência privativa para a aprovação de balanços, tem igualmente a assembléia geral de acionistas o poder exclusivo de retificar os já aprovados. Aliás, desde que reconheça a existência de vícios capazes de invalidar a aprovação já dada, a assembléia não somente pode mas deve fazê-lo, como medida preliminar à ação de responsabilidade civil contra os administradores que já se encontraram na origem do vício"[102]. *Ad absurdum*, em não sendo admitida a retificação da deliberação de aprovação através de outra deliberação da mesma assembléia, a conseqüência prática seria que a sociedade ficaria concretamente impedida de tomar qualquer medida judicial contra os administradores. Isto porque, para poder responsabilizá-los, necessita inicialmente anular o *quitus*, sem o que não pode a ação de indenização ter prosseguimento[103]. Contudo, para anular o *quitus* judicialmente, não ostenta a própria sociedade legitimidade para agir; não se concebe possa a

---

[101] É discutível se, neste caso, a assembléia geral teria poder para anular, com efeitos *erga omnes* perante terceiros, ou se apenas poderia revogar a deliberação. Sobre o ponto, vide: FILIPPO CHIOMENTI, *La revoca delle deliberazioni assembleari*, Milão: Giuffrè, 1975, pp. 190-193.

[102] FÁBIO KONDER COMPARATO, *Natureza jurídica do balanço*, 'in' *Ensaios e pareceres de direito empresarial*, RJ: Forense, 1978, p. 31. Com análoga orientação, vide: PONTES DE MIRANDA, *Tratado de direito privado*, tomo L, cit., § 5.325, p. 331; J. C. SAMPAIO DE LACERDA, *Comentários...*, 3º vol., cit., p. 117; ARNOLDO WALD e ALBERTO XAVIER, *Vícios do balanço: sua retificação e conseqüências*, RT 577/48; ANTONIO JESUS MARÇAL ROMEIRO BECHARA, *Comentários à Lei das Sociedades por Ações* – coords. Geraldo de Camargo Vidigal e Ives Gandra da Silva Martins, SP: Forense Universitária, 1999, p. 404; RUY CARNEIRO GUIMARÃES, *Sociedade por ações*, vol. II, RJ: Forense, 1960, nº 765, p. 279; MODESTO CARVALHOSA, *Comentários à Lei das Sociedades Anônimas*, 3º vol., cit., p. 391; e SPENCER VAMPRÉ, *Tratado elementar de direito comercial*, vol. II, RJ: F. Briguet & Cia., nº 47, p. 202. 218. Em sentido contrário: WALDEMAR MARTINS FERREIRA, *Tratado...*, cit., 4º vol., nº 822, p. 397; JOSÉ LUIZ BULHÕES PEDREIRA e LUIZ ALBERTO COLONNA ROSMAN, *Aprovação das demonstrações financeiras, tomada de contas dos administradores e seus efeitos*, 'in' *Sociedade anônima: 30 anos da Lei 6.404/76* (obra coletiva) – coords. Rodrigo R. Monteiro de Castro e Leandro Santos de Aragão, SP: Quartier Latin, 2007, p. 555; ALFREDO LAMY FILHO, *Os administradores e a relação de emprego*, 'in' *Temas de S.A.*, RJ: Renovar, 2007, p. 339; e TRAJANO DE MIRANDA VALVERDE, *Sociedade por ações*, cit., vol. III, nº 832, pp. 111-112.

[103] Cf.: STJ, REsp 256.596-SP, 3ª T., Rel. Min. ANTÔNIO DE PÁDUA RIBEIRO, m.v., j. 08.05.2001, DJU 18.06.2001, RSTJ 151/313; e STJ, REsp 257.753-DF, 3ª T., Rel. Min. WALDEMAR ZVEITER, m.v., j. 08.05.2001, DJU 25.06.2001, RSTJ 148/323.

QUESTÕES DE DIREITO SOCIETÁRIO EM PORTUGAL E NO BRASIL

própria sociedade ingressar em juízo para anular deliberação tomada pela sua assembléia; não poderia ela figurar simultaneamente nos polos ativo e passivo da demanda (além de lhe faltar interesse processual para tanto)[104]. Ou seja, a vingar a tese restritiva, somente os sócios teriam legitimidade para, visando anular a deliberação assemblear, propor a ação contra a sociedade (ainda que ela esteja agora convicta, pela sua maioria, da necessidade de retificar a deliberação viciada), com o agravante de que, para além do desfalque cometido pelos administradores, o patrimônio social ainda sairia onerado pela condenação a pagar verba de sucumbência. Seria, portanto, um manifesto despropósito. Isto sem se aludir ao problema de que, se os sócios tiverem adquirido as suas participações societárias após a deliberação, enfrentarão grande discussão para assentar a sua legitimidade ativa para a ação anulatória.

Cabe, assim, a retificação da deliberação de aprovação das contas (gestão) e/ou das demonstrações financeiras, com o conseqüente afastamento do efeito extintivo do *quitus*. No entanto, como a aprovação anteriormente concedida produziu efeitos perante terceiros, mister será a própria sociedade propor ação anulatória contra os administradores beneficiados pelo ato revogado, visando desconstituir o reconhecimento negativo de dívida; sem isso, o ato de revogação será ineficaz perante esses terceiros. Na prática, depois de retificar a deliberação, a sociedade poderá propor ação para anular o efeito preclusivo do *quitus*, cumulando esse pleito na própria ação social de responsabilidade civil porventura proposta contra os administradores.

A solução ora alvitrada – de permitir a revogação da deliberação pela assembléia para que a sociedade possa posteriormente propor ação anulatória do *quitus* contra os administradores beneficiados, juntamente com o

---

[104] A própria companhia não poderia atuar em juízo simultaneamente nos polos ativo e passivo, o que seria verdadeiro absurdo (cf., com ampla citação doutrinária: TJGB, Ap. 35.481, 2ª CC., Rel. Des. ALCINO PINTO FALCÃO, v.u., j. 21.01.1964, RJTJGB 9/277). Cf., outrossim, ERASMO VALLADÃO AZEVEDO E NOVAES FRANÇA, em douto parecer intitulado *Ilegitimidade de parte e falta de interesse processual da companhia para requerer a anulação das próprias deliberações*, em *Temas de direito societário, falimentar e teoria da empresa*, SP: Malheiros, 2009, especialmente pp. 382-383. Contudo, uma vez revogada a deliberação assemblear pela própria sociedade, impõe-se que os beneficiários do *quitus* sejam colocados no polo passivo da ação que tenha por fim afastar os efeitos extintivos do ato colegial revogado e, cumulativamente, responsabilizá--los pelos prejuízos causados à sociedade.

RESPONSABILIDADE CIVIL DOS ADMINISTRADORES DE SOCIEDADES

pedido indenizatório – preserva, de um lado, a iniciativa judicial da sociedade, que poderá propor a ação para recompor o seu patrimônio lesado, e, de outro, tutela a posição dos administradores, que terão a possibilidade de sustentar a correção da deliberação retificada e, por conseqüência, a validade da exoneração, em consonância com o primado do devido processo legal.

Em todo caso, o *quitus* não constitui direito subjetivo do administrador, que, assim, não pode propor ação para compelir a sociedade a outorgá-lo. Entende-se cabível, porém, a propositura de ação declaratória negativa (*negative Feststellungsklage*) de existência de pretensão indenizatória, se a sociedade deixar de outorgá-lo ou, por maior razão, se deliberar propor a ação social e, ao depois, não promovê-la, já que, em ambas as hipóteses, acaba por recair sobre o administrador a pecha de irregularidade na condução da empresa[105].

## 5. Conclusão

São estas, em suma, as linhas mestras do sistema geral de responsabilidade civil dos administradores no direito brasileiro. Como se percebe, a disciplina da atual lei acionária é muito mais minuciosa e técnica, em comparação àquela atualmente vigente para as sociedades limitadas, que se ressente de importantes regras – em especial, falta a disciplina das ações, social e individual, de responsabilidade civil, o que tem dado margem a complexas controvérsias perante os tribunais, sobretudo quando o contrato social não contempla a aplicação supletiva da Lei das S/A. Cabem hoje, pois, aprimoramentos na lei em vigor.

Em qualquer caso, porém, o que se observa na prática é que o sistema de responsabilidade civil pouco tem se prestado a conformar a conduta dos administradores aos deveres de seus cargos. As razões dessa ineficácia são múltiplas. Algumas delas referem-se diretamente às características da população brasileira e de suas instituições. Outras guardam relação direta com infelizes regras legais vigentes (de que é exemplo mais marcante a eficácia preclusiva associada ao *quitus*). E outras, por fim, dizem respeito

---

[105] Cf.: Marcus Lutter e Peter Hommelhoff, *GmbH-Gesetz*, cit., § 46, nº 15, pp. 573-574; Adolf Baumbach e Alfred Hueck, *GmbH-Gesetz*, cit., § 46, nºs 29-40, p. 831; e Karsten Schmidt, *Gesellschaftsrecht*, cit., § 14 VI, p. 432 (acrescentando ser este o atual entendimento prevalente na Alemanha).

às próprias limitações inerentes ao sistema de responsabilidade civil, em nada diferentes daquelas sentidas noutros países. Daí a necessidade, pois, de que as regras de responsabilidade civil dos administradores venham parelhas com regras de responsabilidade civil dos *controladores*, e, ainda, de responsabilidade, administrativa e penal, de ambos os agentes. Em última análise, para que se tenha a boa gestão da empresa, o que se deve buscar é legislativamente reforçar e calibrar a necessária conexão, ético-jurídica, entre poder e responsabilidade, expressa nos binômios: "nenhuma responsabilidade sem poder" (*"Keine Haftung ohne Herrschaft"*) e "nenhum poder sem responsabilidade" (*"Keine Herrschaft ohne Haftung"*). Assim no Brasil. Em Portugal. E em qualquer outro país que queira verdadeiramente avançar no trato desta intrincada e importante matéria.

# Responsabilidade civil de gerentes
# e administradores em Portugal

J. M. Coutinho de Abreu[*]

O Código das Sociedades Comerciais (CSC), de 1986, regula nos arts. 72º a 80º a responsabilidade civil dos administradores[1] para com a sociedade, credores sociais, sócios e terceiros.

Em todos estes domínios aparecem os pressupostos em geral exigidos para a responsabilidade por factos ilícitos: ilicitude (infração de dever jurídico), culpa (dolo, direto, indireto ou eventual, ou mera culpa), dano (ofensa de bens ou interesses juridicamente protegidos) e nexo de causalidade entre os facto ilícito e culposo e o dano (considera-se causa o facto que, além de ter sido no caso concreto condição *sine qua non* do dano, se mostra em abstrato ou em geral adequado a produzi-lo).

Relativamente aos dois últimos pressupostos, a responsabilidade dos administradores não apresenta especificidades relevantes em face da comum responsabilidade civil por factos ilícitos. Não assim relativamente

---

[*] Prof. Catedrático da Faculdade de Direito da Universidade de Coimbra.
[1] Utilizarei a palavra administradores para significar membros ou titulares do órgão de administração e representação de sociedade de qualquer tipo – compreendendo, portanto, os "administradores" das sociedades anónimas e os "gerentes" das sociedades por quotas, em nome coletivo e em comandita.

QUESTÕES DE DIREITO SOCIETÁRIO EM PORTUGAL E NO BRASIL

à culpa e (sobretudo) à ilicitude. A este pressupostos dedicaremos, pois, atenção particular.[2]

## 1. Responsabilidade para com a sociedade

Nos termos do nº 1 do art. 72º do CSC, "os gerentes ou administradores respondem para com a sociedade pelos danos a esta causados por atos ou omissões praticados com preterição dos deveres legais ou contratuais, salvo se provarem que procederam sem culpa".

Os deveres "contratuais" são, fundamentalmente, deveres estatutários. Pouco relevam na prática. Os deveres "legais" analisam-se em deveres legais específicos e deveres legais gerais.

### 1.1. Deveres legais específicos

Variados deveres dos administradores resultam *imediata e especificadamente da lei* (entendida em sentido amplo); esta impõe aos administradores determinados comportamentos.

O CSC (mas não só) prevê vários desses deveres. Por exemplo, é dever dos administradores não ultrapassar o objeto social (art. 6º, 4); não distribuir aos sócios bens sociais não distribuíveis ou (em regra) sem autorização (dada, em princípio, por deliberação dos sócios) – arts. 31º, 1, 2, 4, 32º, 33º, 1, 2 e 3; prontamente convocar ou requerer a convocação de assembleia geral em caso de perda de metade do capital social, a fim de os sócios tomarem as medidas julgadas convenientes (art. 35º); não exercer por conta própria ou alheia, sem consentimento da sociedade, atividade concorrente com a desta (arts. 254º, 398º, 3, 5, 428º); promover a realização das entradas em dinheiro diferidas (arts. 203º, ss., 285º-286º); não adquirir para a sociedade, em certas circunstâncias, ações ou quotas dela própria (arts. 316º, 319º, 2, 323º, 4, 325º, 2, 220º); não executar deliberações nulas do órgão de administração (arts. 412º, 4, 433º, 1).

Seguindo-se um dano social à violação de um dever legal específico[3], será em geral fácil responsabilizar civilmente o administrador-agente perante

---

[2] Seguirei de perto, em síntese apertada, o que escrevi em *Responsabilidade civil dos administradores de sociedades*, 2ª ed., Almedina, Coimbra, 2010. Para desenvolvimentos e indicações bibliográficas, v., além dessa obra, J. M. COUTINHO DE ABREU/M. ELISABETE RAMOS, em *Código das Sociedades Comerciais em comentário* (coord. de Coutinho de Abreu), vol. I (Artigos 1º a 84º), Almedina, Coimbra, 2010, p. 837-913.

[3] Ou de um dever estatutário específico.

a sociedade. Esta (ou quem a substituir – v. os arts. 75º a 77º e 78º, 2, do CSC) não terá dificuldade em provar a ilicitude (a atuação do administrador afastou-se do comportamento delimitado em certa norma) e o nexo de causalidade entre o facto ilícito e o dano (o comportamento ilícito não pode ser considerado indiferente para a verificação do dano que a precisa norma violada quis prevenir); e a culpa é presumida. Por sua vez, o administrador muito dificilmente conseguirá provar alguma causa de exclusão da ilicitude ou de escusa.

## 1.2. Deveres legais gerais

Os deveres que os administradores hão de observar no exercício das suas funções *não podem ser especificados em elenco legal fechado*. São tantas e tão variadas as situações com que os administradores se deparam, são tantos e tão diversos os atos que têm de realizar, que um tal elenco é, manifestamente, impossível.

Não admira, por isso, que desde há muito tempo venham sendo firmados deveres gerais dos administradores. Primeiro no *common law*, depois (e um tanto mais imprecisamente) na lei (em forma de cláusulas gerais) dos países de direito romano-germânico.

Por influência clara dos direitos anglossaxónicos, o art. 64º do CSC discrimina agora – depois de alterado pelo DL 76-A/2006, de 29 de março – nas duas alíneas do nº 1 "deveres de cuidado" e "deveres de lealdade".

### 1.2.1. Deveres de cuidado

Segundo a al. a) do nº 1 do art. 64º, os administradores observarão "deveres de cuidado, revelando a disponibilidade, a competência técnica e o conhecimento da atividade da sociedade adequados às suas funções e empregando nesse âmbito a diligência de um gestor criterioso e ordenado". Este elenco de manifestações do dever de cuidado aparece algo imperfeito. Quer porque existem outras manifestações, tão ou mais importantes do que as mencionadas, quer porque a norma, após algumas precisões, acaba por remeter para "a diligência de um gestor criterioso e ordenado", que é formulação das mais genéricas do dever de cuidado e abrangente daquelas precisões.

Prefiro, por isso, uma outra nomenclatura, próxima da que aparece frequentemente nos EUA, que compreende (1) o dever de controlo ou vigilância organizativo-funcional, (2) o dever de atuação procedimentalmente

QUESTÕES DE DIREITO SOCIETÁRIO EM PORTUGAL E NO BRASIL

correta (para a tomada de decisões) e (3) o dever de tomar decisões (substancialmente) razoáveis.

(1) O dever em primeiro lugar indicado (*dever de controlo*) significa que é obrigação dos administradores prestarem *atenção à evolução económico--financeira da sociedade e ao desempenho de quem gere* (administradores e outros sujeitos, designadamente trabalhadores de direção). Isto implica que os administradores hão de aceder à *informação* correspondente. Produzindo-a eles mesmos ou solicitando-a – *v. g.*, a trabalhadores encarregados da escrituração. Quando o órgão administrativo seja colegial, as respetivas reuniões são oportunidade importante para o acesso a tal informação. E, já se vê, é dever dos administradores prepararem e participarem nessas reuniões.

Atendendo à exemplificação do art. 64º, 1, a), relevam aqui especialmente a "disponibilidade" e o "conhecimento da atividade da sociedade". Disponibilidade que não tem de ser total (o administrador pode, em princípio, exercer outras atividades, profissionais ou não), mas há de ser suficiente para uma eficaz vigilância sobre a organização e a atividade da sociedade (não interessa apenas, portanto, o "conhecimento da atividade").

Imagine-se então que a situação financeira de uma sociedade degrada--se rapidamente por efeito de atos de má gestão de um administrador ou de um trabalhador-diretor comercial. Um (outro) administrador não se informa, como devia, acerca daquela situação e daqueles atos ou, tendo deles conhecimento, nada faz para que sejam tomadas medidas adequadas. Este administrador poderá ser responsabilizado pela sociedade.

(2) Em maior ou menor medida (consoante as funções desempenhadas), todo o administrador (só ou com outros) toma decisões de gestão da atividade societária.

Ora, é dever (procedimental) dos administradores *preparar adequadamente as decisões*. Mormente recolher e tratar a *informação razoavelmente disponível* em que assentará a decisão. A razoabilidade depende também aqui das circunstâncias: *v. g.*, a importância da decisão, o tempo de que se dispõe para decidir, o custo da informação (em confronto com os benefícios esperados da execução do decidido), o enquadramento da decisão na gestão corrente ou na gestão extraordinária.

Os administradores respondem para com a sociedade pelos danos derivados de decisões que, se houvessem sido preparadas com informação razoavelmente disponível, não teriam sido (ou não deveriam ter sido) tomadas.

Imagine-se uma sociedade de serviços que vende um imóvel por 15 milhões a terceiro, que o revende poucos dias depois por 20 milhões; ou uma sociedade de produção têxtil que lança no mercado grande quantidade de novos tecidos não vendíveis, pois tecidos similares haviam sido introduzidos há largos meses no mercado nacional, a preços bastante inferiores, por produtores estrangeiros...[4]

(3) Os administradores, tendo de empregar no exercício das suas funções a "diligência de um gestor *criterioso* e ordenado", têm ainda o dever de *tomar decisões (substancialmente) razoáveis*.

Nalguns casos, tendo em consideração os ensinamentos da economia, da gestão, ou da (boa) prática consolidada, as alternativas de decisão são poucas e/ou é fácil a escolha – sabe-se (ou deve saber-se) ao menos o que não fazer. Não assim em muitos outros casos. A conjuntura é incerta, numerosas variáveis existem, há diversas alternativas, umas mais arriscadas (e potencialmente mais lucrativas) do que outras, não há ensinamentos seguros, a escolha é complexa. É para casos destes que mais se afirma a "discricionaridade empresarial" dos administradores. Que possuem, pois, poder de escolha entre várias alternativas de decisão. Várias alternativas razoáveis. O administrador não viola o dever de tomar decisões razoáveis se escolhe, não a melhor solução, mas uma das soluções compatíveis com o interesse da sociedade. O administrador viola aquele dever se ultrapassar o âmbito da discricionaridade empresarial, se optar por alternativa que não integra o conjunto das decisões razoáveis.

Tentando precisar mais os critérios, diremos que os administradores estão obrigados a: (a) *não dissipar (ou esbanjar) o património social*; (b) *evitar riscos desmedidos*.

No primeiro grupo entra a obrigação de os administradores, por exemplo, não adquirirem (onerosamente) para a sociedade uma patente inútil ou participações sociais sem valor. O segundo grupo traduz-se neste prin-

---

[4] Estes exemplos ilustram, aqui, a violação do dever de atuação procedimentalmente correta. Mas poderiam servir para, em outras circunstâncias, ilustrar a violação de outros deveres. Por exemplo, a venda de um imóvel da sociedade por preço manifestamente inferior ao valor real – conhecido dos administradores – pode significar a violação do dever de tomar decisões razoáveis ou (se houver intenção de favorecer o comprador) do dever de lealdade (v. *infra*, já de seguida em texto e o nº 1. 2. 2., bem como o caso julgado pelo Ac. do STJ de 3/2/09, Processo 08A3991, em www.dgsi.pt.).

QUESTÕES DE DIREITO SOCIETÁRIO EM PORTUGAL E NO BRASIL

cípio: a sociedade não deve poder perecer por causa de uma só decisão falhada; antes de decisão muito importante, é preciso prever a possibilidade do pior desenlace – se este (o afundamento da sociedade) for possível, deve ser evitada a decisão correspondente [5]. Assim, por exemplo, viola o dever de tomar decisões razoáveis o administrador que emprega a maior parte do património social na compra de ações altamente especulativas, ou concede a outra sociedade crédito em tal montante que, se o beneficiário não cumprir, colocará a credora em insolvência.

Atendendo à exemplificação do art. 64º, 1, a), releva especialmente aqui (com referência ao dever de tomar decisões razoáveis) a "competência técnica". Para gerir razoavelmente, deve o administrador possuir conhecimentos adequados (tendo em conta o objeto e a dimensão da sociedade, as funções e a especialidade do gestor) e ser capaz de os aplicar oportunamente. Em princípio, um administrador competente não dissipa o património social e evita riscos desmedidos.

Posto isto, não é difícil concluir que *a norma do art. 64º, 1, a), releva, por si só, em sede de (i)licitude e de culpa.* Os factos desrespeitadores dos deveres de cuidado que se descobrem na norma são ilícitos; e são culposos se a diligência nela prevista não é observada (culpa em abstrato).

### 1.2.2. Deveres de lealdade

O dever (geral) de lealdade é definível como dever de os administradores exclusivamente terem em vista os interesses da sociedade e procurarem satisfazê-los, abstendo-se portanto de promover o seu próprio benefício ou interesses alheios.

Diz a al. b do nº 1 do art. 64º que os administradores observarão "deveres de lealdade, no interesse da sociedade, atendendo aos interesses de longo prazo dos sócios e ponderando os interesses dos outros sujeitos relevantes para a sustentabilidade da sociedade, tais como os seus trabalhadores, clientes e credores".

Há que proceder a alguma concretização. Dir-se-á então (como é habitual dizer-se nos EUA) que os administradores devem (1) comportar-se com correção (*fairness*) quando contratam com a sociedade, (2) não concorrer com ela, (3) não aproveitar em benefício próprio oportunidades de

---

[5] Marcus Lutter, em Ringleb/Kremer/Lutter/v. Werder, *Kommentar zum Deutschen Corporate Governance Kodex,* Beck, München, 2003, p. 116.

negócio societárias, (4) assim como bens e informações da sociedade, (5) não abusar do estatuto ou posição de administrador.

Os dois deveres primeiro assinalados têm disciplina no CSC; são, nessa medida, deveres legais específicos.

(1) Nas sociedades anónimas, há certos *negócios* que, sob pena de nulidade, não podem realizar-se *entre a sociedade e os respetivos administradores*. "É proibido à sociedade conceder empréstimos ou crédito a administradores, efetuar pagamentos por conta deles, prestar garantias a obrigações por eles contraídas e facultar-lhes adiantamentos de remunerações superiores a um mês" (arts. 397º, 1, 428º).

Os demais contratos celebrados entre a sociedade e os seus administradores, "diretamente ou por pessoa interposta"[6], para serem válidos, precisam em princípio de ser autorizados previamente (por deliberação do conselho de administração, na qual o interessado não pode votar, ou do conselho geral e de supervisão) e, havendo conselho fiscal (ou fiscal único), de parecer favorável deste órgão (v. os arts. 397º, 2, 428º, 278º, 1, 413º, 1, a), 6)[7]. Não será assim, porém, "quando se trate de ato compreendido no próprio comércio da sociedade e nenhuma vantagem especial seja concedida ao contraente administrador" (art. 397º, 5). Por exemplo, um administrador de sociedade de comércio por grosso compra a esta um dos objetos que ela costuma comerciar e em condições (de preço, tempo de pagamento, garantias, etc.) idênticas às ordinariamente aplicadas pela sociedade nas vendas a retalhistas[8-9].

(2) É dever dos administradores não exercerem, por conta própria ou alheia, *atividade concorrente* com a das respetivas sociedades, salvo consen-

---

[6] Nas pessoas interpostas incluir-se-ão não apenas as referidas no art. 579º, 2, do CCiv. mas ainda outros sujeitos, singulares ou colectivos, próximos dos administradores em causa– todos os sujeitos que os administradores podem influenciar diretamente.

[7] Se a sociedade (com estrutura organizatória tradicional) tiver um só administrador (art. 390º, 2), parece ser exigível, além do parecer favorável do órgão fiscalizador, deliberação dos sócios autorizando o negócio.

[8] Ou, se assim estiver regulamentado internamente, nas condições mais favoráveis aplicáveis a todos os que trabalham na sociedade.

[9] O regime do art. 397º será aplicável analogicamente, *mutatis mutandis,* nas sociedades de outros tipos.

timento (arts. 254º, 1 – para os gerentes de sociedades por quotas –, 398º, 3, 428º – para os administradores de sociedades anónimas).

(3) Devem os administradores aproveitar as *oportunidades de negócio da sociedade em benefício dela,* não em seu próprio benefício ou no de outros sujeitos, salvo consentimento da sociedade.

Uma oportunidade ou possibilidade negocial pertence à sociedade, é oportunidade societária quando se insere no *domínio de atividade da sociedade,* ou *esta tem interesse* (objetivamente) relevante nela (*v. g.,* compra de um prédio ajustado à projetada ampliação da empresa social); ou quando a sociedade *manifestou* já interesse no negócio em causa, ou *recebeu proposta* contratual, ou *está em negociações* para conclusão do contrato.

Pouco importará como e quando o administrador toma conhecimento da oportunidade de negócio. Ela é seguramente societária quando o administrador a conhece no exercício das suas funções, de modo imediato (*v. g.,* um terceiro comunica ao administrador, na sede social, pretender negociar com a sociedade) ou mediato (*v. g.,* acedendo a informações colhidas em documentos da sociedade ou comunicadas por outros administradores ou por trabalhadores da sociedade); a conclusão é a mesma quando o administrador, apesar de não estar no exercício das suas funções, é contactado por mor da sua qualidade de administrador da sociedade (*v. g.,* em usual partida de golfe, um terceiro propõe oportunidade negocial ao administrador no pressuposto de que este a oferecerá à sociedade). Só *não serão societárias as oportunidades* oferecidas exclusivamente ao administrador – não enquanto administrador de determinada sociedade, mas enquanto pessoa; o proponente do negócio não quer negociar com a sociedade (sem que para essa vontade tenha contribuído o administrador), quer negociar com o gestor, porque este, por exemplo, é seu familiar ou amigo.

O aproveitamento indevido de oportunidades de negócio societárias significa nalguns casos também a violação do dever de não concorrência com a sociedade: o negócio aproveitado implica atividade abrangida no objeto da sociedade. Mas não é assim muitas vezes. A oportunidade de negócio societária não tem de implicar atividade idêntica ao da sociedade; os atos isolados de concorrência são (ou podem ser) aproveitamento indevido de oportunidades de negócios societárias, mas não desrespeitadoras da proibição de não concorrência; um administrador que, tendo decidido aproveitar uma oportunidade da sociedade, renuncia ao cargo, não desrespeitará a obrigação de não concorrência, mas terá violado o dever de não aproveitamento das oportunidades de negócio societárias.

É lícito o aproveitamento de oportunidades de negócio societárias pelo administrador se a sociedade (validamente) o consentir. Será aplicável por analogia o regime do consentimento social para o exercício de atividade concorrente (arts. 254º, 398º, 3, 428º).

(4) É dever de todo o administrador *não utilizar em benefício próprio meios ou informações da sociedade.*

Por exemplo, não pode o administrador usar em prédio seu máquinas ou a força de trabalho de pessoal da sociedade – exceto se houver retribuição (estaremos então perante hipótese de negócio entre a sociedade e o administrador: *supra,* sob (1)). Nem pode o administrador utilizar informação reservada da sociedade (respeitante a processos de produção, projetos de investimento, clientes, etc.) para, por exemplo, dela "abusar" (v. o art. 449º do CSC) ou aproveitá-la em empresa que tenciona constituir.

Quanto às informações reservadas da sociedade, o administrador tem ainda o *dever de segredo:* não pode comunicá-las a terceiros ou dar-lhes publicidade (não se exige aqui, portanto, a utilização das informações em proveito do administrador).

(5) Com o dever de o administrador *não abusar da sua posição* ou estatuto queremos significar que não lhe é permitido receber *vantagens patrimoniais* ("comissões", "luvas", etc.) *de terceiros ligadas à celebração de negócios entre a sociedade e esses terceiros.* Normalmente, as atribuições patrimoniais feitas aos administradores repercutem-se negativamente no património da sociedade (*v. g.,* o preço da coisa vendida à sociedade foi aumentado para cobrir as "luvas" oferecidas ao administrador). Nem sempre assim é, porém. Também nestes casos poderá o administrador ser obrigado a entregar à sociedade o valor do indevidamente recebido[10] – aplicar-se-á por analogia, parece, o art. 1161º, e), do CCiv..[11]

---

[10] Conclusão idêntica vale em outros ordenamentos – p. ex., nos EUA (v. MELVIN A. EISENBERG, "Obblighi e responsabilità degli amministratori e dei funzionari delle società nel diritto americano", trad., *Giurisprudenza Commerciale,* 1992, p. 632), na Alemanha (v. UWE H. SCHNEIDER, em *Scholz Kommentar zum GmbHGesetz,* I. Band, 9. Aufl., Otto Schmid, Köln, 2000, p. 1888) e no Brasil (v. § 3º do art. 154 da LSA).

[11] Sobre o "interesse da sociedade", presente na al. b) do nº 1 do art. 64º, v. COUTINHO DE ABREU, *Curso de direito comercial,* vol. II – *Das sociedades,* 4ª ed. , Almedina, Coimbra, 2011,

QUESTÕES DE DIREITO SOCIETÁRIO EM PORTUGAL E NO BRASIL

## 1.3. Deveres de cuidado e *business judgment rule*

A propósito da responsabilidade dos administradores pela tomada de decisões que contrariem o dever de cuidado, mais precisamente o dever de tomar decisões razoáveis, a jurisprudência estadounidense desenvolveu desde o segundo quartel do século XIX a *business judgment rule* (*b. j. r.*).

Esta regra tem sido recebida, de forma mais ou menos diferenciada, na jurisprudência e na doutrina de vários países, não apenas anglossaxónicos; e tem sido recebida, inclusive, em algumas (poucas) leis – *v. g.*, na *Aktiengesetz* alemã (em 2005) e no CSC (em 2006).

Diz assim o (novo) nº 2 do art. 72º do CSC: "A responsabilidade é excluída se alguma das pessoas referidas no número anterior provar que atuou em termos informados, livre de qualquer interesse pessoal e segundo critérios de racionalidade empresarial".

Assim, se o administrador provar que cumpriu as três condições mencionadas no preceito – informação adequada ("em termos informados"), ausência de situação de conflito de interesses (dele e/ou de sujeitos próximos, tais como o cônjuge ou sociedade por ele dominada)[12] e atuação "segundo critérios de racionalidade empresarial" –, não só (e nem tanto) *ilidirá a presunção de culpa* (estabelecida no nº 1 do art. 72º) como também (e mais decisivamente) *demonstrará a licitude da sua conduta*, a não violação (relevante) dos deveres de cuidado[13] e a não violação dos deveres de lealdade. A sociedade demandante, ou quem a substitua (v. os arts. 75º, 77º, 78º, 2), tem o ónus de provar os factos constitutivos do direito a indemnização (art. 342º, 1, do CCiv.), tem de provar que atos ou omissões ilícitos do administrador causaram danos ao património social. O administrador, porém, que prove terem-se verificado as condições postas na norma do nº 2 do art. 72º não poderá ser responsabilizado (por ausência de ilicitude).

Contudo, o elemento normativo verdadeiramente perturbador, no quadro da *business judgment rule,* aparece no final do nº 2 do art. 72º: atuação "segundo critérios de racionalidade empresarial".

---

p. 291-312. O escrito nas páginas anteriores denotará também que os interesses prevalecentes são os (comuns) dos sócios...

[12] A referência legal a "qualquer interesse pessoal" deve, pois, ser interpretada extensivo--teleologicamente.

[13] Ainda que a decisão do administrador pudesse ser julgada "irrazoável", o relevante no juízo judicial acerca da responsabilidade é a racionalidade/irracionalidade da decisão. Não é considerada antijurídica ou contra o direito uma decisão "racional", apesar de "irrazoável".

No essencial, a *b. j. r.* visa, para garantia do espaço de discricionaridade do administrador, limitar notavelmente a sindicabilidade judicial do mérito das decisões de gestão: o tribunal avaliará segundo o critério da "irracionalidade". Como pode dizer-se que o art. 72º, 2, evita que o tribunal realize uma apreciação do mérito das decisões dos administradores quando estes têm de provar que atuaram "segundo critérios de racionalidade empresarial"?...

Que vem a ser a "racionalidade empresarial"? Há de começar por ser "racionalidade económica". O "empresarial" acrescentará alguma especificação quanto ao "fim" referido na racionalidade económica– o escopo empresarial típico é a consecução de lucros. Pois bem, o "princípio da racionalidade económica" significa a *consecução de um dado fim com o mínimo dispêndio de meios* (princípio da economia dos meios), ou a *consecução, com dados meios, do máximo grau de realização do fim* (princípio do máximo resultado).

Como pode então o administrador provar que atuou segundo critérios de racionalidade (económico-)empresarial quando é certo que da sua atuação resultaram prejuízos para a sociedade? Como pode ele provar isso se, tendo investido 70 a fim de conseguir 100, a sociedade obteve o resultado (negativo) de 30, ou se (noutra perspetiva), para alcançar 100, acabou por gastar 150?[14] E como pode o tribunal deixar de avaliar o mérito destes atos, objetivamente contrários aos "critérios de racionalidade empresarial"? E, todavia, há decisões infelizes ou mesmo irrazoáveis que, por não terem resvalado para os terrenos do "irracional", não deveriam suportar condenações judiciais em responsabilidade civil.

Pois bem, tendo em conta as razões da *b. j. r.* e o propósito do legislador na facilitação da prova para o afastamento da responsabilidade civil dos administradores, entendo que *a parte final do nº 2 do art. 72º deve ser interpretada restritivo-teleologicamente* (interpretada à letra, ela dificulta muito ou impossibilita mesmo a prova e obriga o tribunal a juízo de mérito em larga escala). Assim, bastará ao administrador, para ficar isento de responsabilidade, que (contra)prove *não ter atuado de modo "irracional" (incompreensivelmente, sem qualquer explicação coerente)*.

Aproveitemos aqui a atual crise (mais ou menos) global (2007-?).

Grandes dúvidas não haverá de que administradores de sociedades (financeiras, principalmente), decidindo criar e/ou adquirir alguns novos e novís-

---

[14] Ressalvados, naturalmente, os casos fortuitos e equiparáveis.

simos instrumentos financeiros de altíssimo risco, violaram o dever geral de cuidado, mais precisamente o dever de tomar decisões razoáveis, mais precisamente ainda o dever de evitar riscos desmedidos (cfr. o art. 64º, 1, a) e *supra*, nº 1. 2. 1.). Destes comportamentos (ilícitos) resultaram danos graves para as sociedades (inclusive situações de insolvência).

Todavia, aquilo que pareceria inevitável – a responsabilidade civil de tais administradores por violação do mencionado dever – será evitado se os requisitos do nº 2 do art. 72º forem preenchidos. Tendo também em conta lacunas de regulação e/ou supervisão, a colaboração das agências de *rating*, o chamado *herd effect* ("enquanto está a dar é racional investir como os outros estão a fazer"), esses administradores podem provar que as (ou muitas das) decisões referidas não foram "irracionais". Apesar da "irrazoabilidade", os administradores, pela mão da *business judgment rule* permissória até às fronteiras da "irracionalidade", têm entrada no *safe harbour* da exclusão da responsabilidade civil...

Dada a grande amplitude do enunciado do nº 2 do art. 72º ("A responsabilidade é excluída se alguma das pessoas referidas no número anterior...") e a sua colocação logo após o enunciado do nº 1 – que se refere à violação de qualquer dever ("deveres legais ou contratuais"), outra dúvida surge: a exclusão de responsabilidade prevista no nº 2 verifica-se tão-só em casos de violação de deveres de cuidado (do dever de tomar decisões razoáveis, mais precisamente), ou também nos casos de violação de outros deveres?

A norma é inaplicável a estes outros casos. Dela resulta claramente a *inaplicabilidade a casos de violação do dever de lealdade* (o administrador tem de atuar "livre de qualquer interesse pessoal") *e do dever de tomar decisões procedimentalmente razoáveis* (o administrador tem de agir "em termos informados"). Mas a norma é ainda *inaplicável a casos em que sejam preteridos deveres específicos* – legais, estatutários ou contratuais. Aqui não há espaço de liberdade ou discricionaridade, as decisões dos administradores são juridicamente vinculadas, hão de respeitar os deveres especificados. Por exemplo, é dever legal específico dos administradores não ultrapassar o objeto social (art. 6º, 4); um administrador investe património da sociedade em atividade que excede o objeto social; resulta daí dano para a sociedade; o administrador é responsável perante ela – ainda que prove ter atuado "em termos informados" (acerca do investimento), sem conflito de interesses e de modo não irracional (o investimento não aparecia demasiadamente arriscado, prometia bom lucro).

## 1.4. Casos de inexistência de responsabilidade

Não se verificando algum dos pressupostos analisados *supra*, inexiste responsabilidade civil dos administradores. Também não existe responsabilidade nos casos a que seja aplicável o art. 72º, 2, há pouco examinado. Vejamos agora outras hipóteses legalmente previstas de inexistência de responsabilidade.

Nos termos do nº 3 do art. 72º do CSC, não são "responsáveis pelos danos resultantes de uma deliberação colegial os gerentes ou administradores que nela não tenham participado ou hajam votado vencidos, podendo neste caso fazer lavrar no prazo de cinco dias a sua declaração de voto, quer no respetivo livro de atas, quer em escrito dirigido ao órgão de fiscalização, se o houver, quer perante notário ou conservador".

A mera não participação do administrador na deliberação (ilícita e danosa) parece bastar, segundo o art. 72º, 3, para excluir a responsabilidade – tenha ou não o administrador violado o seu dever de participar nas deliberações. Contudo, o não participante na deliberação pode também vir a ser responsabilizado pelos danos dela resultantes. Diz, com efeito, o nº 4 do art. 72º: "O gerente ou administrador que não tenha exercido o direito de oposição conferido por lei, quando estava em condições de o exercer, responde solidariamente pelos atos a que poderia ter-se oposto". Este preceito, algo ambíguo, pode ter aqui (bem como em outras situações) aplicação. Assim, por exemplo: se a deliberação for nula, o administrador não participante não deve executá-la nem consentir que seja executada (art. 412º, 4), devendo sim promover a respetiva declaração de nulidade (cfr. o art. 412º, 1); se a deliberação for anulável, deverá o administrador tentar evitar que seja executada, promovendo, designadamente, as respetivas suspensão judicial e anulação; se a deliberação não padecer daqueles vícios (apesar de danosa), deve o administrador não participante advertir os outros administradores da conveniência de ela não ser executada ou, estando já executada, de serem atenuados os respetivos efeitos danosos (*v. g.*, resolvendo-se os contratos correspondentes).

"A responsabilidade dos gerentes ou administradores para com a sociedade não tem lugar quando o ato ou omissão assente em deliberação dos sócios, ainda que anulável" (nº 5 do art. 72º).

Eis um preceito que, além do mais, *vai ao arrepio das leis e doutrina modernas*. Contudo, apesar de sobreviver às várias reformas do CSC, ele há de ser interpretado *restritivamente*.

QUESTÕES DE DIREITO SOCIETÁRIO EM PORTUGAL E NO BRASIL

Assim, sob pena de poderem ser responsabilizados para com a sociedade, os administradores não devem executar deliberações dos sócios quando tenham ocorrido factos que *alteram substancialmente as circunstâncias* que justificaram a sua adoção e derivem danos para a sociedade da execução. Também não desresponsabilizam os administradores as deliberações prejudiciais para a sociedade *por eles indevidamente determinadas ou condicionadas* (*v. g.*, os administradores não informaram ou informaram falsamente sobre os riscos do negócio objeto de deliberação ou sobre os seus interesses nele envolvidos).

Em relação às deliberações *anuláveis* (não anuladas ou suspensas, nem sanadas pelo decurso do prazo de impugnação), há algumas especificidades para registar. Perante uma deliberação dos sócios anulável (porque abusiva, *v. g.*), os administradores, verificando que é provável a anulação e relevante o dano derivado de execução, irremovível por sentença anulatória (cfr. o art. 61º), não devem executá-la enquanto puder ser anulada; se a executarem, e a deliberação vier a ser anulada, podem vir a ser responsabilizados. Por outro lado, resulta às vezes da própria lei o dever de os administradores não cumprirem deliberações anuláveis. Por exemplo, segundo o art. 6º, 4, os órgãos da sociedade não devem exceder o objeto social: consequentemente, uma deliberação dos sócios ordenando a prática de atos que ultrapassam o objeto estabelecido no estatuto social é anulável (v. os arts. 9º, 1, d), e 58º, 1, a)) e não desresponsabiliza os administradores (que têm o dever, repita-se, de não ultrapassar o objeto social, com ou sem deliberação dos sócios).

### 1.5. Solidariedade na responsabilidade

A responsabilidade dos administradores é solidária (art. 73º, 1, do CSC). Quer dizer, sendo dois ou mais administradores responsáveis perante a sociedade, esta (ou quem a substitua) pode exigir a indemnização integral de qualquer deles, e o cumprimento da obrigação de indemnização efetuado por um a todos libera (arts. 512º, 1, 517º, 1, 518º, 519º, 1, 523º, etc. do CCiv.). O administrador-devedor solidário que satisfizer o crédito da sociedade tem direito de regresso contra cada um dos demais administradores responsáveis (cfr. o art. 524º do CCiv.). "O direito de regresso existe na medida das respetivas culpas e das consequências que delas advierem, presumindo-se iguais as culpas das pessoas responsáveis" (art. 73º, 2, do CSC)[15].

Convém sublinhar que a solidariedade existe entre os administradores responsáveis, *não é solidariamente responsável todo e qualquer administrador* pelo simples facto de ser membro de um órgão administrativo plural. A responsabilidade dos administradores é *por culpa e por facto próprio*, não é responsabilidade sem culpa e por facto de outrem. Se, *v. g.*, o órgão é composto por três administradores mas só um atuou ilicitamente (e com culpa), não há qualquer "solidariedade na responsabilidade", apenas este responde; se forem dois os que atuaram indevidamente, somente esses dois respondem solidariamente. Ainda quando o órgão funcione colegialmente, daí não deriva necessariamente a responsabilidade (solidária) de todos os seus membros – vimo-lo há pouco, a propósito do nº 3 do art. 72º.

## 1.6. Ações de responsabilidade
### 1.6.1. Ação da sociedade

A propositura de ação de responsabilidade pela sociedade, para ser eficaz, necessita de ser *autorizada* mediante (prévia) *deliberação dos sócios* (art. 75º, 1, do CSC). Basta que seja tomada por maioria simples dos votos emitidos validamente (está impedido de votar o administrador cuja responsabilidade esteja em causa e que seja sócio) – art. 75º, 1, 3.

As sociedades são em regra representadas pelos administradores respetivos. Ora, faz pouco sentido que a sociedade seja representada na ação de responsabilidade pelo administrador (ou também por ele) contra o qual é proposta a ação[16]. E quando o órgão administrativo seja plural e nem todos os administradores sejam acionados, pode ser conveniente não deixar a estes a representação da sociedade em juízo. Permite por isso a lei que para o efeito sejam nomeados *representantes especiais* – pelos sócios, mediante deliberação (art. 75º, 1, *in fine*, e 3), ou pelo tribunal, a requerimento de um ou mais sócios que possuam participações correspondentes a pelo menos 5% do capital social (art. 76º).

---

[15] Por exemplo, se um administrador aproveitou ilicitamente uma oportunidade de negócio da sociedade e um outro não se opôs, como podia e devia (evitando tal aproveitamento), será maior, nas relações internas, a responsabilidade do primeiro.

[16] Supondo, é claro, que ele se mantém no cargo.

QUESTÕES DE DIREITO SOCIETÁRIO EM PORTUGAL E NO BRASIL

A ação deve ser proposta no prazo de seis meses a contar da deliberação que a autorizou (art. 75º, 1). Se o prazo não for cumprido, ainda assim não ficará a sociedade impedida (dentro do prazo de prescrição) de propor a ação. Porém, ultrapassado aquele prazo, é certo que a ação pode ser proposta por sócio(s) (art. 77º, 1) ou por credor(es) da sociedade (art. 78º, 2).

### 1.6.2. Ação social de sócio(s)

Normalmente, os administradores são pessoas da confiança dos sócios maioritários, que os designaram e/ou mantêm no cargo (além de que, muitas vezes, sócios maioritários são administradores). Naturais, portanto, as resistências que frequentemente se colocam à ação da sociedade.

Convém, por isso, possibilitar aos sócios a propositura de ação social de responsabilidade, com vista à reparação, a favor da sociedade, dos prejuízos a ela causados pelos administradores.

É facultado a "um ou vários sócios que possuam, pelo menos, 5% do capital social, ou 2% no caso de sociedade emitente de ações admitidas à negociação em mercado regulamentado, propor ação social de responsabilidade contra gerentes ou administradores, com vista à reparação, a favor da sociedade, do prejuízo que esta tenha sofrido, quando a mesma a não haja solicitado" (art. 77º, 1).[17]

Resulta da parte final do nº 1 do art. 77º ("quando a mesma a não haja solicitado") o carácter *subsidiário* da ação social *ut singuli*. Se a sociedade intenta a ação (ação social *ut universi*), não podem os sócios (depois) intentá-la. Há espaço para a ação social dos sócios se a sociedade *delibera não propor ação* ou se, deliberando propô-la, *não a propõe no prazo de seis meses* a contar da respetiva deliberação (cfr. o art. 75º, 1). *E enquanto não há deliberação sobre o assunto?* Em princípio, devem os sócios que pretendem a propositura da ação requerer a convocação de assembleia geral ou a inclusão do assunto na ordem do dia de assembleia já convocada ou a convocar (v. os arts. 375º, 2, 6, 378º, 189º, 1, 248º, 1, 2, 474º, 478º)[18].

---

[17] "É nula a cláusula, inserta ou não em contrato de sociedade (...) que subordine o exercício da ação social de responsabilidade, quando intentada nos termos do artigo 77º, a prévio parecer ou deliberação dos sócios (...)": art. 74º, 1.

[18] Convocada e realizada a assembleia, haverá espaço para a ação social dos sócios se se verificar alguma das hipóteses há pouco mencionadas em texto.

146

Proposta a ação social *ut singuli*, "deve a sociedade ser chamada à causa por intermédio dos seus representantes" (art. 77º, 4). "O facto de um ou vários" proponentes perderem a qualidade de sócios "ou desistirem, no decurso da instância, não obsta ao prosseguimento da ação" (art. 77º, 3). A ação poderá prosseguir mesmo que todos os proponentes deixem de ser sócios ou desistam dela – à sociedade, chamada à causa, é permitido continuá-la.

É bem possível que os proponentes de algumas ações sociais *ut singuli* visem, não (ou não principalmente) a satisfação dos interesses da sociedade (a reparação dos danos a esta causados), mas fins espúrios (*v. g.*, chantajar ou vexar o administrador, perturbar o funcionamento da sociedade). Diz por isso o nº 5 do art. 77º: "Se o réu alegar que o autor propôs a ação prevista neste artigo para prosseguir fundamentalmente interesses diversos dos protegidos por lei, pode requerer que sobre a questão assim suscitada recaia *decisão prévia* ou que o autor preste *caução*". A decisão prévia favorável ao administrador implicará absolvição da instância e, eventualmente, a condenação do(s) autor(es) como litigante(s) de má fé.

No caso de a ação social dos sócios ser julgada procedente, a indemnização entrará inteiramente no património da sociedade (os sócios, proponentes *ou não* da ação, ganham tão-só indiretamente). Uma lei que queira estimular estas ações e seja sensível a princípios de justiça deve reconhecer o direito dos sócios proponentes a receber da sociedade (ganhadora) quanto despenderam na ação. Não é o que faz o CSC (cfr. o nº 2 do art. 77º)...

### 1.6.3. Ação subrogatória de credor(es) da sociedade

Se nem a sociedade nem os sócios exigirem do administrador a indemnização a favor da sociedade, podem ainda fazê-lo os credores sociais, subrogandose à sociedade, quando o aumento devido do património social seja essencial à satisfação ou garantia dos seus créditos. Assim se expressa o art. 78º, 2, do CSC: "Sempre que a sociedade ou os sócios o não façam, os credores sociais podem exercer, nos termos dos artigos 606º a 609º do Código Civil, o direito de indemnização de que a sociedade seja titular".

Também nestes casos deve o credor chamar a juízo a sociedade, para com ele ocupar a posição de autora em litisconsórcio (v. o art. 608º do CCiv. e os arts. 325º, ss. do CPC). Se o tribunal condenar o administrador, a indemnização ingressará no património da sociedade.

## 1.6.4. Ação de responsabilidade enquanto durar processo de insolvência

Se uma sociedade for objeto de processo de insolvência, os sujeitos indicados nos n.ºs anteriores (sociedade, sócios, credores) deixam de ter legitimidade para as ações de responsabilidade contra os administradores (a favor da sociedade).

Durante o processo de insolvência, o *administrador da insolvência tem legitimidade exclusiva* para propor as ações e para fazer seguir as que hajam sido propostas antes do início daquele processo (art. 82º, 2, a), do CIRE). A iniciativa do administrador da insolvência não depende de deliberação dos sócios nem da concordância de qualquer outro órgão da sociedade (parte final da citada al. a)).

As ações de responsabilidade que o administrador da insolvência proponha ou faça seguir correrão por apenso ao processo de insolvência (art. 82º, 5).

## 2. Responsabilidade para com os credores sociais

Nos termos do n.º 1 do art. 78º do CSC, "os gerentes ou administradores respondem para com os credores da sociedade quando, pela inobservância culposa das disposições legais ou contratuais destinadas à proteção destes, o património social se torne insuficiente para a satisfação dos respetivos créditos".

Há, nestes casos, *responsabilidade direta dos administradores para com os credores sociais,* que podem exigir para si, em *ação autónoma,* indemnização[19]. Ainda que possa existir, em simultâneo e pelos mesmos factos, responsabilidade para com a sociedade – acionável variamente, inclusive por ação subrogatória dos credores da sociedade (*supra,* 1. 6. 3.). À responsabilidade prevista no art. 78º, 1, corresponde ação autónoma ou direta dos credores, titulares de direito de indemnização, não ação subrogatória (prevista no art. 78º, 2) para proveito direto da sociedade.

Pressuposto primeiro da responsabilidade em análise é a inobservância das "disposições legais ou contratuais destinadas à proteção" dos credo-

---

[19] Todavia, na pendência de processo de insolvência, o administrador da insolvência tem legitimidade exclusiva para propor e fazer seguir as ações de indemnização (art. 82º, 2, b), do CIRE).

res sociais. A *ilicitude*, aqui, compreende a *violação*, não de todo e qualquer dever impendendo sobre os administradores, mas tão-só *dos deveres prescritos em "disposições legais ou contratuais" de proteção dos credores sociais.*

As disposições "contratuais" são, parece, disposições "estatutárias". Muito raramente entrarão em jogo.

Bem mais relevantes são as disposições "legais" de proteção – as normas legais que, embora não confiram direitos subjetivos aos credores sociais, visam a defesa de interesses (só ou também) deles.

O CSC contém várias normas destas.

É o caso das que proveem a *conservação do capital social (v. g.*, arts. 31º-34º, 514º; 236º, 346º, 1, 513º; 220º, 2, 317º, 4): proibição, em princípio, de distribuição de bens sociais aos sócios sem prévia deliberação destes, proibição de distribuição de bens sociais quando o património líquido da sociedade seja ou se tornasse (em consequência da distribuição) inferior à soma do capital e das reservas legais e estatutárias, interdição da distribuição de lucros do exercício em certas circunstâncias e de reservas ocultas; ilicitude da amortização de quotas e de ações sem ressalva do capital social; ilicitude da aquisição de quotas e de ações próprias sem ressalva do capital social. É também o caso das normas relativas à constituição e utilização da *reserva legal* (arts. 218º, 295º, 296º).

São igualmente normas de proteção dos credores as que proíbem a *subscrição de ações próprias* (art. 316º, 1), bem como *certas aquisições e detenções de ações próprias* (arts. 317º, 2, e 323º, entre outros).

Outra norma tuteladora dos interesses dos credores é a que delimita a *capacidade jurídica das sociedades* (art. 6º).

Fora do CSC, cite-se o art. 18º do CIRE (v. também o art. 19º), que prescreve o dever de os administradores *requererem a declaração de insolvência* da sociedade em certas circunstâncias.

A inobservância de normas de proteção leva à responsabilização dos administradores perante os credores sociais desde que tal inobservância *cia cause* (nexo de causalidade) *uma diminuição do património social* (dano direto da sociedade) *que o torna insuficiente para a satisfação dos respetivos créditos* (dano indireto dos credores).

Tem de haver, portanto, dano para a sociedade. E decorrente da violação de normas de proteção dos credores sociais. Um dano causado à sociedade pela violação de outras normas é suscetível de conduzir à responsabilidade para com a sociedade, não para com os credores – ainda que estes sejam afetados, mediatamente, por aquele dano[20].

Depois, não é um qualquer dano para a sociedade que funda a responsabilidade perante os credores sociais. Há de consistir em uma diminuição do património social em montante tal que ele fica sem forças para cabal satisfação dos direitos dos credores. Só quando se verifica esta insuficiência do património social existe dano (mediato) relevante para os credores da sociedade. Se, apesar do dano provocado à sociedade por violação de normas de proteção, o património social continua bastante para a sociedade devedora cumprir as suas obrigações, os administradores não respondem para com os credores sociais – respondendo apenas para com a sociedade. A referida insuficiência patrimonial traduz-se, pois, em *o passivo da sociedade ser superior ao ativo dela*.

Porque o dano dos credores sociais resulta do dano da sociedade, eles não podem exigir dos administradores indemnização de valor superior ao dano provocado por estes no património da sociedade. Imagine-se: uma sociedade tinha de ativo 1 000 000, de passivo 900 000; sofreu dano (causado pelos administradores) de 150 000; a insuficiência patrimonial para satisfação dos créditos é de 50 000 (1 000 000 – 150 000 – 900 000). O credor dos 900 000 não pode exigir dos administradores indemnização com esse valor, mas tão-só no montante de 50 000 – valor da insuficiência do património social para satisfação do crédito (cabe à sociedade pagar os restantes 850 000). Se forem dois ou mais os credores e todos exigirem o cumprimento das obrigações da sociedade e a indemnização pelos administradores, o ativo social (850 000), se não existirem causas legítimas de

---

[20] Neste caso, sabemos já, os credores podem às vezes lançar mão de ação subrogatória (em benefício direto da sociedade).

Em caso decidido por Ac. do STJ de 5/12/06 (CJ – ASTJ, 2006, t. III, p. 146), um banco concedeu empréstimos a uma sociedade por quotas; a gerente única apropriou-se do dinheiro e adquiriu para si três frações autónomas destinadas à instalação da sociedade; esta ficou impossibilitada de cumprir integralmente as obrigações para com o banco. O tribunal de 1ª instância e a Relação de Lisboa aplicaram o nº 2 do art. 78º (ação subrogatória). O STJ aplicou o nº 1 do art. 78º (ação direta), mas sem mencionar qual a norma de proteção de credores violada. Norma que não descortino. A gerente violou o dever de lealdade – para com a sociedade. Possivelmente (também) cometeu crime de abuso de confiança (art. 205º do CP), violando dever legal específico – mas igualmente de proteção da sociedade (da "propriedade" da sociedade: cfr. a epígrafe do cap. do CP onde o art. 205º está inserido), não (diretamente) dos credores sociais. Julgaram melhor, portanto, os referidos tribunais de 1ª e 2ª instância.

preferência, será dividido por todos na proporção do valor dos respetivos créditos (art. 604º, 1, do CCiv.), e na mesma proporção será dividida a indemnização (50 000)...[21]

Outro pressuposto da responsabilidade dos administradores para com os credores sociais explicitado no n. º 1 do art. 78º do CSC é a *culpa*. A inobservância das normas de proteção há de ser "culposa".

Também aqui relevam as duas modalidades tradicionais da culpa: o dolo (direto, necessário ou eventual) e a negligência ou mera culpa. A bitola desta é, já se sabe, a "diligência de um gestor criterioso e ordenado".

O administrador que, por exemplo, distribui por familiares seus (não sócios) bens sociais ou não requer, quando devia, a declaração de insolvência da sociedade (antes continuando a realizar negócios em nome dela, de que resulta a insuficiência do património social, ou o seu agravamento, para a satisfação dos débitos) merecerá normalmente juízo de censura: ele podia e devia ter agido de outro modo. Todavia, ao invés do que sucede na responsabilidade para com a sociedade (art. 72º, 1), a culpa agora *não é presumida*. Têm os credores o ónus da prova da culpa[22]. Assim resulta, quer do facto de o art. 78º, 5, do CSC não remeter para o nº 1 do art. 72º, quer do art. 487º, 1, do CCiv..

Este preceito do CCiv. é aplicável à responsabilidade civil extraobrigacional ou delitual. E deste modo deve ser qualificada, pelo menos em regra, a responsabilidade dos administradores perante os credores sociais: não existe entre uns e outros, enquanto tais, relação obrigacional, as relações creditórias ligam os credores à sociedade, não aos administradores.

O art. 78º do CSC remete no nº 5 para vários nºs do art. 72º (demasiados nºs, aliás). Recordemos dois.

Por força da remissão para o nº 3 do art. 72º, quando os danos para os credores sociais resultem de deliberação do órgão administrativo da sociedade, não respondem perante eles os administradores que *não tenham participado* na deliberação ou que *tenham votado em sentido contrário ao que fez vencimento*.

---

[21] Se, por outra via, for proposta ação de responsabilidade a favor da sociedade (*supra*, nºs 1. 6. 1., 1. 6. 2. e 1. 6. 3.), com pedido de indemnização de 150 000, e os administradores a pagarem (ou se pagarem, ao menos, 50 000), então já não podem os credores sociais demandá-los com fundamento no art. 78º, 1, do CSC (a insuficiência do património social não existe mais).

[22] Embora estejamos em campo fértil para as presunções naturais ou de facto.

No entanto, por força agora da remissão para o nº 4, o administrador não participante na deliberação será responsável *se não se opôs*, quando podia tê-lo feito, à mesma deliberação – se não fez quanto podia para impedir que a deliberação fosse adotada e/ou executada.

O art. 78º, 5, manda aplicar também o disposto no art. 73º *(solidariedade na responsabilidade)*. Sendo dois ou mais administradores responsáveis perante um credor da sociedade, este pode exigir a indemnização integral de qualquer deles, e o cumprimento da obrigação de indemnização por um a todos libera (sem prejuízo, porém, do direito de regresso).

De acordo com o art. 174º, 2, o direito de indemnização do credor terceiro *prescreve* no prazo de cinco anos a partir do termo da conduta responsabilizante do administrador, ou da revelação de tal conduta, ou da produção do dano (se posterior àquela revelação).

## 3. Responsabilidade para com os sócios e terceiros
### 3.1. Pressupostos

"Os gerentes ou administradores respondem também, nos termos gerais, para com os sócios e terceiros pelos danos que diretamente lhes causarem no exercício das suas funções " (art. 79º, 1, do CSC).

Os "sócios" são aqui visados enquanto tais, enquanto titulares de participação social (conjunto unitário de direitos e obrigações atuais e potenciais referido a uma sociedade), não enquanto terceiros, titulares de direitos de crédito ou reais derivados de negócios jurídicos celebrados entre a sociedade e eles (numa posição identicamente ocupável por não sócios). "Terceiros" são os sujeitos que não são a sociedade, nem os administradores ou os sócios (enquanto tais) dela: *v. g.*, trabalhadores da sociedade, fornecedores, clientes, credores sociais (que não beneficiem do art. 78º), sócios enquanto terceiros, Estado. O art. 79º, 1, coloca sócios e terceiros a par, mas são diferentes muitos dos factos constituintes da responsabilidade dos administradores para com uns e outros.

A responsabilidade em causa há de resultar de factos (ilícitos, culposos e danosos) praticados pelos administradores "no exercício das suas funções", isto é, durante e por causa da atividade de gestão e/ou representação social. É, neste sentido, também (tal como a responsabilidade para com a sociedade ou os credores sociais) uma responsabilidade "orgânica": de titular de órgão social no desempenho das respetivas funções.

Os administradores não respondem para com os sócios e terceiros por quaisquer danos sofridos por estes; respondem somente "pelos *danos que diretamente lhes causarem*" no exercício das suas funções.

O dano há de incidir, portanto, *diretamente no património de sócio ou de terceiro*. Não releva o dano meramente *reflexo*, derivado de dano sofrido (diretamente) pela sociedade. Se resulta prejuízo para a sociedade de um comportamento indevido de administrador (desrespeitador de deveres para com ela), podem os sócios e terceiros sofrer (indiretamente) prejuízos também: *v. g.*, os sócios deixam de receber ou recebem menos lucros e veem diminuir o valor das suas participações sociais, os credores sociais deparam-se com o enfraquecimento da garantia patrimonial dos seus créditos. Neste caso, contudo, têm cabimento as ações sociais de responsabilidade (arts. 75º, ss.) e, eventualmente, as ações de credores sociais (art. 78º), não as ações individuais de sócios ou terceiros para indemnização dos mesmos (art. 79º); o administrador responderá tão-só para com a sociedade[23].

Contudo, um mesmo ato da administração pode causar danos (distintos) à sociedade, por um lado, e a sócios e terceiros, por outro. Por exemplo, a elaboração e apresentação de documentos de prestação de contas anuais falsas leva à distribuição de lucros fictícios (dano ao património social), à aquisição de novas e sobreavaliadas quotas ou ações por sócios (dano aos sócios) e à concessão de créditos (dano a terceiros). Em casos tais há lugar tanto para as ações sociais de responsabilidade como para as ações individuais dos sócios e terceiros.

Pelos danos diretamente causados a sócios ou terceiros, os administradores respondem "nos termos gerais" (segundo a formulação, ainda, do nº 1 do art. 79º).

A conduta dos administradores terá, pois, de ser *ilícita*. Quando sucede tal?

Esquematicamente, quando os administradores violam (a) direitos (absolutos) de sócios ou de terceiros, (b) normas legais de proteção de uns ou de outros, (c) ou certos deveres jurídicos específicos.

Ilustremos estes três grupos, distinguindo entre (1) responsabilidade para com sócios e (2) responsabilidade para com terceiros.

---

[23] E a indemnização de que esta beneficie aproveitará – indiretamente também – aos sócios e credores sociais.

1 – *Responsabilidade para com sócios.*

a) *Por violação de direitos dos sócios:*

– Os administradores, desrespeitando o direito de preferência dos sócios em aumento de capital por entradas em dinheiro, subscrevem eles mesmos as novas participações sociais ou atribuem o direito de subscrição a terceiros (cfr. arts. 266º, 458º, ss.).

b) *Por violação de normas legais de proteção dos sócios:*

– Os administradores, mediante a elaboração e a apresentação de relatório de gestão e de balanço não verdadeiros (sonegadores de graves passivos) – cfr. os arts. 65º, 2, e 66º do CSC e o SNC, aprovado pelo DL 158/2009, de 13 de julho –, convencem sócios a adquirir participações sociais por preço excessivo ou a não vender ações pouco depois grandemente desvalorizadas.

c) *Por violação de deveres jurídicos:*

– Os administradores de duas sociedades que se fundiram não observaram o cuidado exigível na verificação da situação patrimonial das sociedades e/ou na fixação da relação de troca das participações sociais (decorrendo daí prejuízo para os sócios de uma dessas sociedades): art. 114º, 1.

2 – *Responsabilidade para com terceiros.*

a) *Por violação de direitos de terceiros:*

– Um administrador dirige pessoalmente o bar da sociedade, resultando da exploração do mesmo ruídos e fumos que ofendem o direito geral de personalidade e o direito à saúde de quem habita no andar de cima[24].

b) *Por violação de normas legais de proteção de terceiros:*

– Os administradores, mediante a elaboração e apresentação de relatório de gestão e de balanço (ou outros elementos da escrituração social) não verdadeiros, induzem terceiros a adquirir participações na sociedade por preço excessivo ou a conceder crédito depois não satisfeito.

c) *Por violação de deveres jurídicos:*

– Em armazém desativado de sociedade, não vigiado e com as portas mal fechadas, entram crianças que ficam feridas por caírem em alçapão não sinalizado e com a tampa deslocada;

– Um novo inseticida lançado por sociedade de indústria química, mas não devidamente testado ou sem as indicações de utilização pertinentes, provoca doença em agricultores.

---

[24] V. o Ac. da RL de 30/3/95, CJ, 1995, t. II, p. 98.

Estes dois exemplos inserem-se no controverso campo da *responsabilidade por omissões e ofensas mediatas a direitos de terceiros*. Parece que os administradores devem ser responsabilizados somente quando violem *deveres no tráfico a que pessoalmente estejam obrigados* – quando desrespeitem o *dever jurídico de atuar sobre aspetos da organização ou do funcionamento empresarial-societário que constituam fontes especiais de risco para terceiros*. Não serão responsáveis perante terceiros, portanto, por toda e qualquer deficiência organizativo--funcional da sociedade geradora de danos, como se tivessem geral "posição de garantes" dos terceiros. *Em regra,* os deveres de cuidado organizativo--funcionais dos administradores são para com a sociedade, não para com terceiros; consequentemente, quem responde perante estes pelos danos provocados por deficiente organização ou funcionamento societário é a sociedade e/ou os trabalhadores que causem imediatamente os prejuízos. Assim, por exemplo, se a sociedade utiliza sem licença patente de outrem por iniciativa do diretor de produção – sem conhecimento dos administradores –, responderão pelos danos causados ao terceiro esse diretor e a sociedade (art. 500º do CCiv.).

Outro pressuposto da responsabilidade dos administradores para com os sócios e terceiros é, "nos termos gerais", a *culpa* (dolo ou negligência).

Salvo havendo presunção legal de culpa – como nos casos de responsabilidade pelo prospeto (art. 149º, 1, do CVM) –, é aos sócios ou terceiros lesados que incumbe *provar a culpa dos administradores*. Assim deflui do facto de o art. 79º, 2, não remeter para o art. 72º, 1.[25]

### 3.2. Responsabilidade (também) da sociedade

A sociedade responde para com os sócios e terceiros pelos atos e omissões dos seus administradores? Se sim, como se conjuga (ou não) essa responsabilidade com a dos administradores?

As respostas têm variado, diacrónica e sincronicamente. Vejamos esquematicamente as principais.

1 – A *sociedade,* porque insuscetível de culpa, porque os poderes conferidos aos seus órgãos são circunscritos a atos lícitos, etc., *não responde. Somente os administradores* seriam responsáveis.

---

[25] Anote-se ainda que, tal como faz o art. 78º, 5, também o art. 79º, 2, remete para vários (demasiados) nºs do art. 72º, bem como para os arts. 73º e 74º, 1.

## QUESTÕES DE DIREITO SOCIETÁRIO EM PORTUGAL E NO BRASIL

2 – *A sociedade responde.*

a) *Só a sociedade responde* perante terceiros e sócios. Sendo os órgãos parte componente da sociedade, os atos e omissões daqueles são factos desta. Os *administradores responderiam eventualmente apenas para com a sociedade* – ressarcindo o dano social derivado da obrigação de indemnização perante terceiros ou sócios.

b) A sociedade responde (tal como na alínea anterior) *diretamente ou por facto próprio.* Mas, sobretudo para reforçar a tutela de terceiros e sócios, também os *administradores respondem diretamente* para com eles.

c) A sociedade responde, mas *em termos de responsabilidade objetiva por facto de outrem.* E os *administradores respondem diretamente.*[26]

Esta última resposta é a consagrada no direito português: no art. 79º (já analisado), quanto aos administradores, e no art. 6º, 5, relativamente à sociedade.

Diz o art. 6º, 5, do CSC: "A sociedade responde civilmente pelos atos ou omissões de quem legalmente a represente, nos termos em que os comitentes respondem pelos atos ou omissões dos comissários".

É estranha a formulação "de quem legalmente a represente". A sociedade não é incapaz e os seus administradores não são "representantes legais"; por outro lado, o art. 26º do DL 49 381, de 15/11/1969 – onde o nº 5 do art. 6º do CSC foi beber – dizia "dos seus administradores". De todo o modo, o preceito do Código refere-se essencialmente aos titulares do órgão social de representação.

Também o facto de se dizer que a sociedade responde "nos termos em que os comitentes respondem pelos atos ou omissões dos comissários" não pode significar que os administradores estão na dependência ou sob a direção da sociedade. Significará tão-só que o legislador decidiu (discutivelmente) mandar aplicar à responsabilidade da sociedade por factos dos administradores (e equiparados) o regime da responsabilidade (objetiva) do comitente (art. 500º do CCiv.).

Assim, sendo os administradores responsáveis para com sócios ou terceiros, também a sociedade responderá (art. 500º, 1, do CCiv.). É solidária a responsabilidade daqueles e desta (arts. 497º, 1, 499º do CCiv.). E se a sociedade satisfizer a indemnização, tem o direito de exigir dos adminis-

---

[26] Em termos práticos, as respostas b) e c) conduzem a resultados semelhantes. Mas a resposta b) apresenta-se mais coerente com a tese da representação orgânica.

tradores responsáveis o reembolso de tudo quanto haja pago (art. 500º, 3, do CCiv.) – não havendo lugar à exceção prevista também no preceito acabado de citar, por inexistência de "culpa" da sociedade (ainda que o comportamento dos administradores assente em deliberação dos sócios, ela será nula, como vimos, e, portanto, juridicamente não determinante da atuação daqueles).

# O PODER DOS SÓCIOS NAS SOCIEDADES

# O Poder dos Sócios

RODRIGO R. MONTEIRO DE CASTRO[1]

SUMÁRIO: **1.** Breves reflexões a respeito do ambiente corporativo brasileiro. **2.** Sistemas de controle. **2.1.** Tentativa de apresentação da realidade brasileira em dois momentos históricos. **2.2.** Distinção entre controles societário e empresarial. **2.3.** Modelo de controle concentrado. **2.3.1.** Controle do controle. **2.4.** Modelo de controle difuso: relações de poder. **2.4.1.** Controle do controle. **2.4.2.** Oposição ao controle gerencial. **3.** Reflexões a respeito do excesso de poder conferido aos sócios. **3.1.** Exemplos do poder legal conferido ao sócio e eventuais limitações legais supervenientes. **4.** Incompatibilidade entre a fragilização do poder de sócio controlador e a responsabilidade do sócio minoritário. **4.1.** Abuso da minoria. **5.** Incompatibilidade entre o fortalecimento do controlador gerencial e sua responsabilidade. **5.1.** Atos abusivos. **5.2.** O Controle gerencial e o art. 117 da Lei das SAs. **5.3.** Responsabilidade do controlador gerencial. **6.** Notas finais: controle gerencial, acaso ou propósito político?

---

[1] Professor do IICS – Instituto Internacional de Ciências Sociais. Mestre e Doutorando em Direito Comercial pela PUC/SP. Presidente, de 2004 a 2010, do IDSA – Instituto de Direito Societário Aplicado. Advogado militante nas áreas de *Mergers & Acquisitions,* Direito Societário e Contratos.

## 1. Breves reflexões a respeito do ambiente corporativo brasileiro

Dizia-se que o Brasil era o país do futuro; parece que o tal futuro chegou. O que ainda é prematuro para se dizer é se esse presente de (relativa) bonança decorre de ajustes estruturais ou se expressa o aproveitamento de uma oportunidade conjuntural, proporcionada pela derrocada (momentânea?) das nações continentais europeias ou pela corrosão moral e ética da política interna da grande potência mundial, os Estados Unidos da América[2], cujas consequências, na política externa, traduzem-se por relativização de influência econômica e redirecionamento de fluxos de capitais.

Movimento de conjuntura ou estrutural – pouco importa para análise jurídica que se fará, mas fundamental para o credenciamento do país como exportador de teses e ideologias, inclusive no âmbito societário e do governo societário (*corporate governance*) –, fato é que o influxo de capitais, produtivo e especulativo[3], vem transformando os cenários político, econômico e social. Daí a necessidade de se reconhecer – talvez como consequência, talvez como causa; tema que se explorará adiante – a transformação, em mesmo grau (ouso dizer que em grau ainda mais agudo), dos mercados financeiro e de capitais. E no centro desta transformação, as sociedades empresárias, em especial as companhias – ou sociedades anônimas[4].

É neste tipo societário em que se verifica, ao menos no Brasil, a sofisticação do arcabouço legal (*hard* ou *soft law*) a justificar composições societárias e a causar conflitos societários que, de algum modo, se conectam, na linha do tempo, à fundamental análise realizada, na década de 1930, por Adolf A. Berle e Gardiner C. Means.

Aliás, apesar de não ter sido o primeiro estudo a abordar o tema da estruturação do capital de *corporations* e, consequentemente, de tratar do poder (ou do não poder) de sócios, a obra da dupla deve ser reconhecida, pela organização e pela sistematização, como marco inicial (logo, essencial e fundamental) para qualquer estudo acerca dos poderes societário e

---

[2] Não se faz, expressamente, referência a nações asiáticas, apesar do relevante papel que cumprem no cenário geopolítico internacional.

[3] Até o perfil do capital especulativo mudou, tornando-se, em relação ao Brasil, mais transigente, suportando solavancos locais ou externos, aguardando momentos adequados de saída.

[4] O art. 1º da Lei 6.404/76, que rege as sociedades anônimas, trata como expressões sinônimas as companhias e as sociedades anônimas ("A companhia ou sociedade anônima terá o capital dividido em ações, e a responsabilidade dos sócios ou acionistas será limitada ao preço de emissão das ações subscritas ou adquiridas").

O PODER DOS SÓCIOS

empresarial. Ou seja: a compreensão dos dados, conceitos e conclusões de determinada época; a compreensão das ocorrências posteriores; e sobretudo, a influência exercida em agentes econômicos contemporâneos explicam acertos e equívocos de construções teóricas e práticas acerca do poder nas companhias (com mais precisão, nas companhias e nas empresas).

Em outras palavras, a compreensão, mesmo que tardia, dessa obra, assim como dos estudos que a sucederam, e sua inserção, adaptada à realidade local brasileira, tornaram-se fundamentais para percepção da transformação e do rumo que se toma no mercado nacional.

Lembra-se que o direito societário brasileiro sofreu influência europeia, aproximando-se, inclusive por acidentes históricos, de países com os quais não mantinha uma vinculação colonial, como a Itália. A hegemonia daquele continente talvez tenha sofrido seu principal abalo na década de 1970, com a promulgação de duas leis, ambas em dezembro de 1976: a Lei 6.385, no dia 07, que criou a Comissão de Valores Mobiliários (CVM), e a Lei 6.404/76, no dia 15, que reformulou o ambiente jurídico das sociedades por ações (Lei das SAs)[5].

Se, sob certo prisma, ambas deram início à construção das bases necessárias ao surgimento de um sólido mercado de capitais, por outro sofreram forte crítica da comunidade jurídica local pela suposta exacerbada influência ianque, fato que as fazia romper com histórica vinculação (ou submissão) à doutrina continental europeia.

Posteriormente, a abertura econômica do país, a partir da aurora da década de 1990, facilitou intercâmbios acadêmico e profissional, acentuando a influência norte-americana iniciada na mencionada década de 1970, o que se nota, inclusive, na formação de *law firms* e na padronização da forma de se advogar, com a adoção, por advogados brasileiros, de modelos contratuais desnecessariamente extensos e padronizados, muitas vezes traduzidos do inglês.

A tendência em âmbito regulatório é a mesma. O Parecer de Orientação n. 35, de 1º de setembro de 2008, emitido pela CVM ("Parecer de

---

[5] O projeto foi elaborado por Alfedo Lamy Filho e José Luiz Bulhões Pedreira. Para uma boa compreensão do ambiente político, assim como dos propósitos e princípios adotados na formulação do projeto, v. LAMY FILHO, Alfredo; PEDREIRA, José Luiz Bulhões. A Lei das S.A.: (pressupostos, elaboração, aplicação). – Rio de Janeiro: Renovar, 1997.

Orientação") que trata de deveres fiduciários dos administradores nas operações de fusão, incorporação e incorporação de ações envolvendo a sociedade controladora e suas controladas ou sociedades sob controle comum, sugere a adoção de institutos ou práticas comuns nos Estados Unidos da América, mas que, por aqui, desvirtuam o modelo (local)[6].

Todos esses movimentos, que se originam não apenas nos Poderes Legislativo ou Executivo, mas também nas Universidades ou nas empresas, convergem para o alargamento do poder de administradores, passando, antes, pelo fortalecimento de acionistas minoritários, passagem necessária para que, ao final, se esgarce a influência do (grande) proprietário mobiliário sobre a sociedade e sobre a empresa.

## 2. Sistemas de controle[7]
### 2.1. Tentativa de apresentação da realidade brasileira em dois momentos históricos

O meu colega português, Prof. Paulo Olavo Cunha, a quem foi sugerido abordar, nesta obra coletiva, o mesmo tema que aqui enfrento, honrou-me com o envio prévio de seu ótimo texto. No segundo parágrafo da Introdução, ele afirma que "[c]om efeito, a *corporate governance* – suscitada no âmbito e a propósito das *grandes* sociedades anónimas – visou recuperar o poder do acionista, em ordens jurídicas em que o mesmo se tinha vindo gradualmente a diluir e que caracterizam os países em que o capital social se encontra muito disperso, como é caso dos ordenamentos anglo-americanos".

---

[6] Citam-se, como exemplo, (i) a "recomendação", decorrente de verificação de experiência internacional, de constituição de comitê especial independente para negociar a operação e submeter suas recomendações ao conselho de administração e (ii) que a operação seja condicionada à aprovação da maioria dos acionistas não-controladores. Naquele caso, despreza-se o fato de a companhia ser controlada por controlador majoritário, inserindo um elemento estranho às negociações, que faria sentido em caso de diluição da propriedade mobiliária; no outro caso, subverte o princípio majoritário, imputando momentaneamente a acionistas minoritários o poder de controle. O texto integral do Parecer está disponível em www.cvm.org.br.

[7] Tratei do tema em minha dissertação de mestrado, cujo resultado foi transformado em livro, denominado "Controle Gerencial" (São Paulo: Quartier Latin, 2010). Lá a apresentação é mais extensa e fundamentada. Alerto que importei algumas passagens, pois não fazia sentido reformulá-las com outras palavras – já que, *felizmente*, ainda mantenho as mesmas opiniões. Quando assim procedi, optei por não destacar as passagens entre aspas.

O PODER DOS SÓCIOS

O caro colega, com razão, não insere o Brasil no grupo de países que apresenta companhias com propriedade dispersa de capital. Há – ou havia – motivos para isso. O mercado bursátil brasileiro caracterizava-se pela limitada oferta de papeis e pela baixa liquidez, e se confinava em um modelo que oferecia tímidos direitos a sócios minoritários. Mesmo as ações visando à criação de uma autarquia com poderes de fiscalização e sanção (a CVM), assim como a promulgação de uma lei que oferecesse sólidos institutos e procedimentos visando à/ao (i) constituição, (ii) controle, (iii) administração; (iv) captação de recursos; (v) distribuição de excedentes; (vi) troca de controle acionário; e (vii) extinção – a Lei das SAs –, tutelavam, em primeiro plano, o exercício do poder de controle – logo, atos cuja prática se impunha a acionistas controladores ou que se lhes interditavam –, e, em segundo, o direito das minorias.

Com efeito, a Lei das SAs tem como paradigmas a formação da *macroempresa* brasileira e a proteção do investimento (majoritário ou controlador). Evidenciam-se, pois, as pretensões legislativas à época da concepção do marco legislativo ainda vigente[8]: a construção de ambiente propício ao surgimento das *corporations* e a atração de investidores (equivocadamente chamados *empresários*) capazes de financiar o desenvolvimento econômico do país; em contrapartida, estabiliza-se, por meio da lei, o exercício do poder de controle (majoritário) e se juridicizam certos direitos de acionistas minoritários, fornecedores de capitais.

Destaca-se, assim, que a tensão original opunha dois grupos de interesses principais: acionistas controladores e minoritários. A partir dessa relação construiu-se o direito societário brasileiro moderno.

Porém, nos últimos anos, o mercado bursátil vem se confirmando como alternativa interessante de captação de recursos (ofertas primárias de ações) e, também, de desinvestimento (ofertas secundárias de ações)[9], conforme se extrai da coleta de dados realizada pela CVM[10]:

---

[8] A lei passou por diversas reformas, que se podem definir como introdutoras de normas de atualização, sem modificar sua estrutura lógica e sua substância.

[9] Desinvestir não significa, necessariamente, alienar controle, mas sua redução, seguida, em muitos casos, da fixação de normas estatutários estabilizadoras do poder remanescente.

[10] Disponível em www.cvm.org.br, acesso em 20 de janeiro de 2012.

| ANO | TIPO DE OFERTA | PRIMÁRIAS | | SECUNDÁRIAS | | TOTAL | |
|---|---|---|---|---|---|---|---|
| | | Nº de registros | Volume em R$ | Nº de registros | Volume em R$ | Nº de registros | Volume em R$ |
| 2011 | AÇÕES | 25 | 10.451.756.642,17 | 11 | 3.451.459.032,00 | 36 | 13.903.215.674,17 |
| 2010 | AÇÕES | 25 | 95.171.446.203,65 | 11 | 6.799.036.009,50 | 36 | 101.970.482.213,15 |
| 2009 | AÇÕES | 16 | 15.581.804.509,00 | 13 | 15.985.949.798,00 | 29 | 31.567.754.307,00 |
| 2008 | AÇÕES | 12 | 21.709.244.259,93 | 5 | 1.809.177.732,00 | 17 | 23.518.421.991,90 |
| 2007 | AÇÕES | 59 | 27.414.578.527,02 | 44 | 30.898.074.869,60 | 103 | 58.312.653.396,62 |
| 2006 | AÇÕES | 31 | 11.429.738.893,24 | 30 | 9.028.569.863,00 | 61 | 20.458.308.756,24 |

Coincidentemente, no ano de 2000 surgiu o Novo Mercado, iniciativa da Bovespa, com intuito de criar segmentos de listagem com regras mais rígidas de governo societário, dividindo-o em 3 segmentos: Nível 1, Nível 2 e Novo Mercado. No caso do nível mais "evoluído", prevê-se a obrigatoriedade de emissão de ações ordinárias, apenas[11].

Após um início tímido, o Novo Mercado conta, atualmente, com 181 companhias, assim divididas entre seus três segmentos: Nível 1: 38; Nível 2: 18; e Novo Mercado: 125[12]. Sua evolução não foi ocasional; há, com efeito, indícios de que se trata de um desiderato político, como na determinação prevista no Código de Auto-Regulação para Ofertas Públicas de Valores Mobiliários da Associação Nacional dos Bancos de Investimento (ANBID), que condiciona a participação de seus membros como líderes de ofertas ao registro de emissores no mínimo no nível 1 da BMF&Bovespa[13]; ou, ainda, na vedação às entidades fechadas de previdência complementar de "aplicar recursos em companhias que não estejam admitidas à negociação nos segmentos Novo Mercado, Nível 2 ou Bovespa Mais da BMF&Bovespa,

[11] Outros aspectos relevantes, como o direito de venda conjunta (*tag along*), são igualmente abordados. Para uma leitura integral, www.bovespa.org.br.

[12] A adesão ao Novo Mercado é voluntária. Mas há situações em que agentes externos "forçam" a adesão a um dos segmentos.

[13] Para acesso aos propósitos da ANBID, inclusive informações sobre o Código, www.anbid.com.br.

salvo se estas tiverem realizado sua primeira distribuição pública em data anterior a 29 de maio de 2001"[14-15].

O cenário é complementado pela atuação de grupos de interesses, não governamentais ou puramente societários, que se organizam para impor tendências, como o Instituto Brasileiro de Governança Corporativa (IBGC).

Esses movimentos aproximam, com maior ou menor intensidade, práticas locais de práticas estrangeiras, especialmente de origem anglo-saxã. O dilema que enfrentam (ou deveriam enfrentar, visto que normalmente aparentam fingir ignorar diferenças estruturais para, de modo impositivo, reestruturar o sistema) é como tratar, em regime como o brasileiro, cujas companhias ainda apresentam, em sua quase totalidade, estrutura de capital concentrado, práticas e institutos convencionais em outros, com características diametralmente opostas, e cuja tensão é caracterizada pela relação acionista *versus* administrador (daí a tutela, por exemplo, nos Estados Unidos da América, dos direitos dos acionistas em face de administradores ou controladores gerenciais), e não da tensão que opõe acionista controlador e minoritários.

Ou seja: a questão fundamental que se apresenta é a seguinte: como integrar ao sistema local modernas práticas societárias, adotadas em países mais maduros, forjadas para estrutura que reconhece e tem em seu cerne conflitos entre acionistas e administradores? E ainda, outra indagação igualmente fundamental: será que o objetivo oculto daquelas ações decorre de vontade política de transformar o modelo local, reduzindo o poder de sócios e os transferindo a administradores (portanto, não contribuintes de capital, apenas de trabalho)?

Essas duas questões serão enfrentadas nos itens seguintes. Por ora, e para que se possa, a seguir, tratar do poder dos sócios nas companhias, tecem-se breves palavras a respeito da distinção entre controles societário e empresarial e dos modelos de controle concentrado e difuso.

## 2.2. Distinção ente controles societário e empresarial

De acordo com o art. 116 da Lei das SAs, "[e]ntende-se por acionista controlador a pessoa, natural ou jurídica, ou o grupo de pessoas vinculadas por

---

[14] Cf. o art. 53 da Resolução no. 3792, de 24 de setembro de 2009, do Conselho Monetário Nacional.

[15] Os casos aqui mencionados não abrangem todas as situações existentes que estimulam o fortalecimento do Novo Mercado.

QUESTÕES DE DIREITO SOCIETÁRIO EM PORTUGAL E NO BRASIL

acordo de voto, ou sob controle comum, que: (a) é titular de direitos de sócios que lhe assegurem, de modo permanente, a maioria dos votos nas deliberações da assembleia-geral e o poder de eleger a maioria dos administradores da companhia; e (b) usa efetivamente seu poder para dirigir as atividades sociais e orientar o funcionamento dos órgãos da companhia". Já o §2º do art. 243, inserido no Capítulo que trata das "sociedades coligadas, controladoras e controladas", contém a seguinte redação: "[c]onsidera-se controlada a sociedade na qual a controladora, diretamente ou através de outras controladas, é titular de direitos de sócio que lhe assegurem, de modo permanente, preponderância nas deliberações sociais e o poder de eleger a maioria dos administradores".

Destas normas extrai-se que exerce o controle da sociedade quem detiver direitos de sócios, pressupondo, portanto, a propriedade acionária. Mas qualquer sócio, inclusive que titularize a totalidade das ações de emissão da companhia, transfere, ao contribuir com bens ou dinheiro à formação do capital social, a propriedade[16], recebendo, em contrapartida, valores mobiliários representativos de fração do capital. Assim, o controlador totalitário apenas terá acesso aos recursos da companhia e o poder de disposição de seus ativos caso assuma outra função, a de administrador. Daí a constatação, consagrada no art. 139, de que o poder de controle da empresa somente pode ser exercido, na prática, por administrador[17].

Daí, também, a pertinência da distinção sugerida no título: o controle societário somente pode ser exercido por sócio, e se manifesta nas deliberações assembleares; enquanto o controle empresarial se refere ao domínio da empresa pela sociedade[18].

---

[16] "Art. 9º. Na falta de declaração expressa em contrário, os bens transferem-se à companhia a título de propriedade".

[17] "Art. 139. As atribuições e poderes conferidos por lei a órgãos de administração não podem ser outorgados a outro órgão, criado por lei ou pelo estatuto".

[18] No Brasil, esta distinção foi esclarecida, pioneiramente, por Walfrido Jorge Warde Júnior: "[o] poder de controle societário não se confunde, conceitualmente, com o poder de controle da empresa. Este último é exercido pelo empresário, i.e., pelo protagonista da atividade empresarial, pelo organizador dos meios de produção dedicados à empresa econômica. O primeiro é, ordinariamente, um poder de sócio, que – nas sociedades de capitais – permite-lhe influenciar a vontade social, apenas para adotar estratégias e para definir ações que maximizem a possibilidade de satisfação de seu direito de crédito. Serão, de qualquer forma, ações e estratégias da sociedade e não do sócio. A sociedade é, nesses casos, a única titular da empresa". (Res-

O PODER DOS SÓCIOS

Revela-se, então, a origem do chamado controle gerencial (que é empresarial; e não societário). Formulando-se de outra maneira, a sociedade empresária é titular da empresa; assim, o controle empresarial é exercido pela própria sociedade, por intermédio de seus órgãos.

Ocorre que, em muitas situações, administradores concentram tamanho poder, poder este desvinculado da propriedade acionária – ou seja, seus cargos administrativos não se devem às participações que detêm no capital social –, resultando no domínio irresistível, por essas pessoas, das relações empresariais e no poder de alocação de recursos e ativos da companhia. É quando se caracteriza o controle gerencial da empresa.

O controle gerencial trata-se, portanto, de espécie de controle empresarial.

## 2.3. Modelo de controle concentrado

Quanto mais concentrado é o controle societário, maior será a probabilidade de participação direta de seu detentor nas decisões empresariais, podendo, inclusive, participar de temas menores, puramente administrativos ou rotineiros.

Aliás, pouco importa o tipo societário, a organização administrativa ou a atividade empresarial: havendo sócio que se caracterize por deter direitos que lhe garantam de modo estável a supremacia nas assembleias, e decidindo ele pela centralização decisória (direta, autoindicando-se para cargo de administração, ou indireta, posicionando em cargos de administração "homens de palha"), sua vontade tende a ser a da sociedade. Ou seja, a vontade do acionista controlador, pela inexistência de resistência – ou porque se revela frágil –, passa a se confundir com a vontade da sociedade que ele controla.

Nestes casos, a confusão entre controles societário e empresarial tende a aproximar a companhia das empresas individuais.

Há que se reconhecer, todavia, que quanto mais complexa a empresa, menor a capacidade de um acionista imiscuir-se diretamente em todas as etapas ou níveis de decisão; mas tentará participar, por intermédio de pessoas de sua confiança, alocadas nos diferentes níveis hierárquicos. Esta situação pode se verificar também em grandes companhias, inclusive abertas,

---

ponsabilidade dos sócios: a crise da limitação e a teoria da desconsideração da personalidade jurídica. Belo Horizonte: Del Rey, 2007, p. 278-279).

desde que se identifique um sócio ou grupo de sócios que controle, de forma irresistível, as deliberações sociais e, via de consequência (direta ou indiretamente), as decisões empresariais. Nessas companhias, o conselho de administração, quando existente, e a diretoria, invariavelmente, nada mais são do que uma extensão da personalidade do acionista controlador – isso quando ele não os integra, situação em que, pela inegável capacidade de impor suas vontades, transforma os demais membros em meros fantoches.

Assim, mesmo no tocante às *public companies* brasileiras, o relacionamento do acionista controlador com a sociedade pode, materialmente, assemelhar-se à relação que o mesmo acionista mantém com seus bens pessoais (por exemplo, seu apartamento, seu carro ou suas obras de arte). Apenas se modifica pelo fato de que, se abusar de sua posição, poderá responder pelos danos causados aos demais acionistas, nos termos do art. 117 da Lei das SAs.

### 2.3.1. Controle do controle

Há formas para se amenizar a imposição da vontade do acionista controlador, resultando em certo controle do poder de controle. Uma delas dá-se via intervenção estatal (lei ou regulamento); outra, mediante arranjos que admitam fragilizar a dominação (contrato); e, finalmente, existência de minoria acionária organizada ou detentora de certos direitos que lhe possibilitem insurgir-se contra o poder do controlador. Veja-se cada uma dessas situações.

No primeiro caso, promulgando-se uma lei (ou regulamento, da CVM, para companhias abertas) exigindo, por exemplo, que todos os membros de conselho de administração sejam independentes, impedindo o exercício do cargo por acionista controlador. Adiante abordar-se-ão situações que, além de cumprir função de controle do controle, fragilizam a posição do acionista controlador.

Para que a segunda situação se materialize, depende da necessidade ou da vontade do acionista controlador. Isso ocorre quando, por exemplo, a sociedade necessita de recursos para o desenvolvimento de sua empresa e, em vez de chamar aumento de capital (*equity*), opta (ou lhe resta, apenas, a possibilidade de), contrair dívida (*debt*), e a sua concessão for condicionada, pela instituição financeira mutuante, à realização de mudanças administrativas ou a consultas prévias à prática de determinados atos societários (como fusão ou incorporação) ou de empresa (alienação de ativos imo-

O PODER DOS SÓCIOS

bilizados ou realização de determinados negócios). Não se trata, aqui, de controle externo, apenas de ingerência, em temas específicos, que desestabiliza, momentaneamente, o poder de controle.

Em relação ao terceiro, sua configuração fica condicionada (i) à existência de uma minoria ativa; (ii) que tenha certos direitos previstos em lei, como o de indicar membros do conselho de administração; e (iii) à vontade de enfrentar o poder do controlador. Sobre esta situação se falará adiante (inclusive sobre o abuso de minoria).

## 2.4. Modelo de controle difuso: relações de poder

Em companhias caracterizadas pela diluição da propriedade acionária, surge um elemento desestabilizador do poder societário: os administradores, que, em situações extremas, imunizam-se da influência de acionistas (totalitários, majoritários ou minoritários) e dominam a empresa, passando a exercer o controle das decisões empresariais. É o que se denominou, acima, controle gerencial; ou seja, trata-se de espécie de controle empresarial, e não, como equivocadamente difundido no Brasil, de controle da sociedade[19].

Seu aparecimento é facilitado por dois fatores: um, o absenteísmo; outro, a própria diluição da propriedade acionária. Esses motivos são bem distintos entre si, de modo que a existência de um não necessariamente implica o controle gerencial; todavia, a presença de ambos aumenta a probabilidade de sua configuração.

A provável consequência desta configuração é a modificação do fluxo de decisões no âmbito da empresa. Compromete-se, então, a via prevista na Lei das SAs, isto é, assembleia geral/conselho de administração/diretoria/empregados. É que, na prática, passa-se a confundir a vontade social – exteriorizada pela assembleia – e a vontade do controlador gerencial, ou seja, do administrador. Em outras palavras, a assembleia torna-se tão somente o veículo de formalização – e de legitimação – de sua vontade. Idêntica sorte se atribui ao conselho de administração, órgão dominado, nessas circunstâncias, pelo controlador gerencial. Dissocia-se, então, pro-

---

[19] Aliás, outra passagem do artigo de Paulo Olavo Cunha descreve os limites do poder de sócios, para além dos quais sua atuação não resiste ao controle de legalidade: "[o]bjectivamente o poder dos sócios reconduz-se à sua capacidade de intervenção na sociedade, em geral, e ao papel que, no seio da mesma, lhes é reservado, relativamente a outros órgãos".

priedade acionária e controle empresarial, tendo o controlador gerencial absoluta ascensão sobre empresa e empregados.

As decisões empresariais deixam de ser tomadas, direta ou indiretamente, por quem contribui capital para formação da sociedade; por outro lado, concentram-se em mãos de quem conhece a empresa, por administrá-la, pelo seu trabalho.

Deste fato surgem conflitos de distintas naturezas, tais como sociais, econômicos ou jurídicos. Apenas para mencionar o econômico, o acesso direto a recursos e ativos, bem como o poder sobre a sua alocação, concentram-se na esfera de competência de pessoas que não contribuíram, economicamente, para formação da empresa. Logo, para cada R$ (Real) malversado, a perda pessoal direta é igual a zero. Seguindo esta linha de raciocínio, para cada real subtraído indevidamente da esfera patrimonial da companhia, a redução de patrimônio do controlador gerencial também é zero. Mas, em ambas as hipóteses, os acionistas perdem a totalidade dos recursos malversados ou subtraídos, visto que o decréscimo se incorporaria ao resultado, aumentando lucros e a expectativa de recebimento de dividendos.

Verdade que se pode atribuir responsabilidade pela prática desses atos, mas, em qualquer situação, alegar-se-á, nos Estados Unidos da América, a proteção da *business judgment rule*, e, no Brasil, ato regular de gestão, nos termos do art. 158[20].

Será distinto o resultado se a prática ou ordenação dos mesmos atos tiver como mentor acionista controlador: a redução de patrimônio é proporcional à redução (inclusive) do (seu) dividendo expectativo, pelo fato de deixarem de acrescer ao resultado da companhia.

Quanto à situação de subtração, cujas consequências devem ser encaradas sob o prisma da relação acionista controlador / minoritários, para cada Real subtraído indevidamente (e que, por vias escusas, volte ao patrimônio do acionista controlador) implicará, na prática, um decréscimo equivalente apenas à participação dos acionistas minoritários nos dividendos não distribuídos por conta da subtração; isto porque o restante seria atribuído ao próprio acionista controlador.

---

[20] "Art. 158. O administrador não é pessoalmente responsável pelas obrigações que contrair em nome da sociedade e em virtude de ato regular de gestão; responde, porém, civilmente, pelos prejuízos que causar, quando proceder: I – dentro de suas atribuições ou poderes, com culpa ou dolo; II – com violação da lei ou do estatuto".

O PODER DOS SÓCIOS

Apesar de hipótese igualmente reprovável, as perdas provenientes de atos de acionista controlador são economicamente menos agudas do que as de atos de controlador gerencial.

### 2.4.1. Controle do controle

A investigação aponta, então, para seguinte pergunta: onde se localiza o centro de inteligência (e de poder) de companhias caracterizadas pela dissociação dos controles societário e empresarial: em um ou mais órgãos, em uma ou mais pessoas, integrantes de um ou mais órgãos?

Chega-se, a esta altura, a uma situação que carece de dados empíricos, mesmo nos Estados Unidos da América[21]. Inclusive Adolf A. Berle e Gardiner C. Means não se ativeram – ou talvez não tenham desejado – solucionar tais questões.

Adotando-se, assim, método intuitivo (na verdade influenciado pela prática na advocacia cotidiana e no convívio com acionistas e administradores de companhias de diversos segmentos e tamanhos), parece inexistir, como regra, a formação de bloco monolítico. Na maioria das vezes quem de fato reveste o poder é um, e apenas um administrador – o Diretor-Presidente ou o *CEO*.

Porém, apesar de exemplos notórios de controle autocrático, há casos em que o poder não se concentra em mãos de apenas uma pessoa. Arranjos, inclusive tendo como partícipes membros de distintos órgãos de administração, são igualmente encontrados na realidade empresarial (e na literatura contemporânea[22]).

Nota-se, pois, que o controle de decisões empresariais não pode ser tratado como conceito unívoco.

Ademais, especialmente nos Estados Unidos da América, onde a administração da companhia compete originariamente ao *board of directors,* que pode delegá-la a *officers,* há que se fazer distinção entre os membros daquele e deste órgão (esses órgãos são, *mutatis mutandis,* o conselho de administração e a diretoria). Desta distinção surgem duas teorias: a que explica o *managerialism* e outra, conhecida como *director primacy.*

---

[21] Ao menos que sejam de meu conhecimento.
[22] A exemplo da ENRON, conforme narrativa de McLean, Bethany; Elkind, Peter (The smartest guys in the room: the amazing rise and scandalous fall of Enron. London: Penguin Books, 2004).

QUESTÕES DE DIREITO SOCIETÁRIO EM PORTUGAL E NO BRASIL

A primeira admite que a empresa é formada por uma hierarquia administrativa, composta de técnicos aptos a tomar as melhores decisões empresariais, sendo eles (*officers* ou *managers*), portanto, os efetivos controladores da empresa; a segunda, por outro lado, reconhece nos membros do órgão colegiado (isto é, *directors*), capacidade de aproximar interesses aparentemente inconciliáveis, quais sejam, maximização de riquezas e *accountability*. Pela posição em que se situam, os *directors* teriam poder e legitimidade para cobrar dos diretores resultados sem que, para tanto, desrespeitassem suas competências orgânicas. Aqueles, neste cenário, dominariam as relações empresariais.

No Brasil, apesar de a administração da empresa estar confinada nas competências da diretoria, o conselho de administração, quando existente, é competente para fixar a orientação geral dos negócios, conforme estabelecido no art. 142, I, da Lei das SAs: "[c]ompete ao conselho de administração: I – fixar a orientação geral dos negócios da companhia (...)". E ainda: nele, no conselho de administração, se consolida o poder de destituir e eleger diretores.

Conclui-se, daí, que o diretor, controlador da empresa, pode deparar-se com duas situações fáticas passíveis de colocar seu poder em risco: oposição dos acionistas ou dos administradores (membros do conselho de administração ou outros diretores) dissidentes, que tentem obter procurações para representar os acionistas em assembleias gerais e golpear o "governo estabelecido".

### 2.4.2. Oposição ao controle gerencial

A oposição ao controlador gerencial parte, sob enfoque interno, da companhia, de dois grupos possíveis de interesses: de acionistas ou de administradores.

No primeiro caso, acionistas patrocinam (estimulando o ativismo ou pela obtenção de procurações) uma tentativa de destituição dos diretores, elegendo-lhes, se bem-sucedida a tentativa, sucessores. Aliás, prática comum nos Estados Unidos da América, as *proxy fights,* no Brasil, devem surgir como consequência da dispersão da propriedade acionária, de forma natural ou induzida. Inclusive porque os parágrafos 1º e 2º[23] do art. 126 da

---

[23] "Art. 126, §1º. O acionista pode ser representado na assembleia-geral por procurador constituído há menos de 1 (um) ano, que seja acionista, administrador da companhia ou advo-

# O PODER DOS SÓCIOS

Lei das SAs conferem aos acionistas a possibilidade – e o direito – de lançarem-se em tal empreitada.

Quanto ao segundo caso, os motivos parecem óbvios: luta pela dominação da empresa.

### 3. Reflexões a respeito do excesso de poder conferido aos sócios

Tomo novamente emprestadas palavras de Paulo Olavo Cunha, que encerram o segundo parágrafo de sua Introdução: "[a] governação societária, como sistema, revaloriza, pois, a matéria do poder dos sócios, em geral, e dos respectivos direitos (subjectivos), em particular". A afirmação é irretocável, sobretudo quando complementada por outra sua lição, que abre o capítulo das Generalidades: "[a] estrutura de poder dos sócios manter-se-ia teoricamente inalterada até o presente, apesar da crescente supremacia dos titulares de órgãos de gestão nas grandes sociedades anónimas, corolário da dissociação do risco do capital e da direcção efectiva da sociedade e consequência da passividade do colectivo de sócios perante a intervenção dos gestores, cada vez mais actuantes, em especial nos países de Direito anglo-saxónico (tradicionalmente menos regulados)".

Destaca-se, pois, o mote central da teoria da *governação*: revalorização dos direitos e, como consequência, dos poderes de sócios.

Mas esse é o movimento que se pretende, no Brasil, inibir. As construções em torno do governo societário visam, como se demonstra a seguir, enfraquecer os poderes de sócios, precisamente dos sócios controladores, os quais, direta ou indiretamente, por meio de assembleias gerias ou dos órgãos de administração previstos na Lei das SAs, atuando pessoalmente ou por seus designados, controlam não apenas a sociedade como a empresa, dominando as relações societárias e empresarias e dispondo da alocação de recursos e ativos.

---

gado; na companhia aberta, o procurador pode, ainda, ser instituição financeira, cabendo ao administrador de fundos de investimento representar os condôminos. §2º. O pedido de procuração, mediante correspondência, ou anúncio publicado, sem prejuízo da regulamentação que, sobre o assunto vier a baixar a Comissão de Valores Mobiliários, deverá satisfazer aos seguintes requisitos: (a) conter todos os elementos informativos necessários ao exercício do voto pedido; (b) facultar ao acionista o exercício de voto contrário à decisão com indicação de outro procurador para o exercício desse voto; (c) ser dirigido a todos os titulares de ações cujos endereços constem da companhia".

## 3.1. Exemplos do poder legal conferido ao sócio e eventuais limitações legais supervenientes

(i) Até 2001, por ocasião de reforma da Lei das SAs ("Lei 10.303/01"), as ações prefrenciais de emissão de companhia, sem direito a voto, podiam ser em número de 2/3, permitindo que o controle societário fosse exercido com a metade, mais uma, do terço remanescente[24]. Desde o advento da Lei 10.303/01 o número máximo passou a 50%, aumentando a necessidade de contribuição de capital.

(ii) O art. 118 trata do acordo de acionistas[25], sobre a compra e venda de ações, preferência para adquiri-las, exercício de direito de voto, ou do poder de controle. Quando arquivados na sede da companhia, devem ser observados por ela. O §8º determina ao presidente da assembleia ou órgão colegiado de deliberação que não compute voto proferido em infração a acordo arquivado. O parágafo seguinte assegura à parte prejudicada o direito de votar com as ações pertencentes a acionistas ausentes ou omissos, e, no caso de membro do conselho de administração, pelo conselheiro eleito com os votos da parte prejudicada. Estes acordos, especialmente em companhias fechadas, costumam servir para estabilização do poder de controle, pacificando eventuais pretensões de acionistas minoritárias. Negócios jurídicos envolvendo compra e venda de ações, por investidor estratégico ou fundos de *private equity*, exemplificam situações cuja negociação de acordos reveste condição do próprio negócio.

(iii) O art. 120 atribui à assembleia geral poder para suspender direitos de acionistas que deixarem de cumprir obrigações impostas pela lei ou pelo estatuto. Havendo concentração da propriedade mobiliária, este poder é deliberado pelo controlador majoritário, que, eventualmente, abusa de sua posição como forma de inibir atuação dissidente.

(iv) Além das matérias de competência privativa da assembleia geral, listadas no art. 122, prevê-se, no art. 120, poderes à assembleia para decidir todos os negócios relativos ao objeto da companhia e tomar as resoluções que julgar convenientes à sua defesa e ao desenvolvimento. Esta redação permite a interpretação, em minha opinião, equivocada, de que poderia a assembleia geral imiscuir-se ou substituir órgãos de administração, sem-

---

[24] Isso se estrutura societária "piramidal" não fosse erigida para que o controle se efetivasse com participações ainda menores.

[25] Não existe previsão semelhante no Livro do Código Civil que trata das sociedades limitadas.

pre que convenientes à defesa e ao desenvolvimento da companhia. Esta interpretação elástica faria ruir a teoria orgânica dos poderes da companhia, o que a própria lei veda, no acima mencionada art. 139. Porém, confere à assembleia, novamente em minha opinião, poderes para avaliar e desaprovar atos praticados pelos demais órgãos, responsabilizando-os nos termos da lei.

(v) Conforme previsto no art. 127, previamente à abertura da assembleia, o acionista deve assinar o livro de presenças. A distância entre a sede da companhia e o domicílio do acionista pode ser um entrave para o ativismo, movimento indesejado por acionistas controladores, os quais, diante de absenteísmo, deliberam com relativa calma. A fim de provocar o maior engajamento de investidores, outra reforma legislativa, de 2011 ("Lei 12.431/11"), acrescentou parágrafo único ao art. 121 prevendo que "[n]as companhias abertas, o acionista poderá participar e votar a distância em assembleia geral, nos termos da regulamentação da Comissão de Valores Mobiliários". Aguarda-se, ainda, a atuação autárquica; porém, a simples inserção já demonstra o interesse estatal de desvincular a participação em assembleias da efetiva presença física.

(vi) Conforme previsão do art. 136, determinadas matérias, que têm o condão de modificar as bases da empresa ou de determinados direitos de sócios, devem ser deliberadas por ao menos metade das ações com direito a voto, podendo o estatuto de companhia fechada ampliar este patamar. Em companhias em que a propriedade mobiliária é concentrada – que representam a maioria no Brasil – o efeito pretendido somente se atingiria se o quórum para deliberação se localizasse entre a totalidade das ações com direito a voto e a média das ações detidas por acionistas controladores, conforme dados divulgados à CVM.

(vii) O art. 146 estabelece os requisitos e impedimentos para eleição de membros de órgãos de administração. São órgãos vitais da companhia a assembleia geral e a diretoria. O conselho é facultativo, exceto para companhias cujas ações são admitidas à negociação no mercado de valores mobiliários (companhia aberta), que tenham capital autorizado (art. 138, § 2º), sociedades de economia mista ou cuja própria existência decorra de lei. Até o advento da Lei 12.431/11, podiam ser eleitos para membros de órgãos de administração pessoas naturais, devendo os membros do conselho de administração ser acionistas e os diretores residentes no País, acionistas ou não. A reforma de 2011 aboliu a necessidade de o membro do conselho de administração ser acionista. Com isso afastou a prática de se atribuir a indicado para o cargo uma ação, em caráter "fiduciário", cuja propriedade era transferida ao proprietário original após o término do mandato; ou a prática de aquisição no mercado, em bolsa, por indicado, de uma ou poucas ações, apenas a fim de preenchimento de requisitos legais.

Importa compreender o motivo da vinculação do exercício de cargo de conselheiro à propriedade mobiliária: a lei brasileira não atribui ao conselho de administração competência para gerir os negócios da companhia, ao contrário do que fazem todas as leis estaduais norte-americanas a que tive acesso (umas 15). O poder "to manage", conferido ao *board of directors,* que pode delegá-lo a *officers,* é, no Brasil, outorgado, com exclusividade, à diretoria, órgão ao qual compete a representação e a prática de atos necessários ao funcionamento da companhia.

Considerando que o objetivo por trás da concepção da Lei das SAs era a estruturação de um arcabouço capaz de albergar a "macroempresa" e, simultaneamente, oferecer-lhe um mercado de capitais ativo e intenso, a obrigatoriedade de o membro do conselho de administração ser acionista reduzia (ou convertia) o órgão a uma "espécie" de mini assembleia, visto que as forças existentes na assembleia se repetiam – quando não se potencializavam – no conselho de administração. Com a extirpação desse comando do sistema, que se conjuga com o incentivo à indicação de conselheiros independentes, reforça-se, ao menos como princípio, a separação formal dos órgãos, e se indica, de maneira implícita, que a cumulação de posições é mal recebida.

Ademais, a meu ver, indica movimento político no sentido de deslocamento do poder empresarial dos acionistas a administradores não vinculados a contribuições de capital, os administradores profissionais. O princípio estampado no item 2.1. do Código das Melhores Práticas de Governança Corporativa do IBGC é explícito neste sentido:

> "[o] Conselho de Administração, órgão colegiado encarregado do processo de decisão de uma organização em relação ao seu direcionamento estratégico, é o principal componente do sistema de governança. Seu papel é ser o elo entre a propriedade e a gestão para orientar e supervisionar a relação desta última com as demais partes interessadas. O Conselho recebe poderes dos sócios e presta contas e ele".

O PODER DOS SÓCIOS

Nesta mesma linha, de afastar a influência de acionistas no conselho, o Regulamento de Listagem do Novo Mercado determina que ao menos 20% dos membros do conselho sejam independentes, caracterizando-os como aqueles que: não tenham qualquer vínculo com a companhia, exceto participação de capital; não sejam acionistas controladores, cônjuges ou parentes até segundo grau; não tenham tido, nos últimos 3 anos, vínculos com a sociedade ou entidade relacionada ao acionista controlador; não tenham sido, nos últimos 3 anos, empregado ou diretor da sociedade, do acionista controlador ou de sociedade controlada pela sociedade; não sejam fornecedores ou compradores diretos ou indiretos de serviços ou produtos da companhia; não sejam funcionário ou administrador de sociedade ou entidade que esteja oferecendo ou demandando serviços ou produtos à companhia; não sejam cônjuges ou parentes até segundo grau de administrador da companhia; não recebam outra remuneração da companhia além da relativa ao cargo de conselheiro[26].

(viii) Inexistência de vedação à acumulação dos principais cargos dos órgãos de administração. Com efeito, as limitações, em âmbito legislativo, são aquelas contidas no §1º do art. 143, que autoriza membros do conselho, até o limite máximo de 1/3, de se elegerem para cargos de diretores. Mas não veda a acumulação de cargos. Essa norma permissiva foi reprovada pelo Regulamento de Listagem do Novo Mercado, que veda, expressamente, no artigo 4.4., a acumulação[27-28].

(ix) As atribuições do conselho de administrações vêm sendo infladas, de modo a transformá-lo no verdadeiro poder da companhia. Há, inclusive,

---

[26] Procedeu-se, em 2011, à reforma do Regulamento. Tentou-se aumentar o número mínimo de conselheiros independentes de 20 para 30%, mas este ponto específico foi rejeitado.

[27] "4.4. Vedação à Cumulação de Cargos. Os cargos de presidente do conselho de administração e de diretor presidente ou principal executivo da Companhia não poderão ser acumulados pela mesma pessoa, excetuadas as hipóteses de vacância que deverão ser objeto de divulgação específica ao mercado e para as quais deverão ser tomadas as providências para preenchimento dos respectivos cargos no prazo de 180 (cento e oitenta) dias".

[28] No mesmo sentido, o Código das Melhores Práticas de Governança Corporativa do IBGC estabelece, no item 2.10, que "[a]s atribuições do presidente do Conselho são diferentes e complementares às do diretor-presidente. Para que não haja concentração de poder, em prejuízo de supervisão adequada da gestão, deve ser evitado o acúmulo de das funções de presidente do Conselho e diretor-presidente pela mesma pessoa". Ademais, sugere, no mesmo item, que: "[é] recomendável que o diretor-presidente não seja membro do Conselho de Administração, mas ele deve participar das reuniões de Conselho como convidado".

alterações que julgo radicais, pois deslocam para o órgão matérias exclusivas de acionistas; portanto, que se manifestam – ou se deveriam manifestar – em assembleia, sem influência direta ou indireta de administrador. Transcreve-se o item 4.8 do Regulamento de Listagem do Novo Mercado:

> "4.8. Manifestação do Conselho de Administração. O Conselho de Administração da Companhia deverá elaborar e tornar público parecer prévio fundamentado sobre toda e qualquer oferta pública de aquisição que tenha por objeto as ações de emissão da Companhia, no qual se manifestará: (i) sobre a conveniência e oportunidade da oferta quanto ao interesse do conjunto dos acionistas e em relação à liquidez dos valores mobiliários de sua titularidade; (ii) sobre as repercussões da oferta sobre os interesses da Companhia; (iii) quanto aos planos estratégicos divulgados pelo ofertante em relação à Companhia; e (iv) outros pontos que considerar pertinentes. No parecer, o Conselho de Administração deverá manifestar opinião fundamentada favorável ou contrária à aceitação da oferta pública de aquisição de ações, alertando que é responsabilidade de cada acionista a decisão final acerca da aceitação, ou não, da referida oferta."

(x) Conforme previsto no art. 254-A, inserido no sistema pela Lei 10.303/01, a alienação, direta ou indireta de controle de companhia somente pode ser contratada sob condição, suspensiva ou resolutiva, de que o adquirente se obrigue a fazer oferta pública de aquisição de ações com direito a voto de propriedade dos acionistas que não integrarem o bloco de venda, oferecendo-lhes preço no mínimo igual a 80% do preço por ação integrante do bloco de controle. O prêmio que a Lei das SAs admite às ações de controle é abolido pelo Regulamento de Listagem do Novo Mercado, que exige a realização de oferta que assegure tratamento igualitário a todos os demais acionistas, não integrantes do bloco de controle.

## 4. Incompatibilidade entre a fragilização do poder de sócio controlador e a responsabilidade do sócio minoritário

Talvez a principal questão que decorra desse movimento de fragilização da posição do sócio controlador resuma-se à seguinte proposição: o deslocamento de poder em direção de outros grupos de interesses, como acio-

O PODER DOS SÓCIOS

nistas minoritários e controladores gerenciais, é contrabalanceado com reforço de suas responsabilidades?

Essa questão resume um dos principais dilemas do direto societário brasileiro contemporâneo. E as soluções que se oferecem são insatisfatórias para lidar com a magnitude de suas consequências. Antes do que isso, as soluções são estruturadas para o enfrentamento de irrealidades, de modo que se cria um cenário – ainda desapercebido – de insegurança ao "grande" contribuinte de capital.

Vejam-se alguns exemplos.

Falou-se, no número (vii) do item anterior, da exigência de indicação de administrador independente para compor o conselho de administração de companhia. A definição de independência tem como ponto de partida o acionista controlador e, a partir dela, tenta-se evitar situações que possam indicar falta dessa característica (independência) que, por natureza, não tem como ser confirmada em uma relação duradoura.

A independência pode ser verificada, com muita reserva, apenas no momento de indicação; a partir daí, a chance de captura é um fato da vida real: seja com a abertura de contatos, com o acesso a certos ativos da companhia, como helicópteros, aviões ou imóveis, ou ainda com o prestígio do cargo ou a possibilidade de intermediação ou realização de negócios, a independência pode transforma-se em "dependência".

Este risco não afasta a importância da tentativa de emprestar ao conselho de administração certa independência material do acionista controlador. Por isso deve ser estimulada. Porém, a missão não se restringe a este estímulo. Tão importante quanto a composição equilibrada do órgão de administração é a manutenção das condições originais.

Em outras palavras, a independência implica uma vinculação aos interesses da sociedade, e não de acionistas, sejam eles majoritários ou minoritários. Acompanhar voto de acionista controlador não representa perda de independência, assim como votar sempre contra as suas propostas também pode indicar a falta de comprometimento com os objetivos sociais.

Medir, pois, essa relação é fundamental.

Inclusive, tão importante quanto essa medição é a correta compreensão do bem que se pretende tutelar. E sob esta perspectiva, percebe-se a incorreção da direção que se está seguindo.

Note-se, a propósito, que o comando do art. 115 da Lei das SAs. é dirigido a qualquer acionista, e não apenas a acionista controlador:

> "[o] acionista deve exercer o direito a voto no interessa da companhia; considerar-se-á abusivo o voto exercido com o fim de causar dano à companhia ou a outros acionistas, ou de obter, para si ou para outrem, vantagem a que não faz jus e de que resulte, ou possa resultar, prejuízo para a companhia ou para outros acionistas".

Daí, como consequência, a necessidade de a independência de administrador, para que o órgão exerça sua função de maneira modelar, estender-se a qualquer outro grupo. Havendo qualquer vinculação, a qualquer grupo ou acionista, distancia-se do objetivo pretendido.

Este não é o único exemplo de deslocamento de poder sem o correspondente acréscimo de responsabilidade. Veja-se o caso da incorporação de sociedade controlada.

Conforme previsto no art. 264, procede-se ao cálculo das relações de substituição das ações de acionistas não controladores da controlada com base no valor do patrimônio líquido das ações da controlada e da controladora, segundo os mesmos critérios e nas mesmas datas, a preço de mercado, ou com base em outro critério, aceito pela CVM, no caso de companhia aberta.

A relação daí decorrente serve como parâmetro para defesa dos interesses de acionistas não controladores porque o acionista controlador pode optar pela adoção de critério distinto. Sentindo-se prejudicados, aqueles acionistas poderão dissentir, optando entre o valor de reembolso e o valor do patrimônio líquido a preços de mercado, recompondo-se eventual perda.

Esse modelo foi construído visando à proteção do acionista minoritário, conforme se verifica na Exposição de Motivos que encaminhou, em 1976, o Projeto (da Lei das SAs) ao Presidente da República do Brasil:

> "A incorporação de companhia controlada requer normas especiais para a proteção de acionistas minoritários, por isso que não existem, na hipótese, duas maiorias acionárias distintas, que deliberem separadamente sobre a operação, defendendo os interesses de cada companhia".

O PODER DOS SÓCIOS

Em suma, protege-se o acionista minoritário sem extrair do acionista controlador o direito de deliberar a incorporação, exigindo-lhe o pagamento de uma recompensa caso não adote determinado critério na definição da relação de troca.

Esta lógica foi subvertida, recentemente, pela CVM, ao, de modo muito perspicaz, mesmo reconhecendo o regime especial aplicável às incorporações de controlada, atribuir certas condutas aos administradores, sob pena de imputar-lhes quebra de deveres fiduciários.

No bojo dessas atribuições, que aparentam uma opção pela indução do *managerialism*, ampliam-se os poderes de acionistas minoritários: recomenda-se, com efeito, que "a operação seja condicionada à aprovação da maioria dos acionistas não-controladores, inclusive os titulares de ações sem direito a voto ou com voto restrito".

Não se exige muito esforço para identificar a recusa do princípio majoritário (e adoção do "princípio minoritário").

E se a desaprovação minoritária resultar de ato praticado no interesse pessoal, sem preocupação com o interesse social? E se for abusivo?

## 4.1. Abuso da minoria

O abuso da minoria pode ser tão nefasto quanto o da maioria. Ambos são, de todo modo, indesejáveis. Do ponto de legislativo ou doutrinário, menor atenção se dá àquele.

Mas se tem convivido com o aumento de "minoritários profissionais", pessoas físicas ou jurídicas, cuja atuação visa a tumultuar "de tal modo a administração cotidiana da empresa que passa a ser atraente, para a companhia, o pagamento de prêmio de sossego"[29].

Não se questiona, na doutrina, a responsabilidade desses minoritários de responderem por atos praticados contra o interesse social[30], por força de norma genérica aplicável a qualquer acionista; mas inexiste qualquer artigo que trata, diretamente, de abuso de minoria.

O crescimento do mercado de capitais potencializa o surgimento de oportunidades de atuação minoritária, fato que, de certo modo, é condição

---

[29] Cf. COELHO, Fábio Ulhoa. Profissão Minoritário. In: CASTRO, Rodrigo R. Monteiro de; ARAGÃO, Leandro Santos de (coord.) – Sociedade Anônima – 30 anos da Lei 6.404/76 – São Paulo: Quartier Latin, 2007, p. 146.

[30] Idem, p. 151.

do próprio sistema, e não deve ser combatido. Cabe aos próprios acionistas organizarem-se para evitar ou enfrentar essas situações.

Contudo, especialmente pelo fato de a fragilização do poder do sócio controlador decorrer de agentes externos, como o próprio Estado, já se estar a carecer de uma tutela específica da atuação dessas minorias.

## 5. Incompatibilidade entre o fortalecimento do controlador gerencial e sua responsabilidade

O art. 116 da Lei das SAs disciplina os deveres do acionista controlador – usar seu poder com o fim de fazer a companhia realizar seu objeto e cumprir sua função social. Agindo de modo abusivo, responde por seus atos, conforme previsão do art. 117. Quem pratica atos passíveis das sanções previstas neste artigo reveste a qualidade de acionista. Há uma relação imputacional. Ausente esta característica, o sujeito não se enquadra no tipo descrito na norma. É o que sucede em companhia cujo dominador não exerça seu poder através do exercício do voto (controle externo ou gerencial).

Frise-se, ademais, que o fato de uma pessoa agir como procuradora não a transforma em acionista, afastando-a da situação fática descrita na norma. Não se pode atribuir ao procurador direitos e deveres do representado. Neste sentido, o procurador de um único acionista que titule, por exemplo, 75% das ações votantes não se transforma em acionista controlador majoritário por faltar-lhe justamente o que o qualificaria como tal: a faculdade de *usar, gozar e dispor da coisa,* inclusive de desprezar o direito de votar.

Tampouco se converte em acionista controlador o administrador (ou outro procurador institucional) que, por exemplo, represente 100% dos acionistas, cada qual titular de direitos de sócios representativos de 1% do capital. Na qualidade de procurador, não estará livre para votar consoante sua vontade, mas nos termos de cada procuração recebida, mesmo que idênticas.

Do que se conclui que, para configuração da situação prevista no art. 116 da Lei das SAs, o controlador deve ser acionista; não o sendo, deixa de se qualificar como acionista controlador e, consequentemente, coloca-se em posição inalcançável pela norma. Logo, tanto o administrador, como o advogado ou a instituição financeira, agindo na qualidade de procurador, não respondem por atos praticados com abuso de poder, nos termos do art. 117.

O PODER DOS SÓCIOS

Da mesma maneira, a norma não incide sobre atos praticados pelo controlador gerencial, que fica sujeito apenas às consequências de atos de administração, nos termos do art. 158.

## 5.1. Atos abusivos

A assertiva mostra-se igualmente verdadeira quando se analisam os atos abusivos listados no §1º do art. 117. Trata-se, invariavelmente, de ato inerente à qualidade de acionista, o que, de resto, afasta a possibilidade lógica de uma pessoa que não revista esta qualidade de se apresentar como controladora da sociedade (mesmo que esta pessoa seja administrador e domine as relações empresarias, controlando a empresa).

## 5.2. O controle gerencial e o art. 117 da Lei das SAs

A direção do processo empresarial, ideia extraída da alínea (b) do art. 116, somente pode ser entendida como manifestação de atos privativos da assembleia geral, que, de alguma forma, contribuam para a formação, reformulação, andamento ou desenvolvimento da empresa. Caso contrário, estar-se-ia negando a teoria organicista, sustentada pela interdição de outorga de atribuições e poderes conferidos, por lei, a um órgão, a qualquer outro, mesmo que lhe seja "superior", isto é, que tenha a competência de eleger-lhe membros.

Formalmente, acionistas controlam tão somente a sociedade; a empresa, por outro lado, é dominada pelos administradores (apesar de titulada pela sociedade), os quais, sendo, *por acaso*, os próprios acionistas controladores (ou seus administradores), ou pessoa a eles vinculada, concentram, materialmente, propriedade e controle empresarial. Alternativamente, inexistindo identidade entre ambos os controladores – da sociedade e da empresa –, opera-se a dissociação – material.

Decorre, daí, a inaplicabilidade do art. 117 ao controlador gerencial.

## 5.3. Responsabilidade do controlador gerencial

O acionista controlador se sujeita ao regime de deveres e responsabilidades previsto na Lei das SAs, sem prejuízo da subsunção às normas aplicáveis a atos de administração, caso também administre a companhia. O §3º do art. 117 parece não deixar margem a dúvidas: "[o] acionista controlador que exerce cargo de administrador ou fiscal tem também os deveres e responsabilidades próprios do cargo".

É possível que os controles societário e empresarial se confundam, situação que se conformaria perfeitamente com a norma desse artigo: ou seja, sancionam-se os atos abusivos de controle, por um lado, e eventuais afrontas ao dever de diligência, lealdade, informar, etc., de outro. Um não implica, necessariamente, o outro; assim como a ocorrência de uma patologia não impede a da outra.

O controle gerencial, como se demonstrou, não denota dominação societária, de forma que não se aplica ao controlador da empresa as normas do art. 117. O fato de dominá-la não lhe incrementa os deveres e responsabilidades, pois que limitados a atos de controle empresarial.

Exige-se do administrador, porém, que: (i) empregue cuidado e diligência (dever de diligência); (ii) exerça as atribuições que a lei e o estatuto lhe conferem para lograr os fins e no interesse da companhia (finalidade das atribuições e desvio de poder); (iii) sirva com lealdade a companhia (dever de lealdade); (iv) não intervenha em operação que tiver interesse conflitante (conflito de interesse); (v) informe atos ou fatos tidos como relevantes, a teor do art. 157 (dever de informar). Todos esses deveres tolhem o poder do administrador de extrair benefícios pessoais ou de praticar atos estranhos aos propósitos da companhia, descritos em seu objeto. Praticando qualquer uma dessas condutas, sujeita-se às sanções previstas em lei.

Em suma, o controlador gerencial, apesar de dominar as relações empresariais – a despeito de sua pequena (ou inexistente) contribuição para formação do capital social –, não responde por atos praticados de forma regular, atos estes "ordenados", comandados, decididos por ele, reflexivos de seu poder de dominação da empresa. Por outro lado, a responsabilização será inevitável nos casos de haver procedido com culpa ou dolo, assim como com violação da lei ou do estatuto.

Os demais administradores, que não integrem eventual "acordo" de dominação, isto é, que não compartilhem o poder empresarial, e discordem, formalmente, do controlador, são irresponsáveis, nos termos do art. 158, pelos atos passíveis de sanção.

## 6. Notas finais: controle gerencial, acaso ou propósito político?

Existem dilemas que não se resolvem a despeito de fundamentados estudos acadêmicos ou empíricos. Um deles compara os modelos de controle concentrado ou difuso: qual o melhor? Essa pergunta não tem outra res-

O PODER DOS SÓCIOS

posta além da seguinte: depende. Depende de fatores históricos, sociais, políticos, econômicos; conjunturais ou estruturais.

A respeito dos Estados Unidos da América, tornou-se lugar comum atribuir a estrutura das companhias abertas à origem e ao desenvolvimento da indústria local, demandante de imensas somas de capitais, que não podiam ser fornecidas por seus acionistas, resultando na estruturação a partir de apelos ao público dos recursos de que necessitavam. Esta ideia de formação espontânea foi inclusive adotada por mim como verdade em trabalhos anteriores[31].

Ao se constatar o esforço, no Brasil, de desestruturação do poder de acionistas majoritários e, paralelamente, da imposição de uma classe de administradores que controlam as empresas, fica-se tentado a reconhecer que o eixo decorre menos da natureza das economias locais e mais do próprio interesse de governos e da elite econômica que os acompanha e sustenta.

Enquanto governos, no passado, estimulavam o surgimento de impérios industriais dirigidos por pessoas que empregavam seus recursos no negócio, atualmente vê-se o agigantamento de administradores, apesar mesmo da existência de acionistas com relativo poder, revelando o deslocamento do eixo de poder nas companhias.

Esse fato corrobora a tese do Professor norte-americano Mark J. Roe[32], que, em obra que talvez venha a alcançar a importância da obra de Adolf A. Berle e Gardiner C. Means, defende que o modelo de seu país não resulta do acaso, mas de decisões políticas tomadas ao longo da construção da indústria norte-americana. Em outras palavras, a diluição da base acionária de companhias norte-americanas não decorreria do acaso ou de fatores econômicos aleatórios, mas de vontade política, motivada pela aversão à acumulação de poder em mãos de acionistas (detentores de capital).

Talvez de modo prematuro e sem ter antes realizado pesquisa empírica para confirmar a proposição, ouso dizer que tais propósitos sejam os que informam, neste século XXI, a política econômica e a política do direito societário brasileiro.

---

[31] Inclusive em dissertação de mestrado que resultou no Controle Gerencial, mencionado na nota 7.

[32] ROE, Mark J. Strong Managers Weak Owners: the political roots of American corporate finance. Princeton University Press, 1996

# O Poder dos Sócios[*]

PAULO OLAVO CUNHA[**]

SUMÁRIO: Introdução. **I – Conteúdo e alcance do poder dos sócios.** 1. *Generalidades.* 2. *Diferentes aceções de poder dos sócios.* 3. *Sociedades de responsabilidade ilimitada.* 4. *Sociedades por quotas e sociedades anónimas; remissão.* **II. O coletivo dos sócios.** 5. *Direitos a exercer para assegurar o equilíbrio de poderes.* 6. *Direitos de exercício coletivo.* **III. Poderes individuais dos sócios: direitos (subjetivos) perante a sociedade.** 7. *Direitos gerais e especiais.* 8. *Direito aos lucros.* 9. *Direito de voto.* 10. *Direito de informação.* 11. *Direito de impugnar deliberações sociais.* 12. *Outros direitos.* **IV. Epílogo**

[*] O presente texto foi pensado, em resposta a um desafio da minha colega Maria de Fátima Ribeiro, da Faculdade de Direito da Universidade Católica Portuguesa (Escola do Porto), a quem, juntamente com o outro coorganizador desta obra coletiva (com caráter luso-brasileiro), Prof. Doutor Fábio Ulhoa Coelho, da Pontifícia Universidade Católica de São Paulo, agradeço o honrosos convite que me dirigiram, bem como a autorização concedida para utilizar o texto nos Estudos em Homenagem ao Professor Doutor Jorge Miranda, meu professor em mais do que uma disciplina (na licenciatura em Direito na Universidade Católica Portuguesa), no tornejar da década de 70 para a de 80.

O assunto objeto da minha reflexão abrange matérias que, tradicionalmente, são estudadas com autonomia: a governação societária, relativamente jovem, e a temática dos direitos (subjetivos) no âmbito das sociedades comerciais, que classicamente é objeto da análise dos jussocie-

QUESTÕES DE DIREITO SOCIETÁRIO EM PORTUGAL E NO BRASIL

taristas. Por isso, não deve surpreender que se retome, ainda que sem absoluta fidedignidade, passagens de anteriores trabalhos, desde o que resultou de uma conferência proferida no CEJ há mais de vinte anos, e que intitulei «Breve nota sobre os direitos dos sócios (das sociedades de responsabilidade limitada) no âmbito do Código das Sociedades Comerciais» (publicado na obra coletiva, *Novas Perspectivas do Direito Comercial*, Almedina, Coimbra, 1988, pp. 229-246), passando pela minha dissertação de mestrado, concluída em 1989, sobre os *Direitos Especiais nas Sociedades Anónimas: as Acções Privilegiadas* (Almedina, Coimbra, 1993) e pelo *Direito das Sociedades Comerciais* (citado na 4ª edição, publicada pela Almedina, Coimbra, em 2010), e terminando no estudo sobre «*Corporate & Public Governance* nas Sociedades Anónimas: primeira reflexão», publicado na *Direito das Sociedades em Revista*, ano 2, vol. 4, 2010 (pp. 159-179). Às referências bibliográficas que (já) fazemos nos nossos estudos acima referidos, que recaem sobre estas matérias, importa acrescentar, entre a doutrina portuguesa, com contributos relevantes, publicada posteriormente a esses textos, as recentes edições dos manuais (gerais) de JOSÉ AUGUSTO ENGRÁCIA ANTUNES, *Direito das* Sociedades, ed. do autor, 2010, pp. 276-282 e 377-378, ANTÓNIO PEREIRA DE ALMEIDA, *Sociedades Comerciais. Valores Mobiliários e Mercados*, 6ª ed., Coimbra Editora, 2011, pp. 131-184, ANTÓNIO MENEZES CORDEIRO, *Manual de Direito das Sociedades, I – Das Sociedades em Geral, 3ª ed.*, Almedina, Coimbra, 2011, pp. 611-627, 713-738,889-902, e PUPO CORREIA, *Direito Comercial*, 12ª ed., Lisboa, 2011, pp. 226-234, 252-254, a dissertação de doutoramento de FÁTIMA GOMES, *O Direito aos Lucros e o Dever de Participar nas Perdas nas Sociedades Anónimas*, Almedina, Coimbra, 2011, em especial pp. 297-335, os estudos de PAULO CÂMARA / GABRIELA FIGUEIREDO DIAS, «O Governo das Sociedades Anónimas», AA.VV., *O Governo das Organizações. A vocação universal do corporate governance*, Almedina, Coimbra, 2011 (pp. 43-94), JOÃO LABAREDA, «Sobre os direitos de participação e de voto nas assembleias gerais de sociedades cotadas», *DSR*, ano 3, vol. 5, 2011 (pp. 89-127), e ALEXANDRE SOVERAL MARTINS / MARIA ELISABETE RAMOS, «As participações sociais», AA.VV., *Estudos de Direito das Sociedades*, 10ª ed., Almedina, Coimbra, 2010 (pp. 129-173), em especial pp. 141-157, e ainda os comentários de JORGE COUTINHO DE ABREU, *Código das Sociedades Comerciais em Comentário* (coordenado por Jorge Coutinho de Abreu), Almedina, Coimbra, vol. I (artigos 1º a 84º), 2010, em especial pp. 352-363 (art. 21º) e 410-422 (art. 24º), e vol. III (Artigos 175º a 245º), Almedina, Coimbra, 2011, pp. 293-309 (arts. 214º a 215º), 325-336 (art. 217º) e 697-702 (art. 240º), e de ANTÓNIO MENEZES CORDEIRO, *Código das Sociedades Comerciais Anotado* (coord. por António Menezes Cordeiro), 2ª ed., Almedina, Coimbra, 2011, em especial pp. 140-145 (art. 21º), 150-153 (art. 24º), 398-405 (art. 105º), pp. 632-639 (arts. 214º a 217º), 697-702º (art. 240º), 764-770 (arts. 266º e 267º), 822-837 (arts. 288º a 292º), 838-840 (art. 294º) e 1176-1188 (arts. 458º a 460º).
** Professor da Faculdade de Direito da Universidade Católica Portuguesa (Lisboa) e advogado (Vieira de Almeida & Associados – responsável pela Área de *Corporate* & *Governance*).

## Introdução

A matéria do poder dos sócios largamente abordada no século XX, sobretudo na sua primeira metade, volta a estar na ordem do dia, graças ao pujante tema da governação (ou *governance*) societária, na qual se procura sistematizar e disciplinar o funcionamento dos órgãos de administração e fiscalização das modernas sociedades comerciais, com respeito pelos direitos fundamentais dos sócios e dos acionistas, que importa salvaguardar para assegurar a subsistência da pessoa jurídica societária.

Com efeito, a *corporate governance* – suscitada no âmbito e a propósito das *grandes* sociedades anónimas – visou recuperar o poder acionista, em ordens jurídicas em que o mesmo se tinha vindo gradualmente a diluir e que caracterizam os países em que o capital social se encontra muito disperso, como é o caso dos ordenamentos anglo-americanos[1]. A fragmentação crescente do poder dos acionistas dessas sociedades, explicada pela disseminação do respetivo capital social contribuiu para a consolidação do poder dos membros dos órgãos de administração – frequentemente consentida – e para o reforço da supremacia destes no âmbito das grandes sociedades, em detrimento do poder dos sócios. Tornou-se, por isso, imperativo procurar novas formas de tutela dos interesses dos acionistas que importa preservar da influência da gestão e que, dessa forma voltaram a ganhar atualidade que tinham, entretanto, perdido por serem considerados inquestionáveis[2]. A governação societária, como sistema, revaloriza, pois, a matéria do poder dos sócios, em geral, e dos respetivos direitos (subjetivos), em particular.

Parece inquestionável que as sociedades quando surgiram – então com óbvia responsabilidade ilimitada dos seus sócios visíveis[3] –, sob a

---

[1] Para maior desenvolvimento, vd. o nosso estudo citado «*Corporate & Public Governance* nas Sociedades Anónimas: primeira reflexão», *DSR*, ano 2, vol. 4, 2010 (pp. 159-179), pp. 167-171.

[2] A ponto de se questionar já a extensão das regras da governação societária específicas das sociedades por ações ao plano das sociedades de responsabilidade limitada (sociedades por quotas). Nesse sentido, cfr. DIOGO COSTA GONÇALVES, «O Governo das Sociedades por Quotas», AA.VV., *O Governo das Organizações. A vocação universal do corporate governance*, Almedina, Coimbra, 2011 (pp. 95-123), em especial pp. 96-103.

[3] Os ocultos, como era o caso dos sócios comanditários, limitavam naturalmente a sua responsabilidade ao capital que disponibilizavam à sociedade, não respondendo pelas dívidas desta, quando o respetivo património era insuficiente para fazer face aos encargos com a sociedade. Subjacente à participação na sociedade destes sócios estava o desejo de se man-

forma simples, correspondente à atual sociedade em nome coletivo, e, mais tarde, em comandita, eram mandatadas pelos seus sócios que, quando não se escondiam, assumiam a sua direção efetiva, neles se confundindo os poderes de estruturar a sociedade e de exercer a respetiva atividade.

Numa fase inicial, o poder dos sócios confundia-se, assim, com o poder de comando da sociedade, que funcionava frequentemente com base no consenso alargado, senão mesmo na unanimidade, dos seus sócios. A vontade destes exprimia-se diretamente nos negócios sociais em que se concretizava.

Esta identidade de posições viria a esbater-se, naturalmente, com o aparecimento das grandes companhias e com o alargamento do substrato pessoal das sociedades comerciais, fenómenos que vieram implicar a revisão do *status quo* orgânico e o reconhecimento gradual de que o conjunto de sócios – agrupado num órgão específico e autónomo (a assembleia geral) – deveria ter uma palavra sobre os assuntos estruturantes da sociedade (estatutos) e o controlo do desempenho dos titulares do órgão de gestão, através da apreciação regular das contas em que se exprimia a atividade social e da eleição dos seus membros[4].

No dealbar do século XX[5], surgiu um novo tipo social – a sociedade por quotas de responsabilidade limitada –, que rapidamente se generalizaria, e no qual, tal como já acontecia nas sociedades anónimas, os sócios assumiram uma natural preponderância que, frequentemente, coincidia com a condução quotidiana dos negócios sociais.

O poder dos sócios materializava-se então, à época, por duas vias: uma essencialmente pessoal, correspondente aos direitos individuais que assistiam aos sócios, e outra organizada de matriz coletiva expressa na sua intervenção no âmbito da assembleia geral, em particular no controlo do

---

terem encobertos, evitando que a comunidade em que se integravam tivesse a perceção da sua atividade mercantilista.

[4] Ao mesmo tempo, e dado o espaçamento temporal a que obedecia esse controlo, foi criado um órgão intermédio composto por acionistas também relevantes, embora com menor participação de capital do que aqueles que integravam a administração, que tinha por finalidade controlar com maior regularidade o desempenho do órgão de gestão: o conselho fiscal.

[5] Primeiro na Alemanha, em 1892, com a *Gesetz betreffend die Gesellschaften mit beschränkter Haftung* (republicada em 1898) –, seguindo-se Portugal, em 11 de abril de 1901, com a Lei das Sociedades por Quotas, e o Brasil, com o Decreto nº 3.708, de 10 de janeiro de 1919.

desempenho do órgão de gestão e do resultado da atividade societária exercida nesse fórum e ainda nas decisões de alteração estrutural da sociedade.

## I. Conteúdo e alcance do poder dos sócios
## 1. Generalidades

A estrutura de poder dos sócios manter-se-ia teoricamente inalterada até ao presente, apesar da crescente supremacia dos titulares do órgão de gestão nas grandes sociedades anónimas, corolário da dissociação do risco do capital e da direção efetiva da sociedade e consequência da passividade do coletivo de sócios perante a intervenção dos gestores, cada vez mais atuantes, em especial nos países de Direito anglo-saxónico (tradicionalmente menos regulado).

O poder dos sócios exprime-se em duas vertentes: a individual, representada pelos direitos (subjetivos), em regra individuais, que assistem a quem for sócio ou que caracterizam as participações existentes, e a coletiva, isto é, a que se traduz no poder do conjunto de sócios, enquanto tal, como um órgão que se articula e contrapõe aos demais corpos sociais. Nesta segunda aceção, a realidade em apreço configura-se diferentemente consoante falamos da maioria dos sócios ou de um número reduzido deles.

Por sua vez, o "poder (individual) dos sócios" refletia-se, como hoje ainda se manifesta, nas respetivas situações jurídicas ativas, *maxime* nos direitos que caracterizam a posição jurídica de sócio ou a participação social que a define nas sociedades anónimas.

Iremos procurar analisar as aceções referidas e ver como as mesmas se articulam, assegurando a razão de ser e subsistência da sociedade comercial.

## 2. Diferentes aceções de poder dos sócios

Objetivamente o poder dos sócios reconduz-se à sua capacidade de intervenção na sociedade, em geral, e ao papel que, no seio da mesma, lhes é reservado, relativamente a outros órgãos.

Subjetivamente, os poderes que os sócios têm, numa conceção voluntarista, correspondem aos seus direitos subjetivos.

Na primeira aceção, os sócios têm o poder de configurar a sociedade, de introduzir alterações na sua estrutura, de aprovar os resultados da respetiva atividade e de designar, de entre eles ou estranhos, as pessoas que considerarem mais indicadas para exercer os diversos cargos sociais.

Neste sentido, o equilíbrio de poderes e a sua distribuição, no âmbito da sociedade, é verdadeiramente essencial. Numa lógica coletiva – embora as sociedades comerciais sejam naturalmente constituídas com uma finalidade lucrativa, de rentabilização do capital investido e de exploração de uma atividade económica criadora de riqueza –, os efeitos funcionais da participação sobrepõem-se aos de caráter puramente patrimonial que assumem uma expressão predominantemente individual. O lucro (societário) – e o acréscimo de riqueza e valor gerados pela sociedade – não é poder dos sócios, mas sim da sociedade; aos sócios irá caber a sua participação, necessariamente individual, nos resultados da atividade social que forem regularmente distribuídos. E é com esse objetivo de criação e redistribuição de riqueza que eles organizam sob forma societária uma atividade económica, esperando que a pessoa coletiva por eles constituída partilhe com regularidade os rendimentos obtidos. Se assim não fosse, não faria sentido recorrer a uma figura com os contornos daquela que nos ocupa.

E com este entendimento, de participação nos ganhos da sociedade, estamos a posicionar-nos na lógica dos direitos que os sócios têm e, porque não – no caso dos lucros –, que fundamentam a sua participação na sociedade.

### 3. Sociedades de responsabilidade ilimitada

O poder dos sócios manifesta-se diferentemente nos diversos tipos sociais.

Nas sociedades ditas de responsabilidade ilimitada – em nome coletivo e em comandita –, isto é, aquelas em que são chamados a responder pelas dívidas sociais solidariamente e sem limite, os sócios confundem-se amiúde com a sociedade e assumem um papel relevante na respetiva configuração e funcionamento.

Nas sociedades em nome coletivo, que correspondem à primitiva forma da sociedade comercial, a participação faz-se sem restrições, partilhando uma responsabilidade solidária e ilimitada pelo resultado da atividade económica da sociedade, apesar de subsidiária (cfr. art. 175º, nº 1 do CSC[6]).

---

[6] Código das Sociedades Comerciais (aprovado pelo Decreto-Lei nº 262/86, de 2 de setembro, e atualmente na redação do Decreto-Lei nº 53/2011, de 13 de abril) – abreviadamente designado pelas iniciais "CSC" –, a que se reportam todas as disposições legais citadas não especificamente referenciadas neste estudo.

As demais abreviaturas utilizadas ao longo do texto são tão evidentes que nos dispensamos de as elencar.

O PODER DOS SÓCIOS

Neste tipo clássico de sociedade, os sócios são particularmente relevantes e, no plano funcional, decisivos na aprovação das mutações societárias relevantes. O poder coletivo dos sócios está, de certo modo, condicionado ao seu poder individual de oposição à alteração do *status quo* cfr. arts. 182º, nº 1, 191º, nº 2 e 194º), sem prejuízo dos direitos que a lei lhes reconhece a título individual, desde o direito aos lucros (cfr. art. 21º, nº 1, *alínea a*) e 22º, nº 1), direito de informação (arts. 21º, nº 1, *alínea c*) e 181º) e direito de participação nas deliberações sociais, *maxime* direito de voto (cfr. arts. 21º, nº 1, *alínea b*), 189º e 190º).

As sociedades em comandita, para além de irrelevantes – por serem desconhecidas em comércio, constituindo uma reminiscência do passado –, não apresentam especificidades nesta matéria.

### 4. Sociedades por quotas e sociedades anónimas; remissão

Já nas sociedades anónimas e por quotas, os sócios – para além do seu tradicional direito a participar nos lucros de exercício – podem exercer diversos direitos que são funcionalmente necessários e adequados ao exercício da atividade societária.

Nestes tipos societários, para além dos direitos legalmente consagrados – nomeadamente nos artigos 21º, 217º e 294º, 248º, 250º, 379º e 384º, 214º, 215º e 288º a 291º, 266º e 458º, e 240º –, o contrato de sociedade pode acolher outros direitos, ampliando o poder dos sócios.

O poder dos sócios exprime-se na manifestação da sua vontade coletiva, através do órgão que compõem – a assembleia geral (cfr. arts. 246º, nº 1 e 373º, nº 2) –, e no paralelo, e simultâneo exercício dos seus direitos subjetivos.

Trata-se de matéria a que dedicaremos a parte substancial deste estudo.

### II. O coletivo dos sócios

Vejamos agora como se exprime o coletivo dos sócios, quer estes se manifestem de forma construtiva, o façam como mera fiscalização de outros órgãos, representem uma percentagem mínima de participações no capital ou constituam a referência que se impõe a outros órgãos respeitar, como razão de ser e origem da sociedade.

## 5. Direitos a exercer para assegurar o equilíbrio de poderes

Os sócios continuam a concentrar os poderes mais relevantes, reservando-se o direito de se pronunciar sobre o desempenho dos gestores societários, aprovando ou reprovando as contas e opinando sobre a forma como a administração e fiscalização da sociedade foram exercidas, elegendo os titulares dos órgãos sociais e deliberando sobre as alterações da estrutura societária, isto é, do contrato de sociedade.

Enquanto coletivo, os sócios exercem estes poderes como contraponto das competências que são reconhecidas a outros órgãos sociais, designadamente ao órgão de gestão que, em especial na sociedade anónima, tem vindo a ganhar poder, relativamente ao estatuto que tradicionalmente o caracterizava (cfr. arts. 406º, 456º e 297º do CSC).

Por isso, não deve surpreender que a lei, mesmo nas sociedades anónimas – e recorde-se que as regras que regulamentam este tipo societário são diretamente aplicáveis às sociedades por quotas, salvo no que se encontrar especificamente estabelecido para estas (cfr. art. 248º, nº 1) –, reconheça ao coletivo dos sócios, isto é, à assembleia geral, competência subsidiária, isto é, a faculdade de deliberar sobre todos os assuntos que não se enquadrem na sua competência, nem na competência específica de outros órgãos sociais (cfr. art. 373º, nº 2, *in fine*).

Nesta aceção – de relevância orgânica –, o poder dos sócios caracteriza-se pelas prerrogativas que ao conjunto (de sócios), como um todo, são legalmente reconhecidas para decidir sobre os aspetos mais relevantes da vida societária, que consistem no *poder* de modificar a sua estrutura contratual (cfr. arts. 85º e segs., 246º, nº 1, *alínea h)*), de aprovar, periodicamente, os resultados da atividade social (arts. 246º, nº 1, *alínea e)* e 376º, nº 1, *alínea a)*, 248º, nº 1, 217º e 294º) e de deliberar sobre a sua aplicação (cfr. arts. 246º, nº 1, *alínea e)*, e 376º, nº 1, *alínea b)*), de distribuir lucros acumulados (cfr. art. 31º), e de eleger e destituir os titulares dos órgãos sociais (cfr. 246º, nº 2, *alínea a)*, art. 376º, nº 1, *alíneas d)* e *c) in fine*, 246º, nº 1, *alínea d)*).

Os poderes que acabamos de enunciar assumem uma enorme relevância, ainda que sejam essencialmente conformadores da prática quotidiana da sociedade. Se o seu exercício é funcionalmente assegurado por direitos individuais dos sócios que compõem esse coletivo, é o seu exercício que permite realizar o principal direito individual que concretiza a organização da sua empresa comercial sob forma societária: o direito aos lucros.

O PODER DOS SÓCIOS

Neste entendimento, que acabamos de caracterizar, o poder dos sócios é o poder da maioria. Os sócios são perspetivados de forma organizada, sobressaindo a vontade do maior número de votos ou de um número de votos que corresponda a uma maioria agravada ou qualificada.

Mas os sócios coletivamente também têm expressão, ainda que representem uma minoria. Como veremos em seguida, o direito, em certas circunstâncias, para conferir conteúdo útil e substancial a certas faculdades, admite que as mesmas possam ser atuadas por quem, não reunindo, por si só, o montante de capital que, em regra, lhe permitiria aceder a essas prerrogativas, se dispõe a associar com outros sócios, conjugando esforços e perfazendo desse modo o montante mínimo do capital social, legalmente exigido.

## 6. Direitos de exercício coletivo

Nalguns casos os sócios exercem coletivamente os seus direitos. Tal ocorre sempre que a lei requeira uma determinada percentagem mínima do capital social e admita que a mesma seja possível pela associação de acionistas que só conjuntamente possam atingir tal montante.

Com efeito, nas sociedades anónimas o capital social encontra-se frequentemente pulverizado, isto é, repartido por inúmeras pessoas que, por si, podem não reunir ações em número suficiente para, individualmente, exercer certos direitos, cuja atuação se encontra dependente da titularidade de uma determinada percentagem mínima do capital social.

A função e relevância desses direitos e o impacto que o respetivo exercício tem na vida societária justificam que a lei considere necessário que se reúna um montante mínimo do capital social, mas simultaneamente permita aos acionistas que se agrupem, para que, pela junção das ações de que são titulares, possam congregar uma percentagem de capital social que lhes possibilite exercer esses direitos (cfr., a título de exemplo, os artigos 384º, nº 2, *alínea a)*, e 379º, nº 5).

Paralelamente, a lei – para tutela das minorias – dispensa aos acionistas que reúnam (conjuntamente) uma percentagem mínima do capital social, em regra 2%, 5% ou 10%, uma proteção especial, concedendo-lhes a titularidade de certos direitos que, de outro modo, acabariam por pertencer apenas aos acionistas maioritários ou que, por si só, representassem a percentagem legalmente exigida.

QUESTÕES DE DIREITO SOCIETÁRIO EM PORTUGAL E NO BRASIL

A própria estrutura da sociedade anónima impõe que essa tutela se efetive, com base numa determinada percentagem do capital social, em vez de ser feita por cabeça, à semelhança do que acontece na sociedade por quotas (cfr. arts. 291º e 392, nºs 6, 7 e 8, e também arts. 214, nºs 1 e 4 a 6, 216º, nº 1 e 248º, nº 2, 77º, nº 1).

É o que acontece no domínio do direito de informação, quando a lei exige que seja exercido por acionistas detentores de, pelo menos, 10% (arts. 291º e 292º), sendo admissível o seu agrupamento de modo a viabilizar-se a reunião desse capital mínimo. Neste caso, o direito de informação configura-se como um direito de exercício coletivo, visto ser possível, e eventualmente necessária, a junção de acionistas para que ele possa ser atuado[7].

No que se refere à designação de administradores, a lei concede uma tutela semelhante quando a sociedade é aberta (cfr. arts. 392º, nºs 8, 6, e 7), admitindo que, noutras espécies de sociedades anónimas (de subscrição particular ou aberta), essa tutela possa ser estatutariamente criada (art. 392, nº 1). Na primeira situação a lei procura garantir a uma minoria representativa de pelo menos 10% do capital social a possibilidade de eleger um administrador, o mesmo podendo suceder, agora a título de faculdade contratualmente reconhecida, na segunda situação[8]. Neste caso, nada impede que o contrato de sociedade admita a possibilidade de ser eleito mais do que um administrador ao abrigo desta regra. Estas regras visam

---

[7] Contudo, em certos casos, e não obstante o direito dever ser exercido por quem detenha uma determinada percentagem do capital social, o direito não é de exercício coletivo, pelo que o agrupamento não é admissível. Enquadra-se nesta situação o direito mínimo à informação, a atuar por acionistas detentores de, pelo menos, 1% do capital social (cfr. art. 288º). Para maior desenvolvimento, vd. o nosso *Direito das Sociedades Comerciais*, 4ª ed. cit., 2010, pp. 327-328 (5ª ed.), 2012, pp. 352-353.

[8] Tratando-se do aproveitamento contratual de uma prerrogativa legalmente estabelecida, em alternativa à solução que a lei apresenta como supletiva (nos nºs 8, 6 e 7 da mesma disposição), não se afigura legítimo que o contrato exclua aos minoritários que sejam titulares de mais de 20% de ações o direito de concorrer com outros minoritários, com menor percentagem de capital, na designação de um administrador em separado.

Acresce que, na eleição, a realizar ao abrigo dos nºs 1 a 5 do art. 392º, só podem votar aqueles que subscreverem as listas candidatas (para esse sentido aponta decisivamente o nº 3), evitando-se que aqueles que se guardam para aprovar a lista maioritária – o que só pode acontecer no final do processo eleitoral (cfr. nº 5) – possam participar na designação dos *representantes* dos minoritários, adulterando decisivamente o respetivo universo eleitoral.

O PODER DOS SÓCIOS

dar expressão à participação de mais do que uma tendência acionista na gestão da sociedade anónima, perspetivando os sócios como um coletivo e reconhecendo a esse conjunto de acionistas, ainda que minoritário, o poder de se fazerem eleger para a administração da sociedade.

Constituem exemplos adicionais de direitos de exercício coletivo de acionistas minoritários:

- o direito de convocação da assembleia geral e direito de inclusão de determinados assuntos na ordem do dia de uma assembleia já convocada ou a convocar (arts. 375º e 378º, nº 2 do CSC e arts. 23º-A, nº 1 e 23º-B, nº 1 do CVM[9]);
- o direito de requerer a suspensão de deliberações de sociedades abertas (art. 24º, nº 1 do CVM);
- o direito de propor ações de responsabilidade social contra os administradores, a favor da sociedade (arts. 77º, nº 1 e 76º, nº 1);
- o direito de requerer a nomeação judicial de membros do órgão de fiscalização e a destituição judicial de membros do órgão de administração e do conselho geral e de supervisão (arts. 418º, 403º, nº 3 e 435º, nº 3).

Em suma, podemos concluir que no Código das Sociedades Comerciais e no Código dos Valores Mobiliários, quando aplicável, as minorias são tuteladas pelo reconhecimento da titularidade de direitos cujo exercício em certas circunstâncias terá, na prática, de ser coletivo, sem prejuízo desses mesmos direitos poderem ser igualmente atuados por um acionista isolado, desde que por si só reúna a percentagem mínima de capital social indispensável para o efeito[10]. A finalidade da concessão destes direitos é a

---

[9] Código dos Valores Mobiliários (português, aprovado pelo DL 486/99, de 13 de novembro, com a redação que lhe foi conferida pelo DL 85/2011, de 29 de junho).

[10] Importa salientar que a recente introdução, na nossa ordem jurídica, das ações sem valor nominal veio a criar dificuldades relativamente aos direitos de exercício coletivo no domínio das sociedades anónimas, que a lei reporta a uma percentagem do capital social. Com efeito, quando anteriormente pensávamos numa percentagem do capital social, tínhamos em mente o número de ações mínimo que correspondesse a essa fração de capital. Agora, relativamente às ações sem valor nominal (e possivelmente com diferentes valores de emissão) coloca-se legitimamente a dúvida: quando a lei menciona 10% do capital social pretende significar 10% do valor de emissão (das ações), do valor fracional (do capital social) ou do valor contabilístico (formado pelo total do ativo)?

QUESTÕES DE DIREITO SOCIETÁRIO EM PORTUGAL E NO BRASIL

de assegurar, com um mínimo de eficácia, os direitos essenciais de pequenos acionistas, preservando-os dos efeitos resultantes do normal funcionamento das regras da maioria. Configurados deste modo, os direitos de
exercício coletivo constituem um poder dos sócios.

## III. Poderes individuais dos sócios: direitos (subjetivos) perante a sociedade

Os poderes individuais dos sócios concretizam-se naturalmente nos direitos subjetivos que lhes assistem. Vamos procurar caracterizá-los breve-
mente, tendo presente que há direitos que são necessariamente individuais,
casos do direito aos lucros, do direito de impugnar as deliberações sociais
inválidas (cfr. arts. 59º do CSC e 396º do CPC[11]), com exceção da situação
prevista no artigo 24º do Código dos Valores Mobiliários, e do direito de
requerer a nomeação judicial de membros dos órgãos de administração
e de fiscalização, incluindo do conselho geral e de supervisão (arts. 394º,
426º, 417º e 439º do CSC).

## 7. Direitos gerais e especiais

A lei estabelece de forma imperativa os direitos que correspondem à estrutura essencial da sociedade [por exemplo, direito aos lucros (cfr. art. 21º,
nº 1, *alínea a)*)] ou que são indispensáveis ao seu bom funcionamento [caso
do voto (cfr. art. 21º, nº 1, *alínea b)*) e, supletivamente, de outros direitos,
impondo-lhes em certos casos limites imperativos (p.ex., direito de exoneração)].

Os direitos sociais são os direitos perante a sociedade, que resultam da
posição que os sócios ocupam na sociedade, da sua qualidade de sócios ou
que caracterizam as participações sociais (as ações)[12]. Estes direitos podem

---

Trata-se de questão que suscitámos recentemente no nosso estudo sobre «Aspetos críticos da
aplicação prática do regime das ações sem valor nominal», AA.VV., *Capital Social Livre e Ações
sem Valor Nominal*, Almedina, Coimbra, 2011 (pp. 131-152), p. 151.

[11] Código de Processo Civil (português, 1961).

[12] Destes direitos, devemos distinguir os chamados *direitos creditórios* (ou *extracorporativos*) que
os sócios (ou terceiros) podem ter perante a sociedade e que nada têm que ver com a relação
de socialidade (nem resultam das ações detidas) – como é o caso dos direitos emergentes de
negócios jurídicos, como a compra e venda, o mútuo e a locação – ou que, tendo tido nela
origem, da mesma se autonomizaram totalmente, como acontece com o direito aos lucros do
exercício (*maxime*, aos dividendos) aprovado por deliberação dos sócios, e que, consequentemente, já se autonomizou da posição social.

O PODER DOS SÓCIOS

ser pertença de todos os sócios, correspondendo ao interesse comum, caso em que se designam como gerais, ou pressuporem um interesse pessoal ou uma situação de vantagem, qualificando-se, nesse caso, como especiais.

## 7.1. Direitos gerais

Os direitos gerais podem ser objeto de inúmeras classificações que não importa, nesta sede, ponderar. No entanto, consideramos interessante sistematizá-los quanto ao seu conteúdo, e dessa forma ficarmos com uma ideia genérica dos direitos dos sócios legalmente consagrados. Recorrendo a este critério, podemos agrupá-los em três diferentes categorias:

Comecemos pelos *direitos de participação na vida da sociedade*, que são fundamentalmente funcionais, sendo chamados, por alguns autores, "direitos políticos". Reconduzem-se, essencialmente, aos direitos que são imperativos por serem indispensáveis ao bom funcionamento da sociedade comercial, não apresentando um conteúdo imediatamente económico, embora possam ter valor, designadamente pelo poder que alguns deles conferem aos seus titulares. Nesta categoria podemos enquadrar os seguintes:

*(i)* Direito de participação nas deliberações dos sócios (arts. 21º, nº 1, *alínea b)*, 248º, nº 5, 343º, nº 1 e 379º, nº 1).

A vontade social forma-se naturalmente pela conjugação de múltiplas vontades individuais dos sócios, sendo possível distinguir, neste direito, três vertentes: direitos de presença, de intervenção (arts. 248º, nº 5 e 379º, nºs 1 e 2) e de voto (arts. 250º e 384º, nº 1) nessas deliberações, *maxime* nas assembleias gerais.

Na formação das deliberações pode suceder que os sócios apenas possam estar presentes, mas não se possam manifestar, quer dizer não possam participar na discussão, exprimindo os respetivos pontos de vista e formulando as questões que considerem pertinentes. Desse modo, não poderão contribuir para a formação da deliberação, limitando-se a obter informação *in loco* e contemporânea ao momento em que a decisão societária for tomada.

A segunda vertente, deste direito complexo, traduz-se no chamado direito de intervenção, que pressupõe naturalmente a presença na reunião, assegurando ao sócio a possibilidade de, pela participação no debate e manifestação da sua opinião, contribuir para a formação da vontade societária, convencendo eventualmente alguns dos seus pares com direito de voto. Nesta vertente, o sócio encontra-se autorizado a exprimir o seu ponto de vista e a aduzir argumentação, mas é-lhe negada a possibilidade de se manifestar de forma a contribuir decisivamente para a formação da vontade social.

A terceira vertente acrescenta às primeiras, que pressupõe, o direito de voto que permite ao respetivo titular participar decisivamente na formação da vontade societária.

*(ii)* Em segundo lugar importa destacar o direito à informação (arts. 21º, nº 1, *alínea c)*, 214º, 288º a 291º do CSC e arts. 1479º a 1483º do CPC).

*(iii)* Depois temos o direito de fiscalização da atuação dos gestores (gerentes e administradores) da sociedade (arts. 216º, 292º e 450º do CSC; arts. 1479º a 1483º do CPC), isto é, o direito de verificação de que o desempenho de funções destes se efetua dentro dos limites da lei e com respeito pelas regras do próprio contrato.

*(iv)* Um quarto grupo de direitos de participação na vida da sociedade é o que se desdobra nos direitos de convocação da assembleia geral (arts. 248º, nº 2 e 375º, n.os 2 e 6 do CSC, art. 23º-A do CVM e art. 1486º do CPC) e de inclusão de determinados assuntos na ordem do dia de assembleia já convocada ou a convocar (arts. 248º, nº 2 e 375º, nº 3 do CSC e art. 23º-B do CVM).

*(v)* Em quinto lugar, mencione-se o direito de impugnar as deliberações dos sócios contrárias à lei ou ao contrato (arts. 56º, 58º a 60º e 69º do CSC, art. 396º do CPC e art. 24º do CVM).

*(vi)* A concluir estes direitos de participar na vida societária, importa referir o direito de requerer a nomeação judicial dos titulares dos órgãos de administração e de fiscalização da sociedade (arts. 253º, nº 3, 394º, 417º, 418º e 439º do CSC e art. 1484º do CPC), bem como a destituição, também judicial, do(s) titular(es) do órgão de administração (arts. 257º, nº 4 e 403º, nº 3 do CSC e art. 1484º-B do CPC).

Contrapondo-se aos direitos enunciados, sem conteúdo imediatamente patrimonial, os *direitos de participar nos benefícios sociais*, com natureza económica imediata e suscetíveis de avaliação pecuniária, que são fundamentalmente dois:

*(vii)* Direito aos lucros de exercício (arts. 21º, nº 1, *alínea a)*, 217º e 294º);
e

*(viii)* Direito aos lucros finais de exploração ou direito a quinhoar nos bens da sociedade, após terem sido garantidos os pagamentos aos cre-

O PODER DOS SÓCIOS

dores e reembolsadas as entradas realizadas (arts. 21º, nº 1, *alínea a*) e 156º, nº 4)[13].

*(ix)* A este grupo costuma associar-se o direito de preferência na subscrição de participações sociais em aumentos de capital por entradas em dinheiro (arts. 266º, 267º, 458º e 460º), embora o respetivo exercício corresponda também à participação na vida da sociedade[14].

*Outros direitos* não se reconduzem a nenhuma das duas grandes categorias que enunciámos, casos do:

*(x)* Direito de exoneração (cfr. arts. 3º, nº 5, 45º, 137º, 161º, nº 5, 105º, 120º e 240º) – isto é, o direito de o sócio ou o acionista se afastar, unilateral e voluntariamente, da sociedade, obtendo uma compensação pela participação detida – e dos

*(xi)* Direitos puramente convencionais (ou estatutários), que a lei não regula, nem tão pouco refere, e que resultam da autonomia privada dos sócios. Entre estes, um dos mais frequentes é o direito à utilização das instalações sociais.

## 7.2. Direitos especiais

Por sua vez, o critério que nos permite distinguir os direitos especiais dos gerais, que acabamos de enunciar, reside, precisamente, no facto de aqueles só poderem ser atribuídos a alguns sócios, estando por isso primordialmente afetos a interesses próprios do respetivo titular.

A *especialidade* destes direitos sociais radica, pois, nessa característica – de satisfação de interesses pessoais –, e na qualidade relativa, de só poderem ser concedidos a alguns sócios. Por isso, os direitos especiais não podem ser atribuídos à totalidade dos sócios, sem prejuízo da sua essência; mas pode suceder que sejam atribuídos a todos os sócios direitos que sejam apenas derrogáveis com o seu consentimento. Nesse caso, a (sua) qualificação como *especiais* não assume qualquer relevância.

Trata-se, em qualquer caso, de direitos que, por corresponderem a um interesse próprio e exclusivo do sócio, só devem ser consagrados no con-

---

[13] Se as entradas não puderem ser totalmente reembolsadas, verifica-se uma perda efetiva do sócio, ainda que já tenha realizado a sua entrada há muito.

[14] Relativamente a este direito de preferência legal – reconhecido pela própria lei aos sócios e aos acionistas e que a maior parte dos autores tende a reconduzir necessariamente ao direito de participar nos benefícios sociais –, a fronteira entre o conteúdo patrimonial e não imediatamente patrimonial não é tão nítida.

QUESTÕES DE DIREITO SOCIETÁRIO EM PORTUGAL E NO BRASIL

trato social nos casos em que são (absolutamente) essenciais à sua participação na sociedade, visto traduzirem-se para ele numa vantagem excecional relativamente aos demais sócios. Por isso, são, regra geral, inderrogáveis *«sem o consentimento do respetivo titular»* (art. 24º, nº 5), ou seja, a alteração destes direitos irá carecer, em princípio, da concordância do seu titular – para além da deliberação da assembleia geral de alteração do contrato –, uma vez que se considera que a sua estipulação havia sido imprescindível para que o sócio tivesse participado na formação da pessoa societária.

A lei ao estabelecer o princípio da inderrogabilidade dos direitos especiais, ainda que a título supletivo (art. 24º, nº 5), pretendeu tutelar as legítimas expectativas das partes que celebram o negócio constitutivo da sociedade, dando um conteúdo útil ao privilégio atribuído a um ou alguns sócios. No entanto, tanto o contrato como a lei podem dispor diferente solução, contribuindo para lhe retirar uma certa efetividade. E tal é o que acontece com as sociedades anónimas – embora por razões que visam viabilizar o seu funcionamento, considerando-se que os direitos são atribuídos às múltiplas frações do capital social (as ações) –, em que o consentimento *«é dado por deliberação tomada em assembleia especial dos acionistas titulares de ações da respetiva categoria»* (art. 24º, nº 6), por uma maioria qualificada de dois terços dos votos (cfr. art. 389º, em especial nº 2; e arts. 383º, nº 2 e 386º, nº 3).

Os direitos especiais constituem, pois, a máxima afirmação do poder dos sócios, visto que os evidencia entre os seus pares.

Constituem exemplos destes direitos, nas sociedades por quotas, o direito a parte acrescida nos lucros de exercício, o direito a uma parte favorecida no saldo de liquidação, o direito de voto duplo (art. 250º, nº 2), o direito de veto de alterações estatutárias (art. 265º, nº 2), o direito de designar gerentes, o direito de nomeação à gerência (cfr. art. 257º, nº 3) e o direito de ser designado liquidatário em caso de dissolução.

Já no âmbito das sociedades anónimas, podemos deparar com ações privilegiadas sem conteúdo imediatamente patrimonial – com o direito especial de veto de administradores (art. 391º, nº 2) ou com o direito de preferência relativamente à transmissão de ações (cfr. art. 328º, nº 2, *alínea b)*), por exemplo –, ações privilegiadas atípicas de conteúdo patrimonial (por exemplo, com dividendo favorecido) e ações preferenciais sem direito de voto (cfr. arts. 341º e segs.), com privilégio sobre os dividendos ou com o direito de reembolso prioritário do seu valor nominal ou de emissão.

## 8. Direito aos lucros

Vamos agora caracterizar alguns dos principais direitos subjetivos, começando por aquele que consideramos mais relevante e melhor exprime a participação na sociedade comercial: o direito aos lucros.

A sociedade comercial é a forma jurídica da empresa em que os sócios (ou investidores) organizam a atividade económica de natureza mercantil (em sentido jurídico) que pretendem prosseguir e se caracteriza pelo risco do capital investido.

O direito aos lucros é o primeiro dos direitos que a nossa lei enuncia, à cabeça de todos os demais, no artigo 21º, nº 1, *alínea a*), determinando que *«todo o sócio tem direito a quinhoar nos lucros»*.

O direito aos lucros corresponde seguramente a um direito essencial da participação dos sócios na sociedade, ainda que se configure de forma necessariamente abstrata, dependendo dos (bons) resultados da prática societária. Facto é que corresponde a uma expectativa subjacente à constituição de qualquer sociedade comercial, se esta não for totalmente instrumental de outra sociedade.

O nº 1 do artigo 22º prevê que, se o contrato for omisso, cada sócio participará nos lucros proporcionalmente ao valor da respetiva participação no capital.

O lucro é o benefício da atividade social resultante das contas; é a diferença positiva entre as receitas geradas num certo exercício e as despesas e custos suportados em igual período. A verificação da existência de lucro reporta-se à variação (positiva) registada nas contas da sociedade com referência a uma determinada data.

A distribuição de lucros, por sua vez, tem de ser objeto de deliberação dos sócios (cfr. art. 31º), os quais devem anualmente dispor sobre os resultados gerados no exercício anterior (cfr. art. 376º, nº 1, *alínea b*)), sem prejuízo de poderem deliberar, a todo o tempo, sobre a partilha de lucros acumulados, sob a forma de reservas livres, que não tenham sido oportunamente distribuídos.

O lucro do exercício é o acréscimo patrimonial ou diferença positiva que se verifica entre o início do exercício social e o seu encerramento, no que se refere ao balanço entre as receitas e os custos e despesas registados.

Mas nem todos os lucros do exercício são distribuíveis. Em primeiro lugar, importa reservar um mínimo de 5% do resultado do exercício à constituição ou reforço da reserva legal, até que a mesma perfaça, pelo menos, um quinto do capital social, e cobrir prejuízos transitados, caso os mesmos existam. Só depois de afetarmos parte dos lucros do exercício, se existentes, a reservas legais e estatutárias e à cobertura de prejuízos transitados, estamos em condições de apurar os lucros distribuíveis. Estes correspondem aos resultados positivos da sociedade que, não tendo de ser adstritos à constituição ou reforço de reserva legal ou estatutária, podem ser distribuídos aos sócios sem ser à custa do respetivo capital social e reservas legais constituídas.

Sob epígrafe igual («*Direito aos lucros do exercício*»), os artigos 217º e 294º conferem, supletivamente, aos sócios o direito de receber, pelo menos, *metade do lucro do exercício distribuível, salvo se* – «*em assembleia geral para o efeito convocada*» – *for tomada deliberação, por maioria de três quartos dos votos correspondentes ao capital social*, que consista na redução pontual ou supressão do quantitativo percentual mínimo a distribuir, não obstante existirem lucros do exercício distribuíveis. Esta hipótese, a ocorrer, deve corresponder a uma deliberação formada, tendo em consideração os princípios estruturantes do sistema e, nomeadamente, o interesse social, sob pena de ser considerada abusiva e, consequentemente, anulável (cfr. art. 58º, nº 1, *alínea b*)).

Os nºs 1 dos dois preceitos (arts. 217º e 294º) – cuja redação é idêntica – preveem ainda a possibilidade de a regra legal enunciada ser afastada por *diferente cláusula contratual*.

Vejamos, em seguida, que tipo de cláusula contratual é admitida, antecipando que consideramos terem as referidas normas legais supletivas um conteúdo mínimo imperativo, que corresponda à satisfação de um direito essencial de participação na sociedade comercial. Por isso, entendemos que a faculdade de regulamentação estatutária deste direito não admite limitações convencionais, garantindo aos sócios e acionistas o direito a receber uma certa parte do lucro do exercício distribuível.

O facto de, repetidamente, a prática estatutária nacional[15] – incluindo a que se traduz nos contratos de sociedades anónimas abertas cotadas em bolsa de valores – entregar ao livre arbítrio da maioria a eventual (não)

---

[15] Suportada, aliás, pela generalidade da doutrina, que admite a licitude das cláusulas abertas que deixam ao arbítrio da assembleia geral a não distribuição de resultados durante um ou mais exercícios, ou a atribuição de menos de metade dos lucros de exercício distribuíveis. Neste sentido, FÁTIMA GOMES, *O Direito aos Lucros e o Dever de Participar nas Perdas nas Sociedades Anónimas*, Almedina, Coimbra, 2011, pp. 328-334 e 358-362, e a doutrina citada.

O PODER DOS SÓCIOS

distribuição de lucros periódicos não altera a nossa leitura restritiva destas importantíssimas regras legais supletivas (constantes dos artigos 217º, nº 1 e 294º, nº 1 do Código das Sociedades Comerciais) e o alcance que admitimos às mesmas.

A opinião que perfilhamos alicerça-se no fundamento ou na razão de ser subjacente à participação na sociedade. Com efeito, as sociedades constituem-se para distribuir todos os resultados que geram periodicamente, no pressuposto de que os respetivos capitais próprios são adequados e suficientes à prossecução da atividade que se propõem realizar. Por isso, é natural que os sócios tenham uma expectativa de receber periodicamente rendimentos gerados pela sociedade, em razão do capital que anteriormente investiram.

A forma societária estrutura-se numa perspetiva de participação direta na atividade empresarial, nas pequenas sociedades, e de investimento financeiro, nas grandes sociedades comerciais, não perdendo de vista, em especial nestas, as mais-valias potenciais e reais, no momento da liquidação da respetiva participação. Certo é ser comum a ambas as situações a expectativa de receber com periodicidade anual, pelo menos, parte dos resultados gerados pela sociedade; e é precisamente através da distribuição de lucros do exercício que se concretiza essa expectativa. Daí que não tenha qualquer lógica admitir a possibilidade de restringir este direito social, para além do montante que, razoavelmente, a lei estabelece como mínimo, representando a possibilidade de uma limitação superior num contrassenso inexplicável.

Na realidade, não faz sentido equacionar uma participação societária a que não corresponda, com a regularidade possível, a distribuição de rendimentos entretanto gerados. Constituída e sedimentada a sociedade, não havendo planos para novos investimentos que requeiram capitais avultados – e que justificariam a exceção prevista nas disposições legais em análise, a formar com base em sólida maioria qualificada, não faz sentido continuar a aforrar e não disponibilizar aos sócios, parte dos resultados obtidos. Só assim não será se o projeto societário tiver uma duração temporal limitada que não exceda um número de razoável de exercícios, caso em que se poderá justificar distribuir os resultados apenas no final da exploração, embora com observância dos limites decorrentes das regras legais existentes, uma vez que a lei não criou qualquer exceção com base na duração da vida da sociedade.

A solução que a lei acolheu, a título supletivo, harmoniza todos os interesses envolvidos: o interesse dos sócios – em receber periodicamente uma remuneração, ainda que irregular, do capital que investiram – e o interesse social, de a maioria do capital poder anualmente reservar para reforço dos capitais próprios da sociedade metade dos seus resultados e, pontualmente, sempre que tal se justificar, mas mediante um amplo consenso (três quartos do capital), poder a sociedade não distribuir lucros do exercício.

O disposto nas regras legais supletivas não pode, assim, deixar de corresponder ao mínimo legalmente admissível, não podendo o contrato de sociedade, através de uma cláusula aberta, reduzir os lucros distribuíveis – ou admitir que os mesmos sejam reduzidos –, porquanto a distribuição de lucros realiza a essência da participação social.

Cremos que o legislador quis admitir a possibilidade de os sócios poderem pretender acautelar a distribuição integral dos lucros do exercício distribuíveis – o que não repugna nas sociedades em velocidade de cruzeiro, visto que os resultados anualmente gerados podem ser suficientes para assegurar a cobertura das despesas e os investimentos necessários em cada período social – ou garantir uma distribuição mínima de montante superior ao supletivamente estabelecido (cinquenta porcento), clausulando, por exemplo, o direito a receber, pelo menos, dois terços dos lucros distribuíveis do exercício, salvo se diversamente deliberado por maioria de três quartos dos votos correspondentes ao capital social.

Em resumo, e sistematizando, a lei garante aos sócios a participação num mínimo de metade dos lucros do exercício distribuíveis. Este direito só pode ser pontualmente restringido se os sócios deliberarem diversamente por maioria qualificada (formada, pelo menos, por três quartos dos votos correspondentes ao capital social) e desde que tal deliberação não seja abusiva[16].

Podemos, por isso, afirmar que as normas supletivas sobre a distribuição de lucros (arts. 217º, nº 1 e 294º, nº 1) são imperativas no que respeita ao mínimo a distribuir.

Estatutariamente, podem os sócios estabelecer um mínimo superior ao mínimo legal – direito a, por exemplo, sessenta, setenta, oitenta ou

---

[16] A decisão excecional de não distribuir o montante mínimo legalmente assegurado deve fundar-se numa razão séria e que justifique adequadamente a medida tomada, sob pena de ser considerada abusiva (cfr. art. 58º, nº 1, *alínea b*)).

O PODER DOS SÓCIOS

noventa porcento dos lucros do exercício distribuíveis –, e simultaneamente prever que a derrogação possa ser deliberada, mas apenas relativamente a níveis superiores a metade dos lucros do exercício distribuíveis, por uma maioria inferior à legalmente prevista. Contudo, consideramos não ser admissível, por violar o interesse social, agravar contratualmente a maioria qualificada de três quartos dos votos correspondentes ao capital social, fixando-a em quatro quintos, ou até na unanimidade, para derrogar pontualmente o direito aos lucros do exercício. Acresce que não há necessidade em fazê-lo, dadas as limitações decorrentes do regime aplicável às deliberações abusivas.

As limitações convencionais à distribuição de lucros do exercício que consideramos possíveis não podem, assim, agravar o direito que os sócios têm a receber uma parte (mínima) dos lucros do exercício que sejam distribuíveis, exceto se as mesmas forem consequência do acolhimento (no contrato de sociedade) de regras que, indiretamente e em concreto, possam restringir o direito individual de cada um. Tal poderá acontecer, nomeadamente, com a criação de ações privilegiadas com direitos patrimoniais acrescidos.

A conclusão a que chegámos – de que não são admissíveis limitações convencionais restritivas, que poderiam ser utilizadas sistematicamente para oprimir os sócios minoritários, normalmente aqueles que não têm lugar nos órgãos sociais e que, portanto, dificilmente verão o seu investimento remunerado pelo desempenho de cargos sociais ou prestação de serviços à sociedade – conduz-nos a uma interessante questão que é a de saber como se repõe o direito violado, caso a deliberação conclua, contra a lei ou os estatutos, pela não distribuição de lucros.

Se a sociedade encerrar o exercício com resultados positivos (que aprovou) e, concretamente, com lucros distribuíveis, mas por maioria (não qualificada) deliberar não aprovar qualquer distribuição, os sócios minoritários poderão requerer, ao tribunal, a execução específica da deliberação de aprovação de contas e dos resultados do exercício inscritos no relatório de gestão, devendo o tribunal conceder-lhes 50% dos lucros do exercício distribuíveis, se não existir um mínimo estatutário superior (*i.e.*, cláusula que fixe distribuição mínima em percentagem superior).

## 9. Direito de voto

O direito de participação nas deliberações dos sócios – elencado logo após o direito aos lucros – é um direito fundamental e irrenunciável, *sem prejuízo das restrições previstas na lei* (art. 21º, nº 1, *alínea b) in fine*). Esta parte final do referido preceito tem que ver, num tipo de sociedade, com o montante (mínimo) da participação social que determina a chamada participação direta do sócio (cfr. arts. 248º, nº 5 e 379º) e também com a participação nas deliberações, designadamente quando o sócio não pode, pontual e concretamente, exercer o seu direito de voto por se considerar numa situação de impedimento (cfr. arts. 251º e 384º, nº 6).

Da parte final da *alínea b)* do nº 1 do artigo 21º – onde não se fala de direito de voto, mas mais amplamente de direito de participação nas deliberações dos sócios – retira-se, com clareza, que este direito só poderá ser limitado pela lei. Isto significa que serão nulas todas as cláusulas contratuais que ultrapassem os limites estabelecidos imperativamente na lei. E esta regra legal não se refere ao direito de participar nas deliberações dos sócios por mero acaso, mas porque, em rigor, e como acima salientámos, devemos admitir que o direito de voto supõe, para poder ser exercido, que se verifiquem dois direitos que logicamente com ele se encontram articulados e, cronologicamente, o precedem: o direito de presença em reuniões de sócio, porque naturalmente, e em princípio, para poder votar o sócio deve (poder) estar presente, e o direito de participação na discussão ou na formação da deliberação social, o que também não só é diferente de poder votar, como lhe fica aquém.

Vejamos em seguida quais são as regras gerais relativamente a este importante direito. Há que distinguir as sociedades por quotas das sociedades anónimas, o que tem que ver com a lógica e com a própria natureza jurídica dos tipos sociais em confronto: umas são sociedades pessoais, ainda que os seus participantes tenham responsabilidade limitada à configuração e à estruturação das posições e situações jurídicas, fazem-no numa perspetiva subjetiva; na outra a participação é determinada pelas partes em que se fraciona o capital social, logo a participação é objetivada e os sócios são titulares de tantos direitos e deveres quantas as ações que detêm e que correspondem, cada uma, a um direito de participação social autónomo.

Para as sociedades por quotas assume especial relevância o disposto no artigo 250º, nº 1. Desta disposição legal retira-se que cada voto corresponde a € 0,01 (um cêntimo de euro) do valor nominal da quota, sendo

O PODER DOS SÓCIOS

que as quotas não podem ter valor nominal inferior a € 1,00 (um euro). Isto significa que, nas sociedades por quotas, todos os sócios terão obrigatoriamente de ter direito de voto, sendo a qualidade de sócio bastante para lhe conferir esse direito.

Nas sociedades anónimas, a norma é outra e vem prevista no artigo 384º. Tendo em conta a estrutura da própria sociedade, naturalmente que o Código não podia deixar de fazer corresponder os votos às ações e a regra legal é a de que cada ação confere um voto (cfr. art. 384º, nº 1). Contudo, a lei admite que o contrato de sociedade anónima possa incluir diversas limitações ao exercício do direito de voto, desde que assegure a um determinado montante mínimo de capital, pelo menos um voto (cfr. art. 384º, nº 2, *alínea b*))[17].

## 10. Direito de informação

O direito de informação vem enunciado logo a seguir ao direito de voto, na *alínea c)* do número 1 do artigo 21º. No que respeita aos tipos sociais mais relevantes[18], teremos de abordar também os artigos 214º a 216º e 288º a 292º, para as sociedades por quotas e anónimas, respetivamente, para além de algumas regras do Código de Processo Civil relativas ao exercício de direitos sociais.

Enquadramos neste importantíssimo direito aquela *permissão normativa específica* que os autores designam como direito de controlo da ação dos administradores e dos gerentes e que se retira designadamente do disposto nos artigos 292º, 216º, 450º, e das disposições do Código de Processo Civil correspondentes à manifestação deste direito (arts. 1479º a 1483º).

Vejamos, em seguida, como é que se caracteriza o direito de informação.

*A priori*, informação significa ter acesso a um certo conhecimento, isto é, ao que é pertinente da própria vida social. Ao caracterizar o direito de

---

[17] Este desvio estatutário – que a lei admite relativamente às clássicas ações com valor nominal – não é facilmente adaptável ao novo tipo societário de ação sem valor nominal, tendo em conta que a *alínea a)* do número 2 do artigo 384º, que estabelece que o contrato de sociedade pode exigir um determinado valor nominal mínimo para que o acionista possa exercer o direito de voto (€ 1.000,00), não foi alterada. Impõe-se, pois, fazer uma interpretação atualista e reconduzir, doravante, esse montante mínimo à fração do capital social que perfizesse esse valor.

[18] Importa referir que este direito é autonomamente regulado no domínio das sociedades em nome coletivo (cfr. art. 181º).

QUESTÕES DE DIREITO SOCIETÁRIO EM PORTUGAL E NO BRASIL

informação, estamos a tentar descobrir as vertentes em que esse conhecimento se decompõe:

Em primeiro lugar, este direito consiste na consulta de elementos da sociedade e, no âmbito desta, na chamada inspeção dos bens sociais – característico das sociedades em nome coletivo e por quotas (cfr. arts. 181º, nº 4 e 214º, nº 5) e na obtenção de informações por escrito (cfr. arts. 181º, nº 1 *in fine*, 214º, nº 1, *in fine*, e 291º).

Numa segunda vertente, traduz-se nas informações inerentes e necessárias para uma adequada formação das deliberações sociais, prévias à assembleia geral ou a prestar durante a sua realização (cfr. arts. 289º e 290º; e art. 248º, nº 1).

Finalmente, e quando a informação é recusada pela sociedade ou não é, justificada e devidamente, satisfeita pela sociedade, pode haver lugar a inquérito judicial e a exame de escrituração mediante intervenção judicial (cfr. arts. 216º e 292º).

Nas sociedades por quotas «*o direito à informação pode ser regulamentado no contrato de sociedade*» (art. 214º, nº 2), compreendendo a obtenção de esclarecimentos por escrito sobre a atividade social, a consulta da escrituração, livros e documentos, na sede da sociedade (cfr. mesma disposição, nº 1) e, inclusivamente, a inspeção dos bens sociais (art. 214º, nº 5).

Nas sociedades anónimas o âmbito de informação é, paradoxalmente, mais restrito do que nas sociedades por quotas, desdobrando-se, essencialmente, em *(i)* informações preparatórias da assembleia geral (art. 289º), *(ii)* informações mínimas, a conceder aos acionistas titulares de, pelo menos, 1% do capital social (art. 288º, nº 1), e *(iii)* outras informações, só por escrito e quando requeridas por acionistas que representem, pelo menos, 10% do capital social (art. 291º).

## 11. Direito de impugnar deliberações sociais

Se deliberam coletivamente em violação da lei ou do contrato de sociedade os sócios, podem reagir individualmente. Assim, verificando-se a ineficácia (*lato sensu*) da deliberação, poderão os sócios recorrer aos tribunais para inutilizarem essa deliberação, independentemente do montante da respetiva participação social, propondo nomeadamente uma ação constitutiva (anulação de deliberação social) ou de simples apreciação (negativa) (declaração de nulidade). No entanto, uma vez que o tribunal pode levar o seu tempo a julgar – e até à decisão a deliberação produziria os seus

O PODER DOS SÓCIOS

efeitos –, a lei (processual) faculta aos sócios um procedimento cautelar típico, que visa assegurar-lhes o conteúdo útil do seu direito (de impugnação): a providência de suspensão de deliberação social (vd. arts. 396º e 397º do CPC).

O direito de impugnação de deliberações sociais configura-se como um direito necessariamente individual, com uma exceção referente ao procedimento cautelar de suspensão de deliberação social de sociedade aberta, que requer a detenção (ou conjugação) de uma percentagem mínima do capital social: 0,5% (cfr. art. 24º, nº 1 do CVM).

## 12. Dutros direitos

O poder dos sócios exprime-se também noutros direitos. São eles:

- O *direito de preferência* (dos sócios e acionistas) na subscrição de capital em aumento por entradas em dinheiro (cfr. arts. 266º e 458º), inerente à própria participação social[19], cujo conteúdo consiste na faculdade que os sócios têm de intervir preferencialmente em relação a terceiros, na subscrição de novas participações, em caso de aumento do capital social. Assim, quem já for sócio ou acionista de uma sociedade que pretenda aumentar o capital social por entradas em dinheiro, tem preferência na subscrição desse aumento em relação àqueles que pretenderem vir a sê-lo, isto é, relativamente a quem pretender entrar para a sociedade; e devem exercer essa preferência proporcionalmente à sua participação no capital. Por isso, se diz que o direito de subscrição é proporcional à participação social.

---

[19] Falta saber se efetivamente o direito à participação em aumento de capital é um concreto benefício social. Mas a essa dúvida também se pode contrapor que pode não haver lucros do exercício e, não obstante, o respetivo direito não deixar de existir em abstrato. O que é facto é que este direito (de preferência) decorre precisamente de um sócio deter uma certa participação. E por isso exerce a preferência de subscrição em aumentos de capital, quando estão em causa entradas em dinheiro, proporcionalmente à participação que detinha. Estamos perante um direito que pretende permitir uma maior participação em termos absolutos na sociedade, mas visa também, simultânea e fundamentalmente, garantir que se mantenha o *status quo* relativo que, anteriormente, se verificava. Por esta razão, embora associando-o aos direitos de conteúdo patrimonial, não podemos deixar de reconhecer-lhe características que o enquadram também nos direitos de conteúdo não imediatamente patrimonial.

QUESTÕES DE DIREITO SOCIETÁRIO EM PORTUGAL E NO BRASIL

- O direito de exoneração, que consiste na faculdade que é reconhecida ao sócio de, mediante uma contrapartida, abandonar unilateralmente a sociedade de que fazia parte, sem se fazer substituir. Esta operação implica a perda da titularidade da quota ou das ações relativamente às quais se exerceu o direito. A solução da nossa lei é distinta para as sociedades por quotas e para as sociedades anónimas. Nas sociedades por quotas, a exoneração pode ocorrer nos casos previstos na lei e no contrato (cfr. art. 240º), mas este nunca pode admitir a exoneração pela vontade arbitrária do sócio (cfr. art. 240º, nº 8). Neste tipo societário, a exoneração permitirá, nas circunstâncias autorizadas, o afastamento do sócio. Nas sociedades anónimas a natureza da sociedade e a livre transmissibilidade das participações impõem uma solução mais rígida. Inclinamo-nos, assim, para considerar este direito verdadeiramente excecional nas sociedades anónimas, concluindo pela inadmissibilidade de estipulação contratual de cláusulas de exoneração, para além das situações expressamente previstas na lei. Essas são as que constam dos artigos 3º, nº 5 *in fine*, 45º, nº 1, 105º, 120º, 137º e 161º, nº 5. Reforça o nosso entendimento o tipo de participação característica desta sociedade, dotada de muito maior liquidez do que a participação na sociedade por quotas. Neste tipo societário, eventuais cláusulas de exoneração sobre matérias nas quais não se encontrem legalmente previstas e autorizadas, não são aceitáveis, por serem contrárias ao interesse social, não fazendo sentido porque a construção da participação social é feita em função da *ação* e não da pessoa do acionista.

- Finalmente, importa mencionar o *direito a ser eleito para os órgãos de administração e fiscalização da sociedade* (cfr. art. 21º, nº 1, *alínea d)*), o qual constitui fundamento da participação dos sócios na respetiva gestão e controlo, representando, por um lado, um verdadeiro poder-dever, no sentido de que os sócios terão de assegurar, se necessário, o preenchimento dos cargos sociais, e, por outro, limite ao alargamento desmesurado dos casos de independência dos membros dos órgãos sociais. É nesta perspetiva simples que o direito acolhido com tanto relevo, na norma principal de enquadramento desta temática, deve ser entendido, no presente.

## IV. Epílogo

Aqui chegados podemos resumidamente concluir que, partindo de situações jurídicas essencialmente individuais – em que se concretiza nos diversos direitos subjetivos que caracterizam a participação social –, o poder dos que arriscam o seu capital numa estrutura empresarial mercantilista, sob forma societária, evoluiu, para uma conceção eminentemente coletiva, contrapondo-se com muita clareza à gestão da sociedade e procurando assegurar que esta se continua a processar com respeito pela vontade soberana daqueles que constituem e mantêm a sociedade: os sócios.

E isto, algo paradoxalmente, se considerarmos a rutura com os princípios da concentração geográfica e temporal das decisões dos sócios nas sociedades anónimas e a progressiva substituição da realização de assembleias gerais por deliberações, em regra unânimes, dos sócios formadas à margem desse órgão que, por essa razão, tem vindo a perder protagonismo nas pequenas e médias sociedades comerciais.

Não obstante, consideramos que o poder, individual e coletivo, dos sócios tem vindo a revalorizar-se com as novas regras de governação societária, incluindo aquelas que constituem *soft law*, conservando a relevância que sempre teve e que encontra plena correspondência nos direitos subjetivos que os sócios podem exercer, isolada ou conjuntamente, continuando a afirmar-se no âmbito da sociedade e no equilíbrio em que assenta o funcionamento dos seus diversos órgãos.

Lisboa, outubro de 2011

# A PROTEÇÃO DO SÓCIO MINORITÁRIO

# A proteção do sócio minoritário
# na Lei das Sociedades Anônimas brasileira

MANOEL DE QUEIROZ PEREIRA CALÇAS[*]

## 1. Introdução

A proteção dos sócios minoritários constitui-se tema dos mais relevantes e controvertidos do direito societário o qual deriva, essencialmente, da aplicação do princípio da prevalência da vontade da maioria nas deliberações assembleares, razão pela qual, os diversos ordenamentos jurídicos europeus, e, posteriormente, os americanos, sempre procuraram criar mecanismos tutelares dos direitos dos acionistas que, em razão de circunstâncias ordinárias ou excepcionais possam ser violados pela maioria deliberante.

É de trivial sabença que nos primórdios do direito societário adotou-se o princípio da unanimidade das deliberações sociais, situação que, evidentemente, conferia proteção absoluta aos acionistas, haja vista a impossibilidade de qualquer decisão ser tomada sem o seu expresso consentimento. Porém, constatada a inviabilidade da exigência da unanimidade deliberativa, visto que poderia causar o engessamento da administração societária, evoluiu-se para o princípio da maioria, pelo qual, os minoritários devem submeter-se à deliberação social majoritária. Para se balancear os interes-

[*] Professor Doutor de Direito Comercial da Pontifícia Universidade Católica de São Paulo; Desembargador do Tribunal de Justiça do Estado de São Paulo.

ses da maioria com os titularizados pela minoria e sob o prisma do interesse social, instituiu-se o princípio da tutela dos sócios minoritários que, fundamentado no princípio da autonomia da vontade, arrola os direitos individuais reputados essenciais que, em hipótese nenhuma podem ser suprimidos pelo estatuto social ou pela assembleia geral de acionistas.

O presente ensaio objetiva examinar a tutela dos sócios ou acionistas minoritários da sociedade anônima, fazendo uma abordagem sob o exclusivo enfoque dos direitos essenciais previstos na Lei nº 6.404, de 15 de dezembro de 1976, com as alterações determinadas pela Lei nº 9.457, de 5 de maio de 1997 e pela Lei nº 10.303, de 31 de outubro de 2001. Em que pese adotarmos a posição doutrinária que visualiza os direitos essenciais também como mecanismo estabilizador das relações internas de poder da sociedade, este estudo limitar-se-á a tratá-los sob o exclusivo viés de instrumento de proteção dos acionistas minoritários. Ademais, considerando-se os limites impostos a trabalho que se insere como capítulo de obra coletiva, trataremos apenas do direito de recesso como principal instrumento de tutela dos acionistas minoritários, deixando para outra oportunidade o exame dos demais direitos essenciais, inclusive aqueles que são aplicáveis à minoria qualificada, nos termos da legislação brasileira.

## 2. Direitos dos acionistas

A subscrição de ações de uma sociedade anônima confere ao subscritor a qualidade jurídica de acionista, da qual decorrem obrigações e direitos previstos na lei e nos estatutos. A principal obrigação imposta ao acionista é a de integralizar as ações subscritas na forma prevista no estatuto social ou no boletim de subscrição. Outrossim, adquirido o "status" de acionista, dele decorrem diversos direitos e garantias outorgados aos acionistas, os quais apresentam características distintas que permitem classificá-los em: a) direitos individuais, considerados essenciais e comuns a todos os acionistas; b) direitos próprios ou reservados a uma ou mais classes de acionistas; c) direitos coletivos, em sentido estrito (Valverde, 1941, vol.1:379).

Examinaremos exclusivamente os direitos individuais que a doutrina brasileira considera essenciais.

## 3. Direitos individuais-essenciais

Denominam-se direitos individuais ou essenciais aqueles que nem a assembleia geral, nem os estatutos sociais poderão privar o acionista do seu exer-

A PROTEÇÃO DO SÓCIO MINORITÁRIO

cício, sendo considerados impostergáveis e irrenunciáveis. São direitos que não podem ser alterados pela vontade da maioria e que, mesmo com o consentimento do acionista, não podem ser abolidos ou restringidos.

A doutrina e a jurisprudência alemãs elaboraram o conceito dos direitos individuais ou próprios, a partir da vigência do Código Civil alemão que no parágrafo 35 preceituou que os direitos próprios ou individuais (sonderrechte) do membro de uma pessoa jurídica não podem, sem o seu consentimento, ser atingidos pela resolução da assembleia.

Divergiram, no entanto, os doutrinadores alemães que cuidaram dos "sonderrechte", definidos por alguns como os direitos outorgados genericamente a todos os acionistas e que, sem o seu consentimento, não podem ser alterados ou abolidos pela vontade da maioria, enquanto outros afirmavam que são os direitos próprios, ou privilegiados atribuídos a determinadas classes ou grupos de acionistas. Em face dessa divergência, MIRANDA VALVERDE sustentava ser imprescindível, por uma questão lógica e jurídica, a classificação diferenciada dos direitos conferidos à generalidade dos acionistas e que não podem ser cancelados ou alterados pela vontade majoritária, aos quais denomina de direitos individuais, sendo uns absolutamente intangíveis e outros subordinados à isonomia de tratamento e os direitos reservados, pela lei ou estatutos, a determinados grupos ou classe de acionistas (1941, vol.1:374/375).

O Código Suíço das Obrigações, alterado em 1936, vale-se do conceito de direito adquirido para determinar a natureza jurídica dos direitos individuais dos acionistas, consoante se verifica pelo exame do artigo 646: "Direitos adquiridos, que pertencem individualmente aos acionistas, na sua qualidade de acionistas, não lhes podem ser retirados sem a sua aprovação. Como direitos adquiridos são considerados aqueles direitos do acionista, que, segundo preceito de lei ou dos estatutos, são independentes das resoluções da assembleia geral e da administração, ou nascem do direito de participar da assembleia geral. A essa classe pertencem, especialmente, a qualidade de membro, o direito de voto, o direito ao dividendo, o direito a uma parte no produto da liquidação".

A jurisprudência francesa firma-se na senda do entendimento germânico e constrói a teoria das bases essenciais, que só poderiam ser modificadas pela unanimidade dos acionistas, admitindo-se a alteração apenas das cláusulas acessórias. No entanto, em face das dificuldades de se classificar com rigor quais seriam as bases essenciais, os franceses, ulterior-

QUESTÕES DE DIREITO SOCIETÁRIO EM PORTUGAL E NO BRASIL

mente acataram a doutrina de Thaller dos direitos próprios dos acionistas. Atualmente, no direito francês, os direitos individuais dos acionistas são estabelecidos pela doutrina, que arrola os seguintes: direito de fazer parte da sociedade, direito de voto, direito a dividendo, direito às reservas, direito de negociar as ações (Bulgarelli, 1998:47).

No direito italiano, são previstos como direitos individuais impostergáveis: direito à conservação do "status" de acionista até a extinção da companhia; direito à limitação da responsabilidade, até o valor da subscrição, direito de voto, direito de recesso, direito ao dividendo convencionado, direito à impugnação de acordos ilegais, direito de preferência nos aumentos de capital, direito de participação no acervo líquido, no caso de liquidação (Carvalhosa, 2008, 2º vol:328).

A Lei das Sociedades Anônimas espanhola (art. 48.2) preceitua que a ação outorga a seu titular a condição de acionista e atribui-lhe os seguintes direitos: participar dos lucros sociais e do acervo final no caso de liquidação da companhia; preferência na subscrição de novas ações e obrigações conversíveis; assistir e votar nas assembleias; impugnar os acordos sociais e as informações (Javier García de Enterría, 2005:316).

Em Portugal o art. 21 do Código das Sociedades Comerciais (D.L. nº 262, de 2/9/1986) enumera como direito dos sócios: a) a aquinhoar nos lucros; b) participar nas deliberações de sócios, sem prejuízo das restrições previstas na lei; c) a obter informações sobre a vida da sociedade, nos termos da lei e do contrato; d) a ser designado para os órgãos de administração e de fiscalização da sociedade, nos termos da lei e do contrato.

No Brasil, a Lei 6.404/76, no artigo 109, praticamente reproduziu o artigo 78 do antigo Decreto-lei 2.627/40, inspirado na doutrina alemã e na Lei das Sociedades Anônimas alemã, de 1937, apresentando o elenco dos direitos que denomina de essenciais dos acionistas, que, nem pelo estatuto, nem pela Assembleia Geral, deles podem ser privados.

"Artigo 109: Nem o estatuto social nem a assembléia geral poderão privar o acionista dos direitos de:

I) participar dos lucros sociais;
II) participar do acervo da companhia, em caso de liquidação;
III) fiscalizar, na forma prevista nesta Lei, a gestão dos negócios sociais;

A PROTEÇÃO DO SÓCIO MINORITÁRIO

IV) preferência para subscrição de ações, partes beneficiárias conversíveis em ações, debêntures conversíveis em ações e bônus de subscrição, observado o disposto nos arts. 171 e 172;

V) retirar-se da sociedade nos casos previstos nesta Lei."

Examinando-se os direitos essenciais dos acionistas que são arrolados pelo legislador, constata-se que eles não objetivam proteger, com exclusividade, os acionistas minoritários, uma vez que aplicam-se a qualquer acionista, independentemente do número, grande ou pequeno, de ações que ele possua. No entanto, entendemos que as regras que tem por fim proteger os direitos individuais de qualquer tipo de acionista, tem por escopo principal a tutela dos direitos dos acionistas minoritários.

### 3.1. Direitos essenciais. Natureza jurídica. Função dos direitos essenciais: equilíbrio das relações de poder na companhia e proteção aos acionistas minoritários

Os direitos essenciais outorgados a todos os acionistas, minoritários ou majoritários, controladores ou não, são chamados também de substanciais, individuais, impostergáveis, invioláveis e sagrados. Eles não podem ser derrogados pela assembleia geral ou pelo estatuto social, sendo, por isso, irrevogáveis e imutáveis. Apenas a lei ordinária poderá suprimir ou alterar os direitos essenciais arrolados na Lei das Sociedades Anônimas, cumprindo observar que eles não são direitos absolutos, já que a própria lei societária cuida de imprimir-lhes a marca da relatividade, prevendo limites ao seu exercício, como se verifica do direito de preferência albergado no artigo 172.

Ademais, a doutrina considera que as normas que regulam os direitos essenciais dos acionistas são de ordem pública, cogentes, mercê do que, nem o acionista pode renunciar a tais direitos.

Ensina Modesto Carvalhosa que o acionista não pode renunciar de forma abstrata e previamente aos direitos essenciais que a lei lhe assegura, quer tácita, quer expressamente. Inobstante a irrenunciabilidade dos direitos essenciais, pode o acionista deixar de exercer, efetivamente, referidos direitos. Destaque-se, no entanto, que apenas as prerrogativas ativas podem deixar de ser exercidas, como por exemplo: preferência na subscrição de ações e a fiscalização da gestão social. Já as denominadas prerrogativas passivas, como a participação nos lucros ou no acervo final da companhia, que não dependem de atuação do acionista, deverão ser cumpridas pela companhia, que deverá atribuir os dividendos ou o acervo final ao seu titular, independente de qualquer manifestação do acionista.

Tratando-se de norma de ordem pública e cogente, qualquer deliberação assemblear que altere ou cancele os direitos essenciais do acionista ou que homologue renúncia do acionista aos aludidos direitos é fulminada de nulidade, a qual será declarada por ação judicial que não se sujeita à prescrição (2008, 2:340-341).

Sobre este tema, vale lembrar a teoria ascareliana:

> "Os direitos individuais dos acionistas, vimos, podem relacionar-se apenas aos limites dos poderes da maioria; ou podem relacionar-se aos limites dos poderes da sociedade. No primeiro caso pode o estatuto originário, que assenta no consentimento unânime dos subscritores, estabelecer, a seu respeito, uma disciplina diversa da legal ou até derrogá-la, embora não o possa uma deliberação por maioria que altere os estatutos; no segundo caso, ao contrário, nem sequer o estatuto originário (e, *a fortiori*, ao menos em princípio, a deliberação da maioria), embora assentando no consentimento unânime, pode estabelecer uma disciplina diversa da legal; no primeiro caso, trata-se de direitos renunciáveis por parte do acionista, embora inderrogáveis por parte da maioria; no segundo, de direitos irrenunciáveis por parte do acionista e inderrogáveis por parte da sociedade; no primeiro, por isso, é válida a deliberação, caso consinta o acionista interessado; no segundo, ao contrário, fica a deliberação, sempre inválida; no primeiro caso, visa, a norma, a tutela do interesse privado do acionista; no segundo é, ela, de ordem pública; no primeiro caso, a deliberação será impugnável; no segundo caso, será, ela, nula; no primeiro caso, dever-se--á aplicar o prazo de prescrição do art. 156, ao passo que, no segundo, a ação é imprescritível" (Tullio Ascarelli, 1945:406/408).

Em suma: os direitos essenciais são considerados de ordem pública, irrevogáveis pela vontade da maioria, indisponíveis e irrenunciáveis por parte de seus titulares. Eventual deliberação assemblear que vulnere tais direitos ou homologue renúncia em relação a eles manifestada é maculada de nulidade absoluta, que poderá ser declarada por ação judicial que não se sujeita à prescrição.

Relativamente à função dos direitos essenciais, cumpre anotar que a lei brasileira, ao arrolá-los no artigo 109 e, de forma esparsa, em outros dispo-

A PROTEÇÃO DO SÓCIO MINORITÁRIO

sitivos legais não buscou apenas proteger a figura do acionista, em especial, dos minoritários, mas sim, teve alcance maior, ou seja, o de proporcionar estabilidade nas relações de poder no âmbito interno da companhia.

"Os direitos essenciais dos acionistas, portanto, ficam mais bem contextualizados na questão da dinâmica das relações intra-societárias. São, com efeito, balizamentos às relações de poder, que as estabilizam em determinado grau. O poder do acionista controlador pode crescer, mas não ilimitadamente; os minoritários podem zelar por seus interesses, mas sem prejudicar o regular desenvolvimento da atividade empresarial. Os direitos essenciais fixam os limites das posições de controlador e minoritários, exatamente porque não podem ser subtraídos aos acionistas por nenhum ato de vontade (expressa nos estatutos ou em deliberação assemblear). Note-se que em outras regras do direito societário – como a de responsabilidade do controlador por abusos (art. 117), ou do acionista por exercício irregular do direito de voto (art. 115) – também operam a estabilização das relações de poder, mas a definição de alguns direitos como essenciais, dos quais nenhum acionista, independentemente de sua posição, pode ser privado, é o instrumento mais importante neste contexto" (Fábio Ulhoa Coelho, 2011:317).

## 3.2. Elenco dos direitos essenciais

O artigo 109 da lei societária arrola como direitos essenciais dos acionistas: I) participar dos lucros sociais; II) participar do acervo da companhia, em caso de liquidação; III) fiscalizar, na forma prevista nesta Lei, a gestão dos negócios sociais; IV) preferência para subscrição de ações, partes beneficiárias conversíveis em ações, debêntures conversíveis em ações e bônus de subscrição, observado o disposto nos arts. 171 e 172; V) retirar-se da sociedade nos casos previstos nesta Lei.

A lista dos direitos essenciais constante do artigo 109 não é exaustiva, haja vista que, outras prerrogativas individuais dos acionistas, consideradas pela doutrina como direitos individuais de caráter essencial, estão previstas em dispositivos esparsos da lei das sociedades anônimas, como, por exemplo: a) direito do acionista de negociar livremente suas ações, não sendo admissível que as limitações eventualmente impostas no estatuto de companhia fechada impeçam o exercício do referido direito (art. 36); b) direito de convocar assembleia geral quando os administradores retardarem por mais de sessenta dias a convocação prevista em lei ou no estatuto (art. 123, parágrafo único, alínea 'b'); c) direito de participar das assembleias e discutir todas as matérias postas em deliberação (artigo 125); d) direito de exigir a autenticação de cópia ou exemplar das propostas, proposições, protestos e declarações de votos oferecidos em assembleia geral cuja ata seja lavrada de forma sumária (art. 130); e) direito de propor ação de responsabilidade contra administradores, em nome próprio (art. 159, par. 3º); f) direito de propor ação de responsabilidade contra os administradores, em nome da companhia, por substituição processual da companhia (artigo 159, par. 4º); g) direito de ceder o direito de preferência (art. 171, par. 6º); h) direito de propor ação de anulação dos atos constitutivos da companhia (art. 206, II, "a").

Impende fazer breve referência ao direito de voto que, tanto a legislação anterior, como a Lei nº 6.404/76 não o incluem na relação dos direitos essenciais-individuais dos acionistas, circunstância que acarreta grande divergência na doutrina brasileira sobre ser ele, ou não, reputado direito essencial. A maioria da doutrina brasileira afirma que o direito de voto não é considerado como um direito essencial do acionista. Nesta linha a posição de Waldemar Ferreira, Fran Martins, Rubens Requião e Fábio Ulhoa Coelho. Em sentido contrário, Nelson Eizirik afirma que o direito de voto é um dos direitos essenciais dos acionistas (1997:42). Jorge Lobo sustenta que o direito de voto é um predicado ou atributo da ação e não um direito essencial ou modificável do acionista, sendo "um direito natural do acionista", além de "direito essencial, intangível, inderrogável e irrenunciável do acionista titular de ações ordinárias e do preferencialista de companhias em que o estatuto não negue ou restrinja" tal direito, podendo ser "um direito limitado do preferencialista que não o tenha garantido pelo estatuto" (2011:9495).

Tomando partido em tal querela, pensamos que o direito de voto, por não estar arrolado no artigo 109 da lei societária brasileira, e na dicção do artigo 111 poder não ser outorgado às ações preferenciais, não tem a natureza de direito essencial , classificando-se, de forma mais precisa, como um direito próprio ou reservado a uma ou mais classes de ações, notadamente das ações ordinárias.

## 4. O direito de recesso na sociedade anônima

No rol dos direitos e garantias individuais previstos em nossa Constituição Federal está assegurado no artigo 5º, inciso XVII, ser plena a liberdade de

A PROTEÇÃO DO SÓCIO MINORITÁRIO

associação para fins lícitos. Trata-se de uma garantia constitucional que pode ser aferida sob o ângulo positivo e negativo, vale dizer, ao direito de se associar livremente corresponde, em contrapartida, o direito dos associados de se desligarem livremente das associações das quais fazem parte, pois, ninguém pode ser compelido a prosseguir em sociedade quando, voluntariamente, por qualquer motivo, pretenda dela se retirar.

No âmbito do direito societário, o direito conferido às pessoas de ingressarem, ou não, em uma sociedade comercial, bem como dela se retirarem, é uma decorrência da garantia constitucional de liberdade conferida às pessoas, constituindo-se mera expressão da livre manifestação de vontade. O sócio que voluntariamente pretenda retirar-se da sociedade comercial de que faz parte pode fazê-lo de duas maneiras diferentes: alienar sua participação societária ou exercer o direito de retirada. A alienação da participação societária é disciplinada diferentemente nas denominadas sociedades de pessoas e nas sociedades de capital. Nas sociedades de pessoas, previstas na parte primeira do Código Comercial (revogado a partir de janeiro de 2003), que praticamente não eram utilizadas no meio empresarial, restringia-se de forma extremamente severa a possibilidade do sócio negociar com terceiros, estranhos ao quadro societário, a sua participação na sociedade, prevendo o artigo 334 do antigo estatuto comercial que "a nenhum sócio é lícito ceder a um terceiro, que não seja sócio, a parte que tiver na sociedade, nem fazer-se substituir no exercício das funções que nela exercer sem o expresso consentimento de todos os outros sócios; pena de nulidade do contrato". A vedação da livre negociabilidade da participação societária dos sócios era compensada pela previsão do artigo 335, nº 5, do Código Comercial, que permitia a dissolução da sociedade comercial celebrada por tempo indeterminado pela vontade de um dos sócios, a qual foi temperada pela jurisprudência que, com o intuito de preservar a empresa, criou a possibilidade da ação de dissolução parcial da sociedade.

Nas sociedades por quotas de responsabilidade limitada, ao tempo em que eram regidas pelo Decreto nº 3.708/19 (revogado pelo atual Código Civil), a alienação da participação societária podia ser regulada pelo contrato social, que tinha a faculdade de estabelecer regras restritivas ou autorizá-la da forma mais livre e ampla possível. Outrossim, o artigo 15 do Decreto 3.708/19 permitia aos sócios quotistas o direito de retirada da sociedade, sempre que a maioria deliberasse a alteração do contrato social.

QUESTÕES DE DIREITO SOCIETÁRIO EM PORTUGAL E NO BRASIL

O Código Civil de 2002, que atualmente disciplina no livro "Direito de Empresa", a sociedade simples, a sociedade em nome coletivo, a sociedade em comandita simples, a eficácia da cessão total ou parcial de quota depende da modificação do contrato social com o consentimento dos demais sócios (art. 1003). O mesmo Código, ao disciplinar a sociedade limitada preconiza, no artigo 1.057, que o contrato social pode disciplinar livremente a cessão total ou parcial das quotas. No entanto, na omissão do contrato, o sócio poderá ceder sua quota, total ou parcialmente, a quem seja sócio, ou a estranho, se não houver oposição de titulares de mais de ¼ do capital social.

Nas sociedades anônimas, o tratamento da matéria é diferente, pois, em virtude do princípio que assegura a livre negociabilidade das ações, – salvo no caso das companhias fechadas, nas quais o estatuto pode, nos termos do artigo 36 da LSA, prever limitações à circulação das ações, desde que as restrições não impeçam a negociação, nem sujeitem o acionista ao arbítrio dos órgãos de administração ou da maioria dos acionistas -, a lei estabelece, de forma taxativa, as hipóteses autorizativas do direito de recesso do acionista. Em razão disso, Fábio Ulhoa Coelho anota que no regime das sociedades anônimas facilita-se a saída do acionista pela alienação de suas ações e limita-se a possibilidade do direito de recesso, tanto que, no caso de sociedades abertas, cujas ações tenham alto grau de liquidez e de dispersão, – o que autoriza a presunção de que o acionista pode alienar com facilidade suas ações no mercado mobiliário -, a lei exclui o direito de recesso no caso de dissidência de deliberação assemblear, em determinadas hipóteses previstas no artigo 137, II, tais como, fusão da companhia, sua incorporação em outra ou formação de grupo.

Há, em síntese, dois procedimentos diferentes para os sócios desvincularem-se da sociedade: se for sociedade limitada, regida subsidiariamente pelas regras da sociedade simples (art. 1.053, CC) a lei dá preferência ao uso do direito de retirada; se for sociedade anônima, ou sociedade limitada regida supletivamente pela Lei das Sociedades Anônimas (art. 1.053, parágrafo único, CC) o caminho preferido é o da alienação das ações (Coelho, 2011:326-327).

Os dois procedimentos que podem ser utilizados pelos sócios que pretendam desvincularem-se da sociedade comercial são completamente diferentes, seja no que diz respeito à natureza do ato, seja no que concerne aos seus participantes, ou no estabelecimento do preço das quotas ou ações.

A PROTEÇÃO DO SÓCIO MINORITÁRIO

Assim, quando o sócio se retira da sociedade empresária pela alienação de sua participação societária a terceiro, ele celebra negócio jurídico bilateral do qual não participa a sociedade. Ao alienar sua participação na sociedade para terceiro, ambos estabelecem, com plena liberdade o preço e as condições do negócio, normalmente de acordo com o mercado, no qual não intervêm a sociedade, sendo certo que, em relação a ela, o sócio utiliza-se de um direito potestativo de alienar sua parte na sociedade.

Por outro lado, quando o sócio minoritário se utiliza do direito de recesso por discordar da deliberação da maioria, ele, por ato unilateral e de caráter potestativo, decorrente da livre manifestação volitiva, retira-se da sociedade e exige o reembolso de sua participação societária. A retirada do sócio não resulta do consenso ou da negociação entre ele e a sociedade, mas sim, da discordância do minoritário em relação à deliberação majoritária, que o autoriza a sair e receber o valor correspondente às suas quotas ou ações, fixado por critérios previstos na legislação, constituindo-se em ato que decorre de manifestação unilateral da vontade do retirante.

O direito de recesso concedido ao acionista minoritário foi um dos institutos regulados pela Lei nº 6.404/76 que mais profundas e extensas alterações recebeu com a reforma da Lei das Sociedades Anônimas, levada a efeito com a edição da Lei nº 9.457/97. Afirmam os doutrinadores que as modificações impostas ao exercício do direito de recesso foram realizadas com o objetivo de facilitar o processo de privatização das sociedades estatais brasileiras, pois, o direito de retirada constituía-se em sério obstáculo, visto que onerava excessivamente a reestruturação das companhias. (Amaral, 1998:51 e Eizirik, 1997:59).

Relativamente ao recesso, profundas foram as alterações de seu regime jurídico, orientando-se o legislador pela presunção de que, em razão da globalização da economia e da abertura de nosso país ao capital internacional, seria imprescindível para a sobrevivência das sociedades anônimas nacionais em face do ingresso de sociedades internacionais em nossa economia, a realização de procedimentos de concentração de sociedades, para os quais, normalmente, são utilizados os processos de fusão, incorporação ou participação em grupos de sociedades, sendo de rigor, em tais casos, medidas com finalidade de reduzir os custos que decorreriam do recesso dos dissidentes. É oportuno lembrar que Lei nº 7.958/89 objetivou eliminar a fusão, a incorporação em outra sociedade e a participação em grupo de sociedades do elenco das causas autorizativas do direito de recesso,

QUESTÕES DE DIREITO SOCIETÁRIO EM PORTUGAL E NO BRASIL

fazendo-o, de forma imperfeita, o que gerou grande discussão doutrinária sobre a manutenção, ou não, do direito de recesso em tais hipóteses. A Lei nº 9.457/97 reequacionou a questão, afastando a controvérsia existente, prevendo expressamente a possibilidade do direito de recesso em tais casos, só que de forma limitada, visto que, em se tratando de companhias abertas, os acionistas só terão o direito de retirada nos casos de fusão da companhia, sua incorporação em outra ou formação de grupo, se as ações não tiverem alta liquidez ou grande dispersão no mercado, nos termos definidos pela própria lei (artigo 137, II). Em suma: o direito de recesso, em tais hipóteses, praticamente só poderia ser aplicável às companhias abertas que não se enquadrassem no conceito legal de sociedades cujas ações ostentem alto grau de liquidez ou de dispersão no mercado. Posteriormente, a Lei nº 10.303/2001 passa a exigir a cumulatividade da liquidez e da dispersão das ações, na forma definida pelo legislador para suprimir o direito de recesso nas hipóteses em exame, impondo ao acionista dissidente a alienação de suas ações no mercado de valores mobiliários.

A reforma eliminou, não de forma absoluta, o direito de recesso nos casos de cisão das companhias, com o objetivo de reduzir os custos do programa da privatização das estatais, uma vez que tal programa previa a cisão das companhias antes de serem privatizadas. Ao afirmar que o direito de recesso não foi eliminado de forma absoluta nos casos de cisão, cumpre lembrar que o legislador manteve o direito de retirada em alguns casos de cisão, como será visto na oportunidade própria. O Governo Federal, consoante manifestação do Deputado Federal Antônio Kandir, afirmou na época em que tramitava o projeto de reforma da Lei da S.A. que "sua preocupação é com o chamado 'direito de retirada'". Isto é, a possibilidade de o minoritário sair da empresa recebendo, no mínimo, o valor patrimonial da ação. (cf. jornal "Folha de São Paulo", ed. de 13/12/96, pág. 2).

Em outro periódico, o então Ministro Kandir, esclareceu mais detalhadamente o verdadeiro objetivo do Governo com a reforma da Lei das S.A. "na avaliação de Kandir, as novas regras vão facilitar o processo de privatização dos setores elétrico e de telecomunicações. Pelo projeto aprovado, os acionistas minoritários das sociedades anônimas não podem exercer o chamado direito de retirada no caso de cisão das empresas. Como o governo pretende dividir os sistemas Telebrás e Eletrobrás em vários blocos para facilitar a privatização, o mecanismo remove um dos obstáculos legais que poderiam atrapalhar a venda dessas estatais. "Sem isso, o pro-

230

# A PROTEÇÃO DO SÓCIO MINORITÁRIO

grama não andaria, disse o ministro" (cf. "O Estado de São Paulo", ed. de 13/12/96, pág. B-4).

Outra importante alteração da disciplina do direito de recesso implementada pela Lei nº 9.457/97 refere-se ao valor do reembolso das ações que a companhia deve pagar ao acionista dissidente, uma vez que a nova redação do parágrafo 1º do artigo 45, permite que o estatuto estabeleça que o reembolso seja pago com base no valor econômico da companhia.

As alterações que a Lei nº 9.457/97 imprimiu ao direito de recesso foram de tal ordem, que é conveniente uma abordagem mais profunda e extensa do novo regime jurídico imposto a tal instituto, fazendo-o também com base na Lei nº 10.303/2001, que promoveu modificações na disciplina da matéria.

## 4.1. Origem histórica do direito de recesso

O direito de recesso tem sua origem no Código de Comércio italiano de 1882 que, em seu artigo 158, permitia aos acionistas ausentes ou dissidentes de deliberações de assembleia que aprovassem a fusão, reintegração ou aumento de capital, mudança do objeto ou prorrogação da duração da sociedade, a faculdade de se retirarem voluntariamente da sociedade com "o reembolso de suas quotas ou ações em proporção do ativo social, segundo o último balanço aprovado".

O Código Comercial brasileiro, editado em 1850, regulava de forma extremamente lacônica as companhias, denominação usada para referir-se às sociedades anônimas, disciplinando-as apenas em cinco artigos (295 a 299), não prevendo em nenhum dos dispositivos o direito de retirada voluntária do acionista dissidente de deliberação de assembleia geral. As demais leis que foram editadas posteriormente em substituição aos artigos 295 a 299 do Código Comercial também não regularam o direito de recesso.

A legislação brasileira que alterou os dispositivos do Código Comercial que disciplinavam as sociedades anônimas, elaborada após o Código de Comércio italiano de 1882, mesmo diante da previsão do direito de recesso pelo diploma italiano, não albergou o instituto entre os direitos dos acionistas. Assim, a Lei nº 3.150, de 4 de novembro de 1882 e o Decreto nº 434, de 4 de julho de 1891, que a regulamentou e que era a norma de regência das sociedades anônimas, não cuidou do direito de recesso. Somente em 1932, com a edição do Decreto nº 21.536, foi introduzido no Brasil o direito de recesso dos acionistas dissidentes de decisões de assembleias gerais, em

## QUESTÕES DE DIREITO SOCIETÁRIO EM PORTUGAL E NO BRASIL

que pese a previsão do artigo 15 do Decreto 3.708, de 10 de janeiro de 1919, que, ao disciplinar as sociedades por quotas de responsabilidade limitada, permitia a retirada do sócio dissidente de alteração do contrato social.

A adoção do direito de recesso dos acionistas dissidentes de deliberações assembleares está vinculada à introdução das ações preferenciais em nossa legislação, matéria que, desde 1898 era objeto de cogitação de juristas do porte de Ruy Barbosa e Carvalho de Mendonça, sendo elaborados diversos projetos de lei que autorizavam a emissão de ações preferenciais, os quais, no entanto, não lograram aprovação. Foi o Decreto 21.536, de 14 de junho de 1932, que, ao dispor "sobre o modo de constituição do capital das sociedades anônimas", autorizou que parte do capital social fosse dividido em uma ou mais classes de ações preferenciais, estabelecendo no artigo 8º quais as preferências que poderiam ser previstas no estatuto: "Sempre que a modificação de estatutos vise alterar as preferências e vantagens conferidas a uma ou mais classes de ações preferenciais, ou criar uma classe de ações com preferência mais favorável do que a das existentes, ou alterar o seu valor nominal, essa modificação somente poderá realizar-se mediante a aprovação de dois terços, pelo menos, do capital constituído pelas ações prejudicadas, após a aprovação da proposta por acionistas representando a maioria do capital com direito a voto, segundo a legislação vigente". Em seguida, no artigo 9º, pela primeira vez, surge a previsão do direito de recesso, assim regulamentada: "Aprovada a proposta a que se refere o artigo anterior, os acionistas preferenciais dissidentes, que fizerem parte de qualquer das classes prejudicadas, terão o direito ao reembolso do valor de suas ações, se o reclamarem à diretoria dentro de trinta dias contados da publicação da ata da assembléia geral".

Nosso legislador, ao tratar do valor do reembolso decorrente do exercício do direito de recesso, estabeleceu no parágrafo 1º do artigo 9º do Decreto 21.536/32:

"Na ausência de disposições em contrário nos estatutos, o valor do reembolso será o resultado da divisão do ativo líquido da sociedade, constante do último balanço aprovado pela assembléia geral pelo número de ações em circulação na data da assembléia de que trata o art. 8º, salvo para os dissidentes que preferirem o valor determinado por avaliação, se por ela protestarem com a reclamação a que se refere o art. 9º".

Posteriormente, com a edição do Decreto-lei nº 2.627, de 26 de setembro de 1940, diploma legal que passa a regular as sociedades anônimas,

A PROTEÇÃO DO SÓCIO MINORITÁRIO

amplia-se a possibilidade do exercício do direito de recesso, prevendo-se outras hipóteses autorizativas da retirada voluntária do acionista dissidente de deliberação de assembleia geral.

Túllio Ascarelli afirma que "o artigo 107 do dec. n. 2.627 acolheu o direito de retirada em limites menos amplos que os consagrados no artigo 158 do Código de Comércio italiano, porém, sob alguns aspectos, mais amplos que os decorrentes das sucessivas modificações legislativas italianas do código de 1882. Quanto à determinação do valor do reembolso das ações do sócio que se retira, o art. 107 recorre ao "último balanço aprovado pela assembléia geral". Essa expressão corresponde rigorosamente à do art. 158 do Código de Comércio italiano e deu lugar a muitas discussões na Itália.

"Perguntava-se, com efeito, se ela devia ser entendida com referência ao "último" balanço aprovado ou ao balanço do último exercício. *Quid juris* se, depois da aprovação do balanço do último exercício, outro for aprovado pela assembléia? Dever-se-á recorrer ao primeiro ou ao segundo balanço?"

"Há quem interpretasse a expressão "último" balanço em sentido rigoroso (De Gregório, I bilanci delle societá anonime, p. 38 e Società, nº 360, p. 548a; Scialoja, Foro It. 1906, I, 557; Vivante, Trattato, vol. II, nº 523; Cass. Torino 31 de dezembro de 1904, Rivista di diritto commerciale 1905, II, 253); outros (Sraffa, Studi di diritto commerciale, p. 321; Soprano, Società, I, nº 273) a interpretavam com referência ao último balanço ordinário" (Ascarelli, 1945, 423-424).

O artigo 107 do Decreto 2.627/40, objetivando resguardar o acionista do arbítrio da assembleia geral, assegurou ao minoritário o direito de se retirar da sociedade, mediante o reembolso do valor de suas ações, por divergir do deliberado, exigindo a aprovação de acionistas que representassem, no mínimo, a metade do capital social com direito de voto, nas hipóteses previstas no artigo 105, letras "a", "d", "e" e "g": a) criação de ações preferenciais ou alterações nas preferências ou vantagens conferidas a uma ou mais classes delas ou criação de nova classe de ações preferenciais mais favorecidas; d) mudança do objeto essencial da sociedade; e) incorporação da sociedade em outra ou sua fusão; g) cessação do estado de liquidação, mediante reposição da sociedade em sua vida normal (Waldemar Ferreira, 1961, 265).

Constata-se, assim, que o Dec. 2.627, de 1940, ampliou as hipóteses ensejadoras do direito de recesso, visto que, o Decreto 21.536/32, só previa a retirada voluntária dos acionistas dissidentes de deliberação de assembleia geral nos casos de aprovação de modificação estatutária que "vise alterar as preferências e vantagens conferidas a uma ou mais classes de ações preferenciais, ou criar uma classe de ações com preferência mais favorável do que a das existentes, ou alterar o seu valor nominal". Outrossim, o DL 2.627/40 manteve a disciplina da apuração do valor do reembolso, isto é, "o resultado da divisão do ativo líquido da sociedade, constante do último balanço aprovado pela assembleia geral pelo número de ações em circulação na data da assembléia", mas não mais ensejou a possibilidade de os acionistas preferirem apurar o valor do reembolso por avaliação, que era expressamente prevista no artigo $9^{\circ}$ do Decreto 21.536. O parágrafo $1^{\circ}$ do artigo 107 do DL 2.627/40, portanto, não mais albergava a faculdade legal de os acionistas dissidentes optarem pela avaliação do valor de suas ações. No entanto, os estatutos poderiam adotar outro critério ou outro processo para determinar o valor das ações, inclusive mediante realização de balanço especial (Valverde, 1941, v.1:555).

O DL 2.627/40 foi substituído pela Lei $n^{\circ}$ 6.404, de 15 de dezembro de 1976, a Lei das Sociedades Anônimas, que, ao invés de seguir a tendência dominante nas legislações estrangeiras, como a italiana por exemplo, que têm restringido as hipóteses do direito de retirada, ampliou as hipóteses ensejadoras do acionista dissidente com deliberação assemblear de retirar-se voluntariamente da sociedade. Assim, a nova lei societária passa a prever dezesseis situações que autorizam o acionista dissidente a valer-se do direito de recesso. Relativamente ao valor do reembolso, a Lei 6.404/76 preceituou que o estatuto poderá estabelecer normas para determinação do seu valor, que, em nenhuma hipótese, poderá ser inferior ao valor do patrimônio líquido das ações, de acordo com o último balanço aprovado pela assembleia geral, prevendo ainda que, se decorridos mais de dois meses da aprovação do último balanço, o dissidente poderá pedir o levantamento de um outro para ser reembolsado de acordo com este (Martins, 1980:43).

A Lei $n^{\circ}$ 6.404/76 foi alterada pelas Leis $n^{\circ}$ 9.457/97 e 10.303/2001, as quais promoveram ampla reformulação do direito de recesso, suprimindo ou restringindo as hipóteses ensejadoras do direito de retirada, bem como alterando os critérios legais para a apuração do valor do reembolso, alterações estas que serão objeto de análise no desenvolvimento deste trabalho.

## 4.2 Direito de recesso: conceito e natureza jurídica

O recesso é a faculdade legal do acionista de retirar-se da companhia, mediante a reposição do valor patrimonial das ações respectivas (Carvalhosa, 2008, v. 2:900).

O Decreto-lei nº 2.627/40 já incluía o direito de recesso no rol dos direitos essenciais do acionista, ao estabelecer no artigo 78 que nem os estatutos sociais nem a assembleia geral poderão privar qualquer acionista do direito de retirar-se da sociedade, nos casos previstos no artigo 107.

No artigo 107 da lei societária revogada estavam previstas as hipóteses em que o acionista dissidente de deliberação assemblear poderia se valer do direito de retirar-se voluntariamente da sociedade. O artigo 17 da antiga lei societária definia o reembolso como a operação pela qual, nos casos previstos em lei (art. 107), a sociedade paga o valor de suas respectivas ações aos acionistas dissidentes da deliberação de assembleia geral.

A Lei nº 6.404/76, por sua vez, também incluiu o recesso no elenco dos direitos essenciais do acionista (art. 109, V), regulamentou-o no artigo 137 e definiu o reembolso no artigo 45, sendo certo, porém, que também cuidou do direito de retirada em diversos outros dispositivos legais (artigos 221, 223, 225, 230, 236, 252, 264, 265, 270 e 298).

Segundo Cesare Vivante, mencionado por Miranda Valverde, o direito de recesso atua como um freio e um remédio contra os poderes amplos outorgados à assembleia geral dos acionistas no uso de sua competência para reformar o estatuto social. Destaca ainda que é um instituto de ordem pública, que tem o objetivo de proteger os acionistas minoritários e, simultaneamente, ensejar a continuidade da empresa explorada pela sociedade anônima, sendo, portanto, um instrumento de solução dos conflitos entre a maioria e minoria (Miranda Valverde, 1941, vol. 1:382-383).

É importante ressaltar que o direito de recesso não pode ser enfocado exclusivamente sob a ótica de instrumento de proteção aos minoritários, uma vez que ele também assegura a harmonização das relações de poder intrasocietárias. Assim, pode-se afirmar que o direito de retirada destina-se a preservar o desenvolvimento da atividade empresarial explorada pela sociedade e, ao mesmo tempo, outorgar ao acionista dissidente das deliberações da assembleia, notadamente o minoritário, o direito de se desligar, por ato unilateral, dos vínculos que o prendem aos demais sócios e à sociedade, a qual deverá pagar-lhe o reembolso do valor de suas ações.

Pode-se afirmar que o direito de recesso é o instrumento legal que objetiva solucionar, de forma justa, a permanente tensão existente entre os interesses individuais dos acionistas minoritários e o desenvolvimento da empresa, normalmente representado pelos interesses da maioria.

Ainda permanece atual a manifestação de Miranda Valverde, ao comentar o artigo 107 da revogada lei societária: "positivam deliberações da assembléia geral, que alteram, substancialmente, as condições de existência da sociedade ou as relações entre esta e seus acionistas. No conflito de interesses respeitáveis entre acionistas, que representam, no mínimo, metade do capital com direito de voto (art. 105), e acionistas dissidentes da deliberação tomada por essa maioria qualificada, nos casos expressos no preceito, o legislador encontrou uma fórmula de solução justa, originária do direito italiano. Pois que garante a subsistência da pessoa jurídica, dando à maioria mão forte, e assegura aos membros dissidentes, à minoria, portanto, o direito de se retirar da sociedade mediante o reembolso do valor de suas ações. Não há possibilidade de abusos. A maioria, com efeito, ao tomar a resolução, sabe quais são as conseqüências desta e deve estar pronta para as enfrentar. A minoria, em dissídio, também sabe que direito lhes assiste e quais as vantagens ou desvantagens que lhe podem advir do exercício do direito de recesso" (Miranda Valverde, 1941, vol. 1:553).

Relativamente à natureza jurídica do direito de recesso, é importante ressaltar que o denominado "status" de acionista ou sócio é adquirido pela subscrição e integralização das ações quando da constituição da companhia ou pela posterior aquisição das ações, constituindo-se em um regime jurídico que ao reconhecer a condição de acionista, confere a este um elenco de direitos e impõe diversos deveres. Mesmo considerando-se a marca institucionalista que o legislador brasileiro imprimiu às sociedades anônimas, não se pode deixar de entrever o caráter contratualista do negócio jurídico pelo qual alguém se torna acionista de uma companhia. Ao se falar em contrato de sociedade anônima, não se pode olvidar o entendimento de Túllio Ascarelli, criador da teoria do contrato societário plurilateral, cuja característica maior é a possibilidade de ser alterado por deliberações da maioria dos acionistas em assembleia geral, preservadas com a intangibilidade as denominadas "bases essenciais da sociedade". Por isso, aceitando-se a teoria ascareliana do contrato plurilateral, ao se permitir, de forma mitigada, a alteração do estatuto social no que concerne a elementos fundamentais do pacto societário, evitando-se o imobilismo da empresa, asse-

A PROTEÇÃO DO SÓCIO MINORITÁRIO

gurou o legislador a todos os acionistas um elenco de direitos essenciais, que não podem ser desrespeitados pela assembleia geral, entre os quais, insere-se o direito de retirada, regulado como direito individual do acionista, do qual ele não pode ser privado nem pelo estatuto social, nem pela assembleia geral (artigo 109, V).

Há duas teorias que procuram fundamentar o direito de recesso. A denominada teoria da lei, que afirma que o direito de retirada decorre da vontade do legislador, configurando instituto de ordem pública e, portanto, irrenunciável pelo acionista e insuprimível pelo estatuto ou assembleia geral. A outra teoria, chamada de teoria do contrato, fundamenta o recesso como uma resilição parcial do contrato de sociedade que, inconformado com a alteração de cláusulas fundamentais do pacto societário, dela se retira, configurando autêntica dissolução parcial da sociedade. Sob tal viés, o direito de recesso configuraria uma norma supletiva da vontade dos acionistas, podendo, portanto, ser renunciado. A teoria do contrato plurilateral de Tullio Ascarelli serve para justificar a retirada do acionista dissidente e a manutenção da sociedade, aplicando-se o princípio denominado de preservação da empresa.

Enfim, não se pode deixar de destacar que a doutrina sustenta que o direito de recesso é um direito potestativo ou formador, na esteira do pensamento de Von Thur, no sentido de que o direito potestativo é aquele que outorga a seu titular a faculdade de conseguir determinado efeito jurídico mediante a expressão de sua vontade. A ordem jurídica confere ao titular do direito potestativo a chamada potestade, que o autoriza a obter os efeitos desejados, independentemente da vontade de outrem, que, no caso em exame, é a sociedade, a qual é obrigada a aceitar a manifestação de vontade do acionista, que, nas hipóteses previstas em "numerus clausus" na lei, manifesta sua vontade unilateral de sair da companhia, impondo a esta a obrigação de pagar-lhe o reembolso (Mauro Penteado, 1998:116).

Concluindo, pode-se afirmar que o direito de recesso é um instrumento de harmonização entre a maioria e minoria que objetiva, de forma preponderante, tutelar os direitos dos minoritários e também manter o equilíbrio das relações de poder na sociedade, de forma justa, classificado como direito essencial do acionista, de ordem pública e potestativo. Por isso, nas hipóteses arroladas no artigo 137 e nas demais previstas no texto da lei societária, o acionista, mesmo que, presente na assembleia, tenha se abstido de votar ou que não tenha comparecido à reunião assemblear, pode

QUESTÕES DE DIREITO SOCIETÁRIO EM PORTUGAL E NO BRASIL

se valer do direito potestativo de desligar-se da sociedade e exigir o reembolso do valor de suas ações, calculado pelos critérios estabelecidos na lei societária. Para exercer tal direito, deverá comprovar que era acionista na data da primeira publicação do edital convocatório da assembleia, ou na data da comunicação do fato relevante objeto da deliberação, se anterior, conforme estabelece o parágrafo 1º do artigo 137. Para o outro polo da relação jurídica, vale dizer, a sociedade, só lhe restam duas alternativas. Poderá ela manter a deliberação e, neste caso, deverá pagar o valor do reembolso das ações do acionista dissidente ou, convocar assembleia geral, nos dez dias subsequentes ao término do prazo de 30 dias que é garantido para o exercício do direito de recesso, com o objetivo de reconsiderar a deliberação, na hipótese de os acionistas entenderem que o pagamento do preço do reembolso das ações aos acionistas dissidentes que exerceram o direito de retirada porá em risco a estabilidade financeira da empresa (artigo 137, parágrafo 3º).

### 4.3. Hipóteses ensejadoras do direito de recesso

Tanto a Lei nº 6.404/76, como as Leis nºs 9.457/97 e 10.303/2001, ao regularem o direito de retirada, em que pese a expressa menção epigrafada "direito de retirada", que encima o artigo 137, cuidaram do instituto de forma esparsa, em diversos outros dispositivos da lei societária, como se pode constatar pela leitura dos artigos 225, inciso IV; 221, 223, par. 4º; 230; 236, parágrafo único; 252, pars. 1º e 2º; 256, par. 2º; 264, pars. 3º e 4º e 270, parágrafo único, hipóteses que serão examinadas no desenvolvimento deste trabalho.

### 4.3.1. Recesso na criação de ações preferenciais ou aumento de classes existentes, havendo desproporção com as demais classes de ações preferenciais

A criação de ações preferenciais é a primeira das diversas hipóteses previstas no artigo 137 da lei das sociedades anônimas como ensejadora do direito de retirada. A modificação do estatuto para criar novas ações preferenciais atinge frontalmente o direito dos acionistas ordinaristas, uma vez que os preferencialistas, normalmente, terão prioridade na recepção de dividendos fixos, mínimos ou prioridade no reembolso do capital.

Outra hipótese que autoriza o recesso é o aumento de classe de ações preferenciais, se houver desproporção com as demais espécies e classes existentes. Deve ser verificada a relação proporcional entre as ações ordinárias e as preferenciais já existentes na companhia, pois, se houver desproporção, vale dizer, se forem emitidas mais ações preferenciais do que ordinárias, quebrando-se a proporção existente, a obrigação derivada do pagamento das vantagens previstas para os preferencialistas implicará alteração na distribuição dos dividendos pagos aos ordinaristas, que, obviamente, sofrerão prejuízos financeiros. Assim, a criação de novas ações preferenciais deve sempre observar a manutenção da mesma relação existente entre aquelas ações e os ordinaristas e, também, em relação a outras preferenciais. Apenas os acionistas prejudicados terão o direito de se retirar da sociedade (artigo 137, I).

A jurisprudência tem se manifestado sobre a exclusiva legitimidade dos acionistas prejudicados para o exercício do direito de recesso.

Assim, o Egrégio Superior Tribunal de Justiça já decidiu que:

> "Sociedade anônima. Criação de nova classe de ações preferenciais. Direito de recesso do sócio. Exercício condicionado à demonstração do prejuízo em seu desfavor". A ementa oficial assim está redigida: "O direito de retirada do sócio da sociedade anônima inconformado com a deliberação de criação de nova classe de ações preferenciais não é ilimitado, dependendo, assim, da demonstração de prejuízo em seu desfavor, sob pena de se transformar o recesso em mera venda de ações, o que escapa à finalidade do instituto" (Resp. 31.515-SP, RT. 730/181-183).

É importante ressaltar que o artigo 137 autoriza a retirada do acionista dissidente de deliberação que aprovar a criação de ações preferenciais ou aumento de classes existentes, sem guardar proporção com as demais espécies e classes, salvo se já previstos ou autorizados pelo estatuto. Isso significa que a lei ressalva a possibilidade de o estatuto prever, antes do ingresso do acionista na companhia, a modificação para criar ações preferenciais ou aumento desproporcional de classes existentes, hipótese em que a deliberação não dependerá do quorum qualificado, contentando-se o legislador com o quorum do artigo 129.

## 4.3.2. Alteração nas preferências, vantagens e condições de resgate ou amortização de uma ou mais classes de ações preferenciais, ou criação de nova classe mais favorecida

A deliberação assemblear que aprove a alteração nas preferêncais, vantagens e condições de resgate ou amortização de uma ou mais classes de ações preferencias pode causar prejuízos aos demais preferencialistas ou aos ordinaristas, exigindo-se seja aprovada por quorum deliberativo especial. As preferências ou vantagens atribuídas a cada classe de ações preferenciais devem ser expressamente previstas no estatuto social, consoante preconiza o artigo 19 da lei societária. Tal previsão integra as bases essenciais do contrato social e interfere com os direitos patrimoniais dos acionistas. Para o acionista pleitear o direito de recesso é de rigor que ele comprove que a modificação estatutária causou-lhe prejuízo. Cumpre anotar que a deliberação a respeito das duas hipóteses previstas nos incisos I e II do artigo 137 e que ensejam o direito de recesso, depende da aprovação da alteração estatutária em duas instâncias: a assembleia geral extraordinária e a assembleia especial dos preferencialistas prejudicados (art. 136, par. 1º) (Fábio Coelho, 2011:329).

Assim, tanto os titulares de ações ordinárias, como os preferencialistas, deverão aprovar ou ratificar a deliberação, observado o quorum qualificado. Os ordinarialistas votarão a deliberação na assembleia geral extraordinária, que só se considerará aprovada se contar com os votos favoráveis de metade, no mínimo, das ações ordinárias, salvo se o estatuto da companhia cujas ações não estejam admitidas à negociação no mercado de valores mobiliários exigir quorum maior, conforme o artigo 136 "caput" prevê, ou, sendo companhia aberta, com o quorum especial legal, que não pode ser aumentado estatutariamente. Outrossim, os preferencialistas, que inclusive podem não ter direito de voto, deverão ser convocados para uma assembleia especial, prevista no parágrafo 1º do artigo 136, só se considerando ratificada se aprovada por titulares de mais da metade de cada classe de ações preferenciais prejudicadas. O prazo máximo, improrrogável, para a ratificação em assembleia especial é de um ano a contar da deliberação da assembleia extraordinária, devendo constar da ata da assembleia geral que deliberar sobre as matérias dos incisos I e II do artigo 136, acaso não tenha havido prévia aprovação dos preferencialistas, que a deliberação da assembleia geral só terá eficácia após sua ratificação pela assembleia especial prevista na lei (§ 1º do artigo 136).

### A PROTEÇÃO DO SÓCIO MINORITÁRIO

### 4.3.3. Redução do dividendo obrigatório

A deliberação da assembleia geral que aprove a redução do dividendo obrigatório, prevista no inciso III do artigo 136 exige aprovação por quorum especial e causa prejuízo a todos os acionistas, independentemente da classe ou espécie de ações de que sejam titulares. O artigo 202 prevê que os acionistas têm direito de receber como dividendo obrigatório, em cada exercício, a parcela dos lucros estabelecida no estatuto. É evidente que a redução dos dividendos obrigatórios previstos no estatuto tem o potencial de causar prejuízos para todos os acionistas, mercê do que, os dissidentes podem exercer o direito de recesso e postular o respectivo reembolso, inexistindo necessidade de provar que tal deliberação implica efetivamente a redução das perspectivas de seus investimentos.

### 4.3.4. Fusão da companhia, ou sua incorporação em outra ou participação em grupo de sociedades

A nova redação dos artigos 136 e 137 decorrente da Lei nº 9.457/97, veio por cobro à séria divergência doutrinária que se estabelecera nos meios jurídicos resultante da Lei nº 7.958/89, a "Lei Lobão", que, ao excluir os incisos VI e VIII do artigo 136 da Lei nº 6.404/76 que previam o direito de recesso nas hipóteses de incorporação, fusão, cisão e participação em grupo de sociedades, olvidou-se de revogar o artigo 230 que trata do direito de recesso na incorporação, na fusão e na cisão, bem como não revogou o artigo 270, parágrafo único, que regula a retirada quando a deliberação assemblear aprova associação a grupo de sociedades.

A controvérsia a respeito da Lei Lobão, ter ou não abolido o direito de recesso dos acionistas dissidentes de deliberações de assembleia geral que aprovasse fusão da companhia, sua incorporação em outra e participação em grupo de sociedades, dividiu os comercialistas. Nelson Eizirik apresenta um recenseamento das opiniões a favor e contra a abolição do direito de recesso pela Lei Lobão naquelas hipóteses. (Eizirik, 1997:65).

A divergência doutrinária sobre os efeitos da "Lei Lobão" deixou de ter relevância, uma vez que a nova redação dos artigos 136 e 137 prevê, expressamente, o direito de recesso nas hipóteses de fusão, incorporação e participação em grupo de sociedades.

Fusão é conceituada pelo artigo 228 da lei societária como a operação pela qual se unem duas ou mais sociedades para formar sociedade nova, que lhes sucederá em todos os direitos e obrigações. As sociedades envolvidas são consideradas extintas (artigo 219, II). Assim, todos os acionistas das sociedades envolvidas na fusão têm o direito de se retirar das respectivas companhias.

Incorporação é definida como a operação pela qual uma ou mais sociedades são absorvidas por outra, que lhes sucede em direitos e obrigações. A sociedade incorporada é extinta (arts. 227 e 219, II), prosseguindo a existência apenas da incorporadora, que não sofre qualquer modificação em sua personalidade jurídica.

Nelson Eizirik (1997:64) sustenta que apenas os acionistas da sociedade incorporada que dissentirem da operação podem exercer o direito de recesso, haja vista que a companhia da qual são acionistas será extinta. Relativamente aos acionistas da incorporadora, afirma que eles não têm o direito de recesso, pois a operação não causa qualquer alteração estrutural na sociedade da qual são acionistas.

Não comungamos de forma absoluta com tal entendimento, pois, em determinadas circunstâncias, parece ser possível vislumbrar-se a ocorrência de prejuízo para os acionistas da sociedade incorporadora em face da operação, como por exemplo, quando a incorporadora assume passivo de alto valor de responsabilidade da incorporada, colocando em risco a liquidez da incorporadora. Em tal hipótese, sustentamos ser admissível o direito de recesso aos acionistas da sociedade incorporadora.

Ademais, no caso de incorporação, o acionista desliga-se antecipadamente da companhia da qual faz parte porque a mesma terá sua estrutura social alterada, havendo, portanto, modificação das bases essenciais do contrato. A incorporação altera, radicalmente, a estrutura da incorporadora e da incorporada, estabelecendo novas relações jurídicas entre os sócios e a sociedade reestruturada, constituindo-se uma situação patrimonial diversa da que existia anteriormente. Por tais razões, entendemos que o acionista, seja da sociedade incorporada, seja da incorporadora, não pode ser obrigado a permanecer como sócio de uma sociedade completamente diferente daquela que ele inicialmente ingressou, o que nos leva a afirmar a possibilidade de o acionista da sociedade incorporadora a também poder exercer o direito de recesso.

Os grupos de sociedades são constituídos por convenção pela qual companhias se obrigam a combinar seus recursos ou esforços para realização de empreendimentos ou atividades comuns, sem que as sociedades percam suas respectivas personalidades jurídicas. No entanto, em face da perda

A PROTEÇÃO DO SÓCIO MINORITÁRIO

da autonomia empresarial das sociedades que participam do grupo, os acionistas discordantes têm o direito de retirada em face da deliberação assemblear que aprove tal operação.

Cumpre anotar, no entanto, que o direito de retirada, nos casos de incorporação, fusão ou participação em grupo só foi integralmente previsto para as companhias cujas ações não tenham elevado grau de liquidez e dispersão, visto que, em relação às companhias com valores mobiliários negociados no mercado, incidem outras condições para o exercício do direito de recesso, conforme dispõem as alíneas "a" e "b" do inciso II do artigo 137 e os parágrafos 3º e 4º do artigo 223.

A nova disciplina legal exclui o direito de recesso, nas hipóteses em exame, quando as ações das companhias envolvidas nas operações: a) as ações delas integrem índices gerais representativos de carteira de valores mobiliários admitidos à negociação no mercado de valores mobiliários, no Brasil ou no exterior, definido pela Comissão de Valores Mobiliários; e b) dispersão no mercado, quando o acionista controlador, a sociedade controladora ou as outras sociedades sob seu controle detiverem menos da metade da espécie ou classe de ações (art. 137, II, "a" e "b").

Portanto, não existe o direito de recesso quando, em se tratando de companhia aberta, o acionista puder dela se retirar com facilidade através da negociação de suas ações no mercado mobiliário. Se a companhia for fechada ou se as ações da companhia aberta não tiverem elevado grau de liquidez e dispersão no mercado, subsiste o direito de retirada ao dissidente da deliberação que aprove tais operações.

Assim, de acordo com a alínea "a" do inciso II do artigo 137, não haverá o direito de recesso nas hipóteses de incorporação, fusão ou constituição de grupo de sociedade quando as ações das companhias envolvidas em tais operações integrarem índices gerais representativos de carteira de valores mobiliários admitidos à negociação no mercado de valores mobiliários, no Brasil ou no exterior, definido pela Comissão de Valores Mobiliários, presumindo o legislador que, diante de tal fato, as ações ostentem elevados níveis de liquidez. Ademais, cumulativamente, será afastado o direito de recesso se as ações ostentarem alto grau de dispersão, assim considerado quando o acionista controlador, a sociedade controladora ou outras sociedades sob seu controle detiverem menos da metade da espécie ou classe de ação. Assim, se as ações da companhia tiverem liquidez e dispersão no mercado, nos termos definidos pela lei, deverá o acionista dissidente desfa-

QUESTÕES DE DIREITO SOCIETÁRIO EM PORTUGAL E NO BRASIL

zer-se de ações mediante livre negociação no mercado mobiliário, ficando-
-lhe vedado trilhar o caminho do recesso com a exigência do reembolso.

### 4.3.5. Mudança do objeto da companhia

O objeto social é a atividade econômica que motiva a constituição da sociedade e é em torno dele que se desenvolve toda a operacionalidade empresarial, consistindo ainda no limite da atividade societária.

O estatuto social deve definir o objeto de modo preciso e completo, uma
vez que tal definição deve estabelecer de forma clara e exaustiva quais as
atividades que serão exercidas pela companhia, de molde a possibilitar a
aferição da eventual prática de abuso de poder e desvio de atividade.

O artigo 2º estabelece que pode ser objeto da companhia qualquer
empresa de fim lucrativo, não contrário à lei, à ordem pública e aos bons
costumes, sendo certo que o artigo 136 exige quorum qualificado, consistente em votação tomada por acionistas que representem metade, no
mínimo, das ações com direito a voto, se maior quorum não for exigido
pelo estatuto, para ser aprovada a "mudança do objeto da companhia", prevendo o artigo 137 que tal deliberação dá ao acionista dissidente o direito
de retirar-se da companhia.

O objeto social deve ser definido de forma exaustiva e não de modo
enunciativo ou exemplificativo, mercê do que, deve ser interpretado restritivamente pelos administradores da companhia. Por isso, qualquer ampliação, restrição ou modificação feita ao objeto social autoriza aos acionistas
dissidentes a retirar-se da sociedade. Cumpre ressaltar que as mudanças
que tenham a finalidade de ajustar a atuação da sociedade anônima às novas
condições de concorrência, especialmente aquelas feitas para adaptação a
novos conceitos de tecnologia ou às exigências dos consumidores não autorizam o direito de recesso, exceto se atingirem a essência do objeto social.

### 4.3.6. Cisão da companhia

A Lei nº 10.303/2001 altera, novamente, a disciplina do direito de recesso
na hipótese de cisão da companhia. Por esta operação a companhia transfere parcelas do seu patrimônio para uma ou mais sociedades, constituídas para esse fim ou já existentes, extinguindo-se a companhia cindida, se
houver versão de todo o seu patrimônio, ou dividindo-se o capital, se parcial a versão (art. 229). No caso de cisão, a teor do art. 137, III, o acionista
da sociedade cindida que dissentir da operação só terá o direito de retirada

A PROTEÇÃO DO SÓCIO MINORITÁRIO

se a operação implicar mudança do objeto social, redução do dividendo obrigatório ou participação em grupo de sociedade. Em linhas gerais, a cisão, por si só, não autoriza o direito de recesso. No entanto, se tal operação acarretar os efeitos acima mencionados, o acionista dissidente poderá exercer o direito de retirada.

### 4.3.7. Transformação da sociedade anônima em limitada

A transformação é a operação pela qual a sociedade passa de um tipo para outro, independentemente de dissolução e liquidação. A deliberação sobre transformação exige o consentimento unânime de todos os acionistas. Portanto, basta a discordância de um acionista para obstaculizar a transformação. Prevê a lei, no entanto que, se a transformação for prevista no estatuto ou no contrato social, se afasta a exigência da unanimidade, outorgando-se aos sócios dissidentes o direito de retirar-se da sociedade (arts. 220 e 221). Observe-se, porém, que o direito de recesso para o acionista de sociedade anônima é irrenunciável, sendo nula a renúncia ao direito de retirada quando formulada por acionista, uma vez que se trata de preceito de ordem pública. O parágrafo único do artigo 221, ao preceituar que os sócios podem renunciar, no contrato social, ao direito de retirada no caso de transformação em companhia, só se aplica às sociedades previstas no Código Civil. Só os sócios de tais sociedades podem previamente renunciar ao direito de retirada, mediante cláusula contratual expressa, facilitando, desta forma, a transformação da sociedade em companhia (art. 1.114, CC). Assim, o acionista discordante da transformação estatutariamente prevista poderá sempre exercer o direito de recesso, se no momento em que ela for operacionalizada ele manifestar sua discordância.

### 4.3.8. Operações societárias que impliquem fechamento de companhias abertas

A alteração promovida pela Lei nº 9.457/97 que incluiu os parágrafos 3º e 4º no artigo 223 configura, em rigor, uma nova hipótese de recesso só aplicável às companhias abertas, quando se deliberar incorporação, fusão e cisão, de sociedades de tipos iguais ou diferentes. Em tal situação as companhias sucessoras também deverão ser abertas, ensejando-se aos acionistas a faculdade de negociar suas ações no mercado de valores mobiliários. Exige a lei que as sociedades sucessoras obtenham o registro na CVM ou a admissão das novas ações no mercado secundário, no prazo máximo de

QUESTÕES DE DIREITO SOCIETÁRIO EM PORTUGAL E NO BRASIL

120 (cento e vinte) dias, contados da data da assembleia geral que aprovou a operação. Ultrapassado o prazo legal, os acionistas, independentemente de terem concordado ou não com a aprovação da operação, terão o direito de recesso, mediante o reembolso de suas ações, nos trinta dias subsequentes ao término do aludido prazo.

### 4.3.9. Incorporação de ações

A incorporação de todas as ações do capital social ao patrimônio de outra companhia brasileira é regulamentada no artigo 252 que a define como a operação destinada a converter uma sociedade em subsidiária integral de outra. A operação deve ser submetida à deliberação da assembleia geral das duas companhias. A assembleia geral da companhia incorporadora, se aprovar a operação, deverá autorizar o aumento de capital, a ser realizado com as ações a serem incorporadas, não tendo os acionistas direito de preferência para subscrever o aumento de capital, podendo, no entanto, os dissidentes, retirar-se da companhia. Outrossim, a assembleia geral da companhia que terá suas ações incorporadas, só poderá autorizar a operação pelo voto da metade, no mínimo, das ações com direito a voto e, se aprovar, autorizará a diretoria a subscrever o aumento do capital da incorporadora, por conta de seus acionistas. Os dissidentes da deliberação terão o direito de retirar-se da companhia, mediante o reembolso do valor de suas ações. O direito de recesso, neste caso, fica subordinado aos requisitos de não-liquidez e não-dispersão previstos no inciso II do artigo 137.

Modesto Carvalhosa, comentando a incorporação de ações, afirma que, diferentemente da incorporação efetiva prevista no artigo 227, a incorporação ficta para a criação de subsidiária integral permite o recesso também para os dissidentes da incorporadora. Aduz que tal permissão deriva da desistência compulsória do direito de preferência no aumento de capital que será realizado pela diretoria da incorporada em nome dos seus acionistas, bem como pela possibilidade de ser alterado o quadro acionário da incorporadora, decorrente do ingresso de novos acionistas da incorporada, após o aumento do capital (arts. 252, parágrafos 1º e 2º) (Carvalhosa, 2003, 4º volume, t. II:132). Em tal hipótese também não ser concede o direito de recesso se as ações do dissidente possuírem alto grau de liquidez e dispersão, consoante definição legal.

## 4.3.10. Desapropriação do controle acionário

As sociedades de economia mista são disciplinadas pela Lei das Sociedades Anônimas. Elas se caracterizam pela circunstância de terem seu capital social constituído por contribuições particulares e públicas. O Decreto-lei nº 200, alterado pelo Decreto-lei nº 900/69, define a sociedade de economia mista como a entidade dotada de personalidade jurídica de direito privado, criada por lei para o exercício de atividade de natureza mercantil, sob a forma de sociedade anônima cujas ações com direito a voto pertençam, em maioria, à União ou à entidade de administração indireta. Assim, o controlador das sociedades anônimas de economia mista é sempre o Estado. A constituição de tais companhias depende de prévia autorização legislativa (art. 236).

Na hipótese em que o Poder Público adquirir, por desapropriação, o controle de uma sociedade anônima em funcionamento que não esteja sob o controle direto ou indireto de outra pessoa jurídica de direito público ou que não seja concessionária de serviço público, objetivando transformá-la em sociedade de economia mista, os acionistas terão o direito de se retirar da companhia mediante o reembolso de suas ações.

A causa autorizativa do direito de recesso é a transferência do controle, mediante desapropriação, para o Poder Público. Os acionistas da sociedade cujo controle foi adquirido pelo Estado terão o prazo de sessenta dias, a partir da publicação da primeira ata da assembleia geral realizada após a aquisição do controle, para exercer o direito de recesso (parágrafo único do art. 236). Na hipótese em exame não há dissidência dos acionistas, uma vez que a aquisição do controle pelo Estado é feita por desapropriação, ato derivado da soberania estatal, contra o qual não pode se insurgir o particular. A previsão do direito de recesso objetiva proteger o acionista minoritário que não se conforma com a alteração da estrutura da companhia. Cumpre observar que o direito de recesso, porém, não poderá ser exercido se a companhia já estava sob o controle, direto ou indireto, de outra pessoa jurídica de direito público ou se a sociedade já era concessionária de serviço público.

## 4.3.11. Aquisição de controle de sociedade empresária por companhia aberta

Ao regulamentar a alienação do controle de sociedades anônimas em funcionamento, estabelece a lei que a compra, por uma companhia aberta, do controle de qualquer sociedade empresária, dependerá de deliberação de assembleia geral da compradora, especialmente convocada, quando o preço de compra constituir, para a compradora, investimento relevante ou o preço médio das ações a serem adquiridas ultrapassar uma vez e meia os valores indicados nas alíneas "a", "b" e "c" do inciso II do artigo 256: a) cotação média das ações em bolsa ou no mercado de balcão organizado, durante os 90 dias anteriores à data da contratação; b) o valor de patrimônio líquido (art. 248) da ação ou quota, avaliado o patrimônio a preços de mercado (art. 183, par. 1º); c) valor do lucro líquido da ação ou quota, que não poderá ser superior a 15 vezes o lucro líquido anual por ação (art. 187, VII) nos dois últimos exercícios sociais, atualizado monetariamente.

Ao comentar os critérios previstos no art. 256 que obrigam a aprovação da aquisição do controle pela assembleia geral da compradora, Bulgarelli observa, com propriedade que não pode "deixar de consignar a fórmula complicada e quase cabalística empregada para servir de base, a que o acionista da compradora entenda por demais arriscada e desproporcionada à aquisição" (1998; 104).

De acordo com o parágrafo 2º do artigo 256, se o preço da aquisição ultrapassar uma vez e meia o maior dos três valores referidos nas alíneas do inciso II acima transcritas, o acionista da compradora, dissidente da deliberação da assembleia que aprovar a operação, terá o direito de retirar-se da companhia, mediante o reembolso do valor das suas ações. O direito de recesso, nesta hipótese, também se encontra condicionado à ausência de liquidez ou de dispersão das ações, a teor do artigo 137, inciso II.

### 4.3.12. Incorporação de companhia controlada

Trata-se de operação introduzida em nosso direito pela Lei nº 6.404/76 com base na legislação norte-americana que a disciplina como sendo um "self dealing", isto é, um negócio consigo mesmo, uma vez que as partes do negócio jurídico se mesclam no campo material, em que pese a distinção formal que confere autonomia à incorporadora e à incorporada.

Após afirmar que em nosso direito o contrato consigo mesmo não é reconhecido, Carvalhosa, com base em ensinamento de Caio Mário da Silva Pereira, no sentido de que em não havendo manifestação de vontade de duas pessoas distintas a autocontratação não pode ser admitida, valendo como mera declaração unilateral de vontade, conclui que a incorporação da controlada é um contrato consigo mesmo em face da unicidade das partes.

A PROTEÇÃO DO SÓCIO MINORITÁRIO

Por tal motivo, a incorporação de companhia controlada é disciplinada de forma especial, de molde a se proteger os acionistas minoritários da controlada, outorgando-lhes o direito de recesso, se ficar demonstrado pelo laudo de avaliação que eles tiveram prejuízo na substituição de suas ações.

Assim, na incorporação, pela controladora, de companhia controlada, exige-se a apresentação de uma justificação à assembleia geral da controlada, que, além das informações previstas nos artigos 224 e 225, deverá apresentar o cálculo das relações de substituição das ações dos acionistas não controladores da controlada com base no valor do patrimônio líquido das ações da controladora e da controlada, avaliados os dois patrimônios segundo os mesmos critérios e na mesma data, a preços de mercado (art. 264).

Deverá ser feita uma avaliação dos dois patrimônios das sociedades envolvidas na operação por três peritos ou empresa especializada, que, para fins comparativos, deverão avaliar as ações do capital da controlada de propriedade da controladora no patrimônio desta, levando em consideração o valor de patrimônio líquido da controlada a preços de mercado.

A exigência de que a avaliação leve em conta o patrimônio líquido a preços de mercado, decorre da circunstância de que os acionistas controladores não estão impedidos de votar na assembleia em que se decidirá sobre a incorporação. Anota-se que, a exigência do quorum especial previsto no artigo 137 para a aprovação de deliberação sobre incorporação e fusão, impõe que se admita que os controladores votem na assembleia da sociedade a ser incorporada. Por isso mesmo, as regras especiais sobre a avaliação são extremamente rigorosas, de modo a que o valor das ações da incorporadora e incorporada seja o mais justo possível.

Outrossim, se as relações de substituição das ações dos acionistas não controladores, previstas no protocolo de incorporação, forem menos vantajosas que as resultantes da comparação prevista na lei, os acionistas dissidentes da deliberação da assembleia geral da controlada (incorporada) que aprovar a operação, observado o disposto nos artigos 137, II e 230, poderão optar entre o valor de reembolso fixado nos termos do art. 45 e o valor do patrimônio líquido a preços de mercado (parágrafo 3º do artigo 264).

O direito de recesso, em tal caso, só é assegurado para os acionistas dissidentes da sociedade incorporada cujas ações não tenham elevado grau de liquidez e de dispersão no mercado, consoante expressa remissão ao artigo 137, II.

QUESTÕES DE DIREITO SOCIETÁRIO EM PORTUGAL E NO BRASIL

Ademais, as normas especiais que regulamentam a avaliação das ações do capital das sociedades envolvidas na operação e disciplinam o direito de recesso não se aplicam no caso de as ações do capital da controlada terem sido adquiridas no pregão da Bolsa de Valores ou mediante oferta pública nos termos dos artigos 257 e 263.

Além da possibilidade do exercício do direito de recesso pelos acionistas minoritários da sociedade controlada quando verificarem que a relação da substituição de suas ações lhes for desvantajosa, porque o valor das ações da incorporada é superior ao das ações da incorporadora, também incide na espécie a possibilidade do recesso previsto no artigo 223, parágrafos 3º e 4º, isto é, se não houver a abertura da incorporadora, quando esta for fechada. Em tal hipótese, os acionistas dissidentes terão o direito ao reembolso de acordo com os critérios do artigo 45 e não conforme o artigo 264, parágrafo 3º. Justifica-se a diferença de critérios, pois, o recesso previsto na incorporação de controladora por controlada fundamenta-se na diferença a maior do valor da incorporada, enquanto o recesso previsto nos parágrafos 3º e 4º do artigo 223 tem como causa a não abertura do capital da incorporadora (Carvalhosa, 2003, vol. 4, t. 2:272-289).

Anote-se que as normas especiais relacionadas com o direito de recesso e valor do reembolso previstas para a incorporação de controladora por controlada também são aplicáveis na hipótese de fusão de companhia controladora e controlada (parágrafo 4º do artigo 264).

## Bibliografia

AMARAL, Paulo Afonso de Sampaio – S.A. Como era, como ficou após a Lei nº 9.457/97, São Paulo, Ed. Oliveira Mendes, 1998.

ASCARELLI, Tullio – Problemas das Sociedades Anônimas e Direito Comparado, São Paulo, Ed. Saraiva, 1945.

BULGARELLI, Waldirio – Regime Jurídico da Proteção às Minorias nas S/A, Rio de Janeiro, Ed. Renovar, 1998.

CARVALHOSA, Modesto:

Comentários à Lei de Sociedades Anônimas, São Paulo, Ed. Saraiva, v. 1, 2002.

Comentários à Lei de Sociedades Anô-nimas, São Paulo, Ed. Saraiva, v. 2, 2008.

Comentários à Lei de Sociedades Anônimas, São Paulo, Ed. Saraiva, v. 4, Tomo II, 2003.

COELHO, Fábio Ulhoa – Curso de Direito Comercial, vol. 2, São Paulo, Ed. Saraiva, 2011.

EIZIRIK, Nelson – Reforma das S.A. & do Mercado de Capitais, Rio de Janeiro, Renovar, 1997.

# A PROTEÇÃO DO SÓCIO MINORITÁRIO

ENTERRÍA, Javier García de – Lecciones de Derecho Mercantil, Director Aurelio Menéndez, Ed. Thomson – Civitas, Navarra, Espanha, 2005.

FERREIRA, Waldemar – Tratado de Direito Comercial, São Paulo, Saraiva, vol. 4º, 1961.

LOBO, Jorge – Direito dos Acionistas, São Paulo, Elsevier Editora, 2011.

MARTINS, Fran – O Direito de Recesso na Lei Brasileira das Sociedades Anônimas, Rio de Janeiro, Revista Forense, nº 291, p. 41/50, 1980.

PENTEADO, Mauro Rodrigues – A Lei nº 9.457/97 e as Companhias Fechadas, *in* Revista do Advogado da AASP, nº 52, 1998.

VALVERDE, Trajano Miranda – Sociedade Por Ações, Rio de Janeiro, Revista Forense, 2 volumes, 1941.

# A Proteção do Sócio Minoritário no Código das Sociedades Português

ARMANDO TRIUNFANTE[*]

SUMÁRIO[1]: **1.** Introdução e fixação do objeto. **2.** Princípio da paridade de tratamento. **3.** Direitos de minoria qualificada. **3.1.** Direitos gerais (aplicáveis a todos os tipos sociais). **3.2.** Direitos de minoria qualificada apenas previstos para alguns tipos sociais em particular. **4.** Deliberações abusivas. **5.** Quórum de constituição, maiorias deliberativas e a proteção do sócio minoritário. **5.1.** Quórum de constituição. **5.2.** Maiorias deliberativas (ou quórum deliberativo). **6.** A tutela do sócio minoritário na coligação de sociedades.

## 1. Introdução e fixação do objeto

Qualquer discurso sobre a tutela da minoria encontra desde logo um problema que consiste, precisamente, na densificação de tal conceito[2]. Não

---

[*] Assistente na Faculdade de Direito da Universidade Católica Portuguesa.

[1] Exte texto encontra-se escrito ao abrigo do acordo ortográfico, com exceção dos títulos das obras citadas, mantendo-se aí a escrita original, por respeito às referidas obras e seus Autores.

[2] Outra questão relacionada com esta temática é também passível de discussão: quando se discute a proteção ou tutela, da minoria em particular, é preciso precisar qual o respetivo âmbito. Posições distintas existem sobre a matéria, designadamente a visão mais formalista (adota um critério aritmético, constituindo tutela da minoria todo o instrumento que proteja diretamente

é desconhecido que o mesmo pode ser conotado com diferentes signifi-
cados. O primeiro dos quais apresenta-se relacionado com o resultado de
uma assembleia geral já decorrida. Assumindo esta conceção, a minoria
seria formada pelos sócios que não partilham do entendimento maioritário
relativamente a uma deliberação tomada. De acordo com esta perspetiva, a
melhor tutela encontrar-se-á concretizada no direito de impugnar as deliberações sociais. Este seria o melhor meio de reagir contra o entendimento
maioritário, expresso em deliberação e contrário aos interesses das minorias.
Contudo, este não é o único conteúdo que pode ser atribuído àquele conceito. Outras aceções existem que não decorrem diretamente do desfecho
da assembleia geral. Com efeito, é frequente estabilizar-se na sociedade uma
maioria de controlo, o que arrastaria para a minoria todos aqueles que se
mostrassem alheios a esse grupo de sócios ou capital. Para essa minoria os
mecanismos que visam garantir a formação clara e livre do voto em assembleia geral não é suficiente. Mostra-se essencial a previsão de outras figuras
que respondam à necessidade de proteger as minorias de modo mais institucional. Isso acontece, por exemplo, com a consagração dos direitos de
minoria qualificada. Permite-se, assim sendo, outra capacidade à minoria na
defesa dos seus interesses e até uma intervenção ativa na vida da sociedade.

Claro fica, de qualquer modo, que o conceito de minoria não é unívoco,
abarcando diferentes realidades. Esse fenómeno não foi ignorado pelo
nosso legislador, uma vez que, confrontado com a presente necessidade,
forneceu aos agentes do Direito mecanismos muito diferentes e técnicas
distintas, de modo a alcançar objetivos diversos. A finalidade deste trabalho é, então, a sistematização dos diversos instrumentos colocados, direta
ou indiretamente, à disposição do sócio minoritário e da sua proteção, na
lei societária portuguesa[3]. O objetivo deste texto não será tanto exprimir

as minorias, sem qualquer outro requisito para lá da titularidade de uma percentagem minoritária do capital), ou a conceção material (que julga a minoria merecedora de proteção apenas na
medida em que o seu interesse coincida com o interesse social). Parece-nos que, como noutros
campos, a virtude estará no meio, devendo uma cuidada ponderação dos interesses conduzir a
uma tutela que atenda a ambos os critérios. Sobre esta matéria, em particular nas sociedades
anónimas, ver o nosso ARMANDO TRIUNFANTE, *A tutela das minorias nas sociedades anónimas:
direitos de minoria qualificada; abuso de direito*, Coimbra Editora, Coimbra, 2004, pp. 45 e ss..

[3] Os preceitos elencados neste texto são, na falta de indicação em contrário, respeitantes ao
Código das Sociedades Comerciais (aprovado pelo DL n. 262/86, de 2 de setembro e cuja
última alteração foi introduzida pelo DL n. 53/2011, de 13 de abril).

A PROTEÇÃO DO SÓCIO MINORITÁRIO NO CÓDIGO DAS SOCIEDADES PORTUGUÊS

as posições do Autor sobre a matéria (embora isso por vezes tivesse sido inevitável), mas fornecer ao leitor quais os mecanismos e institutos adotados pelo legislador português na matéria em causa.

Vamos, então, tratar cada uma dessas figuras, no âmbito mais alargado da proteção das minorias nas sociedades comerciais[4], começando, todavia, com uma breve referência ao princípio da paridade de tratamento, cuja primeira função é, precisamente, limitar o poder maioritário e proteger as posições minoritárias.

## 2. Princípio da paridade de tratamento

Uma das garantias de maior importância para todos os sócios, em especial os minoritários, é constituída pelo princípio da paridade de tratamento[5]. Pretende o mesmo assegurar que todos os associados, pertençam ou não ao grupo de controlo da sociedade, são tratados de modo idêntico. Mas terá o legislador português sido sensível a esta questão?

O princípio da igualdade tem dignidade constitucional em Portugal. Encontra-se previsto no art. 13º CRP[6]. Este princípio é vinculativo para todas as instituições, públicas e privadas[7], e está na génese do princípio da paridade de tratamento entre os sócios de uma sociedade[8]. Contudo, não

---

[4] Sobre a temática da tutela das minorias podemos encontrar MANUEL ANTÓNIO PITA, *A protecção das minorias*: AAVV, Novas perspectivas do direito comercial, Faculdade de Direito da Universidade Clássica de Lisboa, 1988.

[5] Sobre este princípio em Portugal ver ENGRÁCIA ANTUNES, *A aquisição tendente ao domínio total – da sua constitucionalidade*, Coimbra Editora, Coimbra, 2001, pp. 123 e ss., e o nosso ARMANDO TRIUNFANTE, *A tutela das minorias nas sociedades anónimas: direitos individuais*, Coimbra Editora, Coimbra, 2004, pp. 327 e ss..

[6] Estabelece este art. 13º, no seu n. 1, que *"Todos os cidadãos têm a mesma dignidade social e são iguais perante a lei"*, acrescentando, no seu n. 2, que *"Ninguém pode ser privilegiado, beneficiado, prejudicado, privado de qualquer direito ou isento de qualquer dever em razão de ascendência, sexo, raça, língua, território de origem, religião, convicções políticas ou ideológicas, instrução, situação económica, condição social ou orientação sexual"*.

[7] Embora com intensidades diferentes e devendo ser compatibilizado com outros valores, também eles de dignidade constitucional - assim, por exemplo, CRISTINA QUEIROZ, *Direitos fundamentais (teoria geral)*, Coimbra Editora, Coimbra, 2002, p. 112.

[8] A paridade de tratamento dos sócios tem sido enquadrada no princípio da igualdade de relevo constitucional. Assim, podemos encontrar, entre outros, ENGRÁCIA ANTUNES, *A aquisição tendente ao domínio total – da sua constitucionalidade*, Coimbra Editora, Coimbra, 2001, pp. 123 e ss..

QUESTÕES DE DIREITO SOCIETÁRIO EM PORTUGAL E NO BRASIL

existe no CSC um preceito que consagre aquele princípio com caracter genérico[9]. Existem sim alguns vislumbres do mesmo em matérias muito concretas[10]. Isso sucede, por exemplo, na temática da aquisição e alienação das ações próprias (art. 321º) ou na conversão das ações ordinárias em ações preferenciais sem voto (art. 344º n. 2)[11]. Apesar da aparente fragilidade legislativa, a doutrina considera que o princípio da paridade de tratamento vincula a atividade dos órgãos da sociedade. A sua verdadeira vocação será, então, a proteção das minorias face ao poder legitimamente desenvolvido pela maioria[12]. Não pode a maioria, só pelo facto de o ser, impor uma solução contrária aos interesses minoritários em flagrante violação da paridade tratamento e sem nenhuma justificação adequada para tal sacrifício[13].

[9] Curiosamente esse preceito existe no CVM, aplicável portanto às sociedades abertas (conceito definido no art. 13º CVM). Com efeito, o art. 15º CVM determina que "A sociedade aberta deve assegurar tratamento igual aos titulares dos valores mobiliários por ela emitidos que pertençam à mesma categoria", voltando a concretizar o mesmo princípio no art. 112º CVM, a propósito das ofertas públicas. Outras referências são efetuadas nos arts. 173º, 197º e 393º n. 2, al. a), todos do CVM.

[10] Referências inspiradas em fonte comunitária. Com efeito, o art. 42º da 2ª Diretiva (nº 77/91/ /CEE, de 13 de dezembro de 1976, publicada no JOCE, Edição especial em língua portuguesa, nº 17, Direito das empresas, p. 44 e ss.) determina que as legislações estaduais internas têm da salvaguardar a paridade de tratamento entre os acionistas que se encontram em situação idêntica. De qualquer modo, convém relembrar que a Diretiva se restringe às sociedades anónimas e às matérias que aí foram alvo de tratamento.

[11] A opção de consagrar o princípio sem caracter geral tem sido criticada pela doutrina. Neste sentido, por exemplo, RAÚL VENTURA, *Estudos vários sobre sociedades anónimas*, Almedina, Coimbra, 1992, pp. 369 e ss..

[12] Com tal entendimento podemos encontrar, entre outros, VICTÓRIA ROCHA, *Aquisição de acções próprias no código das sociedades comerciais*, Almedina, Coimbra, 1994, p. 214, ENGRÁCIA ANTUNES, *A aquisição tendente ao domínio total – da sua constitucionalidade*, Coimbra Editora, Coimbra, 2001, p. 137 e ss., João labareda, *Das acções das sociedades anónimas*, Associação Académica da Faculdade de Direito de Lisboa, Lisboa, 1988, p. 217, ANTÓNIO CAEIRO, *A exclusão estatutária do direito de voto nas sociedades por quotas – Temas de direito das sociedades*, Almedina, Coimbra, 1984, p. 72 (1) – "O princípio da igualdade de tratamento assume todo o seu significado quando houver deliberações maioritárias ou unânimes (mas não estando presentes na a.g. todos os sócios), tomadas em prejuízo da minoria ou de certo sócio".

[13] De acordo com as conclusões da OCDE nesta matéria apresentadas em OCDE *Principles of Corporate Governance da Directorate for Financial, Fiscal and Enterprise Affairs*, disponível em Cad-MVM, nº 5, agosto de 1999, pp. 286 e ss.. O princípio do tratamento equitativo dos acionistas deve determinar os comportamentos no âmbito societário em três situações diferentes: Todos

A PROTEÇÃO DO SÓCIO MINORITÁRIO NO CÓDIGO DAS SOCIEDADES PORTUGUÊS

O entendimento proposto acarreta naturalmente consequências. A deliberação que viole a paridade de tratamento entre os sócios, sem justificação para tal, não pode deixar de ser inválida. Será anulável porque desde logo será muito provavelmente uma deliberação abusiva [art. 58º n. 1, al. b)][14-15].

### 3. Direitos de minoria qualificada[16]

Estes direitos podem ser previstos com abrangências diferentes, uma vez que podem ter caracter geral (aplicáveis, consequentemente a todos os tipos sociais) ou particular (dirigir-se, em exclusivo, a um tipo de sociedade). Por outro lado, podem também assumir naturezas distintas. Se por um lado, algumas dessas faculdades podem ser descritas como de participação (permitindo a intervenção da minoria na estrutura de poder que se cria na sociedade), outras existem que apenas exprimem uma intenção de controlo (possibilitando aos sócios minoritários o exercício de controlo sobre o poder na sociedade). Vejamos, então, quais os direitos de minoria

---

os acionistas da mesma categoria devem ser tratados de forma igual; os processos e procedimentos previstos para a assembleia geral devem garantir o tratamento equitativo de todos os acionistas; a proibição de abuso de informação privilegiada e de transações abusivas (implica que os administradores e diretores devam divulgar informações e interesses relevantes que existam em transações a adotar pela sociedade).

[14] Sustentando a anulabilidade de uma deliberação que atente contra a igualdade entre sócio temos VICTÓRIA ROCHA, *Aquisição de acções próprias no código das sociedades comerciais*, Almedina, Coimbra, 1994, pp. 214 e 215. Também já tivemos oportunidade de defender o mesmo: ARMANDO TRIUNFANTE, *A tutela das minorias nas sociedades anónimas: direitos de minoria qualificada; abuso de direito*, Coimbra Editora, Coimbra, 2004, pp. 66 e ss..

[15] Sobre as deliberações abusivas ver ponto 4 deste trabalho.

[16] Por direitos de minoria qualificada pressupomos os direitos que competem àquele (ou aqueles) que seja titular da qualidade de sócio, mas cujo exercício estará dependente da titularidade ou da reunião de uma percentagem qualificada, mas minoritária, do capital. Essa percentagem representa o compromisso ótimo, tal como reputado pelo legislador, entre o sacrifício do direito e a necessidade de não comprometer o desenvolvimento da atividade social (esse compromisso pode naturalmente variar de caso para caso). O direito de minoria qualificada pode ser exercido por um único sócio (se titular da percentagem de capital exigida) ou por vários sócios simultaneamente. Os fundamentos subjacentes ao exercício respetivo não se distinguem daqueles que podem motivar o exercício de direitos individuais. Sobre esta matéria ver o nosso ARMANDO TRIUNFANTE, *A tutela das minorias nas sociedades anónimas: direitos de minoria qualificada; abuso de direito*, Coimbra Editora, Coimbra, 2004, pp. 74 e ss.

## QUESTÕES DE DIREITO SOCIETÁRIO EM PORTUGAL E NO BRASIL

qualificada que podem ser encontrados no Código das Sociedades Comerciais português.

### 3.1. Direitos gerais (aplicáveis a todos os tipos sociais)

DIREITOS DE CONTROLO (os direitos de minoria qualificada previstos para todos os tipos sociais são todos de controlo)[17]

Os sócios de uma sociedade comercial que possuam, pelo menos, 5% do capital social, podem requerer ao tribunal a designação de representante da sociedade (pessoa diferente daquela a quem caberia normalmente essa representação) quando esta se encontre a exercer judicialmente o seu direito de indemnização (art. 76º n. 1 CSC)[18]. Por outro lado, se a maioria dos sócios impedir, em assembleia geral, que a sociedade proponha ação social de responsabilidade contra gerentes ou administradores, poderá uma minoria de 5% do capital, mais uma vez, efetivar esse objetivo, com vista à reparação, a favor da sociedade, do prejuízo sofrido (art. 77º n. 1 CSC).

### 3.2 Direitos de minoria qualificada apenas previstos para alguns tipos sociais em particular

Os direitos de minoria qualificada são particularmente frequentes nas sociedades anónimas portuguesas, mais do que em qualquer outro tipo de sociedade. Isto não quer dizer que a mesma faculdade não exista nos demais tipos sociais (sociedades em nome coletivo, sociedades por quotas e sociedades em comandita). Sucede, porém, que, na generalidade dos casos, tais direitos serão individuais, não dependendo o respetivo exercício da titularidade de qualquer participação no capital. Atendendo às características das sociedades anónimas, entendeu o legislador que se devia restringir a efetivação desses direitos, exigindo um certo comprometimento com

---

[17] Os direitos de minoria qualificada não são um exclusivo do CSC. Também no CVM se prevê um destes direitos de minoria com importante relevância prática. O art. 24º n. 1 CVM exige que a suspensão de deliberação social tomada em sociedade aberta seja requerida por sócio que, isolada ou conjuntamente, seja titular de, pelo menos, 0,5% do capital social. Note-se que esta faculdade apenas assume a natureza de direito de minoria nas sociedades abertas. Nas restantes é um direito individual. O art. 396º n. 1 do CPC atribui a legitimidade ativa a qualquer sócio, independentemente da participação detida no capital.

[18] Tal será possível quando esse representante não tenha sido designado pelos sócios, nos termos do art. 75º n. 1, parte final, ou quando se justifique a substituição da pessoa assim designada.

A PROTEÇÃO DO SÓCIO MINORITÁRIO NO CÓDIGO DAS SOCIEDADES PORTUGUÊS

a vida social. Manter cada uma dessas faculdades como individual poderia causar a paralisação ou, pelo menos, dificultar a gestão social.

## DIREITOS DE PARTICIPAÇÃO

a) Os acionistas de uma sociedade anónima de Portugal, que detenham, pelo menos, 5% do capital, têm o direito de convocar a Assembleia Geral[19], podendo, do mesmo modo, indicar os assuntos a serem adicionados à ordem do dia[20] (arts. 375 nº 2 e 378 n. 1 CSC, respetivamente)[21]. Se a solicitação não for devidamente atendida, em qualquer dos casos, os acionistas podem requerer a convocação judicial da assembleia geral (arts. 375 nº 6 e 378. nº 4 CSC)[22-23].

[19] O requerimento deve ser feito por escrito, dirigido ao presidente da mesa da assembleia geral, indicando, com precisão, os assuntos a discutir e justificando a necessidade da reunião (art. 375º n. 3). A publicação da convocatória da assembleia assim convocada deve ocorrer nos quinze dias subsequentes à receção do requerimento, devendo a reunião ter lugar no prazo máximo de 45 dias a contar daquela publicação (art. 375º n. 4).

[20] O requerimento respetivo deve ser elaborado por escrito e dirigido ao presidente da mesa nos 5 dias seguintes à última publicação da convocatória da assembleia geral (art. 378º n. 2). Os novos assuntos assim introduzidos na ordem do dia devem ser comunicados aos acionistas restantes (art. 378º n. 3 CSC)

[21] Estas faculdades são conhecidas nos restantes tipos sociais, mas são tratadas como direitos individuais do sócio. Assim sucede, por exemplo, nas sociedades por quotas (art. 248º n. 2) e nas sociedades em nome coletivo (remissão efetuada pelo art. 189º n. 1)

[22] O presidente da mesa da assembleia geral pode recusar tal pedido (devendo-o fazer por escrito – art. 375º n. 5 CSC). Parece, contudo, que o fundamento para tal decisão apenas poderá residir no uso abusivo da faculdade individual ou na falta de cumprimento dos pressupostos formais exigidos legalmente. Nas restantes hipóteses deve o órgão responsável proceder de imediato à convocação da assembleia geral. Sobre esta matéria ver o nosso ARMANDO TRIUNFANTE, *A tutela das minorias nas sociedades anónimas: direitos de minoria qualificada; abuso de direito*, Coimbra Editora, Coimbra, 2004, pp. 421 e ss..

[23] Note-se, ainda a propósito da participação das minorias nas assembleias gerais, que essa realidade é facilitada por dois instrumentos (que estão ao serviço de todos os sócios e não apenas das minorias). Reportamo-nos à validade dos acordos de acionistas relativos ao exercício dos direitos de voto (artigo 17 º CSC.) e ao direito de representação dos sócios ausentes. O direito de representação deve ser efetivado nos termos previstos para cada tipo de sociedade – art. 249º para as sociedades por quotas, art. 189º n. 4 para as sociedades em nome coletivo, e art. 381º para as sociedades anónimas, também aplicável às sociedades em comandita por ações (por remissão do art. 478º).

b) O CSC permite que as minorias desempenhem um papel de relevo na designação ou eleição de administradores nas sociedades anónimas[24]. Em todo o caso é indispensável que essa faculdade tenha sido expressamente prevista nos estatutos da sociedade (art. 392º n. 1 e n. 6[25]). Foram previstos dois métodos alternativos para que alguém escolhido pela minoria possa desempenhar funções no conselho de administração. O primeiro permite ao grupo minoritário apresentar uma lista a eleição isolada[26]. Já o segundo possibilita ao grupo minoritário que tenha votado contra a proposta que fez vencimento na eleição dos administradores proceder à designação de um administrador[27].

A tutela das minorias proporcionada por este mecanismo não podia prescindir de alguma proteção no que respeita à destituição dos administradores designados pelas minorias. Assim sendo, a destituição de um administrador designado ao abrigo destas regras especiais obedece a um regime diferente dos restantes. Apenas ocorre com justa causa ou, na ausência desta, a deliberação respetiva apenas produzirá efeitos se não tiver votos contra representativos de, pelo menos, 20% do capital social (art. 403º n. 2).

c) Também para o órgão de fiscalização da sociedade anónima poderá a minoria contribuir com a nomeação de dois membros (um efetivo e um suplente). Para tal deve representar, pelo menos, 10% do capital e deve ter votado contra a proposta que fez vencimento (o voto contrário deve ficar consignado na ata). Esta faculdade é exercida judicialmente, mediante requerimento (art. 418º n. 1).

---

[24] A mesma faculdade foi prevista para a designação de membros do conselho geral e de supervisão se a sociedade tiver sido estruturada ao abrigo do modelo previsto no art. 278º n. 1, al. a) (ao abrigo deste modelo os órgãos serão, para lá do referido, o conselho de administração executivo e o revisor oficial de contas). Esta disciplina legal retira-se da remissão efetuada para o art. 392º pelo art. 435º n. 3.

[25] A tutela das minorias por esta via é, contudo, obrigatória nas sociedades com subscrição pública, ou que sejam concessionárias do Estado ou de entidade a este equiparada por lei, de acordo com o art. 392º n. 8.

[26] Os grupos minoritários que se apresentam a esta eleição isolada não podem representar menos de 10% e mais de 20% do capital. Os administradores assim eleitos não podem constituir mais do que um terço do total, tal como estabelecido no art. 392º n. 1.

[27] Tal minoria deve representar, pelo menos, 10% do capital. Se existirem várias minorias nas mesmas circunstâncias deve proceder-se à eleição entre elas (art. 392º n. 7).

A PROTEÇÃO DO SÓCIO MINORITÁRIO NO CÓDIGO DAS SOCIEDADES PORTUGUÊS

Também estes membros relativos ao órgão de fiscalização merecem a devida proteção legal, designadamente contra abuso da maioria. Desde logo apenas o Tribunal terá o poder de fazer cessar as suas funções ou de os destituir. A cessação de funções depende de requerimento, com esse fim, apresentado pela minoria que requereu a nomeação (art. 418º n. 3). Se o fundamento é a substituição com justa causa então a lei também atribui legitimidade para o requerimento judicial ao próprio conselho fiscal (na eventualidade deste órgão não existir na sociedade, atribuem-se poderes para tal ao conselho de administração – art. 418º n. 4).

## DIREITOS DE CONTROLO

a) Um direito da maior importância é, naturalmente, o direito à informação[28]. Este é ainda, em certa medida, um direito de participação, mas assume, como se percebe, uma função instrumental aos poderes de controlo dos sócios sobre a gestão social. Em regra, esta faculdade assume dimensão individual[29], mas, nas sociedades anónimas, a dimensão mais relevante do direito foi elevada a direito de minoria qualificada. Assim, nos termos do art. 291º, o acionista ou acionistas que representem, pelo menos, 10% do capital social, podem exercer o *"Direito coletivo à informação"*. Isto é particularmente relevante na medida em que o objeto do direito são as informações sobre *"assuntos sociais"*, não se limitando a nenhum assunto em particular[30]. É permitido inclusivamente solicitar-se informação

---

[28] Sobre este direito em particular podemos ver CARLOS PINHEIRO TORRES, *O direito à informação nas sociedades comerciais*, Almedina, Coimbra, 1998, e DIOGO DRAGO, *O poder de informação dos sócios nas sociedades comerciais*, Almedina, Coimbra, 2009.

[29] Essa é a realidade nas sociedades em nome coletivo, de acordo com o art. 181º, e nas sociedades por quotas, nos termos do art. 214º.

[30] O pedido deve ser feito por escrito. A lei elenca taxativamente e, portanto, limita os fundamentos de recusa da informação solicitada (podem ser encontrados no art. 291º n. 4). A informação pode ser rejeitada: *"quando for de recear que o acionista a utilize para fins estranhos à sociedade e com prejuízo desta ou de algum acionista"*; *"quando a divulgação, embora sem os fins referidos na alínea anterior, seja suscetível de prejudicar relevantemente a sociedade ou os acionistas"*; *"quando ocasione violação de segredo imposto por lei"*. Se o fundamento invocado no pedido for o de pretender apurar eventuais responsabilidades dos membros do conselho de administração, conselho de administração executivo, conselho fiscal ou conselho geral e de supervisão as hipóteses de recusa do direito são ainda mais restritas: esta apenas é legítima se, de modo patente, não for verdadeiro o fundamento invocado (art. 291º n. 2).

## QUESTÕES DE DIREITO SOCIETÁRIO EM PORTUGAL E NO BRASIL

com o objetivo de apurar a responsabilidade dos membros dos órgãos sociais[31].

Dada a relevância da faculdade em presença não podia a mesma deixar de ser convenientemente tutelada. Assim, se a informação solicitada tiver sido injustificadamente recusada, ou se a informação prestada for presumivelmente falsa, incompleta ou não elucidativa, permite-se ao acionista em causa a solicitação de inquérito judicial à sociedade (art. 292º n. 1)[32]. Esta medida tem uma força dissuasora de relevo já que se permite ao requerente, para lá da obtenção da informação em falta, a destituição de membros de órgãos sociais cuja responsabilidade tenha sido apurada, a nomeação de um administrador ou, até mesmo, a própria dissolução da sociedade, se para tal causa existir (art. 292º n. 2)[33].

b) Outra faculdade atribuída pelo legislador a uma minoria de capital consiste na possibilidade de requerer a destituição judicial de um administrador, com fundamento em justa causa. O respetivo exercício está limitado temporalmente (apenas pode ser efetivado enquanto não tiver sido convocada assembleia geral para discutir o assunto) e exige uma percentagem mínima de 10% do capital (art. 403º n. 3).

Já se disse que os direitos de minoria qualificada representam o compromisso adequado, no entendimento do legislador, entre a necessidade de assegurar a gestão da sociedade e o exercício de direitos sociais. Pres-

---

[31] O direito coletivo à informação, apesar de ser o mais importante, não é o único direito de minoria qualificada no âmbito do direito à informação nas sociedades anónimas. Com efeito, o art. 289º n. 3 ordena que a sociedade envie os documentos preparatórios da assembleia geral, através de carta, aos titulares de ações correspondentes a, pelo menos, 1% do capital social, se estes o requererem. Apesar da natureza de direito de minoria não ser evidente, pensamos ser essa a intenção do legislador. Já o defendemos – ver ARMANDO TRIUNFANTE, *A tutela das minorias nas sociedades anónimas: direitos de minoria qualificada; abuso de direito*, Coimbra Editora, Coimbra, 2004, pp. 106/7 (205).

[32] O inquérito pode ser requerido sem precedência de pedido de informações se for de presumir, de acordo com as circunstâncias do caso, que a informação não será prestada – art. 292º n. 6.

[33] O inquérito judicial à sociedade não é exclusivo da violação do direito à informação (embora essa seja a regra como se pode verificar pela leitura dos arts. 216º, 292º). Existem outras hipóteses onde a mesma reação é admitida. Tal sucede, por exemplo, com a falta de apresentação atempada dos documentos de prestação de contas (art. 67º n. 1) ou com o abuso de informação (arts. 449º e 450º).

supondo esta realidade parece impedido aos sócios, pelo menos nas sociedades anónimas (campo por excelência deste tipo de direito), aumentar a percentagem do capital exigida para o exercício dos direitos de minoria qualificada. Aceitar a hipótese contrária implicaria admitir o sacrifício excessivo de faculdades que, na sua génese, são direitos individuais[34]. Por outro lado, reduzir essas percentagens também parece afastado, já que tornaria a gestão da sociedade mais difícil (os órgãos sociais estariam provavelmente mais ocupados a responder ao exercício de direitos sociais do que a gerir a sociedade). Conclui-se, consequentemente, pela imperatividade das normas que estabelecem os direitos de minoria qualificada, em particular no que concerne à fixação concreta dos quocientes minoritários[35].

## 4. Deliberações abusivas

O abuso de direito é outra das figuras que assume um relevo especial no universo da tutela das minorias, em particular a sua dimensão relacionada com a aprovação de deliberações em assembleia geral pela maioria dos votos ou do capital. É sabido que a impugnação de deliberações é um dos direitos de controlo mais efetivos. Em Portugal essa faculdade é individual, não sendo necessária a reunião de qualquer percentagem de capital[36].

---

[34] Apenas por razões de conveniência prática terá o legislador entendido retirar essas faculdades da esfera individual e transformá-los em direitos de minoria. Entende que, assim, consegue garantir melhores hipóteses de êxito à gestão da sociedade. Contudo, do ponto de vista material não existe nenhuma diferença entre os direitos de minoria e os direitos individuais – ver ARMANDO TRIUNFANTE, *A tutela das minorias nas sociedades anónimas: direitos de minoria qualificada; abuso de direito*, Coimbra Editora, Coimbra, 2004, pp. 83 e ss. e 259 e ss.. Esta realidade é certificada pelo facto da mesma faculdade poder ser direito de minoria e direito individual em tipos de sociedades distintos.

[35] Já assim o defendemos: ARMANDO TRIUNFANTE, *A tutela das minorias nas sociedades anónimas: direitos de minoria qualificada; abuso de direito*, Coimbra Editora, Coimbra, 2004, pp. 295 e ss..

[36] Pode nem sequer ser indispensável a qualidade de sócio. O CSC, reportando-se às deliberações dos sócios, conhece três modalidades de vícios: a nulidade (art. 56º); a anulabilidade (art. 58º); e a ineficácia (art. 55º). Relativamente à primeira não foi definida, no CSC, qualquer legitimidade para o exercício do direito de impugnação (existe apenas uma referência aos poderes do órgão de fiscalização no art. 57º). Tem sido entendimento mais ou menos pacífico a aplicação do regime do art. 289º do Código Civil português que reconhece essa legitimidade (para a impugnação dos negócios jurídicos nulos) a todo e qualquer interessado. Transpondo esse entendimento para a matéria aqui discutida, chega-se à conclusão de que não está afastada a possibilidade de impugnação por um não sócio.

QUESTÕES DE DIREITO SOCIETÁRIO EM PORTUGAL E NO BRASIL

Um dos fundamentos da impugnabilidade de uma deliberação tomada em assembleia geral é, precisamente, o caracter abusivo da mesma – ver art. 58º n. 1, al. b). Compreende-se, então, que é através desta via que a minoria poderá reagir contra a modalidade mais frequente de abuso por parte da maioria que controla a sociedade: o abuso do direito de voto em assembleia geral.

O preceito da lei portuguesa sobre a matéria – o referido art. 58º n. 1, al. b) – contém os requisitos do abuso e as condições para o exercício do direito de impugnação com esse fundamento. Não se trata de uma norma de simples compreensão. São, então, anuláveis as deliberações que *"sejam apropriadas para satisfazer o propósito de um dos sócios de conseguir, através do exercício do direito do voto, vantagens especiais para si, ou para terceiros, em prejuízo da sociedade ou de outros sócios ou simplesmente de prejudicar aquela ou estes, a menos que se prove que as deliberações teriam sido tomadas mesmo sem os votos abusivos"*. Ainda se acrescenta, no art. 58º n. 3 que *"os sócios que tenham formado maioria em deliberação abrangida pela al. b) do nº 1 respondem solidariamente para com a sociedade ou para com os outros sócios pelos prejuízos causados"*.

Analisando, desde já, a norma em causa, verificamos que o legislador português seguiu uma conceção mista de abuso, perfilhando simultaneamente elementos objetivos e subjetivos[37]. Por um lado é preciso que a deliberação seja adequada a produzir o abuso. É, portanto, indispensável o elemento objetivista. Sem a presença deste a intenção de abusar seria inócua, insuscetível de produzir qualquer dano. Mas esse requisito não é suficiente. Ainda se requer a demonstração do propósito de, pelo menos, um sócio na prossecução do abuso. Se este elemento subjetivista não existir, ou seja se nenhum dos sócios tiver consciência ou intenção na produção

---

As deliberações anuláveis, essas sim, são impugnáveis apenas por sócios (sem esquecer, mais uma vez, as incumbências do órgão de fiscalização) e apenas por aqueles que não tenham votado no sentido que fez vencimento e posteriormente não tenham dado o seu acordo, expresso ou tácito, à deliberação em causa (art. 59º n. 1).

A lei não prevê qualquer impugnação das deliberações ineficazes. Limita-se a determinar uma ineficácia absoluta (todos os efeitos) e total (para todos) da deliberação enquanto não for reunido o requisito em falta: o consentimento do sócio (s) exigido por lei para a produção dos efeitos.

[37] Esse é também o entendimento da jurisprudência portuguesa. Ver o Acórdão STJ de 28.2.2002 (processo n. 02B071) e o Acórdão STJ de 27.5.2003 (processo n. 03A950), ambos disponíveis em www.dgsi.pt.

do abuso, então a deliberação não é impugnável, ainda que, objetivamente, tenha causado danos à sociedade ou aos sócios da minoria[38]. Isto implica, em juízo, uma sindicância individual do direito de voto, avaliando se, e em que medida, terá algum dos sócios pretendido praticar o abuso, o que dificulta, sobremaneira, o sucesso dos sócios minoritários na ação judicial.

A lei concretiza o que entende por abuso. São adiantadas duas hipóteses, mas incorretamente, uma vez que uma delas acaba por consumir a outra, tornando-a inútil. Senão vejamos. A primeira situação requer, por um lado, o exercício do direito de voto em benefício pessoal do sócio ou de terceiro e, por outro, o prejuízo da sociedade ou de outros sócios. Mas a segunda situação vem desmentir a primeira, reputando de suficiente, para a concretização do abuso de direito, o mero prejuízo da sociedade ou dos sócios da minoria. Deste modo, se a deliberação for adequada ao propósito de um ou mais sócios em prejudicar a sociedade ou outros sócios ela é judicialmente impugnável, porque abusiva, ainda que não se tenha verificado qualquer benefício para a maioria ou para terceiros[39]. Conclui-se, consequentemente, que a lei se basta com a deliberação emulativa, ou seja com o intuito (tem sempre de existir), expressado conveniente-

---

[38] Em nossa opinião será de questionar se não terá o legislador nacional seguido uma via menos correta. Como se sabe, uma das grandes dificuldades associadas à figura do abuso de direito é, concretamente, a dificuldade de demonstração em sede judicial. É muito difícil tal prova ser realizada, dificuldade que aumenta exponencialmente quando existe recurso a elementos subjetivistas, como é o caso. Exigir a demonstração de intenção do agente do abuso em tribunal é condenar, na generalidade das situações, tal operação ao fracasso. De resto, nem sequer foi essa a opção do mesmo legislador português quando se referiu ao abuso de direito no âmbito civil. O art. 334º do Código Civil não faz qualquer alusão à intenção do agente, bastando que se exceda manifestamente (e objetivamente, adiantamos nós) os limites impostos pela boa fé, pelos bons costumes ou pelo fim social ou económico do direito. Ainda que se exija o caracter manifesto do abuso, não é indispensável que o agente tenha a intenção ou, sequer, a consciência de estar a praticar o seu direito com abuso. Sobre o abuso de direito em matéria civil podemos encontrar em Portugal FERNANDO DE SÁ, *Abuso de direito*, Coimbra, 1997 (reimpressão de 1973), COUTINHO DE ABREU, *Do abuso de direito – ensaio de um critério em direito civil e nas deliberações sociais*, Almedina, Coimbra, 1999 (reimpressão).

[39] Aparentemente apenas releva o prejuízo da sociedade ou dos restantes sócios e não o dano de terceiros, como por exemplo os trabalhadores. O interesse destes deve ser tido em conta, por exemplo, nas deliberações do órgão de administração [art. 64º n. 1, al. b)], mas nada na lei impõe a sua ponderação numa eventual deliberação dos sócios em assembleia geral.

QUESTÕES DE DIREITO SOCIETÁRIO EM PORTUGAL E NO BRASIL

mente numa deliberação adequada, de causar prejuízo à sociedade ou aos sócios da minoria[40].

O prejuízo da minoria plasmado em deliberação social é merecedor de reação por parte do ordenamento jurídico. Não qualquer prejuízo, mas apenas aquele que não encontre qualquer justificação no interesse social. Ou melhor que ponha em causa o dever de lealdade entre sócios ou que exprima violação da paridade de tratamento entre os mesmos[41].

O legislador entendeu fazer depender a invalidade da deliberação potencialmente abusiva da chamada "prova de resistência". Obedecendo ao princípio da conservação das deliberações sociais, uma decisão tomada em assembleia geral manter-se-á como válida e eficaz se, apesar de verificados os pressupostos elencados, os votos tomados validamente, descontados os votos abusivos, chegarem para aprovar a deliberação. O aplicador do Direito terá, assim sendo, de sindicar individualmente todos os votos que contribuíram para formar a maioria no caso concreto, separando os abusivos (com intenção de prejudicar a sociedade ou a minoria), dos não abusivos (sem essa intenção). Os primeiros serão como que "anulados", mas se os segundos forem, ainda assim, em número ou percentagem suficiente para aprovar a deliberação, esta deve ser totalmente acolhida pelo ordenamento jurídico[42].

Termina-se, na lei, esta temática com a cominação, para os sócios que tiverem formado maioria em deliberação abusiva, de responder solidaria-

---

[40] A lei admite que a deliberação prejudicial à sociedade possa, mediante o preenchimento dos requisitos legais, ser qualificada como abusiva. Esta realidade abre a porta a deliberações abusivas ainda que tomadas pela unanimidade dos sócios. Mesmo que os associados exprimam todos o seu acordo numa determinada deliberação não se afasta por completo a possibilidade da sua decisão ser considerada abusiva por violação do interesse social. De lembrar que a lei societária portuguesa reconhece legitimidade processual ativa ao órgão de fiscalização, não se limitando aos sócios (que na hipótese em presença não teriam nenhum interesse na referida impugnabilidade).

[41] Existem várias decisões jurisprudenciais a reconhecer o abuso de direito nas sociedades comerciais. A título de exemplo pode ser apontado o Acórdão STJ 7.1.1993 (in CJ, Ano I, 1993, T. I, pág. 5) que considerou abusiva a afetação da totalidade dos lucros em reservas, sem justificação, para prejudicar minoria.

[42] O ónus da proa recairá naturalmente sobre aqueles que pretendem a validade da deliberação, designadamente os sócios da maioria.

266

A PROTEÇÃO DO SÓCIO MINORITÁRIO NO CÓDIGO DAS SOCIEDADES PORTUGUÊS

mente por todos os danos causados à sociedade ou aos restantes sócios – referido art. 58º n. 3[43-44].

[43] Não deixa de haver alguma incongruência na conclusão proposta na lei. Comanda o legislador que se avalie individualmente cada um dos votos mensurando a sua natureza abusiva. Pode inclusivamente atribuir-se relevância ao facto de nem todos os votos serem abusivos – prova de resistência. Mas depois, independentemente ao trabalho efetuado, condena-se todos os sócios da maioria a uma responsabilidade solidária pelos danos causados. Mas então qual a relevância, neste sede, de determinar quais os votos abusivos e proceder à sua distinção, e separação, dos votos validamente formados e emitidos?

[44] Não se pense, todavia, que o abuso de direito nas sociedades comerciais relacionado com as deliberações é apanágio exclusivo das maiorias. Embora essa seja a regra, situações existem onde as minorias são elas mesmas o sujeito ativo do comportamento ilícito. À semelhança do que sucede noutros ordenamentos começa a ser reconhecido o relevo do abuso de minoria nas sociedades, com reflexos ao nível jurisprudencial e doutrinal, se bem que ainda não legal. Sobre esta matéria podem ser encontrados os seguintes estudos: COUTINHO DE ABREU, *Abusos de minoria*, in Problemas do direito das sociedades, Instituto de direito das empresas e do trabalho, Almedina, Coimbra, 2002, AAVV, pp. 65 e ss., TAVEIRA DA FONSECA/ARMANDO TRIUNFANTE, *Deliberações abusivas; deliberações ofensivas dos bons costumes; ónus de afirmação*; Anotação ao Ac. STJ de 3 de fevereiro de 2000, Revista do Conselho Distrital da Ordem dos Advogados, n. 18, pp. 60 e ss, ARMANDO TRIUNFANTE, *A tutela das minorias nas sociedades anónimas: direitos de minoria qualificada; abuso de direito*, Coimbra Editora, Coimbra, 2004, pp. 403 e ss. Vejamos então esta temática.

Nas matérias onde o legislador entendeu prudente exigir maiorias qualificadas para a aprovação da deliberação (v.g. alteração do contrato de sociedade), será possível a uma minoria de bloqueio de dimensão suficiente impedir a tomada de decisão. Ora, se a deliberação é fundamental para o futuro da sociedade, inclusivamente para a sua sobrevivência, e os votos minoritários servem somente para acautelar egoisticamente os seus interesses (e/ou para prejudicar a sociedade e os sócios da maioria), então parece haver abuso de minoria.

Pensamos que também com a rejeição da proposta provocada pelo voto contra de uma minoria de bloqueio é suscetível de ser configurada uma deliberação. Neste caso uma deliberação de conteúdo negativo. Partindo deste pressuposto parece possível aplicar aqui os fundamentos que resultam do art. 58º n. 1, al. b) para o abuso de maioria: sindicância individual do voto; prova de resistência; paralisação dos efeitos dos votos abusivos. Sustentando a aplicação do preceito em causa ao abuso de minoria temos COUTINHO DE ABREU, *Abusos de minoria*, Problemas do direito das sociedades, Instituto do direito das empresas e do trabalho, AAVV, Almedina, Coimbra, 2002, p. 69, e MARQUES ESTACA, *O interesse da sociedade nas deliberações sociais*, Almedina, Coimbra, 2003, p. 153.

Já o modo de melhor reagir a essa situação é alvo de intenso debate ao nível europeu. Três hipóteses têm sido aventadas: mera invalidade da deliberação de rejeição da proposta, considerada abusiva (esta solução não evita a continuação do dano para a sociedade, nem impede o mesmo comportamento em nova tentativa de deliberação sobre o mesmo assunto); invalidade

## QUESTÕES DE DIREITO SOCIETÁRIO EM PORTUGAL E NO BRASIL

## 5. Quórum de constituição, maiorias deliberativas e proteção do sócio minoritário

### 5.1 Quórum de constituição

As decisões tomadas pelo legislador relativas aos quóruns associados à assembleia geral refletem o relevo atribuído a diferentes fatores (os mais importantes serão a facilidade deliberativa e a representatividade das decisões). Também a tutela das minorias pode ser um fator a ter em conta na determinação da solução legalmente expressa. Umas técnicas favorecem mais esse resultado do que outras. Ao contrário do que poderia parecer, a previsão de um quórum constitutivo não contribui sobremaneira para a proteção das minorias, nem é por esta motivada[45]. Com efeito, essa técnica é usada sobretudo para fomentar a representatividade de determinadas decisões, reputadas de algum relevo. Contudo a medida do quórum normalmente escolhida, em regra minoritária, não atinge dimensão suficiente para que lhe possa ser atribuída a função de proteção das minorias. É o que sucede, por exemplo, nas sociedades anónimas, sempre que se pretenda deliberar sobre *"alteração do contrato de sociedade, fusão, cisão, transformação, dissolução da sociedade ou outros assuntos para os quais a lei exija maioria qualificada, sem a especificar"*, caso em que *"devem estar presentes ou representados acionistas que detenham, pelo menos, ações correspondentes a um terço do capital"* – art. 383º n. 2. Se com a presença desse terço a assembleia pode constitui-se e prosseguir com o processo deliberativo não fica qualquer margem para a proteção minoritária. Acresce ainda que, se este quórum não é atin-

da deliberação acompanhada de designação de representante judicial dos interesses minoritários que irá votar em nova assembleia atendendo ao interesse social (não respeita um dos principais dogmas do direito societário que é, precisamente, a não interferência judicial no seio corporativo e torna difícil saber quais os interesses a atender pelo representante); surgimento de uma deliberação de sentido contrário com aprovação da proposta de deliberação, depois de anulados os votos minoritários abusivos (solução proposta pela jurisprudência francesa). Esta parece ser a melhor solução se pesados todos os argumentos: intensidade menor da intervenção do Tribunal na vida social; reconstituição natural (primeira e mais perfeita forma de responsabilidade civil), pois só assim se pode repor a situação que existiria se não tivesse ocorrido o ato lesivo; solução sucedânea da anulação da deliberação no abuso de maioria; mostra-se de acordo com a regra geral no abuso de direito segundo a qual deve ser preferida a reação que melhor contribua para a paralisação ou anulação dos efeitos do abuso.

[45] Sobre esta matéria, mais em pormenor, ARMANDO TRIUNFANTE, *A tutela das minorias nas sociedades anónimas: quórum de constituição e maiorias deliberativas*, Coimbra Editora, Coimbra, 2005, pp. 96 e ss.

A PROTEÇÃO DO SÓCIO MINORITÁRIO NO CÓDIGO DAS SOCIEDADES PORTUGUÊS

gido, verificar-se-á uma 2ª convocatória, onde se prescinde, na totalidade, de qualquer quórum constitutivo (art. 383º n. 3)[46]. A maioria dos sócios poderá, com alguma facilidade, garantir. Pelo menos, a discussão destes assuntos em assembleia geral.

## 5.2 Maiorias deliberativas (ou quórum deliberativo)

Diferente será a ponderação do quórum ou maioria deliberativos. O critério decisório escolhido pelo legislador para cada temática poderá ser muito diferente e um dos fatores decididamente a considerar é ou pode ser, então, a tutela das minorias.

Não é isso que sucede com a maioria simples (critério decisório supletivo na sociedade em nome coletivo, sociedade por quotas e sociedade anónimas – arts. 189º n. 2, 250º n. 3 e 386º n. 1, respetivamente), pois traduz a vigência do princípio capitalista e o domínio do entendimento maioritário sobre as minorias[47].

Existem matérias, todavia, onde o legislador foi mais sensível aos interesses minoritários e estabeleceu, a título de quórum deliberativo uma maioria qualificada. Sucede que, mesmo aqui, o grau de proteção pode variar dependendo da técnica empregue.

Em certos casos a maioria qualificada deve ser apurada com referência ao capital ou votos presentes em assembleia geral. Mais uma vez isso sucede com as deliberações, nas sociedades anónimas, relativas às matérias contidas no art. 383º n. 2. A proposta só será aprovada se reunir, pelo menos, dois terços dos votos emitidos (art. 386º n. 3), seja em primeira ou segunda convocatória. É verdade que, aqui, se faz referência a um quórum qualificado, permitindo, em teoria, a uma minoria que represente mais do que um terço opor-se à aprovação da proposta de deliberação. Contudo, esta tutela é mais aparente do que real. De facto, como as grandezas da

---

[46] As considerações já serão diferentes se o quórum constitutivo estiver associado a um quórum deliberativo, figura a que chamamos de quórum misto. Nesse caso, a tutela da minoria é um fator a considerar como, de resto, veremos adiante.

[47] Ainda assim é possível sustentar que na génese da escolha do princípio maioritário está a tutela do individuo. Em ultima análise, o facto da fórmula maioritária assegurar uma gestão mais ou menos eficaz permite que a finalidade derradeira de cada indivíduo na associação em corporação possa, potencialmente, ser atingida. A adoção de um critério que não garantisse a mesma eficácia, e permitisse a paralisação do ente, como é o caso da unanimidade, impossibilitaria a satisfação dos objetivos pessoais que justificaram a organização em sociedade.

maioria e minoria são apenas apuradas em função do capital presente em assembleia e disposto a votar, não é fácil fazer prever antecipadamente se a minoria tem ou não dimensão suficiente para exercer uma força de bloqueio[48]. O legislador, ao usar tal técnica, parece ter estado mais preocupado com a representatividade da decisão do que com a proteção dos sócios minoritários. Esta conclusão é reforçada pela adoção da figura do "quórum deliberativo facultativo"[49]. Assim, nas matérias a que nos referimos (art. 383º n. 2), se em 2ª convocatória *"estiverem presentes ou representados acionistas detentores de, pelo menos, metade do capital social, a deliberação (...) pode ser tomada pela maioria dos votos emitidos"* – art. 386º n. 4. Percebemos agora que, uma vez assegurada a representatividade do capital na assembleia, podemos prescindir do quórum deliberativo qualificado. Fica claro, portanto, que a tutela das minorias não é um objetivo a atingir e, ainda que o fosse, apenas aparece em segundo ou terceiro plano.

Se a defesa dos interesses minoritários é verdadeiramente uma prioridade então o legislador já optou pelo quórum deliberativo qualificado, mas calculado com referência à totalidade do capital social[50]. Esta técnica foi usada por diversas vezes no CSC. Pode ser encontrada na parte geral, na alteração da sede efetiva para o estrangeiro (art. 3º n. 5[51]). É exigida para a alteração do contrato de sociedade nas sociedades por quotas (art. 265º n. 1[52]). Foi igualmente prevista para a deliberação que pretenda distribuir aos sócios menos de metade do lucro distribuível, tanto nas sociedades por

---

[48] A não ser que a minoria tenha mais do um terço do capital da sociedade. Contudo, nesse caso, é discutível que esse grupo seja efetivamente minoritário. Atendendo à dispersão, frequente, do capital nas sociedades anónimas, sobretudo nas sociedades abertas, é muito provável que esse grupo pertença, inclusivamente, ao capital que controla a sociedade.

[49] Designação empregue por Lucas Coelho, *A formação de deliberações sociais – assembleia geral das sociedades anónimas*, Rei dos Livros, Lisboa, 1987, p. 54 (38).

[50] Sempre que tal sucede estamos na presença de um quórum misto. Se a proposta precisa de ser aprovada por uma determinada percentagem do capital social, então a assembleia só se deve constituir e continuar os seus trabalhos se estiver presente ou representada essa parcela do capital, pelo menos.

[51] Esta deliberação deve respeitar o imposto em cada tipo social para a alteração do contrato de sociedade, mas não pode, em caso algum, ser tomada por menos de 75% dos votos correspondentes ao capital social.

[52] Apenas se reunida uma maioria de três quartos dos votos correspondentes ao capital social ou ainda superior se tal for exigido pelo contrato de sociedade.

A PROTEÇÃO DO SÓCIO MINORITÁRIO NO CÓDIGO DAS SOCIEDADES PORTUGUÊS

quotas como nas sociedades anónimas (arts. 217º n. 1 e 294º n. 1[53]). São matérias da maior relevância para cada um dos sócios e, inclusivamente, suscetíveis de motivar a própria decisão de participar ou manter a participação numa sociedade comercial. Não espanta, então, que o legislador tenha visado diretamente a proteção das minorias com a adoção de um critério decisório que exige uma maioria qualificada em função do capital. Permite-se, deste modo, a uma minoria com uma dimensão suficiente (e que pode ser calculada previamente) o poder de impedir a adoção de deliberações decisivas para o futuro da sociedade, mas também para os seus interesses enquanto sócios. A importância dos interesses minoritários é tanta que se dispensa a sua presença em assembleia geral para fazer valer os seus pontos de vista. Com a sua ausência conseguem, do mesmo modo, obstar à aprovação da proposta. Tal contexto legal obriga a maioria de controlo a um esforço de persuasão da minoria de modo a obter o resultado desejado. Não restam dúvidas, consequentemente, sobre a aptidão da presente técnica para a proteção de uma minoria que o legislador considera ter dimensão suficiente[54-55].

---

[53] O regime é idêntico nos dois tipos sociais. Se a proposta de distribuição dos lucros não contemplar pelo menos metade dos lucros distribuíveis, a respetiva aprovação exige, ao menos, três quartos dos votos correspondentes ao capital social.

[54] Neste exato sentido NOGUEIRA SERENS, *Notas sobre a sociedade anónima*, Coimbra Editora, Coimbra, 2ª ed., 1997, pp. 39 e 40.

[55] O relevo dos interesses minoritários é tanto que se permite em certas hipóteses a exoneração do sócio. Assim, conseguindo a maioria uma dimensão suficiente não será a deliberação impedida. Contudo, por se entender não ser obrigatória a manutenção do sócio na sociedade nessas circunstâncias, permite-se ao mesmo exercer o direito à exoneração. Assim acontece, por exemplo, na decisão de deslocar a sede para o estrangeiro. Qualquer sócio que não tenha votado a favor da decisão tem 60 dias após a publicação da deliberação para notificar a sociedade da sua decisão de exoneração (art. 3º n. 5, in fine). Sobre o esta hipótese de direito de exoneração ver o nosso ARMANDO TRIUNFANTE, *A tutela das minorias nas sociedades anónimas: direitos individuais*, Coimbra Editora, Coimbra, 2005, pp. 291 e ss..

Outras hipóteses existem na lei de exoneração dos sócios, pressupondo o entendimento de que as posições individuais não podem impedir o vencimento do entendimento maioritário, mas o sócio não tem de ser obrigado a conviver com determinadas decisões que tanto o afetam. Nas sociedades em nome coletivo opera o art. 185º. Este preceito reconhece o direito à exoneração ao sócio com mais de 10 anos (quando a sociedade tenha sido prevista sem duração, ou com duração por toda a vida de um sócio ou por mais de trinta anos), ou quando ocorra justa causa: não foi destituído um gerente, havendo justa causa; não foi excluído um sócio, existindo justa causa; o sócio foi destituído da gerência. Nas sociedades por quotas funciona

QUESTÕES DE DIREITO SOCIETÁRIO EM PORTUGAL E NO BRASIL

A maioria qualificada em função do capital tem sido muitas vezes também designada por "minoria de bloqueio", certamente em atenção ao efeito prático da utilização de tal técnica. Temos, todavia, evitado o emprego de tal nomenclatura alternativa, uma vez que ela serve melhor para a figura que agora vamos abordar. Assim, por vezes, o legislador resolveu adotar uma "minoria de bloqueio" em sentido estrito ou próprio, também na defesa de interesses minoritários. Aqui sim trata-se de um verdadeiro poder de contrariar uma deliberação por parte de uma minoria através do exercício do seu direito de voto. Ao invés de se exigir, por exemplo, 75% do capital, estabelece-se que a deliberação não pode ser adotada se tiver o voto contrário de, pelo menos, 25% do mesmo capital. Embora a deliberação respeite na íntegra o princípio maioritário, uma vez que a aprovação da proposta se bastará, em regra, com a maioria simples, foi previsto um requisito adicional: a não oposição de uma minoria de dimensão suficiente. Também em Portugal esta técnica foi empregue: na parte geral, determina-se que uma "*sociedade só pode renunciar ao seu direito de indemnização ou transigir sobre ele mediante deliberação expressa dos sócios, sem voto contrário que represente pelo menos 10% do capital social*" (art. 74º n. 2); no regime próprio das sociedades anónimas também se concretiza que a "*destituição sem justa causa do administrador eleito ao abrigo das regras especiais estabelecidas no art. 392º não produz quaisquer efeitos se contra ela tiverem votado acionistas que representem, pelo menos, 20% do capital social*" (art. 403º n. 2[56]). Porque terá o legislador escolhido, nestas temáticas, a minoria de bloqueio e não a maioria qualificada em função do capital? A razão reside no facto destas matérias estarem diretamente associadas à proteção de direitos de minoria. Não são questões de transcendente importância para o sócio individual e para a sociedade, visando apenas a eficaz concretização de direitos minoritários (direitos de minoria qualificada). Na realidade, é possível a

---

o art. 240º, permitindo a um sócio sair da sociedade quando for deliberado um aumento de capital, a mudança do objeto social, a prorrogação da sociedade, o regresso à atividade da sociedade dissolvida. Ainda será possível a exoneração quando não se promover a exclusão de um sócio quando existe justa causa para o fazer. Na parte geral também se referem à exoneração os artigos 105º (fusão), 120º (cisão) e 137º n. 1 (transformação). Sobre o direito de exoneração em geral pode ser consultado o texto de DANIELA FARTO BATISTA, *O direito de exoneração dos acionistas (das suas causas)*, Coimbra Editora, Coimbra, 2005.

[56] Regime aplicável, por remissão contida no art. 435º n. 2, aos membros do conselho geral e de supervisão.

A PROTEÇÃO DO SÓCIO MINORITÁRIO NO CÓDIGO DAS SOCIEDADES PORTUGUÊS

uma minoria de 5% pode propor uma ação social de responsabilidade (art. 77º n. 1[57]). A lei permite também, nas sociedades anónimas que grupos minoritários, entre 10% e 20% do capital, possam indicar membros para o órgão de administração (art. 392º). Não podiam estes direitos de minoria qualificada ficar livremente à disposição da maioria de controlo. Assim sendo, atribui-se à minoria o poder de impedir que a deliberação possa ser eficaz[58]. Contudo, como está em causa um interesse exclusivo das minorias exige-se um esforço um pouco mais intenso do que na maioria qualificada em função do capital. Não basta à minoria a mera a mera ausência em assembleia geral, mostrando-se obrigatória a presença na reunião magna e a emissão de voto contrário.

Por último, ainda no que concerne ao critério deliberativo, o legislador português foi, por vezes, mais longe ainda, reconhecendo um verdadeiro direito de veto aos sócios. Isso alcança-se através da exigência de unanimidade, embora aí a tutela incida mais sobre a esfera individual do que sobre a minoria. Assim aconteceu, por exemplo, na alteração do contrato de sociedade ou na admissão de novo sócio na sociedade em nome coletivo (art. 194º n. 1 e n. 2[59]), na alteração do contrato de sociedade em comandita simples (art. 476º[60]) ou na atribuição de eficácia retroativa, entre os sócios, à alteração do contrato de sociedade (art. 86º n. 1). A tutela dos interesses individuais é ainda mais intensa noutras hipóteses onde foi igualmente previsto um direito de veto individual. Encontramos esta técnica na parte geral, sempre que a alteração do contrato de sociedade envolva o aumento

[57] Bastarão 2% se se tratar de uma sociedade emitente de ações admitidas à negociação em mercado regulamentado.

[58] A dimensão da minoria de bloqueio exigida também teve em atenção a realidade descrita. Ela é um pouco superior à exigida para o exercício do direito de minoria. Não podia ser exatamente a mesma porque isso implicaria a frustração de qualquer iniciativa maioritária nessa matéria, por mais meritória e legítima que ela fosse. Também não pode ser muito superior pois tornaria a tarefa minoritária em defender o exercício do direito injustificadamente onerosa.

[59] A mesma regra valerá para a fusão, a cisão, a transformação e a dissolução da sociedade. Pode, no entanto e com a exceção da admissão de novo sócio, o contrato diminuir a exigência, com o limite mínimo de maioria qualificada de três quartos do capital.

[60] A unanimidade é exigida, somente, para os sócios comanditados. Os sócios comanditários apenas devem acordar em dois terços do capital. Este regime também é aplicável a outras alterações do contrato como a fusão, a cisão ou a transformação. De qualquer modo o contrato de sociedade tem uma palavra a dizer na disciplina legal, podendo reduzir a unanimidade e/ou aumentar a maioria qualificada.

QUESTÕES DE DIREITO SOCIETÁRIO EM PORTUGAL E NO BRASIL

das obrigações impostas ao sócio (art. 86º n. 2[61]) ou sempre que se pretenda suprimir ou coartar algum direito especial (arts. 24º n. 5 e 55º[62]).

## 6. A tutela do sócio minoritário na coligação de sociedades

O Título VI do CSC foi dirigido aos grupos empresariais e nele são regulados, sob o título *"Sociedades coligadas"*[63], quatro tipos de relações (art. 482º)[64]: As sociedades em relação de simples participação; as sociedades em relação de participações recíprocas; as sociedades em relação de domínio; as sociedades em relação de grupo[65].

A matéria das sociedades coligadas levanta problemas delicados no que concerne à proteção dos sócios minoritários. Assume natural destaque a possibilidade da sociedade dominante poder, desde que titular de pelo menos 90% do capital da dominada, adquirir, compulsivamente[66], as participações dos restantes sócios minoritários (designados por sócios livres), mediante contrapartida (art. 490º n. 2)[67].

Não se pense, contudo, que esta faculdade opera apenas no interesse maioritário. Isso é claro pela análise do art. 490º n. 5, segundo o qual os

---

[61] Aqui a tutela dos interesses individuais é objetivo claro e assumido, uma vez que o voto contra do sócio não impossibilita a tomada de deliberação, mas inviabiliza que a mesma lhe seja aplicável.

[62] Regra geral essa deliberação exige o consentimento individual de todos os sócios afetados. Assim não será nas sociedades anónimas. O consentimento é validamente obtido com a aprovação da supressão do direito especial por maioria qualificada em assembleia especial dos acionistas titulares de ações da respetiva categoria (arts. 24º n. 6 e 389º)

[63] Relativamente a esta matéria merece destaque na literatura portuguesa o extenso estudo de Engrácia Antunes, *Os Grupos de Sociedades – Estrutura e Organização da Empresa Plurissocietária*, Almedina, Coimbra, 2002.

[64] Apenas são abrangidas as relações entre sociedades por quotas, sociedades anónimas e sociedades em comandita por ações – art. 481º n. 1.

[65] A relação de grupo subdivide-se em domínio total (arts. 488º e ss.), contrato de grupo paritário (arts. 492º e ss.) e contrato de subordinação (arts. 493º e ss.)

[66] A sociedade dominante pode tornar-se titular das participações dos sócios minoritários se assim o declarar na proposta, estando a aquisição sujeita a registo e publicação (art. 490º n. 3). Esta faculdade foi objeto de intenso debate, inclusivamente no que respeita à sua conformidade com a Constituição da República Portuguesa. O Tribunal Constitucional, no seu Acórdão n. 491/2002, de 26/11, publicado no DR, II Série, nº 18, de 22/1/2003, pp. 1057 e ss., pronunciou-se pela sua não inconstitucionalidade.

[67] A oferta pode ser feita nos seis meses seguintes à comunicação da sociedade dominante de que atingiu os 90% de capital.

A PROTEÇÃO DO SÓCIO MINORITÁRIO NO CÓDIGO DAS SOCIEDADES PORTUGUÊS

sócios minoritários têm o direito de exigir que a sociedade dominante lhes faça uma proposta se o não tiver feito oportunamente. Se esta proposta não chegar ou for insuficiente, poderá cada um dos sócios recorrer ao tribunal com o intuito de obter aquisição forçada (art. 490º n. 6)[68].

Merece ainda relevo a posição dos sócios livres na relação de grupo por contrato de subordinação[69]. A tutela respetiva opera através de dois mecanismos alternativos (art. 494º n. 1). Se eles ficarem na sociedade subordinada deve-lhes ser gago o dividendo mínimo garantido, a calcular nos termos do art. 500º[70]. Se os sócios livres saírem da sociedade, então a sociedade diretora está obrigada a pagar a compensação pelas participações respetivas, cujo valor é obtido por acordo ou calculado judicialmente, tal como previsto no art. 497º.

## Abreviaturas

CadMVM  Cadernos do Mercado de Valores Mobiliários
CJ  Coletânea de Jurisprudência
CPC  Código de Processo Civil
CRP  Constituição da República Portuguesa
CSC  Código das Sociedades Comerciais
CVM  Código dos Valores Mobiliários
DL  Decreto-Lei
JOCE  Jornal Oficial das Comunidades Europeias
STJ  Supremo Tribunal de Justiça

---

[68] A aquisição tendente ao domínio total de sociedade aberta é tratada pelo CVM, designadamente nos arts. 194º e ss.

[69] A lei determina o que entende por sócios livres no art. 494º n. 2. São todos os sócios ou acionistas da sociedade subordinada, excetuados: a própria sociedade diretora; as sociedades ou pessoas relacionadas com a sociedade diretora, nos termos do artigo 483º, nº 2, ou as sociedades que estejam em relação de grupo com a sociedade diretora; a sociedade dominante da sociedade diretora; as pessoas que possuam mais de 10% do capital das sociedades referidas nas alíneas anteriores; a sociedade subordinada; as sociedades dominadas pela sociedade subordinada.

[70] Esta garantia mantém-se enquanto perdurar o contrato de subordinação e ainda durante os cinco anos subsequentes (art. 500º n. 2).

# TRANSMISSÃO DE PARTICIPAÇÕES SOCIAIS

# Transmissão de Participações Sociais

MURILO ZANETTI LEAL[*]

> SUMÁRIO: **1.** Introdução – **2.** Transmissão nas sociedades contratuais: **2.1** Sociedade limitada: **2.1.1** A cessão (voluntária) de quotas; **2.1.2** A transmissão involuntária de quotas: a) dissolução da sociedade conjugal; b) falecimento de sócio; c) penhora de quotas e sua alienação em hasta pública; d) arrecadação judicial de quotas do sócio falido ou insolvente; e) extinção de condomínio de quota; f) adjudicação judicial; **2.2** Sociedade em nome coletivo; **2.3** Sociedade em comandita simples – **3.** Transmissão nas sociedades institucionais: **3.1** Sociedade anônima: **3.1.1** O princípio geral da livre cessão das ações e as restrições legais; **3.1.2** Restrição à circulação das ações preferenciais de companhias abertas; **3.1.3** A alienação do poder de controle; **3.1.4** A averbação da transmissão das ações; **3.2** Sociedade em comandita por ações – **4.** Considerações finais – **5.** Referências bibliográficas.

## 1. Introdução

As quotas (nas sociedades contratuais) e as ações (nas sociedades institucionais) são as frações em que se divide o capital social. Elas representam os direitos e obrigações dos sócios, possuindo conteúdo patrimonial (valor econômico) e pessoal (*status socii*).

---

[*] Mestre em Direito Comercial pela PUC/SP. Advogado.

QUESTÕES DE DIREITO SOCIETÁRIO EM PORTUGAL E NO BRASIL

Não à toa, no âmbito do direito societário, mostra-se de extrema relevância o tema da *transmissão de participações sociais*, pois ela alberga várias espécies de atos negociais (compra e venda, permuta, doação, etc), bem como a transferência sem manifestação de vontade (por sucessão, extinção de sociedade conjugal, arrematação judicial, arrecadação judicial em processo de falência ou de insolvência civil de sócio, extinção de condomínio e adjudicação compulsória), envolvendo os interesses do sócio, de terceiros, da sociedade empresária e até mesmo da comunidade em que esta atua, sempre tendo em mente a aplicação do *princípio da preservação da empresa.*[1]

O presente estudo visa apontar, dentro da legislação brasileira, em linhas gerais e descritivas, como e em quais condições, no regime jurídico aplicável às *sociedades empresárias,*[2] se opera a *transmissão de participações sociais.*

## 2. Transmissão nas Sociedades Contratuais

De acordo com as estatísticas do Departamento Nacional de Registro do Comércio, extraídas de seu sítio na rede mundial de computadores (www.dnrc.gov.br), do universo dos tipos societários previstos na legislação brasileira, a sociedade limitada ganha enorme destaque por representar 98,93% das sociedades registradas, contra 0,46% das sociedades anônimas, 0,49% das sociedades cooperativas e 0,10% dos demais tipos societários. Por isso, o presente estudo dará relevo à transmissão de participações sociais nas sociedades limitadas, até mesmo porque, quanto ao

---

[1] "Quando se assenta, juridicamente, o princípio da preservação da empresa, o que se tem em vista é a proteção da *atividade econômica*, como objeto de direito cuja existência e desenvolvimento interessam não somente ao empresário, ou aos sócios da sociedade empresária, mas a um conjunto bem maior de sujeitos. Na locução identificadora do princípio, "empresa" é conceito de sentido técnico bem específico e preciso. Não se confunde nem com o seu titular ("empresário"), nem com o lugar em que é explorada ("estabelecimento empresarial"). O que se busca preservar, na aplicação do princípio da preservação da empresa, é, portanto, a *atividade, o empreendimento.*" (Fábio Ulhoa Coelho, *Princípios do direito comercial: com anotações ao projeto de código comercial*, São Paulo, Saraiva, 2012, p. 40). A jurisprudência pátria aplica o princípio da preservação da empresa: STJ, REsp nº 453.423/AL, 3ª T., rel. Min. Humberto Gomes de Barros, j. 06/04/2006, DJ 15/05/2006.

[2] As sociedades empresárias podem ser constituídas segundo os tipos legalmente previstos, que estão regulados nos arts. 1.039 a 1.092 do CC/2002, a saber: a) sociedade em nome coletivo; b) sociedade em comandita simples; c) sociedade limitada; d) sociedade anônima; e) sociedade em comandita por ações. Por conseguinte, não serão objeto do estudo as sociedades simples, as sociedades em conta de participação e as cooperativas.

## TRANSMISSÃO DE PARTICIPAÇÕES SOCIAIS

ponto, os demais tipos de sociedades empresárias contratuais (sociedade em nome coletivo e sociedade em comandita simples), basicamente remetem à disciplina das sociedades simples (arts. 997 a 1.038 do CC/2002), também aplicável subsidiariamente às sociedades limitadas (art. 1.053 do CC/2002).

### 2.1. Sociedade limitada

A transmissão de participações sociais na sociedade limitada pode dar-se de forma *voluntária* ou *involuntária*, sendo a primeira decorrente da manifestação de vontade negocial do sócio[3] e a segunda para as hipóteses onde a transferência das quotas do sócio para terceiros se dá por força de lei, sem que manifestação volitiva seja outorgada pelo titular da participação societária, como nos casos de dissolução da sociedade conjugal, falecimento

---

[3] *"A vontade negocial ou intenção do resultado:* consistente na vontade de realizar um negócio jurídico de conteúdo correspondente ao significado exterior da declaração – e não um negócio diferente. É, assim, a vontade desse negócio determinado, vontade negocial específica e concreta. A vontade negocial, assim, pode ser definida como *vontade dirigida a efeitos práticos (em regra econômicos) com a intenção de que esses efeitos sejam juridicamente tutelados e vinculantes.* É, em última *ratio*, a vontade correspondente ao conceito de negócio jurídico em geral e em especial a um determinado negócio jurídico particular e concreto. Ramón Aguila, por seu turno, também se expressa sobre a vontade negocial, assinalando que não é qualquer expressão de vontade que pode gerar um negócio jurídico. Exige-se, acentua ele, que a vontade seja endereçada à obtenção *de um efeito jurídico*, devendo, ademais, ser séria, isto é, traduzir algo que se reflita validamente no ordenamento. E exemplifica assinalando que não tem este caráter a vontade manifestada por alguém que não compreenda o alcance de seus atos, como ocorre com um alienado, ou com uma criança de pouca idade. Nem tem tal conotação a vontade manifestada por quem não objetiva atingir a um fim juridicamente protegido, ou ainda por quem não tenha ânimo de obrigar-se. Em tais casos, conclui o professor chileno, careceria o ato da chamada vontade negocial. No negócio jurídico há que se evidenciar a vontade, não no sentido genérico de *vontade apta a traduzir-se*, mas no sentido específico de *vontade já traduzida* numa disposição ou num *comando*, que constitui a própria substância do conteúdo do negócio. Aí exatamente residiria a diferença capaz de elevar o negócio jurídico a uma categoria distinta ou mesmo como a categoria mais importante dos atos jurídicos privados. No negócio jurídico, portanto, esta vontade negocial se evidencia por um autêntico comando, na adoção de uma regra obrigatória de comportamento que o participante ou participantes do negócio estabelecem para si próprios. Há, em suma, aquela vontade dirigida à obtenção de efeitos práticos, efeitos estes que devem ser tutelados pelo ordenamento jurídico e dotados de força vinculante. Estas as características da chamada *vontade negocial*, a vontade de efetuar um negócio determinado, específico e concreto." (José Abreu, *O negócio jurídico e sua teoria geral*, São Paulo, Saraiva, 1984, n. 11, p. 52-53).

de sócio, penhora de quotas, arrecadação judicial de quotas, extinção de condomínio de quota e adjudicação compulsória.

### 2.1.1. A cessão (voluntária) de quotas

A cessão de quotas na sociedade limitada encontra sua disciplina no art. 1.057 do CC/2002.[4] O dispositivo cuida da transferência que pode ser realizada entre os sócios e a terceiros estranhos ao quadro social, deixando aos sócios, no entanto, ampla liberdade para regular o assunto no contrato social. Nada alude o dispositivo sobre a aquisição de quotas pela própria sociedade para manutenção em tesouraria.

O dispositivo reitera o que já era regra cardeal no direito anterior: a cessão de quotas de sociedade limitada é *jus dispositivum*, em razão do que podem os sócios regular sua transferibilidade, segundo suas conveniências e interesses, mediante condições e restrições que lhes aprouverem, as quais estipularão no contrato de constituição da sociedade. Podem, por isso, estipular que a cessão, mesmo a estranhos, será livre, isto é, independendo de aprovação dos consócios, como podem criar restrições, que vão desde módico *quorum* aprobatório até a exigência da unanimidade (José Waldecy Lucena, *Das sociedades limitadas*, 5ª ed., Rio de Janeiro, Renovar, 2003, p. 346-347), ou, ainda, como é bastante comum, podem inserir cláusula contendo "estipulação relativa à obrigatoriedade de o sócio que pretende negociar suas quotas oferecê-las aos demais sócios", ficando liberado para transferi-las a terceiros "se não houver manifestação em um determinado período de tempo" (Marcelo M. Bertoldi e Marcia Carla Pereira Ribeiro, *Curso avançado de direito comercial*, 4ª ed., São Paulo, Revista dos Tribunais, 2008).

Resumidamente, tem-se que "o Código Civil aderiu claramente ao princípio da liberdade de cessão das quotas sociais na omissão do contrato social, mas trouxe soluções distintas para as hipóteses de cessão a outro sócio e a estranho ao quadro social. No primeiro caso, a cessão a outro sócio é livre e independe de consulta aos demais sócios, e, no segundo, dependerá da não-oposição de titulares que possuam mais de vinte e cinco por cento do capital social" (Ricardo Negrão, *Manual de direito comercial e de*

---

[4] "Art. 1.057. Na omissão do contrato, o sócio pode ceder sua quota, total ou parcialmente, a quem seja sócio, independentemente de audiência dos outros, ou a estranho, se não houver oposição de titulares de mais de um quarto do capital social."

# TRANSMISSÃO DE PARTICIPAÇÕES SOCIAIS

*empresa*, 3ª ed., São Paulo, Saraiva, 2003, v. 1, p. 357). Logo, se o contrato permitir a livre cessão de quotas entre os sócios, "não se exigirá a assinatura de outros sócios para a regularidade da transferência, bastando que o instrumento, público ou particular, contenha a assinatura das partes, cedente e cessionário" (Sérgio Campinho, *O direito de empresa à luz do novo código civil*, 8ª ed., Rio de Janeiro, Renovar, 2007, p. 179).[5] E na cessão de quotas para terceiro, a inexistência de oposição dos consócios à transferência deve ser expressa, pois o parágrafo único do art. 1.057 exige que o instrumento seja "subscrito pelos sócios anuentes".

E "caso o contrato social vede por completo a transferência das quotas sociais a terceiros, isso não pode gerar a impossibilidade de qualquer dos sócios se retirar da sociedade, pois não é lícito que alguém seja obrigado a permanecer na sociedade de maneira forçada. Nesse caso a sociedade está obrigada a levantar balanço de determinação com o propósito de apurar os haveres do sócio retirante." (Marcelo M. Bertoldi, *op. cit.*, p. 206). Essa assertiva é válida nas sociedades contratuais por *prazo indeterminado* onde o sócio exerce o seu direito de retirada, ante a regra do art. 1.029 do CC/2002. Mas se a sociedade for contratada por *prazo determinado* e ele ainda não decorreu integralmente, o sócio não poderá desligar-se sem a concordância dos demais contratantes, salvo se comprovar justa causa em pleito judicial. A calhar o ensinamento de Fábio Ulhoa Coelho:

> "Em outras palavras, os sócios que constituem uma sociedade limitada, para durar por dois anos, estão contraindo (uns perante os outros, e todos perante a pessoa jurídica em gestação) a obrigação de manter seus recursos investidos na empresa, durante todo aquele tempo. Não podem, simplesmente, liberar-se da obrigação, porque desistiram do investimento. Se houver justa causa, admite-se a retirada por ordem do juiz (CC, art. 1.029), mas não é possível o

---

[5] "Para materializar a cessão de quotas entre sócios basta um instrumento público ou particular celebrado entre cedente e cessionário. É lícito, porém, que se formalize o negócio mediante alteração do contrato social, contanto que as partes perfaçam a maioria do capital social e se limitem a nela inserir, tão só, essa modificação. Trata-se, aí, de uma das exceções à regra da maioria qualificada para alterações do contrato social (CC, art. 1.071, V, c/c art. 1.076, I). Qualquer outra matéria, mesmo havendo maioria suficiente, mas não a unanimidade, necessitaria de prévia assembleia ou reunião de sócios para ser na alteração contratual inserida (art. 1.072)." (Alfredo de Assis Gonçalves Neto, *Direito de empresa*, 3ª ed., São Paulo, Revista dos Tribunais, 2010, p. 336)

QUESTÕES DE DIREITO SOCIETÁRIO EM PORTUGAL E NO BRASIL

sócio se desvincular da sociedade com prazo determinado mediante manifestação unilateral de vontade. Desse modo, na limitada com prazo determinado, o direito de retirada é condicionado à discordância relativamente a alteração contratual, incorporação ou fusão deliberadas pela maioria (CC, art. 1.077)."
(*A sociedade limitada no novo código civil*, São Paulo, Saraiva, 2003, p. 103)

Destaque-se que os efeitos da cessão se operam, diante de terceiros e da sociedade, pela assinatura do instrumento de alteração do contrato social e seu arquivamento no órgão do registro (art. 1.057, parágrafo único). A partir da data do arquivamento é que se conta o período de dois anos (art. 1.003, parágrafo único), liberatório de responsabilidade em caso de retirada. Enquanto não registrada a alteração social, o sócio cedente permanece obrigado (solidariamente com o cessionário) não apenas pelas obrigações precedentes à retirada, mas, igualmente, às posteriores a sua saída não regularizada no órgão de registro.

Por fim, é de se destacar que o CC/2002 é omisso quanto à possibilidade ou não de a sociedade limitada adquirir suas próprias quotas, deixando-as em tesouraria. No regime anterior havia previsão expressa a respeito possibilitando a operação desde que as quotas estivessem integralizadas e a aquisição se realizasse com recursos disponíveis e sem desfalque do capital social (Decreto nº 3.708/1919, art. 8º). A interpretação dada pelo Departamento Nacional de Registro do Comércio ao aprovar a Instrução Normativa nº 98, de 23 de dezembro de 2003, contendo o Manual de Atos de Registro de Sociedade Limitada, de observância obrigatória pelas Juntas Comerciais dos Estados, foi no sentido de que *"a aquisição de quotas pela própria sociedade já não mais está autorizada pelo Novo Código Civil"* (item 3.2.10.1 do Anexo). A doutrina diverge. Para Sérgio Campinho "vedou-se à sociedade limitada adquirir suas próprias quotas". Afirma ele que "o silêncio da lei foi proposital, vindo corroborado pelos artigos 1.057 e 1.058", pois "no primeiro, tem-se que o sócio está autorizado a ceder sua quota a quem seja sócio ou a estranho ao corpo social; no segundo resulta que as cotas do sócio remisso podem ser tomadas para si, pelos sócios ou transferidas a terceiros não sócios". Invoca, ainda, o § 1º do art. 1031 e arremata dizendo que "como existe um regramento sistêmico da matéria no Capítulo próprio da sociedade limitada, não há que se invocar a regra da alínea b, do § 1º, do artigo 30 da Lei nº 6.404/76 para legitimar a aquisição, pois para a situação não há necessidade de se buscar regra supletiva" (*op. cit.*, p. 173-

TRANSMISSÃO DE PARTICIPAÇÕES SOCIAIS

-174). De outro lado, Alfredo de Assis Gonçalves Neto pondera: "A alienação à sociedade é uma alienação ao conjunto de seus sócios. E se não há norma proibitiva expressa, não há motivo para a intrepretação restritiva. A Lei da S.A. contempla expressamente a possibilidade de a companhia adquirir suas próprias ações, com as condicionantes do seu art. 30. Essa norma pode ser perfeitamente aplicada à sociedade limitada, mesmo que não haja opção no contrato social pela regência subsidiária daquela lei, porquanto, nesse caso, haveria aplicação analógica." (*Direito de empresa, op. cit.*, p. 338). Desse pensamento comungam autorizadas vozes (Modesto Carvalhosa, *Comentários ao código civil, parte especial do direito de empresa*, São Paulo, Saraiva, 2003, v. 13, p. 88; José Edwaldo Tavares Borba, *Direito societário*, 8ª ed., Rio de Janeiro, Renovar, 2003, p. 118-119; José Waldecy Lucena, *op. cit.*, p. 345-346 e 349).

## 2.1.2. A transmissão involuntária de quotas
### a. Dissolução da sociedade conjugal
A hipótese de transferência involuntária de quotas por força de dissolução da sociedade conjugal está prevista no Código Civil ao tratar "das relações (da sociedade) com terceiros". A previsão está inserida no art. 1.027 com a seguinte redação:

> "Art. 1.027. Os herdeiros do cônjuge de sócio, ou o cônjuge do que se separou judicialmente, não podem exigir desde logo a parte que lhes couber na quota social, mas concorrer à divisão periódica dos lucros, até que se liquide a sociedade."

Esta hipótese, até a entrada em vigor do CC/2002, não era disciplinada diretamente na legislação brasileira, o que levou a jurisprudência pátria, por sua mais alta Corte de Justiça, depois de uma escorregada,[6] a enten-

---

[6] "A ação de apuração de haveres em sociedade comercial por quotas de responsabilidade limitada cabe somente a quem dela seja sócio, não se equiparando a tal quem adquire quotas de outro sócio, ainda que por partilha em dissolução de casamento pelo regime da comunhão de bens" (STJ, REsp 29.897-4/RJ, 3ª T., rel. Min. Dias Trindade, v.u., j. 14/12/1992, DJU 01/03/1993, publicado na Revista de Direito Mercantil Industrial, Econômico e Financeiro, São Paulo, Revista dos Tribunais, nº 100, out.-dez./1995, Nova Série, Ano 34, p. 123-125. Acórdão publicado também na *RSTJ* 45/398-402).

der, tal como defendido em obra nossa,[7] que *"o cônjuge que recebeu em partilha a metade das cotas sociais tem legitimidade ativa para apurar os seus haveres"*.[8]

No entanto, agora, com a atual norma em vigor, a divergência no âmbito doutrinário ganhou força.

[7] *A transferência involuntária de quotas nas sociedades limitadas*, São Paulo, Revista dos Tribunais, 2002.

[8] STJ, REsp nº 114.708-MG, 3ª T., rel. p/acórdão Min. Carlos Alberto Menezes Direito, j. 19/02/2001, DJU 16/04/2001. Em seu voto vencedor, o Ministro Carlos Alberto Menezes Direito, soluciona todo o problema, assegurando ao *interessado* que recebeu as quotas de forma involuntária o direito de apurar os haveres das quotas respectivas: "No caso da partilha decorrente da separação judicial, a mulher ficou com a metade das cotas sociais, ou seja, essa metade já não mais integra o patrimônio do ex-marido, que, assim, na qualidade de sócio detém, tecnicamente, apenas, a metade das ações (*sic*) que possuía antes. A outra metade não mais lhe pertence. As cotas pertenciam à comunhão, que foi desfeita, repartindo-se a propriedade. Não deixou a partilha que as cotas ficassem em condomínio. Deu a parte de cada um. Tem ela, portanto, metade das cotas sociais, mas não é sócia, não pode ingressar automaticamente na sociedade, salvo previsão contratual ou consentimento dos demais sócios. No Tribunal de Justiça do Rio de Janeiro, ao enfrentar questão semelhante, na qual discutia-se a legitimidade ativa de donatária de 1/3 de cotas sociais para ingressar em Juízo, manifestei-me pela aplicação do art. 655 do antigo Código de Processo Civil, admitindo que estava ela no conceito de interessado ali previsto. Com mais razão, reconhecendo a controvérsia sobre a matéria e a linha do precedente da Corte, entendo agora que a mulher que recebeu em partilha a metade das cotas sociais tem legitimidade ativa para apurar os seus haveres". E arremata: "Não autorizar que tal seja possível, ou seja, vedar a legitimidade ativa nesses casos, significa negar valor ao bem partilhado, gerando consequências lesivas ao patrimônio do cônjuge meeiro. Se sócio não é, não se lhe pode negar o direito de apurar os seus haveres, que judicialmente foram-lhe deferidos". O Min. Eduardo Ribeiro, em seu voto-vista, alterou o entendimento que manifestara anteriormente no REsp nº 29.897: "Contribuí com meu voto para a decisão tomada no julgamento do Recurso Especial 29.897, citado pelo eminente Relator. Meditando sobre o tema, entretanto, convenci-me do desacerto daquela deliberação. A mulher, ora recorrida, era, com seu marido, comunheira dos bens, entre eles as cotas sociais a cujo respeito se litiga. Dissolvida a sociedade conjugal, aquelas lhe couberam. Argumenta-se que não era sócia e que não poderia adquirir essa qualidade sem o consentimento dos demais. E se não era sócia não pode pleitear a apuração de haveres. Isso significa, como observou o Ministro Menezes Direito, que, na prática, as cotas não teriam valor econômico algum. Por não ser sócia, não lhe seria dado participar dos lucros. Pela mesma razão, não pode pedir a apuração de seus haveres. Tal solução, a meu ver, não se compadece com nosso sistema jurídico. Cumpre ter-se em conta que não se trata aqui de alienação de cota, expressa ou implicitamente vedada pelo contrato social, negócio a que se pode negar eficácia perante a sociedade. Considero que, nas circunstâncias, ou se admite a mulher na sociedade, ou se procede à dissolução parcial. Privá-la de qualquer direito é inadmissível."

TRANSMISSÃO DE PARTICIPAÇÕES SOCIAIS

Sérgio Campinho defende que "o direito dessas pessoas quanto à parte que lhes couber nas quotas sociais fica diferido", cabendo-lhes concorrer à divisão periódica dos lucros, até que se verifique a liquidação da sociedade. Sustenta que "pretendeu-se, com a previsão, manter preservado o patrimônio da sociedade, evitando que os sucessores do cônjuge de sócio, ou o próprio cônjuge que dele se separou ou divorciou, pudessem postular a liquidação das quotas, tendo a sociedade que as pagar nos haveres correspondentes, além de impedir a ruptura da *affectio societatis*, com o ingresso de estranhos no corpo social" (*op. cit.*, p. 207). Em igual sentido manifesta-se Fábio Ulhoa Coelho: "A morte do cônjuge do sócio ou a separação deste não dá ensejo à dissolução parcial da sociedade limitada a pedido dos sucessores, no primeiro caso, ou do ex-cônjuge, no segundo. Estes (sucessores e ex-cônjuge) podem apenas exigir a parcela correspondente nos lucros distribuídos pela sociedade (CC/2002, art. 1.027). Os sócios, contudo, podem a qualquer momento liquidar a *parte* da quota correspondente aos direitos sucessórios ou decorrentes da separação, para encerrar a relação entre a sociedade e aquelas pessoas" (*Curso de direito comercial*, 5ª ed., São Paulo, Saraiva, 2002, v. 2, p. 466).

Por outro lado, como professora Alfredo de Assis Gonçalves, "o cônjuge que se separa, recebendo em partilha parte da quota social que seu consorte possui", passará a deter, "exclusivamente, os direitos patrimoniais contidos nessa parte", e "se as quotas forem integralmente transmitidas ao ex-cônjuge, ele não poderá ingressar na sociedade, a não ser que o consintam os demais sócios, *tendo direito à liquidação da quota ou das quotas sociais havidas na partilha dos bens do casal*" (*Op. cit.*, p. 253, n. 205, destacamos). José Waldecy Lucena assevera que a aplicação do art. 1.027 do CC/2002 "seria esdrúxula", questionando "como iria o ex-marido concorrer à divisão periódica dos lucros com a ex-mulher, se esta, quando da partilha dos bens comuns do casal, passou-lhe todas as quotas sociais? Os lucros seriam então distribuídos exclusivamente a um estranho à sociedade, o que em realidade o transformaria em um acionista de uma sociedade limitada". Por isso, conclui que "cortado o vínculo que prendia a sócia à sociedade, extinto o *status socii*, não há mais lugar para se aplicar a mencionada disposição", pelo que o ex-cônjuge ostenta "legitimidade *ad causam* para o ajuizamento da ação" de dissolução parcial com apuração de haveres (*op. cit.*, p. 953--954). Para Carlos Celso Orcesi da Costa, as pessoas que se encontram na situação disciplinada, se *"não podem entrar, razoável esperam que possam sair,*

## QUESTÕES DE DIREITO SOCIETÁRIO EM PORTUGAL E NO BRASIL

*do contrário o art. 1027 seria francamente inconstitucional"*, por violação ao art. 5º, XX da CF, razão pela qual *"todo esse regramento valha em caso de andamento da liquidação"* (*Código civil na visão do advogado*, São Paulo, Revista dos Tribunais, 2003, v. 4, p. 163).

Até mesmo os defensores da regularidade da norma em comento, que "tem a intenção de dar proteção ao patrimônio da sociedade, tentando-se evitar a descapitalização da sociedade", reconhecem que "tal solução legal poderá originar uma série de problemas operacionais, em especial, nas sociedades de forte cunho personalista, pois o cônjuge e os seus herdeiros caracterizam-se como terceiros estranhos ao corpo social, que não têm a afinidade necessária para a manutenção do vínculo societário" (Arnoldo Wald, *Comentários ao novo código civil*, Rio de Janeiro, Forense, 2005, v. XIV, p. 221, n. 662).

O Superior Tribunal de Justiça ainda não se manifestou de forma específica a respeito da aplicação da norma, porém, em medida cautelar, movida por sócio majoritário que restou afastado judicialmente da administração da sociedade a pedido de sócia minoritária, afirmou não ser teratológico o entendimento de que não poderia aquele se valer das quotas de sua ex--esposa de quem se separou na formação do *quorum* das deliberações sociais e isso sem que se sequer tivesse havido a partilha.[9]

Por aí se pode antever uma tendência em seguir o entendimento de que deve ser assegurado ao ex-cônjuge o direito à dissolução parcial da sociedade para apuração dos haveres das quotas sociais que lhe tenham sido partilhadas na dissolução da sociedade conjugal, evitando que se deixe ao inteiro alvedrio dos sócios remanescentes os destinos da sociedade: a) são eles que irão deliberar acerca da distribuição ou não dos lucros,[10] princi-

---

[9] "Na hipótese dos autos ainda não há - ao menos pelo que se pode depreender da análise dos documentos deste processo - decisão acerca dos reflexos patrimoniais da separação entre o requerente e sua ex-esposa. Portanto, não há elementos que permitam concluir de maneira peremptória que a alegada participação do requerente, de 70% sobre o capital social do Hospital, seja efetiva e imodificável. Até que seja definida a partilha de bens, todo o patrimônio do casal permanece *pro-indiviso*, de modo que, ao menos em princípio, é possível considerar que a ex-esposa detenha, no momento, fração ideal correspondente a 50% das quotas sociais atualmente detidas pelo requerente." (STJ, MC nº 14.561/BA, 3ª T., relª. Minª. Nancy Andrighi, j. 16/09/2008, DJe 08/10/2008)

[10] O Código Civil trata apenas genericamente dos lucros, sem impor uma distribuição mínima obrigatória. Eis a redação do art. 1.007: "Art. 1.007. Salvo estipulação em contrário, o sócio

TRANSMISSÃO DE PARTICIPAÇÕES SOCIAIS

palmente se não houver disposição contratual a respeito determinando uma distribuição mínima obrigatória,[11] quando poderão instituir reservas de lucros para futuro aumento de capital;[12] b) somente a eles, e a mais ninguém, caberá votar acerca da dissolução extrajudicial da sociedade (art. 1.033 do Código Civil),[13] o que dificilmente acontecerá, causando preju-

participa dos lucros e das perdas, na proporção das respectivas quotas, mas aquele, cuja contribuição consiste em serviços, somente participa dos lucros na proporção da média do valor das quotas." E a do art. 1.008: "Art. 1.008. É nula a estipulação contratual que exclua qualquer sócio de participar dos lucros e das perdas."

[11] Por isso é extremamente pertinente a doutrina de Fábio Ulhoa Coelho ao alertar a necessidade do sócio em exigir no ato de constituição da sociedade conste cláusula – obviamente *inalterável* – acerca da distribuição mínima obrigatória dos lucros sociais: "A participação nos resultados da empresa representa a principal motivação para qualquer pessoa se unir a outras, numa sociedade empresária. Tanto os sócios com perfil de empreendedor como os de investidor buscam, ao contratar a constituição da limitada, obter retorno do capital nela empregado, em níveis que superem (ou, ao menos, igualem) os oferecidos por outras alternativas de investimento existentes no mercado. A repartição dos lucros da sociedade entre os seus membros é o principal fator de atração do interesse dos sócios; e corresponde, no plano jurídico, a direito inerente à titularidade da quota social. (...). Mas os sócios minoritários devem estar atentos, ao firmarem o contrato social, para que a redação da cláusula sobre a destinação do resultado não acabe frustrando suas expectativas. Explico-me: se o contrato social não eleger a LSA como diploma de regência supletiva e contiver algo como *"ao término do exercício social, serão levantados os demonstrativos obrigatórios pela lei, cabendo aos sócios deliberar a destinação do resultado"*, essa fórmula aparentemente inócua esconde um dos mecanismos de maior lesividade aos interesses da minoria. De fato, se a negociação resulta em texto que atribui, genericamente, aos sócios a deliberação acerca da destinação do resultado, irá prevalecer, sempre, a vontade da maioria societária. Enquanto o titular ou titulares de mais da metade do capital social considerarem conveniente à sociedade a retenção dos lucros, nenhum percentual destes será repartido entre os sócios. (...). Assim, para que o minoritário tenha atendidas as suas expectativas de retorno do capital empregado na sociedade, deve negociar a inclusão de cláusula, no contrato social, que especifique a porcentagem mínima dos lucros sociais a ser distribuída em cada exercício. Na pior das hipóteses, deve condicionar seu ingresso na sociedade à expressa indicação, pelo contrato social, da lei das sociedades por ações como diploma de regência supletiva. Se não conquistar, na mesa de negociações, precisamente pelo menos uma dessas soluções, o seu investimento terá o retorno condicionado à vontade da maioria societária." (*Curso de direito comercial, op. cit.*, p. 419-420).

[12] Com a alegação de evitar a descapitalização da sociedade empresária, mas, na verdade, objetivando oprimir os titulares daquelas quotas e obter uma saída mais vantajosa.

[13] "Art. 1.033. Dissolve-se a sociedade quando ocorrer: I – o vencimento do prazo de duração, salvo se, vencido este e sem oposição de sócio, não entrar a sociedade em liquidação, caso em que se prorrogará por tempo indeterminado; II – o consenso unânime dos sócios; III – a deli-

## QUESTÕES DE DIREITO SOCIETÁRIO EM PORTUGAL E NO BRASIL

ízo incalculável aos detentores daquelas quotas porque, não sendo sócios, não estarão legitimados a requerer a dissolução judicial, mesmo que se verifique a inexequibilidade do fim social (art. 1.034 do Código Civil),[14] tendo, deste modo, face à ausência de prazo legal para a liquidação daquelas quotas, de aguardar pacientemente a "boa vontade" dos sócios remanescentes.[15] Com efeito, não podemos aceitar fiquem estes adquirentes vinculados à sociedade indefinidamente, sem nela poder interferir e aturando a petulância e os interesses escusos dos sócios remanescentes, pelo que o mínimo a se lhes assegurar é, como interessados,[16] o direito à apuração de haveres.[17]

### b. Falecimento de sócio

A hipótese de falecimento de sócio vem consignada no art. 1.028 do Código Civil, redigido nos seguintes termos:

beração dos sócios, por maioria absoluta, na sociedade de prazo indeterminado; IV – a falta de pluralidade de sócios, não reconstituída no prazo de seis meses; V – a extinção, na forma da lei, de autorização para funcionar."

[14] "Art. 1.034. A sociedade pode ser dissolvida judicialmente, a requerimento de qualquer dos sócios, quando: I – anulada a sua constituição; II – exaurido o fim social, ou verificada a sua inexequibilidade."

[15] Essa "boa vontade" dos sócios remanescentes poderá não ser manifestada, perpetuando--se a situação de alijamento.

[16] Forte em Pontes de Miranda, "qualquer interessado, ainda o credor da sociedade ou do sócio, pode pedir a declaração ou a decretação da dissolução e liquidação, desde que alegue e prove o interesse jurídico" (*Comentários ao código de processo civil*, Rio de Janeiro, Forense, 1978, t. 17, n. 154, p. 210).

[17] "Com o rompimento do liame contratual a respeito do sócio que se desliga, surge para este o direito ao reembolso do valor de sua quota; e para a sociedade (e subsidiariamente aos outros sócios) a correlata obrigação de promover ou cooperar para a realização desse intento. Segundo a convenção societária ou conforme as normas legais, ter-se-á de determinar e liquidar os cabedais do sócio egresso. Para isso, prática contratual secular e generalizada urdiu e aperfeiçoou de que tratamos. Seu escopo típico é definir e precisar a situação patrimonial do sócio, no momento em que se consuma sua separação da coletividade. Prescindindo, por ora, de outros aspectos da questão (a serem examinados nos números seguintes), diremos que a apuração de haveres (seja ela consensual ou judiciária) tem finalidade específica inconfundível. Distingue-se, como já foi lembrado, da liquidação da sociedade, propriamente dita, distinção esta que assenta, já na diversa estrutura, já na diferente função que é chamada a desempenhar." (Hernani Estrella, *Apuração dos haveres de sócio*, 5ª ed., Rio de Janeiro, Forense, 2010, p. 111, n. 68)

TRANSMISSÃO DE PARTICIPAÇÕES SOCIAIS

"Art. 1.028. No caso de morte de sócio, liquidar-se-á sua quota, salvo:

I – se o contrato dispuser diferentemente;

II – se os sócios remanescentes optarem pela dissolução da sociedade;

III – se, por acordo com os herdeiros, regular-se a substituição do sócio falecido."

Por todos, colha-se a doutrina de Fábio Ulhoa Coelho sobre a matéria: "De fato, a participação societária, como os demais elementos do patrimônio do falecido, será atribuída, por sucessão *causa mortis*, a um herdeiro ou legatário, que nunca estão obrigados a fazer parte da sociedade limitada, seja ela de pessoas ou de capital. Têm eles direito, portanto, à apuração dos haveres de que decorre a dissolução parcial. Claro, se o sucessor do sócio morto quiser fazer parte da sociedade, e os sobreviventes concordarem, nada obriga a liquidação da quota. De outro lado, se a limitada é contratada com perfil personalístico (isto é, não há cláusula contratual expressa obstando a liquidação da quota em caso de falecimento de sócio – art. 1.028, I), os sócios sobreviventes podem impedir o ingresso, na sociedade, do sucessor do falecido, mediante a apuração dos haveres correspondentes. Novamente, se os sobreviventes dão boas-vindas ao sucessor, também não estão obrigados a dissolver a sociedade." (*A sociedade limitada no novo código civil, op. cit.*, p. 157-158).

A norma é extremamente adequada e clara. De um lado, em regra geral, adotando o *princípio da preservação da empresa*, garante aos sucessores do *de cujus* a apuração dos haveres relativos à quota.[18] De outro, confere aos sócios, quando da constituição da sociedade, estabelecerem o seu destino

---

[18] Através de um balanço de determinação, consoante previsão do art. 1.031 e seus §§: "Art. 1.031. Nos casos em que a sociedade se resolver em relação a um sócio, o valor da sua quota, considerada pelo montante efetivamente realizado, liquidar-se-á, salvo disposição contratual em contrário, com base na situação patrimonial da sociedade, à data da resolução, verificada em balanço especialmente levantado. §1º. O capital social sofrerá a correspondente redução, salvo se os demais sócios suprirem o valor da quota. §2º. A quota liquidada será paga em dinheiro, no prazo de três meses, a partir da liquidação, salvo acordo, ou estipulação contratual em contrário." Já era assente na jurisprudência que *"a apuração de haveres, no caso de dissolução parcial de sociedade de responsabilidade limitada, há de ser feita de modo a preservar o valor devido aos herdeiros do sócio, que deve ser calculado com justiça, evitando-se o locupletamento da sociedade ou dos sócios remanescentes"* (STJ, REsp nº 282.300/RJ, 3ª T., rel. Min. Ari Pargendler, j. 04/09/2001, DJ 08/10/2001).

na hipótese contratando cláusula específica em contrário,[19] bem como possibilita aos sócios remanescentes optarem pela sua dissolução,[20] ou, ainda, por conveniência, compondo com os herdeiros e/ou legatários o ingresso destes na sociedade em lugar do falecido, pois *"a transmissão da herança não implica a transmissão do estado de sócio"*.[21]

### c. Penhora de quotas e sua alienação em hasta pública

A questão relativa à possibilidade da penhora de quotas de sócio devedor está disciplinada no art. 1.026 e seu parágrafo único do CC/2002:

> "Art. 1.026. O credor particular de sócio pode, na insuficiência de outros bens do devedor, fazer recair a execução sobre o que a este couber nos lucros da sociedade, ou na parte que lhe tocar em liquidação.
>
> Parágrafo único. Se a sociedade não estiver dissolvida, pode o credor requerer a liquidação da quota do devedor, cujo valor, apurado na forma do art. 1.031, será depositado em dinheiro, no juízo da execução, até três meses após aquela liquidação."

Dá-se a impressão, num primeiro momento, ser admissível apenas a penhora dos lucros líquidos da sociedade atribuídos ao sócio executado, ou a incidência daquela na parte cabível ao devedor quando da dissolução da sociedade. Mas, e se esta nunca for dissolvida? Poderá ou não a penhora recair sobre as quotas em si mesmo consideradas? A resposta está alocada em outro dispositivo do Código Civil: o parágrafo único do art. 1.030, segundo o qual *"será de pleno direito excluído da sociedade o sócio declarado falido,*

---

[19] "Observe-se, no entanto, que, ainda que o contrato social não vede aos herdeiros o direito de ingresso na sociedade, e, até ao contrário, pemita-o expressamente, a substituição do sócio falecido, por estes, não se dará *iure haereditatis*, mas em razão da posterior adesão ao contrato social. Essa manifestação, por seu turno, só se pode verificar após a partilha." (Priscila M. P. Corrêa da Fonseca, *Dissolução parcial, retirada e exclusão de sócio no novo código civil*, 2ª ed., São Paulo, Atlas, 2003, p. 66-67).

[20] Obviamente quando não vislumbrarem a possibilidade de a sociedade prosseguir com sua atividade pela influência então exercida pelo sócio falecido, seja pelo desfalque que representará a liquidação de sua quota junto aos herdeiros e/ou legatários (esvaziando o capital social e inviabilizando o empreendimento), seja pela absoluta falta de *affectio societatis* para com estes últimos.

[21] STJ, REsp nº 537.611/MA, 3ª T., relª. Minª. Nancy Andrighi, j. 05/08/2004, DJ 23/08/2004.

## TRANSMISSÃO DE PARTICIPAÇÕES SOCIAIS

*ou aquele cuja quota tenha sido liquidada nos termos do parágrafo único do art. 1.026".* Cabe, assim, ao credor exequente escolher sobre o que recairá a execução, isto é, sobre os fundos líquidos atribuídos a título de lucros ao sócio executado ou sobre as quotas de titularidade deste em si mesmo consideradas.[22] Nesse último caso, dar-se-á a resolução parcial da sociedade em relação ao sócio devedor, o qual dela será excluído de pleno direito, cabendo à sociedade levantar os seus cabedais através de um balanço de determinação[23] (art. 1.031 do Código Civil) e depositá-lo em dinheiro, no juízo da execução, até três meses após a liquidação da quota.

Fábio Ulhoa Coelho considera a liquidação da quota a pedido de não-sócio "uma intromissão injustificável na vida da sociedade", razão pela qual assevera que "os interesses do credor do sócio são e continuarão a ser inteiramente satisfeitos na penhora das quotas sociais, instituto largamente admitido no direito brasileiro" (*A sociedade limitada no novo código civil, op. cit.,* p. 39), inclusive pela jurisprudência anterior[24] e poste-

---

[22] Arnoldo Wald não admite a possibilidade de escolha pelo credor do sócio, pois, a seu ver, isso "seria condenar as sociedades a um futuro incerto e possivelmente desastroso, caso a diminuição de capital afete sua capacidade produtiva", de modo que "para que se implemente a condição a fim de que seja concedida a liquidação, deve a sociedade não só estar em funcionamento, mas também não existir lucros a distribuir". Contudo, reconhece que se a sociedade não tiver lucros a oferecer, não haverá "recurso interpretativo que impeça a liquidação parcial de ser efetivada" (*op. cit.,* p. 219-220, n. 656 a 658). Ora, sob a ótica do credor, no interesse de quem é realizada a execução, se houver lucros na sociedade atribuídos ao sócio devedor, livres e desembargados para penhorar, a lógica conduzirá a que o próprio credor dê *preferência* a essa forma de constrição em detrimento da liquidação da quota, mais morosa e de maior dificuldade para conversão em dinheiro, ou seja, naturalmente – e até por fiscalização do juiz – será proferida "decisão que melhor alcance a defesa do interesse público, da preservação da empresa e da função social da propriedade" (*op. cit.,* p. 220, n. 659).

[23] O balanço de determinação, segundo ensina Arruda Alvim, é a "demonstração contábil especialmente elaborada para permitir a mensuração da participação societária do sócio dissidente, excluído ou pré-morto. Em se tratando de procedimento judicial, compete ao perito judicial contábil sua elaboração" (*Coleção estudos e pareceres: direito privado*, São Paulo, Revista dos Tribunais, 2002, v. 2, p. 294).

[24] "RECURSO ESPECIAL - PROCESSUAL CIVIL E COMERCIAL - PENHORA DE QUOTAS SOCIAIS DE SOCIEDADE POR COTAS DE RESPONSABILIDADE LIMITADA - POSSIBILIDADE. I - É possível a penhora de cotas pertencentes a sócio de sociedade de responsabilidade limitada, por dívida particular deste, em razão de inexistir vedação legal. Tal possibilidade encontra sustentação, inclusive, no art. 591, CPC, segundo o qual "o devedor responde, para o cumprimento de suas obrigações, com todos os seus bens presentes e

QUESTÕES DE DIREITO SOCIETÁRIO EM PORTUGAL E NO BRASIL

rior[25] à vigência do CC/2002.[26] A disposição legal, não há como negar, elimina as discussões que grassavam nos processos judiciais acerca da forma como a sociedade ou os demais sócios poderão remir a execução, admitir ou vedar o ingresso do "novo sócio", ou mesmo pagar-lhe os haveres respectivos.

### d. Arrecadação judicial de quotas do sócio falido ou insolvente
A arrecadação judicial de quotas do sócio falido está prevista no art. 123, § 1º, da Lei nº 11.101, de 09 de fevereiro de 2005, que *regula a recuperação judicial, a extrajudicial e a falência do empresário e da sociedade empresária*:

> "Art. 123. Se o falido fizer parte de alguma sociedade como sócio comanditário ou cotista, para a massa falida entrarão somente os haveres que na sociedade ele possuir e forem apurados na forma estabelecida no contrato ou estatuto social.
>
> § 1º Se o contrato ou o estatuto social nada disciplinar a respeito, a apuração far-se-á judicialmente, salvo se, por lei, pelo contrato ou estatuto, a sociedade tiver de liquidar-se, caso em que os haveres do falido, somente após o pagamento de todo o passivo da sociedade, entrarão para a massa falida."

futuros, salvo as restrições estabelecidas em lei". II - Os efeitos da penhora incidente sobre as cotas sociais devem ser determinados em levando em consideração os princípios societários. Destarte, havendo restrição ao ingresso do credor como sócio, deve-se facultar à sociedade, na qualidade de terceira interessada, remir a execução, remir o bem ou concedê-la e aos demais sócios a preferência na aquisição das cotas, a tanto por tanto (CPC, arts. 1117, 1118 e 1119), assegurando-se ao credor, não ocorrendo solução satisfatória, o direito de requerer a dissolução total ou parcial da sociedade." (STJ, REsp nº 221.625/SP, 3ª T., relª. Minª. Nancy Andrighi, j. 07/12/2000, DJ 07/05/2001)

[25] "A jurisprudência do Superior Tribunal de Justiça firmou-se no sentido de que é possível a penhora de cotas de sociedade limitada, seja porque tal constrição não implica, necessariamente, a inclusão de novo sócio; seja porque o devedor deve responder pelas obrigações assumidas com todos os seus bens presentes e futuros, nos termos do art. 591 do Código de Processo Civil." (STJ, AgRg no Ag nº 1.164.746/SP, 5ª T., relª. Minª. Laurita Vaz, j. 29/09/2009, DJe 26/10/2009)

[26] Carlos Celso Orcesi da Costa afirma que "a jurisprudência, atenta ao interesse societário que não recomenda a intervenção de terceiro no seio da agremiação, ainda que para a finalidade de haver um crédito não pago, optará por admitir semelhante lide apenas depois de esgotada a tentativa do credor de executar os lucros do devedor (ou na falta de lucros), para em seguida promover a liquidação da quota" (*op. cit.*, p. 159).

## TRANSMISSÃO DE PARTICIPAÇÕES SOCIAIS

A lei determina que os haveres do sócio falido apurar-se-ão *extrajudicialmente* na forma estabelecida no contrato social, a menos que, por obediência à lei ou ao próprio contrato social, a sociedade deva liquidar-se, quando os haveres serão apurados *judicialmente*. Como se vê, e no que nos interessa neste estudo, será sempre deferida à massa liquidanda, representada por seu administrador, o direito de propor a competente ação de apuração de haveres do sócio falido em face da sociedade, ou seja, mesmo não sendo ela (massa liquidanda) sócia poderá lançar mão da *actio pro socio*, até porque pelo Código Civil o sócio declarado falido será de pleno direito excluído da sociedade (art. 1.030, parágrafo único).[27] O mesmo regramento se aplica quando se trata de declaração de insolvência civil de sócio. No ponto, a precisa lição de Sérgio Campinho sobre a exclusão do sócio insolvente (civil ou falido) ao interpretar a norma:

> "A lei refere-se à exclusão do sócio declarado falido. Pelo ordenamento nacional, somente o empresário poderá ostentar a condição de falido. Se o sócio, por exemplo, for empresário individual, titular, assim, de um negócio próprio, poderá ele, em razão da exploração dessa atividade, vir a ser considerado insolvendo, tendo, pois, a sua falência requerida e decretada judicialmente. Se o sócio não for empresário, imune estará à disciplina falimentar. Se insolvente ficar, a situação será dirimida no âmbito da insolvência civil, cujo processo vem regulado nos artigos 748 a 786-A do Código de Processo Civil, no título referente à execução por quantia certa contra devedor insolvente. E, daí, aflora a indagação: a exclusão somente se verificará no caso do sócio falido? Parece não ser essa a melhor solução. Pensamos não ser adequada a interpretação literal do preceito. A sua razão intrínseca justifica-se no fato insolvência, que pode ser a civil ou a falência. Nesse diapasão, advogamos o entendimento de que será de pleno direito excluído da sociedade o sócio declarado falido ou insolvente, neste último caso, na forma da lei processual civil." (*op. cit.*, p. 123-124)

---

[27] A matéria é tratada apenas neste artigo do Código Civil: "Art. 1.030. Ressalvado o disposto no art. 1.004 e seu parágrafo único, pode o sócio ser excluído judicialmente, mediante iniciativa da maioria dos demais sócios, por falta grave no cumprimento de suas obrigações, ou, ainda, por incapacidade superveniente. Parágrafo único. *Será de pleno direito excluído da sociedade o sócio declarado falido*, ou aquele cuja quota tenha sido liquidada nos termos do parágrafo único do art. 1.026."

Declarada a falência do devedor ou a sua insolvência civil no caso de não ser empresário, caberá ao administrador nomeado pelo juízo proceder administrativamente o levantamento dos haveres, se o contrato social contiver disposição a respeito e, obviamente, se os demais sócios anuírem e reconhecerem o débito da sociedade para com a massa liquidanda. Do contrário, deverá ajuizar a ação de apuração de haveres.[28] Também assim deverá proceder quando o balanço se mostrar inverossímil e dissociado da realidade, apurando-se os cabedais do sócio falido ou insolvente com base em um *balanço de determinação, real e atualizado*, evitando o enriquecimento ilícito dos sócios remanescentes.

### e. Extinção de condomínio de quota

Reza o art. 1.056 do CC/2002 que "a quota é indivisível em relação à sociedade" e seu § 1º que "no caso de condomínio de quota, os direitos a ela inerentes somente podem ser exercidos pelo condômino representante". Na hipótese de co-titularidade de quotas, "várias pessoas são titulares de uma mesma quota, constituindo-se um condomínio" (Arnoldo Wald, *op. cit.*, p. 371, n. 1.098). Mas um condomínio especial, pois o condômino não pode simplesmente pedir a *divisão* da quota para colocar fim ao condomínio com amparo na legislação civil (*actio communi dividundo*),[29] como já decidiu, por mais de uma vez,[30] o Superior Tribunal de Justiça: "O com-

---

[28] Como anota Fábio Ulhoa Coelho, "de início, deve o administrador judicial notificar a sociedade limitada de que faz parte o falido, para que ela promova a apuração dos haveres, levantando o balanço de determinação apto a mensurar o valor do seu patrimônio líquido na data da decretação da falência. Feito o balanço, a sociedade deve entregar à massa falida o valor apurado proporcional à participação do falido no capital social, encerrando-se a apuração". E, "vindo os sócios do falido a retardar a providência, cabe à massa falida ingressar com a ação de dissolução parcial de sociedade" (*Comentários à lei de falências e de recuperação de empresas*, 8ª ed., São Paulo, Saraiva, 2011, p. 455).

[29] "Para dividir o objeto não basta que ele seja materialmente divisível; ainda é preciso que o seja juridicamente" (Arnoldo Wald, *Direito civil brasileiro*, Rio de Janeiro, Lux, 1962, v. 3, n. 56, p. 129). Sendo indivisível a quota, é juridicamente impossível a ação de divisão para a hipótese.

[30] STJ, REsp 15.339-RJ, 4ª T., j. 28.02.1994, rel. Min. Barros Monteiro, DJU 25.04.1994. Eis a ementa deste v. acórdão: "CONTRATO ATÍPICO MISTO. CONDOMÍNIO COMO SEU ELEMENTO COMPONENTE. PERPETUIDADE VEDADA EM LEI. Sendo o condomínio um mero elemento componente da pactuação complexa celebrada, não incide a proibição legal concernente à perpetuidade. Hipótese em que se pretendeu atribuir perenidade à organização, ao conjunto de empresas, e não ao condomínio. Recurso especial conhecido, em parte,

## TRANSMISSÃO DE PARTICIPAÇÕES SOCIAIS

partilhamento de quota de sociedade por quotas de responsabilidade limitada, criada com cláusula de indivisibilidade, constitui contrato atípico, regido pelas regras definidas pelos contratantes, admissível desde que não se revista de ilicitude ou contrarie a ordem pública e os bons costumes, a ele não se aplicando o regime legislativo concernente ao instituto do condomínio" (STJ, REsp nº 61.890/SP, 4ª T., rel. Min. Sálvio de Figueiredo Teixeira, j. 18/06/1998, DJU 22/03/1999). A impossibilidade de o comunheiro de *quota indivisa* exercer a *actio communi dividundo* foi demonstrada de forma cabal por Mário Engler Pinto Jr. em estudo específico sobre o tema,[31] cabendo-lhe, no entanto, o direito de se desvincular da sociedade através de uma *actio pro socio*,[32] onde será proferida decisão judicial para romper o vínculo social,[33] colocando fim à sua participação no condomínio da quota e perante a sociedade com a apuração de seus haveres,[34] a

e provido." Trata-se de interessante caso de doações de participações societárias feitas pelo falecido Embaixador Francisco de Assis Chateaubriand Bandeira de Melo, e que, por certo, merece consulta mais detida.

[31] Extinção de condomínio sobre quota de capital de sociedade ltda., *Revista de Direito Mercantil, Industrial, Econômico e Financeiro*, São Paulo, Revista dos Tribunais, v. 84, p. 58-62, Nova Série, out.-dez./1991, Ano 30.

[32] Como adverte Egberto Lacerda Teixeira, "na *co-propriedade*, os condôminos são, a rigor, sócios tanto que na falta da designação de *um* que os represente no exercício do *direito de sócio* os atos praticados pela sociedade em relação a qualquer deles produzem efeitos contra todos" (*Das sociedades por quotas de responsabilidade limitada*, 2ª ed., São Paulo, Quartier Latin, 2006, p. 256).

[33] A data-base para apuração dos haveres será aquele em que o sócio manifestar a vontade de se retirar da sociedade: "Direito societário. Recurso especial. Dissolução parcial de sociedade limitada por tempo indeterminado. Retirada do sócio. Apuração de haveres. Momento. – *A data-base para apuração dos haveres coincide com o momento em que o sócio manifestar vontade de se retirar da sociedade limitada estabelecida por tempo indeterminado. - Quando o sócio exerce o direito de retirada de sociedade limitada por tempo indeterminado, a sentença apenas declara a dissolução parcial, gerando, portanto, efeitos ex tunc.* Recurso especial conhecido e provido." (STJ, REsp nº 646.221/PR, 3ª T., relª. Minª. Nancy Andrighi, j. 19/04/2005, DJ 08/08/2005). No mesmo sentido: AgRg no REsp nº 995.475/SP, 3ª T., relª. Minª. Nancy Andrighi, j. 17/03/2009, DJe 25/03/2009.

[34] "Na ação para apuração de haveres de sócio, a legitimidade processual passiva é da sociedade empresarial e dos sócios remanescentes, em litisconsórcio passivo necessário" (STJ, AgRg no REsp nº 947.545/MG, 3ª T., rel. Min. Sidnei Benetti, j. 08/02/2011, DJe 22/02/2011).

ser paga na forma do contrato, se dispuser a respeito,[35] e com inclusão do fundo de comércio.[36]

## f. Adjudicação compulsória

Por fim, a transmissão das quotas pode ocorrer por força de *adjudicação compulsória* decorrente de decisão judicial proferida em demanda onde houve *violação a direito de preferência de sócio em cessão de quotas para terceiro* (art. 513 do CC/2002)[37] mediante depósito do preço "tanto por tanto"[38] ou em *ação de obrigação de fazer pelo inadimplemento do sócio que se obrigou, em contrato preliminar* (arts. 462, 463 e 464 do CC/2002),[39] *a transferir quotas a outrem, mas se recusou a confirmar sua anterior manifestação de vontade com a outorga da alteração contratual* (art. 461 do CPC).[40] Nessas duas situações,

---

[35] STJ, REsp nº 302.366/SP, 4ª T., rel. Min. Aldir Passarinho Junior, j. 05/06/2007, DJ 06/08/2007; STJ, REsp nº 654.288/SP, 3ª T., rel. Min. Carlos Alberto Menezes Direito, j. 22/03/2007, DJ 18/06/2007; STJ, REsp nº 450.129/MG, 3ª T., rel. Min. Carlos Alberto Menezes Direito, j. 08/10/2002, DJ 16/12/2002.

[36] "O fundo de comércio integra o montante dos haveres do sócio retirante" (STJ, REsp nº 564.711/RS, 4ª T., rel. Min. Cesar Asfor Rocha, j. 13/12/2005, DJ 20/03/2006). Em igual sentido: STJ, REsp nº 907.014/MS, 4ª T., rel. Min. Antonio Carlos Ferreira, j. 11/10/2011, DJe 19/10/2011.

[37] Sobre os efeitos da sentença na ação de preferência veja-se o ensinamento de Paulo Luiz Netto Lôbo: "Se foi feita a intimação judicial, o juiz declarará a relação jurídica de direito de preferência, marcando dia e hora para o contrato ou a escritura ou a tradição. Se o comprador não comparecer, a sentença, que é constitutiva, pemite a lavratura da escritura pública, se a coisa for imóvel, ou, em se tratando de coisa móvel, o pedido de adjudicação" (*Comentários ao código civil*, São Paulo, Saraiva, 2003, v. 6, p. 175).

[38] De acordo com Álvaro Villaça Azevedo "a expressão "tanto por tanto" significa que o preço, em tela, deve ter as condições iguais, pelo menos, às oferecidas pelo terceiro-comprador" (*Comentários ao novo código civil*, Rio de Janeiro, Forense, 2005, v. VII, p. 311).

[39] "O direito à obtenção de uma "declaração de vontade" tem inicialmente como contraface um dever de fazer (ex.: direito à realização do contrato definitivo, fundado em contrato preliminar; direitos decorrentes de acordo de acionistas, previsto no art. 118 da Lei 6.404/76 etc.)" (Eduardo Talamini, *Tutela relativa aos deveres de fazer e de não fazer*, 2ª ed., São Paulo, Revista dos Tribunais, 2003, p. 154).

[40] "Independentemente de o dever de assumir determinada conduta advir de relação pública ou privada, obrigacional ou não, há originariamente a imposição de um comportamento ao próprio "obrigado". Cumpre-lhe adotar a conduta positiva ou negativa objeto do dever – o que dispensará a intervenção jurisdicional. Não o fazendo, a Jurisdição será acionada para obter o mesmo resultado que se teria com o cumprimento espontâneo – o que se providenciará: (i) com a emissão de ordem e a imposição de meios coercitivos ao réu, para que ele mesmo cum-

## TRANSMISSÃO DE PARTICIPAÇÕES SOCIAIS

o efeito da sentença proferida pelo juiz será a de substituir a vontade do sócio (tutela específica da obrigação),[41] implicando na transmissão forçada das quotas na forma assegurada em lei.

### 2.2. Sociedade em nome coletivo

A sociedade em nome coletivo é concebida como "sendo aquela em que todos os sócios têm a mesma categoria e todos respondem solidária e ilimitadamente, em face de terceiros, pelas obrigações em caráter subsidiário" (Hernani Estrella, *Curso de direito comercial*, Rio de Janeiro, Konfino, 1973, p. 328). O CC/2002 trata desse tipo societário de modo sumário em apenas seis artigos, sendo que no art. 1.040 determina a regência supletiva pelas regras da sociedade simples.

Por se tratar de uma sociedade de pessoas, na sociedade em nome coletivo, a figura do sócio e seus atributos pessoais são determinantes para a formação e a manutenção do vínculo entre eles, não sendo admitida a entrada de terceiros sem o consentimento dos demais. Por isso, o art. 1.003 do CC/2002 exige o consentimento de todos os sócios para que a alteração contratual se proceda com a retirada do antigo e a entrada do novo sócio. "Trata-se de norma especial que decorre do princípio geral que exige a unanimidade para a realização de alteração contratual quanto às matérias estabelecidas no artigo 997, do Código Civil.[42] Esta regra se coaduna com

---

pra, ou (ii) com a direta realização daquele resultado, sem o concurso da vontade do réu. No primeiro caso, tem-se *mandamento*; no segundo, *subrrogação*" (Eduardo Talamini, *op. cit.*, p. 236).

[41] "Quando a obrigação, apesar de inadimplida, ainda pode ser cumprida, e o seu cumprimento é de interesse do credor, podemos pensar na tutela do adimplemento da obrigação contratual na forma específica" (Luiz Gilherme Marinoni, *Tutela específica: (arts. 461, CPC e 84, CDC)*, São Paulo, Revista dos Tribunais, 2000, p. 183). Trata-se da "tutela ideal do direito material, já que confere à parte lesada o bem ou o direito em si, e não o seu equivalente em pecúnia" (*op. cit.*, p. 185). Como lecionam Nelson Nery Junior e Rosa Maria de Andrade Nery, "a regra do direito privado brasileiro – civil, comercial, do consumidor – quanto ao descumprimento da obrigação de fazer ou não fazer é a da execução específica, sendo exceção a resolução em perdas e danos. Trata-se de regra mista, de *direito material* e de direito processual inserida no CPC." (*Código de processo civil comentado e legislação extravagante*, 9ª ed., São Paulo, Revista dos Tribunais, 2006, p. 586-587)

[42] A cessão total ou parcial das quotas pelo sócio a terceiro ou até mesmo para um ou mais sócios implica a alteração da configuração do quadro social prevista no art. 997, IV do CC/2002, de modo que se aplica o princípio geral do art. 999 quanto à exigência do consenso de todos os sócios para ser admitida a alteração contratual.

QUESTÕES DE DIREITO SOCIETÁRIO EM PORTUGAL E NO BRASIL

o caráter pessoal que se estampa neste tipo societário. Se a figura do sócio tem relevância para o vínculo societário, não é razoável permitir que um terceiro ingresse na associação sem o consentimento dos demais, que permanecem na sociedade" (Arnoldo Wald, *Comentários ...*, p. 148, n. 436). Com efeito, o legislador conferiu a cada sócio o direito de veto quanto ao ingresso de terceiros no quadro social. E justamente por essa rigidez, era necessário um "contraponto" para permitir a solução de controvérsias quando não houver consenso de todos a respeito de tal cessão, motivo pelo qual a lei adotou como "válvula de escape" o "direito de retirada,[43] que pode ser exercido livremente se a sociedade for por tempo indeterminado, ou por justa causa, se por prazo determinado" (Arnoldo Wald, *Comentários ...*, p. 148, n. 437), consoante a regra do art. 1.029 do CC/2002.[44]

Em relação à transmissão involuntária das participações sociais, o único dispositivo dedicado especificamente para esse tipo societário é o art. 1.043 que disciplina os direitos do credor particular do sócio, impedindo-o de pretender a liquidação da quota do devedor antes de dissolvida a sociedade. A previsão é parcialmente distinta daquela prevista para as sociedades simples (art. 1.026), aqui já examinada quando tratamos da sociedade limitada. A nosso ver, a norma, sem razão alguma, veda o pedido de liquidação da

---

[43] "Havendo ruptura na affectio societatis e vedação de alienação de quotas a terceiros, autoriza-se a dissolução parcial da sociedade como mecanismo mais adequado à equalização dos interesses conflitantes" (STJ, REsp nº 510.387/SP, 3ª T., relª. Minª. Nancy Andrighi, j. 14/12/2004, DJ 01/02/2005).

[44] "Assim sendo, nos termos do art. 1.029 do NCC, a saída voluntária do sócio pode dar-se segundo hipóteses permitidas expressamente no contrato social ou em disposições legais especiais. A par destas soluções, poderá o sócio sair das sociedades constituídas por prazo indeterminado bastando que, para tanto, faça notificação aos demais sócios com a antecedência mínima de sessenta dias. Diante da notificação efetuada, os sócios remanescentes terão o prazo de trinta dias para aceitar a saída do sócio notificante – resolvendo como fazer em relação à sua quota –, ou poderão optar pela dissolução da sociedade vindo a extingui-la. No que diz respeito à sociedade por prazo determinado, o mesmo art. 1.029 do NCC determina que o sócio somente poderá retirar-se mediante o ajuizamento de ação judicial na qual faça a prova de justa causa. A caracterização da justa causa será feita no caso concreto, cabendo ao juiz examinar se houve quebra da *affectio societatis* que não tenha sido causada pelo sócio retirante e que tal circunstância tenha impedido de forma significativa a continuidade da relação com os demais sócios." (Haroldo Malheiros Duclerc Verçosa, *Curso de direito comercial*, 2ª ed., São Paulo, Malheiros, 2010, v. 2, p. 146-147).

## TRANSMISSÃO DE PARTICIPAÇÕES SOCIAIS

quota na sociedade constituída por prazo indeterminado.[45] O parágrafo único do art. 1.043 excepciona a regra, permitindo o pedido de liquidação da quota pelo credor se ela, quando constituída por prazo determinado, houver sido prorrogada tácita ou contratualmente, exigindo nesse último caso que exista "oposição judicial do credor no prazo de noventa dias da publicação da dilação" (Arnoldo Wald, *op. cit.*, p. 283).

### 2.3. Sociedade em comandita simples

A sociedade em comandita simples é conceituada como a sociedade contratual, de pessoas, que possui duas categorias de sócio, os comanditados, pessoas naturais que a administram e respondem solidária e ilimitadamente pelo cumprimento das obrigações sociais, e os comanditários, pessoas naturais ou jurídicas que se obrigam, exclusivamente, pela realização do valor das quotas subscritas ou adquiridas (Alfredo Assis Gonçalves Neto, *op. cit.*, p. 303, n. 271). O CC/2002 trata desse tipo societário suscintamente em sete artigos, sendo que no art. 1.046 determina a regência supletiva pelas regras da sociedade simples. Logo, para a cessão (voluntária) das quotas se aplica o disposto no art. 1.003 do CC/2002, examinado no tópico anterior quando se tratou da sociedade em nome coletivo.

Quanto às hipóteses de transmissão de participações sociais, apenas no art. 1.050 existe tratamento diferenciado em relação aos efeitos da morte do sócio comanditário no quadro social. A regra geral nas sociedades de pessoas é de que a morte do sócio implica a ruptura do seu vínculo social, com a consequente liquidação da quota, pagando-se aos herdeiros ou sucessores os haveres apurados. Reforçando a ideia de o sócio comanditário ser, em princípio, um sócio capitalista, "o dispositivo sob análise introduz regra inversa em caso de morte de sócio comanditário: falecendo sócio dessa cate-

---

[45] Alfredo de Assis Gonçalves Neto afirma que se trata de "previsão extremamente infeliz", pois "quebra a tradição do direito nacional", sustentando não haver fundamento razoável para impedir que o credor obtenha a satisfação de seu crédito: "Não se diga que, em se tratando de sociedade empresária, a sociedade em nome coletivo merece tratamento diferenciado da sociedade simples nesse particular para ser preservada. É que as demais normas que preveem a possibilidade de ruptura de vínculos sociais com pagamento de haveres e que podem, por igual, sacrificar a sociedade ou a boa marcha das atividades sociais, notadamente o falecimento e a retirada de sócio, não mereceram esse tratamento peculiar. Além disso, não me parecer haver uma diferença entre os referidos tipos societários capaz de justificar o tratamento distintivo sob consideração." (*op. cit.*, p. 299, n. 265).

QUESTÕES DE DIREITO SOCIETÁRIO EM PORTUGAL E NO BRASIL

goria, sua quota de participação na sociedade transfere-se aos seus suces-sores, que, desse modo, assumem a posição de sócios em sua substituição" (Alfredo de Assis Gonçalves Neto, *op. cit.*, p. 311, n. 280), salvo se houver disposição contratual com previsão diversa. Por óbvio que a transmissão da quota do comanditário aos seus herdeiros ou sucessores implica assumir a mesma categoria de sócio que era titularizada pelo falecido.

## 3. Transmissão nas Sociedades Institucionais

A sociedade anônima e a sociedade em comandita por ações são consi-deradas sociedades institucionais e a transmissão de participações sociais ocorre mediante a *circulação das ações* entre os *acionistas*.

### 3.1. Sociedade anônima

### 3.1.1. O princípio geral da livre cessão das ações e as restrições legais

No sistema da Lei nº 6.404/1976, a ação "tem a significação de participa-ção societária" (P. R. Tavares Paes, *Manual das sociedades anônimas*, 2ª ed., São Paulo, Revista dos Tribunais, 1996, p. 48). "A divisão do capital social da sociedade anônima em ações existe para permitir a sua livre negociação no mercado" (Alfredo de Assis Gonçalves Neto, *Manual das companhias ou sociedades anônimas*, 2ª ed., São Paulo, Revista dos Tribunais, 2010, p. 93) pelos acionistas, que cedem suas participações sociais a preço formado a partir das suas rentabilidades.[46]

O princípio vigente é o da livre circulação das ações, pois *a negociabi-lidade é o atributo essencial da ação*. Nem o estatuto social nem a assembleia geral poderão obstar essa livre negociação (Modesto Carvalhosa, *Comen-tários à lei de sociedades anônimas*, São Paulo, Saraiva, 1997, v. 1, p. 89). Por

---

[46] "As perspectivas de rentabilidade da sociedade emissora da ação são, desse modo, o fator principal de ponderação na fixação do valor que alienante e adquirente irão, de comum acordo, atribuir à participação societária. Todos os demais fatores, direta ou indiretamente, se ligam às perspectivas de rentabilidade. O adquirente interessar-se-á em pagar determinado preço pelas ações se o mesmo montante de dinheiro, empregado em outro investimento igualmente acessível, não lhe apontar projeção de remuneração mais atraente. O alienante, por sua vez, sabe que esse cálculo do adquirente fornecer-lhe-á o parâmetro para sua pretensão. Isto é, o alienante poderá projetar o máximo de retorno para o capital que empregara naquelas ações, tomando também por referência as perspectivas de rentabilidade da empresa." (Fábio Ulhoa Coelho, "O cálculo do valor do reembolso", *in A Reforma da Lei das S.A.*, coord. Jorge Lobo, São Paulo, Atlas, 1998, p. 61)

## TRANSMISSÃO DE PARTICIPAÇÕES SOCIAIS

força do mesmo princípio, sendo a sociedade eminentemente de capitais e não de pessoas, não importa, na verdade, quem seja o sócio, de modo que, se a transmissão se opera sem a manifestação de vontade negocial do titular das ações (*transmissão involuntária*), respeitado o devido processo legal, nada a impedirá de ocorrer.

Esse princípio é praticamente absoluto para as companhias abertas. A livre negociabilidade comporta, no entanto, algumas exceções legais:

a) não se admite a negociação pelos subscritores de ações das companhias abertas antes de realizados 30% do seu preço de emissão, reputando-se nulo o negócio realizado com infração a essa vedação (art. 29 e parágrafo único), enquanto nas companhias fechadas elas podem ser negociadas uma vez realizados 10% do valor da subscrição (art. 80, II), se outro percentual não for estipulado no estatuto;

b) não é permitido que a companhia aberta ou fechada negocie com as *próprias ações*, salvo se tratar (i) de operações de resgate,[47] reembolso[48] ou amortização[49] previstas em lei, (ii) de aquisição para permanência em tesouraria ou cancelamento, desde que até o valor do saldo de lucros ou reservas, exceto a legal, e sem diminuição do capital social, (iii) de doação feita à companhia, também para permanência em tesouraria, (iv) da alienação das ações mantidas em tesouraria, (v) da compra por companhia aberta, quando, deliberada a redução do capital social mediante restituição, em dinheiro, de parte do valor das ações, o preço destas em bolsa for inferior ou igual à importância que deve ser restituída (art. 30);

---

[47] O resgate consiste no pagamento do valor das ações para retirá-las definitivamente de circulação, com redução ou não do capital social; mantido o mesmo capital, será atribuído, quando for o caso, novo valor nominal às ações remanescentes (art. 44).

[48] A amortização consiste na distribuição aos acionistas, a título de antecipação e sem redução do capital social, de quantias que lhes poderiam tocar em caso de liquidação da companhia. A amortização pode ser integral ou parcial e abrange todas as classes de ações ou só uma delas (art. 44).

[49] O reembolso é a operação pela qual, nos casos previstos em lei (arts. 137, 221, 230, 236, parágrafo único, 256, § 2º, 264, § 3º, 270, parágrafo único, 296, § 4º e 298), a companhia paga aos acionistas dissidentes de deliberação da assembleia geral o valor de suas ações. O estatuto poderá estabelecer normas para a determinação do valor de reembolso, que, em qualquer caso, não será inferior ao valor do patrimônio líquido das ações, de acordo com o último balanço aprovado pela assembleia geral (art. 45).

# QUESTÕES DE DIREITO SOCIETÁRIO EM PORTUGAL E NO BRASIL

c) a aquisição de ações pela companhia aberta está sujeita às normas expedidas pela Comissão de Valores Mobiliários, podendo esta condicionar até mesmo prévia autorização para cada operação (art. 30, § 2º), sendo certo que a companhia tem a faculdade de *suspender* o serviço de transferência de ações com prévia comunicação às Bolsas de Valores onde as negocie por períodos máximos de 15 dias, períodos esses que somados estão limitados a 90 dias ao ano (art. 37).

Nas companhias fechadas, por sua vez, pode o estatuto impor limitações à transferência das ações nominativas registradas e escriturais, contanto que regule minuciosamente tais limitações e não impeça a negociação, nem sujeite o acionista ao arbítrio dos órgãos da administração da companhia ou da maioria dos acionistas (art. 36) (Modesto Carvalhosa, *Comentários* ..., *op. cit.*, p. 89). Limitação bastante comum, na prática societária, é a que faz depender a alienação do prévio oferecimento da preferência, nas mesmas condições, aos demais acionistas.[50] Não exercido o direito de preferência no prazo fixado, as ações poderão ser transferidas a qualquer terceiro.

Por fim, existem limitações legais atreladas a certos ramos da atividade econômica que exigem a nacionalidade brasileira dos acionistas ou dependem de autorização governamental para funcionar. É o caso, por exemplo, da sociedade anônima que venha explorar empresa jornalística, de radiodifusão sonora e de sons e imagens, que é privativa de brasileiros natos ou naturalizados há mais de dez anos, aos quais cabe igualmente a responsabilidade por sua administração e orientação intelectual (CF, art. 222 e § 1º)[51] (Alfredo de Assis Gonçalves, *Manual* ..., p. 85). Nesses casos, a circulação somente poderá ser realizada entre cidadãos brasileiros. Em rela-

---

[50] Em especial por cláusula inserida em acordo de acionistas. Por essa cláusula obriga-se "o acionista vinculado ao acordo de preempção a não alienar a terceiros, sem que, previamente, ofereça a celebração do mesmo negócio aos demais acionistas integrantes do pacto ou à própria companhia" (Modesto Carvalhosa, *Acordo de acionistas: homenagem a Celso Barbi Filho*, São Paulo, Saraiva, 2011, p. 289). "Visam os acionistas pactuantes, com o ajuste, inibir, o quanto possível, a mobilidade e a cessibilidade do patrimônio acionário para fora do âmbito dos acionistas contratantes, notadamente se integrante o pacto de preferência, de um acordo de controle" (*op. cit.*, p. 291).

[51] Nessas sociedades era vedada a participação de pessoas jurídicas cujo capital não pertencesse exclusiva e nominalmente a brasileiros. A EC 36, de 28/05/2002, permitiu a detenção de até 30% do capital social de empresas jornalísticas e de radiodifusão por pessoas jurídicas (sociedades ou associações) constituídas sob as leis brasileiras e que tenham sede no País,

# TRANSMISSÃO DE PARTICIPAÇÕES SOCIAIS

ção às empresas que dependem de autorização das autoridades públicas para funcionar, ficando a transferência do controle acionário sujeito à prévia autorização, citam-se exemplificativamente as companhias que se dediquem às atividades de instituições financeiras (Lei nº 4.595/1964, art. 10, X, "g"), dos concessionários, permissionários ou autorizados de serviços ou instalações de energia elétrica (Lei nº 9.427/1996, art. 3º, VIII e XIII, e Decreto nº 2.335/1997, Anexo I, art. 4º, XI) e dos prestadores de serviço de comunicação audiovisual de acesso condicionado (Lei nº 12.485/2011, arts. 5º, §§ 1º a 3º, e 37, § 7º).

## 3.1.2. Restrição à circulação das ações preferenciais de companhias abertas

Por sua especificidade merece atenção especial a restrição existente na lei à circulação das ações preferenciais de companhias abertas. Em conformidade com o art. 17, § 1º da Lei das Sociedades Anônimas, existe restrição à circulação dessas ações preferenciais quando estejam *admitidas à negociação no mercado de valores mobiliários*.[52] A restrição foi imposta pela redação dada ao dispositivo pela Lei nº 10.303/2001, nitidamente preocupada em fortalecer o mercado de valores mobiliários, pois se estabeleceu que nele apenas admitir-se-ão à negociação as ações preferenciais de companhias abertas a que forem atribuídas, ao menos, uma destas preferências ou vantagens:

(i) direito a participar numa parcela de pelo menos 25% do lucro líquido do exercício, apurado nos termos do art. 202, sendo que desse montante lhes será garantido um *dividendo prioritário de pelo menos 3% do valor de patrimônio líquido da ação*, e, ainda, o direito de participar do eventual saldo desses lucros distribuídos, em igualdade de condições com as ordinárias, depois de a estas assegurado dividendo igual ao mínimo prioritário (art. 17, § 1º, I);

desde que a participação restante, a administração e a programação pertençam a brasileiros natos ou naturalizados há mais de dez anos.

[52] Modesto Carvalhosa e Nelson Eizirik advertem: "Como referido, a lei passa a distinguir claramente entre as *ações preferenciais negociadas no MVM* e as *ações preferenciais não negociadas no MVM*. Não se trata, portanto, de uma distinção entre ações preferenciais de companhias fechadas ou abertas." E exemplificam: "Assim, no caso de uma companhia que seja aberta apenas em razão de emissão pública de debêntures, por exemplo, não será obrigatória a observância dos privilégios mínimos para as ações preferenciais sem voto estabelecidos pelo § 1º do novo art. 17, já que estas não são negociadas no *MVM*" (*A nova lei das S/A*, São Paulo, Saraiva, 2002, p. 90).

## QUESTÕES DE DIREITO SOCIETÁRIO EM PORTUGAL E NO BRASIL

(ii) direito ao recebimento de um dividendo, por ação preferencial, pelo menos 10% maior do que o atribuído a cada ação ordinária (art. 17, § 1º, II);

(iii) direito de receber um dividendo pelo menos igual ao das ações ordinárias e *cumulativamente* o direito de serem incluídas na oferta pública de alienação de controle em igualdade de condições com as ações com direito a voto não integrantes do bloco de controle (*tag along*) (art. 17, § 1º, III).

Com efeito, as companhias abertas que tiverem ações preferenciais com características diversas das acima elencadas não poderão negociá-las em mercado de valores mobiliários.

### 3.1.3. A alienação do poder de controle

O art. 254-A da LSA, com a redação dada pela Lei nº 10.303/2001, reintroduziu no sistema brasileiro, o instituto da oferta pública obrigatória de aquisição das ações dos acionistas minoritários por ocasião da alienação (direta ou indireta) do controle acionário de companhia aberta.[53] O contrato de alienação do controle sempre será realizado sob condição *resolutiva* ou *suspensiva* da obrigação do adquirente em fazer essa oferta pública. Pela norma, o adquirente do controle está obrigado a pagar aos minoritários um preço no mínimo igual a 80% do valor pago por ação integrante do bloco de controle.[54] O dispositivo consagra o *"princípio do valor diferenciado de ações da mesma espécie"* ao atribuir ao bloco de controle de uma companhia um *"valor econômico"* (Modesto Carvalhosa e Nelson Eizirik, *A nova lei das S/A, op. cit.*, p. 390), pois as ações ordinárias integrantes do bloco de controle valem mais do que as detidas pelos acionistas minoritários que daquele não participam, ou seja, há um legítimo sobrevalor em prol dos acionistas controladores.[55]

---

[53] No regime atual, assim como já se dava na redação original do art. 254 da LSA, não se cogita de oferta pública quando há alienação do controle de *companhia fechada*.

[54] A operação, dada sua relevância, por evidente, deve observar o *"full disclosure"* (total transparência) das informações a seu respeito. Sobre o tema vide os ensinamentos de Modesto Carvalhosa e Nelson Eizirik, *Estudos de direito empresarial*, São Paulo, Saraiva, 2010, p. 98-134.

[55] Fábio Ulhoa Coelho afirma, com razão, que "a sobrevalorização das ações de sustentação do controle é natural, justa e racional, porque quem adquire o poder de controle de uma companhia está acrescendo ao seu patrimônio um conjunto de direitos maior que os patrimoniais

TRANSMISSÃO DE PARTICIPAÇÕES SOCIAIS

Os destinatários da oferta pública são todos os acionistas titulares de ações com direito de voto não integrantes do bloco de controle. "Nessa condição, encontram-se: (a) os ordinarialistas, sempre; (b) os preferencialistas da classe ou classes em relação às quais o estatuto não subtrai o direito de voto; (c) os preferencialistas com direito a dividendos fixos ou mínimos, se a alienação do controle ocorre quando esses dividendos não foram distribuídos pelo período fixado no estatuto não superior a três exercícios consecutivos (LSA, art. 111, § 1º).[56] Todos esses acionistas têm o direito de vender ao adquirente do controle suas ações, por preço correspondente a pelo menos 80% do pago ao controlador" (Fábio Ulhoa Coelho, "O direito de saída conjunta ("Tag Along")", *in Reforma da lei das sociedades anônimas*, coord. Jorge Lobo, Rio de Janeiro, Forense, 2002, p. 480).

O § 1º do dispositivo não deixa dúvidas quanto à incidência da obrigação de apresentação de oferta de aquisição, independentemente da estrutura do controle que está sendo adquirido,[57] ou seja, o controle decorrente da titularidade de ações que matematicamente asseguram ao titular a oportunidade de eleger a maior parte dos administradores, como também ações em percentual mais reduzido que estejam vinculadas a acordo de acionista que possibilite a obtenção dos mesmos efeitos. Contempla também a aquisição de valores mobiliários conversíveis em ações e que podem, dentro de um prazo razoável, estabelecer uma situação nova de controle ou de manutenção da situação atual (Marcelo M. Bertoldi, *Reforma da lei*

das correspondentes ações. O controlador, além de participar dos resultados da empresa, como a generalidade dos acionistas, tem o poder de eleger administradores, definir a remuneração deles, fixar a orientação última dos negócios, alterar a estrutura jurídica da sociedade, influir no seu planejamento estratégico etc. O mercado atribui valor a essa gama de poderes; e, por isso, quem negocia a compra das ações de sustentação do controle concorda em pagar um sobrepreço, chamado de "prêmio de controle" (Comparato, 1978:106/108)" (*Curso ..., op. cit.*, p. 285).

[56] Modesto Carvalhosa e Nelson Eizirik concordam com a inclusão desses preferencialistas no rol dos destinatários da oferta pública sob o argumento de que "o art. 254-A não estabelece qualquer requisito quanto ao caráter de maior ou menor permanência do direito de voto, não cabendo ao intérprete distinguir onde a lei não o faz" (*op. cit.*, p. 392).

[57] "Não se encontra sob a égide do art. 254-A da LSA a alienação parcial do controle, assim entendida a operação de ingresso de novo ou novos acionistas no *bloco de controle*, desde que continue predominando, no interior deste, a orientação do anterior controlador. Não se encontra também sujeita à condição da oferta pública referida no dispositivo em foco a venda de ações entre os membros do *bloco de controle*, exceto se isto significar mudança na orientação geral da companhia." (Fábio Ulhoa Coelho, "O direito de saída conjunta ...", *op. cit.*, p. 481).

*das sociedades anônimas: comentários à Lei 10.303, de 31.10.2001*, São Paulo, Revista dos Tribunais, 2002, p. 167).[58]Nos termos do § 2º do art. 254-A, a Comissão de Valores Mobiliários autorizará a alienação do controle da companhia aberta desde que as condições da oferta pública atendam aos requisitos legais. E, de acordo com o § 3º, cabe à CVM regulamentar a oferta pública, o que efetivamente o fez através da Instrução CVM nº 361, de 05 de março de 2002.

Findando a regulamentação, o § 4º do dispositivo faculta ao adquirente do controle a possibilidade da sua oferta pública abranger, como opção, o pagamento de prêmio aos acionistas minoritários para que permaneçam na companhia recebendo como contrapartida o valor apurado com a diferença entre o valor de mercado das ações e o valor pago aos acionistas integrantes do bloco de controle. Com essa opção, o acionista minoritário "que não se sentir ameaçado pela troca de controle e que não tenha motivos para temer o futuro de seu investimento na sociedade, pós-mudança de controle, poderá nela permanecer ao mesmo tempo em que receberá um prêmio com base na valorização obtida pelas ações que compõem o bloco de controle" (Marcelo M. Bertoldi, *Reforma ..., op. cit.*, p. 168). Trata-se de interessante solução legal para minorar o desembolso do adquirente com a operação, visto que "pode resultar em economia de recursos, pois ficaria mais barato, em princípio, conceder o prêmio que pagar os 80% do

---

[58] "O § 1º do art. 254-A destina-se principalmente à alienação do controle que se realiza *em etapas*, ao longo do tempo, numa sequência encadeada de operações que resultam na alienação do controle" (Modesto Carvalhosa e Nelson Eizirik, *A nova lei das S/A., op. cit.*, p. 403). Por isso, com propriedade, Fábio Ulhoa Coelho traça a solução a ser aplicada nesses casos: "Quando a alienação do controle resulta de uma sucessão de atos, deve-se assegurar, no último deles, o direito à saída conjunta. Se o controlador vender parte *minoritária* de suas ações, admitindo o ingresso de um novo acionista no bloco de controle, não é exigível a oferta pública; se, alguns meses depois, ele vende mais ações a este mesmo acionista, passando a deter posição minoritária no bloco de controle, também descabe exigir-se a oferta pública (salvo se houver mudança na orientação da companhia); porém, decorrido mais algum tempo, se o controlador vende o restante de suas ações àquele mesmo acionista, transferindo-lhe a totalidade do poder de controle, estará obrigado o adquirente a fazer a oferta pública. O preço a se tomar de base para aplicação do deságio legal não poderá ser, contudo, simplesmente o da última venda. Caberá, nesse caso, fixar-se o preço da oferta por médias ponderadas, de forma a assegurar ao minoritário o mesmo ganho que lhe caberia, se todos os atos de que resultou a alienação do poder de controle tivessem se concentrado numa única operação." (Fábio Ulhoa Coelho, "O direito de saída conjunta ...", *op. cit.*, p. 481)

TRANSMISSÃO DE PARTICIPAÇÕES SOCIAIS

valor das ações integrantes do bloco de controle" (Modesto Carvalhosa e Nelson Eizirik, *A nova lei das S/A.*, *op. cit.*, p. 410).

### 3.1.4. A averbação da transmissão das ações

Realizada operação de transmissão de ações (art. 31, § 1º a 3º da LSA), por ato negocial, o termo de transferência, assinado por cedente e cessionário (representado por procuradores ou sociedade corretora de valores),[59] ou, se tratando de transmissão involuntária,[60] o título judicial, deve ser levado para averbação no Livro de Registro de Ações Nominativas e no Livro de Transferência de Ações Nominativas (art. 100 da LSA).[61] Nas companhias abertas, tais livros podem ser substituídos por registros mecanizados ou eletrônicos, de conformidade com as orientações da Comissão de Valores Mobiliários (art. 100, § 2º). Se a companhia contratar a escrituração e guarda dos livros referentes aos títulos de sua emissão com uma instituição financeira (*agente emissor*), a tanto autorizada pela CVM, tais livros podem ser substituídos por um sistema de escrituração específico, cabendo à contratada, uma vez por ano, elaborar a lista dos respectivos acionistas, com o número dos títulos de cada um, para ser encadernada, autenticada pela Junta Comercial e arquivada na sede da companhia (art. 101). Também nesse caso os termos de transferência de ações nominativas, que devem figurar no livro a esse fim destinado, podem ser lavrados em folhas soltas junto à instituição financeira contratada, seguindo-se sua encadernação em ordem cronológica, autenticação pela Junta Comercial e o arquiva-

---

[59] "A transferência somente se opera pelo termo lavrado no livro competente da companhia, assinado pelo vendedor e pelo comprador ou por seu representante legal e devidamente datado. O princípio é rígido, ou seja, o procedimento de transferência está prescrito na lei, não valendo, portanto, o ato que deixar de obedecer esse rito especial" (Modesto Carvalhosa, *Comentários ...*, *op. cit.*, v. 1, p. 233).

[60] "Contrariamente à transmissão voluntária, em que os documentos particulares não valem como título, na transmissão involuntária o respectivo título judicial constitui requisito necessário à validade do ato de transferência. Nos casos de transmissão decorrente de sucessão, alienação judicial, extinção de condomínio, adjudicação compulsória etc, não haverá, sob pena de nulidade, averbação no livro próprio sem o título judicial que a autorize, o qual ficará arquivado na companhia." (Modesto Carvalhosa, *Comentários ...*, *op. cit.*, v. 1, p. 234-235)

[61] "As transferências somente se efetivam com a alteração no livro de registro. O termo de transferência, lavrado no livro próprio, representa uma medida preliminar para a anotação da mudança de propriedade dos títulos no livro de registro." (Modesto Carvalhosa, *Comentários ...*, *op. cit.*, v. 2, p. 209)

mento, já aí, não na companhia, mas perante o agente emissor (art. 101, §§ 1º e 2º) (Alfredo de Assis Gonçalves Neto, *Manual ..., op. cit.*, p. 57, n. 28).

## 3.2. Sociedade em comandita por ações

O art. 1.090 do CC/2002 remete a disciplina das sociedades em comandita por ações à legislação especial, qual seja a Lei nº 6.404/76. Como anota Arnoldo Wald, na verdade, o regramento desse tipo societário "não foi alterado, em sua essência, pelo novo Código Civil, permanecendo o mesmo das sociedades anônimas, com as peculiaridades apontadas nos artigos 280 a 284 da Lei das Sociedades por Ações" (*Comentários ..., op. cit.*, p. 594, n. 1.717).

Considerando que os dispositivos dedicados especificamente para a sociedade em comandita por ações no CC/2002 (arts. 1.090 a 1.092) e anteriormente na Lei nº 6.404/76 (arts. 280 a 284) nada aludem acerca de *circulação de suas ações*, são aplicáveis nesse aspecto as disposições relativas às sociedades anônimas, aqui já examinadas, naquilo que lhe for compatível, pouco importando a peculiaridade de possuírem duas categorias de sócios.[62]

## 4. Considerações Finais

Dentre os muitos temas ligados ao direito societário, a *transmissão de participações sociais* tem contorno especial. A razão está no fato de que todo e qualquer empreendimento que tenha origem na constituição de uma sociedade empresária necessita de investimento, com aporte de capital pelos investidores, os quais passam a ser sócios no contrato plurilateral. Necessário se faz, então, que os interesses dos sócios se resguardem desde o início da atividade, buscando dar perenidade ao investimento e permitindo, inclusive, que haja substituição desses investidores sem a *descapitalização* do negócio empreendido, fomentando o desenvolvimento e o retorno esperado por todos aqueles a ele ligados, direta ou indiretamente.

---

[62] "É bom observar que, no que se refere às ações da comandita, não há distinção com as das companhias. Em outras palavras, o fato de a comandita possuir duas categorias de sócios não reflete nas ações. A responsabilidade dos acionistas comanditados decorre da assunção das funções de administrador, indiferentemente da espécie, classe ou forma de ação que possua." (Alfredo de Assis Gonçalves Neto, *Manual ..., op. cit.*, p. 31, n. 11).

TRANSMISSÃO DE PARTICIPAÇÕES SOCIAIS

Com esse foco, sem a pretensão de esgotar a matéria, o breve estudo apontou, em linhas gerais e descritivas, dentro da legislação brasileira, como e em quais condições se opera a *transmissão de participações sociais* no regime jurídico aplicável às *sociedades empresárias* (sociedade limitada, sociedade em nome coletivo, sociedada em comandita simples, sociedada anônima e sociedade em comandita por ações).

O direito societário brasileiro – a despeito da evolução alcançada ao longo dos anos nas leis sucessivamente editadas – ainda necessita de aprimoramento para dar maior segurança jurídica aos seus participantes, o que somente se obterá com uma melhor compreensão dos princípios informadores do direito empresarial. A aprovação de um Código Comercial com forte cunho principiológico, cujo Projeto de Lei nº 1.572/2011 se encontra em discussão no Congresso Nacional, é uma grande oportunidade para isso, contribuindo para reduzir o denominado *custo Brasil*.

## Referências Bibliográficas

ABREU, José. *O negócio jurídico e sua teoria geral*. São Paulo: Saraiva, 1984.

AZEVEDO, Álvaro Villaça. *Comentários ao novo código civil*. Rio de Janeiro: Forense, 2005, v. VII.

BERTOLDI, Marcelo M. *Curso avançado de direito comercial*. 4. ed. São Paulo: Revista dos Tribunais, 2008.

—. *Reforma da lei das sociedades anônimas: comentários à Lei 10.303, de 31.10.2001*. São Paulo: Revista dos Tribunais, 2002.

BORBA, José Edwaldo Tavares. *Direito societário*. 8. ed. Rio de Janeiro: Renovar, 2003.

CAMPINHO, Sérgio. *O direito de empresa à luz do novo código civil*. 8. ed. Rio de Janeiro: Renovar, 2007.

CARVALHOSA, Modesto. *Acordo de acionistas: homenagem a Celso Barbi Filho*. São Paulo: Saraiva, 2011.

—. *Comentários ao código civil, parte especial do direito de empresa*. São Paulo: Saraiva, 2003, v. 13.

—. *Comentários à lei de sociedades anônimas*. São Paulo: Saraiva, 1997, v. 1 e 2.

—; EIZIRIK, Nelson. *A nova lei das S/A*. São Paulo: Saraiva, 2002.

—. *Estudos de direito empresarial*. São Paulo: Saraiva, 2010.

COELHO, Fábio Ulhoa. *A sociedade limitada no novo código civil*. São Paulo: Saraiva, 2003.

—. *Comentários à lei de falências e de recuperação de empresas*. 8. ed. São Paulo: Saraiva, 2011.

—. *Curso de direito comercial*. 5. ed. São Paulo: Saraiva, 2002, v. 2.

—. O cálculo do valor do reembolso. In: LOBO, Jorge (coord.). *A reforma da lei das S.A.* São Paulo: Atlas, 1998.

—. O direito de saída conjunta ("tag along"). In: LOBO, Jorge (coord.). *Reforma da lei das sociedades anônimas*. Rio de Janeiro: Forense, 2002.

QUESTÕES DE DIREITO SOCIETÁRIO EM PORTUGAL E NO BRASIL

—. *Princípios do direito comercial: com anotações ao projeto de código comercial*. São Paulo: Saraiva, 2012.

COSTA, Carlos Celso Orcesi da. *Código civil na visão do advogado*. São Paulo: Revista dos Tribunais, 2003, v. 4.

ESTRELLA, Hernani. *Apuração dos haveres de sócio*. 5. ed. Rio de Janeiro: Forense, 2010.

—. *Curso de direito comercial*. Rio de Janeiro: Konfino, 1973.

FONSECA, Priscila M. P. Corrêa da. *Dissolução parcial, retirada e exclusão de sócio no novo código civil*. 2. ed. São Paulo: Atlas, 2003.

GONÇALVES NETO, Alfredo de Assis. *Direito de empresa*. 3. ed. São Paulo: Revista dos Tribunais, 2010.

—. *Manual das companhias ou sociedades anônimas*. 2. ed. São Paulo: Revista dos Tribunais, 2010.

LEAL, Murilo Zanetti. *A transferência involuntária de quotas nas sociedades limitadas*. São Paulo: Revista dos Tribunais, 2002.

LÔBO, Paulo Luiz Netto. *Comentários ao código civil*. São Paulo: Saraiva, 2003, v. 6.

LUCENA, José Waldecy. *Das sociedades limitadas*. 5. ed. Rio de Janeiro: Renovar, 2003.

MARINONI, Luiz Gilherme. *Tutela específica: (arts. 461, CPC e 84, CDC)*. São Paulo: Revista dos Tribunais, 2000.

MIRANDA, Francisco Cavalcanti Pontes de. *Comentários ao código de processo civil*. Rio de Janeiro: Forense, 1978, t. 17.

NEGRÃO, Ricardo. *Manual de direito comercial e de empresa*. 3. ed. São Paulo: Saraiva, 2003, v. 1.

NERY JUNIOR, Nelson; ANDRADE NERY, Rosa Maria de. *Código de processo civil comentado e legislação extravagante*. 9. ed. São Paulo: Revista dos Tribunais, 2006.

PAES, P. R. Tavares. *Manual das sociedades anônimas*. 2. ed. São Paulo: Revista dos Tribunais, 1996.

PINTO JR., Mário Engler. Extinção de condomínio sobre quota de capital de sociedade ltda. *Revista de Direito Mercantil, Industrial, Econômico e Financeiro*, São Paulo, Revista dos Tribunais, Nova Série, out.-dez./1991, Ano 30, v. 84, p. 58-62.

TALAMINI, Eduardo. *Tutela relativa aos deveres de fazer e de não fazer*. 2. ed. São Paulo: Revista dos Tribunais, 2003.

TEIXEIRA, Egberto Lacerda. *Das sociedades por quotas de responsabilidade limitada*. 2. ed. São Paulo: Quartier Latin, 2006.

VERÇOSA, Haroldo Malheiros Duclerc. *Curso de direito comercial*. 2. ed. São Paulo: Malheiros, 2010, v. 2.

WALD, Arnoldo. *Comentários ao novo código civil*. Rio de Janeiro: Forense, 2005, v. XIV.

—. *Direito civil brasileiro*. Rio de Janeiro: Lux, 1962, v. 3.

# As Formalidades da Transmissão de Quotas e Acções no Direito Português: *dos princípios à prática*

Jorge Simões Cortez[*]
(com a colaboração de Inês Pinto Leite[**])

**1.** O escopo original do presente artigo era descrever os aspectos essenciais do regime da transmissão *inter vivos* das participações sociais em sociedades anónimas e por quotas no direito português[1][2] – o que, de acordo com

---

[*] Advogado. Sócio da «*Morais Leitão, Galvão Teles, Soares da Silva & Associados, Sociedade de Advogados, R.L.*». Mestre em Ciências Jurídico-Comerciais pela Universidade Católica Portuguesa, Centro Regional do Porto (2005).

[**] Advogada. Associada da «*Morais Leitão, Galvão Teles, Soares da Silva & Associados, Sociedade de Advogados, R.L.*». Mestre em «Direito da Empresa e dos Negócios» pela Universidade Católica Portuguesa, Centro Regional do Porto (2010).

[1] Ao abrigo, portanto, do Código das Sociedades Comerciais (doravante, C.S.C.), aprovado pelo Decreto-Lei nº 262/86, de 2 de Setembro, na redacção do Decreto-Lei nº 53/2011, de 13 de Abril, do Código dos Valores Mobiliários (doravante, C.V.M.), do Código Civil (doravante, C.C.) e do Código do Registo Comercial (doravante, C.R.C.). Todos os preceitos legais invocados sem indicação expressa da respectiva fonte legal referem-se ao C.S.C..

[2] Desde o princípio, excluídos estavam, assim, tanto o regime da transmissão *mortis causa*, como o da transmissão *inter vivos* das participações sociais em sociedades civis simples (i.e., não constituídas sob a forma comercial), bem como em sociedades comerciais em nome colectivo e em comandita simples ou por acções.

QUESTÕES DE DIREITO SOCIETÁRIO EM PORTUGAL E NO BRASIL

uma sistematização que pode considerar-se habitual entre nós[3], passaria por tratar a *forma* da transmissão, por um lado, as *limitações* a essa mesma transmissão, por outro[4], e, finalmente, a aquisição de participações sociais como forma (indirecta) de adquirir a empresa societária[5].

[3] Veja-se, *p. ex.*, COUTINHO DE ABREU, Jorge Manuel, *Lições de Direito Comercial*, Vol. II, *Das Sociedades*, Almedina, 4ª ed., 2011, págs. 358 a 366.

[4] Fundamentalmente, tratava-se de analisar os arts. 228º a 231º e 242º-A a 242º-F do C.S.C, preceitos que contêm o essencial da disciplina da forma e das limitações estatutárias à cessão de quotas (é entendimento unânime que a expressão «cessão de quotas» empregue no art. 228º designa, precisamente, a transmissão *inter vivos*. Neste sentido, VENTURA, Raul, *Comentário ao Código das Sociedades Comerciais*, Vol. I, *Sociedades por Quotas*, Almedina, 2ª ed., 1993, págs. 576 a 578), e os arts. 39º a 107º do C.V.M. (em especial, os arts. 80º, 101º, 102º e 105º) e 328º e 329º do C.S.C. (pese embora os arts. 299º, 301º e 304º do C.S.C. sejam também relevantes nesta sede), que regulam aquelas duas matérias relativamente às acções (como veremos, a circunstância de a transmissão de acções se encontrar regulada em parte no C.V.M. resulta de uma outra, qual seja, a de as mesmas serem expressamente qualificadas pelo legislador português como valores mobiliários, conforme dispõe o art. 1º do C.V.M.). Sobre estas matérias, veja-se, por todos, SOVERAL MARTINS, Alexandre, *Cláusulas do Contrato de Sociedade que Limitam a Transmissibilidade das Acções – Sobre os arts. 328º e 329º do CSC*, Almedina, 2006.

[5] Constitui uma verdadeira *vexata quaestio* saber o que deve entender-se por empresa. Sobre esta matéria, veja-se, por todos, COUTINHO DE ABREU, Jorge Manuel, *Lições de Direito Comercial*, Vol. I, *Introdução, Actos de Comércio, Comerciantes, Empresas, Sinais Distintivos*, Almedina, 6ª ed., 2008, pág. 191 e segs.. As empresas fazem parte do nosso quotidiano: é nelas que trabalhamos, são elas que gerimos, é com elas que todos os dias nos relacionamos para os mais variados propósitos. Não é, assim, de estranhar que todos nós tenhamos uma ideia mais ou menos aproximada do que é uma empresa: salvo erro, aos olhos do *homem comum*, a empresa surge sobretudo como um conjunto de pessoas e bens, organizado, que exerce uma determinada actividade económica. No plano do direito, a empresa revela-se em várias acepções, de que se destacam três: a empresa enquanto *actividade económica* com certas características (cf., *p. ex.*, art. 230º do Código Comercial), a empresa enquanto *sujeito* que exerce uma determinada actividade económica (cf., *p. ex.*, art. 2º, nº 1, da Lei nº 18/2003, de 11 de Junho) e, finalmente, a empresa enquanto *objecto* de direitos e de negócios jurídicos (cf., *p. ex.*, art. 162º do Código da Insolvência e da Recuperação de Empresas). Enquanto objecto de direitos e negócios jurídicos, o direito toma (assume) e tutela a empresa (ou estabelecimento) como uma unidade, como um bem que é mais do que a soma dos elementos que o compõem a cada momento, elementos esses com os quais aquele não se confunde e nos quais não se esgota. O direito, por outras palavras, reconhece a empresa com propósito principal de atribuir direitos sobre a mesma enquanto unidade e de permitir e disciplinar a realização de negócios sobre a mesma também enquanto unidade. Enquanto objecto de direitos e negócios jurídicos, a empresa é para o direito, antes do mais, um conjunto de bens ou elementos, cuja composição, no entanto, está longe de ser pacífica. Não é, com efeito, inequívoco se fazem parte da empresa, isto é, se

AS FORMALIDADES DA TRANSMISSÃO DE QUOTAS E ACÇÕES NO DIREITO PORTUGUÊS

integram a empresa, todos ou apenas alguns dos elementos que se seguem: coisas corpóreas (*p. ex.*, prédios, máquinas, ferramentas, matérias-primas, mercadorias), coisas incorpóreas (*p. ex.*, invenções patenteadas, modelos de utilidade, desenhos ou modelos, nome e insígnia), direitos (*p. ex.*, de crédito, de propriedade), obrigações (ligadas à exploração da empresa), situações de facto (*p. ex.*, saber-fazer («know-how»)), relações de facto (*p. ex.*, relação com fornecedores, clientes (clientela), financiadores). Continuando na mesma perspectiva, ou seja, continuando a considerá-la como objecto de direitos e negócios jurídicos, a empresa para o direito não se esgota nem se confunde com aquele conjunto de bens (factores produtivos, meios produtivos): ela é uma organização, a organização de um conjunto de bens ou um conjunto de bens organizado com vista ao exercício de uma determinada actividade económica (produção, comercialização, prestação de serviços). Na verdade, é o modo como aqueles bens se encontram organizados que faz com que surja um novo bem, distinto daqueles outros que o compõem, dotado de autonomia. Permanecendo na mesma óptica, importa referir, para finalizar, que, aos olhos do direito, a tutela da empresa enquanto objecto de negócios jurídicos parece só encontrar justificação a partir do momento em que a referida organização de bens está, para uns, ou é susceptível de estar, para outros, no mercado, ou seja, já tem clientela, para os primeiros, já tem aviamento, mas não clientela, para os segundos. Em suma, podemos dizer, com o Professor Orlando de Carvalho, que a empresa ou estabelecimento é uma «*organização concreta de factores produtivos como valor de posição de mercado*» – C A R V A L H O, Orlando, *Direito das Coisas (O Direito das Coisas em Geral)*, Centelha, 1977, pág. 196, nota 2. Frequentemente, a lei emprega certos conceitos (*p. ex.*, unidade económica, ramo de actividade, ramo de actividade independente) sem que seja inteiramente claro se pretende remeter o intérprete para o conceito de empresa ou se, pelo contrário, tem em vista realidades distintas. Alguns exemplos permitirão explicar melhor o que queremos dizer: (i) a propósito da cisão simples, o art. 124º, nº 1, alínea b), do C.S.C., cuja epígrafe é «Activo e passivo destacáveis», prescreve o seguinte: «1. Na cisão simples, só podem ser destacados para a constituição da nova sociedade os elementos seguintes: (...) b) Bens que no património da sociedade a cindir estejam agrupados, de modo a formarem uma unidade económica.». O nº 2 acrescenta: «No caso da alínea b) do número anterior, podem ser atribuídas à nova sociedade dívidas que economicamente se relacionem com a constituição ou funcionamento da unidade aí referida.»; (ii) de harmonia com o disposto no art. 3º, nº 4, do Código do Imposto sobre o Valor Acrescentado, «Não são consideradas transmissões as cessões a título oneroso ou gratuito do estabelecimento comercial, da totalidade de um património ou de uma parte dele, que seja susceptível de constituir um ramo de actividade independente, quando, em qualquer dos casos, o adquirente seja, ou venha a ser, pelo facto da aquisição, um sujeito passivo do imposto de entre os referidos na alínea a) do nº 1 do artigo 2º».; (iii) sob a epígrafe «Efeitos da transmissão da empresa ou estabelecimento», o art. 285º do Código do Trabalho dispõe como se segue: «1 – Em caso de transmissão, por qualquer título, da titularidade de empresa, ou estabelecimento ou ainda de parte de empresa ou estabelecimento que constitua uma unidade económica, transmitem-se para o adquirente a posição do empregador nos contratos de trabalho dos respectivos trabalhadores, bem como a responsabilidade pelo pagamento de coima aplicada pela prática de contra-ordenação labo-

Por outro lado, o nosso propósito sempre foi o de tratar o regime da transmissão *inter vivos* das mencionadas participações sociais exclusivamente no plano do direito constituído. As considerações de índole mais teórica limitar-se-iam, por conseguinte, às estritamente indispensáveis a uma adequada compreensão das normas de direito positivo em que se encontra consagrado aquele regime.

**2.** À primeira vista, a matéria relativa à forma de transmissão (*inter vivos*) das quotas e acções parece ter uma natureza eminentemente *formal*, *técnica*, pelo que seria suficiente enunciar os actos necessários à respectiva transmissão.

Ao invés, o tema das limitações à transmissão das quotas e acções revestir-se-ia de uma índole vincadamente *material*, por isso mesmo que as soluções consagradas na lei a esse respeito seriam o resultado da (justa) composição dos diferentes interesses em presença, mormente, mas não exclusivamente, o do sócio que pretende transmitir as suas quotas ou acções, de uma banda, e o dos sócios que permanecem na sociedade, de outra[6].

As mencionadas limitações revelariam, para além do mais, a diferença estrutural entre o tipo *sociedade por quotas*, de cariz reconhecidamente mais *personalista*, e o tipo *sociedade anónima*, de pendor mais capitalista[7], diferença esta que, aliás, fica bem evidenciada na comparação entre os traços gerais dos correspondentes regimes legais apresentada no quadro que se segue:

---

ral. (...) 3 – O disposto nos números anteriores é igualmente aplicável à transmissão, cessão ou reversão da exploração de empresa, estabelecimento ou unidade económica, sendo solidariamente responsável, em caso de cessão ou reversão, quem imediatamente antes tenha exercido a exploração. (...) 5 – Considera-se unidade económica o conjunto de meios organizados com o objectivo de exercer uma actividade económica, principal ou acessória.»; (iv) o art. 73º, nº 3, do Código do Imposto sobre o Rendimento das Pessoas Colectivas estabelece o seguinte: «Considera-se entrada de activos a operação pela qual uma sociedade (sociedade contribuidora) transfere, sem que seja dissolvida, o conjunto ou um ou mais ramos da sua actividade para outra sociedade (sociedade beneficiária), tendo como contrapartida partes do capital social da sociedade beneficiária.».

[6] VENTURA, *ob. cit.*, págs. 583 a 584.

[7] O cariz personalista ou capitalista é, aliás, um dado a ter em conta quer na interpretação das normas legais mencionadas *supra* no texto, quer na eventual aplicação das soluções previstas para um tipo ao outro, aplicação esta que poderá esbarrar, precisamente, na falta de semelhança entre os dois tipos.

# AS FORMALIDADES DA TRANSMISSÃO DE QUOTAS E ACÇÕES NO DIREITO PORTUGUÊS

| Acções | Quotas |
|---|---|
| A regra geral é a da livre transmissibilidade (art. 328,º, nº 1). | A regra é a da que a cessão de quotas a estranhos[8] carece do consentimento da sociedade (arts. 225º, nº 1, e 228º, nº 2). |
| A transmissão de acções não pode ser proibida (art. 328º, nº 1, 1ª parte), | A transmissão de quotas pode ser proibida (art. 225º, nº 1 e 229º, nº 1), |
| só podendo ser limitada nos termos e condições previstos na lei (art. 328º, nº 1, 2ª parte). | podendo ser limitada de acordo com a vontade dos sócios (225º, nº 1, 2ª parte, e 229º, nº 5). |
| O interesse social é o principal critério para aferir a licitude das limitações à transmissão das acções (arts. 328º, nº 2, alínea c), e 329º, nº 2). | A licitude das limitações à transmissão das quotas não se afere tanto pela conformidade das mesmas com o interesse social, mas mais pelo facto de corresponder à vontade e aos interesses (individuais) dos sócios. |

Apesar disso, seria importante explicar por que motivo os tipos concretos das sociedades por quotas ou anónimas nem sempre correspondem integralmente ao modelo idealizado pelo legislador (*tipo legal*), do qual frequentemente se afastam em maior ou menor medida. Dito de outro modo: nem todas as regras que conformam o tipo legal são imperativas e, por consequência, nem todas as características assinaladas fazem parte da essência do tipo legal respectivo.

Nenhum óbice se coloca, desde logo, a que se consagre estatutariamente a liberdade de cessão de quotas (cf. art. 229º, nº 2), com o que cairá certamente por terra parte importante do denominado cariz personalista da sociedade por quotas em apreço. Ninguém duvidará, por outro lado, que o recurso à panóplia de limitações à transmissão de acções admitidas por lei (que vão desde a simples preferência à necessidade de consentimento, passando pela subordinação da transmissão de acções à verificação de determinados requisitos objectivos ou subjectivos, conformes com o interesse social – cf. art. 328º, nº 2) pode reduzir significativamente a liberdade de transmissão das mesmas, «*fechando*» a sociedade a estranhos.

---

[8] Que, no entender do legislador, são todas as pessoas para além do cônjuge, ascendentes, descendentes e sócios (cf. art. 228º, nº 2, *in fine*).

QUESTÕES DE DIREITO SOCIETÁRIO EM PORTUGAL E NO BRASIL

A excepção reside, como é consabido, nas denominadas *sociedades abertas*[9], cujas acções não podem ver a sua transmissão limitada (cf. art. 204º, nº 1, alínea a), do C.V.M.).

Não obstante o carácter (tendencialmente) personalista das sociedades por quotas, por contraposição ao carácter capitalista da sociedade anónima, a verdade é que nem sempre será fácil estabelecer a linha de fronteira entre as cláusulas que limitam a transmissão *inter vivos* que são admissíveis num tipo e no outro, nem tão pouco entre as razões que podem justificar a recusa do consentimento à projectada transmissão num e noutro caso: apesar de, a respeito das segundas, a lei fazer depender a licitude de tais cláusulas da conformidade com o interesse social (cf. art. 328º, nº 2), exigência que não se encontra prevista para as primeiras, e de, ainda a propósito das segundas, a sociedade só poder recusar o consentimento com fundamento em qualquer interesse relevante para a sociedade (cf. art. 329º, nº 2), requisito este que igualmente se não encontra previsto para a prestação ou recusa do consentimento pelos sócios de uma sociedade por quotas, há que ter em conta, por um lado, que, para a generalidade dos autores, o interesse social, incluindo, portanto, o das sociedades anónimas, reside no interesse comum dos sócios enquanto tais na obtenção e repartição dos lucros provenientes de determinada actividade[10] e, demais disso, cabe à maioria deles a definição daquilo que a cada momento corresponde ao interesse social, e, por outro, que, mesmo nas sociedades por quotas, há quem entenda que, nesta matéria, o voto dos sócios não constitui um «espaço de arbítrio», antes se encontrando aqueles «vinculados pelo dever de actuação compatível com o interesse social»[11].

Pela nossa parte, vemos com alguma dificuldade que os sócios de uma sociedade por quotas não possam recusar licitamente o consentimento apenas pelo facto de não pretenderem que um terceiro seja admitido como sócio, assim como nos parece que, numa sociedade anónima, há-de exigir--se algo mais do que isso, mormente que a entrada do terceiro, por exemplo pela actividade que exerce, possa ser prejudicial à sociedade. Parece-nos,

---

[9] A definição legal de sociedade aberta consta do art. 13º do C.V.M., resultando, no essencial, da circunstância de as acções se encontrarem dispersas pelo público, entendido como massa anónima de investidores.

[10] XAVIER, Vasco da Gama, *Anulação das Deliberações Sociais e Deliberações Conexas*, Almedina, Coimbra, 1998 (Reimpressão), pág. 242, nota nº 116.

[11] COUTINHO DE ABREU, *ob. cit.*, págs. 369-370.

AS FORMALIDADES DA TRANSMISSÃO DE QUOTAS E ACÇÕES NO DIREITO PORTUGUÊS

para além disso, tratar-se de matéria em que não será irrelevante o tipo concreto de sociedade em causa.

Importante seria também conhecer as consequências da violação das sobreditas cláusulas, a qual parece afectar apenas a eficácia – perante a sociedade ou *erga omnes*, consoante os casos – e não a validade das transmissões efectuadas com desrespeito pelas mesmas[12].

**3.** Sucede amiúde que as acções e as quotas são transmitidas com o propósito último de transmitir a empresa societária. A transmissão desta é, por assim dizer, o principal efeito *prático-jurídico* visado pelas partes com a transmissão daquelas participações sociais.

Na verdade, é consabido que a empresa societária pode ser transmitida directamente, mediante a transmissão de todos ou parte dos elementos que compõem o património social (*«asset deal»*), ou indirectamente, através da transmissão das participações sociais da sociedade que a detém e explora (*«share deal»*)[13].

O tema tem inegável interesse prático e um carácter vincadamente multidisciplinar[14]. Para além disso, tem merecido abundante tratamento

---

[12] Sobre esta matéria, veja-se, por todos, SOVERAL MARTINS, Alexandre, *Cláusulas ...*, *ob. cit.*, pág. 549 e segs..

[13] Sobre esta distinção, *vide*, por todos, ENGRÁCIA ANTUNES, José, «A Empresa como objecto de Negócios – 'Asset Deals' Versus 'Share Deals'», *in Revista da Ordem dos Advogados*, Ano 68, Vol. II/III, Almedina, 2008, pág. 715 e segs..

[14] O carácter multidisciplinar desta matéria fica bem patente na obra colectiva *Aquisição de Empresas*, AA.VV., coord. de CÂMARA, Paulo, Coimbra Editora, 2011. Diga-se, aliás, em abono da verdade, que é no seu carácter multidisciplinar que reside grande parte do «encanto» e também da dificuldade das denominadas *«mergers and acquisitions»*, expressão que, como é sabido, para além dos mencionados *asset* e *shares deals*, compreende ainda a transmissão da empresa ou de participações sociais no âmbito e como consequência da realização de determinadas operações societárias, como sejam as fusões e as cisões – cf. arts. 97º e segs. do C.S.C.. Na verdade, as formas mais habituais de transmissão da empresa são três, a saber: a transmissão da empresa ou estabelecimento (usualmente designada entre nós por *«trespasse»*), a transmissão de participações sociais e a transmissão da empresa ou de participações sociais no âmbito e como consequência da realização de determinadas operações societárias, como sejam as fusões e cisões. Vem a talho de foice referir que a empresa pode igualmente ser transmitida por efeito da dissolução da sociedade, importando nesta sede distinguir duas situações: aquela em que a empresa é transmitida para o sócio ou sócios por efeito da dissolução (extinção) da sociedade (cf. art. 156º, atinente à partilha do activo restante), e aquelas outras em que a transmissão da empresa para algum ou alguns dos sócios é uma operação

QUESTÕES DE DIREITO SOCIETÁRIO EM PORTUGAL E NO BRASIL

por parte da doutrina portuguesa, dirigido sobretudo à resolução de dois problemas: o *primeiro* é o de saber quais os pressupostos cuja verificação é requerida para se poder afirmar que uma dada transmissão de participações sociais configura simultaneamente uma transmissão da empresa societária; o *segundo*, por sua vez, é o de saber se as situações em que os referidos pressupostos se verificam devem, se não em geral, pelo menos para determinados efeitos (*p. ex.*, garantia do vendedor[15], obrigação de não concorrência, arrendamento), ser equiparadas a uma transmissão de empresa,

de liquidação da sociedade inserida no processo de dissolução (cf. art. 148º, relativo à liquidação por transmissão global). No quadro do estudo da transmissão da empresa, é comum a referência a uma miríade de operações (LBO, MBO, MBI, IBO, etc.). Substantivamente, as referidas operações reconduzem-se a uma das modalidades de transmissão de empresa a que aludimos. Elas apresentam, no entanto, algumas especificidades, que colocam particulares problemas jurídicos. É o que sucede, desde logo, com as operações de MBO e MBI, isto é, de compra da empresa por gestores (e/ou quadros superiores), da própria empresa («*buy-out*») ou não («*buy-in*»). É inegável que estas operações suscitam problemas particulares, pese embora não exclusivos, à cabeça dos quais vêm os do agrupamento dos gestores numa única sociedade veículo («*special purchase vehicle*» ou simplesmente SPV), o do financiamento da aquisição, o da constituição de garantias a favor do banco financiador, e, finalmente, o da retirada de fundos da «*target company*» para fazer face ao serviço da dívida (usando um ditado popular, podemos dizer para «pagar com o pelo do próprio cão»). Entre nós, o primeiro, o segundo e o quarto problemas não suscitam dificuldades de maior, mas o mesmo já não pode dizer-se do terceiro. Com efeito, e à semelhança do que sucede em outras ordens jurídicas do espaço comunitário, o art. 322º do C.S.C., cuja epígrafe é, precisamente, «Empréstimos e garantias para a aquisição de acções próprias», consagra expressamente, no seu nº 1, que «uma sociedade não pode conceder empréstimos ou por qualquer forma fornecer fundos ou prestar garantias para que um terceiro subscreva ou por outro meio adquira acções representativas do seu capital social». Pese embora as formas mais ou menos engenhosas que na prática vêm sendo utilizadas para contornar a proibição contida neste preceito, e as dúvidas quanto à sua aplicação no caso de existir uma relação de grupo entre o «*special purchase vehicle*» e a «*acquired company*», a verdade é que, por direitas contas, a sobredita proibição não deixa de constituir um duro golpe para as operações de MBO e MBI. Sobre esta matéria, *vide* PINTO LEITE, Inês, «Da proibição de Assistência Financeira – O caso particular dos *Leveraged Buy-Outs*», *in Direito das Sociedades em Revista*, Ano 3, Vol. 5, Almedina, 2011, págs. 129 a 179.

[15] Para um tratamento doutrinal, entre nós, das cláusulas de garantia em contratos de compra e venda de participações sociais, *vide* CASTRO RUSSO, Fábio, «Das cláusulas de garantia nos contratos de compra e venda de participações sociais de controlo», *in Direito das Sociedades em Revista*, Ano 2, Vol. 4, Almedina, 2010, pág. 115 e segs., e GALVÃO, Clemente V., «Conteúdo e Incumprimento do Contrato de Compra e Venda de Participações Sociais – um contributo», *in Revista da Ordem dos Advogados*, Ano 70, Vol. I/IV, Almedina, 2010, pág. 533 e segs..

AS FORMALIDADES DA TRANSMISSÃO DE QUOTAS E ACÇÕES NO DIREITO PORTUGUÊS

isto é, devem ser tratadas como transmissões da empresa na ausência de disposição legal ou negocial que estabeleça essa equiparação.

Entre nós, o tema foi discutido, com grande profundidade, a propósito da privatização da Sociedade Financeira Portuguesa, ocorrida nos anos 90. Reduzida ao essencial, a questão que então se colocou foi a de saber se e em que termos estava protegido o comprador das acções da referida sociedade, sendo que estas se encontravam livres de ónus e encargos, mas a sociedade, por força de garantias por si prestadas a favor de terceiro e entretanto accionadas, ficou impedida de honrar a generalidade das suas obrigações.

O primeiro problema consiste, ao cabo e ao resto, em saber a partir de que participação pode dizer-se que a compra de uma ou mais quotas ou de um lote de acções configura a compra da empresa que a sociedade em causa detém e explora: bastará para o efeito a compra de uma participação maioritária ou será necessário, diversamente, a aquisição de uma participação totalitária ou quase totalitária? Dito de outro modo: será suficiente que o comprador passe a dominar a sociedade adquirida ou será necessário que o comprador passe a dispor do património desta, mormente por poder dissolvê-la e promover a respectiva liquidação?

No que se refere ao segundo, a questão que «mais tinta fez correr» entre nós foi a de saber, nos casos em que um negócio jurídico de transmissão de participações sociais pode ser simultaneamente qualificado como negócio de transmissão da empresa, por isso mesmo que se encontram preenchidos os pressupostos de que depende a referida qualificação, quais são os instrumentos de tutela do adquirente sempre que ocorram vícios na empresa transmitida, mormente se devem aplicar-se *in casu* os regimes da venda de coisas oneradas, da venda de coisas defeituosas, da responsabilidade pré--contratual, do erro ou do cumprimento defeituoso[16].

---

[16] Cf., sobre esta temática, *vide* PINTO MONTEIRO, António, «Compra e venda de empresa – A venda de participações sociais como venda de empresa («share *deal*»), *in Revista de Legislação e de Jurisprudência*, Ano 137, nº 3947, Coimbra Editora, 2007, págs. 76 a 102, FERRER COR-REIA, António e SÁ, Almeno de, «Oferta Pública de Venda de Acções e Compra e Venda de Empresas», *in Colectânea de Jurisprudência*, Ano XVIII, Tomo 4, 1993, pág. 15 e segs., CALVÃO DA SILVA, João, «Compra e Venda de Empresas», *in Colectânea de Jurisprudência*, Ano XVIII, Tomo 2, pág. 9 e segs., ANTUNES VARELA, João de Matos, «Anotação ao Acórdão do Tribunal Arbitral de 31 de Março de 1993», *in Revista de Legislação e Jurisprudência*, Ano 126, nº 3829 – 3830 e segs., Coimbra Editora, 1993, pág. 160 e segs., MESQUITA, Henrique, «Anotação à Acção

**4.** Não obstante ter sobretudo que ver com as formalidades necessárias à transmissão válida e eficaz das quotas e acções por negócio *inter vivos*, a matéria da forma de transmissão suscita diversas questões, nem sempre isentas de escolhos, e, por estranho que isso possa parecer ao leitor menos familiarizado com o mundo do direito, também ela tem subjacente a (justa) composição dos vários interesses em presença, que, na espécie, são, fundamentalmente, os do *transmitente* (princípio da autonomia privada), os do *adquirente* (princípios da confiança, aparência e boa-fé) e, por fim, o interesse da segurança e celeridade do *comércio jurídico* (princípio da conservação dos negócios jurídicos)[17].

Ora, foi justamente por nos termos embrenhado no estudo destas matérias que acabámos por nos desviar, de modo apreciável, do plano inicial da nossa exposição, logrando tratar exclusivamente a matéria da *forma da transmissão*. O resultado desse «desvio» são as considerações que se seguem.

## I. Participação social, título de crédito e valor mobiliário
**5.** A participação social é comummente definida como «o conjunto unitário[18] de direitos[19] e obrigações[20] actuais e potenciais[21] do sócio enquanto

---

proposta pelo Banco Mello contra o Banco Pinto & Sotto Mayor e decidida por Acórdão [do Tribunal Arbitral] de 31 de Março de 1993», *in Revista de Legislação e Jurisprudência*, Ano 127, nº 3841 – 3842, Coimbra Editora, 1994, pág. 155 e segs., CALVÃO DA SILVA, João, «Compra e Venda de Empresas», *in Estudos de Direito Comercial (Pareceres)*, Almedina, pág. 139 e segs..

[17] Para uma reflexão actual sobre estes princípios, veja-se SOTTOMAYOR, Maria Clara, *Invalidade e Registo, A Protecção do Terceiro Adquirente de Boa Fé*, Almedina, 2010, págs. 85 a 142 e 811 e segs., em especial a pág. 817 e segs.

[18] Conjunto de direitos e obrigações *unitário*, julgamos nós, não só por se tratar de um feixe de direitos e obrigações genética e funcionalmente ligados, para usar a linguagem própria do direito das obrigações a propósito da matéria da união e coligação de contratos, mas também em virtude de a ordem jurídica tratar esse mesmo feixe de direitos e obrigações como um único bem, mormente em ordem à sua transmissão. Sobre este ponto, veja-se, COUTINHO DE ABREU, *ob. cit.*, págs. 220 a 222.

[19] Como sejam os direitos a quinhoar nos lucros, a participar nas deliberações sociais, a obter informações sobre a vida da sociedade, a ser designado para os órgãos de administração e de fiscalização da sociedade (cf. art. 20º, nº 1).

[20] Mormente as obrigações de entrada e de quinhoar nas perdas (cf. art. 20º).

[21] A alusão ao carácter *actual ou potencial* dos direitos e obrigações que integram a participação social ou, no dizer de outros, *concretos e abstractos*, visa chamar a atenção para o facto de coexistirem faculdades que podem ser exercidas a todo o momento e faculdades que só podem

## AS FORMALIDADES DA TRANSMISSÃO DE QUOTAS E ACÇÕES NO DIREITO PORTUGUÊS

tal[22-23], conjunto este que é designado pela lei portuguesa por *quota*, no caso das sociedades por quotas (cf. art. 197º, nº 1), e por *acção*, no caso das sociedades anónimas (cf. art. 271º).

A natureza jurídica do referido conjunto de direitos e obrigações é controvertida (sendo o mesmo qualificado, *p. ex.*, como «relação ou direito real, direito de crédito (ou feixe de créditos), expectativa jurídica (ou feixe de expectativas jurídicas), estatuto pessoal, bem imaterial objecto de direito absoluto, direito corporativo ou direito à qualidade de sócio, posição contratual, relação jurídica complexa, direito subjectivo complexo»[24]). Discutida é, ainda, a qualificação daquele conjunto como coisa em sentido amplo ou restrito[25/26].

---

ser exercidas em determinados momentos da vida societária – COUTINHO DE ABREU, *ob. cit.*, pág. 210, nota 1.

[22] A referência aos direitos e obrigações do sócio *enquanto tal* visa naturalmente excluir os direitos de que o sócio possa ser titular e as obrigações a que possa estar sujeito *vis-a-vis* a sociedade que, apesar de terem como sujeitos activo e passivo a sociedade e o sócio, são, não obstante esta circunstância, alheios à relação societária (como sucede, *p. ex.*, com o crédito ao dividendo distribuído ou os direitos e obrigações emergentes de uma qualquer relação comercial que porventura ligue um determinado sócio à sociedade, sem prejuízo, naturalmente, dos casos em que a lei, mormente estribada na ausência de uma actuação *at arm's lenght*, atrai esses direitos ou obrigações para a esfera societária, como sucede com a qualificação como suprimentos dos créditos cujo reembolso não seja exigido pelo sócio durante um determinado período de tempo – cf. art. 243º, nº 3).

[23] COUTINHO DE ABREU, *ob. cit.*, pág. 209.

[24] Seguimos aqui o enunciado apresentado por COUTINHO DE ABREU, *ob. cit.*, pág. 222.

[25] A qualificação das quotas e acções não apenas como bens ou coisas em sentido amplo (i.e., no sentido de «tudo o que pode ser objecto de relações jurídicas» – cf. art. 202º, nº 1, do C.C.), mas também como coisas em sentido restrito (i.e., no sentido de tudo o que pode ser objecto de propriedade, por isso mesmo que, em relação a esse *quid*, o «proprietário goza de modo pleno e exclusivo dos direitos de uso, fruição e disposição ...» – cf. art. 1305º do C.C.), não releva somente para saber se as mesmas podem ser objecto de posse (susceptível de ser reivindicada judicialmente) e, por consequência, adquiridas por usucapião. A sobredita classificação pode ainda ser importante para saber se o adquirente a *non domino* de umas e de outras beneficia da protecção conferida pelo art. 291º do C.C..

[26] Sobre estas matérias, veja-se, *p. ex.*, SOVERAL MARTINS, *ob. cit.*, págs. 81 a 105, COSTA ANDRADE, Margarida, Comentário ao artigo 23º do C.S.C. *in Código das Sociedades Comerciais em Comentário*, Vol. I (Artigos 1º a 84º), coordenação de COUTINHO DE ABREU, Jorge Manuel, Almedina, 2010, pág. 375 e segs., ALMEIDA COSTA, Mário Júlio e MENDES, Evaristo, «Transmissão de acções tituladas nominativas», *in* Revista de Legislação e Jurisprudência, Ano 139, nº 3959, págs. 67 a 70.

QUESTÕES DE DIREITO SOCIETÁRIO EM PORTUGAL E NO BRASIL

Do ponto de vista do direito positivo, importa começar por ter presente o disposto no n.º 1 do art. 1302.º do C.C., de acordo com o qual «só as coisas corpóreas, móveis ou imóveis, podem ser objecto do direito de propriedade regulado neste código».

Não obstante esta (aparente[27]) limitação, a verdade é que a própria lei admite expressamente que as participações sociais em geral e as quotas e as acções em particular possam ser objecto não só de direitos reais de gozo, em especial de *usufruto* (cf. arts. 1466.º e 1467.º[28] do C.C., arts. 23.º, n.ºs 1 e 2, 269.º e 469.º do C.S.C. e arts. 81.º e 103.º do C.V.M.), mas também de direitos reais de garantia, como é o caso do *penhor* (cf. arts. 23.º, n.ºs 3 e 4 do C.S.C. e arts. 81.º e 103.º do C.V.M.), e ainda de direitos reais de aquisição, como ocorre com os direitos de preferência ou as promessas de aquisição ou oneração dotadas de eficácia real (cf., *p. ex.*, art. 3.º, n.º 1, alínea d), do C.R.C.).

Seja qual for a posição adoptada relativamente aos quesitos anteriores[29], é incontroverso que tanto as acções como as quotas podem ser objecto

---

[27] *Prima facie*, este preceito excluiria a propriedade sobre outras realidades, mormente as coisas incorpóreas. A verdade, porém, é que, logo de seguida, o art. 1303.º prevê, no n.º 1, que «os direitos de autor e a propriedade industrial estão sujeitos a legislação especial» e, agora no n.º 2, que «são, todavia, subsidiariamente aplicáveis aos direitos de autor e à propriedade industrial as disposições deste código, quando se harmonizem com a natureza daqueles direitos e não contrariem o regime pare eles especialmente estabelecido.». Para além disso, aquele preceito, em bom rigor, não obsta a que outras realidades possam ser objecto de um direito de propriedade regulado noutro diploma, ou de um direito de propriedade não regulado e, nessa medida, sujeito, com as necessárias adaptações, ao regime do direito de propriedade regulado no C.C.. Acresce, finalmente, que a sobredita limitação diz apenas respeito ao direito de propriedade, e já não a outros direitos reais, de gozo, garantia ou aquisição. A este propósito, *vide* CARVALHO, Orlando, *Direito das Coisas, ob. cit.*, págs. 189 a 209.

[28] Sob a epígrafe «*Usufruto de títulos de participação*», o art. 1467.º do C.C. é aplicável às acções e a outras participações sociais, incluindo as quotas (expressamente neste sentido, PIRES DE LIMA, Fernando Andrade e ANTUNES VARELA, João de Matos, *Código Civil Anotado*, Vol. III, Coimbra Editora, 2ª ed., 1984, reimpressão de Abril de 2010, pág. 512).

[29] Pela nossa parte, propendemos para pensar que: (*i*) a participação social é a posição do sócio na relação jurídica que o liga à sociedade e, eventualmente, aos outros sócios (*vide* COUTINHO DE ABREU, *ob. cit.*, pág. 222), (*ii*) a consideração das quotas e acções (enquanto feixe de direitos não representável ou não representado num documento) como realidades pertencentes ao mundo dos *jure* não obsta à sua qualificação como coisas; (*iii*) não é necessário conceber uma propriedade de direitos, por isso mesmo que «a presumida propriedade de direitos mais não seria do que a titularidade dos mesmos» (CARVALHO, Orlando, *ob. cit.*, nota 5, pág. 213); (*iv*) a titularidade tanto das quotas como das acções permite a fruição das mesmas por

AS FORMALIDADES DA TRANSMISSÃO DE QUOTAS E ACÇÕES NO DIREITO PORTUGUÊS

de negócios jurídicos, designadamente translativos, ou seja, cujo principal efeito *prático-jurídico* querido pelas partes é, justamente, a transmissão da titularidade (propriedade) respectiva (*p. ex.*, compra e venda, doação, dação *pro soluto*[30]).

**6.** Apesar de as coisas se passarem do modo acabado de referir, o certo é que as acções possuem uma aptidão para circular e, mais do que isso, para circular em mercados organizados, *maxime* naqueles em que a circulação tem lugar através de negócios nos quais os contraentes guardam anonimato (bolsa), que as quotas não possuem.

As razões para tanto são várias, tendo que ver, entre outros aspectos, com a *responsabilidade dos sócios pela realização das entradas convencionadas no contrato de sociedade*, o *conteúdo da participação social*, a *participação dos sócios na gestão social* e, como não poderia deixar de ser, as regras relativas à respectiva *transmissão*.

Com efeito, se nas *sociedades por quotas*, os sócios «são solidariamente responsáveis por todas as entradas convencionadas no contrato social» (art. 197º, nº 1), os direitos e obrigações que compõem cada quota podem ser *«personalizados»*, mormente através da criação de direitos especiais, que,

---

pessoa diversa do titular como se de coisas se tratassem, isto é, permite que um terceiro tenha o poder de fruir autonomamente daquele feixe de direitos, mormente exercendo e dispondo dos poderes nele contidos para satisfação das respectivas necessidades (*p. ex.*, comparecendo, participando e votando nas assembleias gerais, solicitando informações, recebendo dividendos), sem para o efeito necessitar da intervenção de outrem, nomeadamente do titular, e com a possibilidade de obstar a que quaisquer outros impeçam, perturbem ou levem a cabo aquele exercício; (*v*) não existe impedimento teórico à posse quer das quotas quer das acções desde que uma pessoa se comporte de facto como titular (proprietário) das mesmas, mormente exercendo os direitos e cumprindo as obrigações sociais que lhes caibam, e tenha o *animus* correspondente (cf. CARVALHO, Orlando, «Introdução à Posse», *Revista de Legislação e Jurisprudência*, Ano 122, nº 3781, pág. 108). No que se refere ao entendimento, sufragado por alguns, de que as coisas incorpóreas não podem ser objecto da apropriação plena e exclusiva característica da propriedade, por isso mesmo que nada impede a fruição das mesmas, ainda que meramente intelectual, por diversas pessoas (neste sentido, OLIVEIRA ASCENSÃO, *Direito Civil – Reais*, Coimbra Editora, 2000, pág. 106), julgamos que o mesmo, ainda que fosse de acolher, o que não temos por seguro, não poria em causa a posição defendida por nós, pois, ao contrário das coisas incorpóreas, quer as acções, quer as quotas, podem ser objecto de um domínio exclusivo, porquanto o exercício pleno das faculdades inerentes àquelas excluem a possibilidade de exercício por terceiro.

[30] Não é esta a sede própria para tratar da questão de saber quais os efeitos da dação *pro solvendo*.

QUESTÕES DE DIREITO SOCIETÁRIO EM PORTUGAL E NO BRASIL

inclusivamente, podem ser nominais e intransmissíveis (art. 24º, nº 3), os «gerentes devem praticar os actos que forem necessários ou convenientes para a realização do objecto social, com respeito pelas deliberações dos sócios» (art. 259º) e a cessão de quotas depende do consentimento da sociedade (art. 228º), podendo mesmo ser proibida pelo contrato de sociedade, já nas *sociedades anónimas*, diversamente, «cada sócio limita a sua responsabilidade ao valor das acções que subscreveu» (art. 271º), «os direitos especiais só podem ser atribuídos a categorias de acções e transmitem-se com estas» (art. 24º, nº 4)[31], «sobre matérias de gestão da sociedade, os accionistas só podem deliberar a pedido do órgão de administração[32]» (art. 373º, nº 3) e, por fim, o «contrato de sociedade não pode excluir a transmissibilidade das acções nem limitá-la além do que a lei permitir» (art. 328º, nº 1).

Como é bom de ver, os aspectos assinalados reflectem o cariz *personalístico* da sociedade por quotas, por contraposição à natureza *capitalista* das sociedade anónima. Somos, assim, remetidos, mais uma vez, para a clássica distinção doutrinal entre as chamadas *sociedades de pessoas* e as *sociedades de capitais*, sendo que as «primeiras caracterizam-se por uma decisiva importância da *pessoa* dos sócios no exercício da actividade social e têm na sociedade em nome colectivo o seu protótipo»[33], como facilmente se constata pela análise do estatuído, *p. ex.*, nos arts. 182º, nº 1, 184º, nºs 1 e 2, 183º, 186º, nº 1, 191º, nº 1 e 194º, e as segundas têm como paradigma a sociedade anónima, na qual, diversamente, «o que importa já não é tanto a *pessoa* do sócio, mas sim [...] o seu contributo patrimonial – e não pessoal – para o exercício da actividade social»[34], circunstância que se manifesta no disposto, *p. ex.*, nos arts. 328º, 390º, 424º e 386º, nº 2[35].

---

[31] Cf. art. 302º do C.S.C. e art. 45º do C.V.M..

[32] Controvertida parece ser a questão da natureza vinculativa da deliberação dos accionistas tomada a pedido do órgão de administração. Sobre esta matéria, veja-se, *p. ex.*, MAIA, Pedro, *Função e Funcionamento do Conselho de Administração da Sociedade Anónima*, Studia Jurídica 62, Coimbra Editora, 2002, Parte II, Capítulo I.

[33] MAIA, Pedro, «Tipos de Sociedades Comerciais», *in Estudos de Direito das Sociedades*, coordenação de COUTINHO DE ABREU, Jorge Manuel, Almedina, 9ª ed., 2008, págs. 36 e 37.

[34] *Idem.*

[35] O que vai dito no texto não nos deve fazer perder de vista que «já se revela mais difícil catalogar as sociedades por quotas. Essa dificuldade resulta do facto de o regime legal destas sociedades ser muito *flexível*, tendo o legislador optado por atribuir carácter meramente suple-

## AS FORMALIDADES DA TRANSMISSÃO DE QUOTAS E ACÇÕES NO DIREITO PORTUGUÊS

**7.** A diferença de aptidão para circular entre as acções e as quotas manifesta-se, em especial, na forma de representação de umas e outras.

A este propósito, a lei estabelece, por um lado, que «não podem ser emitidos títulos representativos de quotas» (art. 219º, nº 7) e, por outro, que as acções devem ser representadas, seja por documentos em papel, os títulos (*«acções tituladas»*)[36], seja por registos em conta (*«acções escriturais»*) – art. 46º, nº 1, do C.V.M..

Ora, o que sucede nesta matéria é que à representação destas últimas num documento vai associado um efeito *prático-jurídico* de monta, qual seja, o de sujeitar a transmissão das acções ao regime da circulação dos *títulos*

---

tivo a muitas normas que regulam tais sociedades. Assim, fazendo uso desse amplo espaço de conformação no contrato, os sócios podem conferir à sociedade por quotas um carácter eminentemente *capitalístico – v.g.*, fixando a liberdade da transmissão *inter vivos* e *mortis causa* das participações sociais, adoptando uma firma-denominação, etc. – ou, ao invés, vincadamente *personalístico – v.g.*, reforçando a necessidade de consentimento para a transmissão de quotas ou até excluindo a sua transmissibilidade (arts. 228º e 229º), fixando um direito de amortização a favor da sociedade no caso de penhora da quota (art. 239º, nº 2, *in fine*), exigindo a qualidade de sócio para o desempenho do cargo de gerente (art. 252º), adoptando a firma-nome (art. 200º), etc. Significa isto que, *em concreto*, uma sociedade por quotas tanto pode pertencer à categoria das sociedades de pessoas quanto àquela das sociedades de capitais, tudo dependendo da opção feita pelos sócios. Contudo, pode afirmar-se que o modelo, *em abstracto*, seguido pelo legislador foi o da sociedade *personalística*. Quer isto dizer que, não afastando os sócios o regime supletivo fixado no C.S.C., a sociedade por quotas apresentar-se-á como uma *sociedade de pessoas»* (MAIA, *ob. cit.*, págs. 37 e 38). Tenha-se igualmente presente que, substancialmente pela mesma razão de fundo (a aludida flexibilidade do regime legal), pode suceder que o tipo legal sociedade anónima compreenda diversos tipos reais de sociedade anónima, desde a sociedade cujo capital se encontra fortemente disperso por um conjunto muito numeroso de pequenos investidores, passando pela sociedade em que um ou mais sócios dominantes coexistem com sócios ou grupos de sócios minoritários, representando percentagens mais ou menos significativas do capital social, até à *close corporation*, ou *quasi partnership*, e à sociedade familiar – OSÓRIO DE CASTRO, Carlos, *Valores Mobiliários, Conceitos e Espécies*, Universidade Católica Portuguesa, 2ª ed., 1998, págs. 77 e 78.

[36] «Os títulos definitivos devem ser entregues aos accionistas nos seis meses seguintes ao registo definitivo do contrato de sociedade ou do aumento de capital» (art. 304º, nº 3), mas, «antes da emissão dos títulos definitivos, pode a sociedade entregar ao accionista um título provisório nominativo» (art. 304º, nº 1), sendo que os títulos provisórios «substituem, para todos os efeitos, os títulos definitivos, enquanto estes não forem emitidos». Os títulos provisórios não devem confundir-se com as denominadas «cautelas», que mais não são do que documentos comprovativos da subscrição de acções (art. 304º, nº 8 e, bem assim, art. 95º do C.V.M.).

QUESTÕES DE DIREITO SOCIETÁRIO EM PORTUGAL E NO BRASIL

*de crédito* e, por essa via, potenciar, precisamente, a vocação das mesmas para circular[37].

Na verdade, enquanto que a transmissão de quotas (i.e., do feixe de direitos e obrigações em que as mesmas se consubstanciam) está sujeita *ou* ao regime da cessão de direitos, que se pauta pelos princípios da *causalidade* (e da *aquisição derivada*) e da *consensualidade* (sistema do *título*), *ou*, para quem as qualifique como coisas, ao regime da transmissão das coisas móveis (sujeitas a registo), que, entre nós, permanece dominado por aqueles mesmos princípios, a que se soma o princípio da *publicidade*[38], já a transmissão de acções (i.e., do feixe de direitos e obrigações em que as mesmas se consubstanciam), justamente por força da sobredita representação em documentos, passa a estar subordinada à disciplina da circulação dos *títulos de crédito*, na qual, como é consabido, vale, pelo menos em parte[39], o princípio da abstracção (ou, porventura com mais propriedade, «uma defesa rigorosa das leis da circulação para proteger [...] os terceiros de boa-fé»[40]) e o princípio da *traditio* ou inscrição *registral* (sistema do *modo*)[41].

**8.** Afirmar que a cessão de quotas se encontra sujeita ao regime da cessão de direitos (ou das coisas móveis) significa, em síntese, que (*i*) a transmissão da titularidade das quotas supõe a existência e validade de um con-

---

[37] No mesmo sentido, *p. ex.*, ALMEIDA COSTA e MENDES, *ob. cit.*, pág. 67.

[38] É pois exacta a advertência de que, «entre nós, (...) comanda, quanto às próprias coisas móveis, o princípio da causalidade, exigindo-se a regularidade e a existência de um justo título para que se produza o efeito real, pelo que a invalidade do negócio, mesmo que decorrente da falta de legitimidade do transmitente, obsta à eficácia da aquisição (...). No quadro do nosso ordenamento jurídico, por conseguinte, não basta afirmar que o direito circula segundo regras jurídico-reais, por interposta alienação do documento. É preciso acrescentar que essas regras jurídico-reais são excepcionais, apartando-se do direito-regra em ordem à protecção da boa-fé do adquirente e com esse propósito apenas.» – OSÓRIO DE CASTRO, *ob. cit.*, pág. 24.

[39] Na verdade, «não será demais realçar que a protecção da boa-fé do adquirente, nesta sede, se limita a introduzir algumas contemporizações ao princípio da causalidade, não levando à consagração do princípio da abstracção. O terceiro de boa-fé não estará defendido quanto a todas e quaisquer deficiências de que padeça o negócio do qual pretenda derivar o seu direito (vícios da vontade, incapacidade de exercício de direitos, etc.), mas apenas contra o vício traduzido na falta de legitimidade do transmitente para proceder à alienação em causa.» – OSÓRIO DE CASTRO, *ob. cit.*, pág. 28.

[40] CARVALHO, Orlando, *Direito das Coisas* (...), *ob. cit.*, pág. 289.

[41] Sobre toda esta matéria, veja-se, *p. ex.*, CARVALHO, Orlando, *Direito das Coisas* (...), *ob. cit.*, págs. 268 a 299.

AS FORMALIDADES DA TRANSMISSÃO DE QUOTAS E ACÇÕES NO DIREITO PORTUGUÊS

trato-título, *p. ex.*, compra e venda, doação, como *causa* da mesma (cf. arts. 425º, 578º, nº 1, e 588º do C.C.), (*ii*) a invalidade (declaração de nulidade ou anulação) deste último obsta não só à transmissão pretendida[42] mas também, por força do princípio «*nemo plus iuris ad alium transferre potest quam ipse habet*»), à validade das transmissões subsequentes em virtude da falta de legitimidade do cedente (cf. art. 289º, nº 1, do C.C.), (*iii*) o cessionário adquire os direitos e as obrigações do cedente, pelo que, e de novo por força do mencionado princípio «*nemo plus iuris ...*», lhe são oponíveis todos os meios de defesa que seriam oponíveis ao cedente (cf. arts. 427º e 598º do C.C.) e, finalmente, (*iv*) a transmissão da titularidade das quotas se opera *solo consensu*, ou seja, por mero efeito do acordo de vontade das partes (cf. art. 408º, nº 1, do C.C.), pese embora, como veremos, o mesmo se encontre sujeito a forma escrita (cf. art. 228º, nº 1), mas, de todo o modo, sem necessidade de um acto que atribua efectivamente ao cessionário a titularidade das quotas (*p. ex.*, a *traditio* ou a inscrição no registo, no pressuposto de este último ser constitutivo e, portanto, necessário à transmissão do direito, e não meramente declarativo e, por tabela, apenas condição de oponibilidade a terceiros).

As soluções apresentadas não ficam naturalmente prejudicadas nem pelo facto de a cessão de quotas depender do consentimento ou dever ser levada ao conhecimento da sociedade, sob pena de ser ineficaz perante esta (cf. art. 228º, nºs 2 e 3), nem tão pouco pelo facto de a cessão de quotas estar sujeita a registo sob pena de não ser oponível a terceiros (cf. art. 14º, nº 1, do C.R.C.) – mas podendo, portanto, ser invocada por estes (para além, naturalmente, de o poder ser pelas partes).

**9.** As quotas são bens sujeitos a registo ou, mais rigorosamente, são o objecto de factos sujeitos a registo, como sejam, a unificação, divisão e transmissão, a promessa de alienação ou de oneração dotada de eficácia real, os pactos de preferência e a obrigação de preferência atribuída pelo testador dotados daquela mesma eficácia, a constituição e a transmissão do usufruto, o penhor, arresto e arrolamento, a penhora ou quaisquer providências que afectem a sua livre disposição, a amortização (cf. art. 3º, nº 1, alíneas c), d), f) e i), do C.R.C.).

---

[42] Sem prejuízo, estamos em crer, da protecção do primeiro adquirente de boa-fé no caso de nulidade proveniente de simulação (cf. art. 243º do C.C.).

QUESTÕES DE DIREITO SOCIETÁRIO EM PORTUGAL E NO BRASIL

A ser assim, e pelo menos no caso da denominada aquisição triangular (*A* cede quota a *B* e posteriormente a *C*, sendo que *B* não regista ou regista depois de *C*, que regista sem que o *B* o faça ou antes que *B* o faça)[43], o adquirente a *non domino* (que será *C*, no nosso exemplo) gozará, em princípio, da protecção que lhe é conferida pelo registo (cf. art. 12º do C.R.C.: «O facto registado em primeiro lugar prevalece sobre os que se lhe seguirem, relativamente às mesmas quotas ou partes sociais, segundo a ordem do respectivo pedido.»)[44].

Para além disso, para quem qualifique as quotas como coisas, ou para quem entenda que o art. 291º do C.C. emprega o conceito de coisa em sentido amplo e, portanto, abrangendo também os direitos (sujeitos a registo ou, mais rigorosamente, objecto de factos sujeitos a registo), na denominada aquisição sucessiva (*A* cede quota a *B*, que cede a *C*, sendo a cessão de *A* a *B* declarada nula ou anulada)[45], o adquirente a *non domino* (que é *C*, no nosso exemplo) gozará da protecção que lhe é conferida pelo art. 291º do C.C, que dispõe o seguinte: «1. A declaração de nulidade ou a anulação do negócio jurídico que respeite a bens imóveis, ou a móveis sujeitos a registo, não prejudica os direitos adquiridos sobre os mesmos bens, a título oneroso, por terceiro de boa fé, se o registo da aquisição for anterior ao registo da acção de nulidade ou anulação ou ao registo do acordo entre as partes acerca da invalidade do negócio. 2. Os direitos de terceiro não são, todavia, reconhecidos, se a acção for proposta e registada dentro dos três anos posteriores à conclusão do negócio. 3. É considerado de boa fé o terceiro adquirente que no momento da aquisição desconhecia, sem culpa, o vício do negócio nulo ou anulável.».

**10.** Seja-nos permitido um parênteses a propósito do registo. O fundamento da protecção do adquirente a *non domino* tanto no caso da transmissão triangular como naqueloutro da transmissão sucessiva, não é pacífico, e tão pouco parece ser o mesmo em ambos os casos, havendo mesmo quem

---

[43] Sobre a distinção entre aquisição triangular e sucessiva e os efeitos do art. 291º do C.C. e do registo, num e noutro caso, ver, por todos, HÖRSTER, Heinrich Ewald, *A Parte Geral do Código Civil Português, Teoria Geral do Direito Civil*, Almedina, 2011, pág. 594 e segs..

[44] Sobre a matéria do registo comercial, veja-se, *p. ex.*, SEABRA LOPES, Joaquim de, *Direito dos Registos e do Notariado*, 4ª ed., Almedina, 2007, pág. 179 e segs. e HÖRSTER, Heinrich Ewald, *ob. cit.*, em especial págs. 237, 445 e 501 a 505.

[45] *Vide* nota de rodapé nº 43.

## AS FORMALIDADES DA TRANSMISSÃO DE QUOTAS E ACÇÕES NO DIREITO PORTUGUÊS

sustente que a mencionada protecção fica a dever-se a uma combinação de diversas razões[46].

Seja qual for esse fundamento, a verdade é que a protecção do terceiro adquirente *a non domino* parece ser indissociável, em qualquer um dos casos, da «*fé pública*» de que goza o registo, que parece advir, em primeira linha, do controlo de legalidade do mesmo por parte de uma entidade pública (ou privada investida de uma função pública).

Se assim for, e julgamos que o é, quer-nos parecer não ser de todo irrelevante o facto de, a partir da entrada em vigor do Dec.-Lei nº 76-A/2006, de 29 de Março, o registo dos factos mencionados *supra* ter deixado de ser lavrado por transcrição, a cargo do conservador, para passar a ser feito, por intermédio da sociedade, por mero depósito (cf. art. 53º-A, nº 4, alínea a), do C.R.C.), com a consequência de este último (o *registo por depósito* promovido pela sociedade), ao invés daquele (o *registo por transcrição* promovido pelo conservador), deixar de constituir presunção de que existe a situação jurídica, nos precisos termos em que é definida. Esta presunção, com efeito, passou a constituir um efeito exclusivo do registo por transcrição (cf. art. 11º do C.R.C.)[47].

Uma vez que, nos termos do nº 3 do art. 53º-A do C.R.C., o registo por depósito consiste no mero arquivamento dos documentos que titulam factos sujeitos a registo, o conservador deixa de gozar do poder-dever de validar os factos que são registados. O controlo da legalidade destes factos passa a caber assim à sociedade, entidade com legitimidade para promover o registo[48]. O mesmo sucede, de resto, com a necessidade de assegurar o respeito pelo trato sucessivo, que passa a estar a cargo da sociedade[49].

**11.** Mesmo que admitíssemos, quanto mais não fosse a benefício da exposição e do raciocínio, que todas ou algumas das regras (excepcionais[50]) de protecção do terceiro adquirente consagradas pelo legislador português,

---

[46] Sobre esta matéria, veja-se, por todos, SOTTOMAYOR, *ob. cit.*, págs. 615 a 763.

[47] Sobre esta matéria, veja-se MAIA, Pedro, «Registo e cessão de quotas», *in Reformas do Código das Sociedades*, Almedina/IDET, 2007, págs. 165 a 176.

[48] Cf. art. 29º, nº 5, do C.R.C. e art. 242º-B do C.S.C..

[49] Cf. MAIA, «Registo e cessão de quotas (...)», *ob. cit.*, pág. 170.

[50] Contra a natureza excepcional das regras de protecção do terceiro adquirente de boa-fé e, bem assim, questionando o princípio geral de que as regras excepcionais não são passíveis de aplicação analógica, *vide* SOTTOMAYOR, *ob. cit.*, págs. 91 a 93.

QUESTÕES DE DIREITO SOCIETÁRIO EM PORTUGAL E NO BRASIL

mormente nos art. 291º do C.C. e 14º do C.R.C., eram aplicáveis à transmissão *inter vivos* de quotas e acções, forçoso seria concluir que, ainda assim, «o sistema português [seria] marcado por uma prevalência da titularidade substantiva sobre os interesses do tráfego, sobretudo, no domínio da circulação dos bens móveis, não valendo, portanto, entre nós, o princípio da posse vale título»[51] e, nessa medida, que a capacidade acrescida de circulação daquelas pressuporia, desde logo, «uma maior protecção do adquirente, relativamente à tutela que lhe é dispensada pelas regras gerais aplicáveis à cessão de créditos e do comum dos direitos, bem como aos negócios jurídicos constitutivos ou translativos de direitos reais»[52].

Imagine-se o que seria o funcionamento dos mercados organizados de balcão ou de bolsa, *p. ex.*, se a validade das operações de transmissão de acções por negócio entre vivos pudesse ser posta em causa em virtude da invalidade das operações de transmissão anteriores, ainda que a *incerteza* se mantivesse «apenas» durante um determinado período de tempo (que, nos termos do art. 291º do C.C., é de três anos), ou se os meios de defesa oponíveis ao transmitente fossem igualmente oponíveis ao adquirente, mesmo que por este fossem desconhecidos.

Como é bom de ver, as exigências de segurança e celeridade do tráfico jurídico «criam a necessidade de, tendo ocorrido uma invalidade de um negócio jurídico, minorar os efeitos da mesma em ordem a garantir a estabilidade das decisões tomadas e das atribuições patrimoniais efectuadas.»[53].

Aquelas mesmas exigências justificam, por outro lado, que as pessoas que intervêm no tráfico jurídico possam conhecer e exercer, de forma simples e expedita, os direitos e obrigações transaccionados.

---

[51] Oliveira Ascensão, *ob. cit.*, págs. 369 e 370, *apud* Sottomayor, *ob. cit.*, pág. 336. Relativamente às situações, mais frequentes, de transmissão linear ou sucessiva, a insuficiência decorre da circunstância de a protecção do terceiro adquirente de boa-fé não valer para as aquisições a título gratuito e, para além disso, pressupor que antes ou nos *três anos* (!) subsequentes à conclusão do negócio não seja registada acção de nulidade ou anulação do negócio precedente. No que se refere às situações, menos frequentes, da transmissão triangular, ela supõe apenas a boa-fé do terceiro adquirente, valendo tanto para as aquisições a título oneroso como para as aquisições a título gratuito.

[52] Osório de Castro, *ob. cit.*, pág. 14.

[53] Hörster, *ob.cit.*, pág. 607.

332

AS FORMALIDADES DA TRANSMISSÃO DE QUOTAS E ACÇÕES NO DIREITO PORTUGUÊS

**12.** As técnicas legislativas para reforçar a protecção do adquirente são várias e uma delas é a representação dos direitos em documentos e a sujeição do exercício e da transmissão dos primeiros, respectivamente, à *posse* e à *tradição* dos segundos.

Os documentos em causa começaram por ser de *papel* e, desde há uns anos a esta parte, passaram a ser também constituídos por *registos informáticos*[54]. Sob o ponto de vista jurídico, todavia, esta diferente forma de representação não parece constituir uma modificação substancial: se é certo que «nos valores mobiliários escriturais não pode haver incorporação propriamente dita»[55], sendo talvez por isso preferível falar em «inerência» ou «imanência», não o é menos que estão em causa dois expedientes técnicos-jurídicos para conseguir os mesmos propósitos, quais sejam o de assegurar que o exercício do direito depende da posse do documento e que a transmissão do direito é acompanhada da transmissão do documento – ou, dito de outro modo, «que o direito mencionado no título (*Recht aus dem Papier*) depende do direito sobre o título (*Recht am Papier*)»[56], promovendo por essa via a circulação célere e segura daquele –, e que os sobreditos documentos são dotados das mesmas características[57], mormente a literalidade[58] e a autonomia[59].

---

[54] O registo informático é habitualmente considerado como um documento no sentido do art. 362º do C.C.: «diz-se documento qualquer objecto elaborado pelo homem com o fim de reproduzir ou representar uma pessoa, coisa ou facto.». Neste sentido, *vide, p. ex.*, FERREIRA DE ALMEIDA, Carlos, «Registo de Valores Mobiliários», *in Direito dos Valores Mobiliários*, Vol. VI, Coimbra Editora, 2006, pág. 930 e OLIVEIRA ASCENSÃO, José, «O actual conceito de valor mobiliário», *in Revista da Ordem dos Advogados*, Ano 61, Vol. I, Almedina, 2001, pág. 5 e segs.

[55] FERREIRA DE ALMEIDA, Carlos, «Desmaterialização dos Títulos de Crédito: Valores Mobiliários Escriturais», *in Revista da Banca*, nº 26, Associação Portuguesa de Bancos, 1993, pág. 23 e segs., em especial, pág. 37.

[56] FERREIRA DE ALMEIDA, «Registo (...)», *ob. cit.*, pág. 933

[57] Sobre esta matéria, *vide, p. ex.*, FERREIRA DE ALMEIDA, «Registo (...)», *ob. cit.*, págs. 930 a 937, SOVERAL MARTINS, *Cláusulas (...)*, *ob. cit.*, pág. 124 e segs. e OSÓRIO DE CASTRO, *ob. cit.*, págs. 14 a 55.

[58] Podemos encontrar uma manifestação desta característica precisamente a propósito das limitações à transmissão de acções, que, por força do preceituado no art. 328º, nº 4, devem ser transcritas nos títulos ou nas contas de registo das acções, consoante as acções sejam tituladas ou escriturais, sob pena de não serem oponíveis ao adquirente de boa-fé.

[59] Sobre estas características, *vide*, por todos, FERRER CORREIA, António, *Lições de Direito Comercial*, Vol. III, *Letra de Câmbio*, edição policopiada, Universidade de Coimbra, 1975,

QUESTÕES DE DIREITO SOCIETÁRIO EM PORTUGAL E NO BRASIL

«Não obstante a inexistência de uma incorporação, o objectivo nem por isso deixa de ser o de sujeitar os valores escriturais ao mesmo regime que vigora para os valores titulados»[60] e, nessa medida, pode dizer-se que a sujeição das acções, sejam elas tituladas ou escriturais, ao regime dos *títulos de crédito* significa, no essencial, o seguinte:

- que a transmissão da *acção-posição jurídica* supõe: no caso das acções tituladas ao portador, a tradição da *acção-documento* (cf. art. 101º, nºs 1 e 2, do C.V.M.); no caso das acções tituladas nominativas, a inscrição da declaração de transmissão da *acção-posição jurídica* na *acção--documento* (cf. art. 102º do C.V.M.); finalmente, no caso das acções escriturais, o registo da *acção-posição jurídica* em nome do adquirente (cf. art. 80º, nº 1), do C.V.M.);
- que o exercício dos direitos e obrigações que constituem a acção depende da posse do título, no caso de acções tituladas ao portador, ou da prova do registo, nos demais casos: *legitimação activa* (art. 55º, nº 1, do C.V.M.);
- que as prestações realizadas ou os direitos reconhecidos, de boa fé, pela sociedade emitente ao titular legitimado pelo título ou registo exoneram aquela: *legitimação passiva* (art. 56º do C.V.M.);
- que o adquirente (a *non domino*) da *acção-documento*, não obstante a falta de legitimidade do transmitente, adquire a propriedade daquela e, por tabela, a da *acção-posição jurídica*, desde que, por um lado, esteja de boa-fé e, por outro, a aquisição tenha observado as regras de transmissão da *acção-documento* (art. 58º, nº 1, do C.V.M.)[61].

**13.** Pode dizer-se, pois, e em suma, que, por efeito da «incorporação» em documentos, «posse *vale título*», e que, agora por força da «imanência» em registos informáticos, «registo vale título».

---

págs. 3 a 19 e 39 a 71 e OLAVO, Fernando, *Direito Comercial*, Vol. II, 2ª Parte, Fascículo I; *Títulos de Crédido em Geral*, Coimbra Editora, 1997, págs. 12 a 40.

[60] OSÓRIO DE CASTRO, *ob. cit.*, pág. 44.

[61] Sobre esta matéria, e a propósito dos valores mobiliários escriturais, pode ver-se FERREIRA DE ALMEIDA, «Registo (...)», *ob. cit.*, pág. 953 e segs, e ALMEIDA COSTA e MENDES, *ob. cit.*, págs. 70 a 73.

AS FORMALIDADES DA TRANSMISSÃO DE QUOTAS E ACÇÕES NO DIREITO PORTUGUÊS

Com efeito, em ambos os casos:

- a tradição regular da *acção-documento* ou o registo a favor do adquirente de boa-fé constitui justo título de aquisição da *acção-posição jurídica* apesar da falta de legitimidade do alienante, cuja posição jurídica o adquirente não tem por isso o ónus de verificar, circunstância que vai justamente «facultar a rápida e segura circulação dos direitos que neles se incorporam»[62];
- a posse da *acção-documento* ou a inscrição registral conferem legitimidade para exercer os direitos inerentes à *acção-posição jurídica* e, por tabela, conferem ao devedor legitimidade para cumprir as obrigações inerentes à *acção-posição jurídica* perante o possuidor da *acção--documento* ou o titular inscrito no registo, devedor esse que, demais disso, pode recusar-se a cumprir as sobreditas obrigações perante quem não for possuidor da *acção-documento* ou não estiver inscrito no registo como titular, circunstâncias estas que, a par de outras, tornam substancialmente mais simples quer o exercício dos direitos por parte do accionista, que apenas tem de apresentar o documento ou provar o registo, quer o cumprimento das obrigações por parte da sociedade emitente, que pode tranquilamente cumprir perante quem se apresentar como possuidor do documento ou se encontrar inscrito no registo, o que, naturalmente, permite o exercício dos direitos e o cumprimento das obrigações em termos consideravelmente mais simples e seguros.

**14.** Como tivemos ocasião de referir, um dos aspectos em que se alicerça a diferente aptidão das acções e quotas para circular tem que ver com o conteúdo de umas e outras, uma vez que, ao invés do que sucede com as quotas, os direitos e obrigações inerentes às acções (*rectius*, o conteúdo de cada categoria de acções) são idênticos e, por ser assim, as acções em causa são fungíveis, são substituíveis por igual número de acções da mesma categoria, o que permite que o tráfico as considere apenas pelo seu número[63].

Os documentos representativos das acções são, por outras palavras, «documentos representativos de situações jurídicas homogéneas», que podem ser «emitidos em massa para serem tomados por uma pluralidade

[62] OLAVO, Fernando, *ob. cit.*, pág. 10.
[63] OSÓRIO DE CASTRO, *ob. cit.*, págs. 12 a 14.

# QUESTÕES DE DIREITO SOCIETÁRIO EM PORTUGAL E NO BRASIL

de pessoas, muitas vezes até oferecidos ao público em geral»[64], sendo por esta via elevados à categoria de *valores mobiliários* – cf. art. 1º do C.V.M.[65].

## II. A forma da transmissão das quotas e acções

**15.** Chegados aqui, resta-nos apurar quais são entre nós as formalidades necessárias à transmissão *inter vivos* tanto as quotas como as acções. Comecemos pela cessão de *quotas*.

A cessão de quotas supõe um *negócio-causa*, o qual deve constar de documento escrito (cf. art. 228º). Desde a entrada em vigor do Dec.-Lei nº 76-A/2006, de 29 de Março é bastante um documento particular. Até então, os negócios sobre quotas (designadamente, a sua cessão) estavam sujeitos à forma de escritura pública, o que, sopesado com o facto de, à data, o registo da cessão de quotas ser feito por transcrição, e não por depósito, como sucede agora, implicava um duplo controlo da sua legalidade: pelo notário e pelo conservador.

A cessão de quotas «torna-se eficaz para com a sociedade logo que lhe for comunicada por escrito ou por ela reconhecida, expressa ou tacitamente» (cf. art. 228º, nº 3).

O art. 242º-A, por seu turno, estabelece que os «factos relativos a quotas são ineficazes em relação perante a sociedade enquanto não for solicitada, quando necessária, a promoção do registo respectivo» e, nessa medida, parece exigir uma formalidade adicional. Julgamos, no entanto, que, no caso da cessão de quotas, o pedido de registo deve ser entendido como uma comunicação da cessão, por um lado, e que, pelo outro, esta última deve valer também como um pedido de registo da cessão de quotas comunicada. Para além disso, estamos ainda convencidos de que, independentemente do pedido de registo, a cessão de quotas é eficaz se for reconhecida expressa ou tacitamente pela sociedade[66].

**16.** Vejamos agora como se passam as coisas com as *acções*. O facto de as acções deverem ser incorporadas num documento não obsta a que as mesmas sejam transmitidas como feixe de direitos e obrigações *qua tale*: «qualquer direito, conquanto incorporado num documento, continua a

---

[64] OLAVO, *ob. cit.*, págs. 62 a 64.

[65] FERREIRA DE ALMEIDA, «Registo (...)», *ob. cit.*, págs. 937 a 940.

[66] Cf., relativamente ao consentimento «tácito» da sociedade, MAIA, «Registo e cessão de quotas (...)», *ob. cit.*, pág. 166.

AS FORMALIDADES DA TRANSMISSÃO DE QUOTAS E ACÇÕES NO DIREITO PORTUGUÊS

ser transmissível de *per si* (é a chamada cessão imprópria), de acordo com as regras gerais»[67].

Até à respectiva incorporação em títulos, no caso de acções tituladas, ou inscrição em conta de registo, tratando-se de acções escriturais, a admissibilidade daquela transmissão é pacífica[68].

O mesmo já não sucede no que diz respeito à possibilidade de as acções serem transmitidas apenas como posição jurídica depois de as mesmas se encontrarem representadas e em circulação, matéria relativamente à qual a doutrina nacional se encontra dividida[69].

Seja qual for a posição adoptada, a transmissão de acções nos moldes acabados de referir há-de significar que as partes prescindiram de fazê-lo de acordo com as regras de circulação cambiária e, por assim ser, com a consequência inevitável de, nesse caso, «o adquirente não goza[r] da protecção específica outorgada pelas regras cartulares [...]»[70].

No que se refere à forma de transmissão das acções enquanto feixe de direitos (i.e., desligadas da sua representação em documentos), tudo indica que a mesma deva ter lugar em termos substancialmente análogos aos que vimos valerem para a cessão de quotas, devendo a transmissão ser comunicada à sociedade, no caso de transmissão de acções ao portador, e comunicada à sociedade e, sendo o caso, por ela consentida, tratando-se de transmissão de acções nominativas cuja transmissão dependa do consentimento da sociedade[71].

---

[67] *Idem.*, pág. 26.

[68] Cf., *p. ex.*, ALMEIDA COSTA e MENDES, *ob. cit.*, pág. 83. Impõe-se, ao que tudo indica, distinguir dois grupos de situações, consoante a sociedade se encontre ou não registada. No texto, trata-se exclusivamente da transmissão de *acções-participações sociais* de sociedade registada. Relativamente à transmissão de *acções-participações* sociais antes do registo, veja-se, *p. ex.*, COUTINHO DE ABREU, *ob. cit.*, págs. 374 a 376, e bibliografia aí citada.

[69] Cf., *p. ex.*, COUTINHO DE ABREU, *ob. cit.*, pág. 381, que responde negativamente, e ALMEIDA COSTA e MENDES, *ob. cit.*, pág. 85 e segs., que respondem positivamente, não só relativamente às acções tituladas nominativas, mas também às acções tituladas ao portador e às acções escriturais. A este propósito, estes últimos sustentam que as transmissões cartulares prevalecem sempre sobre as transmissões de direito comum, salvo nos casos de «fraude ou actuação em detrimento do adquirente anterior».

[70] OSÓRIO DE CASTRO, *ob. cit.*, pág. 27.

[71] Chegando a idênticas conclusões, por aplicação das regras atinentes à cessão de quotas, em detrimento da aplicação das regras relativas à cessão de créditos ou à cessão de posição contratual, COUTINHO DE ABREU, *ob. cit.*, págs. 376 a 377. Veja-se ainda, para maiores desenvolvimentos, ALMEIDA COSTA e MENDES, *ob. cit.*, pág. 84.

QUESTÕES DE DIREITO SOCIETÁRIO EM PORTUGAL E NO BRASIL

**17.** Ocupemo-nos agora das formalidades de que depende a transmissão de *acções* representadas por títulos ou registos em conta[72], as quais, se não erramos, variam, sobretudo, em função da forma de representação, da modalidade e da circunstância de as mesmas se encontrarem depositadas em intermediário financeiro ou integradas no denominado sistema centralizado de valores mobiliários.

Quanto à *forma de representação*, as acções podem ser escriturais ou tituladas, «consoante sejam representadas por registos em conta ou por documentos em papel» (cf. art. 46º, nº 1, do C.V.M.).

No que se refere à *modalidade*, as acções podem ser nominativas ou ao portador, «conforme o emitente tenha ou não a faculdade de conhecer a todo o tempo a identidade dos titulares» (cf. arts. 299º, nº 1, do C.S.C. e 52º, nº 1, do C.V.M.)[73].

Finalmente, as acções podem ou não encontrar-se integradas no *sistema centralizado de valores mobiliários*, ou seja, fazer parte de um sistema formado por «conjuntos interligados de contas, através das quais se processa a constituição e a transferência dos valores mobiliários neles integrados e se assegura o controlo da quantidade dos valores mobiliários em circulação e dos direitos sobre eles constituídos» (art. 88º, nº 1, do C.V.M.)[74].

A integração em sistema centralizado de valores mobiliários – que é obrigatória para as acções admitidas à negociação em mercado regulamentado (cf. art. 62º do C.V.M.) – não deve ser confundida com o *depósito* em instituição financeira, o qual, como facilmente se intui, há-de ter igual-

---

[72] Sobre toda esta matéria à luz do C.V.M., veja-se, *p. ex.*, BRANDÃO DA VEIGA, Alexandre, *Transmissão de Valores Mobiliários*, Colecção «Estudos Sobre o Mercado de Valores Mobiliários», Almedina, 2004, SOVERAL MARTINS, Alexandre, «Valores Mobiliários [Acções]», *in Cadernos do Instituto de Direito das Empresas e do Trabalho*, nº 1, Almedina/IDET, 2003, e *Cláusulas* (...), *ob. cit.*, pág. 195 e segs.

[73] De harmonia com o disposto no art. 299º, nº 2, «As acções devem ser nominativas: a) Enquanto não estiverem integralmente liberadas; b) Quando, segundo o contrato de sociedade, não puderem ser transmitidas sem o consentimento da sociedade ou houver alguma outra restrição à sua livre transmissibilidade; c) Quando se tratar de acções cujo titular esteja obrigado, segundo o contrato de sociedade, a efectuar prestações acessórias à sociedade.». Adicionalmente, o art. 52º do C.V.M. prescreve que, «na falta de cláusula estatutária ou de decisão do emitente, os valores mobiliários consideram-se nominativos.».

[74] É obrigatória a integração em sistema centralizado de valores mobiliários escriturais admitidos à negociação em mercado regulamentado (cf. art. 62º do C.V.M.).

338

AS FORMALIDADES DA TRANSMISSÃO DE QUOTAS E ACÇÕES NO DIREITO PORTUGUÊS

mente consequências ao nível das formalidades a observar para transmitir as acções depositadas.

**18.** Das classificações anteriores resulta que as acções podem ser agrupadas, pelo menos em tese, do modo que se segue: *a*) acções tituladas ao portador não depositadas nem integradas em sistema centralizado; *b*) acções tituladas ao portador depositadas; *c*) acções tituladas ao portador integradas em sistema centralizado; *d*) acções tituladas nominativas não depositadas nem integradas em sistema centralizado; *e*) acções tituladas nominativas depositadas; *f*) acções tituladas nominativas integradas em sistema centralizado; *g*) acções escriturais ao portador não integradas em sistema centralizado (i.e., registadas junto da sociedade emitente ou de intermediário financeiro); *h*) acções escriturais ao portador integradas em sistema centralizado; *i*) acções escriturais nominativas não integradas em sistema centralizado (i.e., registadas junto do emitente ou intermediário financeiro); *j*) acções escriturais nominativas integradas em sistema centralizado.

A forma de transmissão das acções referidas sob as alíneas a) e b) é a mesma, sucedendo apenas que, no caso das acções ao portador depositadas em intermediário financeiro, a posse é adquirida por *constituto possessório* (cf. art. 1263º, alínea c), do C.C.), uma vez que o depositário é o detentor das acções e, nessa medida, a posse das mesmas é transmitida *solo consensu* (art. 1264º, nº 2, do C.C.)[75], passando o depositário a deter as acções em nome do adquirente[76-77].

O mesmo acontece com as acções referidas nas alíneas d) e e): com efeito, a forma de transmissão das acções tituladas nominativas não integradas em sistema centralizada é a mesma, quer elas se encontrem ou não depositadas em intermediário financeiro, ocorrendo somente que, estando

---

[75] No mesmo sentido, COUTINHO DE ABREU, *ob. cit.*, pág. 378.

[76] Pela mesma razão, o exercício dos direitos inerentes às acções tituladas não integradas em sistema centralizado depende da posse do título ou de certificado (comprovativo dessa mesma posse) passado pelo depositário (cf. art. 104º do C.V.M.). Para além disso, os títulos das acções podem ter cupões para o exercício dos direitos inerentes às mesmas (cf. art. 104º, nº 3, do C.V.M.).

[77] A titularidade das acções depositadas não se transmite para o depositário, pelo que, em caso de insolvência deste último, aquelas não podem ser apreendidas para a massa falida (cf. art. 100º do C.V.M.).

QUESTÕES DE DIREITO SOCIETÁRIO EM PORTUGAL E NO BRASIL

as mesmas depositadas, as formalidades necessárias à transmissão respectiva são levadas a cabo pelo depositário (cf. arts. 99º, nº 4, e 102º, nº 2, alíneas a) e c), do C.V.M.).

A partir da sua integração em sistema centralizado, a forma de transmissão das acções passa a ser só uma, pelo que as situações referidas nas alíneas c), f), h) e j) constituem um único grupo (cf. arts. 105º, 106º, nº 1, e 107º do C.V.M.).

A ser assim, temos, ao cabo e ao resto, apenas três grandes grupos: *em primeiro lugar*, o das acções que se transmitem mediante a entrega (*traditio*) dos títulos respectivos (art. 101º, nºs 1 e 2, do C.V.M.), que abrange as situações das alíneas a) e b) *supra*; *em segundo lugar*, o das acções que se transmitem mediante a declaração de transmissão escrita nos títulos (*endosso*), complementada com a inscrição do nome do adquirente no título (*pertence*) ou, sendo o endosso feito em branco, com a detenção do título (art. 102º do C.V.M.), que abrange as situações das alíneas d) e e) *supra*[78]; finalmente, e *em terceiro lugar*, o das acções que se transmitem mediante o registo na conta do adquirente[79] (cf. art. 80º, nº 1), do C.V.M.) registo este que é, pois, *constitutivo*[80] e abrange as situações das alíneas c), f), g), h) e j) *supra*[81].

Refira-se, a terminar, que, no caso das acções tituladas nominativas, a lei exige ainda, a par do endosso e do pertence, o registo junto da sociedade emitente ou junto do intermediário financeiro que a represente (cf. art. 102º, nº 1, *in fine*, do C.V.M.).

---

[78] Para uma análise mais detalhada da transmissão de acções tituladas nominativas não integradas em sistema centralizado, veja-se ALMEIDA COSTA e MENDES, *ob. cit.*, especialmente págs. 73 a 79.

[79] Este registo é compreendido por dois actos simultâneos, actualmente realizados através do sistema informático: de uma banda, o lançamento a débito das acções em questão na conta do transmitente, e, de outra, o lançamento a crédito das mesmas acções na conta do adquirente.

[80] No mesmo sentido, COUTINHO DE ABREU, *ob. cit.*, pág. 378.

[81] Esta regra não é posta em causa pelo facto de a lei admitir expressamente que a «compra em mercado regulamentado de valores mobiliários escriturais confere ao comprador, independentemente do registo e a partir da realização da operação, legitimidade para a sua venda em mercado» (art. 80º, nº 2, do C.V.M.). Tenha-se presente, desde logo, que, de acordo com a regra geral consagrada no art. 892º do C.C. para a venda de bens alheios, e aplicável aos demais negócios onerosos por força do art. 939º do mesmo código, a lei só fere de nulidade a venda de bens alheios quando o vendedor *carece de legitimidade*, não bastando assim que não seja titular do bem em causa. Apesar de o regime ser substancialmente diferente, aquela regra vale igualmente para a doação (art. 956º, nº 1, do C.C.).

AS FORMALIDADES DA TRANSMISSÃO DE QUOTAS E ACÇÕES NO DIREITO PORTUGUÊS

O sobredito registo, todavia, não é um requisito da transmissão das acções, mas tão-somente de legitimidade (art. 102º, nº 1, do C.V.M): enquanto o mencionado registo não estiver efectuado em seu nome, o adquirente não tem legitimidade para exercer os direitos correspondentes às acções de que é titular (cf. art. 104º, nº 2, do C.V.M.)[82].

Para além disso, o nº 5 do art. 102º prescreve que a «a transmissão [das acções tituladas nominativas] produz efeitos a partir da data do requerimento de registo junto do emitente». A verdade, porém, é que, como ensina a melhor doutrina, o que está aí em causa é a eficácia da transmissão perante a sociedade, e não entre as partes, a qual se produz por mero efeito do endosso das acções[83].

O escopo desta disposição legal é sobretudo o de não fazer depender a eficácia da transmissão da maior ou menor diligência da sociedade na promoção do registo, razão pela qual a sociedade «não pode, para qualquer efeito, opor ao interessado a falta de realização de um registo que devesse ser efectuado» (cf. art. 102º, nº 7, do C.V.M.).

**19.** Tivemos ocasião de referir que a sujeição da transmissão de acções tituladas e escriturais por negócio *inter vivos* ao regime dos títulos de crédito não significava a consagração do princípio da abstracção (cf. nº 8 *supra*).

Se assim fosse, a transmissão formalmente regular do título a favor de terceiro de boa-fé (o *modo*) seria condição não só necessária mas também suficiente para transferir a titularidade das acções, para o efeito sendo irrelevante quer a existência quer os vícios do *negócio-título*: a transmissão da titularidade das acções *abstrairia* da existência e validade deste último, operando-se por mero efeito do cumprimento das formalidades de transmissão do título de crédito (a entrega, o endosso e o registo em conta do adquirente, consoante o caso).

A verdade, porém, é que, entre nós, tal não é o que sucede, uma vez que a protecção conferida ao adquirente regular e de boa-fé de acções vale apenas em relação à *falta de legitimidade do transmitente* e, por conseguinte, já não vale em relação a qualquer outro vício de que porventura padeça o

---

[82] No mesmo sentido, Coutinho de Abreu, *ob. cit.*, pág. 378.

[83] Almeida Costa e Mendes, *ob. cit.*, pág. 80, colocam a questão de saber se o registo é condição da aquisição da qualidade de sócio nas relações com a sociedade ou simples requisito de legitimação para o exercício dos correspondentes direitos.

*negócio-título* de que o adquirente tenha sido parte (*rectius*: «do qual pretenda derivar o seu direito»[84]).

Esta é, com efeito, a solução que se encontra prevista no art. 58º, nº 1, do C.V.M., que reza assim: «Ao adquirente de um valor mobiliário que tenha procedido de boa-fé não é oponível a falta de legitimidade do alienante, desde que a aquisição tenha sido efectuada de acordo com as regras de transmissão aplicáveis.»[85].

À semelhança do que sucede com a letra de câmbio, pode, assim, afirmar-se, relativamente às acções, que o *direito cartular* é autónomo no sentido de independente da titularidade do antecessor.

Não se olvide, no entanto, que a autonomia da posição jurídica do adquirente face à posição jurídica dos anteriores titulares decorre não apenas da autonomia do *negócio-título* face aos anteriores (a invalidade do primeiro e, por consequência, a falta de legitimidade do transmitente que interveio no segundo, não prejudica a validade deste último), mas também de não lhe serem oponíveis as excepções *extracartulares* oponíveis aos anteriores titulares, mas que não se encontram inscritas nos próprios documentos: títulos ou registo em conta (*literalidade*).

**20.** A abstracção no sentido exposto não impede nem deve ser confundida com uma outra circunstância, qual seja, a de a transmissão das acções *abstrair* do tipo de *negócio-título*, produzindo-se de igual modo quer este seja uma compra e venda, uma doação, um empréstimo ou uma dação *pro soluto*. Sucede, com efeito, que, para este último efeito, a lei considera bastante a entrega, a declaração de transmissão («*transmitido a favor de A*») e o pedido de transferência para a conta do adquirente, consoante o caso[86].

---

[84] Osório de Castro, *ob. cit.*, pág. 28.

[85] Cf. Ferreira de Almeida, «Registo (...)», *ob. cit.*, págs. 947 a 951.

[86] Relativamente às acções transmissíveis por inscrição na conta do adquirente, «[é] o que resulta do art. 67º [do C.V.M.], que admite como base documental do registo quer o documento bastante para a prova do facto a registar quer uma simples ordem escrita do disponente, que pode ser omissa quanto à causa da transmissão (...)» (Ferreira de Almeida, «Registo (...)», *ob. cit.*, pág. 948). Relativamente às acções transmissíveis por endosso, é a solução que decorre do art. 102º, que exige apenas a declaração de transmissão escrita no título, sem fazer qualquer alusão ao negócio-título. Relativamente às acções transmissíveis através da entrega, tal é o que resulta da circunstância de a *traditio* não revelar nada quanto à causa que lhe subjaz.

AS FORMALIDADES DA TRANSMISSÃO DE QUOTAS E ACÇÕES NO DIREITO PORTUGUÊS

Tenha-se presente, por outro lado, que a abstracção de que falámos até agora tem que ver com o negócio pelo qual se pretende transmitir a titularidade das acções e não com o contrato de sociedade, que é consabidamente o *negócio-causa* das acções, as quais são por isso justamente incluídas na categoria dos *títulos de crédito causais*, por contraposição aos denominados títulos de crédito abstractos, como sucede com a letra de câmbio, a letra e o cheque[87].

Esta circunstância obriga, aliás, a conceber a mencionada *literalidade* das acções de forma *sui generis*[88].

[87] FERREIRA DE ALMEIDA, «Registo (...)», *ob. cit.*, pág. 933.
[88] OSÓRIO DE CASTRO, *ob. cit.*, págs. 29 a 30.

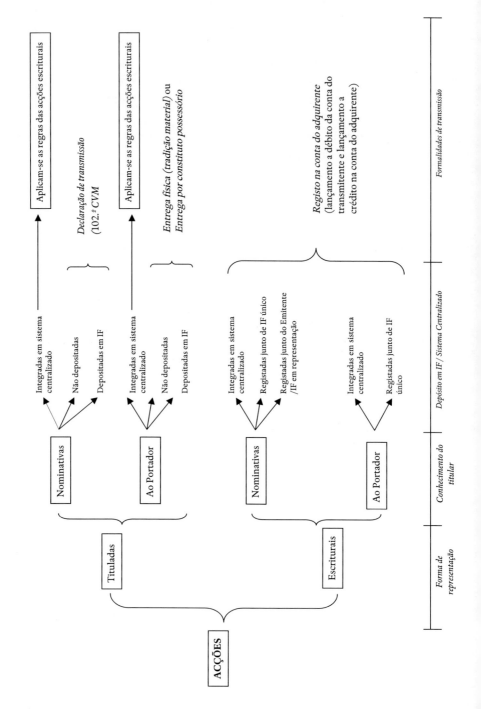

# SOCIEDADES UNIPESSOAIS

# A Sociedade Unipessoal no Direito Brasileiro

FÁBIO ULHOA COELHO[*]

## 1. Introdução

No direito brasileiro, são duas as sociedades unipessoais: a *subsidiária integral* e a *Empresa Individual de Responsabilidade Limitada* (EIRELI). Aquela existe desde 1976, mas, por suas características, não pode ser vista como instrumento de efetiva limitação da responsabilidade de um empreendedor isolado. Já a EIRELI surgiu em 2011, por meio de alteração introduzida no Código Civil.

A respeito da limitação da responsabilidade do empreendedor individual, por meio de sociedade unipessoal, a verdade é que o direito brasileiro sempre manifestou, até o aparecimento da EIRELI, sérias reservas e anacrônicos preconceitos. De um lado, as autoridades fazendárias receavam que a limitação da responsabilidade individual pudesse importar dificuldades à cobrança de tributos em atraso; de outro, não eram poucos os que estranhavam a noção de *contrato consigo mesmo* normal (porém indevidamente) associada ao instituto. Por resultado, a lei brasileira veio incorporar a limitação da responsabilidade individual algo tardiamente. Vicejavam, por isto, por toda a economia, as sociedades limitadas compostas por um sócio subscritor da quase totalidade do capital social (99%, pelo menos) e

---

[*] Professor Titular de Direito Comercial da Pontifícia Universidade Católica de São Paulo.

## QUESTÕES DE DIREITO SOCIETÁRIO EM PORTUGAL E NO BRASIL

alguém de sua confiança (parente, amigo ou colaborador), que se dispunha a subscrever a parcela restante (em geral, uma única quota).

Em sua concepção original, as sociedades eram resultantes da união de esforços de duas ou mais pessoas, que possuíam o interesse comum de lucrarem (ganharem dinheiro) com a exploração de certa atividade econômica. Era da essência da sociedade, segundo esta concepção, a pluralidade de sócios. Falar-se, nos primórdios do direito societário, em sociedade de um sócio apenas, era despropositado.

O primeiro país a introduzir a sociedade unipessoal em seu direito foi o Principado de Liechtenstein, em 1926. A inovação foi associada, à época, a objetivos um tanto escusos, de planejamento tributário ou ocultação de patrimônio ou receitas. Parte do preconceito deveu-se à estranheza que a figura despertou: afinal, se a sociedade era resultante de contrato entre duas ou mais pessoas, para a realização de objetivos comuns, como poderia decorrer de declaração unilateral de um único sócio?

Com o tempo, este preconceito esvaneceu-se. A doutrina jurídica evoluiu, no sentido de perceber que a unipessoalidade não era incompatível com a noção de contrato social. Como mostra CALIXTO SALOMÃO FILHO, à medida que se redefinem os conceitos de contratos associativos e de permuta, em torno dos respectivos núcleos funcionais, a questão da contratualidade da sociedade unipessoal se resolve. Em outros termos, sendo a função dos contratos associativos a criação de uma organização, tanto a sociedade pluripessoal como a unipessoal derivam de negócios jurídicos desta espécie[1]. Apontar o caráter contratual da sociedade como dificuldade

---

[1] "[P]ara aceitar a constituição unipessoal não é necessário admitir uma exceção aos princípios contratualistas. Mesmo dentro da teoria contratual a construção é aceitável. Para isso, basta aceitar a diferença proposta pela moderna doutrina entre contratos associativos e contratos de permuta. Segundo ela, não se deve mais distinguir ambas as figuras, como na clássica lição de Ascarelli, a partir da existência ou não de uma finalidade comum. Trata-se, isso sim, de afirmar que enquanto nos contratos associativos o núcleo funcional encontra-se na organização criada, nos contratos de permuta o núcleo funcional consiste nos direitos subjetivos atribuídos. Ou seja, enquanto a função dos contratos de permuta é a criação de direitos subjetivos entre as partes, a dos contratos associativos é a criação de uma organização. Como organização entende-se a coordenação da influência (jurídica) recíproca entre atos. Ora, é evidente que liberado do conceito de direito subjetivo e preso ao de organização, e identificado no ato de constituição de uma sociedade unipessoal o seu caráter organizativo, resulta admissível caracterizá-lo como contrato associativo ou de sociedade" (*A sociedade unipessoal.* São Paulo: Malheiros, 1995, pg. 107).

A SOCIEDADE UNIPESSOAL NO DIREITO BRASILEIRO

à admissão da unipessoalidade originária, como parece a certa doutrina[2], é, a rigor, um falso problema.

Mas a associação inicial ao tratamento tributário mais benéfico, com que Liechtenstein (e outros estados, acunhados de "paraísos fiscais") procurava atrair investimentos estrangeiros, representou certo estigma para a sociedade limitada unipessoal[3]. Em 1973, já liberto desta incômoda marca de origem, o instituto foi adotado pela Dinamarca; nos anos 1980, pela Alemanha, França, Holanda e Bélgica. Em 1989, a 12ª Diretiva da Comunidade Econômica Europeia, sobre sociedade, norteou os estados-membros quanto à incorporação da sociedade limitada unipessoal aos seus direitos. A partir de então, ela se difundiu, e foi introduzida em Portugal, Espanha, Itália, Luxemburgo, Reino Unido e Grécia. Assim, diversos países passaram a disciplinar institutos de limitação da responsabilidade do empresá-

---

[2] Cfr. RUBENS REQUIÃO: "A incompreensão que comumente se manifesta a respeito das sociedades *unipessoais* provém da ideia arraigada pela tradição de que a sociedade se forma pelo contrato, sendo somente possível sua criação entre duas ou mais pessoas. Mas, desde que se passe a sustentar que a sociedade comercial, como pessoa jurídica, se constitui por um ato que não seja necessariamente um contrato, o absurdo aparente se ameniza. O direito brasileiro, todavia, não concebe, nem admite tal solução, pois o Código Comercial considera sempre a sociedade formada pelo *contrato*. E as sociedades estatais, constituídas somente pelo Estado, são sempre criadas por leis especiais, constituindo uma anomalia jurídica ditada pela conveniência do poder público de escapar dos padrões burocráticos" (*Curso de direito comercial*. 20ª edição. São Paulo: Saraiva, 1991, vol. 1, pg. 272).

[3] J. M. SIDOU, tratando da introdução do instituto da limitação da responsabilidade individual no direito de Liechtenstein, tangencia a questão da sociedade unipessoal: "o fato de ter tido a inovação seu batismo, como direito aplicado, no Principado europeu, não a credencia, antes vale por prestígio pouco positivo. O Liechtenstein, tornado independente em 1916, é um país sem tradição jurídica própria, e as crônicas que lhe especulam as originalidades apontam-no, via de regra, como país onde se pratica um comércio fácil, mercê do sistema tributário. Pode-se inclusive argumentar que o Principado, perfilhando em 1926 o instituto, o fez menos por imperatividade jurídico-mercantil do que acurvado apenas aos feitiços da inovação, qual, com efeito, lhe tem granjeado vasta promoção publicitária e ensejando a imigração de capitais internacionais. Haja vista que também foi o único país do mundo a admitir as sociedades de um só componente. E a só afirmativa conduz a uma conclusão axiomática: um dos dois institutos está sendo demais, porque, para limitação da responsabilidade, se é admissível a sociedade limitada de um só elemento, não há razão para a limitação da responsabilidade do empresário individual, e vice-versa, uma vez que são institutos que perseguem, mercê de uma ficção, um mesmo e único fim" (*A revisão judicial dos contratos*. 2ª edição. Rio de Janeiro: Forense,1984, pg. 290/291).

QUESTÕES DE DIREITO SOCIETÁRIO EM PORTUGAL E NO BRASIL

rio individual; alguns deles valendo-se da *solução societária*, isto é, da figura da sociedade unipessoal. A referida Diretiva da CEE, cujo objetivo principal foi o de estimular a pequena e média empresa, destacou a solução societária entre os institutos jurídicos de segregação de riscos do empresário individual.

A lei brasileira admite, desde 1976, a sociedade anônima unipessoal, denominada *subsidiária integral* (LSA, art. 251). Mas, não podendo ser constituída senão por outra sociedade, e brasileira, a subsidiária integral não corresponde, propriamente, ao instrumento societário de limitação da responsabilidade de empresários individuais que os direitos estrangeiros estavam, pouco a pouco, incorporando. De qualquer modo, como a LSA autorizava a unipessoalidade somente às sociedades por ações, nenhuma sociedade limitada podia existir com um único sócio.

Com a entrada em vigor do Código Reale, em 2003, o direito societário brasileiro passou a contemplar uma hipótese de sociedade contratual unipessoal[4]. Esta categoria de sociedades continuou a depender de pelo menos dois sócios para se constituírem, mas não mais tinham que se dis-

---

[4] A categoria das "sociedades contratuais" decorre de classificação típica, senão exclusiva, do direito brasileiro. Este "critério classificatório das sociedades empresárias diz respeito ao regime de constituição e dissolução do vínculo societário. Por ele, as sociedades podem ser *contratuais* ou *institucionais*. As sociedades contratuais são constituídas por um contrato entre os sócios. Isto é, nelas, o vínculo estabelecido entre os membros da pessoa jurídica tem natureza contratual, e, em decorrência, os princípios do direito dos contratos explicam parte das relações entre os sócios. As institucionais também se constituem por um ato de manifestação de vontade dos sócios, mas não é este revestido de natureza contratual. Em decorrência, os postulados da teoria dos contratos não contribuem para a compreensão dos direitos e deveres dos membros da sociedade. São contratuais as sociedades em nome coletivo, em comandita simples e limitada; e institucionais, as sociedades anônima e em comandita por ações" (meu *Curso de direito comercial*. 15ª edição. São Paulo: Saraiva, 2011, vol. 2, pgs. 43/44).

No mesmo sentido é a lição de SÉRGIO CAMPINHO: "As sociedades podem classificar-se [...] em razão da natureza de seu ato constitutivo, em sociedades contratuais ou institucionais. Em ambos os tipos, a sociedade vai se formar em função da manifestação volitiva de seus sócios. Nas contratuais, essa manifestação se assenta em um contrato celebrado entre os seus integrantes. Constitui-se, pois, por contrato entre os sócios. O vínculo é de natureza contratual. Nas institucionais, o vínculo já não é um contrato, mas um ato institucional. Constitui a pessoa jurídica uma instituição, posto que formada pro um ato de vontade não contratual. São contratuais as sociedades limitadas, em nome coletivo e em comandita simples. As sociedades simples também são constituídas por contrato. Institucionais são as sociedades anônima e em comandita por ações" (*O direito de empresa*. 2ª edição. Rio de Janeiro: Renovar, 2003, pgs. 50/51).

A SOCIEDADE UNIPESSOAL NO DIREITO BRASILEIRO

solver imediatamente, no caso de unipessoalidade incidental. A lei passou a conceder-lhe o prazo de 180 dias, para reestabelecimento da pluralidade de sócios (CC, art. 1.033, IV). Esta previsão legal, se, por um lado, era bastante restritiva, por outro, despertou a indagação: se a sociedade contratual pode ser unipessoal incidental e temporariamente, por que não poderia ser constituída, desde o início, por um sócio apenas?

Em janeiro 2012, com a entrada em vigor da Lei n. 12.441/11, que alterou o Código Civil, introduziu-se, afinal, no direito brasileiro, a sociedade limitada unipessoal. Adotamos, também nós, a *solução societária* para a limitação da responsabilidade do empresário individual.

Este artigo tem por objeto a sociedade unipessoal no direito brasileiro, e suas duas modalidades. Privilegia-se, no entanto, o exame da EIRELI, em razão não apenas da recente criação da figura jurídica, mas também por representar, malgrado as imprecisões técnicas da lei, o vero instrumento de limitação da responsabilidade individual no Brasil; já que a subsidiária unipessoal só pode ser constituída por outra sociedade, e nunca por pessoa natural.

## 2. A Empresa Individual de Responsabilidade limitada

Várias foram as tentativas de se introduzir, no direito brasileiro, a sociedade limitada unipessoal. Elas se frustraram, contudo, em razão principalmente de duas resistências, já referidas. De um lado, a ideia de que, sendo a sociedade proveniente de negócio contratual entre os seus sócios, a unipessoalidade não faria sentido, porque importaria admitir o *contrato consigo mesmo*. A outra resistência decorria de entendimento fossilizado no âmbito do fisco, que temia pudesse a sociedade unipessoal furtar-se mais facilmente às suas obrigações tributárias. Não se conhecem detalhes deste entendimento, tampouco os motivos que nutriam tal temor, mas sabe-se que as iniciativas legislativas tendentes a criar, no Brasil, a sociedade limitada unipessoal invariavelmente esbarravam na oposição (firme e eficiente) dos órgãos encarregados da administração tributária federal e da cobrança, em juízo, dos tributos em atraso.

Em razão destes receios e preconceitos, era, de certo modo, até mesmo previsível que a introdução do instituto no direito brasileiro não pudesse ocorrer senão no contexto de alguma solução de compromisso. E foi o que aconteceu, quando da edição da Lei nº 12.441, de 11 de julho de 2011. Ao alterar disposições do Código Civil, para encartar a figura da sociedade limi-

QUESTÕES DE DIREITO SOCIETÁRIO EM PORTUGAL E NO BRASIL

tada unipessoal, a lei optou por evitar clara referência à figura do direito societário (embora tenha se valido de categorias exclusivas deste ramo jurídico) para, de um lado, contornar a infundada concepção do descabimento da unipessoalidade originária, e, de outro, afugentar os desarrazoados receios da administração tributária. Surgiu desta necessária solução de compromisso, então, uma entidade aparentemente inédita – e um tanto desajustada, admita-se – referida pela noção de *Empresa Individual de Responsabilidade Limitada*.

Compreendendo-se a necessidade da solução de compromisso e empreendendo-se, ademais, uma técnica interpretação sistemática do direito positivo dela resultante, não há como fugir da conclusão de que esta entidade nada mais é do que a conhecida sociedade limitada unipessoal. Neste diapasão, é de se celebrar a alteração legislativa, que vem suprir inconveniente atraso do direito societário brasileiro.

O tema da Empresa Individual de Responsabilidade Limitada será abordado por meio, inicialmente, da demonstração de que o instituto representa a adoção, no Brasil, da *solução societária* no tocante à limitação da responsabilidade do empreendedor individual (item 2.1). Aprofundando-se, um pouco mais, a questão da natureza do instituto, discute-se se seria espécie de sociedade ou de pessoa jurídica (item 2.2). Na sequência, esmiúça-se o regime jurídico (item 2.3) e enfrentam-se algumas questões controvertidas que ele desperta (item 2.4).

## 2.1. EIRELI como solução societária

A sociedade limitada unipessoal foi designada, na lei brasileira, por "Empresa Individual de Responsabilidade Limitada", cuja sigla é EIRELI (CC, art. 980-A). É a solução societária no enfrentamento da questão da limitação da responsabilidade empresarial. A designação é muito infeliz e pouco técnica. Empresa, como sabido, é conceito jurídico referente à atividade econômica explorada com determinadas características, e não ao sujeito que a explora[5].

---

[5] "Conceitua-se empresa como sendo *atividade*, cuja marca essencial é a obtenção de lucros com o oferecimento ao mercado de bens ou serviços, gerados estes mediante a organização dos fatores de produção (força de trabalho, matéria-prima, capital e tecnologia). Esse modo de conceituar empresa, em torno de uma peculiar atividade, embora não seja totalmente isento de imprecisões [...], é corrente hoje em dia entre os doutrinadores. No passado, contudo, muito se discutiu sobre a unidade da noção jurídica da empresa, que era vista como resultante de

A SOCIEDADE UNIPESSOAL NO DIREITO BRASILEIRO

As infelicidades e imprecisões técnicas, ademais, não cessam na designação inapropriada. A lei define a EIRELI como uma espécie de pessoa jurídica, diferente da sociedade (art. 44, VI) e a disciplina num Título próprio (Título I-A do Livro II da Parte Especial), diverso do destinado às sociedades (Título II). Estas duas circunstâncias, isoladas, poderiam sugerir que, se a EIRELI não é espécie de sociedade, tampouco poderia ser espécie de limitada. Mas, ao disciplinar o instituto, o legislador valeu-se exclusivamente de conceitos do direito societário, como *capital social*, *denominação social* e *quotas*. Mais que isto, referiu-se à EIRELI como sendo uma "modalidade societária" (art. 980-A, § 3º) e submeteu-a ao mesmo regime jurídico da sociedade limitada (§ 6º).

Diante de imprecisões legais, é tarefa da doutrina e jurisprudência sistematizar os institutos. No tocante à EIRELI abrem-se duas alternativas: considerá-la espécie de pessoa jurídica diferente de sociedade (mediante a interpretação literal do art. 44, IV, do CC) ou tomá-la como a designação dada, pela lei brasileira, à sociedade limitada unipessoal (mediante a interpretação sistemática do art. 980-A). Inclino-me pela segunda alternativa, em razão do preceito hermenêutico que prestigia, na argumentação jurídica, a interpretação sistemática, quando divergente da literal.

Mas a primeira alternativa acima delineada, a de considerar a EIRELI uma espécie de pessoa jurídica, mas não de sociedade, ainda comporta algumas considerações, objeto do item subsequente.

---

diferentes fatores, objetivos e subjetivos [...]. Certo entendimento bastante prestigiado considerava-a, em termos jurídicos, um conceito plurivalente. Para Asquini (1943), não se deve pressupor que o fenômeno econômico poliédrico da empresa necessariamente ingresse no direito por um esquema unitário, tal como ocorre na ciência econômica. Ele divisa, por conseguinte, quatro perfis na empresa: subjetivo, funcional, patrimonial (ou objetivo) e corporativo. Pelo primeiro, a empresa é vista como empresário, isto é, o exercente de atividade autônoma, de caráter organizativo e com assunção de risco. Pelo perfil funcional, identifica-se a empresa à própria atividade. Pelo terceiro perfil, corresponde ao patrimônio aziendal ou estabelecimento. E, por fim, pelo perfil corporativo, ela é considerada uma instituição, na medida em que reúne pessoas – empresário e seus empregados – com propósitos comuns. A visão multifacetária da empresa proposta por Asquini, sem dúvida, recebe apoio entusiasmado de alguma doutrina [...], mas dos quatro perfis delineados apenas o funcional realmente corresponde a um conceito jurídico próprio" (Meu *Curso* ... citado, vol. 1, pgs. 32/33).

## QUESTÕES DE DIREITO SOCIETÁRIO EM PORTUGAL E NO BRASIL

### 2.2. A EIRELI e as categorias de pessoa jurídica

Quando foi editado, o vigente Código Civil brasileiro contemplava dispositivo em que se relacionavam as *espécies* de pessoas jurídicas de direito privado, tradicionalmente reconhecidas pela doutrina jurídica. O art. 44 do Código Civil, em 2003, assim, listava três espécies: *associações, sociedades* e *fundações*.

As associações e sociedades se aproximam enquanto pessoas jurídicas resultantes da união de esforços de pessoas com interesses comuns. Conforme noção assente há tempos imemoriais na cultura humana, interesses podem ser mais facilmente perseguidos mediante conjugação de esforços. Pessoas com interesses convergentes, quando unidas, têm significativamente mais chances de realizá-los que agindo de modo isolado. À segregação patrimonial ínsita à noção de qualquer pessoa jurídica, adicionase, nestas duas espécies, o elemento do concurso de esforços dos seus integrantes (associados ou sócios). Este elemento de aproximação das associações e sociedades é, por outro lado, exatamente o critério para extremar das fundações estas espécies de pessoas jurídicas. Nestas, há pura segregação patrimonial, derivada da declaração unilateral de vontade do instituidor. Não se encontra, na origem de uma fundação, qualquer esforço conjugado dos seus membros, em vista da realização de interesses comuns, mas a mera afetação de certo patrimônio à consecução de objetivos tomados por relevantes e eleitos por quem a instituiu. Mesmo sendo diversos os instituidores da função (como, por vezes, acontece), não há, entre eles, a disposição de unirem seus esforços para alcançarem meta que, isoladamente, poderiam ter mais dificuldade de alcançar. Une-os não os interesses comuns, mas a *visão comum* de que certos objetivos devem ser prestigiados.

Por outro lado, associações e fundações aproximam-se, como espécies de pessoa jurídica, em razão da natureza dos seus fins. Estas modalidades não podem ter, no direito brasileiro, por objeto qualquer fim econômico (exploração de atividade econômica). São finalidades culturais, caritativas, sociais, sindicais e outras – diversas de *produção ou circulação de bens ou serviços* – que podem ser ligadas às pessoas jurídicas destas categorias. Por este elemento, distinguem-se as associações e fundações das sociedades. No direito brasileiro, quem constitui pessoa jurídica com a finalidade de ganhar dinheiro mediante a exploração de atividade econômica, dá origem *sempre* a uma sociedade. Claro que a atividade econômica, embora seja, na maioria das vezes, explorada com o objetivo de produzir lucro, pode esporadicamente servir à realização de finalidades não econômicas. Uma associação de caridade pode comercializar produtos (roupas, bonés, chaveiros, etc) com o objetivo de divulgar seu trabalho e, concomitantemente, angariar alguns fundos para as obras caritativas que desenvolve. Neste caso, a atividade econômica não é o *fim* da pessoa jurídica, mas um *meio* para a realização de seu objeto.

Estas três espécies de pessoas jurídicas de direito privado – estruturalmente diversas, como visto – eram as listadas no art. 44 do CC, em sua redação originária. Não havia ainda transcorrido, contudo, um ano de vigência do Código Civil, e sobreveio alteração legislativa acrescentando ao referido art. 44 mais duas hipóteses de pessoas jurídicas de direito privado. A Lei nº 10.825, de 22 de dezembro de 2003, acresceu ao dispositivo dois incisos, incluindo na lista "as organizações religiosas" (IV) e "os partidos políticos" (V). Estas duas novas hipóteses, contudo, não podem ser consideradas propriamente como *espécies* de pessoa jurídica, como são a associação, fundação e sociedade. As organizações religiosas e os partidos políticos são, a bem da verdade, *sub-espécies* de uma das categorias de pessoas jurídica: as associações. Quando pessoas se unem para constituir organização religiosa ou partido político, estão somando seus esforços para a consecução de objetivo comum, de natureza não econômica. No caso da organização religiosa, o culto e difusão de certa religião; no do partido político, a participação nas eleições e divulgação de determinada ideologia política.

Os incisos IV e V do art. 44 do Código Civil, assim, não mencionam *espécies* de pessoa jurídica, mas *sub-espécies*, conferindo a introdução destes incisos uma estrutura um tanto ambígua ao artigo em questão. Em vista desta natureza ambígua, torna-se pertinente a questão: a Lei nº 12.441/11, ao acrescer mais um inciso ao mesmo art. 44, estaria criando, no direito brasileiro, uma nova *espécie*, ou uma nova *sub-espécie* de pessoa jurídica (desta vez, da categoria das *sociedades*)?

A interpretação do art. 44 do CC, isoladamente, não permite qualquer resposta conclusiva. Na verdade, conforme se admitam, ou não, todas as implicações da teoria do contrato social como contrato organização (que conduzem, no que nos interessa, à plena juridicidade da figura do *sócio único* da sociedade limitada), pode-se tomar a EIRELI como espécie de pessoa jurídica, ou como espécie de sociedade (e, assim, sub-espécie de pessoa jurídica).

De um lado, fazendo eco àqueles preconceitos que, no direito brasileiro, vicejaram acerca da sociedade unipessoal, e afastando as implicações da teoria do contrato organização, poder-se-ia sustentar que, diante das características das três espécies de pessoas jurídicas de direito privado inicialmente elencadas pelo art. 44 do CC, estaria realmente fazendo falta uma. Como visto acima, são dois os critérios que distinguem estas espécies: de um lado, a derivação da união de esforços de pessoas com interesses comuns *versus* a mera segregação patrimonial; de outro, a realização de fins econômicos *versus* a realização de fins não econômicos. Se a associação é a derivação de união de pessoas com interesses comuns de fins não econômicos; a sociedade é a derivação de união de pessoas com interesses comuns de fins econômicos; e a fundação é a mera segregação patrimonial de fins não econômicos – então, estaria faltando a quarta possibilidade de combinação destes critérios, ou seja, a mera segregação patrimonial de fins econômicos. A EIRELI corresponderia a esta categoria, já que, sendo instituída por uma só pessoa, não resultaria da união de esforços de pessoas movidas por interesses comuns.

Claro, adotando-se a teoria do contrato organização, em sua plenitude, e admitindo-se que a sociedade não precisa necessariamente resultar da união de duas ou mais pessoas com fins comuns, afasta-se o argumento de que o art. 44 careceria de uma quarta categoria. A sociedade, no sentido desta teoria, quando fosse plurilateral, aproximar-se-ia da associação (união de pessoas com interesses convergentes); e, quando fosse unilateral, da fundação (mera segregação patrimonial). Retornamos, então, ao ponto de partida. O art. 44 não nos permite uma conclusão segura sobre a natureza da EIRELI, se é uma nova pessoa jurídica, ou nova sociedade. Sua interpretação isolada é insuficiente para compreendermos a questão proposta.

### 2.3. Regime Jurídico da EIRELI

Só a sociedade limitada pode ser unipessoal, desde a origem, independentemente da natureza do seu sócio único (pessoa física ou jurídica; associação, sociedade ou fundação). Os demais tipos societários *contratuais* continuam a depender, no direito brasileiro, de pelo menos dois sócios para se constituírem, e experimentam a unipessoalidade apenas incidental e temporariamente.

A sociedade limitada unipessoal, no direito brasileiro, foi designada de "Empresa Individual de Responsabilidade Limitada", a EIRELI (CC, art.

A SOCIEDADE UNIPESSOAL NO DIREITO BRASILEIRO

980-A). Acima, criticou-se a opção do legislador e demonstrou-se que a interpretação sistemática do direito positivo conduz à conclusão de que não se trata de nova espécie de pessoa jurídica, mas do *nomem juris* dado à sociedade limitada unipessoal.

Como sociedade limitada, a EIRELI sujeita-se às regras deste tipo societário (CC, art. 980-A, § 6º). Vale dizer, o sócio único deve subscrever o contrato social, levá-lo a registro na Junta Comercial, escolher o administrador, aprovar as contas da administração e as demonstrações contábeis a cada exercício (formalizando, se quiser, sua decisão em ata de assembleia ou reunião de sócio), introduzir no ato constitutivo as alterações que reputar necessárias, orientar os negócios sociais etc.

A sociedade limitada unipessoal pode ser constituída tanto por sócio único pessoa física, como jurídica. Se for pessoa física, só pode ser titular de apenas uma EIRELI (CC, art. 980-A, § 2º). Evidentemente, trata-se de limitação aplicável apenas no caso de o único sócio pessoa física pretender manter *simultaneamente* mais de uma EIRELI. Nada obsta, na verdade, a alguém, que fora, no passado, sócio único de uma sociedade limitada, possa, depois da dissolução e liquidação desta, voltar a constituir nova EIRELI. No item seguinte, discute-se a eficácia desta restrição.

Constitui-se a sociedade limitada unipessoal por três possíveis maneiras. A primeira é a já mencionada assinatura, pelo sócio único, do ato constitutivo (contrato social). Nesta hipótese, não há nenhuma regra específica a ser observada. O contrato social deve atender às mesmas condições de validade e ostentar as mesmas cláusulas essenciais, est2abelecidas, em lei, para a limitada pluripessoal.

O ato constitutivo da EIRELI deverá ser o contrato social, em vista do art. 980-A, § 6º, do CC. Discute-se, em decorrência, se, em vista das categorias de classificação das sociedades empresárias desenvolvidas pela tecnologia, e não tergiversando ao raciocínio lógico, a sociedade limitada unipessoal poderia ainda ser incluída entre as contratuais; ou deveria ser considerada, pelo contrário, exemplo de sociedade institucional[6]. Essa

---

[6] FRAN MARTINS anota: "[verifica-se] que, com as leis alemã de 1980 e francesa de 1985, as sociedades por *quotas* de responsabilidade limitada estão deixando de ser sociedades *contratuais* para tomar a feição de verdadeiras *instituições* que podem contar apenas com uma pessoa titular de todas as partes em que se divide o capital social. Não se trata de uma sociedade que se constitui pela troca de consentimentos de duas ou mais pessoas e em que, depois de constituída, todas as partes sociais, por diversas circunstâncias, ficam a pertencer a uma só pessoa. Esse fato já era

QUESTÕES DE DIREITO SOCIETÁRIO EM PORTUGAL E NO BRASIL

discussão, a bem da verdade, é infértil, porque a pesquisa da classificação de uma sociedade segundo o regime constitutivo e dissolutório é útil na solução de problemas práticos, relacionados a conflitos entre os sócios. De fato, em determinadas situações, os interesses dos membros da sociedade se antagonizam em tal medida que se dá o desfazimento do vínculo entre eles. A classificação das sociedades em contratuais ou institucionais, que o direito societário brasileiro cultiva, tem relevância nesse momento, apenas. Ora, na sociedade limitada unipessoal não existe tal possibilidade, porque o sócio único manifesta sempre um só interesse.

A segunda via de constituição da EIRELI consiste na concentração da totalidade das quotas sociais sob a titularidade de uma única pessoa, física ou jurídica (CC, art. 980-A, § 3º). Será o caso, nesta última, da morte de um dos dois únicos sócios da limitada, quando o sobrevivente for herdeiro universal do falecido; também a aquisição, por um dos sócios, da totalidade das quotas representativas do capital social da limitada; e a expulsão ou retirada de um dos dois únicos sócios, etc. Aqui, a constituição far-se-á por meio de *transformação de registro*, a ser requerida à Junta Comercial, quando sobrevinda a unipessoalização da sociedade limitada (CC, art. 1.033, parágrafo único). Transformado o registro da limitada em registro de EIRELI, não se alteram os direitos dos credores.

A terceira via de constituição da sociedade limitada unipessoal é restrita à hipótese de ser o sócio único outra sociedade empresária (anônima ou limitada). Trata-se da *incorporação de quotas*, operação societária semelhante à *incorporação de ações* destinada à constituição da subsidiária integral (Cap. 34, item 2.*d*). Por meio deste expediente, todas as quotas representativas do capital de uma sociedade limitada passam à titularidade da sociedade incorporadora. Esta, por sua vez, aumenta o respectivo capital social, proporcionalmente ao valor das quotas incorporadas, para admitir o ingresso em seu quadro de sócios dos antigos membros daquela limitada que se torna unipessoal.

comum na sociedade por quotas e o próprio Código de Sociedades francês declara (art. 9º) que, quando tal acontece, a sociedade não se dissolve de pleno direito, podendo funcionar durante um certo tempo findo o qual pode ser dissolvida por via judicial, *a pedido de um sócio*. Não se trata, também, de sociedade de capitais, como as sociedades anônimas, em que pouca influência têm as pessoas dos sócios e que certas legislações, como as de muitos Estados dos Estados Unidos e a Lei das Sociedades Anônimas do Brasil (art. 251) permitem que sejam *criadas* por apenas uma pessoa, física ou jurídica" (*Novos estudos de direito societário*. São Paulo: Saraiva, 1988, pg. 271).

A SOCIEDADE UNIPESSOAL NO DIREITO BRASILEIRO

No nome empresarial, a sociedade limitada unipessoal, ao invés de ostentar na firma ou denominação a locução "limitada", ou sua abreviatura "ltda." (CC, art. 1.158), deve agregar-lhe a sigla EIRELI (art. 980A, § 1º).

Duas exigências específicas foram estabelecidas, para a constituição da sociedade limitada unipessoal, relativamente ao capital social. *Primeira*, ele deve ser totalmente integralizado. Somente a sociedade limitada pluripessoal pode ter capital social subscrito e não integralizado. *Segunda*, o capital deve ser de pelo menos 100 salários mínimos. Se uma limitada com capital social inferior a este limite legal tem suprimida, por qualquer razão, a pluralidade de sócios, o que remanescer deve, nos 180 dias seguintes, subscrever e integralizar novas quotas, elevando-o, se quiser garantir a continuidade regular da sociedade empresária.

## 2.4. Algumas questões controvertidas da EIRELI

Naturalmente, em razão da origem da figura se enraizar numa inegável solução de compromisso, diversas questões controvertidas têm acompanhado o aparecimento da EIRELI. Selecionam-se, aqui, para discussão preliminar, as seguintes:

a) *Controle da restrição à constituição por pessoas físicas.* O art. 980-A, § 2º, do CC, estabelece uma pouco compreensível restrição à constituição de EIRELI por pessoas físicas. Dispõe a norma que "*a pessoa natural que constituir empresa individual de responsabilidade limitada somente poderá figurar em uma única empresa dessa modalidade*". Deste modo, como já acentuado acima, a pessoa física não pode ser titular de mais de uma EIRELI *simultaneamente*.

A primeira questão controversa a destacar, a partir deste dispositivo, diz respeito à eficiência do controle. Não existe, no Brasil, nenhum banco de dados sobre as empresas centralizado. Cada unidade da federação possui sua própria *Junta Comercial*, o órgão encarregado de registrar as sociedades empresárias e, a partir da introdução da nova figura, as EIRELIs. A carência deste controle central possibilita que a mesma pessoa física constitua EIRELI em diferentes *Juntas Comerciais*, sem que haja qualquer forma de impedir esta prática.

Mas não é só isto. Como a EIRELI é uma pessoa jurídica, ela pode ser sócia de sociedades limitadas ou anônimas; pode ser, também, por via de consequência, instituidora de outra EIRELI; ou de outras. A pessoa física que quiser segregar atividades empresariais diversas pode, por conseguinte, constituir uma única EIRELI que, servindo de *holding* pura, teria por objeto apenas a participação em outras sociedades. Como a restrição quantitativa não se estende às pessoas jurídicas, estas podem constituir tantas EIRELIs quantas quiserem. Também a EIRELI-*holding*, sendo pessoa jurídica, pode constituir várias EIRELIs. Contorna-se, desta maneira, a injustificável restrição legal.

b) *EIRELI dedicada a atividade econômica não-empresariais.* Não devemos nos impressionar com a designação legal dada ao instituto: "empresa". Embora, a primeira vista, ela sugira que a EIRELI não poderia se dedicar a atividades econômicas *não empresariais* (como são, no direito brasileiro, as exploradas pelos profissionais liberais), o certo é que não tem, decididamente, tal alcance. A mesma expressão vem empregada, no Código Civil e em outras legislações (como a trabalhista, por exemplo) em sentido diverso do que empregam os comercialistas mais cuidadosos. Empresa, neste contexto mais amplo, é sinônimo de "atividade econômica", incluindo as classificadas juridicamente como *não empresariais.*

Deste modo, pode-se falar em *EIRELI-simples.* Como o art. 983 do CC admite que a sociedade limitada possa ser simples ou empresária; e como o art. 980-A, § 6º, do CC, manda aplicar à EIRELI as normas das sociedades limitadas; então, não pode haver dúvidas de que a EIRELI pode ser tanto simples como empresária. Evidentemente, uma EIRELI-simples deve ser registrada no Registro Civil de Pessoas Jurídicas (RCPJ) e não nas Juntas Comerciais (CC, art. 1.150). Além disso, ela não pode pedir recuperação judicial, nem se sujeita à falência.

c) *Operações societárias envolvendo EIRELI.* As operações de incorporação, fusão e cisão de sociedades podem envolver, igualmente, uma ou mais EIRELI, em qualquer situação: incorporadora ou incorporada, fusionada, cindida ou receptora. Não há nenhuma especificidade a considerar, participando a EIRELI da operação como participaria qualquer outra sociedade limitada na mesma posição.

d) *Desdobramentos tributários.* A EIRELI se sujeita ao mesmo regime tributário das sociedades limitadas. O dinheiro que o titular da EIRELI

A SOCIEDADE UNIPESSOAL NO DIREITO BRASILEIRO

transfere ao seu patrimônio, a título de resultado está sujeito à alíquota "zero" do Imposto de Renda, como estão os lucros recebidos pelos sócios advindos de sua participação em qualquer outra sociedade limitada. A EIRELI, por outro lado, em se classificando como Microempresária, Empresária de Pequeno Porte (Lei Complementar nº 123/06, art. 3º) ou como Sociedade de Grande Porte (Lei nº 11.638/07, art. 3º, parágrafo único), sujeita-se às regras específicas destas estratificações empresariais para fins tributários.

e) *Impertinência da unipessoalidade incidental.* Desde a introdução, no direito brasileiro, da EIRELI, tornou-se impertinente, para a sociedade limitada, a noção de unipessoalidade incidental, decorrente do art. 1.033, IV, do Código Civil. Por este dispositivo, a lei admitia que uma sociedade contratual, constituída por pelo menos dois sócios, pudesse sobreviver com apenas um durante certo prazo (180 dias). A incidentalidade da unipessoalidade foi importante para desanuviar os receios e preconceitos relativamente à figura da sociedade unipessoal, mas, uma vez introduzida a EIRELI, ela deixa de ter qualquer importância. Não tem sentido *dissolver* a sociedade limitada tornada unipessoal depois do transcurso de 180 dias, se, a qualquer tempo, o sócio remanescente pode constituir uma EIRELI. Obrigar a dissolução da sociedade quando admissível sua "reconstituição" equivale a vazio amor às formas jurídicas, e medida economicamente ineficiente.

## 3. Subsidiária integral

A subsidiária integral é a sociedade anônima constituída por um único acionista, atendendo este necessariamente à condição de ser *sociedade brasileira* (Lei nº 6.404/76, art. 251). Brasileira é a sociedade cuja sede de administração encontra-se no Brasil e está organizada em conformidade com as leis brasileiras (Código Civil, art. 1.126). A pessoa natural ou a sociedade estrangeira não podem, portanto, constituir a subsidiária integral.

Constitui-se a subsidiária integral por escritura pública, sendo esta a única hipótese de ato constitutivo de sociedade, no direito brasileiro, que não pode ser formalizado por instrumento particular. A exigência legal deve-se àqueles receios e preconceitos que cercavam o instituto da sociedade unipessoal, tendo o legislador se preocupado em adotar solenidade, que, rigorosamente falando, não se justifica.

São, por outro lado, duas as maneiras de *conversão* de uma sociedade anônima em subsidiária integral. De um lado, a aquisição, por sociedade brasileira, da totalidade das ações emitidas por certa companhia; de outro, a operação de *incorporação de ações* (Lei nº 6.404/76, arts. 251, § 1º, e 252). Por esta última, a sociedade incorporadora, necessariamente brasileira, aumenta o seu capital social, para emitir novas ações, que serão atribuídas aos antigos acionistas da companhia convertida em subsidiária integral.

A incorporação de ações dá, em princípio, direito de retirada ao acionista da sociedade anônima convertida. Aquele que não quiser fazer parte da sociedade incorporadora das ações, poderá, assim, pedir o reembolso de suas ações, calculado de acordo com os estatutos ou a situação patrimonial da companhia de que era acionista antes da operação. O direito de retirada, contudo, não é concedido, pela lei, ao acionista da companhia convertida em subsidiária integral se a incorporadora das ações for sociedade anônima aberta e seus valores mobiliários tiverem alta liquidez no mercado. Como, neste caso, o acionista poderá facilmente negociá-las, na Bolsa de Valores, não reconhece a lei o direito de recesso (Lei nº 6.404/76, art. 252, § 2º). Nas mesmas condições, também poderá exigir o reembolso de suas ações (ou quotas) o acionista (ou sócio) da sociedade incorporadora que discordar da deliberação adotada pela maioria (art. 252, § 1º).

No caso de aumento do capital social da subsidiária integral, com emissão de novas ações, os sócios da sociedade brasileira controladora terão direito de preferência para subscrever. Embora a letra da lei mencione apenas a circunstância de ser a controladora uma companhia, o mesmo direito deve ser estendido também aos sócios de outros tipos societários, em particular, a sociedade limitada. Esta interpretação extensiva do dispositivo impõe-se em vista de seus objetivos. Quer dizer, não fosse o direito de preferência assegurado aos sócios da controladora também no aumento do capital social da subsidiária integral, o instituto poderia ser utilizado para burlar o exercício daquele direito pelos minoritários. Igual preferência, pelas mesmas razões, é legalmente atribuída aos sócios da controladora, no caso de alienação das ações de emissão da subsidiária integral (Lei nº 6.404/76, art. 253).

## 4. Conclusão

Há tempos, o direito brasileiro demandava a regulação da sociedade unipessoal. Os institutos adotados até o advento da Lei nº 12.441/11 eram insatisfatórios. A uma, porque, no tocante à subsidiária integral, ao exigir a condição de sociedade brasileira para o único sócio, prestigiava, indiretamente, a negação da unipessoalidade. Ademais, sempre foi instituto restrito às sociedades anônimas: a limitada continua não podendo ser uma subsidiária integral. A duas, porque a única hipótese de unipessoalidade das sociedades contratuais até então admitida na lei era a de incidentalidade: por um prazo exíguo, de 180 dias, a sociedade *constituída por dois ou mais sócios* podia sobreviver com um sócio apenas. Não previa o direito brasileiro, portanto, a unipessoalidade da sociedade limitada em termos *originários*, quer dizer, desde a constituição.

Deste modo, antes da lei da EIRELI, era muito comum que os empreendedores se associassem a parente ou empregado de confiança, para, concedendo a este participação diminuta no capital social (nunca excedente de 1%), constituírem a sociedade limitada. Enveredava-se, assim, por caminhos próximos aos da simulação, sem nenhum sentido moral, econômico ou mesmo jurídico. É, enfim, bem vinda a inovação. Mas, ressalte-se, desde que ela seja entendida como a denominação adotada para a sociedade limitada unipessoal. Qualquer outra concepção, visando dar à EIRELI classificação diversa – tomando-a por uma nova espécie de pessoa jurídica não redutível às sociedades – apenas será fonte de incertezas e imprecisões.

# Sociedades unipessoais
# – perspetivas da experiência portuguesa

MARIA ELISABETE GOMES RAMOS[*]

## 1. Pluralidade de fontes legais de unipessoalidade e diversidade de regimes

Na ordem jurídica portuguesa são variadas as fontes normativas de onde emanam regimes jurídicos relativos a sociedades constituídas por um único sócio titular da totalidade do capital social. Esta variedade surpreende-se na diversidade de *ato constitutivo* de sociedades unipessoais (ato legislativo, negócio jurídico), na natureza *codificada ou não* do regime jurídico de unipessoalidade (regimes da unipessoalidade previstos em legislação extravagante e integrados no CSC) e, por fim, na fonte *nacional ou não* das normas sobre sociedades unipessoais.

Por intermédio de *ato legislativo*[1], o Estado Português tem criado sociedades de capitais exclusivamente públicos. Umas vezes, os atos legislati-

---

[*] Professora Auxiliar na Faculdade de Economia de Coimbra.
[1] Sobre a criação de sociedades por ato legislativo, v. PAULO OTERO, "Da criação de sociedades comerciais por Decreto-Lei", in: *Estudos em Homenagem ao Prof. Doutor Raúl Ventura,* vol. II, Lisboa: Faculdade de Direito da Universidade de Lisboa, 2003, p. 103, ss.; J. M. COUTINHO DE ABREU, *Curso de direito comercial,* vol. II – *Das sociedades,* 4ª ed., Coimbra: Almedina, 2011,

## QUESTÕES DE DIREITO SOCIETÁRIO EM PORTUGAL E NO BRASIL

vos "transformam" as empresas públicas não societárias[2] em sociedades de que o Estado é o único sócio. Outras vezes, o Estado cria *ex novo* a sociedade de que ele é o único sócio[3]. Nos termos do CSC, o Estado não pode, "através de negócio jurídico unilateral, constituir uma sociedade anónima unipessoal"[4] porque, segundo art. 488º[5], somente certos tipos societários podem constituir sociedades anónimas unipessoais.

Vários diplomas legislativos (que não o CSC) admitem hipóteses específicas de constituição de sociedades unipessoais. É o caso do DL 495/88, de 30 de dezembro[6], que regula o regime jurídico das sociedades gestoras

---

p. 88. No sentido de que os atos legislativos de criação de sociedades comerciais revestem natureza negocial, v. L. BRITO CORREIA, *Direito comercial*, 2º vol. – *Sociedades comerciais*, Lisboa: AAFDL, 1989, p. 9. V. LOBO XAVIER, *Sociedades comerciais*, Lições aos Alunos de Direito Comercial do 4º ano jurídico, ed. copiogr., Coimbra, 1987, p. 8, contrapunha as sociedades de base voluntária às que são constituídas *ope legis*.

[2] Este ato de "transformação" pode representar a preparação de futura privatização (total ou parcial) das participações sociais da sociedade anónima. Nos termos da Lei-Quadro das Privatizações (L 11/90, de 5 de abril, recentemente alterada e republicada pela L 50/2011, de 13 de setembro), "as empresas públicas a reprivatizar que não possuam a forma de sociedades anónimas serão transformadas nesse tipo de sociedade, mediante decreto-lei, aplicando-se para o efeito o disposto na presente lei.". Sobre as privatizações, v. A. CARLOS DOS SANTOS/M. EDUARDA GONÇALVES/M. MANUEL LEITÃO MARQUES, *Direito económico*, 6ª ed., Coimbra: Almedina, 2011, p. 143, ss.. Em Portugal são, nos termos do DL 558/99, de 17 de novembro (várias vezes alterado), empresas públicas as sociedades com influência dominante pelo Estado e as entidades públicas empresariais. Estas últimas *não são sociedades*; são pessoas coletivas de direito público de natureza empresarial, criadas pelo Estado. Sobre as empresas públicas estaduais, à luz do DL 558/99, de 17 de dezembro, v. J. M. COUTINHO DE ABREU, "Sobre as novas empresas públicas (notas a propósito do DL 558/99 e da L 58/98)", in: *Boletim da Faculdade de Direito – Volume Comemorativo do 75º tomo do Boletim da Faculdade de Direito*, Coimbra, 2003, p. 555, ss.. Sobre a transformação de hospitais públicos em sociedades anónimas de capitais exclusivamente públicos, v. J. M. COUTINHO DE ABREU, *Sociedades anónima, a sedutora (Hospitais, S.A., Portugal, S.A.)*, Coimbra: IDET/Almedina, 2003, p. 16, ss..

[3] V. F. CASSIANO DOS SANTOS, "Sociedades unipessoais por quotas, exercício individual e reorganizações empresariais – reflexões a propósito do regime legal", *DSR*, ano 1, vol. 1 (2009), p. 122, s..

[4] J. M. COUTINHO DE ABREU, *Curso...*, cit., p. 89.

[5] São do CSC as disposições legais indicadas sem qualquer menção.

[6] Sobre as modalidades de *holdings*, v. J. ENGRÁCIA ANTUNES, *Os grupos de sociedades. Estrutura e organização jurídica da empresa plurissocietária*, 2ª ed., Coimbra: Almedina, 2002, p. 89; L. MIGUEL PESTANA DE VASCONCELOS, "A oneração de participações sociais por uma SGPS detidas há menos de um ano", *ROA*, 70 (2010), p. 327. PEDRO PAIS DE VASCONCELOS,

## SOCIEDADES UNIPESSOAIS – PERSPECTIVAS DA EXPERIÊNCIA PORTUGUESA

de participações sociais. Este diploma permite a constituição de sociedade por quotas e anónima unipessoal com o objeto de gestão de participações sociais[7].

O DL 212/94, de 10 de agosto, admite as sociedades unipessoais por quotas e anónimas, licenciadas para operar na Zona Franca da Madeira[8].

O DL 53-F/2006, de 29 de dezembro, relativo ao setor empresarial local, também admite a criação de sociedades unipessoais. Nos termos do art. 4º do DL 53-F/2006, de 29 de dezembro, os municípios, as associações de municípios e as áreas metropolitanas de Lisboa e do Porto podem constituir sociedades por quotas unipessoais e, nos termos do nº 2, qualquer uma das referidas entidades pode constituir uma sociedade anónima de cujas ações seja a única titular, nos termos da lei comercial[9].

O Regulamento CE nº 2157/2001, do Conselho, de 8 de outubro de 2001, regula o estatuto da sociedade anónima europeia[10]. Nos termos deste Regulamento, a sociedade pode, nos termos do art. 3º, 2, constituir uma ou mais filiais sob a forma de SE. Esta disposição acrescenta que "As disposições do Estado-Membro da sede da SE filial que exijam que uma sociedade anónima tenha mais do que um acionista não são aplicáveis à SE filial.

---

*A participação social nas sociedades comerciais*, 2ª ed., Coimbra: Almedina, 2006, p. 85, considera que "contrariamente ao conceito geral do artigo 980º do Código Civil, as SGPS não envolvem o exercício em comum de uma atividade económica, que não seja de mera fruição nem, pelo menos a título principal, o fim de repartição dos lucros resultantes daquela atividade".

[7] V. os arts. 8º, 1, e 2º, 1, do DL 495/88, de 30 de dezembro (várias vezes alterado). Sobre este regime, J. A. ENGRÁCIA ANTUNES, "As sociedades gestoras de participações sociais", *DSR*, I, vol. I, 2010, p. 77, ss.. No sentido de que o art. 11º, nº 6, do CSC, não visa as sociedades gestoras de participações sociais, ALEXANDRE DE SOVERAL MARTINS, "Artigo 11º", in: *Código das Sociedades Comerciais em comentário* (coord. de J. M. Coutinho de Abreu), vol. I, Coimbra: Almedina, 2010, p. 234.

[8] V. J. M. BRAZ DA SILVA, *Os paraísos fiscais – Casos práticos com empresas portuguesas*, Coimbra: Almedina, 2004, p. 106, ss..

[9] A L 55/2011, de 15 de novembro, suspende a possibilidade de criação de novas empresas municipais, intermunicipais e metropolitanas. Sobre a criação de sociedades unipessoais no setor empresarial local, v. PEDRO GONÇALVES, *Regime jurídico das empresas municipais*, Coimbra: Almedina, 2007, p. 85, ss..

[10] V. com interesse, MARIA MIGUEL CARVALHO, "Desenvolvimentos recentes relativos ao Estatuto da Sociedade Europeia", *I Congresso Direito das Sociedades em Revista*, Coimbra: Almedina, 2011, p. 453, ss..

As disposições legislativas nacionais adotadas nos termos da Décima-
-Segunda Diretiva 89/667/CEE do Conselho, de 21 de dezembro de 1989,
em matéria de direito das sociedades relativa às sociedades de responsabilidade limitada com um único sócio são aplicáveis *mutatis mutandis* às
SE"[11]. Em Portugal, a sociedade anónima europeia filial de uma outra SE
está sujeita ao regime jurídico societário das sociedades por quotas unipessoais[12].

Em julho de 2008 (embora apresente a data de 25.6.2008), a Comissão
apresentou a proposta de Regulamento do Conselho relativo ao Estatuto
da *Societas Privata Europea* ou sociedade privada europeia[13]. Nos termos
desta proposta, a SPE pode ser unipessoal (art. 3º, nº 1, *e*), e art. 27º, 5) e
os sócios da SPE podem ser quer pessoas singulares quer pessoas coletivas (art. 3º, 1, *e*)).

O CSC prevê dois regimes distintos de sociedades unipessoais: *a*) o
regime da sociedade unipessoal por quotas (arts. 270º-A, ss.); *b*) as sociedades anónimas unipessoais inseridas em relações de grupo constituídos
por domínio total (arts. 488º, ss.). Há ainda a considerar as *disciplinas comuns*
(que não diferenciam tipo societário) relativas: *a*) à dissolução das sociedades unipessoais supervenientes (arts. 142º, ss.) e *b*) ao regime da responsabilidade ilimitada de sócio único por dívidas de sociedades unipessoais
declaradas insolventes (art. 84º).

## 2. Sociedades em relação de grupo e sociedades reduzidas a um único sócio

### 2.1. Sociedades anónimas unipessoais em relação de grupo

Na regulação oitocentista, a força do conceito de sociedade – a pressupor,
como dizia o art. 1240º do Código Civil de Seabra, a associação com outrem
– determinava a inadmissibilidade de sociedades unipessoais por nestas

---

[11] Sobre os custos de constituição da SE, v. Relatório da Comissão ao Parlamento Europeu e
ao Conselho. Aplicação do Regulamento (CE) nº 2157/2001 do Conselho, de 8 de outubro de
2001, relativo ao Estatuto da Sociedade Europeia (SE), COM (2010) 676 final, p. 7.

[12] V. A. Pinto Monteiro/Pedro Maia, "Sociedades anónimas unipessoais e a Reforma
de 2006", *RLJ*, 139 (2010), p. 154.

[13] Sobre esta proposta de regulamento, v. Rui Pinto Duarte, "A *Societas Privata Europaea*:
uma revolução viável", *DSR*, 1, vol. I, p. 49, ss..

falhar a "coletividade"[14]. O CSC, aprovado pelo DL 262/86, de 2 de setembro, revogou as disposições do Código Comercial de 1888, mas preservou a regra geral relativa ao número mínimo de sócios – "O número mínimo de partes de um contrato de sociedade é de dois" (art. 7º, 2)[15].

Esta matriz contratualista não impediu que a versão primitiva do CSC consagrasse "a figura do domínio total inicial do art. 488º - que outra coisa não é senão uma *sociedade anónima unipessoal*"[16]. Só *sociedades por quotas, anónimas e em comandita por ações* podem, nos termos dos arts. 481º e 488º, constituir originariamente uma sociedade anónima unipessoal[17] – a "subsidiária integral", na designação do direito brasileiro.

O *domínio total superveniente*, previsto no art. 489º, resulta de "uma aquisição derivada ou superveniente d[as] frações do capital de uma sociedade já existente"[18]. A sociedade totalmente dominada pode ser do tipo sociedade por quotas ou anónima (art. 489º, 2, *c*), 3)[19].

A circunstância de sociedade dominante e sociedade dominada constituírem um *grupo de sociedades* tem relevantes consequências jurídico-normativas: *a*) à sociedade dominante é reconhecido o poder de dirigir *instruções vinculantes* e até *desvantajosas* (arts. 491º, 503º) à sociedade dominada; *b*) simultaneamente, a sociedade dominante responde *ilimitadamente para*

---

[14] Sobre esta discussão, v. A. FERRER CORREIA, *Sociedades fictícias e unipessoais*, Coimbra: Livraria Atlântida, 1963, p. 195, ss.. V. tb. JOSÉ TAVARES, *Sociedades e empresas comerciais*, 2ª ed., Coimbra: Coimbra Editora, 1924, p. 19, ss.. Atualmente, a definição do contrato de sociedade consta do art. 980º do CCiv..

[15] Cfr. MARIA ELISABETE RAMOS, "Artigo 7º", in: *Código das Sociedades Comerciais em comentário* (coord. de J. M. Coutinho de Abreu), vol. I, Coimbra: Almedina, 2010, p. 123, ss..

[16] JOSÉ ENGRÁCIA ANTUNES, *Os grupos...*, cit., p. 848. O legislador português foi o terceiro em todo o mundo a prever uma regulamentação especial em matéria de grupos de sociedades, seguindo os direitos alemão e brasileiro. Cfr. JOSÉ ENGRÁCIA ANTUNES, *Os grupos...*, cit., p. 271.

[17] Na sequência da Reforma do CSC de 2006, introduzida pelo DL 76-A/2006, de 29 de março, o art. 481º passou a admitir que a sociedade anónima unipessoal possa ser constituída por sociedades com *sede fora de Portugal*. Perante esta alteração legislativa, há quem defenda que "as sociedades estrangeiras não constituem uma relação de grupo com as sociedades unipessoais por si criadas em Portugal" – neste sentido, v. A. PINTO MONTEIRO/PEDRO MAIA, "Sociedades anónimas unipessoais...", cit., p. 140.

[18] JOSÉ ENGRÁCIA ANTUNES, *Os grupos...*, cit., p. 857. Interpolação minha.

[19] Sobre os pressupostos de que depende a constituição de um grupo por domínio total superveniente, v. JOSÉ ENGRÁCIA ANTUNES, *Os grupos...*, cit., p. 857, ss..

QUESTÕES DE DIREITO SOCIETÁRIO EM PORTUGAL E NO BRASIL

*com os credores sociais* pelas obrigações da sociedade dominada (arts. 491º, 502º). E, perante a sociedade dominada, a sociedade dominante (sócia única) é responsável pelas perdas sociais (arts. 502º)[20].

## 2.2. A redução a um único sócio

Na doutrina anterior ao CSC era muito discutida a questão de saber se a redução do número de sócios à unidade determinava a dissolução da sociedade. A doutrina maioritária pronunciava-se no sentido de que a coletividade era necessária tanto na constituição da sociedade como na sua sobrevivência[21]. E, por isso, maioritariamente, entendia-se que a sociedade supervenientemente unipessoal seria dissolvida[22].

A "unipessoalidade superveniente comum"[23] está regulada na Parte Geral do CSC que consagra um *regime comum aos vários tipos de sociedades.* Determina o art. 142º, 1, *a*), que, se por período *superior a um ano,* o número de sócios for inferior ao mínimo exigido por lei – designadamente se ficar reduzido à unidade –, pode ser requerida a *dissolução administrativa* da sociedade[24]. Nos termos do art. 142º, 3, pode o sócio único decidir *dissolver* a sociedade. Dissolvida a sociedade, ela entra em liquidação (art. 146º).

Este regime comum da dissolução não é aplicável às seguintes hipóteses: *a*) um dos sócios é uma pessoa coletiva pública ou entidade a ela equiparada para este efeito[25] (art. 142º, 1, *a*); *b*) o sócio único remanescente declara

---

[20] Sobre estas consequências, v. por todos, José Engrácia Antunes, *Os grupos...,* cit., p. 571, ss..

[21] Para a explicitação dos argumentos invocados pela doutrina dominante, v. A. Ferrer Correia, *Sociedades fictícias* ..., cit., p. 213, que, contudo, não a acompanha.

[22] Com opinião diversa pronunciaram-se A. Ferrer Correia e Pinto Coelho – cfr. A. Ferrer Correia, *Sociedades fictícias* ..., cit., p.196, ss..

[23] Esta designação é usada por Ricardo Costa, *Unipessoalidade societária,* in: *Miscelâneas,* Coimbra: IDET/Almedina, 2003, p. 67.

[24] O regime da dissolução administrativa foi consagrado pelo DL 76-A/2006, de 29 de março. Sobre ele, v. F. Cassiano dos Santos, "Dissolução e liquidação administrativas de sociedades", *Reformas do Código das Sociedades Comerciais,* Coimbra: IDET/Almedina, 2007, p. 139, ss.; Ricardo Costa, "Artigo 142º", in: *Código das Sociedades Comerciais em comentário* (coord. de J. M. Coutinho de Abreu), vol. II, Coimbra: Almedina, 2011, p. 585, s..

[25] Para este efeito v. o art. 545º. "IPE – Investimentos e Participações do Estado, S.A.", mais tarde, "Investimentos e Participações do Empresariais, S.A." (referido no art. 545º), deixou de ser equiparada ao Estado, em consequência do art. 5º do DL 406/90, de 26 de dezembro, e foi dissolvida em 2002. V. Resolução do Conselho de Ministros nº 70/2002, de 6 de agosto, *DR,*

SOCIEDADES UNIPESSOAIS – PERSPECTIVAS DA EXPERIÊNCIA PORTUGUESA

que quer "transformar" a sociedade por quotas pluripessoal e depois residualmente unipessoal em sociedade por quotas unipessoal (art. 270º-A, 2 e 3); *b*); o sócio único remanescente é uma sociedade por quotas, anónima ou em comandita por ações e ficou titular de todas as participações dessa sociedade mantendo essa titularidade – neste caso, a sociedade dominante (sócia única) e a sociedade participada constituem um grupo por domínio total superveniente (art. 489º, 1, 3)[26].

O art. 142º manifesta alguma tolerância relativamente à sociedade unipessoal por redução do número de sócios à unidade, seja qual for o tipo societário[27]. O sócio pode não ter razões para promover a recomposição da pluralidade dos sócios, porque, em regra, continua a beneficiar da responsabilidade limitada (se esta é proporcionada pelo tipo societário). Os credores da sociedade, porque os créditos são pontualmente cumpridos, podem não ter motivos para provocar a dissolução administrativa da sociedade[28]. E, assim, podem estar reunidas as condições para que a situação de unipessoalidade de facto perdure para lá do ano fixado no art. 142º e se mantenha no tempo.

### 2.3. Insolvência da sociedade, sócio remanescente e responsabilidade ilimitada pelas dívidas sociais

A regra vigente no CSC é a de que no período em que se mantém de facto a unipessoalidade superveniente (art. 142º, 1, *a*)), *não há alterações* no regime da responsabilidade do sócio único pelas dívidas da sociedade e, sendo o caso, ele continuará a beneficiar da responsabilidade limitada[29]. Dito de outro modo: no período em que se mantém a unipessoalidade superveniente, o sócio único beneficia do regime de responsabilidade pelas dívidas característico do tipo societário.

---

II Série, de 29/8/2002. Sobre esta evolução, v. ARMANDO TRIUNFANTE, *Código das Sociedades Comerciais anotado*, Coimbra: Coimbra Editora, 2007, p. 145, s.; RICARDO COSTA, "Artigo 142º", cit., p. 586.

[26] RICARDO COSTA, "Artigo 142º", cit., p. 586.

[27] Sobre a influência comunitária, v. MARIA DE FÁTIMA RIBEIRO, *A tutela dos credores da sociedade por quotas e a "desconsideração da personalidade jurídica"*, Coimbra: Almedina, 2009, p. 351, ss..

[28] V. tb. MARIA DE FÁTIMA RIBEIRO, *A tutela...*, cit., p. 354.

[29] Estou, obviamente, a pressupor que se trata de um sócio de responsabilidade limitada (quotista, acionista e comanditário).

O art. 84º constitui uma *exceção* a esta regra. Segundo o nº 1, "se for declarada falida uma sociedade reduzida a um único sócio, este responde ilimitadamente pelas obrigações sociais contraídas no período posterior à concentração das quotas ou das ações, contanto que se prove que nesse período não foram observados os preceitos da lei que estabelecem a afetação do património da sociedade ao cumprimento das respetivas obrigações".

A responsabilidade ilimitada do sócio pelas dívidas sociais depende da verificação cumulativa de dois requisitos: *a*) a insolvência da sociedade[30]; *b*) o desrespeito das normas legais que estabelecem a afetação do património da sociedade ao cumprimento das respetivas obrigações[31]. Se a sociedade estiver a cumprir regular e pontualmente as suas obrigações – e, por conseguinte, não se verifica a situação de insolvência –, ainda que haja abuso da personalidade jurídica, o sócio único não está exposto à sanção do art. 84º[32].

A norma do art. 84º é vista maioritariamente pela doutrina portuguesa como um caso de *desconsideração da personalidade jurídica da sociedade* por via legislativa[33]. A desconsideração da personalidade jurídica determina que, para certos efeitos, deixe de ser considerada a "autonomia jurídico--subjetiva e/ou patrimonial da pessoa coletiva em face dos seus mem-

---

[30] O art. 84º do CSC ainda refere a falência da sociedade. No entanto, este preceito deve ser referido à declaração judicial da insolvência, tendo em conta o teor do art. 11º, 1, do DL 53/2004, de 18 de março.

[31] Sobre estes requisitos, v. PEDRO PAIS DE VASCONCELOS, *A participação social...*, p. 294; RICARDO COSTA, "Artigo 84º" in: *Código das Sociedades Comerciais em comentário* (coord. de J. M. Coutinho de Abreu), vol. I, Coimbra: Almedina, 2010, p. 972.

[32] Neste sentido, RICARDO COSTA, "Artigo 84º", cit., p. 971.

[33] Neste sentido, J. M. COUTINHO DE ABREU, *Da empresarialidade (As empresas no direito)*, Coimbra: Almedina, 1996, p. 210, nt. 541; ID, *Curso...*, cit., p. 177, nt. 33; A. PEREIRA DE ALMEIDA, *Sociedades. Valores mobiliários e mercados*, 6ª ed., Coimbra: Coimbra Editora/ Wolters Kluwer, 2011, p. 47; MARIA DE FÁTIMA RIBEIRO, *A tutela...*, cit., p. 266, 267, nt. 281. Contra, v. F. CASSIANO DOS SANTOS, *A sociedade unipessoal por quotas - Comentários e anotações aos artigos 270º-A a 270º-G do Código das Sociedades Comerciais*, Coimbra: Coimbra Editora, 2009, p. 53, para quem o art. 84º prevê a "responsabilidade própria e solidária do sócio, juntamente com a da sociedade". RICARDO COSTA, "Artigo 84º", cit., p. 971, considera que o art. 84º é "uma norma que desconsidera o particular regime de limitação de responsabilidade que é próprio do tipo social". Na jurisprudência v. o Ac. do STJ de 26.6.2007, CJ/STJ, 2007, II, p. 136.

bros".[34] No universo dos "grupos de casos" construídos para caracterizar sistematicamente a desconsideração da personalidade jurídica, a situação subjacente ao art. 84º integra-se no *grupo de casos de responsabilidade – "a regra da responsabilidade limitada* (ou da não responsabilidade por dívidas sociais) *que beneficia certos sócios* (de sociedades por quotas e anónimas, nomeadamente) é *quebrada*"[35]. E, mais especificamente, a hipótese do art. 84º configura uma situação de *mistura de patrimónios* – há uma circulação/ /confusão de patrimónios entre o património social e o património pessoal do sócio (maioritariamente neste sentido) de modo que é impossível ou inviável distinguir o que pertence a quem[36]. Tudo isto num quadro de inexistentes ou insuficientes registos contabilísticos destas movimentações patrimoniais.

A aplicação do art. 84º e a responsabilidade ilimitada do sócio único dependem da declaração judicial de *insolvência da sociedade unipessoal superveniente*[37]. Como se vê, o art. 84º *não proíbe a unipessoalidade* e não impede

---

[34] J. M. COUTINHO DE ABREU, *Da empresarialidade...*, cit., p. 205. Sobre a desconsideração da personalidade jurídica, v. ID., *Curso...*, 176, ss.. V. tb. ALEXANDRE DE SOVERAL MARTINS, "Da personalidade e capacidade jurídicas das sociedades comerciais", in: *Estudos de direito das sociedades* (coord. de Coutinho de Abreu), 10ª ed., Coimbra: Almedina, p. 105, ss.; J. M. COUTINHO DE ABREU, "Diálogos com a jurisprudência, II – Responsabilidade dos administradores para com credores sociais e desconsideração da personalidade jurídica", *DSR*, 3 (2010), p. 49, ss.; ID., "Artigo 5º", in: *Código das Sociedades Comerciais em comentário* (coord. de Coutinho de Abreu), vol. I, Coimbra: Almedina, 2010, p. 100, ss.; RICARDO COSTA, "Responsabilidade dos gerentes de sociedade por quotas perante credores e desconsideração da personalidade jurídica – Acórdão do Tribunal da Relação do Porto, 29.11.2007, Proc. 0735578", *CDP*, 32 (2010), p. 45, ss.. Sobre a função e génese da desconsideração da personalidade jurídica, v. MARIA DE FÁTIMA RIBEIRO, *A tutela...*, cit., p. 76, ss..

[35] J. M. COUTINHO DE ABREU, "Artigo 5º", cit., p. 100, s.. Sobre a caracterização do grupo de casos e respetiva evolução, v. MARIA DE FÁTIMA RIBEIRO, *A tutela...*, cit., p. 177, ss..

[36] Com exemplos de práticas violadoras da separação de patrimónios, v. RICARDO COSTA, "Artigo 84º", cit., p. 972. Este A. considera que o art. 84º só se aplica quando for sistemática, reiterada e persistente a mistura de patrimónios. Sobre a mistura de patrimónios, v. J. M. COUTINHO DE ABREU, *Da empresarialidade...*, cit., p. 178, ss.; ALEXANDRE DE SOVERAL MARTINS, "Da personalidade...", cit., p. 108.

[37] Sobre a insolvência, v. o art. 3º do CIRE. Na doutrina, v. CATARINA SERRA, *A falência no quadro da tutela jurisdicional dos direitos de crédito – O problema da natureza do processo de liquidação aplicável à insolvência no direito português*, Coimbra: Coimbra Editora, 2009, p. 235, ss. Para a distinção entre insuficiência patrimonial e insolvência, v. J. M. COUTINHO DE ABREU/MARIA ELISABETE RAMOS, "Responsabilidade civil de administradores e de sócios controladores

QUESTÕES DE DIREITO SOCIETÁRIO EM PORTUGAL E NO BRASIL

completamente situações de mistura de patrimónios. A unipessoalidade não é suficiente para desencadear a responsabilidade ilimitada do sócio pelas dívidas da sociedade. Se a sociedade funciona bem, paga atempada e regularmente as suas dívidas, não poderá ser declarada a insolvência e, por conseguinte, falha um dos requisitos de que depende a aplicação do art. 84º. Verificando-se o requisito da insolvência da sociedade, a efetivação da responsabilidade do sócio único é da competência do *administrador de insolvência* (arts. 82º, 3, *c*), 6º, 2, e 5º do CIRE)[38].

À *mistura de patrimónios* – pressuposta pelo art. 84º –, a lei reage com a *responsabilidade ilimitada do sócio único* pelas dívidas da sociedade insolvente contraídas no período posterior à concentração das quotas ou das ações. Ora, esta norma abrange sócios que tipicamente beneficiam da responsabilidade limitada – quotistas, acionistas e sócios comanditários (de sociedades em comanditas por ações).

A mera recomposição plural dos sócios não é, em si mesma, suficiente para afastar o regime do art. 84º, 1. O art. 84º, 2, alarga a responsabilidade ilimitada do sócio único a situações em que a insolvência ocorre depois de ter sido reconstituída a pluralidade de sócios. Pretende-se evitar que, através da reconstituição da pluralidade dos sócios (por exemplo, em conluio com terceiros), o ex-sócio único se subtraia à responsabilidade ilimitada pelas dívidas sociais constituídas no período de concentração das quotas ou das ações. No entanto, pode acontecer, como salienta a doutrina portuguesa, que, recomposta a pluralidade de sócios, a insolvência não se deva à confusão patrimónios[39].

---

(notas sobre o art. 379º do Código do Trabalho)", *Miscelâneas*, 1, Coimbra: IDET/Almedina, 2004, p. 28, ss.; ID., "Artigo 78º", *Código das Sociedades Comerciais em comentário* (coord. de J. M. Coutinho de Abreu), vol. I, Coimbra: Almedina, 2010, p. 896.

[38] Neste sentido, v. RICARDO COSTA, "Artigo 84º", cit., p. 976. O art. 82º, 3, *c*), do CIRE reconhece que durante a pendência do processo de insolvência o administrador da insolvência tem exclusiva legitimidade para propor e fazer seguir "as ações contra os responsáveis legais pelas dívidas do insolvente". No elenco dos responsáveis legais estão, nos termos do art. 6º, nº 2, "as pessoas que, nos termos da lei, respondam pessoal e ilimitadamente pela generalidade das dívidas do insolvente, ainda que a título subsidiário". Sobre a caracterização dos responsáveis legais, v. CATARINA SERRA, *A falência...*, cit., p. 403, ss.. Sobre a competência exclusiva do administrador da insolvência, v. MARIA ELISABETE RAMOS, "A insolvência da sociedade e efetivação da responsabilidade civil dos administradores", BFD, 82 (2007), p. 466, ss..

[39] Cfr. RICARDO COSTA, "Artigo 84º", cit., p. 977, admite que o ex-sócio único possa "ilidir a "presunção" legal e afastar a responsabilidade pelas dívidas da sociedade (enquanto) uni-

O art. 84º suscita vários problemas. Destaco dois: *a*) determinação do âmbito subjetivo de aplicação; *b*) natureza da responsabilidade patrimonial do sócio único pelas dívidas sociais.

A primeira questão consiste em saber se o regime do art. 84º se aplica a sociedades originariamente unipessoais ou só se aplica a sociedades supervenientemente unipessoais. O teor literal do art. 84º, nº 1, fala em "sociedade reduzida a um único sócio". Há quem defenda que o art. 84º não se aplica a sociedades unipessoais originárias[40]. No entanto, a questão é controversa na doutrina portuguesa e há autores que sustentam a aplicação do art. 84º também às sociedades originariamente unipessoais[41].

A segunda questão está em saber se, para efeitos do art. 84º, a responsabilidade do sócio único é *solidária* com a sociedade[42] ou se é *subsidiária* em relação à sociedade[43].

## 3. Sociedade unipessoal por quotas – da rejeição à aceitação na ordem jurídica portuguesa
### 3.1. O insucesso do e.i.r.l

Na sua versão originária, o CSC não permitia que uma pessoa singular constituísse uma sociedade unipessoal. Embora permitida, a *sociedade anónima unipessoal* estava (e está) reservada a sociedades por quotas, anónimas e em comandita por ações (art. 481º) e sujeita às especificidades normativas do grupo constituído por domínio total (arts. 491º, 501º, 503º).

Na realidade empresarial portuguesa vulgarizam-se as sociedades por quotas formalmente pluripessoais, mas materialmente e de *facto unipessoais*. Embora formalmente apresentassem dois sócios ou mais, a verdade é que a vida da sociedade era exclusivamente determinada pelas decisões de um único sócio. O outro era um sócio passivo, ausente e cujo nome foi indi-

---

pessoal".

[40] Neste sentido, Ricardo Costa, "Artigo 84º", cit., p. 978, s..

[41] V. neste sentido, Fátima Ribeiro, *A tutela...*, cit., p. 266, 362, 363 (casos de unipessoalidade material), 369, 371 (unipessoalidade formal); A. Pinto Monteiro/Pedro Maia, "Sociedades anónimas...", cit., p. 146.

[42] Neste sentido, Teresa Anselmo Vaz, " A responsabilidade do acionista controlador", OD, III, IV (1996), p. 381; J. M. Coutinho de Abreu, *Curso...*, cit., p. 56; F. Cassiano dos Santos, *A sociedade unipessoal por quotas...*, cit., p. 53.

[43] Neste sentido, v. Ricardo Costa, "Artigo 84º", p. 977, s..

QUESTÕES DE DIREITO SOCIETÁRIO EM PORTUGAL E NO BRASIL

cado para cumprir formalmente a pluripessoalidade. Recorria-se, assim, a sociedades fictícias, testas de ferro e sócios de favor[44].

O DL 248/86, de 25 de agosto, introduziu na ordem jurídica portuguesa o "estabelecimento individual de responsabilidade limitada"[45] ou, abrevidamente, e.i.r.l., que, juridicamente, é um património separado não personificado. Este instrumento de *limitação da responsabilidade* está disponível para "qualquer *pessoa singular* que exerça ou pretenda exercer uma atividade comercial"[46] (art. 1º do DL 248/86). É através deste mecanismo do *património separado* (do património pessoal do titular do e.i.r.l.) que é conseguida a almejada limitação da responsabilidade do comerciante por dívidas ligadas à exploração desta empresa.

Nos termos do art. 10º do DL 248/86, "o património do estabelecimento individual de responsabilidade limitada *responde unicamente* pelas dívidas contraídas no desenvolvimento das atividades compreendidas no âmbito da respetiva empresa". E, nos termos do art. 11º do DL 248/86, pelas dívidas resultantes de atividades compreendidas no objeto do estabelecimento individual de responsabilidade limitada respondem apenas os bens a este afetados.

Este foi o caminho escolhido para, por um lado, combater o uso patológico da sociedade por quotas e, por outro, para vincar a *rejeição de sociedades unipessoais por quotas*. No entanto, o e.i.r.l. não teve êxito no mundo empresarial português e, em particular, não pôs termo à prática das sociedades por quotas formalmente pluripessoais, mas de facto a funcionar como sociedades unipessoais[47].

---

[44] RICARDO COSTA, *Unipessoalidade...*, cit., p. 47. Esta prática está largamente documentada na doutrina portuguesa. V., por exemplo, OLIVEIRA ASCENSÃO, *Direito comercial*, vol. I, *Institutos Gerais*, Lisboa: F.D.L., 1998/1999, p. 410.

[45] Esta figura deve o seu regime a um estudo prévio elaborado por MARIA ÂNGELA COELHO, "A limitação da responsabilidade do comerciante em nome individual", RDE, 1980/1981, p. 13, ss.. Mais recentemente, v. MARIA ÂNGELA COELHO, "A limitação de responsabilidade do comerciante individual: o EIRL e a sociedade por quotas unipessoal em confronto", em AAVV., *Colóquio Os quinze anos de vigência do Código das Sociedades Comerciais*, Fundação Bissaya Barreto / Instituto Superior Bissaya Barreto, Coimbra, 2003, p. 29, ss..

[46] O itálico não consta do texto original.

[47] Sobre as razões que determinaram o insucesso do e.i.r.l., v. OLIVEIRA ASCENSÃO, "Estabelecimento comercial e estabelecimento individual de responsabilidade limitada", ROA, 1987, p. 19; RICARDO COSTA, "As sociedades unipessoais", in: *Problemas do direito das sociedades*, Coimbra: Almedina/IDET, 2002, p. 40.

SOCIEDADES UNIPESSOAIS – PERSPECTIVAS DA EXPERIÊNCIA PORTUGUESA

O DL 33/2011, de 7 de março, feriu de morte o e.i.r.l. Este diploma introduziu na ordem jurídica portuguesa a vulgarmente designada "empresa de um euro". Esta expressão equívoca, mas dotada de "valor de uso", quer referir a *sociedade por quotas* que, quando é unipessoal, pode ser constituída com o capital social de um euro (art. 201º). No entanto, o regime jurídico do e.i.r.l. continua a exigir o capital mínimo de 5000 euros (art. 3º, 2, do DL 248/86). Como bem se percebe, esta exigência legal relativa ao capital mínimo não estimula a "procura" do e.i.r.l. por parte dos empresários. Embora formalmente em vigor, o e.i.r.l. não representa, de facto, uma alternativa para a limitação da responsabilidade do empresário individual.

### 3.2. A aceitação da sociedade unipessoal por quotas

Segundo a Diretiva do Conselho nº 89/667/CEE, de 21 de dezembro de 1989, relativa às sociedades de responsabilidade limitada com um único sócio[48], "a sociedade pode ter um sócio único no momento da sua constituição, bem como por força da reunião de todas as partes sociais numa única pessoa (sociedade unipessoal)" (art. 2º, 1)[49]. O DL 257/96, de 31 de dezembro, transpôs esta Diretiva para a ordem jurídica portuguesa e enxertou no CSC o Capítulo dedicado às "sociedades unipessoais por quotas" que abrange os arts. 270º-A a 270º-G. São regulados aspetos relativos à "constituição" (art. 270º-A), à "firma" (art. 270º-B), aos "efeitos da unipessoalidade" (art. 270º-C), à "pluralidade de sócios" (art. 270º-D), às "decisões do sócio" (art. 270º-E), ao "contrato do sócio com a sociedade unipessoal" (art. 270º-F). O regime jurídico-societário da sociedade unipessoal é encerrado pelo art. 270º-G, intitulado "Disposições subsidiárias". Segundo esta disposição, "Às sociedades unipessoais por quotas aplicam-

---

[48] Vulgarmente conhecida como 12ª Diretiva em matéria de direito das sociedades.

[49] No entanto, considere-se o art. 7º da 12ª Diretiva e a alternativa que aí se apresenta à sociedade unipessoal por quotas – "Um Estado-membro pode decidir não permitir a existência de sociedades unipessoais no caso de a sua legislação prever a possibilidade de o empresário individual constituir uma empresa de responsabilidade limitada com um património afeto a uma determinada atividade desde que, no que se refere a essas empresas, se prevejam garantias equivalentes às impostas pela presente diretiva bem como pelas outras disposições comunitárias aplicáveis às sociedades referidas no artigo 1º". Sobre esta alternativa, v. RICARDO COSTA, "As sociedades unipessoais", cit., p. 41, nt. 47.

QUESTÕES DE DIREITO SOCIETÁRIO EM PORTUGAL E NO BRASIL

-se as normas que regulam as sociedades por quotas, salvo as que pressupõem a pluralidade de sócios"[50].

## 4. Processos de constituição de sociedade unipessoal por quotas
## 4.1. Variedade dos processos

A sociedade por quotas unipessoal é tipicamente constituída por um *sócio único* que é o *titular da totalidade do capital social*[51]. Há vários *caminhos* para conseguir este resultado. O art. 270º-A apresenta três vias: *a)* constituição originária; *b)* concentração das quotas de uma sociedade (anteriormente pluripessoal) em um único sócio; *c)* "transformação" de e.i.r.l. em sociedade por quotas unipessoal[52].

Aplicam-se, com as devidas adaptações, à *constituição originária* da sociedade por quotas unipessoal as normas do CSC e de legislação extravagante sobre constituição de sociedades (art. 270º-G). Vejamos, a traço largo, alguns aspetos relativos à constituição da sociedade.

### 3.2. Constituição originária – processo tradicional e processos especiais

O processo *tradicional ou normal* de constituição de sociedades (sejam elas unipessoais ou pluripessoais) desenvolve-se em três momentos essenciais: *a)* ato constituinte inicial reduzido a escrito, sendo a assinatura de sócio(s) reconhecida presencialmente (art. 7º, 1)[53]; *b)* registo definitivo do ato constituinte de sociedade; *c)* publicação oficial[54]. A regulação das sociedades

---

[50] É interessante verificar que a regulação da sociedade anónima unipessoal (ar. 488º) não apresenta norma semelhante ao art. 270º-G.

[51] Sobre o critério e casos de sócio único, v. F. CASSIANO DOS SANTOS, *A sociedade unipessoal...*, cit., p. 60, ss.; ID, "Sociedades unipessoais...", cit., p. 122, ss..

[52] Não estou a considerar as sociedades criadas por ato legislativo.

[53] O art. 7º, embora refira literalmente "contrato de sociedade", também se aplica ao negócio jurídico unilateral de constituição de sociedade por quotas unipessoal. Na verdade, por força do art. 270º-G, as regras sobre a forma do contrato de sociedade também se aplicam ao negócio jurídico unilateral pelo qual se constitui a sociedade. Cfr. MARIA ELISABETE RAMOS, "Artigo 7º", *Código das Sociedades Comerciais em comentário* (coord. de J. M. Coutinho de Abreu), vol. I, Coimbra: Almedina, 2010, p. 134.

[54] Sobre o processo tradicional/normal de constituição de sociedades, v. MARIA ELISABETE RAMOS, "Constituição de Sociedades", in: *Estudos de direito das sociedades* (coord. de J. M. Coutinho de Abreu), 10ª ed., Coimbra: Almedina, 2010, p. 41, ss.; J. M. COUTINHO DE ABREU, *Curso...*, cit., p. 85, ss.. V. ALEXANDRE DE SOVERAL MARTINS, "Contrato de sociedade: vícios

SOCIEDADES UNIPESSOAIS – PERSPECTIVAS DA EXPERIÊNCIA PORTUGUESA

unipessoais por quotas introduz algumas particularidades que, no presente estudo, interessa conhecer.

Qualquer pessoa singular ou coletiva, "com sede em Portugal ou no estrangeiro"[55], pode constituir uma sociedade unipessoal por quotas. No entanto, nos termos do art. 270º-C, 1, "uma pessoa singular só pode ser sócia de uma única sociedade unipessoal". Por sua vez, o art. 270º-C, 2, prescreve que "uma sociedade por quotas não pode ter como sócio único uma sociedade unipessoal por quotas"[56]. Ora estas proibições não existem para as sociedades por quotas pluripessoais. Uma pessoa singular e uma sociedade por quotas (pluripessoal) podem ser sócias de sociedades por quotas pluripessoais; uma pessoa singular pode ter participação social em várias sociedades por quotas pluripessoais. Também nada impede que uma sociedade por quotas pluripessoal (ou uma anónima) constitua uma ou mais sociedades unipessoais por quotas[57].

A questão que se discute é se aos casos em que a sociedade totalmente dominada é uma *sociedade unipessoal por quotas* se aplicam as normas sobre as relações de grupo (arts. 488º, 491º, 501º a 504º) ou é aplicável o regime das sociedades unipessoais por quotas. Na doutrina portuguesa, há quem defenda que, estando cumpridos os requisitos do art. 481º, se constitui uma relação de grupo com a sociedade unipessoal por quotas (totalmente dominada)[58]. Outras opiniões sustentam que à referida hipótese não é aplicável o direito dos grupos[59].

---

e invalidade", *BFD*, 86 (2010), p. 119, ss., para uma análise de vícios que conduzem à invalidade do contrato de sociedade.

[55] Neste sentido, A. PINTO MONTEIRO/PEDRO MAIA, "Sociedades anónimas unipessoais", cit., p. 139.

[56] Para uma análise crítica desta solução, v. J. M. COUTINHO DE ABREU, *Curso...*, cit., p. 98, nt. 25; V. RICARDO COSTA, *A sociedade por quotas unipessoal no direito português*, Coimbra: Almedina, 2002, p. 289. V. tb. F. CASSIANO DOS SANTOS, *A sociedade unipessoal...*, cit., p. 84.

[57] Apontando a incongruência da lei, v. RICARDO COSTA, *Unipessoalidade...*, cit., p. 91, ss..

[58] Neste sentido, v. J. ENGRÁCIA ANTUNES, *Os grupos...*, p. 850, ss; F. CASSIANO DOS SANTOS, *A sociedade unipessoal...*, cit., p. 86, ID, "Sociedades unipessoais...", cit., p. 126.

[59] J. OLIVEIRA ASCENSÃO, *Direito comercial*, vol. IV. *Sociedades comerciais*. Parte geral. Lisboa, 2000, p. 581; J. M. COUTINHO DE ABREU, *Curso...*, 98, s., nt. 25; RICARDO COSTA, "Unipessoalidade...", cit., p. 94, ss.; RUI PEREIRA DIAS, *Responsabilidade por exercício de influência sobre a administração de sociedades anónimas. Uma análise de direito material e de direito de conflitos*, Coimbra: Almedina, 2007, p. 264, nt. 723. MARIA DE FÁTIMA RIBEIRO, *A tutela...*, cit., p. 412, nt. 90, sustenta que a dúvida só se pode pôr quanto à unipessoalidade originária das socieda-

O ato constituinte inicial da sociedade unipessoal por quotas – que é um negócio jurídico unilateral e não um contrato – deve incluir as menções referidas nos arts. 9º e 199º[60], devidamente adaptadas[61]. Há que assinalar que a firma da sociedade unipessoal por quotas deve ser formada pela expressão "sociedade unipessoal" ou pela palavra "unipessoal" antes da palavra "limitada" ou da abreviatura "L.$^{da}$." (art. 270º-B).

Os *processos especiais* de constituição de sociedades – vulgarmente conhecidos como "empresa na hora"[62] e "empresa online"[63] – são compatíveis com a sociedade unipessoal por quotas. Estes processos visam garantir, por um lado, a celeridade na constituição e, por outro, a redução dos "custos de contexto" que podem ser inibidores da iniciativa empresarial.

O processo de constituição imediata de sociedades por quotas e anónimas ("empresa na hora") é da competência das conservatórias do registo comercial ou de quaisquer outros serviços desconcentrados do Instituto dos Registos e do Notariado, independentemente da localização da sede da sociedade a constituir (art. 4º, 1, do DL 111/2005). O procedimento pode também ser promovido no posto de atendimento do registo comer-

---

des por quotas, pois quanto à unipessoalidade superveniente o problema não se põe, uma vez que o art. 489º regula a situação. V. tb. A. Pinto Monteiro/Pedro Maia, "Sociedades anónimas unipessoais", cit., p. 139.

[60] Com o DL 33/2011, de 7 de março, o capital social das sociedades por quotas (unipessoais e pluripessoais) passou a ser livremente definido pelos sócios ( art. 201º). Em rigor, o capital social mínimo não foi eliminado nas sociedades por quotas – sendo a sociedade por quotas unipessoal, o capital social mínimo é de um euro (arts. 25º, 1, 219º, 3). Sobre estas alterações legislativas, v., Maria Miguel Carvalho, "O novo regime jurídico do capital social das sociedades por quotas", in: *Capital social livre e ações sem valor nominal*, Coimbra: Almedina, 2011, p. 9, ss.; Maria Elisabete Ramos, "Capital social livre? Reflexões em torno das responsabilidades dos sócios e dos gerentes", in: *Capital social livre e ações sem valor nominal*, Coimbra: Almedina, 2011, p. 85, ss.; Paulo de Tarso Domingues, "Artigo 201º", in: *Código das Sociedades Comerciais em comentário* (coord. de J. M. Coutinho de Abreu), vol. III, Coimbra: Almedina, 2011, p. 210, ss..

[61] Cfr. F. Cassiano dos Santos, *A sociedade unipessoal por quotas...*, cit., p. 118.

[62] Cfr. DL 111/2005, de 8 de julho (várias vezes alterado). Sobre a empresa na hora, v. Alexandre de Soveral Martins, "Empresas na hora", in: *Temas de Societários*, Colóquios nº 2, Coimbra: IDET/Almedina, 2006, p. 81, ss., J. M. Coutinho de Abreu, *Curso...*, cit., p. 91, s.; Maria Elisabete Ramos, "Constituição das sociedades comerciais"..., cit., p. 78, ss..

[63] Cfr. DL 125/2006, de 29 de junho (várias vezes alterado).

SOCIEDADES UNIPESSOAIS – PERSPECTIVAS DA EXPERIÊNCIA PORTUGUESA

cial a funcionar junto dos Centros de Formalidades de Empresas (art. 4º, nº 2, do DL 111/2005)[64].

A celeridade do processo de constituição da "empresa na hora" está patente na imposição legal de que os "serviços (...) devem iniciar e concluir a tramitação do procedimento no mesmo dia, em atendimento presencial único" (art. 5º do DL 111/2005). Pedra basilar deste regime é uma certa *normalização* no que toca o conteúdo do ato constituinte. Não se estranha, pois, que o art. 3º, *a*), do DL 11/2005 exija que o sócio opte por ato constituinte de modelo aprovado pelo presidente do Instituto dos Registos e Notariado[65]. Quanto à firma, o sócio pode optar por requerer a aprovação da firma no posto de atendimento, por constituir a firma da sociedade a partir de expressão de fantasia que foi criada e reservada a favor do Estado[66] ou por apresentar certificado de admissibilidade da firma emitido pelo Registo Nacional de Pessoas Coletivas (art. 3º, 3, do DL 111/2005).

Este regime não é isento de problemas e de dúvidas. Constitui, no entanto, uma iniciativa louvável que satisfaz as necessidades de determinados projetos empresariais[67].

O DL 125/2006 criou o regime especial de constituição *online* de sociedades por quotas e anónimas, através de sítio na Internet[68]. Este procedimento é da competência do Registo Nacional de Pessoas Coletivas, independentemente da localização da sede da sociedade unipessoal por quotas a constituir (art. 3º, nº 1, do DL 125/2006). Ao contrário do que acontece com a "empresa na hora" (cujo regime admite as entradas em espécie, seja qual for o documento necessário para titular a transmissão para a sociedade), o procedimento da "empresa *online*" não é aplicável quando haja entradas em espécie cuja transmissão para a sociedade exija forma mais solene do que a forma escrita (art. 2º do DL 125/2006). Tal

---

[64] Para mais desenvolvimentos, v. J. M. COUTINHO DE ABREU, *Curso...*, cit., p. 91, s.; MARIA ELISABETE RAMOS, "Constituição...", cit., p. 78, s..

[65] Neste momento, está disponível um modelo de ato constituinte de sociedade por quotas unipessoal. Pode ser consultado em http://www.empresanahora.pt/ENH/sections/PT_pactos.

[66] Para a consulta da bolsa de firmas, v. www.empresanahora.m.j.pt.

[67] Sobre alguns dos problemas suscitados pelo regime da "empresa na hora", v. ALEXANDRE DE SOVERAL MARTINS, "Empresas na hora", cit., p. 96, ss..

[68] Sobre a "empresa *online*", v. J. M. COUTINHO DE ABREU, *Curso...*, cit., p. 91, s.; MARIA ELISABETE RAMOS, "Constituição...", cit., p. 78, s.. Sobre a criação da empresa *online*, v. tb. FRANCISCA ALMEIDA D'EÇA, *Registos online*, 2ª ed., Coimbra: Almedina, 2009, p. 53, ss..

QUESTÕES DE DIREITO SOCIETÁRIO EM PORTUGAL E NO BRASIL

como a "empresa na hora", o procedimento da empresa "online" não é aplicável às sociedades anónimas europeias (art. 2º do DL 125/2006).

## 3.2. Concentração das quotas em um único sócio

Nos termos do art. 270º-A, 2, a sociedade por quotas unipessoal "pode resultar da concentração na titularidade de um único sócio das quotas de uma sociedade por quotas, independentemente da causa da concentração". Acrescenta o nº 3 que "a transformação prevista no [nº 2] efetua-se mediante declaração do sócio único na qual manifeste a sua vontade de transformar a sociedade em sociedade unipessoal por quotas, podendo essa declaração constar do próprio documento que titule a cessão de quotas".

Este preceito regula a hipótese em que uma sociedade por *quotas pluripessoal* fica, em dado momento, reduzida a um único sócio que concentra na sua titularidade todas as participações sociais e que *declara* que quer converter essa sociedade em sociedade unipessoal por quotas. Trata-se, pois, de uma situação de "unipessoalidade superveniente declarada"[69].

O art. 270º-A, 3, fala em "transformação"[70]. Rigorosamente, a transformação pressupõe que "a sociedade muda a sua forma de organização jurídica, subsistindo incólume com os mesmos sócios e com o mesmo património"[71]. A questão está em saber se a sociedade unipessoal por quotas é um novo tipo societário ou tão-só um subtipo do tipo sociedades por quotas[72]. Os Autores que defendem que a sociedade unipessoal por quotas

[69] Cfr. RICARDO COSTA, *Unipessoalidade...*, cit., p. 96, 98.
[70] Apreciando criticamente a formulação legal, v. ALEXANDRE DE SOVERAL MARTINS, Código das Sociedades Comerciais – alterações introduzidas pelo Decreto-Lei nº 257/96, de 31 de dezembro", *RJUM*, 1998, p. 309.
[71] Cfr. ELDA MARQUES, "Artigo 130º", in: *Código das Sociedades Comerciais em comentário* (coord. de J. M. Coutinho de Abreu), vol. II, Coimbra: Almedina, 2011, p. 479.
[72] No sentido de que a sociedade por quotas unipessoal não é um novo tipo societário, v. RICARDO COSTA, *A sociedade...*, cit., p. 277, nt. 261; MARGARIDA AZEVEDO DE ALMEIDA, "O problema da responsabilidade do sócio único perante os credores da sociedade por quotas unipessoal", *RCEJ* nº 3, 2005, p. 70; A. PEREIRA DE ALMEIDA, *Sociedades comerciais...*, cit., p. 416; MARIA DE FÁTIMA RIBEIRO, *A tutela...*cit., p. 372. F. CASSIANO DOS SANTOS, "Sociedades unipessoais...", p. 118, ss.. Em sentido oposto, v. OLIVEIRA ASCENSÃO, *Sociedades comerciais*, IV, 2000, p. 136; A. MENEZES CORDEIRO, *Manual de direito das sociedades*, II. *Das sociedades em especial*, 2ª ed., Coimbra: Almedina, 2007, p. 475; J. MARQUES ESTACA, "Artigo 270º-A", in: *Código das Sociedades Comerciais anotado* (coord. de A. Menezes Cordeiro), 2ª ed., Coimbra: Almedina, 2011, p. 776.

382

*não é um novo tipo societário* sublinham que não configura uma transformação a operação pela qual uma sociedade por quotas pluripessoal, em razão da concentração das quotas, assume a natureza de sociedade unipessoal[73]. Por isso, há quem, a este propósito, preferia falar em *conversão*[74].

A conversão (ou transformação) *não é automática*. É exigida uma declaração do sócio único (sublinhe-se que é uma declaração do sócio e não da sociedade[75]) em que ele manifeste a sua vontade de transformar a sociedade (constituída por vários sócios, mas reduzida à unidade) em sociedade unipessoal por quotas (art. 270º-A, 3). Tal declaração pode constar do ato pelo qual se verifique a concentração das participações sociais no sócio único – por exemplo, o documento de cessão de quotas ou a ata da deliberação de amortização ou de exclusão de sócio – ou ser posterior[76].

É imperioso que haja declaração emitida pelo sócio. Sem esta declaração, a sociedade fica exposta à dissolução, nos termos do art. 142º, 1, *a*)[77].

Se, no entanto, o sócio tornado único da sociedade por quotas for uma sociedade por quotas, anónima ou em comandita por ações (art. 481º, 1), há que considerar que, com a concentração das participações sociais na titularidade desse sócio, passa a aplicar-se *ex vi legis*[78] a essa sociedade o regime das sociedades coligadas e, em particular, o das sociedades em relação de grupo. Prevalece o regime dos grupos e aplica-se exclusivamente o art. 489º, 2[79].

Operada a conversão ou a transformação em sociedade por quotas unipessoal, passam a ser aplicáveis as normas que regulam esta última. Nos termos do nº 4, do art. 270º-A, "deixam de ser aplicáveis todas as disposições do contrato de sociedade que pressuponham a pluralidade de sócios".

---

[73] No sentido de que não há transformação, v. RICARDO COSTA, *A sociedade...*, cit., p. 277, nt. 261; F. CASSIANO DOS SANTOS, "Sociedades unipessoais...", p. 118, ss..

[74] RICARDO COSTA, *Unipessoalidade...*, cit., p. 98; F. CASSIANO DOS SANTOS, *A sociedade unipessoal ...*, cit., p. 68, s..

[75] Em igual sentido, v. F. CASSIANO DOS SANTOS, *A sociedade unipessoal...*, cit., p. 70.

[76] A questão que se levanta é a da forma que tal declaração do sócio deve seguir. Com diferentes opiniões, v. F. CASSIANO DOS SANTOS, *A sociedade unipessoal...*, cit., p. 72; JOSÉ MARQUES ESTACA, "Artigo 270º-A", cit., p. 779.

[77] Sobre esta disposição, v. RICARDO COSTA, "Artigo 142º", cit., p. 578, ss..

[78] RICARDO COSTA, *Unipessoalidade...*, cit., p. 99; F. CASSIANO DOS SANTOS, *A sociedade unipessoal ...*, cit., p. 73.

[79] RICARDO COSTA, *Unipessoalidade ...*, cit., p. 98; F. CASSIANO DOS SANTOS, *A sociedade unipessoal ...*, cit., p. 73.

QUESTÕES DE DIREITO SOCIETÁRIO EM PORTUGAL E NO BRASIL

Trata-se de uma previsão desnecessária, tendo em conta a norma remissiva geral constante do art. 270º-G[80].

### 3.3. "Transformação" do e.i.r.l. em sociedade unipessoal por quotas

Nos termos do art. 270º-A, 5, "o estabelecimento individual de responsabilidade limitada pode, a todo o tempo, transformar-se em sociedade unipessoal por quotas, mediante declaração escrita do interessado".

Apesar do teor literal da norma, esta hipótese parece não configurar uma transformação, mas sim a constituição (originária) de uma sociedade unipessoal por quotas com entrada em espécie[81] constituída por este "estabelecimento comercial especial"[82]. O e.i.r.l. é um património autónomo, *não é uma sociedade* nem possui personalidade jurídica. Por conseguinte, a iniciativa da "transformação" não é encabeçada pelo e.i.r.l.; quem assume tal iniciativa é o seu titular.

O art. 270º-A, 5, refere tão-só que é necessária uma "declaração escrita" que será emitida, não pelo e.i.r.l., mas sim pelo seu titular. Nada diz quanto ao conteúdo dessa declaração escrita – designadamente pode pôr-se a questão de saber se ela deve conter os elementos dos arts. 9º e 199º. É certo que a sociedade unipessoal por quotas constituída por esta via não pode operar com a firma do e.i.r.l.. Será, portanto, necessário um certificado de admissibilidade da firma que reconheça a firma da sociedade unipessoal por quotas que deve ser composta cumprindo os requisitos específicos do art. 270º-B.

A quota do sócio único é realizada pela *entrada em espécie* (o património do e.i.r.l.), avaliada pelo ROC, nos termos do art. 28º[83]. Esta é a solução que melhor serve a tutela dos credores sociais[84].

---

[80] V. tb. F. Cassiano dos Santos, *A sociedade unipessoal...*, cit., p.77.

[81] Neste sentido, v. A. Pereira de Almeida, *Sociedades...*, cit., p. 419; F. Cassiano dos Santos, *A sociedade unipessoal...*, cit., p. 79.

[82] J. M. Coutinho de Abreu, *Curso de direito comercial*, vol. I. *Introdução, atos de comércio, comerciantes, empresas, sinais distintivos*, 8ª ed., Coimbra: Almedina, 2011, p. 252.

[83] José Marques Estaca, "Artigos 270º-A a 270º-G/Introdução", in: *Código das Sociedades Comerciais anotado* (coord. de A. Menezes Cordeiro), 2ª ed., Coimbra: Almedina, 2011, p. 778; A. Pereira de Almeida, *Sociedades...*, cit., p. 419. Com opinião diferente, v. F. Cassiano dos Santos, *A sociedade unipessoal...*, cit., p. 79.

[84] A avaliação obrigatória das entradas em espécie por um ROC independente visa "assegurar o cumprimento do chamado princípio da exata formação do capital social" – Paulo de

## 4. Dissolução por via administrativa

Já vimos que o CSC impõe, através de *normas legais imperativas*, certas restrições à iniciativa privada quando esta se exerce através de sociedades unipessoais por quotas. Uma pessoa singular só pode participar em uma sociedade unipessoal por quotas (art. 270º-C, 1) e uma sociedade unipessoal por quotas está impedida de constituir uma sociedade unipessoal por quotas (art. 270º-C, 2).

O CSC não só consagra a proibição como prevê a sanção para a violação daquelas normas imperativas. O art. 270º-C, 3, determina que, perante a violação dos nºs 2 e 3, "qualquer interessado pode requerer a dissolução das sociedades por via administrativa".

A primeira interrogação está em saber que *sociedades estão sujeitas à dissolução*. Na doutrina portuguesa há quem sustente uma reação diferenciada à violação do nº 1 e do nº 2 do art. 270º-C[85]. Para este entendimento, no caso em que uma pessoa singular é titular de mais do que uma sociedade unipessoal por quotas, é a *segunda sociedade* e posteriores que estarão sujeitas a dissolução[86]. Havendo violação do art. 270º-C, nº 2, estão sujeitas a dissolução todas as sociedades unipessoais por quotas de que uma sociedade unipessoal por quotas se tenha tornado sócia[87].

A dissolução segue "a via administrativa" (art. 270º-C, 3). Este segmento do preceito refere-se ao "procedimento administrativo de dissolução de sociedades" e, mais precisamente, ao art. 4º, 3, *e*) e *f*), do RJPADL[88]. A dissolução referida no art. 270.-C, 3, não segue o regime de dissolução previsto no art. 142º do CSC.

De modo a ser evitada a dissolução administrativa, o art. 270º-C, 4 admite a possibilidade de *regularização*. A referida regularização consistirá, por exemplo, em uma das sociedades unipessoais de que a pessoa singular é sócio tornar-se sociedade pluripessoal.

---

Tarso Domingues, "Artigo 28º", in: *Código das Sociedades Comerciais em comentário* (coord. de J. M. Coutinho de Abreu), vol. I, Coimbra: Almedina, 2010, p. 459.

[85] Cfr. F. Cassiano dos Santos, *A sociedade unipessoal...*, cit., p. 92.

[86] F. Cassiano dos Santos, *A sociedade unipessoal...*, cit., p. 92.

[87] F. Cassiano dos Santos, *A sociedade unipessoal...*, cit., p. 93.

[88] V. Ricardo Costa, "Artigo 142º", cit., p. 594, s..

QUESTÕES DE DIREITO SOCIETÁRIO EM PORTUGAL E NO BRASIL

## 5. Decisões do sócio único

O art. 270º-E trata as "decisões do sócio" único, consagrando no nº 1 que ele "exerce as competências das assembleias gerais, podendo, designadamente, nomear gerentes". Esta norma pressupõe o rol de "competências dos sócios" que consta do art. 246º.

Ainda que se entenda que nas sociedades unipessoais por quotas há assembleia, jamais este nome deve ser entendido como reunião de sócios. Porque esta última, pura e simplesmente, não existe nas sociedades unipessoais por quotas. Pode, porém, dizer-se que as sociedades unipessoais por quotas também têm assembleia geral – mas unicamente no sentido de "órgão social, a quem em certas matérias compete formar vontade juridicamente imputável à sociedade"[89]. Nas sociedades unipessoais por quotas, o sócio toma decisões e não deliberações em assembleia universal ou convocada[90]. O que é rigoroso é dizer que o "sócio único toma decisões (formalizadas) sobre as matérias em que (...) compete à assembleia geral deliberar; não tem portanto o sócio único de se constituir em assembleia geral"[91].

*Não são aplicáveis* às sociedades unipessoais por quotas as normas sobre a convocação, reunião e deliberação da e em assembleia (arts. 248º, 3, 4, 375º, 376º, 377º, nºs 5 a 8, 379º, 381º, 382º, 383º, 1, 385º, 386º, 5, 387º, todos eles dedicados à disciplina da sociedade anónima e aplicáveis, por força do art. 248º, 1, à sociedade por quotas) e sobre o quórum deliberativo (arts. 250º, 3, 257º, 2, 265º, 1)[92].

Nos termos do CSC, o gerente de sociedade unipessoal por quotas e o conselho fiscal (se existir[93]) são competentes para convocar a assembleia geral, nos termos do art. 248º, 3, 1, 377º, 1. Portanto, subsiste a possibili-

---

[89] J. M. COUTINHO DE ABREU, "Artigo 53", in: *Código das Sociedades Comerciais em comentário* (coord. de J. M. Coutinho de Abreu), vol. I., Coimbra: Almedina, 2010, p. 640. V. tb. JOSÉ MARQUES ESTACA, "Artigo 270º-E", in: *Código das Sociedades Comerciais anotado* (coord. de A. Menezes Cordeiro), 2ª ed., Coimbra: Almedina, 2011, p. 784.

[90] Neste sentido, v. ALEXANDRE DE SOVERAL MARTINS, "Código...", cit., p. 310; RICARDO COSTA, *Unipessoalidade...*, cit., p. 117; J. M. COUTINHO DE ABREU, "Artigo 53º", cit., p. 640. No direito pretérito v. A. FERRER CORREIA, *Sociedades fictícias...*, cit., p. 190.

[91] J. M. COUTINHO DE ABREU, *Da empresarialidade...*, cit., p. 145.

[92] J. M. COUTINHO DE ABREU, "Artigo 53º", cit., p. 640; RICARDO COSTA, *Unipessoalidade...*, cit., p. 119. Em sentido diverso, v. JOSÉ MARQUES ESTACA, "Artigo 270º-E",cit., p. 784.

[93] V. art. 262º. Sobre o carácter facultativo do conselho fiscal nas sociedades por quotas, v. A. PEREIRA DE ALMEIDA, *Sociedades...*, cit., p. 313.

dade de o sócio único se reunir "mais ou menos 'formalmente' com, *v.g.*, os membros dos órgão de administração e/ou fiscalização"[94]. No entanto, é o *sócio único* a formar a *decisão* – que será uma decisão de sócio único, e não uma deliberação[95].

O art. 270º-E, 2, acrescenta que as decisões do sócio de natureza igual às deliberações da assembleia geral devem ser *registadas em ata por ele assinada*[96]. Aplica-se, por remissão do art. 270º-G, o art. 63º à ata que regista as decisões do sócio único[97]. Ou seja, terá de haver documentação por escrito da ata e inclusão de menções relevantes como a identificação da sociedade, a indicação do local e do dia e hora da decisão e o conteúdo desta[98].

### 6. Negócios entre a sociedade e o sócio único

Na sociedade unipessoal por quotas intensifica-se o risco de o património social ser desviado pelo sócio único para o seu património pessoal. Subsiste o risco de não ser respeitada a separação entre o património da sociedade e o do sócio[99], com evidente prejuízo de credores da sociedade[100].

---

[94] Cfr. J. M. Coutinho de Abreu, "Artigo 53º", cit., p. 640. V. tb. Ricardo Costa, *Unipessoalidade....*, cit. p. 120. Paulo Olavo Cunha, *Direito das sociedades comerciais*, 5ª ed., Coimbra: Almedina, 2012, p. 621-622, defende que nas sociedades por quotas unipessoais "não tem sentido promover a convocação formal da "assembleia", embora deva haver uma concertação prévia entre todos os interessados (sócio único e titulares dos órgãos sociais)".

[95] Neste sentido, v. J. M. Coutinho de Abreu, "Artigo 53º", cit., p. 640; Ricardo Costa, *Unipessoalidade...*, cit., p. 124, s..

[96] Ricardo Costa, *Unipessoalidade...*, cit., p. 130, defende que a decisão não registada em ata será inoponível a qualquer sujeito interessado (gerente ou credor).

[97] Sobre as atas de deliberações dos sócios, v. J. M. Coutinho de Abreu, "Artigo 63º", in: *Código das Sociedades Comerciais em comentário* (coord. de J. M. Coutinho de Abreu), vol. I, Coimbra: Almedina, 2010, pp. 711, ss..

[98] F. Cassiano dos Santos, *A sociedade unipessoal...*, cit., p. 101. Sobre as consequências da infração da norma que obriga ao registo da decisão em ata assinada pelo sócio único, v. Ricardo Costa, "As sociedades unipessoais...", cit., p. 24, ss.. Sobre a ata inválida, v. José Marques Estaca, "Artigo 270º-E", cit., p. 785.

[99] Ricardo Costa, *A sociedade por quotas...*, cit., p. 686, s.; Filipe Cassiano dos Santos, *A sociedade unipessoal...*, cit., 109.

[100] Em geral, v. Alexandre de Soveral Martins, "Código...", cit., p. 312; Ricardo Costa, *A sociedade por quotas unipessoal no direito português. Contributo para o estudo do seu regime jurídico*, Coimbra: Almedina, 2002, cit., p. 653, ss., A. Menezes Cordeiro, *Direito europeu das sociedades*, Coimbra: Almedina, 2005, p. 488.

Ao contrário do que resultava da redação original do art. 270º-F[101], atualmente não é exigido que o ato constituinte da sociedade unipessoal por quotas contenha autorização para a celebração de negócios jurídicos entre ela e o sócio único.

Nas sociedades por quotas pluripessoais, o sócio interessado no negócio com a sociedade está impedido de votar (art. 251º, 1, *g*)), e, por conseguinte, a decisão de a sociedade contratar com o sócio há de ser determinada exclusivamente pelo interesse social para o que concorrem os votos dos sócios não impedidos[102]. Por definição, na sociedade unipessoal por quotas inexistem outros sócios.

Pesem embora os riscos e as suspeitas[103], não são completamente proibidos os negócios entre o sócio único e a sociedade unipessoal por quotas. Os requisitos de validade e de publicidade destes negócios são[104]: *a)* o contrato entre a sociedade unipessoal e o sócio único deve servir a prossecução do *objeto da sociedade*[105] (art. 270º-F, 1); *b)* deve ser respeitada a forma legalmente prescrita "e, em todos os casos", deve ser observada "a forma escrita" (art. 270º-F, 2)[106]; *c)* os documentos que exaram os negócios celebrados entre o sócio único e a sociedade devem ser patenteados conjuntamente com o relatório de gestão e os documentos de prestação de contas, podendo ser consultados por qualquer interessado (art. 270º-F, 3)[107]. O objetivo destes requisitos é preservar a separação patrimonial entre as esferas do sócio e da sociedade e garantir "uma certa transparência nas

---

[101] Salientando a singularidade do art. 270º-F, por referência a ordens jurídicas estrangeiras, v. MARIA DE FÁTIMA RIBEIRO, *A tutela...*, cit., p. 394.

[102] A. PINTO MONTEIRO/PEDRO MAIA, "Sociedades anónimas unipessoais...", cit., p. 148.

[103] V. RICARDO COSTA, *Unipessoalidade...*, cit., p. 132.

[104] Para uma proposta de *iure condendo* de repressão dos abusos de unipessoalidade, v. RICARDO COSTA, *Unipessoalidade...*, cit., p. 133

[105] Para a distinção entre objeto e fim da sociedade, v. ALEXANDRE DE SOVERAL MARTINS, "Capacidade e representação das sociedades comerciais", in: *Problemas de direito das sociedades*, Coimbra: IDET/Almedina, 2002, p. 472, ss..

[106] A. PEREIRA DE ALMEIDA, *Sociedades...*, cit., p. 421, JOSÉ MARQUES ESTACA, "Artigo 270º-F", cit., p. 787, defendem uma interpretação restritiva do art. 270º-F, 2. Nesta interpretação, a exigência de forma não abrange "os contratos celebrados no exercício do comércio habitual da sociedade de acordo com as condições gerais praticadas para os clientes".

[107] Sobre o interesse do sócio e da sociedade em não verem exposta a vida empresarial, v. CATARINA SERRA, "As novas sociedades unipessoais por quotas", *SI*, 1997, p. 138.

SOCIEDADES UNIPESSOAIS – PERSPECTIVAS DA EXPERIÊNCIA PORTUGUESA

relações contratuais entre sócio e sociedade, a fim de os terceiros melhor poderem fazer valer eventuais direitos"[108].

O art. 270º-F, 1, traça a distinção entre os negócios que servem a "prossecução do objeto social"[109] e outros, *proibindo* expressamente estes últimos[110]. Desviando-se do regime geral[111] quanto à capacidade de gozo das sociedades comerciais constante do art. 6º[112], o art. 270º-F, 1, determina a *nulidade* dos negócios jurídicos que não sirvam a prossecução do objeto social (ainda que onerosos e não causadores de empobrecimento da sociedade)[113].

A inobservância das exigências legais a que estão submetidos os negócios jurídicos celebrados entre a sociedade unipessoal por quotas e o sócio é sancionada com a *nulidade* dos negócios jurídicos e a *responsabilidade ilimitada* do sócio (art. 270º-F, 4)[114].

---

[108] J. M. COUTINHO DE ABREU, *Da empresarialidade...*, cit., p. 149. V. tb. JOSÉ MARQUES ESTACA, "Artigo 270º-F", in: *Código das Sociedades Comerciais anotado* (coord. de A. Menezes Cordeiro), 2ª ed., Coimbra: Almedina, 2011, p. 786.

[109] Para a densificação deste segmento normativo, v. F. CASSIANO DOS SANTOS, *A sociedade unipessoal...*, cit., p. 111.

[110] A. PINTO MONTEIRO/PEDRO MAIA, "Sociedades anónimas unipessoais...", cit., p. 149, salientam que o art. 270-º-F estabeleceu uma *proibição absoluta* quanto à celebração de certos negócios entre a sociedade e o seu sócio único – que são os negócios que não servem a prossecução do objeto social (art. 270º-F, 1). V. tb. MARIA DE FÁTIMA RIBEIRO, *A tutela...*, cit., p. 375.

[111] Nos termos do regime geral, o objeto não limita a capacidade da sociedade e, portanto, são válidos os atos que ultrapassem o objeto da sociedade (art. 6º, 4). V. ALEXANDRE DE SOVERAL MARTINS, "Da personalidade...", cit., p. 112. Sobre o regime geral em matéria de capacidade de gozo das sociedades, v. ALEXANDRE DE SOVERAL MARTINS, "Capacidade....", cit., p. 471; JORGE ALBERTO ARAGÃO SEIA, "O papel da jurisprudência na aplicação do Código das Sociedades Comerciais", in: *Problemas do direito das sociedades*, Coimbra: IDET/Almedina, 2002, p. 19; J. M. COUTINHO DE ABREU, *Curso...*, vol. II., cit., p. 184, ss..

[112] Também sublinham este aspeto A. PINTO MONTEIRO/PEDRO MAIA, "Sociedades anónimas unipessoais", cit., p. 149.

[113] Para o confronto entre o regime do art. 270º-F e o regime do negócio consigo mesmo, previsto no art. 261º do CCiv., v. MARIA DE FÁTIMA RIBEIRO, *A tutela...*, cit., p. 375, ss.. ALEXANDRE DE SOVERAL MARTINS, "Código ....", cit., p. 313, nt., 12, entende que o regime do art. 270º-F se aproxima do que vigora para os negócios celebrados entre a sociedade anónima e os seus administradores (art. 397º).

[114] Para a apreciação da severidade destas sanções, v. ALEXANDRE DE SOVERAL MARTINS, "Código...", cit., p. 314. RICARDO COSTA, "As sociedades unipessoais...", cit., p. 52, defende que o art. 270º-F constitui norma central de uma disciplina geral de sanção dos abusos do sócio único.

QUESTÕES DE DIREITO SOCIETÁRIO EM PORTUGAL E NO BRASIL

Esta disposição suscita várias questões. Parece objetivamente despro-
porcionado que a *nulidade* seja a sanção legal para o negócio que, embora
cumprindo todos os restantes requisitos, não foi patenteado conjuntamente com o relatório de gestão e os documentos de prestação de
contas, ou não foi posto à consulta de qualquer interessado na sede da
sociedade[115].

O art. 270º-F, 4, não clarifica o âmbito da *responsabilidade ilimitada* do
sócio único. Passará a responder ilimitadamente por toda e qualquer dívida
da sociedade? Um setor da doutrina portuguesa sustenta que, em virtude
da violação de um dos requisitos materiais ou formais estabelecidos na lei,
o sócio único passa, a partir desse momento, a responder perante qualquer credor social por *toda e qualquer obrigação social*[116]. Outra opinião é no
sentido de que a responsabilidade ilimitada do sócio cinge-se aos *prejuízos
decorrentes, para o património social, do ato celebrado*[117].

## 7. Gerente(s) da sociedade unipessoal por quotas e responsabilização civil pela administração societária
### 7.1. Generalidades

A sociedade unipessoal por quotas é dotada de órgão de administração
e de representação – a *gerência* (arts. 270º-G, 259º). A gerência poderá
ser composta por um ou vários gerentes "que podem ser escolhidos de
entre estranhos à sociedade e devem ser pessoas singulares com capacidade
jurídica plena" (arts. 270º-G, 252º, 1). Caberá ao sócio único *decidir* se a
gerência tem um ou vários gerentes e a ele cabe nomear o(s) gerente(s)
(art. 270º-E). Desde que tenha capacidade jurídica plena (art. 252º, 1) o

---

[115] Neste sentido, v. ALEXANDRE DE SOVERAL MARTINS, "Código...", cit., p. 313, ss.; MARIA DE FÁTIMA RIBEIRO, *A tutela...*, cit., p. 391. Com opinião diferente, v. F. CASSIANO DOS SANTOS, *Sociedade unipessoal...*, cit., p. 114. CATARINA SERRA, "As novas sociedades unipessoais...", cit., p. 138, manifesta dúvidas quanto ao dever publicitário.

[116] Neste sentido, v. ALEXANDRE DE SOVERAL MARTINS, "Código...", cit., p. 314; MARGARIDA AZEVEDO DE ALMEIDA, "O problema...", cit., p. 75; RICARDO COSTA, *A sociedade unipessoal...*, cit., p. 682, ss., nota 890.

[117] Neste sentido, v. A. PEREIRA ALMEIDA, *Sociedades...*, cit., p. 422; MARIA DE FÁTIMA RIBEIRO, *A tutela...*, cit., p. 392. F. CASSIANO DOS SANTOS, *A sociedade unipessoal...*, cit., p. 116, defende que o sócio responde "pelas consequências que o negócio teve para a sociedade e pelas consequências que a nulidade acarreta".

SOCIEDADES UNIPESSOAIS – PERSPECTIVAS DA EXPERIÊNCIA PORTUGUESA

sócio pode ser ele próprio gerente[118]. Esta é uma hipótese frequente – a identidade entre o sócio único e o gerente único.

O CSC prevê nos arts. 72º, ss. um regime de responsabilidade civil pela administração *comum* aos vários tipos de sociedade. Este regime é aplicável a sociedades anónimas com milhares de sócios como a sociedade por quotas unipessoal constituída por um único sócio. O regime geral de responsabilidade civil pela administração, quando aplicado às sociedades unipessoais por quotas, sofre *várias adaptações*. Vejamos algumas particularidades.

## 7.2. Singularidades do regime de responsabilidade civil do gerente-único/sócio único

O art. 72º, 1, determina que "os gerentes ou administradores respondem para com a sociedade pelos danos a esta causados por atos ou omissões praticados com preterição dos deveres legais ou contratuais, salvo se provarem que procederam sem culpa"[119]. Este preceito identifica os pressupostos substantivos de que depende a responsabilidade civil dos gestores para com a sociedade. Para além destes, é preciso considerar os instrumentos jurídico-processuais aptos a efetivar o direito de indemnização da sociedade lesada.

A responsabilidade civil do gerente para com a *sociedade* é efetivada por intermédio da *ação social de responsabilidade* que, nos termos do art. 75º, 1, "depende de deliberação dos sócios, tomada por simples maioria". Ainda que a sociedade conte com órgão de fiscalização, ele é *incompetente* para propor a ação social de responsabilidade[120]. Na sociedade unipessoal por quotas, *compete ao sócio único decidir* propor a ação social de responsabilidade contra o gerente (arts. 72º, 75º, 1, 246º, 1, *g*), 270º-E, 1).

Na sociedade unipessoal por quotas também está inviabilizada a ação social *ut singuli*, prevista no art. 77º[121]. A referida ação social *ut singuli* tra-

---

[118] A sociedade por quotas pode ter uma gerência singular (um gerente) seja qual for o capital social ou o volume de negócios (art. 252º, 1).

[119] Sobre esta disposição, v. J. M. COUTINHO DE ABREU/MARIA ELISABETE RAMOS, "Artigo 72º", in: *Código das Sociedades Comerciais em comentário* (coord. de J. M. Coutinho de Abreu), vol. I, Coimbra: Almedina, 2010, p. 837, ss..

[120] MARIA ELISABETE RAMOS, *O seguro de responsabilidade civil dos administradores – entre a exposição ao risco e a delimitação da cobertura*, Coimbra: Almedina, p. 185.

[121] Sobre esta v. J. M. COUTINHO DE ABREU, *Responsabilidade civil dos administradores de sociedades*, 2ª ed., Coimbra: IDET/Almedina, 2010, p. 16, s.; MARIA ELISABETE RAMOS, *O seguro...*,

QUESTÕES DE DIREITO SOCIETÁRIO EM PORTUGAL E NO BRASIL

duz-se na ação social de responsabilidade proposta por sócio. A legitimidade ativa do sócio depende da inércia da sociedade – ou seja, depende do facto de a sociedade não ter exercido o direito à indemnização de que é titular[122]. A regulação do art. 77º pressupõe a divergência entre a maioria que não quer ou opõe-se à efetivação da responsabilidade civil do gestores e uma minoria que quer que o gestor repare o dano provocado à sociedade. A legitimidade ativa do sócio depende de a sociedade não ter efetivado o direito de indemnização de que é titular. Esta *tensão maioria/ /minoria* não existe na sociedade unipessoal por quotas – o sócio único "é o titular da totalidade do capital social" (art. 270º-A, 1). E, por isso, a hipótese do art. 77º *parece não encontrar aplicação na sociedade unipessoal por quotas.*

As singularidades mencionadas não significam a irresponsabilidade civil do gerente por danos provocados à sociedade. Por um lado, o sócio único pode decidir intentar a ação social de responsabilidade contra gerente/ /gerentes (arts. 270º-E, 75º, 1, 246º, 1, *g*)). Por outro lado, nos termos do art. 78º, 2, os *credores da sociedade*, cumpridos certos requisitos, podem efetivar a responsabilidade civil do gerente único perante a sociedade. Determina aquele preceito que, "sempre que a sociedade ou os sócios o não façam, os credores sociais podem exercer, nos termos dos artigos 606º a 609º do Código Civil, o direito de indemnização de que a sociedade seja titular".

O art. 78º, 2, consagra a *ação sub-rogatória dos credores da sociedade* – estes lançando mão de uma medida de conservação do património da sua devedora, sub-rogam-se na reclamação do direito à indemnização de que a sociedade é titular. Os credores sociais fundam a demanda na violação de deveres legais ou estatutários devidos pelos administradores à sociedade,

---

cit., p. 189, ss.; J. M. COUTINHO DE ABREU/MARIA ELISABETE RAMOS, "Artigo 77º, in: Código das Sociedades Comerciais em comentário (coord. de Coutinho de Abreu), vol. I., Coimbra: Almedina, 2010, p. 886, ss.; MARIA ELISABETE RAMOS, "Minorias e ação social de responsabilidade", *DSR, I Congresso Direito das Sociedades em Revista*, 2011, p. 373, ss.; MARIA DE FÁTIMA RIBEIRO, "A função da ação social «ut singuli» e a sua subsidiariedade", *DSR*, 3 (2011), pp. 155, ss..

[122] A decisão do sócio único relativa à propositura da ação social de responsabilidade tem "natureza igual às deliberações da assembleia geral" e, por isso, deve ser registada em ata por ele assinada (arts. 75º, 1, 246º, 1, *g*) 270º-E, 2).

SOCIEDADES UNIPESSOAIS – PERSPECTIVAS DA EXPERIÊNCIA PORTUGUESA

beneficiam da presunção de culpa prevista no art. 72º, 1, e reclamam para a sociedade a indemnização do dano por ele sofrido[123].

Um dos requisitos da *legitimidade ativa dos credores sociais* para essa ação é que nem a sociedade nem os sócios tenham exercido o direito de indemnização de que aquela é titular (art. 78º, 2). Parece-me que, para efeitos do art. 78º, 2, a sociedade não exerce o direito de indemnização de que é titular se: *a*) deliberou a ação social de responsabilidade, mas não a executou no prazo de seis meses; *b*) deliberou não propor a ação social de responsabilidade[124]. Na hipótese indicada sub *a*), os credores não estão legitimados para exercer a ação social de responsabilidade enquanto estiver a correr o prazo de seis meses; na hipótese indicada em sub *b*), não há qualquer prazo que credores devam respeitar.

A legitimidade ativa dos credores sociais está também dependente da inércia dos "sócios" – diz o art. 78º, 2: "sempre que a sociedade ou os sócios o não façam". A referência aos sócios visa as minorias (detentoras de 2% ou 5% das participações sociais) legitimadas para a ação social *ut singuli* (art. 77º, 1)[125].

Na sociedade unipessoal por quotas, existindo identidade gerente único/sócio único, qualquer credor poderá, *sem esperar pela ação da sociedade* (art. 72º) *ou do sócio* (art. 77º), efetivar a responsabilidade civil do gerente perante a sociedade, por via da sub-rogação prevista no art. 78º, 2[126].

O gerente único pode ser diretamente responsabilizado pelos credores da sociedade unipessoal por quotas, se se verificarem os requisitos do art. 78º, 1. Aqui não há particularidades a assinalar relativamente ao regime aplicável às sociedades pluripessoais. O que talvez mereça ser referido (mas também não é uma particularidade das sociedades unipessoais por quotas) é que na jurisprudência portuguesa surgem arestos em que os credores sociais recorrem frequente e indiscriminadamente à responsabilidade dos sócios-gerentes pela via do art. 78º e pela via da desconsideração

---

[123] MARIA ELISABETE RAMOS, *O seguro...*, cit., p. 201, s.

[124] MARIA ELISABETE RAMOS, *O seguro...*, cit., p. 204; J. M. COUTINHO DE ABREU/MARIA ELISABETE RAMOS, "Artigo 78º", in: *Código das Sociedades Comerciais em comentário* (coord. de J. M. Coutinho de Abreu), vol. I, Coimbra: Almedina, 2010, p. 899.

[125] MARIA ELISABETE RAMOS, *O seguro...*, cit., p. 205; J. M. COUTINHO DE ABREU/MARIA ELISABETE RAMOS, "Artigo 78º", cit., p. 900.

[126] Também neste sentido, v. F. CASSIANO DOS SANTOS, *A sociedade unipessoal...*, cit., 120.

QUESTÕES DE DIREITO SOCIETÁRIO EM PORTUGAL E NO BRASIL

da personalidade jurídica das sociedades[127]. No entanto, não são caminhos equivalentes. São caminhos diferentes e alternativos.

Para efeitos do art. 78º, 1, sujeitos responsáveis são os *gerentes* (de facto[128] ou de direito) sejam sócios ou não sócios[129]. Ainda que sejam sócios (como tende a acontecer tipicamente nas sociedades unipessoais por quotas), eles respondem perante os credores sociais por serem gerentes e não enquanto sócios

Sendo escolhido o caminho da desconsideração da personalidade jurídica, somente *sócios* (enquanto tais) são atingidos, não gerentes. E, por conseguinte, "estando em causa comportamentos dos gerentes (-sócios) que entrem no campo de aplicação do art. 78º, 1, há que ir por aqui, não pela desconsideração da personalidade jurídica. Estando em causa certos comportamentos dos sócios (-gerentes) – enquanto sócios –, poderá ir-se pela desconsideração da personalidade coletiva"[130].

## 8. Conclusão

O presente estudo pretende traçar as perspetivas da experiência portuguesa em torno das sociedades unipessoais. Admitidas na legislação portuguesa, elas alcançaram um lugar relevante no tecido empresarial português que, como se sabe, é maioritariamente constituído por pequenas e médias empresas.

Na experiência portuguesa, o universo das sociedades unipessoais é mais amplo do que o das sociedades unipessoais por quotas. No CSC há que considerar, por um lado, o regime das sociedades unipessoais por quotas e, por outro, o regime da sociedade anónima unipessoal – esta última

---

[127] Neste ponto acompanhamos de perto o que escrevemos em J. M. COUTINHO DE ABREU/ MARIA ELISABETE RAMOS, "Artigo 78º", cit., p. 899. V. tb. J. M. COUTINHO DE ABREU, "Diálogos com a jurisprudência, II – Responsabilidade dos administradores para com credores sociais e desconsideração da personalidade jurídica", *DSR*, 3 (2010), p. 49, ss.; RICARDO COSTA, "Responsabilidade dos gerentes...", cit., p. 51, ss..

[128] Sobre os administradores de facto, v. J. M. COUTINHO DE ABREU/MARIA ELISABETE RAMOS, "Responsabilidade civil de administradores e de sócios controladores", in: *Miscelâneas*, 1, Coimbra: IDET/Almedina, 2004, p. 26, s.; RICARDO COSTA, "Responsabilidade civil societária dos administradores de facto", in: *Temas societários*, Coimbra: IDET/Almedina, 2006, pp. 39, ss.; J. M. COUTINHO DE ABREU/MARIA ELISABETE RAMOS "Artigo 72º", cit., p. 843.

[129] Cfr. MARIA ELISABETE RAMOS, *Responsabilidade civil dos administradores e diretores de sociedades anónimas perante os credores sociais*, Coimbra: Coimbra Editora, 2002, p. 187, ss..

[130] J. M. COUTINHO DE ABREU, "Diálogos com a jurisprudência, II...", p. 53.

# SOCIEDADES UNIPESSOAIS – PERSPECTIVAS DA EXPERIÊNCIA PORTUGUESA

regulada no âmbito das relações de grupo constituídas por domínio total (inicial ou superveniente). Há ainda a considerar a chamada unipessoalidade superveniente.

A ordem jurídica portuguesa não oferece um regime jurídico geral das sociedades unipessoais. São variados os regimes e, em particular, há diversas soluções para a questão da responsabilidade do sócio único pelas dívidas da sociedade. As fronteiras entre o regime da sociedade unipessoal por quotas e o regime dos grupos revelam-se, por vezes, de difícil definição.

Por fim, uma última nota. As sociedades unipessoais por quotas são, pelo menos do ponto de vista técnico-jurídico, um instrumento lícito de limitação da responsabilidade do empresário em nome individual. A experiência empresarial mostra outra realidade. O financiamento procurado junto dos bancos só é conseguido (quando é conseguido) mediante a prestação de garantias pessoais por parte do sócio único. Realidade que, diga-se em abono da verdade, não é exclusiva das sociedades unipessoais por quotas. Ora, a prestação de garantias pessoais por parte do sócio único envolve/ /arrisca o seu património pessoal e até familiar no giro de empresa. E não é raro assistirmos a insolvências de particulares causadas, justamente, pelo incumprimento por parte de gerentes/sócios dos compromissos resultantes das garantias pessoais prestadas a dívidas da sociedade por quotas (unipessoal ou pluripessoal). Realidade que poderá intensificar-se com a divulgação da chamada "empresa de um euro".

Será, talvez, excessivo identificar sociedade unipessoal com limitação da responsabilidade do sócio único. Por um lado, a ordem jurídica portuguesa prevê hipóteses de responsabilidade ilimitada do sócio único e, por outro, os financiadores/"credores fortes" de sociedades unipessoais exigem a responsabilidade do sócio único pelas dívidas sociais.

## Abreviaturas

AA. – Autores
Ac. – Acórdão
Ac. – Acórdão
art. – artigo
BFD – Boletim da Faculdade de Direito
CCiv. – Código Civil
CCom. – Código Comercial

CDP – Cadernos de Direito Privado
CDP – Cadernos de Direito Privado
CIRE – Código da Insolvência e da Recuperação de Empresas
CJ/STJ – Colectânea de Jurisprudência / Supremo Tribunal de Justiça
Coord. – coordenação
DL – Decreto-Lei
DSR – Direito das Sociedades em Revista
ECFLR – European Company and Financial Law Review
ed. copiogr., – edição copiografada
ed. – edição
L – Lei
nt. – nota
OD – O Direito
p. – página
Proc. – Processo
Proc. – Processo
RCEJ – Revista de Ciências Empresariais e Jurídicas
RJPADL – Regime Jurídico dos Procedimentos Administrativos de Dissolução e de Liquidação de Entidades Comerciais
RJUM – Revista Jurídica da Universidade Moderna
RLJ – Revista de Legislação e de Jurisprudência
ROA – Revista da Ordem dos Advogados
s/d – sem data
SE – Societas Europea
SGPS – Sociedade gestora de participações sociais
SI – Scientia Iuridica
STJ – Supremo Tribunal de Justiça
TRP – Tribunal da Relação do Porto
vol. – volume

# CAPITALIZAÇÃO DE SOCIEDADES

# Sociedade Unipessoal e Capital Social Mínimo
# A EIRELI e o tema da proteção de credores:
# perspectivas a partir de uma análise comparativa

IVENS HENRIQUE HÜBERT[*]

1. Considerações Preliminares. 2. Para quê uma Sociedade Unipessoal? **2.1.** Funções da Sociedade Unipessoal. **2.2.** Os receios da doutrina e do legislador brasileiros. **3.** A EIRELI e sua estruturação. **4.** O Capital Social Mínimo. **4.1.** Funções do Capital Social. **4.1.1.** Proteção a credores (função de garantia). **4.1.2** Formação do Patrimônio (função de produção). **4.1.3** Definição do poder societário. **4.1.4** Conclusão. **4.2** Alternativas ao capital social? **4.3** O Capital mínimo: funções. **4.3.1** Zona de segurança. **4.3.2** Limiar de Seriedade. **4.3.3.** Seleção de formas societárias. **4.4** Conclusão. **5.** A EIRELI e a exigência de capital mínimo. **5.1.** Processo Legislativo. **5.2.** Críticas da doutrina e suposta insconstitucionalidade. **5.3.** Conclusão – comprometimento da "harmonia sistêmica"? **6.** Que proteção especial demanda uma sociedade unipessoal? **6.1.** Diferença da sociedade unipessoal em relação à pluripessoal – ausência de instâncias de controle interno. **6.2.** Onde deveria o legislador ter agido? **6.3.** A desconsideração da personalidade jurídica – novamente a solução para todos os males. **7.** Considerações Finais

---

[*] Mestre em direito comercial pela PUC-SP e doutorando em direito societário pela Universidade de Hamburgo, Alemanha; pesquisador visitante do Instituto Max Planck para direito estrangeiro e internacional privado, em Hamburgo.

QUESTÕES DE DIREITO SOCIETÁRIO EM PORTUGAL E NO BRASIL

## 1. Considerações Preliminares

A introdução da chamada Empresa Individual de Responsabilidade Limitada (EIRELI) no ordenamento jurídico brasileiro lança uma série de questões que motivarão debates pelos próximos anos. Dentre suas inovações, uma em especial tem merecido, não sem razão, destaque especial. Trata-se da exigência de capital mínimo, estabelecida pelo *caput* do novo Art. 980-A do Código Civil (CC). Chama a atenção sobretudo pela circunstância de que, até então, nenhum tipo societário brasileiro, seja uni ou pluripessoal, nem qualquer outra modalidade de pessoa jurídica, estabelecia exigência nesse sentido[1]. Surgem, em virtude disso, duas indagações, uma de ordem sistemática, outra de matriz teleológica. A primeira diz respeito às possibilidades de harmonização dessa exigência no sistema societário--empresarial brasileiro. Cabe indagar aqui, antes de mais nada, sobre a existência de razões que justifiquem um tratamento diferenciado para essa modalidade empresarial[2]. Em segundo lugar, cumpre questionar a função que o estabelecimento de um montante mínimo de capital (social) deve desempenhar e, além disso, se esta função de algum modo adequa-se às necessidades de proteção específicas oriundas da unipessoalidade como circunstância permanente.

Às ponderações sobre estas duas ordens de indagações propõe-se o presente artigo. Para tanto, cumpre analisar a motivação que suscitou as demandas pela introdução de um tipo societário unipessoal no Brasil, bem como os receios de ordem dogmática existentes a esse respeito (item 2); em seguida, buscar-se-á examinar a disciplina do capital mínimo, a partir da concepção de capital social, das funções que esse visa a preencher, da comparação com modelos alternativos (item 4), culminando na verificação dos motivos que levaram o legislador a inseri-lo na nova modalidade jurídico-empresária (a ser genericamente apresentada antes, no item 3) e das

---

[1] Exceção seja feita, nesse sentido, às regras específicas para determinados empreendimentos, como é o caso da legislação financeira (cf. Lei 4.595/64 e Resolução 2.607/99, do Banco Central do Brasil, que define regras de capital mínimo para instituições financeiras e semelhantes).

[2] Inobstante sua denominação como empresa, a EIRELI é, como sujeito de direito, empresário. A denominação "Empresa Individual" equivale, nesse caso, àquilo que Asquini denomina o perfil subjetivo do termo (cf. A. ASQUINI, *Profili dell'impresa*, Rivista del Diritto Commerciale, 1943, 1ª parte, p. 6 e ss.). Ainda, sobre a distinção, F. ULHOA COELHO, *Curso de Direito Comercial*, vol. 2, 8ª ed., São Paulo: Saraiva, 2005, p. 5 e ss. Confira ainda, sobre o tema, itens 2.2 e 3 do presente trabalho.

SOCIEDADE UNIPESSOAL E CAPITAL SOCIAL MÍNIMO

incertezas que ainda se apresentam a esse respeito (item 5). A partir destas constatações, será possível, no item 6, indagar-se sobre a compatibilidade do instrumento capital mínimo com as necessidades específicas da nova figura, extraindo-se algumas conclusões, a serem apresentadas no item 7.

## 2. Para quê uma Sociedade Unipessoal?

A demanda pela limitação de responsabilidade do empresário individual já possui força no Brasil há muito tempo. O tema já foi objeto de artigos e monografias[3], propostas legislativas[4], além de haver motivado o legislador de 1976 a incluir essa disciplina na legislação sobre grupos empresariais incluída na Lei de Sociedades por Ações (LSA)[5]. Desde a penúltima década do século XX têm crescido, porém, as demandas pela extensão do benefício da limitação de responsabilidade também para as pessoas naturais, que,

---

[3] Cf., a título de exemplo, a análise pioneira de T. d. MIRANDA VALVERDE (*Estabelecimento Autônomo*, Rev. Forense, 1943, p. 577) bem como os trabalhos de S. MARCONDES MACHADO (*Limitação de responsabilidade de comerciante individual*, São Paulo: Max Limond, 1956); J. M. OTHON SIDOU (*Empresa Individual de Responsabilidade Limitada*, Rio de Janeiro: Freitas Bastos, 1964); R. CRISTIANO (*A empresa individual e a personalidade jurídica*, São Paulo: Revista dos Tribunais, 1977); C. SALOMÃO FILHO, (*A sociedade unipessoal*, São Paulo, Malheiros, 1995); e E. ISFER, (*Sociedades Unipessoais & Empresas Individuais: responsabilidade limitada*, Curitiba: Juruá, 1996).

[4] Já em 1947 o Congresso Nacional recebeu a proposta legislativa de Fausto de Freitas e Castro (Projeto n. 201/1947, cf. J. M. OTHON SIDOU, ob. cit, p. 25, 51 e ss.). Nos anos 80, o tema voltou a ser analisado no âmbito do Programa Nacional de Desburocratização, culminando no anteprojeto de Guilherme Duque Estrada de MORAES, apresentado já na esteira do Programa Federal de Desregulamentação (cf. G. D. E. d. MORAES, *Sociedade Limitada e a nova lei*, Gazeta Mercantil, de 30 de junho de 2003, reproduzido no Projeto de Lei 4.605/09, do deputado Marcos Montes); além disso, a chamada EIRL integrou o anteprojeto da nova lei de sociedades limitadas, de autoria de Arnoldo Wald. Por fim, veja-se o anteprojeto do novo Código Comercial, de autoria do deputado Vicente Cândido, baseado na minuta de F. ULHOA COELHO (*O futuro do Direito Comercial*, São Paulo: Saraiva, 2011), já com anotações em sua obra mais recente (*Princípios do Direito Comercial*, São Paulo: Saraiva, 2012, p. 67 e ss.), que prevê a alternativa da unipessoalidade como regra geral (Art. 157, I e 192).

[5] Cabe observar que o Brasil, juntamente com Portugal e Alemanha (além de Taiwan, Croácia e Eslovênia), é um dos poucos países que já possui há tanto tempo uma legislação societária específica sobre grupos empresariais. A maioria dos ordenamentos opta por tratar estas questões através de regras gerais de responsabilidade dos sócios, sem distinções (Forum Europaeum Konzernrecht, *Konzernrecht für Europa*, Zeitschrift für Unternehmens- und Gesellschaftsrecht (ZGR), 1998, p. 679).

QUESTÕES DE DIREITO SOCIETÁRIO EM PORTUGAL E NO BRASIL

diferentemente das sociedades, eram obrigadas a fazer uso de "homens de palha"[6] como forma de constituir a pessoa jurídica necessária à limitação de sua responsabilidade[7]. Tais anseios eram reforçados sobretudo pelo surgimento de modelos semelhantes em outros países[8], demonstrando que a noção de unidade do patrimônio do indivíduo poderia e deveria ser superada em prol de um modelo que implicasse maior ganho de eficiência[9].

[6] O direito alemão utiliza-se de expressão semelhante (*Strohmann*). Diferentemente do Brasil, lá, anteriormente à *"GmbH-Novelle"*, a reforma de 1980, era necessária apenas a *constituição* de sociedade com um mínimo de 2 sócios; a unipessoalidade superveniente era entretanto tolerada. A frequente prática de constituição da sociedade com um sócio fiduciário que, no mesmo ato, transferia suas quotas ou ações ao majoritário, foi considerada legal pelo *Bundesgerichtshof – BGH*, o tribunal federal alemão – (Entscheidungen des Bundesgerichtshofs in Zivilsachen (*BGHZ*) 21, p. 378; e 31, p. 258), na condição de *Treuhandgeschaft* (negócio fiduciário). Mesmo após a reforma, a opção de constituição de sociedade pluripessoal e redução posterior do número de sócios a um único era uma prática ainda bastante utilizada quando o objetivo era evitar a necessidade de integralização ou garantia total do capital mínimo legalmente estipulado. A extensa reforma da legislação societária alemã ocorrida em 2008 resultou, por outro lado, na desnecessidade de satisfação destas exigências de integralização total no momento da constituição, o que implica a maior atratividade pela constituição imediata da sociedade unipessoal, de modo que o contorno através da prévia formação de sociedade pluripessoal não oferece mais vantagens (cf. K. SCHMIDT, *Gesellschaftsrecht*, 4.ed., Köln: Karl Heymanns, 2002 e H. HIRTE, *Die Unternehmergesellschaft (UG) nach dem Gesetz zur Modernisierung des GmbH-Rechts und zur Bekämpfung von Missbräuchen*, Zeitschrift für das gesamte Insolvenzrecht (ZinsO), 2008, p. 936).

[7] Quanto às distinções e relações entre pessoa jurídica, patrimônio separado e sociedade, cf. C. SALOMÃO FILHO, *A sociedade unipessoal*, p. 95 e ss.

[8] Dinamarca, como precursora em 1973, seguida por reformas semelhantes em diversos outros Estados, tais como Alemanha, França, Bélgica, Holanda, Portugal, Espanha e Itália. Mais recentemente, muitos países europeus continuam aprimorando sua legislação referente ao tema; veja-se, exemplificativamente, a nova lei francesa nº 2010-658, de 15 de junho de 2010 (introduzindo, contrariamente à tendência da maioria das legislações, também uma forma não societária de limitação patrimonial do comerciante individual), as reformas ocorridas em Portugal em 1997 (Decreto-lei 257/96, de 31 de dezembro) com a introdução da sociedade unipessoal (em acréscimo ao já existente Estabelecimento Individual de Responsabilidade Limitada) e o projeto de lei inglesa relativo ao tema (cf. F. STEFFEK, *Gläubigerschutz in der Kapitalgesellschaft*, Tübingen: Mohr Siebeck, 2011, p. 7).

[9] A respeito das concepções de sociedade como contrato, instituição ou organização, inerentes a essa discussão, cf. C. SALOMÃO FILHO, ob. cit, p. 44 e ss.; C. SALOMÃO FILHO, *O novo Direito Societário*, 2ª ed., São Paulo: Malheiros, 2002, p. 26 e ss. Sobre a questão da limitação da responsabilidade do comerciante individual, cf. sobretudo C. SALOMÃO FILHO, *A sociedade unipessoal*, p. 27 e ss; e C. SALOMÃO FILHO, *O novo Direito Societário*, p. 143 e ss.

## 2.1. Funções da Sociedade Unipessoal

O pleito pela permissão legal da modalidade societária unipessoal relaciona-se precisamente com os desnecessários custos que a constituição e, no caso do ordenamento brasileiro[10], também a manutenção de uma sociedade com pluralidade de sócios pode causar. Estes custos referem-se à inclusão de sócio(s) descomprometido(s) com a empresa e podem eventualmente variar entre o financiamento de sua participação societária, a necessidade de sua remuneração, a apuração de seus haveres ou a manutenção conflituosa dele na sociedade, a necessidade de obter sua aquiescência para determinadas deliberações sociais, incluindo aumentos de capital, o aumento das exigências burocráticas para registro tendo em vista a necessidade de proteção do minoritário, dentre outros.

Do ponto de vista econômico, argumenta-se que o problema da instituição da sociedade unipessoal estaria na diminuição da garantia patrimonial oferecida aos credores. Tal aspecto, todavia, pode ser contestado afirmando-se que não há como determinar se o desaparecimento da concorrência dos credores pessoais do sócio sobre o patrimônio pessoal não reequilibra ou até mesmo supera a perda de acesso ao patrimônio pessoal do sócio[11].

Por outro lado, o interesse pela existência de uma separação patrimonial do empresário não diz respeito apenas à limitação de responsabilidade. Fosse esse o caso, a delimitação adequada de bens de família, tal como fazem a maioria das legislações, já seria suficiente. Trata-se, também, de oferecer ao empresário (àquele que não tem interesse em associar-se a outros) um instrumento que lhe permita organizar-se administrativamente e obter mais facilmente acesso ao crédito[12], enfim, que lhe garanta, perante o mercado, o mesmo status das demais sociedades, muitas delas não gozando de maior ou mais desenvolvida estrutura que a dele.

---

[10] Em outros ordenamentos (por exemplo, o alemão), antes de permitir-se expressamente a unipessoalidade como regra, esta era tolerada, por tempo indeterminado, como fenômeno superveniente à constituição da sociedade (cf. Nota de Rodapé nº 6).

[11] C. SALOMÃO FILHO, *A sociedade unipessoal*, p. 29 e s. Assim também o Parecer nº 380, de 2011, da Comissão de Constituição e Justiça do Senado quando da tramitação do PLC nº 18/2011 (Rel. Senador Francisco Dornelles), p. 5.

[12] C. SALOMÃO FILHO, *A sociedade unipessoal*, p. 38; cf. também M. REIS, *A empresa individual de responsabilidade limitada – Reflexão sumária sobre a experiência portuguesa*, disponível em http://www.migalhas.com.br/dePeso/16,MI137912,81042-A+empresa+individual+de+responsabilid ade+limitada+Reflexao+sumaria (acesso em 6/01/12).

## 2.2 Os receios da doutrina e do legislador brasileiros

Não obstante essas evidentes vantagens econômicas, parte da doutrina nacional e estrangeira ainda negava a possibilidade de permissão de sociedade unipessoal em virtude de considerações dogmáticas. Criticava-se a incoerência sistemática e a afronta ao caráter contratualístico do sistema jurídico societário[13]. Tais receios culminaram em outros países no prevalecimento (ou na discussão quanto a) formas não societárias de separação patrimonial[14], contornando-se assim os problemas de ordem dogmática. No Brasil, tais posições também impediram que, na década de 90, a proposta legislativa de Guilherme Duque Estrada de MORAES[15] viesse a ser debatida no Congresso Nacional, como também obstaram, em parte, as propostas legislativas anteriores[16].

Esses temores foram igualmente manifestados pelo legislador brasileiro durante o processo que culminou na promulgação da Lei 12.441/11.

---

[13] Veja-se nesse aspecto em especial as justificativas do legislador português por ocasião da introdução do Estabelecimento comercial com responsabilidade limitada (Decreto-Lei nº 248/86, de 25 de agosto, Exposição de motivos, n. 4 a 6, in *Boletim do Ministério da Justiça*, Suplemento ao número 359, Lisboa, 1986, julho e agosto, p. 387 e ss.); a esse respeito cf. também, M. REIS, *A empresa individual de responsabilidade limitada – Reflexão sumária sobre a experiência portuguesa*, ob. cit.). A despeito destas considerações, o legislador português acabou criando, alguns anos mais tarde, em transposição da XII Diretiva Européia 1989/667/CEE do Conselho, de 21 de dezembro de 1989, uma forma efetivamente societária de separação patrimonial unipessoal (Decreto-Lei 257/96, de 31 de dezembro).

[14] Cf. o já citado exemplo português (Nota de Rodapé nº 13), além da proposta francesa de 1977 (o chamado projeto Champaud, cf. C. CHAMPAUD, *L'entreprise personelle à responsabilité limitée*, Revue Trimestrielle de Droit Commercial, 1979, p. 579), na ocasião rechaçada, mas cuja ideia redundou na criação da "Entreprise Personelle" pela lei nº 2010-658. Cabe notar, entretanto, que a técnica não societária da separação objetiva patrimonial não deixa de apresentar seus inconvenientes de ordem dogmática, nomeadamente o problema da separação de patrimônios de um indivíduo, como fica claro a partir da discussões que a doutrina francesa, sedimentada nas clássicas lições de *Aubry* e *Rau*, vem travando sobre o tema (cf., a título de exemplo, a série de conferências sobre o tema, publicada em Droit & Patrimoine, nº 191, avril 2010, em especial X. d. ROUX, *L'esprit Général du projet de Loi*, p. 62; J. PRIEUR, *EIRL ou société: quels critères de choix?*, p. 64; J. PRIEUR, *Les limites d'EIRL*, p. 78; F-X. LUCAS, *Défense et illustration de l'EURL*, p. 67).

[15] Cf. G. D. E. d. MORAES, *Sociedade Limitada e a nova lei*, Gazeta Mercantil, de 30 de junho de 2003 (reproduzido no PL 4.605/09, do deputado Marcos Montes).

[16] Cf. Nota de Rodapé nº 4.

# SOCIEDADE UNIPESSOAL E CAPITAL SOCIAL MÍNIMO

Como se nota de alguns excertos[17], a discussão durante o processo legislativo mostrava-se permeada pelo receio de atribuir status de sociedade a uma construção onde não haveria contrato entre pelo menos duas pessoas, como prevê o Código Civil em seu art. 981. Isso levou-o à busca de uma solução alternativa, que possibilitasse a introdução da separação patrimonial do empresário individual sem que, porém, falasse-se concretamente em sociedade. A solução encontrada foi de ordem meramente semântica[18]. Para evitar o paradoxo da sociedade de apenas um sócio, denominou-se de outra forma aquilo que, por sua natureza e, sobretudo pela própria estruturação legal, reúne as principais características de uma sociedade[19-20]. E, para escapar do inevitável, utilizou-se de termo cujo sentido, sedimentado em nosso vernáculo jurídico[21], denota algo distinto: o vocábulo "empresa"

---

[17] Veja-se, à guisa de exemplo, a avaliação do Dep. Marcelo Itagiba em seu relatório: *"A terminologia 'sócio', na medida em que esta palavra significa aquele que se associa a outro numa empresa, a nosso ver, deve ser evitada, já que, na espécie, será impossível referida associação"* (Relatório do Dep. Marcelo Itagiba, na Comissão de Constituição e Justiça, p. 5).

[18] Cf. nesse sentido a posição de C. SALOMÃO FILHO, que, em sua monografia de 1996, já antevia o dilema do legislador: *"Caso se queira insistir na forma não-societária, a solução mais aceitável e realista parece ser a de uma organização tão vizinha à societária, que chamá-la ou não de sociedade torna-se uma mera questão terminológica"* (*A sociedade unipessoal*, p. 40). A forma não-societária de limitação patrimonial é chamada ali, em alguns trechos, justamente de "empresa individual de responsabilidade limitada" (cf. p. 36).

[19] Vide infra item 3.

[20] Nesse sentido, veja-se a proposta de superação tanto da teoria contratualista, que impede o estabelecimento de uma sociedade unipessoal, como da teoria institucionalista, que não resolve todos os problemas relativos à amplitude do interesse social e do de seus titulares, através da teoria do contrato-organização (C. SALOMÃO FILHO, *A sociedade unipessoal*, p. 57 e ss e C. SALOMÃO FILHO, *O novo Direito Societário*, p. 32 e ss). A ênfase aqui é posta "no valor organização", apto "a atribuir individualidade e perpetuidade ao patrimônio a esse fim destinado" e "não mais na coincidência de interesses de uma pluralidade de partes" (*A sociedade unipessoal*, p. 59). O interesse da organização assim criada é, nesse sentido, o agregado de um interesse ao lucro empresarial de seu criador com um interesse na autopreservação da sociedade (p. 60). O reconhecimento da capacidade de essa organização tomar decisões autônomas implica admitir que a mesma pessoa seja concomitantemente órgão e titular de um interesse individual e que, onde tal diferenciação deixe de existir, possa-se aplicar a regra da desconsideração da personalidade jurídica (p. 61).

[21] Mesmo em outros países, a expressão correspondente a empresa (*Unternehmen, enterprise, entreprise, impresa*) também possui o sentido de atividade, em oposição à sociedade. O idioma alemão difere, ademais entre *Unternehmen* e *Unternehmensträger* (o portador da empresa, ou seja, a sociedade empresária). Nem por isso muitas legislações não seguiram caminho seme-

QUESTÕES DE DIREITO SOCIETÁRIO EM PORTUGAL E NO BRASIL

nunca foi gênero que contivesse a espécie "sociedade", nem tampouco uma sub-categoria de pessoa jurídica. Ao contrário de seu sentido coloquial, significou prevalecentemente, ao menos sob o aspecto econômico, a atividade desempenhada pelo empresário, no sentido da organização objetiva dos fatores de produção[22]. De todo o modo, o termo jamais foi absolutamente inequívoco, sendo utilizado em acepções distintas, ora como empresário (perfil subjetivo)[23], ora como instituição ou comunidade de interesses (perfil institucional), o que lhe rendeu a qualificação de polimórfico[24].

## 3. A EIRELI e sua estruturação

Independentemente de eventuais críticas quanto à falta de apuro técnico, a EIRELI claramente evidencia características de sociedade e foi incluída no rol de pessoas jurídicas não por acaso. Diferentemente da opção, também possível[25], de estabelecer uma forma não societária de separação patrimonial (o empresário individual de responsabilidade limitada), o legislador claramente optou por uma estrutura institucional com contornos jurídico-societários. Disso são provas o estabelecimento de um regime de capital social próprio, a permissão para utilização de denominação social, a pos-

---

lhante ao que, agora, tomou o legislador pátrio, subjetivando seu sentido. A França, com a adoção da *Entreprise Individuelle* é certamente o exemplo mais recente (embora essa forma claramente possua contornos não societários, ao passo que, paralelamente, continua a existir a *Société a Responsabilité Limitée Unipersonnelle*, anteriormente denominada *Entreprise Unipersonnelle*).

[22] C. Salomão Filho, *A Sociedade Unipessoal*, p. 30; F. K. Comparato, *Exclusão de Sócio nas Sociedades por Cotas de Responsabilidade Limitada*, Revista de Direito Mercantil, Industrial, Econômico e Financeiro (RDM) nº 25, 1977, p. 39; R. Cristiano, ob. cit., p. 111 e ss.; F. Ulhoa Coelho, *Curso de Direito Comercial*, vol. II, p. 5 e ss.

[23] No Brasil, a opção foi pela concentração de direitos e obrigações no perfil subjetivo (o empresário), o que se deu, segundo C. Salomão Filho (*A fattispecie empresário no Código Civil de 2002*, Revista dos Advogados, p. 14), por um "aparente objetivo de afastar por completo a idéia de criação de um ente (a empresa) ao qual pudesse ser reconhecido algum grau de subjetividade jurídica". Isso, entretanto, sem que o próprio Código Civil estabelecesse uma disciplina especial para o empresário, decorrente do seu registro ou de sua definição no art. 966 do Código Civil (p. 19).

[24] A. Asquini, ob. cit., p. 1; C. Salomão Filho, *A sociedade unipessoal*, p. 14.

[25] Veja-se a respeito, sobretudo a discussão travada na doutrina nacional nas décadas de 50 e 60 (S. Marcondes Machado, ob. cit., p. 106 e ss.; W. Ferreira, *Tratado de Direito Comercial*, vol. 2, São Paulo: Saraiva, 1960, p. 261 e ss.; J.M. Othon Sidou, *A Atividade Negocial no Anteprojeto de Código Civil – Breves Notas*, Revista dos Tribunais, nº 465, 1974, p. 11 e ss.).

SOCIEDADE UNIPESSOAL E CAPITAL SOCIAL MÍNIMO

sibilidade de transformação de outra[26] modalidade societária em EIRELI, e, sobretudo, a aplicação supletiva da legislação referente às sociedades limitadas. Isto facilita, em especial, a transferência da empresa (no sentido próprio do termo), seja *inter vivos* ou *mortis causa,* garante maior liquidez e resulta, portanto, em vantagens comparativas[27].

Sua disciplina difere-se apenas minimamente daquela das sociedades limitadas, cujo regramento rege-a supletivamente (Art. 980-A, § 6º, CC)[28]. As adaptações devidas, necessárias as suas especificidades, certamente ainda serão objeto de diversas análises pela doutrina e considerações pelos tribunais competentes. Após a firma ou denominação social deverá constar a sigla EIRELI (Art. 980-A, § 1º, CC). Trata-se de norma que visa conferir publicidade e informar ao mercado quanto às características da pessoa com quem se contrata[29]. Além disso, a pessoa natural está limitada à constituição de apenas uma EIRELI (Art. 980-A, § 2º, CC). Isso evidentemente não lhe afeta a participação em outras sociedades (imagine-se apenas o aspecto do acesso à bolsa de valores através da compra de ações), mas remete o intérprete imediatamente à pergunta sobre a situação das pessoas jurídicas. Questiona-se nesse sentido: a) poderiam estas constituir EIRELIs como subsidiárias?; b) poderiam pessoas jurídicas constituir e manter

---

[26] O vocábulo "outra", empregado no § 3º do Art. 980-A CC bem como a adjetivação "social" após os termos "denominação" e "capital" (Art. 980-A, *caput* e § 1º, respectivamente), configuram, aparentemente, uma espécie de ato falho (ou lapso freudiano) legislativo. (Cf., a esse respeito, também as críritas de H. M. DUCLERC VERÇOSA, *A empresa individual de responsabilidade limitada,* disponível em http://www.migalhas.com.br/mostra_noticia_articuladas. aspx?cod=138282 – acesso em 06/01/12).

[27] Cf. nesse sentido C. SALOMÃO FILHO, *A sociedade unipessoal,* p. 38 e ss. Cabe observar que, a teor do Art. 968, e em especial de seu § 3º, e do Art. 1.033, parágrafo único, do Código Civil, ambos acrescentados em 2008, a *fattispecie* empresário individual já goza de uma relativa autonomia em relação ao patrimônio particular da pessoa física. Isso não significa, contudo, limitação de responsabilidade.

[28] Outra é a opinião de H. M. DUCLERC VERÇOSA, ob. cit., para quem a distinção entre essas espécies é significativa.

[29] O objetivo de garantir ao mercado a informação necessária a respeito das cláusulas gerais relativas ao sujeito com quem se contrata é uma notória preocupação não apenas do legislador brasileiro. Outra não foi a posição do legislador alemão quando da reforma societária de 2008 (*MoMiG – Gesetz zur Modernisierung des GmbH-Rechts und zur Bekämpfung von Missbräuchen*), em que, ao instituir a *Unternehmergesellschaft,* a sociedade limitada sem capital mínimo, determinou que após a firma constasse necessariamente a expressão *"UG (haftungsbeschränkt)",* de modo a deixar clara a limitação de responsabilidade.

mais de uma EIRELI? Sem pretender aprofundar-se nestas questões, que não dizem respeito ao tema aqui tratado, poder-se-ía argumentar, *a contrário sensu* do disposto no § 2º do Art. 980-A CC, que pessoas jurídicas poderiam constituir não apenas uma, mas também, simultâneamente, mais de uma EIRELI[30]. Por outro lado, às sociedades a Lei já garante ao menos a possibilidade de constituição da subsidiária integral, na forma do Art. 251 da Lei de Sociedades Anônimas. Esta, no entanto, reveste uma forma societária específica, mais complexa, ao passo que a EIRELI aproxima-se, por via de sua fonte de regras subsidiária, à estrutura das sociedades limitadas. Na ausência de proibição legal, não parece haver óbice para que a EIRELI seja, também, utilizada para constituição de subsidiárias de sociedades empresárias e por outras pessoas jurídicas[31].

A EIRELI pode tanto ser criada através de ato constitutivo (declaração unilateral)[32], a ser levado a registro perante Junta Comercial, como pode também resultar da concentração de quotas (Art. 980-A, § 3º c/c Art. 1.033, parágrafo único, CC) ou ações[33] em um único sócio, hipótese em que será necessária a transformação, em conformidade com os Arts. 1.113 e seguintes do Código Civil (Arts. 220 e ss. da LSA), no caso das sociedades limitadas no prazo de 180 dias contados da constatação da falta de pluralidade dos sócios (Art. 1.033, IV, CC) e no caso das anônimas até a assembléia-geral ordinária seguinte àquela em que se constatou a unipessoalidade (Art. 206, I, d, LSA).

Além destas[34], apenas uma outra distinção marca a introdução da EIRELI no sistema jurídico-societário brasileiro: o estabelecimento de

---

[30] Assim também M. C. BRAGA E SILVA; M. TAKAHASHI MORI, *Empresa Individual de Responsabilidade Limitada*, disponível em http://www.migalhas.com.br/mig_indice_depeso.aspx?id =xAwnaIcVFKuNWUsFc%2bVKmtOTADBBhJkXufEbzIy8B70%3d (acesso em 06/01/12).

[31] Não é essa, contudo, a posição do Departamento Nacional do Registro de Comércio, que em sua Instrução Normativa nº 117/2011, a regular o registro da EIRELI, veda a sua constiuição por pessoa jurídica.

[32] Não obstante, admitindo-se a teoria do contrato-organização, nada impediria falar-se, aqui também, em contrato social, ainda que resultante de uma única declaração de vontade (cf. K. SCHMIDT, *Gesellschaftsrecht*, ob. cit., p. 1247; C. SALOMÃO FILHO, Calixto, *A sociedade unipessoal*, p. 58).

[33] Considerando que se trata de hipótese transformação de tipo social, a concentração de ações de uma SA também pode resultar na criação de uma EIRELI.

[34] Deixa-se de comentar a previsão do § 5º do novo Art. 980-A, CC, em razão de sua absoluta redundância.

## SOCIEDADE UNIPESSOAL E CAPITAL SOCIAL MÍNIMO

capital social mínimo, no montante correspondente a 100 salários mínimos (equivalente, em valores de 2012, a R$ 62.200,00)[35] a ser totalmente integralizado no momento da constituição da Empresa Individual (Art. 980-A, *caput*, CC). Antes de analisar as razões do legislador e as repercussões relativas a essa exigência, cumpre aprofundar-se nos contornos da figura do capital mínimo.

## 4. O Capital Social Mínimo
### 4.1. Funções do Capital Social

Analisar a conveniência e relevância da exigência de capital mínimo implica, primeiramente, compreender as funções que o sistema do capital social deve preencher em uma sociedade. Embora trate-se de uma figura intrinsicamente relacionada com a separação patrimonial (e, nesse sentido, indiretamente também com a limitação de responsabilidade), não há consenso, seja na literatura brasileira[36], seja na de outros países[37], sobre o exato papel que deve exercer. Originalmente, a noção foi concebida com o intuito de garantir a consecução do objetivo social, passando a receber alguma estruturação[38] com o primeiro propósito de proteger sócios minoritários[39], ao se estabelecer que o montante aportado por cada sócio deveria lhe garantir uma participação proporcionalmente equivalente no capital social. Atualmente, fala-se sobretudo em sua função de proteção de cre-

---

[35] Equivalente, aproximadamente, a EUR 26.500,00.

[36] A esse respeito, veja-se I. H. Hübert, *Sociedade Empresária e Capital Social*, Curitiba: Juruá, 2009, p. 81 e ss.

[37] Cf. sobretudo P. d. Tarso Domingues, *Do Capital Social, Noção, Princípios e Funções*, 2ª ed., Coimbra: Coimbra, 2004, p. 199 e ss.; ainda, J. Ekkenga e W. Bayer, *Fixed capital under German Stock Corporation Law and its Significance for the Protection of Investors and Minority Shareholders*, in: Lutter, Marcus, Legal Capital in Europe, ECFR, Special Volume 1, Berlim: De Gruyter Recht, 2006, p. 281 e ss; M. Lutter, *Legal capital of public companies in Europe – Executive summary of considerations by the expert group on "Legal Capital in Europe"*, in: Lutter, Marcus, ob. cit., p. 2 e ss.

[38] Para uma análise evolutiva, cf. P. d. Tarso Domingues, *Variações sobre o Capital Social*, Coimbra: Almedida, 2009, p. 62 e ss.

[39] Cf., para o direito alemão, M. Lutter, in: Lutter, Marcus, ob. cit., p. 2, e, para o concepção norte-americana, R. A. Booth, *Capital Requirements in United States Corporation Law"*, in: Lutter, Marcus, ob. cit., p. 620 e ss. Vide, a esse respeito, o item 4.1.3.

## QUESTÕES DE DIREITO SOCIETÁRIO EM PORTUGAL E NO BRASIL

dores, a qual transformou-se em verdadeiro dogma[40], o que, no entanto, tem sido, mais recentemente, alvo de críticas[41].

### 4.1.1. Proteção a credores (função de garantia)

A função de proteção de credores é costumeiramente elencada como aquela primordial do capital social. Essa se realizaria pelo fato de o capital constituir, no balanço, uma cifra de retenção[42] (em inglês fala-se, figurativamente em *buffer*[43] ou *risk cushion*[44] ), situada no passivo contábil, garantindo dessa forma que não sejam distribuídos aos sócios recursos caso não haja no ativo um fundo patrimonial que exceda o valor correspondente a essa cifra. O capital social[45] compõe, nesse sentido, a segurança contra eventuais perdas da sociedade, na medida em que representa um limite mínimo de patrimônio que deverá sempre ser recomposto antes que a sociedade

---

[40] P. d. TARSO DOMINGUES, *Do Capital Social*, p. 202.

[41] As críticas mais contundentes são, possivelmente, da lavra de J. RICKFORD, *Legal Approaches to Restricting Distributions to Shareholders: Balance Sheet Tests and Solvency Tests*, European Business Organization Law Review (EBOR), vol. 7, 2006, p. 135 e ss.; J. RICKFORD, *Reforming Capital, Report of the Interdisciplinary Group on Capital Maintenance*, European Business Law Review (EBLR), 2004, p. 971 e ss.; J. ARMOUR, *Legal capital: An Outdated Concept?*, European Business Organization Law Review (EBOR), vol. 7, 2006, p. 5; L. ENRIQUES, J. R. MACEY, *Creditors versus Capital Formation: The case against the European Legal Capital Rules*, Cornell Law Review (CLR), v. 86, 2001, p. 1.164 e ss.

[42] P. d. TARSO DOMINGUES, *Do capital social*, p. 37; J. V. LUCENA, *Das sociedades por quotas*, 5ª ed., Rio de Janeiro: Renovar, 2003, p. 217.

[43] Cf. H. E. BOSCHMA, M. L. LENNARTS, J. N. SCHUTTE-VEENSTRA, *Alternative systems for capital protection, Final Report dated 18 August 2005, Institute for Company Law*, Groningen, 2005, p. 59; U. NOAK, M. BEURSKENS, *Modernising the German GmbH – Mere Window Dressing or Fundamental Redesign?*, European Business Organization Law Review (EBOR), vol. 9, 2008, p. 111; A. PENTZ, H.-J. PRIESTER, A. SCHWANNA, *Raising Cash and Contributions in Kind when forming a Company and for Capital Increases*, in: LUTTER, Marcus , ob. cit., p. 44.

[44] Cf. P. DAVIES, *Legal Capital in Private Companies*, Die Aktiengesellschaft (AG), 1998, p. 348; M. LUTTER, in: LUTTER, Marcus, ob. cit., p. 5; KPMG, *Results of the external study on the feasibility of an alternative to the Capital Maintenance Regime of the Second Company Law Directive and the impact of the adoption of IFRS on profit distribution*, disponível em http://ec.europa.eu/internal_market/company/docs/capital/feasbility/markt-position_en.pdf (acesso em 07/01/2012), p. 1; C. W. ADAMS, *An economic justification for Corporate Reorganizations*, 20 Hofstra Law Review 117, 1991-1992, p. 121.

[45] Em sentido amplo , entenda-se, compreendendo as demais reservas intangíveis do patrimônio líquido.

410

## SOCIEDADE UNIPESSOAL E CAPITAL SOCIAL MÍNIMO

volte a distribuir recursos aos sócios. Nesse sentido, o capital social estimula uma administração sólida, facilitando o início da empresa e prevenindo um declínio imediato rumo à insolvência[46]. Sua perda aciona ademais um sinal de alerta, sobretudo quando a ele são vinculados deveres da administração e dos sócios relativos ao monitoramento e prevenção da crise[47].

Para que se dê de fato a proteção, é preciso que o ordenamento jurídico preveja regras adequadas visando à formação e à manutenção do capital social, ou seja, que a intangibilidade e a realidade[48] do capital social sejam garantidas. No Brasil, as regras relativas ao capital social são comparativamente fracas, sobretudo na disciplina das sociedades limitadas. São inúmeras as possibilidades em que ocorre uma dissociação entre o capital nominal e o correspondente capital real, seja *ab initio* ou durante a evolução da empresa, sem que essa descolagem ocorra necessariamente através de perdas sociais. Protege-se razoavelmente a formação do capital social, quando a integralização é feita em bens, através de avaliação pericial, no caso das SAs (art. 8º, LSA), ou simplesmente de imputação de responsabilidade solidária aos sócios pela sua exata estimação (art. 1055, § 1º, CC), no caso das limitadas. Do mesmo modo, quanto à manuteção do capital, veda-se a saída de recursos em prejuízo do capital (art. 1059, CC) ou a distribuição de dividendos quando não realizada em conformidade com as regras estabelecidas no art. 201 da LSA[49]. Não se dispõe, porém, de instrumentos para evitar alguns contornos quanto a estas regras de integralização. Da mesma forma, poucos são os instrumentos aptos a evitar as chamadas distribuições disfarçadas de lucros[50]. O direito alemão, que, dentre todos, talvez tenha sido aquele que levou de modo mais consequente a proteção

---

[46] M. LUTTER, in: LUTTER, Marcus, ob. cit., p. 3.

[47] Tais deveres, também muitas vezes criticados, são encontrados em diversos ordenamentos europeus e, em especial, no art. 17 da Segunda Diretiva 77/91/CEE do Conselho, de 13 de Dezembro de 1976.

[48] Sobre os princípios informadores, veja-se, por todos, P. d. TARSO DOMINGUES, *Do Capital Social*, p. 57 e ss.; também I. H. HÜBERT, ob. cit., p. 69 e ss.

[49] Para mais detalhes sobre o regime de subscrição e integralização do capital social (que evidentemente não pode ser apresentado aqui em toda a sua dimensão), cf. I. H. HÜBERT, ob. cit., p. 141 e ss.

[50] Cf. M. RODRIGUES PENTEADO, *Aumento de Capital das Sociedades Anônimas*, São Paulo: Saraiva, 1988, p. 16; I. H. HÜBERT, ob. cit., p. 88 e ss; p. 97 e ss. Veja-se, a respeito de distribuições disfarçadas, em especial H. FLEISCHER, *Disguised Distributions and Capital Maintenance in European Company Law*, in: LUTTER, Marcus, ob. cit., p. 94.

QUESTÕES DE DIREITO SOCIETÁRIO EM PORTUGAL E NO BRASIL

do capital social[51], desenvolveu, primeiramente na seara jurisprudencial e posteriormente inserindo essas orientações como regras expressas em suas leis societárias, uma série de outros instrumentos para evitar a utilização de contornos ("brechas") que o sistema poderia permitir. Exemplificativamente, há uma exigência de que o capital aportado encontre-se à livre disposição da sociedade, o que significa dizer que um empréstimo aos sócios (em período logo posterior à constituição) em montante equivalente acarretará a nulidade da integralização e o dever de pagamento do valor subscrito à sociedade ou à massa falida[52]. Além disso, integralizações mediante compensações com créditos dos sócios são em regra proibidas. Desenvolveu-se ainda a responsabilidade em caso de "integralização oculta"[53] de bens, ocorrente quando, após a integralização em dinheiro, a sociedade adquire bens dos sócios, possivelmente em montante inferior ao seu valor econômico, contornando assim as obrigações específicas relativas à integralização em bens. Há ainda um controle material exercido pelo Tribunal de Registros, que poderá indeferir o registro de sociedade caso conclua que o valor em bens aportado é consideravelmente ao inferior ao valor de emissão das ações ou ao valor da quota correspondente. Do mesmo modo, a distribuição de capital encontra limites mais severos que no direito brasileiro. A saída de recursos, ainda que para terceiros, mas vinculados ao sócio, é vedada se feita em prejuízo ao capital social, inclusive quando o pagamento resulte de obrigação contratual, caso essa não se dê *"at arms lenght"* (em valor razoável de mercado). Ainda, o BGH, o Tribunal Federal Alemão, considera um empréstimo da sociedade aos sócios (não obstante a neutralidade sob o aspecto contábil), em princípio, como uma distribuição, para efeito de aplicação das sanções quanto à intangibilidade do capi-

[51] A proteção de credores como finalidade do capital social acarreta, como consequencia, a compulsoriedade de suas regras, diferentemente da disponibilidade que decorreria da função de proteger minoritários (cf. M. LUTTER, in: LUTTER, Marcus, ob. cit., p. 3).

[52] Como essa regra prejudicava consideravelmente operações costumeiramente realizadas em grupos de sociedades, nomeadamente através dos chamados *cash pooling*, ela foi atenuada na reforma legislativa de 2008 (*MoMiG*), bastando, agora, que exista uma possibilidade de recuperação integral, a qualquer tempo, do valor emprestado.

[53] Cf. também a semelhante disciplina portuguesa (quase-entradas ou entradas dissimuladas), P. d. TARSO DOMINGUES, *Capitalização de Sociedades*, item 7.4., neste volume e P. d. TARSO DOMINGUES, *Variações sobre o capital social*, p. 241 e ss.

412

# SOCIEDADE UNIPESSOAL E CAPITAL SOCIAL MÍNIMO

tal[54]. Por fim, a doutrina alemã costuma incluir ainda, no âmbito das distribuições disfarçadas, a hipótese de renúncias de oportunidades comerciais da sociedade em benefício de sócios.

Muitas destas regras foram, no entanto, flexibilizadas na reforma societária ocorrida em 2008, sob o argumento de que engessavam demasiadamente os tipos societários alemães[55]. Não obstante, o ordenamento alemão optou por manter-se fiel às suas origens e não abrir mão do sistema do capital social, como chegou a ser proposto durante as discussões relativas à reforma[56]. Apenas algumas flexibilizações pontuais foram introduzidas,

---

[54] Aqui também foi preciso que o legislador corrigisse a orientação jurisprudencial (cf. Nota de Rodapé nº 52), de modo a não prejudicar operações entre sociedade e sócios de forma exacerbada, passando a considerar lícita a operação quando exista uma possibilidade de recuperação integral, a qualquer tempo, do valor emprestado.

[55] Essa afirmação deve ser compreendida no contexto da liberdade de estabelecimento do Direito Comunitário Europeu, a qual resultou, no campo societário, após os casos *Centros*, *Überseering* e *Inspire Art* perante o TJCE (Tribunal de Justiça das Comunidades Europeias), no estabelecimento de uma livre concorrência de tipos societários (*law shopping*). Desta maneira, tornou-se possível a eleição de formas societárias de diversos países, inclusive visando a atuação em outro Estado do que o da constituição, sem que o Estado receptor possa estabelecer exigências adicionais para o determinado tipo societário. De forma semelhante ao fênomeno mais antigo no direito norte-americano, onde a *Corporation* de Delaware obteve, pela sua flexibilidade, a preferência ante as legislações de outros estados, a *Limited* inglesa, com suas regras bastante flexíveis (ausência de capital mínimo, facilidade de constituição, flexibilidade em sua estruturação e, talvez principalmente, ao menos para os empreendedores alemães, inexistência de obrigatoriedade de participação de empregados no Conselho de Administração – os chamados *Mitbestimmungsrechte*-), tem levado vantagens sobre os tipos societários da Europa continental. No caso específico da Alemanha, isso resultou, em meados da década passada, no acentuado crescimento do número de sociedades inglesas constituídas por sócios alemães para atuação preponderante na Alemanha. O legislador alemão (como de resto, antes dele, também o francês, o português e o italiano, dentre outros) entendeu necessário reagir a isso, promovendo alguma flexibilização nas regras da sua sociedade limitada (*GmbH*), mas mantendo ainda assim estrutura mais complexa em comparação à *Limited*. As últimas estatísticas demonstram que, pelo menos, foi possível frear a tendência de crescimento da utilização da *Limited* na Alemanha. Em grande parte, isso se deu em virtude da introdução da UG (*Unternehmergesellschaft*), a forma simplificada de sociedade limitada sem exigência de capital mínimo para sua constituição. (cf. F. STEFFEK, ob. cit., p. 7, com estatísticas a respeito). Sobre o tema, cf., também, P. d. TARSO DOMINGUES, *Variações sobre o capital social*, p. 121 e ss. e 138 e ss.

[56] Em defesa da abolição do capital social e substituição por um teste de solvência, cf. J. RICKFORD, *Legal Approaches to Restricting Distributions to Shareholders: Balance Sheet Tests and*

QUESTÕES DE DIREITO SOCIETÁRIO EM PORTUGAL E NO BRASIL

tais como a facilitação de empréstimos entre sociedade e sócios e a correspondente possibilidade de transferência de recursos aos sócios imediatamente após a sua integralização[57], além da permissão para constituição de *GmbHs* sem capital social mínimo. De qualquer modo, mesmo após a reforma de 2008, o sistema ainda é muito mais rígido, no que se refere à formação e manutenção do capital, do que o sistema brasileiro.

O direito português contém, do mesmo modo, um sistema de proteção do capital comparativamente mais rígido que o brasileiro, como se pode verificar na contribuição específica a esse respeito, nesse volume[58].

O problema da concepção do capital social como proteção dos credores não reside, entretanto, no maior ou menor rigor das regras de determinado sistema, embora esse revele uma pretensão mais ou menos forte de fazer valer esse objetivo. Ele está basicamente no fato de que, diferentemente da falsa impressão que as vezes possa passar, o capital social não protege nenhuma sociedade de perdas sociais que possam acarretar sua falência[59]. Nesse sentido, uma vez esgotados os recursos iniciais, sem que a sociedade seja capaz de recuperá-los, o capital social torna-se uma mera cifra. Será o patrimônio social que definirá a capacidade da sociedade de arcar com suas obrigações. Em outras palavras, o capital social pode ser bom para proteger a sociedade de distribuições que resultem em insuficiência para o pagamento das obrigações sociais, mas desempenha quase nenhum papel quando se trata de perdas que a sociedade experimente em virtude de seus negócios. Diz-se quase porque, evidentemente, quanto maior o montante do capital social, maior a margem que a sociedade possuirá antes de alcançar a fase crítica. Mas isso tem apenas relevância quando parte-se

---

*Solvency Tests*, ob. cit., p. 178 e s.; P. MARX, *Der Solvenztest als Alternative zur Kapitalerhaltung in der Aktiengesellschaft*, Baden Baden: Nomos, 2006, p. 226 e ss.; C. JUNGMANN, *Solvenztest- versus Kapitalschutzregeln – zwei Systeme im Spannungsfeld von Gläubigerschutz und Finanzierungsfreiheit der Kapitalgesellschaft –*, Zeitschrift für Unternehmens- und Gesellschaftsrecht (ZGR), 2006, p. 680 e ss. Ainda J. ARMOUR, ob. cit. , p. 27; L. ENRIQUES, J. R. MACEY, ob. cit., p. 1202 e ss.; W. SCHÖN, *Balance Sheet Test or Solvency Tests- or Both?*, European Business Organization Law Review (EBOR), vol. 7, 2006, p. 181 e ss.

[57] Vide Notas de Rodapé nº 52 e 54.

[58] Cf. P. d. TARSO DOMINGUES, *Capitalização de Sociedades*, neste volume e P. d. TARSO DOMINGUES, *Variações sobre o capital social*, p. 121 e ss.

[59] M. LUTTER, in: LUTTER, Marcus, ob. cit., p. 3 considera, entretanto, essa crítica trivial, pois jamais se sugeriu que o capital fosse capaz de prevenir a insolvência e definitivamente proteger credores deste modo.

414

da situação de capital social integralizado e disponível na sociedade. Com o passar dos tempos, sem que tenham ocorrido ganhos em condições de recuperar o valor da cifra, essa deixa de apresentar qualquer conexão com a realidade das finanças sociais.

Por isso, é preciso ter-se em conta que o capital não é o mecanismo essencial de proteção dos credores. No máximo, pode contribuir para tanto, mas é necessário que o ordenamento jurídico preveja outras formas de proteção de terceiros. Dentre estas, algumas têm, de fato, nítido caráter societário-falimentar, tais como as possibilidades de responsabilização de administradores e sócios, sobretudo durante o processo de insolvência[60], ou as normas relativas à publicidade de atos e informações financeiras da sociedade. Outras, por outro lado, vinculam-se ao direito contratual, tais como o estabelecimento de garantias contratuais, ou decorrem de proteções legais a grupos específicos, como é o caso da legislação consumerista, trabalhista ou fiscal.

### 4.1.2. Formação do Patrimônio (função de produção)

Paralelamente à função de proteção de credores, a doutrina tem citado comumente a função de produção[61]. Essa função é desempenhada pelo capital social na medida em que o ativo correspondente à contrapartida da contribuição dos sócios pode ser amplamente utilizado na atividade produtiva da sociedade, visando à consecução de seu fim social.

Não obstante essa seja, de fato uma função desempenhada pelo capital social, ela é, na realidade, antes uma consequencia de sua estruturação do que um objetivo propriamente estabelecido pela Lei e conferido ao capital social desempenhar. Ela é alcançada, portanto, apenas de maneira reflexa[62]. Não obstante as regras relativas à formação e a manutenção do

---

[60] Usa-se aqui o termo processo de insolvência para significar toda a gama de procedimentos, previstos nos diversos ordenamentos jurídicos, tais como a falência, recuperação judicial, concordata, saneamento extra-judicial, dentre outros, relativos à sociedade em crise econômica e financeira.

[61] Cf. sobretudo P. d. TARSO DOMINGUES, *Do Capital Social*, p. 262 e ss.; I. H. HÜBERT, ob. cit., p. 84 e s.

[62] Em sentido contrário, pela prevalência da função de produção, veja-se sobretudo alguma doutrina italiana: G. B. PORTALE, *Capitale sociale e mancata attuazione dei conferimenti in natura nella s.p.a.*, Estratto dal Trattato delle Societá per Azioni, Torino: UTET, 2004, p. 23.

QUESTÕES DE DIREITO SOCIETÁRIO EM PORTUGAL E NO BRASIL

capital, bem como a estipulação de valores mínimos, contribuam para o reforço da função de produtividade, é difícil argumentar que as regras relativas ao capital social, por exemplo aquelas que concretizam o princípio da intangilibilidade do capital social tenham como escopo primordial permitir a consecução desta função[63]. Afinal, fosse a produtividade e não a proteção de credores, a razão fundamental de tais regras, poderia ser benéfico reforçar as possibilidades de transferências de patrimônio entre sociedade e sócios, ao invés de criar barreiras: o capital social estaria sendo utilizado da maneira mais eficiente possível e isso incluiria, conforme o caso, realizar transferências aos sócios sem quaisquer empecilhos legais. Do mesmo modo, a prevalecer a função de produção, os aportes de serviços não precisariam sofrer restrições[64].

Além disso, a capitalização da sociedade, no sentido da formação de seu patrimônio, guarda muitas vezes pouca relação com as regras relativas à formação do capital social. Aquela poderia perfeitamente ser alcançada exclusivamente com capital de terceiros, de modo que o valor do capital social seria desprezível para a consecução daquele fim[65]. No Brasil, que não dispunha até então de exigências de capital mínimo, nada impedia que uma sociedade fosse constituída com capital social cujo valor fosse meramente simbólico. Como afirma TARSO DOMINGUES, "para que se pudesse afirmar uma específica e especial tutela da função de produção", "seria necessário que o ordenamento jurídico consagrasse – com caráter geral e de forma inequívoca – um princípio de congruência"[66] entre o capital social e o porte da atividade. Não obstante as diversas tentativas legislativas já experimentadas, no sentido de atribuir obrigações gerais e permanentes de compatibilidade entre o valor do capital social e o objeto da sociedade[67], a consecução disso para cada caso tem se mostrado extremamente difícil. Não tanto porque não haja consenso entre os economis-

---

[63] Essa é, entretanto, a posição de F. ULHOA COELHO, ob. cit., p. 157 e s.

[64] Assim também P. d. TARSO DOMINGUES, *Do Capital Social*, p. 203 e ss, e 263.

[65] Além disso, mesmo nos ordenamentos onde a cifra de capital social não existe ou não desempenha qualquer função relevante, como é o caso dos Estados Unidos, a capitalização através de aportes dos sócios não deixa de ocorrer, de forma que não se pode falar em uma relação inexorável entre capital social, capitais próprios e função de produção.

[66] P. d. TARSO DOMINGUES, *Do Capital Social*, p. 264.

[67] Veja se os exemplos apresentados por P. d. TARSO DOMINGUES, *Do Capital Social*, p. 238 e ss.

416

SOCIEDADE UNIPESSOAL E CAPITAL SOCIAL MÍNIMO

tas entre o que seja um nível adequado de capital[68], mas mais porque em cada ramo de negócios, em cada empreendimento específico, variariam consideravelmente os parâmetros de adequação.

Em última análise, seria necessário atribuir aos administradores ou aos sócios a obrigação de estabelecer, em cada caso, qual o valor do capital necessário, com a imposição de correspondentes sanções. O problema é que não apenas o controle disso seria difícil, mercê das idiossincrasias, das especificidades de cada caso e da falta de critérios universalmente aceitos. Também seria lícito questionar se, sendo necessário adequar o capital social permanentemente ao porte da atividade, e portanto às variações deste, o capital social seria ainda um meio idôneo para atingir este fim. Com efeito, a fixidez que o caracteriza parece não estar em consonância com este escopo. Neste caso, a busca de uma disciplina mais flexível, sem todas as restrições resultantes do regime do capital social tal como o conhecemos, afigurar-se-ía mais compatível com o objetivo perquirido.

### 4.1.3. Definição do poder societário

Outra função atribuída ao capital social é a de definir a estrutura e a divisão de poder dentro da sociedade, determinando desse modo as atribuições e competências dos sócios bem como definindo os direitos de cada qual. Conforme o valor que cada sócio aporte ao capital, assumirá ele um papel específico, seja como majoritário, como minoritário, dotado ou não de determinadas faculdades para fazer valer direitos, conforme os quóruns e percentuais mínimos que a Lei defina para o exercício de determinados direitos. Além disso, a mera atribuição a ele da condição de sócio, ou seja, a participação no capital social, lhe conferirá uma série de direitos, de ordem pessoal e patrimonial, dentre os quais, inclusive, o de manter, a seu critério, a proporção que possui no capital social, inclusive em caso de alterações no capital.

Não obstante a veracidade desta análise, ela também padece de problemas. Primeiramente, ela pode ser bastante relativizada em virtude de uma série de instrumentos, existentes sobretudo nas sociedades anônimas e no

---

[68] Cf. H. Eidenmüller, B. Grunewald, U. Noack, *Minimum Capital in the System of Legal Capital*, in: Lutter, Marcus, p. 27, que salientam que a teoria econômico-financeira já desenvolveu princípios para uma estruturação de capital das empresas. Veja ainda P. d. Tarso Domingues, *ob. cit.*, p. 239, G. B. Portale, ob. cit., p. 40.

QUESTÕES DE DIREITO SOCIETÁRIO EM PORTUGAL E NO BRASIL

mercado de capitais, capazes de definir uma estrutura de poder independente do montante de contribuição de cada sócio (veja-se, apenas a título de exemplo, os acordos parassociais, as hipóteses de ações preferenciais sem direito a voto, além das próprias hipóteses de exclusão dos direitos de preferência em aumentos de capital[69], que revelam, de um modo geral, o desapego do típico investidor com a "quantidade" de poder que ele concentra em dada sociedade). Isso implica questionar se o capital social é, de fato, tão relevante neste sentido, o que equivale a por em dúvida a afirmação de que ele seja constituído visando a desempenhar essa função.

Mais evidente fica este aspecto quando, em segundo lugar, mesmo nos países onde o capital não é revestido das mesmas normas rígidas quanto à sua formação e manutenção[70], o aporte dos sócios também desempenha um certo papel na atribuição dos direitos e das competências dos sócios na sociedade. Isso implica perguntar: se é essa de fato a função primordial do capital social, são realmente necessárias regras tão estritas, por exemplo, para a redução do seu valor ou para a integralização em bens? Não bastaria, nesse caso, o consenso unânime dos sócios, sem necessidade de prazo para manifestação de credores, no caso da redução, ou avaliação pericial e responsabilização por avaliação incorreta, no caso dos aportes de bens?

O problema de se buscar explicar o capital social em virtude de sua aptidão a definir o poder societário fica evidente, também, no caso, aqui sob exame, da socidedade unipessoal. Nessa, não há divisão de poder baseada em capital social. Fosse essa a única função a informá-lo, ele se tornaria totalmente desnecessário. Não é isso, porém, o que se percebe nos ordenamentos jurídicos que prevêem sociedades unipessoais. Tal qual nas sociedades pluripessoais, também nesses casos a figura do capital social faz-se presente.

---

[69] Cf. a respeito M. RODRIGUES PENTEADO, ob. cit., p. 204 e ss.; para uma perspectiva sobre o Direito Português e Europeu, cf. P. d. TARSO DOMINGUES, *Variações sobre o Capital Social*, p. 503.

[70] Vide, por exemplo, os ordenamentos societários dos estados norte-americanos, que possuem, em sua maioria, regras bastante flexíveis quanto à formação do capital social: possibilidade de emissão de ações abaixo de seu valor nominal, liberdade para distribuição de valores ainda que em prejuízo do capital, liberdade de determinação do valor dos bens a serem integralizados, dentre outros.

### 4.1.4. Conclusão

Nota-se que todas as explicações do capital social a partir das funções que ele busca desempenhar apresentam fragilidades. Fica claro, desse modo, que nenhuma dessas funções é capaz de, isoladamente, justificar sua existência e sua estruturação, tal como ocorre no ordenamento jurídico brasileiro e em muitos outros. Entretanto, a julgar pelas regras que regem a sua formação e manutenção, estabelecendo uma série de restrições à livre disponbilização deste montante e definindo obrigações e responsabilidades visando à exatidão dos valores aportados, é principalmente a função de garantia que parece motivar o legislador na regulação do capital social. Deste modo, embora possa-se questionar se o capital social é, de fato, capaz de proteger credores, é este aspecto que constitui, principalmente, a *ratio* a determinar a estruturação e a preservação desta figura no sistema jurídico.

### 4.2. Alternativas ao capital social?

É neste contexto que se deve verificar também a existência de alternativas ao sistema de constituição e manutenção do capital social. Isto significa questionar se o estabelecimento de um valor nominal, uma cifra, correlata a um capital real e intangível, atuando como barreira, de modo que, apenas quando ultrapassado pelo patrimônio líquido, permita que este seja eventualmente distribuído aos sócios, é de fato o instrumento mais adequado para cumprir tais funções.

Um exame não muito profundo[71] permite concluir que a produção e a delimitação do poder dentro da sociedade não necessitam de todo um regime severo e protetivo como é o da disciplina do capital social como a conhecemos. A formação de um montante real e intangível, expresso por uma cifra contábil, que não possa a priori ser restituído aos sócios, não é essencial neste contexto[72]. Por outro lado, buscar alternativas para o capi-

---

[71] Vide as considerações feitas nos itens anteriores.

[72] Veja-se, para tanto, mais uma vez o exemplo norte americano, onde, embora geralmente utilizando o mesmo termo (*legal capital*), abandonou-se, há muito, toda a série de instrumentos necessários para a formação e conservação do valor real subjacente a essa cifra (cf. nesse sentido R. A. BOOTH, *Capital Requirements in United States Corporation Law*, in: LUTTER, Marcus, ob. cit., p. 620 e ss.; A. ENGERT, *Life without Legal Capital: Lessons from American Law*, in: LUTTER, Marcus, ob. cit., p. 646 e ss.), resultando até mesmo difícil afirmar-se que se está a falar daquilo que conhecemos como sistema do capital social.

QUESTÕES DE DIREITO SOCIETÁRIO EM PORTUGAL E NO BRASIL

tal social significa perguntar se, a par de instrumentos não propriamente societários[73], existem outras possibilidades, de cunho efetivamente societário, de alcançar-se uma proteção mais efetiva dos credores.

Uma busca no ordenamento de outros sistemas leva o pesquisador imediatamente ao chamado teste de solvência[74]. Isso se dá menos pelo fato de esse ser uma alternativa comumente encontrada em outros ordenamentos (sobretudo naqueles de matriz europeia continental, cuja base de comparação pudesse fornecer maiores indícios quanto a sua adaptabilidade ao sistema brasileiro), pois esse não é o caso. Muito mais isso ocorre porque esse modelo esteve em discussão e em evidência no âmbito da União Europeia nos últimos anos, como possivel substituto do capital social para as sociedades anônimas, na forma como este encontra-se regulado pela Segunda Diretiva sobre Sociedades de 1976[75]. O debate ganhou força, de

[73] Poder-se-ia, a rigor, dispensar totalmente a noção de proteção ou garantia de credores através de regras propriamente societárias e cogitar da possibilidade de estabelecer-se apenas mecanimos de proteção próprios de outras áreas, seja através apenas de ferramentas contratuais (a esse respeito, cf. L. ENRIQUES, J. R. MACEY, ob. cit., p. 1188 e ss.; cético a respeito P. MANKOWSKI, *Does contract suffice to protect the creditors of a company and their interests*, in: LUTTER, Marcus, ob. cit., p. 410), seja também mediante proteção legal de grupos específicos (cf., por exemplo, H. HANSMANN e R. KRAAKMAN, *Toward Unlimited Shareholder Liability for Corporate Torts*, 100 Yale Law Journal, 1991, p. 1879 e ss.). Parece-nos, entretanto, que a alternativa de proteção através de ferramentas societárias encontra sua justificativa precisamente na possibilidade de promover uma proteção genérica de credores, sem consideração ao tipo de crédito, mas ainda anterior ao momento de crise da sociedade. Como instrumento para a formação, na pior das hipóteses, de uma massa falida mais robusta, parece haver algum sentido nessa estratégia. Além disso, com o mesmo desiderato, não há que se desconsiderar ainda toda a gama de obrigações dos administradores na iminência da falência, o que não deixa, também, de configurar um instrumento societário de proteção de credores (cfr. P. DAVIES, *Directors' Creditor-Regarding Duties in Respect of Trading Decision Taken in the Vicinity of Insolvency*, European Business Organization Law Review (EBOR), vol. 7, 2006, p. 301 e ss.; G. SPINDLER, *Comment: Trading in the Vicinity of Insolvency*, European Business Organization Law Review (EBOR), vol. 7, 2006, p. 339 e ss.; F. STEFFEK, ob. cit., em especial p. 259 e ss.; A. SCHALL, *Kapitalgesellschaftsrechtlicher Gläubigerschutz: Grund und Grenzen der Haftungsbeschränkung nach Kapitaldebatte, MoMiG und Trihotel*, München: Beck, 2009, p. 195 e ss. e 213 e ss.; C. THOLE, Christoph, *Gläubigerschutz durch Insolvenzrecht : Anfechtung und verwandte Regelungsinstrumente in der Unternehmensinsolvenz*, Tübingen: Mohr Siebeck, 2010, p. 47 e ss.).

[74] *Solvency test*, em oposição a *balance sheet test*, este último correspondente ao teste de balanço que se faz para distribuição de lucros, e que conta geralmente (mas não necessariamente) com a garantia suplementar do capital social como cifra de retenção.

[75] Segunda Diretiva 77/91/CEE do Conselho, de 13 de Dezembro de 1976.

SOCIEDADE UNIPESSOAL E CAPITAL SOCIAL MÍNIMO

um lado, com a divulgação do relatório *Winter*[76], e, de outro, com as publicações do *Steering Group*, sob a liderança de Jonathan RICKFORD[77]. Em especial o trabalho de RICKFORD apresenta uma proposta clara de substiuição do sistema de capital social por um teste de solvência. Trata-se da permutação do chamado controle *ex ante*, realizado pela figura do capital social, por um sistema que ajuste a proteção ao caso concreto, é dizer, que permita ao administrador, no momento da decisão quanto à transferência de recursos aos sócios, avaliar se tal ação prejudicará a situação de solvência da sociedade. O realce quanto às ações necessárias para a proteção de credores não ocorreria, portanto, no momento da formação do capital social, mas sim no momento de realizar-se a transferência aos sócios (*ex post*). A garantia dos credores funcionaria então não pela constiuição e manutenção de uma cifra de retenção, mas pela atribuição de um dever aos administradores de levarem em consideração a projeção de solvência da sociedade em um período futuro determinado e de abster-se de realizar a referida distribuição[78], caso, em um exame diligente e desinteressado, resulte a conclusão de que a solvência da sociedade possa vir a ser afetada ou de que a ação resultará na probabilidade da instauração de um processo de insolvência no período considerado. Tal sistema já existe, ainda que de modo restrito, no direito das sociedades fechadas[79] inglesas[80] (*private*

[76] *Report of the High Level Group of Company Law Experts on a Modern Regulatory Framework for Company Law*, Bruxelas, 2002.

[77] J. RICKFORD, *Reforming Capital, Report of the Interdisciplinary Group on Capital Maintenance*, European Business Law Review (EBLR) 2004, p. 971 e ss.

[78] Usa-se aqui o termo distribuição considerando que seu correspondente em inglês, *distribution*, engloba toda a sorte de transferências da sociedade aos sócios, tais como pagamentos de dividendos, reduções de capital, recompra ou cancelamento de ações, além de outras operações efetuadas, por exemplo, no contexto de fusões ou aquisições (J. RICKFORD, ob. cit., p. 922) as quais são, sob o aspecto econômico, equivalentes.

[79] As *private companies* inglesas (comumente também designadas pela denominação, *Limited*) correspondem às sociedades limitadas do direito continental europeu.

[80] Ao referir-se ao direito inglês, está-se a falar, na verdade, do direito de Inglaterra e País de Gales. A Escócia e a Irlanda do Norte, integrantes do Reino Unido, contam com legislações distintas, que aproximam-se mais (no caso da Escócia) ou menos (no da Irlanda do Norte) do direito inglês.

QUESTÕES DE DIREITO SOCIETÁRIO EM PORTUGAL E NO BRASIL

*companies*), e de modo mais amplo em diversos estados norte-americanos, além de outros países do *common-law*[81].

A proposta resultou em um extenso debate em âmbito europeu[82]. Nesse, ficou explícita sobretudo a disputa entre a doutrina alemã, defensora (ainda que muitas vezes crítica) das virtudes do capital social em comparação com a nova proposta, e a doutrina inglesa, para a qual o capital social representa uma figura artificialmente inserida em seu ordenamento, em virtude da necessidade de incorporação das regras constantes da 2ª Diretiva sobre Sociedades. Não obstante a riqueza e a profundidade do debate, este acabou por adormecer, sobretudo após a divulgação do Relatório solicitado pela Comissão Européia para a auditoria KPMG[83], na esteira da sugestão do Grupo *Winter* de estudar-se a exequibilidade de um regime alternativo e do fato de uma de suas propostas, de aproximar o modelo europeu ao norte-americano, ter recebido pouquíssimas opiniões favoráveis após a consulta pública de seu relatório[84].

Portanto, a possibilidade de analisar, em um âmbito de estruturas mais próximas à brasileira, a introdução[85] de um sistema de controle de saída de

---

[81] Em especial Nova Zelândia (que constitui o exemplo, comumente usado, de migração do sistema do capital social para o do *solvency test*). Cf. a respeito, P. MARX, ob. cit., p. 147 e ss.; C. JUNGMANN, ob. cit., p. 650 e ss.

[82] Cf. os artigos pioneiros de J. RICKFORD (Reforming Capital, *Report of the Interdisciplinary Group on Capital Maintenance*, ob. cit., p. 971 e ss., e J. RICKFORD, *Legal Approaches to Restricting Distributions to Shareholders: Balance Sheet Tests and Solvency Tests*, ob. cit., p. 135), além das contribuições de W. SCHÖN, ob. cit., p. 181 e ss., P. MARX, ob. cit., C. JUNGMANN, ob. cit., p. 638, B. PELLENS, D. JÖDICKE, M. RICHARD, *Solvenztests als Alternative zur bilanziellen Kapitalerhaltung*, Der Betrieb (DB) 2005, p. 1393 e ss., P. BÖKLI, *Der bilanzbezogene Eigenkapitalschutz: Eigenkapitaltest und Solvenztest im kritischen Vergleich*, Schweizerische Zeitschrift für Wirtschafts- und Finanzmarktrecht (SZW). 81 (2009), p. 1 e ss., além dos relatórios do Grupo Winter (Nota de Rodapé nº 76), do Institute for Company Law da Universidade de Groningen (H. E. BOSCHMA, M. L. LENNARTS, J. N. SCHUTTE-VEENSTRA, ob. cit.) e da compilação de artigos organizada por M. LUTTER, ob. cit., sobre o tema.

[83] KPMG, ob. cit..

[84] Cf. Grupo Winter, ob. cit., p. 80.

[85] Cabe notar que, em muitas das propostas surgidas durante o debate europeu, essa forma de controle de transferência de recursos é sugerida também como acréscimo, de modo a reforçar a proteção já existente pelo capital social (Cf. W. SCHÖN, ob. cit., p. 196; P. de TARSO DOMINGUES, *Variações sobre o Capital Social*, p. 14). A crítica geralmente efetuada a essas propostas é que elas não resolvem o problema da rigidez e da inflexibilidade das regras do capital social, que acarretaria sensíveis ineficiências no trânsito de riquezas entre sociedade e sócios, e nesse

recursos baseado não no montante historicamente destinado pelos sócios para a sociedade, mas com base em um juízo que leve em conta o desenvolvimento futuro (que, afinal, é o que interessa) das finanças sociais, fica em aberto. O aprofundamento nas possibilidades e limites dessa solução não interessa aqui. Seu debate também no Brasil seria, contudo, relevante. A discussão sobre sua introdução, por outro lado, dependeria antes de tudo da constatação de que o capital social é, de fato, uma figura em crise. A julgar pela introdução do capital mínimo para a EIRELI, isso não parece ser o caso, ou pelo menos não é assim entendido pelo legislador brasileiro.

### 4.3. O Capital mínimo: funções
Uma disciplina do capital mínimo depende da existência de um sistema de formação e manutenção do capital social (leia-se, respeito aos princípios da realidade e intangibilidade). A recíproca, contudo, e como decorre do exame da experiência brasileira, não é verdadeira. É forçoso indagar, portanto, sobre as funções que essa regra deveria desempenhar, de modo a agregar algum conteúdo à figura do capital social. De um modo geral, são referidas três funções relevantes ao capital social mínimo, quais sejam, o estabelecimento de uma "zona de segurança", a fixação de um "limiar de seriedade" e o estímulo para a escolha do tipo societário a ser adotado.

### 4.3.1. Zona de segurança
O estabelecimento de um capital mínimo desempenha de início uma função evidente: sua fixação define o montante mínimo de capital social que um ordenamento jurídico considera como adequado, acima de cuja cifra seria permitido distribuir valores aos sócios caso a sociedade possua esse patrimônio (líquido). A exigência de capital social mínimo visa a estabelecer, assim, uma zona de segurança entre o início da crise econômica e o momento de insolvência e evita a fixação de valores irrelevantes, que flagrantemente signifiquem o não cumprimento da (suposta)[86] função de proteção de credores[87].

---

sentido apenas agregam custos à sociedade (cf. J. RICKFORD, *Reforming Capital, Report of the Interdisciplinary Group on Capital Maintenance*, p. 975 e ss.).

[86] Veja-se, supra, item 4.1.4.

[87] M. KRÜGER, *Mindestkapital und Gläubigerschutz*, Baden-Baden: Nomos, 2005, p. 219 e ss.

QUESTÕES DE DIREITO SOCIETÁRIO EM PORTUGAL E NO BRASIL

O capital social mínimo, sob essa ótica, seria visto como o "preço" a ser pago pela limitação de responsabilidade[88]. Essa não seria, portanto, evidente e natural, mas decorreria de um investimento, da efetiva participação dos sócios nas perdas, através da subscrição de um montante mínimo. Constituiria, pois, o "corretivo da responsabilidade limitada"[89], ordenado à garantia dos credores sociais.

A experiência dos países com exigência de capital mínimo tem demonstrado que, de um modo geral, as grandes corporações possuem capitais sociais que excedem em largo montante o valor mínimo fixado pela Lei[90]. A exigência de capital mínimo é portanto, para o caso das sociedades abertas, praticamente supérflua. Por outro lado, o capital mínimo desempenha esse papel de estabelecer uma zona mínima de segurança na maioria das sociedades fechadas de menor envergadura. Ali, quando feitas comparações entre situações semelhantes em ordenamentos com e sem a exigência de capital mínimo, nota-se que as formas societárias que não possuem essa exigência costumam possuir um valor de capital próprio inferior àquelas que estabelecem um montante mínimo[91].

---

[88] Cf. H. EIDENMÜLLER, B GRUNEWALD, U. NOACK, in LUTTER, MARCUS, ob. cit., p. 39. Fala-se, ainda, em "caução qualificada" (G. B. PORTALE, ob. cit., p. 28, citando expressão de *Tantini*). Veja também W. SCHÖN, *Wer schützt den Kapitalschutz*, Zeitschrift für das gesamte Handelsrecht und Wirtschaftsrecht (ZHR) 166, 2002, p. 3 ss.

[89] P. de TARSO DOMINGUES, *Variações sobre o Capital Social*, p. 135, citando expresão de *Galgano*. Mesmo quem, no Brasil, defende a existência de um princípio da congruência, a significar a obrigação, *de lege lata*, de constante adequação do valor do capital social ao porte do empreendimento, fundamenta esse raciocínio com base no "preço" da limitação de responsabilidade (cf. J. GEVAERD, *Direito Societário: teoria e prática da função*, vol. 2, Curitiba: Genesis, 2001, p. 327; sobre o tema, cf. ainda I. H. HÜBERT, ob. cit, p. 75 e ss.).

[90] F. STEFFEK, ob. cit., p. 10.

[91] Cf. nesse sentido, os dados apresentados por F. STEFFEK, ob. cit., p. 9 e ss., em sua comparação entre a *GmbH* alemã e a *Limited* inglesa: enquanto 76% das *Limiteds* possuiam (dados de março de 2009) *issued capital* inferior a £ 100, na Alemanha, 2/3 das *GmbHs* (nas análises feitas entre 1992 e 2002) apresentavam capital social equivalente ao mínimo exigido por lei (correspondente, atualmente a EUR 25.000,00). Na nova sociedade limitada alemã sem exigência de capital mínimo (a UG), as análises até o momento demonstram uma tendência de fixação de valor do capital em torno de EUR 1.000,00, embora existam também casos com valores inferiores. Tenha-se em mente, por outro lado, a comparação realizada entre o número total de sociedades formadas segundo esses tipos societários (2.433.425 *Limiteds* registradas na Inglaterra e País de Gales, para uma população aproximada de 54 milhões de habitantes contra 1.016.443 *GmbHs* para uma população de 82 milhões), o que poderia indicar, segundo o

## SOCIEDADE UNIPESSOAL E CAPITAL SOCIAL MÍNIMO

O problema que se verifica por detrás desta concepção é que qualquer definição geral de capital mínimo para um tipo societário soa absolutamente arbitrária, tendo em vista as mais distintas exigências de capital entre as atividades empresariais. O valor que seja considerado adequado como zona de segurança em um caso certamente não o será em outro, cuja exigência de capital seja muito superior. E, tendo em conta a necessidade de tornar o tipo societário atrativo para uma série de atividades, este terá que ser fixado em valor não demasiadamente elevado. Além disso, é preciso ter em conta que um valor de capital mínimo legalmente fixado corre sempre o risco de depreciar-se[92] em virtude do processo inflacionário, de modo a tornar-se desprezível, salvo se constantemente atualizado ou fixado com base em algum indexador (como, aliás, é o caso na novidade brasileira).

### 4.3.2. Limiar de Seriedade[93]

Uma outra função comumente atribuída ao capital mínimo seria a de estabelecer um determinado grau de seridade à empresa. Esta noção partiria do princípio de que apenas empreendimentos dotados de uma determinada capacidade econômico-financeira deveriam ser admitidos no mercado sob uma forma societária com limitação de responsabilidade, de modo a minorar o potencial de prejuízo a terceiros. Aqueles que, por outro lado, não tivessem condições financeiras de executar o objeto social, transferindo deste modo já de início o risco do negócio para credores, não deveriam ser autorizados ao benefício da responsabilidade limitada. Obsta-se, desse modo, a constituição imprudente ou irrefletiva de sociedades[94].

---

autor (considerando que a quantidade de sociedades anônimas é, nos dois países, ínfima), um certo desestímulo, na Alemanha, ao uso de formas societárias de responsabilidade limitada ou, até, ao empreendedorismo de um modo geral (F. STEFFEK, ob. cit., p. 6 e ss.).

[92] H. EIDENMÜLLER, B GRUNEWALD, U. NOACK, in LUTTER, MARCUS, ob. cit., p. 39; cf., nesse sentido, também G. B. PORTALE, ob. cit., p. 16, quanto à experiência italiana. Quanto à impossibilidade de fixação abstrata e com caráter geral no tempo, P. d. TARSO DOMINGUES, *Variações sobre o Capital Social*, p. 163 e s.

[93] A expressão, no idioma português, é empregada por P. d. TARSO DOMINGUES, *Variações sobre o Capital Social*, p. 132, sendo comumente utilizada no alemão (*Seriositätsschwelle*), no inglês (*threshold of seriousness*) e no italiano (*soglia di serietà*).

[94] *Report of the High Level Group* (vide Nota de Rodapé nº 76), p. 82, F. Kübler, *The Rules of capital under Pressure of the Securities Markets*, in HOPT, Klaus, WYMEERSCH, Eddy, Capital Markets and Company Law, Oxford: Oxford, 2003, p. 100; G. B. PORTALE, ob. cit., p. 24 e ss.; W. Schön, *Wer schützt den Kapitalschutz*, ob. cit., p. 3 e s.

QUESTÕES DE DIREITO SOCIETÁRIO EM PORTUGAL E NO BRASIL

Essa função é geralmente criticada com base na suposta inocência que a envolve. Pressupor que seriedade de um empreendimento seja definida pelo montante de capital disponível para investimento seria desconsiderar que quem possui determinada quantidade de capital (e pode, consequentemente, dispor deste para obter ganhos maiores) pode eventualmente agir de forma muito menos séria do que aquele que não dispõe de capital, mas que muitas vezes atribui a si mesmo responsabilidade ilimitada (como avalista ou fiador, por exemplo) para o fim de obter o necessário capital de terceiros[95]. Além disso, é preciso considerar que, diferentemente da época em que foi criada[96], a noção de responsabilidade limitada não pode ser vislumbrada, hoje, como um privilégio[97]. Antes trata-se de uma possibilidade disponível para qualquer empresário, tendo em vista os benefícios de ordem macro-econômica que reconhecidamente possui[98], o que a disseminação de sociedades unipessoais pelo mundo vem apenas comprovar.

A função de prover um "limiar de seriedade" deve, neste sentido, ser analisada criticamente. É possível, antes, que os malefícios decorrentes do desestímulo à constiuição de pequenas empresas sejam superiores aos benefícios alcançados.

### 4.3.3. Seleção de formas societárias

Para além das funções propriamente relacionadas com a proteção de terceiros, a figura do capital mínimo é muitas vezes utilizada também como forma de direcionar determinados tipos societários para empreendimentos maiores. Essa é a razão pela qual, nos ordenamentos que prevêem capi-

---

[95] Ilustrativo é o comentário de H. Hirte (*Reform des Gesellschaftlichen Gläubigerschutzes*, in Verhandlungen des sechsundsechzigsten Deutschen Juristentages, Stuttgart 2006, p. P27), em sua palestra perante a Conferência Alemã de Juristas (DJT), em 2006: "Minhas senhoras e senhores: existem regiões em Hamburgo, onde se encontram pessoas com € 25.000,00 no bolso – e eu não acredito que iriamos chamar todas essas pessoas propriamente de sérias" (tradução do autor).

[96] A primeira exigência de capital mínimo foi prevista para a *GmbH* alemã, criada em 1892, tendo essa justificativa de seriedade do empreendimento motivado o legislador (cf. M. KRÜGER, ob. cit., p. 61.).

[97] Outra era a noção entre nós há quase cem anos, cf. W. FERREIRA em 1919: "A limitação da responsabilidade é uma medida de exceção; a regra geral de direito é – quem se obriga, obriga o que é seu" (*apud* S. MARCONDES MACHADO, ob. cit., p. 102).

[98] F. H. EASTERBROOK, D. R. FISCHEL, *The Economic Structure of Corporate Law*, Cambridge: Harvard, 1991, p. 40 e ss.; P. DAVIES, *Introduction to Company Law*, Oxford: Oxford, 2002, p. 10.

## SOCIEDADE UNIPESSOAL E CAPITAL SOCIAL MÍNIMO

tal social mínimo, o valor exigido para as sociedades por ações é superior àquele previsto para as sociedades limitadas. Mesmo no Brasil cogitou-se estabelecer capital social mínimo para a sociedade anônima, visando a reservá-la para empreendimentos maiores. Essa posição acabou por não prevalecer, tendo em vista o intuito do legislador de 1976 em difundir a SA e em ampliar o mercado de capitais[99].

Embora o capital social não seja o único motivo a determinar a escolha por um determinado tipo societário (uma série de questões, tal como a estrutura da administração, os quoruns para deliberação, a estrutura de tomada de decisões, os custos de constituição, o acesso ao crédito, questões de ordem fiscal, dentre outros, também possuem um papel relevante), é certo que ele contribui para essa escolha. Desse modo, conforme os objetivos político-legislativos que se persiga, é possível que o capital social mínimo seja introduzido com o escopo de reservar determinadas formas societárias para empreendimentos específicos, de maior monta[100].

### 4.4. Conclusão

A estipulação de um capital social mínimo atende às funções relacionadas à proteção de credores (zona de segurança e limiar de seriedade) apenas de modo bastante limitado. Em virtude da pertinência das críticas feitas ao capital mínimo no desempenho das funções a ele atribuídas, a relevência de sua fixação com base nesses objetivos pode ser posta em cheque. Por outro lado, parece não haver dúvida de que sua existência reforça o papel exercido, de um modo geral, pelo capital social. Onde este é entendido como dotado de relevância de modo a proteger credores, a estipulação de capital social mínimo é consequente[101].

---

[99] Cf. Exposição de Motivos encaminhada ao Ministro da Fazenda pelos relatores Alfredo Lamy filho e José Luiz Bulhões Pedreira, publicada na Revista de Direito Mercantil, Industrial, Econômico e Financeiro (RDM) nº 15/16, 1974, p. 139.

[100] P. d. Tarso Domingues ressalta que essa função deveria ser, *de iure condendo*, minimizada ou reduzida de todo, tendo em vista que não há relevantes motivos para obstacular o acesso a tipos societários de responsabilidade limitada e, em especial, a formas mais complexas, como a Sociedade por Ações, uma vez que essa possuiria um regime mais rigoroso e protetor dos credores sociais (*Variações sobre o capital social*, p. 160).

[101] Assim tbém H. Eidenmüller, B. Grunewald, U. Noack, in: Lutter, Marcus, ob. cit., p. 40, além de ser também uma das conclusões do Grupo Winter (*Report of the High Level Group* [vide Nota de Rodapé nº 76], ob. cit. p. 82). Contrários a essa conclusão, P. d. Tarso

QUESTÕES DE DIREITO SOCIETÁRIO EM PORTUGAL E NO BRASIL

As críticas relativas ao fato de que sua estipulação feriria o livre juízo dos sócios no que se refere à fixação do valor não resistem à consideração de que, no caso, trata-se de proteção genérica de credores, sobretudo involuntários (já que os demais podem fixar suas próprias garantias) e que, neste âmbito, não cabe falar em liberdade ou conveniência.

De outra parte, o capital social mínimo pode encontrar maior legitimação quando o objetivo expresso seja selecionar um determinado tipo societário para destinatários específicos, dispostos a investirem mais capital no negócio. Ainda assim, esse será, o mais das vezes, apenas um aspecto dentre vários a considerar na escolha, salvo se, pelo valor exigido, a eleição daquele tipo tornar-se proibitiva para o(s) sócio(s).

É forçoso indagar, portanto, qual o objetivo específico pretendido pelo legislador em cada caso. Dependendo da resposta que se vier a obter, o estabelecimento do capital social mínimo encontrará eventualmente a legitimação necessária. Do contrário, porém, é possível que a exigência de capital mínimo encerre por traduzir-se apenas em custo, desincentivando a constituição de pequenas empresas, sem que os benefícios sejam visíveis.

## 5. A EIRELI e a exigência de capital mínimo
### 5.1. Processo Legislativo

O estabelecimento de um capital social mínimo não integrava o projeto original que tramitou perante a Câmara dos Deputados[102], nem tampouco projeto com teor semelhante que lhe foi apensado[103]. Ambos exigiam apenas a de definição de um capital social, sendo que o projeto de autoria do Deputado Eduardo Sciarra era mais detalhado, prevendo integralização total no ato da constituição, com obrigação de depósito do valor subscrito em numerário em instituição de crédito, só podendo esse ser movimentado ou levantado após o registro ou em três meses, caso o pedido de registro não fosse expedido. No caso de integralização em bens, a sua descrição detalhada e respectiva avaliação deveriam constar do pedido de registro.

A exigência de capital social mínimo foi apenas incluída durante tramitação na Comissão de Constituição e Justiça e de Cidadania da Câmara. Segundo consta do relatório, trata-se de evitar o desvirtuamento da nova

DOMINGUES, *Variações sobre o Capital Social*, p. 167; H. HIRTE, ob. cit. p. P19; J. ARMOUR, ob. cit., p. 17 e ss.

[102] PL 4.605/09, de autoria do Deputado Marcos Montes.

[103] PL 4.953/09, de autoria do Deputado Eduardo Sciarra.

428

forma jurídica, impedindo que ela se preste a meio para dissimular ou ocultar vínculo ou relação diversa[104]. Nota-se, claramente, que o legislador baseou-se, aqui, no objetivo de o capital mínimo garantir um limiar de seriedade para o tipo societário, evitando assim a sua utilização por quem, dispondo de menos capital, pudesse causar, dolosa ou culposamente, dano a outrem.

Para além dessa justificativa, decorrente de sua introdução no Projeto de Lei, inexiste, nos relatórios posteriores, e mesmo durante a tramitação no Senado Federal, qualquer outra menção à exigência de capital mínimo. Parece claro, portanto, que o legislador não se aprofundou na busca das razões que motivariam essa exigência para a Empresa Individual, a despeito de sua inexistência em outros tipos empresariais brasileiros.

### 5.2. Críticas da doutrina e suposta inconstitucionalidade
A forma irrefletida com a qual o legislador tratou o tema da introdução do capital mínimo gerou críticas no meio jurídico. Dentre outras, salienta-se que a nova lei "deixa à margem uma parcela substancial dos microempresários, os quais continuarão dentro do regime geral de responsabilidade patrimonial pessoal"[105]; que seria mais eficiente criar "mecanismos que tornassem possível à empresa individual de responsabilidade limitada ter acesso a crédito"[106] ao invés de impor-lhe aportes tão consideráveis; que a lei "é estruturada partindo da má-fé do cidadão", sendo, portanto, "defeituosa"[107]; e que "nada autoriza exigir-se a integralização completa

---

[104] *"Registro, também, que, considerando que se faz conveniente delimitar, em proporção razoável, o porte da organização que se pode constituir como empresa individual, a fim de que não se desvirtue a iniciativa nem esta se preste a meio e ocasião para dissimular ou ocultar vínculo ou relação diversa, propugnamos introduzir parâmetro mínimo apto a caracterizar a pessoa jurídica de que ora se trata, fazendo supor que se reúnem suficientes elementos de empresa, como sede instalada ou escritório, equipamentos etc., tal como se fez para caracterizar microempresas e o empresário individual, nas respectivas leis reguladoras"* (Rel. Dep. Marcelo Itagiba, CCJ, p. 6).

[105] H. M. Duclerc Verçosa, ob. cit.

[106] R. V. V. d. Carvalho, F. C. Cruz, *Empresa individual de responsabilidade limitada acaba com o "laranja"*, disponível em http://www.migalhas.com.br/mostra_noticia_articuladas. aspx?op=true&cod=137665 (acesso em 07.01.12).

[107] W. Bruscato, *Era uma vez a empresa individual de responsabilidade limitada*, disponível em http://www.migalhas.com.br/mostra_noticia_articuladas.aspx?op=true&cod=137667 (acesso em 07.01.12).

QUESTÕES DE DIREITO SOCIETÁRIO EM PORTUGAL E NO BRASIL

e o mínimo de capital para a constituição da EIRELI se não se fazem tais exigências, em regra, nos demais casos"[108].

Também a dúvida sobre a constitucionalidade do preceito foi levantada. Nesse sentido, o Partido Popular Socialista (PPS) ingressou com Ação Direta de Inconstitucionalidade (ADIN)[109] contra a referida prescrição, alegando, em síntese: a) a violação do preceito contido no Art. 7º, IV, Constituição Federal (CF), que proíbe a utilização do salário mínimo como critério indexador, e b) contrariedade ao princípio da livre iniciativa, estabelecido no Art. 170, CF, na medida em que o capital mínimo representaria um cerceamento à possibilidade de abertura de empresas individuais de responsabilidade limitada por pequenos empreendedores.

Não cumpre aqui delongar-se sobre a análise da adequação constitucional do preceito referente à introdução do capital social mínimo na EIRELI. A este respeito deverá pronunciar-se oportunamente o Supremo Tribunal Federal. Não obstante a relevância desta discussão, central no que se refere à validade da norma no ordenamento jurídico, não é este o objetivo do presente trabalho. Busca-se aqui, ao contrário, perquirir a sua relevância sistêmica e a adequação teleológica dessa medida no âmbito do regime jurídico-societário[110] brasileiro, independentemente de eventuais (e possíveis) contradições com disposições constitucionais.

## 5.3. Conclusão – comprometimento da "harmonia sistêmica"?

Com base nas funções a que se destina a imposição de um capital social mínimo, cumpre indagar sobre a sua justificação sistêmica. Fica claro, primeiramente, que o legislador não buscou, com essa exigência, selecionar o perfil do seu "usuário". Isso, aliás, seria absolutamente sem sentido. Em comparação com a outra forma societária unipessoal brasileira, a subsidiária integral da Lei de Sociedades Anônimas, a EIRELI deveria compor justamente o tipo mais simples, acessível a qualquer pessoa física e com disciplina próxima à das sociedades limitadas. Buscar reservar o uso desse tipo legal para um público com maior potencial financeiro, ao passo que, nos grupos de sociedades, não há qualquer exigência dessa ordem, seria,

---

[108] W. BRUSCATO, ob. cit.

[109] Ação Direta de Insconstitucionalidade n. 4.637, autuada em 11/08/2011 (em conclusão com o relator, Ministro Gilmar Mendes, até a conclusão do presente artigo).

[110] Cf., a esse respeito, I. H. HÜBERT, ob. cit., p. 25 e ss.

SOCIEDADE UNIPESSOAL E CAPITAL SOCIAL MÍNIMO

nesse sentido, paradoxal. Se há, portanto, justificativa para o capital mínimo nesse caso, deve ser esta de outra ordem.

Como se extrai dos documentos relativos ao processo legislativo[111], o objetivo precípuo do capital mínimo nesse caso deve ser o da proteção de credores, nomeadamente através da atribuição de um limiar de seriedade para a constituição da empresa individual. Essa conclusão implica indagar sobre as razões que justificam o estabelecimento dessa exigência exclusivamente para este tipo legal e não para (outras) formas societárias. Em outras palavras, cumpre questionar sobre a harmonização dessa prescrição com as demais disposições relativas ao capital social existentes nas sociedades empresárias. Responder a essa pergunta, de ordem sistemática, implica, por sua vez, indagar sobre a existência de razões específicas que justifiquem essa diferenciação. Isso conduz o intérprete diretamente para as cogitações de ordem teleológica.

Nesse sentido, a pergunta central a ser feita, sob o aspecto da prestabilidade da medida em um sistema que, de um modo geral, não a prevê como instrumento de proteção dos credores, diz respeito à verificação das necessidades de regulação específicas da sociedade unipessoal. Isso implica questionar o grau diferenciado de proteção que esta espécie societária demanda em relação à sociedade pluripessoal. Em outras palavras, importa indagar o que se difere na sua disciplina a ponto de ela necessitar uma proteção diferenciada. O que há de tão peculiar na sociedade unipessoal?

## 6. Que proteção especial demanda uma sociedade unipessoal?

Primeiramente, é necessário esclarecer que a estratégia de focar na formação do capital social como mecanismo de proteção específico nas sociedades unipessoais não é exclusivo da legislação brasileira. Com efeito, outras também seguiram o mesmo caminho. O baluarte da discussão dogmática relativa à possibilidade de sociedades com apenas um sócio, a Alemanha, também tomou esta direção quando da introdução da figura pela *GmbH--Novelle* de 1980[112]. Ali, seguiu-se quanto ao capital mínimo com o valor já

---

[111] Vide supra, item 5.1.

[112] O Direito alemão optou pela introdução da sociedade unipessoal no âmbito regulatório da *GmbH*, é dizer, a sociedade unipessoal não configura um tipo social específico. Através da reforma, a GmbHG (lei das sociedades limitadas) passou a prever regras específicas para sociedades de apenas um sócio, nomeadamente a obrigação de oferecer garantias para a porção não integralizada do capital (§ 7, II, 3), o controle de negócios realizados entre sócio-admi-

QUESTÕES DE DIREITO SOCIETÁRIO EM PORTUGAL E NO BRASIL

em vigor para as sociedades limitadas (ou para as anônimas, conforme o caso), com a distinção de que este teria que ser totalmente integralizado no momento da constituição ou redução dos sócios a apenas um, ou então a diferença não integralizada deveria ser garantida pelo subscritor. Diferentemente, em Portugal, a ênfase não se concentrou sobre o regime de capital (que segue o regime geral das Sociedades por Quotas, a teor do Art. 270º-G, do Código das Sociedades Comerciais, CSC). Ali, buscou--se proteger a coletividade basicamente através de obrigações de publicidade, seja por meio da especificação de sua qualidade (Art. 270º-B, CSC) ou da formalização escrita de seus atos (Arts. 270º-E, 2 e 270º-F, 2 e 3), bem como através da obrigação de preservação dos interesses sociais (Art. 270º-F, 1)[113].

De fato, ao buscar comparar-se as estruturas de sociedades unipessoais com as de sociedades pluripessoais sob o aspecto da formação de capital, resulta difícil encontrar diferenças significativas que justifiquem uma regulação diferenciada. Seja com um, dois, três ou mais sócios, a formação do capital social obedece a uma lógica semelhante. As teorias nesse sentido variam entre a explicação de que a estrutura de capitais de uma sociedade visa a maximizar o seu valor de mercado e aquela de que ela visa a defender a empresa de uma insolvência, ou (o que é mais raro em sociedades de pequeno porte), de uma tomada de controle[114]. Evidentemente,

---

nistrador e sociedade, com aplicação do § 181 do BGB, correspondente ao Art. 117 do Código Civil Brasileiro (§ 35, IV) e a obrigação de formalização de todas as decisões sociais (§ 48, III), além de algumas outras regras acessórias. Em virtude da Diretiva Européia 1989/667/ CEE do Conselho, de 21 de dezembro de 1989, para a padronização de sociedades unipessoais no âmbito europeu, algumas dessas regras sofreram pequenas adaptações. Posteriormente, a sociedade anônima unipessoal (*Einpersonen-AG*) passou a ser também prevista pela legislação (Cf. K. SCHMIDT, *Gesellschaftsrecht*, ob. cit, p. 1243 e ss., M. LUTTER, P. HOMMELHOFF, *GmbH-Gesetz Kommentar*, 16ª ed., Köln: Otto Schmidt, 2004).

[113] Sobre o tema R. A. S. COSTA, *A Sociedade por Quotas Unipessoal no Direito Português: Contributo para o estudo do seu regime jurídico*, Coimbra: Almedina, 2002; A. MENEZES CORDEIRO, *Manual de Direito das Sociedades*, vol. II, 2ª ed., Coimbra: Almedina, 2007; P. OLAVO CUNHA, *Direito das Sociedades Comerciais*, 4ª ed., Coimbra: Almedina, 2010. A disciplina das sociedades unipessoais sofreu ainda pequenas adaptações, simplificadoras de sua disciplina, através da reforma promovida pelo Decreto-Lei nº 76-A/2006, de 29 de março.

[114] Cf. V. d. J. LAMEIRA, *A estrutura de Capitais das Sociedades Anônimas*, Rio de Janeiro: Forense, 2001, p. 116. Veja, nesse sentido, também, P. d. TARSO DOMINGUES, *Capitalização de Sociedades*, nesse volume (na Nota de Rodapé nº 10).

432

SOCIEDADE UNIPESSOAL E CAPITAL SOCIAL MÍNIMO

existem uma série de aspectos que afetam a concretização dessas regras: o volume de capital que os sócios têm a disposição, as facilidades ou dificuldades para obtenção de crédito no segmento específico, a possibilidade de captação de capital sob outras formas que o crédito perante instituições financeiras, por exemplo através do mercado de capitais, dentre outros. Nenhum desses aspectos, entretanto, parece estar relacionado à quantidade de sócios que integram a sociedade. A presença de um sócio único dotado de grande potencial econômico-financeiro indica tendencialmente, inclusive, que a sociedade por ele constituída terá mais capital próprio do que outra, semelhante, constituída por dois sócios que apenas dispõem de escassos recursos para investir. Não é, portanto, a quantidade de sócios que determinará uma maior probabilidade de eventual subcapitalização (seja esta formal ou material)[115]. Da mesma forma, não é a quantidade de sócios que definirá se a empresa aparenta maior ou menor seriedade[116]. Sob o aspecto da formação do capital, a distinção entre sociedade uni e pluripessoal é, portanto, negligenciável[117].

As legislações mais modernas parecem haver se dado conta desta realidade. A reforma do direito societário alemão de 2008, dentre as diversas flexibilizações e atenuações na até então rígida disciplina a respeito da formação e da manutenção do capital social, optou por desfazer as até então existentes distinções da disciplina da sociedade unipessoal em relação à regra geral neste aspecto. A norma anteriormente vigente da completa integralização do capital ou do oferecimento de garantias em valor semelhante foi totalmente abolida[118]. A disciplina das sociedades unipessoais difere-se da disciplina geral em outros aspectos (em especial, no que se

---

[115] Sobre a distinção, vide P. d. TARSO DOMINGUES, *Do Capital Social*, p. 222 e ss; I. H. HÜBERT, *Subcapitalização de empresas: delineamento e tratamento nos âmbitos societário e tributário*, in: TORRES, Heleno Taveira, Direito Tributário Internacional Aplicado, v. II, São Paulo: Quartier Latin, 2004.; I. H. HÜBERT, *Sociedade Empresária e capital social*, p. 102 e ss.;

[116] Vide item 4.3.2, e, em especial Nota de Rodapé nº 95.

[117] Além disso, as distinções quanto a esse aspecto são desprezíveis também em virtude da zona nebulosa que existe entre a autêntica sociedade unipessoal e a pluripessoal. Sociedades com um sócio de participação absolutamente majoritária ou com meros figurantes (homens de palha), que detém quotas ou ações sem poder ser considerados sócios efetivos, demonstram que qualquer distinção legal, ainda que eventualmente necessária, será um tanto arbitrária e não abrangerá hipóteses que, materialmente, equivalem à sociedade unipessoal propriamente dita.

[118] *MoMiG* (cf. Nota de Rodapé nº 29).

QUESTÕES DE DIREITO SOCIETÁRIO EM PORTUGAL E NO BRASIL

refere ao aspecto da obrigação de formalização de todos as deliberações), mas no campo do capital social não existem mais distinções.

## 6.1. Diferença da sociedade unipessoal em relação à pluripessoal – ausência de instâncias de controle interno

Como se nota, se há uma distinção essencial entre sociedades uni ou pluripessoais, esta não está na formação do seu capital, o qual independe da quantidade de sócios. Isso por si só não significa que o estabelecimento de medidas mais restritivas, visando à proteção de terceiros, não possam ser estabelecidos no campo da disciplina do capital, caso se considere que estas regras possam compensar as deficiências protetivas que a sociedade unipessoal apresenta em outros aspectos. Para tanto, é preciso verificar aonde essa diferença se encontra.

Ora, a distinção apresenta-se ao alcance dos olhos e não demanda divagações mais extensas, eis que beira a obviedade: o que existe em uma sociedade pluripessoal (digna deste nome)[119] e falta na sociedade unipessoal são outros sócios, minoritários. Esses exercem um controle interno que falta na sociedade unipessoal (como falta em todas as demais sociedades em que os minoritários só existem sob o aspecto formal). Esse controle interno não serve apenas para proteger a própria posição, ou seja, a dos próprios minoritários. Ele possui efeitos consideráveis também no que se refere à proteção de terceiros[120]. Basta pensar que, em qualquer transação entre sociedade e sócio, é o interesse do minoritário que garante a adequação do valor, evitando que o negócio transforme-se em distribuição disfarçada de lucros e consequente evasão de recursos sociais. Para credores os custos de agência relativos a esse controle seriam, em regra, muito elevados.

## 6.2. Onde deveria o legislador ter agido?

Na ausência de mecanismos internos de controle, torna-se necessário criar ferramentas que os substituam, funcionalmente. O reforço das regras quanto ao capital social seria, em tese, uma possibilidade, não fosse a conclusão, a qual já se chegou acima[121] de que, especialmente no Brasil, o sis-

---

[119]  Vide Nota de Rodapé nº 117.
[120]  Assim também A. MENEZES CORDEIRO, ob. cit., p. 474.
[121]  Vide supra item 4.1.1.

434

## SOCIEDADE UNIPESSOAL E CAPITAL SOCIAL MÍNIMO

tema do capital social como um todo desempenha sua função de garantia de modo bastante deficiente. A simples estipulação de um capital mínimo não parece, nesse sentido, acarretar grandes alterações nesse aspecto.

Diferentemente, as regras de publicidade são essenciais no que concerne à proteção de credores[122]. Por essa razão, prevê-se na maioria das legislações que tratam da sociedade unipessoal regras que determinam a formalização e registro de todos os atos e decisões sociais. Esse aspecto não foi tratado satisfatoriamente na regulação da EIRELI. Além dessas, é preciso investir nos deveres do sócio e da administração para com a sociedade. Um aspecto essencial nesse sentido diz respeito aos deveres destes na iminência da falência. O ordenamento jurídico brasileiro é, de um modo geral, fraco no que se refere à disciplina de deveres da administração e dos sócios para com a sociedade no momento de crise, como também o é quanto a normas de publicidade[123]. Seu sentido de proteção de terceiros desloca-se, inclusive em virtude de fraca disciplina do capital social, praticamente todo para uma ferramenta, tida como a tábua de salvação quando se trata de garantir os interesses dos credores. Trata-se da regra da desconsideração da personsalidade jurídica.

### 6.3. A desconsideração da personalidade jurídica- novamente a solução para todos os males

Fundada sobretudo no desenvolvimento jurisprudencial norte-americano e na sistematização teórica verificada na Alemanha[124], a teoria da desconsideração da personalidade jurídica adquiriu força entre nós a partir dos

---

[122] Vide F. STEFFEK, ob. cit., p. 18 e ss. Mais cético, A. SCHALL, ob. cit, p. 296 e s.

[123] Não existem, para as sociedades limitadas, obrigações de publicação de balanços, por exemplo. Do mesmo modo, inexistem regras, seja na legislação societária, seja na falimentar, que imputem aos administradores deveres de requerer a abertura de um processo de insolvência em caso de grave crise, ou que lhes imponham responsabilidades caso estes não adotem medidas para minorar ou evitar o prejuízo de credores, em um momento em que a insolvência da sociedade era iminente e claramente perceptível. Exemplos, no direito comparado há diversos: basta aqui mencionar as regras do *wrongful trading* inglês, da *Insolvenzverschleppungshaftung* e da *Insolvenzverursachungshaftung*, no direito alemão, ou da *action en responsabilité pour insuffisance d'actif* francesa, cada uma delas estruturada sob pressupostos próprios, devidamente adaptada às especificidades locais e ao desenvolvimento histórico dos respectivos países.

[124] Veja-se F. ULHOA COELHO, *Desconsideração da Personalidade Jurídica*, São Paulo: Revista dos Tribunais, 1989, p. 17 e ss.

## QUESTÕES DE DIREITO SOCIETÁRIO EM PORTUGAL E NO BRASIL

anos 80[125]. Inicialmente aplicada independentemente de previsão legislativa, com base na necessidade de coibição de atos fraudulentos, ela veio posteriormente a ser positivada em uma série de dispositivos: o código de defesa do consumidor (Lei 8.078/90, Art. 28), as leis 8.884/94, 9.605/98 e 12.529/11 e o Código Civil de 2002 (art. 50). Estas regras estabelecem disciplinas diferenciadas[126], conforme o tema, para que seja imputada responsabilidade direta ao sócio. A regra mais abrangente, nesse sentido, é a do Código Civil, que se baseia no abuso da personalidade jurídica, caracterizado pelo desvio de finalidade ou pela confusão patrimonial, para estender eventualmente a responsabilidade aos sócios e, no caso, também aos administradores.

A aplicação da desconsideração não restringe-se apenas a este aspecto, porém. Ao lado destas regras, existem outras disposições ou meros entendimentos jurisprudenciais que resultam na extensão da responsabilidade por determinadas obrigações aos sócios[127]. Nestes casos, a responsabilização tem muitas vezes ocorrido independentemente de culpa, simplesmente em caso de prejuízo de terceiro, de modo que a própria noção de responsabilidade limitada acaba por ser posta em questão. Trata-se, dentre outros, de casos de responsabilidade por obrigações trabalhistas, fiscais e da seguridade social[128].

Como se pode notar, diferentemente das disposições legais sobre a desconsideração, a aplicação jurisprudencial da responsabilidade ilimitada dos sócios acaba por ser muito mais ampla e pouco assentada em bases dogmáticas. Nesse sentido, o direito brasileiro acaba por assumir uma postura bastante cética em relação à regra geral da responsabilidade limitada. Adquire, ademais, uma posição bastante peculiar em relação a outros ordenamentos, onde a responsabilização dos sócios e administradores é tratada

---

[125] Cf. nesse sentido, F. ULHOA COELHO, ob. cit.; M. JUSTEN FILHO, *Desconsideração da Personalidade Societária no Direito Brasileiro*, São Paulo: Revista dos Tribunais, 1987.

[126] Cabe notar que as redações do Código de Defesa do Consumidor e da Lei Antitruste (8.884/94) certamente contribuiram, pela sua imprecisão, para a aplicação desordenada desse instituto entre nós, como vem ocorrendo atualmente (a respeito das diferenças entre os preceitos, F. ULHOA COELHO, *Curso de Direito Comercial*, vol. 2, p. 50 e ss.).

[127] Trata-se do que F. ULHOA COELHO denomina "teoria menor da desconsideração da personalidade jurídica" (Cf. *Curso de Direito Comercial*, vol. 2, p. 46).

[128] A respeito, cf. G. SAAD DINIZ, Responsabilidade dos Administradores por Dívidas das Sociedades Limitada, 2ª ed., Porto Alegre: Síntese, 2004, p. 128 e ss.

SOCIEDADE UNIPESSOAL E CAPITAL SOCIAL MÍNIMO

efetivamente como exceção. Sem pretender exaurir esta temática (para a qual a presente obra apresenta contribuições específicas), cumpre traçar aqui apenas um pequeno paralelo com o ordenamento cuja doutrina elaborou os contornos da desconsideração tal qual essa é conhecida no Brasil.

Primeiramente, cumpre advertir que a teoria da desconsideração sempre foi, na Alemanha, objeto de muita polêmica quanto à sua extensão. Seus limites ainda hoje não são claros, sobretudo porque sempre evitou-se engessá-la através de previsões legais genéricas. De um modo geral, vislumbram-se como causas, como na previsão do Código Civil Brasileiro, também o desvio de finalidade (*Mißbrauch*) e a confusão patrimonial. Ambas as hipóteses são, porém, aplicadas de forma extremamente restritiva. A desconsideração por desvio de finalidade baseia-se na aplicação da norma de responsabilidade civil do § 826, BGB (o Código Civil Alemão), a qual exige dolo e quase não encontra aplicação prática. No caso da confusão patrimonial aplica-se a regra dos sócios de responsabilidade ilimitada das sociedades pessoais, mas apenas em relação ao controlador, preservando-se a esfera do minoritário e do administrador que não tenham vinculação com a confusão de patrimônios. Além desses casos, discute-se muito a aplicação do *Durchgriff* em hipóteses de subcapitalização material. As exigências de capital mínimo até aqui vigentes (só excetuadas há pouco tempo)[129] frearam a aplicação dessa responsabilidade, sob o argumento de que, satizfazendo a exigência legal, estariam os sócios desonerados do dever de prover um capital adequado à sociedade[130].

Para além dessas hipóteses, desenvolveu-se ao longo das últimas três décadas, uma modalidade própria, possível de ser incluída na discussão quanto à desconsideração, relativa especificamente aos casos de insolvência da sociedade. Trata-se da chamada *Existenzvernichtungshaftung* (ou seja, a responsabilidade pela aniquilação da existência social), uma hipótese de responsabilidade civil, baseada na regra geral delitual do § 826 BGB e que visa a alcançar a conduta sobretudo de sócios que, em desconsideração da separação patrimonial, agem no sentido de prejudicar a sociedade, acarretando-lhe a falência. O nexo causal entre a atuação do sócio e a superveniência da insolvência pode ser indireto, mas em virtude da exigência do

[129] Vide Nota de Rodapé 135.
[130] Cf. a respeito, H. HIRTE, *Kapitalgesellschaftsrecht*, 6a. ed., Köln, 2009, p. 363 e ss.

QUESTÕES DE DIREITO SOCIETÁRIO EM PORTUGAL E NO BRASIL

§ 826 BGB é necessário o dolo, ainda que eventual (assim entendido como o conhecimento de que seus atos acarretarão a aniquilação da sociedade).

Cumpre aduzir neste contexto também que a origem da chamada *Existenzvernichtungshaftung* localiza-se precisamente nos casos de sociedades unipessoais. Através de algus julgados nos anos 80 e 90[131], aplicou-se analogicamente às hipóteses de sócio único pessoa física a regra do § 302 AktG (Lei de Sociedades por Ações), que trata da responsabilidade do controlador em grupos de sociedades[132]. A *Existenzvernichtungshaftung* é, atualmente, o grande instrumento de responsabilização dos sócios por condutas alheias ao interesse da sociedade[133], podendo-se afirmar que se trata da principal causa de desconsideração efetivamente aplicada na Alemanha[134]. Nela

---

[131] Entscheidungen des Bundesgerichtshofs in Zivilsachen (*BGHZ*) 95, p. 330 (*Autokran*); 107, p. 7 (*Tiefbau*) e 115, p. 187 (*Video*).

[132] A regra do § 302 AktG prevê que, nos grupos de sociedades onde tenha sido celebrado um contrato de controle ou de repasse de lucros (previsto especialmente para a legislação de grupos), a controladora é obrigada a repor quaisquer perdas verificadas em um exercício que não puderem ser compensadas com reservas da própria sociedade. O desenvolvimento da jurisprudência alemã conduziu à aplicação extensiva desta regra para grupos não formalizados através de contratos, quando o sócio deixa de capitalizar satisfatoriamente a controlada, sendo esta inteiramente dependente do controlador. Por não distinguir adequadamete entre as diversas situações, e acabar por possibilitar, inclusive, a responsabilização de pessoas físicas (escapando, por completo, do ambiente de grupos de sociedades), essa jurisprudência foi bastante criticada. Seu aperfeiçoamento levou primeiramente a uma limitação considerável de sua aplicação (BGHZ 122, p. 123, – TBB– ) e, posteriormente, praticamente ao seu abandono. A necessidade, porém, de buscar a responsabilização de sócios que deixam a sociedade perecer através de condutas diversas (desvio de clientela, *cash-pooling* sem consideração à liquidez da controlada, retirada de recursos sem consideração às obrigações subsequentes da sociedade, retirada de ativos depreciados necessários à consecução do objeto social), levou os tribunais alemães a desenvolver a chamada *Existenzvernichtungshaftung*. Apoiada, conforme as diversas decisões, em distintos substratos legais (cf. BGHZ 149, p. 10 – *Bremer Vulkan* –; BGHZ 151, p. 181 – *KBV* – , BGHZ 173, p. 246 – *Trihotel* – ), podem os credores através dela buscar a responsabilização direta dos sócios, seja aqueles que se benificiaram diretamente, seja aqueles que aquiesceram com a retirada que tenha dado causa, direta ou indiretamente, à aniquilação da sociedade, desde que demonstrem a correlação entre tais atos e a insuficiência de ativos para pagamento das obrigações sociais.

[133] Quanto à discussão quanto ao interesse da sociedade, em contraposição aos interesses dos sócios, cf. C. Salomão Filho, *O novo Direito Societário*, p. 25 e ss.

[134] De certa forma, esse enfoque mais restritivo quanto à responsabilidade dos sócios somente é possível porque, paralelamente, o ordenamento alemão também possui uma série de hipóteses de responsabilidade dos administradores, o que, por sua vez, guarda relação com a autonomia

SOCIEDADE UNIPESSOAL E CAPITAL SOCIAL MÍNIMO

que estes desfrutam mesmo nas sociedades limitadas (*GmbHs*) e com os correspondentes deveres para com a sociedade (e não para com os sócios). Destacam-se aqui em primeiro lugar as regras gerais estabelecidas nos §§ 43, III GmbHG e 92 AktG (que tratam de seu dever geral de diligência e também da responsabilidade geral dos administradores pela intangibilidade do capital social). Em tais casos, não podem os administradores socorrerem-se da alegação de que apenas cumpriram ordens dos sócios (§ 43, III, 3 GmbHG e § 93, 3 AktG). Além disso, deve-se mencionar as obrigações dos administradores (e, na falta desses, inclusive dos sócios) para requerimento do processo de insolvência nos casos de impossibilidade de cumprimento das obrigações ou de sobre-endividamento (§§ 15 InsO, Lei de Insolvências, c/c § 823, II BGB). Cabe ainda mencionar a responsabilidade dos administradores pelos pagamentos efetuados após o ingresso material da sociedade no "estado de falência" (§ 64, 1 GmbHG e 92, II, 1 AktG); e a responsabilidade por pagamentos aos sócios que acarretem a falência da sociedade (§ 64, 3 GmbHG e § 92, II, 3 AktG). Essa última, introduzida pela reforma de 2008, é particularmente relevante, pois implica na prática um efetivo teste de solvência, ao lado do teste de balanço (sistema do capital social) já previsto (cf., entre outros, B. KNOF, *Die neue Insolvenzverursachungshaftung nach § 64 Satz 3 RegE-GmbHG*, Deutsches Steuerrecht (DStR), 2007, p. 1540 e ss.; S. GREULICH; J. BUNNEMANN, *Geschäftsführerhaftung für zur Zahlungsunfähigkeit führende Zahlungen an die Gesellschafter nach § 64 II 3 GmbHG-RefE – Solvenztest im deutschen Recht?*, Neue Zeitschrift für Gesellschaftsrecht (NZG), 2006, p. 683; veja ainda H. HIRTE, *Reform des Gesellschaftlichen Gläubigerschutzes*, ob. cit., p. P21 e ss. Outra é, contudo, a opinião de A. SCHALL, ob. cit., p. 195 e ss.; veja também K. SCHMIDT, *GmbH-Reform, Solvenzgewährleistung und Insolvenzpraxis – Gedanken zum MoMiG-Entwurf –* , GmbH-Rundschau (GmbHR) 2007, p. 6 e s.). Este rol de hipóteses de responsabilização dos administradores contribui, de um modo geral, para que estes assumam uma posição de proteção dos interesses da sociedade (e, na iminência da falência, dos credores, como proprietários residuais do patrimônio social), desvinculando-se em parte, ao menos no momento de crise, da posição de agentes dos sócios. De uma forma geral, nega-se no direito alemão a existência de um efetivo dever fiduciário para com os credores, o que os ordenamentos inglês e americano parecem vislumbrar com mais proximidade (veja-se apenas as evoluções jurisprudenciais dos "*directors' fiduciary duties*" nesse sentido – cf. T. BACHNER, *Creditor protection through insolveny law in England*, in: LUTTER, Marcus, ob. cit., p. 449 e A. ENGERT, in: LUTTER, Marcus, ob. cit., p. 680 e ss.). Ainda assim, o rol de deveres e hipóteses de responsabilização dos administradores na Alemanha cria um vínculo muito forte entre estes e a sociedade, o que induz-os a despreender-se dos interesses dos sócios nos momentos da crise. Se é certo que isso, por si só, não acarreta a preservação dos interesses dos credores em todo e qualquer caso (o que não seria sequer desejável, já que é consenso, atualmente, que estes, tomados genericamente, também devem suportar, em alguma medida, as perdas decorrentes do risco empresarial – cf. H. HANSMANN, R. KRAAKMAN, *What is Corporate Law*, in: KRAAKMAN, Reiner, HANSMANN, Henry, et alii, Anatomy of Corporate Law, 2a. ed. (reimp.), Oxford: Oxford, 2010, p. 9 e ss.; P. DAVIES, *Introduction to Company Law*, Oxford: Oxford, 2002, p. 10, A. SCHALL,

QUESTÕES DE DIREITO SOCIETÁRIO EM PORTUGAL E NO BRASIL

concentra-se grande parte dos casos de extensão da responsabilidade por dívidas da sociedade aos sócios. Constitui-se, além disso, no instrumento de compensação das deficiências do sistema do capital social, precisamente por atingir casos em que aquela disciplina se mostra insuficiente.

Como se pode facilmente notar, é grande a distinção entre esta construção e os casos de responsabilização objetiva aplicados por vezes no Brasil para extensão de responsabilidade aos sócios. Ao permitir uma aplicação tão ampla (e, muitas vezes, irrefletida) da desconsideração da personalidade jurídica, ocorre acentuada perda de eficiência, na medida em que os benefícios da limitação de responsabilidade, em parte responsáveis pelos avanços empresariais no que se refere ao dimensionamento e expansão do risco assumido em cada empresa, perdem-se em larga medida. Responsabilidade limitada, no Brasil, adquire portanto um conteúdo distinto, bastante relativo. Desestimula-se assim, o empreendedorismo, o que seguramente não se coaduna com os esforços no sentido de trazer à tona uma modalidade de empresa individual.

## 7. Considerações Finais

Contrariamente à tendência de muitos ordenamentos[135], o legislador brasileiro optou pela inclusão de um capital social mínimo para a nova Empresa Individual de Responsabilidade Limitada. O montante é elevado para os padrões nacionais e possivelmente freará a popularização desta modalidade empresarial. Mais do que isso, o capital mínimo da EIRELI dificilmente harmoniza-se com o sistema societário vigente, mormente ao se considerar que a subsidiária integral de uma sociedade anônima não possui quaisquer exigências semelhantes. Sob o aspecto funcional, o capital mínimo também não encontra legitimação. O direito brasileiro, que jamais apostou forte-

---

ob. cit., p . 307 e ss.), ao menos contribui para uma proteção maior dos interesses de terceiros em comparação com meras regras relativas à formação e manutenção do capital social. Em especial em sociedades unipessoais, onde a figura do sócio único costuma confundir-se com a do administrador, o estabelecimento de um rol claro e definido de responsabilidades, mas cujas hipóteses de incidência não deixam de exigir um elemento de culpa como pressuposto de sua responsabilização, mostra-se um instrumento bastante eficaz.

[135] Veja-se os recentes exemplos em Portugal (Decreto-Lei 33/2011, de 7 de março), França (Lei nº 2003-721, de 1º de agosto de 2003) e Alemanha (MoMiG, cf. Nota de Rodapé nº 29), que aboliram ou restringiram suas exigências de capital social mínimo para as sociedades limitadas.

mente na proteção através do capital social, nada ganha com a novidade. Os credores da EIRELI, como de resto das sociedades empresárias de responsabilidade limitada, deveriam encontrar sua proteção em regras mais efetivas de publicidade e transparência, em deveres dos administradores no sentido de monitorar a crise da empresa e tomar, tempestivamente, as medidas cabíveis de modo a amenizar potenciais prejuízos, bem como em obrigações dos sócios, no sentido abster-se de tomar medidas que signifiquem fatalmente a aniquilação da sociedade. Enquanto estas não forem desenvolvidas, será invevitável presenciar o Poder Judiciário socorrendo-se da aplicação ampla e indistinta da desconsideração da personalidade jurídica, inclusive para casos em que não se vislumbra elemento de culpa por parte do sócio. Não será, por certo, a exigência de capital mínimo da empresa individual que alterará, neste caso, esta constelação[136]. Em outras palavras, o pequeno empreendedor pagará mais caro, mas não obterá, com isso, efetiva limitação de responsabilidade.

[136] Nesse sentido, vale mencionar e analisar as razões do veto do § 4º do Art. 980-A do Código Civil, na redação proposta pela Lei 12.441/11. Ali, tratava-se de disposição (a rigor redudante) visando a esclarecer que somente o patrimônio social responderia pelas dívidas da empresa individual, não se confundindo *em qualquer situação* com o patrimônio da pessoa natural que a constitui. Surpreendentemente, a Presidência da República vetou o dispositivo sob o argumento de que a expressão 'em qualquer situação' pode gerar divergências quanto à aplicação das hipóteses gerais de desconsideração da personalidade jurídica, previstas no art. 50 do Código Civil. Essa postura, além de denotar a preocupação do governo com a continuidade da possibilidade de cobrança de créditos fiscais e previdenciários também contra o sócio (o que via de regra ocorre não através da aplicação do art. 50 do Código Civil, mas sim do Art. 135 do Código Tributário Nacional), evidencia, sem dúvida, como a exceção (a ilimitação da responsabilidade) já é comumente tratada como regra em nosso meio jurídico.

# Capitalização de sociedades

PAULO DE TARSO DOMINGUES[*]

SUMÁRIO: **1** – A capitalização das sociedades por quotas e anónimas por parte dos sócios: o financiamento através do capital social. **2** – A inexistente obrigação legal de que o capital social seja a principal fonte de financiamento societário. **3** – Limites à liberdade de financiamento por parte dos sócios: o capital social mínimo e a subcapitalização manifesta. **4** – O capital social mínimo. **4.1** – A exigência legal para as sociedades anónimas. **4.2** – A "eliminação" do capital mínimo nas sociedades por quotas, *rectius,* o capital social livre. **4.2.1** – Alinhamento inevitável com a evolução em direito comparado: a triologia *Centros-Überseering-Inspire Art.* **4.2.2** – A manutenção da figura do capital social e do respetivo regime legal. **5** – A subcapitalização manifesta e a desconsideração da personalidade jurídica. **6** – A formação do capital social: a realização das entradas por parte dos sócios. **6.1** – O especial regime da obrigação de entrada. **6.2** – O valor mínimo da entrada. **7** – Tipos de entrada: entradas em indústria e entradas em bens (em dinheiro ou em espécie). **7.1** – As entradas em indústria e a sua inadmissibilidade nas sociedades de capitais. **7.1.1** – Fundamentos para a proibição. **7.1.2** – Análise crítica. **7.2** – As entradas em dinheiro. **7.2.1** – O regime nas sociedades anónimas. **7.2.1.1** – Depósito bancário e levantamento das entradas. **7.2.1.2** – O diferimento das entradas em

---

[*] Professor de Direito Comercial da Faculdade de Direito da Universidade do Porto.

QUESTÕES DE DIREITO SOCIETÁRIO EM PORTUGAL E NO BRASIL

dinheiro. **7.2.2** – O regime nas sociedades por quotas. **7.2.2.1** – A desnecessidade de depósito bancário. **7.2.2.2** – A possibilidade de diferimento integral. **7.3** – As entradas em espécie. Traços essenciais do regime. **7.4** – As quase entradas ou entradas dissimuladas. **8** – A mora e o incumprimento da obrigação de entrada. **9** – A proibição da restituição das entradas: o princípio da intangibilidade do capital social. **10** – Os direitos dos credores quanto às entradas.

## 1 – A capitalização das sociedades por quotas e anónimas por parte dos sócios: o financiamento através do capital social

Vamos, por limitações de espaço, restringir neste artigo a nossa análise ao regime jurídico português do financiamento societário através do capital social e apenas no que respeita às sociedades anónimas e sociedades por quotas (tradicionalmente designadas como sociedades de capitais), uma vez que estas representam a quase totalidade das sociedades comerciais portuguesas[1]. Como é sabido, através de uma sociedade visam os sócios exercer, em comum e com intuito lucrativo, uma atividade económica (cfr. artigo 980º do código civil português, doravante abreviadamente designado CC)[2]. Para esse efeito, devem efetuar contribuições para a sociedade que lhe permita iniciar e desenvolver a sua atividade. Ou seja, sobre os sócios recai uma obrigação legal de financiar o projeto societário. Ora, a primeira forma de financiamento da sociedade por parte dos sócios é, em regra, através do capital social (*rectius*, através das entradas que concorrem para a formação do capital social)[3]. Com efeito, com o capital

---

[1] O ordenamento jurídico português apenas admite – taxativamente – quatro tipos de sociedades comerciais: as sociedades em nome coletivo, as sociedades em comandita, as sociedades por quotas e as sociedades anónimas. São, no entanto, estes dois últimos tipos (sociedades por quotas e anónimas), aqueles que são quase exclusivamente utilizados pela *praxis* mercantil: de acordo com os dados estatísticos disponíveis, referentes a dezembro de 2009, quase 94% das sociedades comerciais são sociedades por quotas e cerca de 5% são sociedades anónimas. Trata-se de uma solução que se justifica pelo facto de serem estes tipos societários os que permitem assegurar a limitação da responsabilidade aos respetivos sócios.

[2] A atividade económica não poderá ser, nos termos da norma referida em texto, uma atividade de mera fruição.

[3] O financiamento societário por parte dos sócios pode, no entanto, resultar de outras prestações de natureza pecuniária como suprimentos, prestações suplementares ou prestações acessórias.

444

CAPITALIZAÇÃO DE SOCIEDADES

social[4] visa-se conseguir a reunião de meios que permitam o estabelecimento e desenvolvimento das atividades económicas que pela via societária se pretendem exercer. I.é, os bens postos em comum pelos sócios e dirigidos à cobertura do capital social não se destinam a ficar intocados no cofre, mas antes a serem utilizados na instalação e exploração da atividade societária, constituindo pois um meio de financiamento da sociedade. Deste modo, e na medida em que visa captar e agregar meios que permitam o desenvolvimento da atividade societária – proporcionando "a formação de uma estrutura de produção"[5] –, o capital desempenha uma função que se pode designar por função de produção ou de financiamento.

## 2 – A inexistente obrigação legal de que o capital social seja a principal fonte de financiamento societário

O capital social é, pois, em regra, do ponto de vista cronológico, a primeira forma de financiamento da sociedade[6]. Isto não significa, no entanto, que o capital social tenha de constituir a principal fonte de financiamento societário, nem sequer a principal fonte de financiamento por parte dos sócios. Na verdade, os sócios dispõem de grande liberdade na escolha do financiamento que pretendem para a sociedade, uma vez que – muito embora se trate de uma questão controversa na doutrina – nada na lei obriga, ao menos de forma direta, a que a principal fonte de financiamento da sociedade seja efetuada através de capitais próprios (*v.g.*, através do capital social), nem sequer a que haja uma qualquer proporcionalidade mínima entre capitais próprios e alheios ou de adequação do capital social relativamente à atividade desenvolvida pela sociedade[7].

---

[4] Sobre a noção de capital social, pode ver-se TARSO DOMINGUES, *Variações sobre o capital social*, Coimbra, Almedina, 2009, pp. 21 ss..

[5] Cfr. OLIVEIRA ASCENSÃO, *Direito comercial*, Vol. IV, *Sociedades comerciais*, Lisboa, 2000, p. 147.

[6] Normalmente, os primeiros recursos financeiros que são disponibilizados à sociedade resultam efetivamente da realização das entradas por parte dos sócios.

[7] A lei não impõe, de facto, diretamente qualquer relação entre o capital social e o fim social ou a dimensão da atividade societária ("Geschäftszweck und Geschäftsumfang"). Cfr. H. WIEDEMANN, *Gesellschaftsrecht*, vol. 1, Munich, Beck, 1980, p. 565; FRIEDRICH KÜBLER, *Gesellschaftsrecht*, Heidelberg, C. F. Müller Verlag, 1999, 17, VI, 5, al a); ERNESTO SIMONETTO, "La riduzione del capitale esuberante", *Rivista delle Società*, 1966, pp. 458 ss.; e G. B. PORTALE, "Capitale sociale e società per azzioni sottocapitalizzata", in G. E. COLOMBO/GIUSEPPE B. PORTALE, *Trattato delle società per azioni*, vol. 1 \*\*, Torino, Utet, 2004, p. 40.

QUESTÕES DE DIREITO SOCIETÁRIO EM PORTUGAL E NO BRASIL

Ou seja, os sócios têm a faculdade de optar pela forma de financiamento que considerem mais apropriada ao seu caso concreto, decidindo em que medida e proporção deve a sociedade financiar-se através de capitais próprios ou alheios. Dito doutro modo, a lei não estabelece diretamente qualquer obrigação quanto ao valor a que deve ascender o capital social[8] (seja no momento da constituição, seja ulteriormente através de reforços ou aumentos de capital), por forma a ajustá-lo ao objeto social e a permitir a prossecução da atividade societária[9].

É uma solução consagrada na generalidade dos ordenamentos jurídicos e que se compreende, uma vez que é impossível estabelecer um critério que, nomeadamente em termos económicos, tenha validade universal (para todas as sociedades e para todos os momentos), no tocante à determinação da "estrutura ótima de financiamento empresarial"[10].

De resto, nada impõe igualmente que, dentro dos capitais próprios, a parcela principal deva necessariamente ser o capital social. Neste sentido, para os EUA, vide R. HAMILTON, *The law of corporations*, St. Paul, Minnesota, West Publishing Company, 2000, p. 173. Em sentido contrário, vide PORTALE, "Capitale sociale e società ...", pp. 102 ss., para quem é ilícita a situação em que, de entre os elementos que compõem a situação líquida, o capital social passe da situação de "príncipe" para a de "gata borralheira". Curiosamente, o artigo 199º da lei brasileira sobre sociedades anónimas (Lei 6.404, de 15 de dezembro de 1976) regula expressamente esta matéria, estabelecendo que o saldo das reservas de lucros não pode exceder o montante do capital social; atingido esse limite, a assembleia deverá integrar o excesso no capital social ou deliberar a sua distribuição.

[8] Salvo no que respeita ao capital social mínimo.

[9] Cfr. Mª ÂNGELA COELHO, "Aumento do capital", in *Problemas do direito das sociedades*, IDET, Coimbra, Almedina, 2002, pp. 237 ss..

[10] Cfr. PORTALE, "Capitale sociale e società...", pp. 31 e 48; e MARTÍNEZ NADAL, *El aumento de capital con cargo a reservas y benefícios en la sociedad anónima*, Madrid, Mc Graw-Hill, 1996, p. 10. Refere esta A. (*op. loc. citt.*) que, em termos abstratos, a situação ótima de financiamento empresarial será aquela que permite alcançar um duplo objetivo: a maximização do valor da empresa e da riqueza do acionista e simultaneamente a minimização do custo do capital. A substanciação casuística deste critério é que será diferente de empresa para empresa e variará até, numa mesma sociedade, ao longo do tempo.

De resto, há sistemas jurídico-económicos em que se observa um claro predomínio do financiamento mediante capital de risco, *v.g.*, através do mercado bolsista (é o caso dos EUA) e outros que estão mais orientados para o financiamento societário através do capital de crédito, nomeadamente do crédito bancário (é o caso do Japão e também, em grande medida, dos países continentais europeus). Cfr. MARTÍNEZ NADAL, *El aumento de capital con cargo a reservas...*, p. 11.

446

CAPITALIZAÇÃO DE SOCIEDADES

## 3 – Limites à liberdade de financiamento por parte dos sócios: o capital social mínimo e a subcapitalização manifesta

Note-se, contudo, que a liberdade dos sócios na determinação da estrutura de financiamento da sociedade não é ilimitada.

Há, desde logo, um primeiro limite que deriva da imposição legal do capital social mínimo, donde resulta que, ao menos neste limiar, a sociedade deverá obter recursos e financiar-se através de capitais próprios.

Por outro lado, apesar de a generalidade da legislações não fixar qualquer relação ou proporcionalidade entre capitais próprios e alheios e de ser, por isso, controvertido defender a consagração normativa de um princípio de congruência do capital social (com o objeto social), tem-se assistido a um movimento – sobretudo de caráter doutrinário – no sentido de sancionar a manifesta subcapitalização societária[11].

São estes dois "limites" ao financiamento através do capital social que passamos a analisar de seguida.

## 4 – O capital social mínimo
### 4.1 – A exigência legal para as sociedades anónimas

O ordenamento jurídico português consagra, hoje, expressamente a exigência de um capital social mínimo apenas para as sociedades anónimas (d'ora em diante, SA)[12]. Note-se que foi com o código das sociedades comerciais (doravante, CSC), datado de 1986, que se consagrou, pela primeira vez no direito nacional, a exigência de um capital social mínimo para as SAs[13]. Refira-se, por outro lado, que o regime português, no que

---

[11] Sobre a questão, vide especialmente o excelente estudo de PORTALE, "Capitale sociale e società...", pp. 3 ss., esp. pp. 41 ss.. Veja-se também WIEDEMANN, *Gesellschaftsrecht*, pp. 565 ss.; KÜBLER, *Gesellschaftsrecht*, 17, VI, 5, pp. 215 ss.; e, entre nós, RUI PINTO DUARTE, "Subcapitalização das sociedades no direito comercial", *Fisco*, Ano VIII, nº 76/77 (março/abril 1996), pp. 55 ss.; RICARDO COSTA, *A sociedade por quotas unipessoal no direito português*, Coimbra, Almedina, 2002, pp. 700 ss.; e TARSO DOMINGUES, *Do capital social...*, pp. 222 ss.. Para uma abordagem da matéria, nos EUA, e aplicação a esta situação da teoria do *piercing the corporate veil*, vide HAMILTON, *The law...*, pp. 142 ss..

[12] Sobre o regime atualmente aplicável, nesta matéria, às sociedades por quotas, vide *infra* ponto 4.2.

[13] Para as sociedades por quotas, o CSC manteve a exigência de um capital social mínimo, a qual tinha sido estabelecida logo na Lei das Sociedades por Quotas, de 1901, que introduziu em Portugal este tipo social. Vide *infra* ponto 4.2.

QUESTÕES DE DIREITO SOCIETÁRIO EM PORTUGAL E NO BRASIL

diz respeito ao capital social das sociedades anónimas, resulta em grande medida do disposto na Segunda Diretiva sobre Sociedades[14].

Para este tipo societário, a lei estipula um capital social mínimo de € 50.000[15] (artigo 276º, nº 3 do código das sociedades comerciais, doravante, CSC[16]), o qual não precisa necessariamente de estar integralmente realizado no momento da constituição. Com efeito, se o capital social mínimo for realizado através de entradas em dinheiro – já não assim se o for através de entradas em espécie, uma vez que estas devem estar realizadas até ao momento da constituição da sociedade[17] – apenas é exigível que, até à celebração do contrato de sociedade, esteja realizado 30%[18] do valor do capital social (artigo 277º, nº 2 CSC)[19].

## 4.2 – A "eliminação" do capital social mínimo nas sociedades por quotas, *rectius*, o capital social livre

O DL 33/2011, de 7 de março, veio efetuar uma "revolução" no regime do capital social mínimo das sociedades por quotas (SQ). Com efeito, desde a introdução deste tipo societário em Portugal, através da Lei da Sociedade por Quotas (Lei de 11 de abril de 1901), que se estabelecia, para este tipo societário, a exigência de um capital social mínimo[20].

[14] Diretiva 77/91/CEE, publicada no JO L 026, de 30/01/77, apenas dirigida às sociedades anónimas, e que veio regular "a conservação e as modificações do capital social", sendo, por isso, também designada por Diretiva do Capital.

[15] O atual valor do capital social mínimo exigido para as SA foi fixado pelo Decreto-Lei nº 343/98, de 6 de novembro – que veio estabelecer o regime de transição do escudo para o euro –, DL que mais do que dobrou o valor inicialmente fixado pelo CSC, que era, para as SA, de Esc. 5.000.000$00 (tenha-se presente que a taxa de conversão do escudo para euros foi fixada em 200,482 – cfr. Regulamento CE nº 2866/98 de 31/12). Note-se que a Segunda Diretiva apenas exige um capital social de 25.000€ (cfr. artigo 6º).

[16] Note-se que para alguns setores de atividade (*v.g.*, de natureza financeira, bancária ou seguradora), estabelece-se, porém, a exigência de um capital social mínimo mais elevado, acompanhada normalmente da obrigatoriedade de se adotar o tipo SA.

[17] Cfr. artigo 26º CSC e *infra* ponto 7.3.

[18] O artigo 9º da Segunda Diretiva impõe que seja liberado, no momento da constituição, pelo menos 25% do valor das entradas.

[19] Sobre os problemas suscitados pelo incumprimento das regras relativas ao capital social mínimo, pode ver-se TARSO DOMINGUES, *Variações...*, pp. 145 ss..

[20] Naquela lei de 1901, a cifra do capital social mínimo foi fixada em Esc. 5.000$00. Com o CSC passou a exigir-se um capital social mínimo de Esc. 400.000$00 (cerca de 2.000€), valor que foi aumentado – com o Decreto-Lei nº 343/98, de 6 de novembro – para 5.000€. Note-

CAPITALIZAÇÃO DE SOCIEDADES

Em 2011, o legislador português eliminou a exigência que era feita de um capital social mínimo de 5.000€ para as SQ, permitindo aos sócios fixar livremente o valor do capital social da respetiva sociedade (cfr. artigo 201º CSC). Sublinhe-se, no entanto, que o novo regime não eliminou a figura do capital social, nem tão-pouco o capital social mínimo para as SQ. Com efeito, sendo cada sócio originariamente titular de uma quota (cfr. artigo 219º, nº 1 CSC), e devendo esta ter um valor nominal mínimo de 1€[21], o capital social mínimo passa agora a corresponder ao número de sócios multiplicado pelo valor mínimo da quota, i.é, 1€. Ou seja, o capital social mínimo nas SQ é agora variável – deixou de ser uma cifra fixa legalmente estabelecida –, variando em função do número de quotistas da sociedade (multiplicado pelo valor de 1€).

Significa isto que, devendo a SQ ter, pelo menos, dois sócios (cfr. artigo 7º, nº 2 CSC) e não podendo o valor da quota ser inferior a 1€ (cfr. artigo 219º, nº 3 CSC), passou a ser possível, com o novo regime jurídico, constituir uma SQ com um capital social de apenas 2€[22].

Assim, e em rigor, não se pode falar na eliminação do capital social mínimo para as SQ, em resultado desta alteração de regime, mas – como corretamente se designa na epígrafe do artigo 201º – de um capital social livre, no sentido de que é concedida agora uma ampla liberdade[23] aos sócios para determinar o respetivo valor.

---

-se, no entanto, que – como reconhece o próprio legislador no nº 20 do Preâmbulo do DL 262/86, de 2 de setembro, que aprovou o CSC – a atualização efetuada com a aprovação do CSC daquela cifra para Esc. 400.000$00, "sendo embora igual a oito vezes o mínimo atual [o valor inicial fora, entretanto, alterado para Esc. 50.000$00 pelo DL nº 43.843 de 5 de agosto de 1961] está longe de corresponder, em termos reais, aos 5.000$00 exigidos na versão original da Lei de 11 de abril de 1901".

[21] Cfr. a redação que foi dada ao artigo 219º, nº 3 CSC pelo mencionado DL 33/2011. Antes deste diploma, o valor nominal mínimo de cada quota era de 100€.

[22] Correspondentemente, para a sociedade por quotas unipessoal, constituída por um único sócio (cfr. artigo 270º-A, nº 1 CSC), o capital social mínimo legalmente exigido é de 1€.

[23] O único limite é agora o que resulta do valor nominal mínimo da quota, que – com o mencionado diploma – passou a ser de apenas 1€ (cfr. artigo 219º, 3, com a redação que lhe foi dada pelo DL 33/2011).

## 4.2.1 – Alinhamento inevitável com a evolução em direito comparado: a triologia "Centros-Überseering-Inspire Art"

Com o regime introduzido pelo DL 33/2011, o legislador português mais não fez do que alinhar o direito pátrio com as soluções que têm vindo a ser consagradas em jurisdições que nos são próximas. Com efeito, o regime do capital social está hoje a ser objeto de um profundo e alargado debate doutrinário na Europa[24], assistindo-se em direito comparado a um movimento no sentido da eliminação do capital social mínimo[25]:

a) É a solução que foi, em 2003, fixada em França para o tipo SARL (através da chamada "Lei para a iniciativa económica"), que modificou o art. L 223-2 *code de commerce*, que antes estabelecia um capital mínimo de 7.500€;

b) É esta também – a exigência de um capital social mínimo de 1 euro apenas – a solução recentemente perfilhada na Proposta de Regulamento sobre a *Societas Privata Europae* (publicada em julho de 2008);

c) É ainda esta a solução consagrada pela *MoMiG*, que consubstanciou, em 2008, a mais profunda reforma da *GmbHG* e veio permitir a constituição, na Alemanha, de uma sociedade de capitais (a UG: *Unternehmergesellschaft*) com um capital social de 1€ (§ 5a *GmbHG*)[26].

Trata-se, importa dizê-lo, de uma radical mudança de perspetiva do direito societário continental europeu[27] sobre a matéria e que assenta nos ventos que sopram dos EUA, onde a figura do capital social começou, a partir da década de sessenta do século passado, a ser abolida por alguns Estados norte-americanos, tendo sido eliminada, desde a década de 80, do *Revised Model Business Corporation Act*.

---

[24] Sobre a matéria, pode ver-se TARSO DOMINGUES, *Variações...*, pp. 58 ss. e 551 ss..

[25] Para já apenas no que se refere ao tipo societário correspondente à nossa SQ, uma vez que para as SA, a Segunda Diretiva sobre sociedades ainda impõe a existência de capital mínimo (cfr. artigo 6º).

[26] O capital social mínimo para a *GmbH* "normal" continua, no entanto, a ser de 25.000€ (§ 5 *GmbHG*).

[27] A inexigibilidade de qualquer capital social mínimo era a solução tradicional no direito britânico, solução que, desde sempre, esteve consagrada para as *private companies* inglesas. Este direito insular teve, contudo, por força da Segunda Diretiva, que ser alterado, passando a estabelecer um capital social mínimo para as *public companies* (tipo societário correspondente à SA).

CAPITALIZAÇÃO DE SOCIEDADES

Este regime resulta do facto de se entender que a fixação de um qualquer capital social, por via legislativa, é um "gesto fútil"[28], por não desempenhar qualquer função relevante ou eficaz, podendo, pelo contrário, traduzir-se numa restrição, injustificada, à liberdade de iniciativa económica.

Na verdade, das finalidades ou funções que se atribuem ao capital social mínimo nenhuma é eficientemente desempenhada pela figura[29], podendo, pelo contrário, a mesma revelar-se prejudicial para o empreendedorismo e para o desenvolvimento de atividades económicas[30], uma vez que se traduz ou pode traduzir num travão à constituição de pequenas sociedades.

Efetivamente, a exigência do capital social mínimo pode apresentar-se como danosa para a atividade económica em geral, na medida em que impede a criação de sociedades destinadas à exploração de pequenas empresas (o que já não é pouco), as quais, com o desenvolvimento da sua atividade social, poderão assumir dimensões que as tornem importantes polos de desenvolvimento regional, nacional ou até internacional. Recorde-se aqui apenas um exemplo que é paradigmático: o capital inicial investido no "Facebook" terá sido apenas de 1.000 USD (cerca de 700€), o que significa que não teria sido possível constituir esse gigante que é hoje o "Facebook" – que valerá atualmente mais de 35 biliões de USD – na generalidade dos países europeus, que continuam a exigir um capital social mínimo superior àquele montante.

Não se olvide, ainda, que aquela restrição à liberdade contratual de celebração de contratos de sociedade pode revelar-se absolutamente injustificada, uma vez que, como é sabido, não se consegue estabelecer, de forma geral e abstrata, o fundo patrimonial necessário para o exercício de todo o tipo de atividades e sociedades, não havendo – conforme se pode ler na exposição de motivos da lei francesa para a iniciativa económica (*Loi* nº 2003-721) – "aucune logique à ce que la loi determine arbitrairement quel est le bon niveau de capital pour lancer son activité èconomique".

---

[28] Cfr. ELVIN R. LATTY/DONALD CLIFFORD, "Etats Unis d'Amérique", in M. Rotondi, *Enquête comparative sur les sociétés par actions*, Kluwer, 1974, p. 851

[29] São fundamentalmente 3 as funções que se apontam ao capital social mínimo: 1) garantia de credores; 2) instrumento de seleção do tipo societário; e, 3) limiar de seriedade no acesso à limitação de responsabilidade. Sobre o ineficiente desempenho de qualquer uma destas funções por parte do capital social mínimo, vide P. TARSO DOMINGUES, "O novo regime do capital social nas sociedades por quotas", *Direito das Sociedades em Revista*, Ano 3, vol. 6, 2011, pp. 99 ss.

[30] Conforme, de resto, se reconhece no Preâmbulo do DL 33/2011.

QUESTÕES DE DIREITO SOCIETÁRIO EM PORTUGAL E NO BRASIL

Ou seja, a fixação pela lei de um qualquer valor mínimo para o capital social pode revelar-se prejudicial, na medida em que poderá traduzir-se numa restrição, arbitrária e sem critério, à liberdade de iniciativa económica, impedindo o desenvolvimento de projetos que, começando por ser pequenos, se podem tornar gigantes.

Acresce que a eliminação do capital social mínimo será inevitavelmente o caminho que terão de seguir os demais países da União Europeia, atento o "law shopping" que foi aberto pela jurisprudência do Tribunal da União Europeia, com a chamada triologia "Centros-Überseering-Inspire Art"[31], onde o TJUE fixou, de forma reiterada e consistente, jurisprudência no sentido de que os agentes económicos podem incorporar sociedades no ordenamento jurídico que mais lhes convier, independentemente do país onde posteriormente pretendem exercer a atividade social (quaisquer restrições ou entraves que sejam colocados por um Estado-membro a esta solução, consubstanciarão uma violação do princípio comunitário da liberdade de estabelecimento).

O cidadão comunitário pode, pois, agora escolher a lei que considere mais favorável para a constituição da sua sociedade. É uma solução que abre caminho à concorrência entre as legislações dos diferentes Estados e que conduzirá necessariamente a uma "race to the bottom", a um nivelamento por baixo das legislações nacionais, nomeadamente no que respeita ao capital social. Com efeito, de nada adiantará estabelecer, na lei nacional de um Estado-membro, rigorosos requisitos e exigências, uma vez que os mesmos poderão ser contornados mediante a constituição da sociedade numa outra jurisdição[32]. Donde, pelo menos a nível europeu – tal como já sucedeu na generalidade dos diferentes Estados dos EUA –, apresenta-se como inexorável a eliminação da exigência de um capital mínimo para a constituição de sociedades.

---

[31] Vide TARSO DOMINGUES, *Variações...*, p. 138, s..

[32] De resto, foi precisamente esta constatação que levou o legislador alemão à alteração da sua *GmbHG*, aproximando o respetivo regime do das *private companies* inglesas. Na verdade, as estatísticas demonstravam que, em 2006, quase 25% das sociedades fechadas constituídas por cidadãos alemães eram (não *GmbHs*, mas) *private companies* inglesas.

CAPITALIZAÇÃO DE SOCIEDADES

## 4.2.2 – A manutenção da figura do capital social e do respetivo regime legal

Importa, por outro lado, sublinhar que o novo regime legal instituído pelo DL 33/2011 não tendo eliminado a figura do capital social para as SQ, não subtraiu também este tipo societário da aplicação do regime legal da figura. Ou seja, as SQ continuam a ter obrigatoriamente capital social, com a diferença de que foi concedida agora aos sócios uma grande liberdade na fixação do respetivo montante. No entanto, uma vez fixado estatutariamente o capital social (cfr. artigo 9º, nº 1, al. f) CSC), passa a aplicar-se-lhe integralmente o respetivo regime legal[33], nomeadamente o rigoroso regime relacionado com a efetiva realização e conservação do capital social, que iremos a abordar à frente[34].

## 5 – A subcapitalização manifesta e a desconsideração da personalidade jurídica

O segundo limite à liberdade de financiamento por parte dos sócios pode resultar do fenómeno da subcapitalização societária, i.é, da existência de sociedades que não são dotadas pelos sócios dos meios minimamente adequados e necessários ao desenvolvimento da respetiva atividade.

Duma situação de subcapitalização[35] – que implica uma necessária situação de sobreendividamento, de recurso excessivo a crédito alheio – resultam graves dificuldades, desde logo, para a própria gestão da socie-

---

[33] Que foi, contudo, objeto de algumas alterações: vide a nova redação que foi dada aos artigos 26º, 199º, 202º e 203º, todos do CSC.

[34] Vide *infra* ponto 7.

[35] A subcapitalização pode ser: *i)* formal, quando os sócios, proporcionando à sociedade os recursos necessários ao exercício da sua atividade, o fazem, não através de capital social mas mediante outros instrumentos de financiamento (p. ex., empréstimos – neste caso, tem sido proposta, como remédio para a situação, a requalificação forçada dos empréstimos que são efetuados pelos sócios à sociedade, equiparando-os a capital social; vide, no direito português, o regime aplicável aos suprimentos, previsto nos artigos 243º ss. CSC); e, *ii)* material, quando os meios disponibilizados à sociedade são em absoluto desadequados ao objeto e incongruentes com a dimensão da empresa, sem que tal incongruência seja temperada através de outro tipo de financiamento (*v.g.*, empréstimos) por parte dos sócios. É a esta subcapitalização material – em que os sócios não disponibilizam à sociedade, por qualquer forma, os meios minimamente adequados ao desenvolvimento da atividade social – a que se alude em texto. Por outro lado, a subcapitalização pode ainda ser: *i)* originária, quando se verifica logo no momento da

QUESTÕES DE DIREITO SOCIETÁRIO EM PORTUGAL E NO BRASIL

dade em causa, mas também, por arrastamento e em maior ou menor grau, para todos os que com tal empresa lidam. Acresce que o sobreendividamento, quando duradouro, acaba por conduzir normalmente à insolvência da sociedade com os danosos efeitos que lhe estão associados, e que se produzem no âmbito da própria empresa (*maxime*, relativamente aos seus trabalhadores), quer a jusante (nomeadamente quanto a clientes da sociedade), quer sobretudo a montante da mesma (relativamente a fornecedores, bancos e credores em geral da sociedade).

Por isso, e porque o regime das sociedades de capitais implica uma externalização do risco empresarial[36], tem-se assistido, em direito comparado e também entre nós[37], a um movimento no sentido da responsabilização pessoal – subsidiária mas ilimitada – dos próprios sócios[38], perante os credores sociais, recorrendo-se à aplicação, nesta hipótese, da teoria

constituição da sociedade; e, *ii*) superveniente, em virtude, p. ex., do aumento da dimensão da empresa ou do alargamento do seu objeto social.

[36] São efetivamente os terceiros que lidam com a sociedade (fornecedores, trabalhadores, bancos e em geral todos os que lhe tenham concedido crédito) quem – na medida em que não conseguem receber (seja na totalidade, seja parcialmente) os seus créditos – suportam o risco da atividade empresarial da sociedade insolvente. Cfr. F. H. EASTERBROOK/D. R FISCHEL, *The economic strutcture of corporate law*, Massachusetts, Harvard University Press, 1991, pp. 49 ss..

[37] Vide, para uma referência exaustiva à receção da figura pela nossa doutrina e jurisprudência, Mª DE FÁTIMA RIBEIRO, *A tutela dos credores da sociedade por quotas e a "desconsideração da personalidade jurídica"*, Coimbra, Almedina, 2009, pp. 299 ss..

[38] Há, porém, quem entenda que, realizado o capital social – nomeadamente o capital social mínimo legalmente exigido – nunca estará em causa uma situação de subcapitalização, mas tão-só um problema de gestão; i.é, a sociedade deverá ser gerida e exercer uma atividade de acordo com os meios que lhe foram proporcionados pelos sócios, não devendo, por isso, estes responder pessoalmente pela forma como a sociedade é gerida. Assim, Mª DE FÁTIMA RIBEIRO, *A tutela dos credores ...*, pp. 238 e 640.

Não se deixe, a este propósito, de dizer que a generalidade dos ordenamentos jurídicos consagra soluções que visam sancionar pessoalmente os administradores que, encontrando-se a sociedade numa situação de subcapitalização manifesta, continuem a desenvolver a atividade empresarial e não requeiram a abertura do respetivo processo de insolvência. É esse, p. ex., o regime consagrado na Alemanha, com a chamada "Insolvenzverschleppungshaftung" (§15a InsO, que corresponde aos antigos – antes da MomiG – § 64, I GmbHG e § 92, 2 AktG); na França, com a "action en comblement du passif", agora designada "action en responsabilité pour insuffisance d'actif" (artigo L 651-2 *code de commerce*); no Reino Unido, com o designado "wrongful trading" (Sec. 214 *Insolvency Act*); em, Itália, com o regime previsto no artigo 2486 *codice civile*; e em Espanha, com o regime previsto no artigo 367. *Ley de Sociedades de Capital* e artigo 172. da *Ley Concursal*. Em Portugal, vide a obrigação de apresentação à insolvência pre-

454

CAPITALIZAÇÃO DE SOCIEDADES

do *Durchgriff* ou da superação da personalidade jurídica das sociedades comerciais[39]. A subcapitalização material é, efetivamente, um dos casos típicos em que tem sido defendida a desconsideração da personalidade jurídica das sociedades comerciais, fazendo os sócios responder pelas dívidas sociais[40].

Também aqui se tem reconhecido a validade do brocardo "ubi commoda, ibi incommoda". Ou seja, sendo os sócios os principais beneficiários da atividade desenvolvida no âmbito da empresa (*e.g.*, através da perceção da riqueza que por aquela é criada)[41], deverão igualmente ser eles os primeiros a suportar os inconvenientes (nomeadamente as perdas) que do exercício da mesma eventualmente decorram. Sobre os terceiros que lidam com a sociedade sempre recairá, é inevitável, uma parcela do risco inerente à atividade empresarial; o que não parece admissível é que a probabilidade de perda – o risco – que sobre estes recai seja idêntica ou até

---

vista no artigo 18º CIRE. Sobre a matéria, vide Mª DE FÁTIMA RIBEIRO, *A tutela dos credores...*, pp. 218 ss., e 491 ss., e PORTALE, "Capitale sociale e società...", pp. 112 ss..

[39] Continua, no entanto, a haver uma forte corrente doutrinária que nega a aplicação do *Durchgriff* à situação de subcapitalização, ainda que manifesta. Fundamentalmente com dois argumentos: 1º - os ordenamentos jurídicos não consagram legalmente um princípio de congruência do capital social (com o objeto social); a única exigência que é feita aos sócios, a este propósito, respeita ao cumprimento dos requisitos relativos ao capital social mínimo (vide Mª DE FÁTIMA RIBEIRO, *A tutela dos credores...*, p. 640, e ALEXANDRE MOTA PINTO, *Do contrato de suprimento – O financiamento da sociedade entre capital próprio e capital alheio*, Coimbra, Almedina, 2002, pp. 84 ss.); e, 2º - a falta de rigor dogmático e o casuísmo subjacente a esta figura tornam desaconselhável o recurso à utilização da mesma (vide, A. MENEZES CORDEIRO, *O levantamento da personalidade coletiva no direito civil e comercial*, Coimbra, Almedina, 2000, pp. 129 ss., e RICARDO COSTA, *A sociedade por quotas unipessoal...*, p. 669). Assim, sustentadamente entre nós, Mª DE FÁTIMA RIBEIRO, *A tutela dos credores...*, pp. 234 ss. e 640.

[40] São três os "grupos de casos" (*Fallgruppen*) que tipicamente se entende que podem determinar a aplicação do *Durchgriff*. São eles a subcapitalização material, a mistura de patrimónios e a "tirania do sócio" (o controlo da sociedade por um sócio). Cfr. PORTALE, "Capitale sociale e società...", pp. 117 ss.; COUTINHO DE ABREU, *Curso de direito comercial*, vol. II – *Das sociedades*, 3ª ed., Coimbra, Almedina, 2009, pp. 180 ss.; Mª DE FÁTIMA RIBEIRO, *A tutela dos credores...*, pp. 177 ss.; RICARDO COSTA, *A sociedade por quotas unipessoal...*, pp. 669 ss..

[41] Note-se, contudo, que as empresas são, em princípio, vantajosas, não só para os sócios mas também para a economia em geral e para as próprias populações (enquanto instrumentos criadores de riqueza, geradores de emprego, aptos e destinados a satisfazer necessidades do público, etc.).

superior à dos sócios[42]. Por isso, se têm vindo a defender doutrinalmente soluções que visam remediar e atalhar a manifesta subcapitalização societária, *e.g.*, mediante a aplicação da teoria do *Durchgriff* ou da superação da personalidade jurídica das sociedades comerciais[43], fazendo os sócios responder pessoalmente, nesta hipótese, perante credores sociais. Não se deixe de dizer, no entanto, que a desconsideração da personalidade jurídica tem necessariamente caráter excecional e, por isso, só poderá ter aplicação quando se verifique uma subcapitalização manifesta ou qualificada (*qualifizierte Unterkapitalisierung*), i.é, quando for absolutamente impossível exercer o objeto social com os meios disponibilizados pelos sócios. Dito doutro modo, só uma total e absoluta desadequação dos meios proporcionados pelos sócios com a atividade exercida pela sociedade, só uma "sub-capitalização *manifesta e totalmente impeditiva* da realização do objeto social"[44] deverá ter a virtualidade de fazer acionar o *Durchgriff*. Em todo o caso, pretendendo os sócios prevenir este resultado, deverão ter o cuidado de financiar a sociedade por forma a que a mesma não incorra naquela situação de subcapitalização manifesta.

## 6 – A formação do capital social: a realização das entradas por parte dos sócios

A realização e formação do capital social resulta das entradas[45] que são realizadas pelos sócios. Por isso, e porque ao capital social foi atribuída, no direito continental europeu do século passado, uma superlativa importância – considerando-se-o, *inter alia*, uma "aquisição cultural de primeiro grau" (*Kulturleistung ersten Ranges*[46]), um *"postulado indeclinável"*[47] ou ainda um elemento *"quase sacramental"*[48] –, o regime das entradas dos sócios é um

---

[42] Assim, também, Coutinho de Abreu, "Artigo 5º", em *Código das sociedades comerciais em comentário*, vol. I, Coimbra, Almedina, 2010, p. 106.

[43] Sobre o fundamento legal, no ordenamento jurídico português, para esta solução, vide Tarso Domingues, "O novo regime...", pp. 113 ss..

[44] Cfr. tarso domingues, "Do capital social...", p. 242.

[45] Sobre o conceito de entrada, vide tarso domingues, *Variações...*, pp. 173 ss..

[46] Cfr. Wiedemann, *Gesellschaftsrecht*, p. 558.

[47] Cfr. Adrián Celaya Ulibarri, *Capital y sociedad cooperativa*, Madrid, Editorial Tecnos, 1992, p. 39.

[48] Cfr. M. Cozian/A. Viandier/Fl. Deboissy, *Droit des societés*, Paris, Litec, 2005, nº 303, p. 102.

CAPITALIZAÇÃO DE SOCIEDADES

regime particularmente severo e extremamente rigoroso, que não encontra paralelo ou semelhança em qualquer outra obrigação dos sócios.

Com efeito, ao capital social foi imputado o desempenho de funções da maior relevância na vida societária, atribuindo-se-lhe um papel fulcral na tutela dos interesses dos credores, dos sócios e da própria sociedade[49]. Ora, estando as entradas intimamente conexionadas com esta figura basilar do direito societário[50], isso determinou que o respetivo regime jurídico fosse objeto de um particular rigor e minúcia[51].

De resto, importa sublinhá-lo, a obrigação de entrada apresenta-se inquestionavelmente como a principal obrigação dos sócios[52]. É isso que resulta, em termos gerais, do artigo 980º CC que estabelece a contribuição com bens ou serviços por parte dos sócios como um dos *essentialia negotii* do contrato de sociedade. E é o que resulta também, no que às sociedades comerciais diz respeito, do artigo 20º CSC que, de forma imperativa, estabelece apenas como obrigações essenciais dos sócios a obrigação de entrada e a obrigação de quinhoar nas perdas[53]. Ou seja, o contrato de sociedade é imperativamente, por força da lei, um contrato oneroso, pelo

[49] Sobre as funções atribuídas ao capital social, vide TARSO DOMINGUES, *Do capital social...*, pp. 200 ss..

[50] Note-se, porém, que o capital social não coincide – ao menos necessariamente – com a soma do valor das entradas. Sobre a matéria veja-se TARSO DOMINGUES, *Variações...*, pp. 40 ss..

[51] O regime legal encontra, de facto, a sua razão justificativa precisamente na circunstância de serem as entradas – e só estas! – a concorrerem para a formação do capital social.

[52] A par com o dever de participar nas perdas. Note-se que no artigo 980º CC não se faz referência à participação nos prejuízos. Aquela norma, no entanto, como nota Vasco Lobo Xavier – *Sociedades comerciais, Lições aos alunos de direito comercial do 4º ano jurídico*, Coimbra, 1987, ed. policopiada, p. 26 –, tem de ser integrada com as normas imperativas dos artigos 992º e 994º CC, que expressamente fazem referência a este elemento: a sujeição às perdas.

[53] A alusão à participação nas perdas, se faz sentido para os sócios das sociedades em nome coletivo (cfr. artigo 175º, nº 1 CSC), pode parecer bizarra para os sócios das chamadas sociedades de capitais (*v.g.*, SQ e SA), uma vez que, como é sabido, estes não respondem pelas dívidas sociais (cfr. artigos 197º, nº 3 e 271º CSC). Esta referência à obrigatoriedade de participação nas perdas, nestas sociedades, respeita, contudo, às perdas no momento da liquidação da sociedade – i.é, às perdas finais –, nas quais os sócios forçosamente participam, na medida em que não venham a reaver o valor das suas entradas. Ou seja, a obrigatoriedade da sujeição a perdas, nas sociedades de capitais, significa apenas que nenhum sócio se pode subtrair à eventualidade de não reaver, integral ou parcialmente, o valor da sua entrada, sendo nula qualquer cláusula contratual em contrário – cfr. artigo 22º, nº 3 CSC. No mesmo sentido, vide PEDRO PAIS DE VASCONCELOS, *A participação social nas sociedades comerciais*, Almedina, Coimbra, 2006, p. 287.

QUESTÕES DE DIREITO SOCIETÁRIO EM PORTUGAL E NO BRASIL

que só pode ser atribuída uma participação social, e consequentemente a qualidade de sócio, a uma pessoa que contribua efetiva e realmente com bens (ou serviços, nas sociedades em que este tipo de entrada seja admitido) para a sociedade[54].

A obrigação de entrada assume, pois, um papel fundamental em direito societário na medida em que se trata de uma obrigação originária (no sentido de que está na origem da atribuição da qualidade de sócio[55]), fundacional (uma vez que sem ela não é possível a constituição, a fundação de uma sociedade; só há sociedade se os sócios se obrigarem a realizar contribuições para a mesma) e até funcional (porquanto, por via de regra, os direitos e deveres dos sócios se medem em função da entrada que cada um realiza).

### 6.1 – O especial regime da obrigação de entrada

Sendo a entrada a principal obrigação dos sócios, o respetivo regime legal – que está claramente ordenado a assegurar o seu cumprimento efetivo – consagra diversas medidas que visam garantir a efetiva realização das entradas a que os sócios se obrigaram[56]. Assim, e relativamente a todos os tipos sociais, o CSC prescreve que não é permitido[57] à própria sociedade – uma vez que está em causa a tutela de interesses de terceiros – exonerar o sócio de efetuar a sua entrada. O artigo 27º, nº 1 CSC é, a este respeito, inequívoco ao considerar nulas "as deliberações dos sócios que liberem total ou parcialmente os sócios da obrigação de efectuar as entradas". Trata-se, pois, de um direito irrenunciável da sociedade.

---

[54] É o que, para as SQ, resulta inequivocamente do artigo 219º, nº 1 CSC que estabelece que a cada sócio pertence uma quota, "que corresponde à sua entrada".

[55] A criação de uma participação social que não resulte de uma efetiva entrada do sócio deve ser considerada nula e de nenhum efeito, por violação de norma legal imperativa (cfr. artigo 20º, al. a) CSC e artigo 294º CC).

[56] Note-se que o problema põe-se sobretudo para as entradas em dinheiro. Quanto às entradas em espécie, uma vez que têm de ser realizadas no momento da formalização do contrato de sociedade (cfr. artigo 26º CSC), não se colocará, por via de regra, relativamente a elas, o problema do incumprimento por parte do sócio. Diferentemente se passam as coisas quanto às entradas em dinheiro, uma vez que uma parte destas (ou até a totalidade no caso das SQ, de acordo com o novo regime introduzido pelo DL 33/2011, de 7 de março) pode ser diferida para momento ulterior, pelo que é sobretudo relativamente a este tipo de entrada que se poderá colocar a questão do não cumprimento por parte do sócio.

[57] Salvo no caso excecional de redução do capital social, como expressamente ressalva a parte final da norma.

CAPITALIZAÇÃO DE SOCIEDADES

Trata-se, também, de uma obrigação que, por princípio, apenas se poderá extinguir pelo cumprimento. Admite-se, no entanto, a sua extinção pela dação em cumprimento, desde que, para esse efeito, seja alterado o contrato de sociedade, devendo observar-se o preceituado para as entradas em espécie (cfr. artigo 27º, nº 2 CSC) e ainda por compensação, mas neste caso, exclusivamente com os lucros correspondentes à respetiva participação social (cfr. artigo 27º, nºs 4 e 5 CSC).

Por outro lado, é uma obrigação que perdura, mesmo que o contrato venha a ser invalidado. Na verdade, estatui o artigo 52º, nº 4 CSC que a declaração de nulidade ou a anulação do contrato não exonera os sócios do dever de realizar ou completar as suas entradas.

## 6.2 – O valor mínimo da entrada

A lei não estabelece diretamente valores mínimos para as entradas dos sócios, mas essa exigência decorre do estabelecimento de valores mínimos para as diferentes participações sociais.

Com efeito, não podendo o valor da entrada ser inferior ao valor nominal da correspondente participação social (artigo 25º CSC), daqui decorre que o valor da entrada individual de cada sócio há de ser, pelo menos, idêntico ao valor mínimo exigido por lei para as quotas ou para as ações[58]. E esses valores são de 1€ para as SQ (cfr. artigo 219º, nº 3 CSC[59]) e de 1 cêntimo para as SA (cfr. artigo 276º, nº 2 CSC), sendo consequentemente estes os montantes mínimos da entrada que têm de ser realizados respetivamente por cada quotista ou acionista.

## 7 – Tipos de entrada: entradas em indústria e entradas em bens (em dinheiro ou em espécie)

A nossa lei distingue entre entradas em indústria[60] (ou, é o mesmo, entradas em serviços[61]) e entradas em bens, podendo estas ser entradas em dinheiro

---

[58] Por outro lado, sendo o capital social a cifra representativa da soma do valor nominal das participações sociais, a regra referida implica que a soma global do valor das entradas deverá, pelo menos, atingir o valor do capital social mínimo exigido para cada tipo social.

[59] Antes do DL 33/2011, de 7 de março, que "eliminou" a exigência de um capital social mínimo nas SQ, o valor mais baixo permitido para a quota era de 100€ (cfr. redação anterior do artigo 219º, nº 3 CSC)

[60] É a terminologia usada no CSC – cfr. artigo 20º, al. a).

[61] É a expressão utilizada no código civil – cfr. artigo 980º CC.

## QUESTÕES DE DIREITO SOCIETÁRIO EM PORTUGAL E NO BRASIL

ou entradas em bens diferentes de dinheiro (ditas entradas em espécie[62]). Analisemos o regime de cada uma delas.

### 7.1 – As entradas em indústria e a sua inadmissibilidade nas sociedades de capitais

As entradas em indústria – que consistem nas entradas com trabalho ou serviços por parte dos sócios[63] – não são admissíveis nas SQ (cfr. artigo 202º, nº 1 CSC) e nas SA (cfr. artigo 277º, nº 1 CSC)[64].

Trata-se de um regime que é imposto pelo artigo 7º, *in fine* da Diretiva do Capital, que expressamente estabelece a proibição de a entrada de um acionista poder ser efetuada através da "obrigação de execução de trabalhos ou da prestação de serviços", pelo que, em todo o espaço comunitário, não é admissível este tipo de entrada nas SA (o tipo social abrangido pela Diretiva)[65]. O nosso legislador – de resto, como a generalidade dos outros legisladores europeus – alargou, no entanto, tal proibição a todos os tipos de sociedades de capitais.

### 7.1.1 – Fundamentos para a proibição

Têm sido várias as razões apresentadas para a exclusão destas entradas nas sociedades de capitais. Desde logo, o facto de as entradas em serviços serem extremamente difíceis de avaliar[66], quer devido à sua própria natureza quer devido ao facto de a duração de tal tipo de entrada ser incerta; por outro lado, a circunstância de elas não se coadunarem com o princípio da imediata e integral liberação das entradas (cfr. artigo 26º CSC), em virtude do seu caráter futuro e sucessivo[67]; e ainda devido à impossibilidade

---

[62] Cfr. epígrafe do artigo 28º CSC.

[63] Etimologicamente a palavra "indústria" significa precisamente trabalho ou atividade.

[64] Nas sociedades comerciais, as entradas em indústria apenas podem ser realizadas pelos sócios das sociedades em nome coletivo e pelos sócios comanditados das sociedades em comandita (cf. artigo 176º e artigo 468º *a contrario* CSC).

[65] Antes do CSC, era discutido entre nós (embora a doutrina maioritária se inclinasse para a resposta negativa) se as entradas com indústria eram admissíveis nas SA. Vide COUTINHO DE ABREU, *Curso ...*, vol. II, p. 273, nt 158, e as indicações bibliográficas aí referidas.

[66] É inquestionável que a avaliação das entradas de indústria – devido à sua própria natureza, bem como ao facto de a duração de este tipo de entrada ser incerta – apresenta problemas e dificuldades. Isso não significa, contudo – como, de alguma forma, resultava dos trabalhos preparatórios da Segunda Diretiva –, que elas não sejam suscetíveis de avaliação económica.

[67] De facto, ao contrário do que sucede com as entradas em bens que deverão ser realizadas, em princípio, até ao momento da celebração do contrato de sociedade (cfr. artigo 26º CSC),

460

CAPITALIZAÇÃO DE SOCIEDADES

de se garantir e assegurar o cumprimento das mesmas, dada a impraticabilidade da sua execução forçada[68].

Por detrás das razões avançadas para justificar a proibição das entradas em indústria nas sociedades de capitais, está, pois, fundamentalmente presente a função de garantia – e a enorme relevância que lhe é atribuída nestes tipos sociais – que se assinala ao capital social, a qual não seria alcançada com as entradas em serviços[69]. Com efeito, é esta finalidade de tutela dos terceiros credores que determina a inadmissibilidade, nas sociedades de capitais, das entradas de indústria, visando-se, com isso, obviar a que no capital social seja levado em consideração um valor referente aos serviços prestados por um sócio, valor esse que pode, de todo, não corresponder àquilo que efetiva e realmente o serviço vale (seja porque foi mal avaliado, seja porque, tendo-se comprometido a realizar determinado trabalho, esse sócio não o efetua), e que, por outro lado, não se apresenta como um meio de garantia para os terceiros credores. Fala-se, a este propósito, na incerteza (quanto à determinação do valor da entrada) e perigosidade (no que respeita às consequências da imputabilidade de uma tal entrada no capital social) das entradas em indústria[70].

as de indústria serão realizadas ao longo da vida da sociedade, não sendo, por isso, possível que fiquem integralmente liberadas naquele momento. Para uma desconsideração dos motivos que estão na base da exclusão das entradas de indústria no capital social, veja-se SABINE DANA-DÉMARET, *Le capital social*, Paris, Litec, 1989, pp. 72 ss. Esta A., de alguma forma, equipara o cumprimento das entradas de indústria a outras entradas cujo cumprimento é também escalonado no tempo (ex.: parte das entradas em dinheiro, entrada com o gozo dos bens, etc. – vide pp. 75-76 e 82 ss.). Há, no entanto, é preciso reconhecê-lo, uma diferença abismal entre o regime de cumprimento (*e.g.*, de cumprimento coativo) das entradas em bens e das entradas de indústria. Sobre a questão, veja-se o nosso *Variações...*, pp. 244 ss

[68] Desde logo, porque hoje ninguém pode ser forçado a trabalhar contra a sua vontade (*nemo cogi potest ad factum* – cfr. CESARE VIVANTE, *Trattato di diritto commerciale*, vol. II, Milano, Vallardi, 1928, p. 164). Por outro lado, porque a entrada de indústria de um sócio consubstanciará, normalmente, uma prestação de facto infungível – dado o *intuitus personae* que, em menor ou maior grau, sempre lhe estará subjacente –, o que impossibilita que a prestação seja efetuada por outrem à custa do sócio (cfr. artigo 828º CC). Vide DANA-DÉMARET, *Le capital...*, pp. 84 ss.; e G. OLIVIERI, *I conferimenti in natura nella società per azioni*, Padova, 1989, pp. 54 ss..

[69] É este, sem dúvida, o principal fundamento – se não o único – que esteve por detrás do regime consagrado no artigo 7º da Diretiva do Capital. Cfr. OLIVIERI, *I conferimenti in natura...*, pp. 58 ss. e p. 71.

[70] Cfr. OLIVIERI, *I conferimenti in natura...*, pp. 54 ss. que, porém, assume uma posição crítica quanto às características referidas.

QUESTÕES DE DIREITO SOCIETÁRIO EM PORTUGAL E NO BRASIL

## 7.1.2 – Análise crítica

Importa, contudo, repensar hoje esta temática referente às entradas em indústria. Antes de mais, porque a função de garantia que se imputa ao capital social está, neste virar de século, claramente em crise e posta em causa[71], asseverando-se que a figura não desempenha, ao menos de forma eficaz, uma tal função. Donde, se a finalidade que se visa alcançar com a proibição daquele tipo de entradas não se verifica (ou é muito debilmente alcançada), cessa a razão de ser e o fundamento para que a mesma se mantenha.

Por outro lado, porque as objeções que se levantam quanto às entradas de indústria, nas sociedades de capitais, se colocam em termos semelhantes relativamente a outras entradas, cuja admissibilidade é reconhecida e aceite nestes tipos societários.

Com efeito, a questão da avaliação das entradas – e da sua dificuldade – põe-se com idêntica pertinência relativamente a alguns bens que podem constituir a entrada (em espécie) de um sócio: pense-se, p. ex., nos direitos sobre marcas, no *know-how*, nas patentes, no aviamento de uma empresa (que poderá ter de ser estimado para se determinar o valor desta), etc.[72]; por outro lado, a questão do caráter futuro e sucessivo das entradas em serviços coloca-se, em termos idênticos, relativamente às entradas com o mero gozo dos bens[73]; finalmente, as objeções que se levantam a propósito do (in)cumprimento das entradas em indústria não são substancialmente diferentes daquelas que se colocam a propósito das entradas com o mero gozo dos bens.

Importa, por outro lado, ter presente que, na hodierna atividade económica, assumem cada vez maior relevo – sobretudo na chamada *new economy*[74] – os serviços, os conhecimentos e as ideias que certas pessoas podem prestar ao desenvolvimento de um determinado projeto[75]. Não faz, por

---

[71] Sobre esta questão, pode ver-se o nosso *Variações...*, pp. 72 ss..

[72] Desvalorizando também a dificuldade de avaliação deste tipo de entrada, vide J. G. PINTO COELHO, "Estudo sobre as acções de sociedades anónimas", *Revista de Legislação e de Jurisprudência*, anos 88º e 89º (1955-56 e 1956-57), p. 305.

[73] Sobre as entradas com o mero gozo de bens, vide o nosso *Variações...*, pp. 232 ss..

[74] Cfr. L. ENRIQUES/J. MACEY, "Raccolta di capitale di rischio e tutela dei creditori: una critica radicale alle regole europee sul capitale sociale", *Rivista delle Società*, 2002, pp. 78 ss. (inicialmente publicado na *Cornell Law Review*, vol. 86, 2001, pp. 1165 ss.), p. 109.

[75] Note-se que, nesta matéria (quando está sobretudo em causa a transmissão de conhecimentos técnicos), nem sempre será fácil distinguir e traçar a linha de fronteira entre o que é entrada em indústria e entrada *in natura*. Vide DANA-DÉMARET, *Le capital...*, pp. 87 ss e 91 ss.

CAPITALIZAÇÃO DE SOCIEDADES

isso, sentido obrigar essas pessoas – querendo-se que elas participem do grémio societário – a realizar a sua entrada com bens, quando o que efetivamente se pretende é a colaboração e os serviços que as mesmas possam prestar à sociedade. De facto, não se vê por que será necessário que Bill Gates, Steve Jobs ou Mark Zuckerberg tenham de realizar uma entrada em dinheiro – que qualquer outro poderia realizar – para serem sócios de uma sociedade em Portugal ou na Europa, quando o que se pretende é a sua colaboração, o seu trabalho para essa sociedade (que mais ninguém poderá prestar em condições idênticas). E, sublinhe-se ainda, também esta proibição – relativa à admissibilidade das entradas em indústria – poderá constituir-se como um entrave ao empreendedorismo e ao desenvolvimento de relevantes projetos societários[76].

Deverá, por isso, ser revista a proibição da realização de entradas em indústria nas sociedades de capitais[77]. É essa, de resto, a solução que foi já perfilhada nos EUA (no *RMBCA*[78]), bem como em Itália[79] e em França[80], para o tipo correspondente à nossa SQ, que é igualmente admitida no direito britânico[81]

---

[76] Convocamos aqui, uma vez mais, o exemplo do "Facebook", onde, como é sabido, a entrada fundamental para o sucesso da empresa foi a realizada por Mark Zuckerberg, com o seu trabalho e os seus conhecimentos técnicos.

[77] Sobre o assunto, veja-se P. TARSO DOMINGUES, "É justificável a proibição de entradas em indústria nas sociedades de capitais?" in *Os 10 Anos de Investigação do CIJE*, Coimbra, Almedina, 2010, pp. 819 ss..

[78] Cfr. *Sec.* 6.21(b) RMBCA e veja-se HAMILTON, *The law...*, pp. 178 ss., e BAYLESS MANNING/ JAMES J. HANKS JR., *Legal Capital*, New York, Foundation Press, 1990, pp. 180 ss., que expressivamente referem que, com o RMBCA, uma livrança (*promissory note*) subscrita por Rockfeller ou a obrigação da Barbara Streisand de realizar um futuro concerto (ou da Jane Fonda de fazer um filme) passaram a poder constituir a entrada do sócio, uma vez que se considera agora tratar-se de bens com valor económico, "coisa que todos sabiam, menos os juristas".

[79] Com a reforma do direito societário operada pelo Decreto legislativo, de 17 de janeiro 2003, nº 6 – que entrou em vigor em 1 de janeiro de 2004 –, o artigo 2464 *codice civile* passou a admitir, para a *società de responsabilità limitata*, a realização de entradas em serviços, as quais são imputadas no capital social. Para tanto torna-se, contudo, necessário que seja efetuada a favor da sociedade uma apólice de seguro ou uma fiança bancária que garanta integralmente o valor atribuído ao trabalho ou ao serviço do sócio.

[80] O art. L. 227-7 CComf, com a redação que lhe foi dada pela Lei 2001-420, de 15 de maio de 2001, expressamente admite as entradas em indústria nas SARL.

[81] Cfr. a proibição que consta da *Sec.* 585 CA 2006 (que corresponde ao regime antes consagrado na *Sec.* 99, 2 ss. CA 1985), apenas aplicável às *public companies* e ROBERT R. PENNINGTON, *The principles of company law*, London, Butterworths, 1995, pp. 183 ss..

QUESTÕES DE DIREITO SOCIETÁRIO EM PORTUGAL E NO BRASIL

e que é também o caminho propugnado pela Proposta de Regulamento sobre a Societas Privata Europaea (SPE)[82].

## 7.2 – As entradas em dinheiro

O CSC consagrou, na sua redação inicial, uma disciplina idêntica para a realização das entradas em dinheiro nas SQ e nas SA. Essa convergência deixou, porém, de existir com a alteração do regime do capital social nas sociedades por quotas efetuada pelo DL 33/2011, pelo que se justifica hoje, nesta matéria, uma análise distinta naqueles dois tipos societários.

Em todo o caso, seja qual for a sociedade em causa, as entradas em dinheiro só podem ser realizadas com moeda com curso legal em Portugal, vale dizer, em euros. É a solução que resulta do facto de aquelas entradas serem diretamente contabilizadas no capital social, sem necessidade de qualquer estima ou avaliação quanto ao seu valor. Com efeito, uma vez que o capital social "deve ser sempre e apenas expresso em moeda com curso legal em Portugal" (cfr. artigo 14º CSC), aquela imputação direta das entradas em dinheiro só será possível se estas entradas forem efetuadas na mesma unidade de medida, ou seja, em euros[83].

### 7.2.1 – O regime nas sociedades anónimas
### 7.2.1.1 – Depósito bancário e levantamento das entradas
Nas SA, as entradas em dinheiro devem ser depositadas numa instituição bancária, devendo, no momento da celebração do contrato de sociedade, os sócios declarar que aquele depósito foi efetuado (cfr. artigo 277º, nº 4 CSC)[84]. Ficará sujeito a responsabilidade civil (cfr. artigo 71º

---

[82] Que se pode ver em <http://eur-lex.europa.eu/LexUriServ/LexUriServ.do?uri=COM: 2008:0396:FIN:PT:DOC>, com as alterações propostas pelo Parlamento Europeu que se encontram em <http://www.europarl.europa.eu/sides/getDoc.do?pubRef=-//EP//TEXT+TA+P6-TA2009-0094+0+DOC+XML +V0 //PT>. Sobre a SPE pode ler-se, entre nós, Rui Pinto Duarte, "A *Societas Privata Europaea*: uma revolução viável", *DSR*, Ano 1, vol. 1, pp. 49 ss.; e Renato Gonçalves, "Nótulas sobre a sociedade privada europeia", *Scientia Iuridica*, nº 316 (Out-Dez 2008), pp. 698 ss.

[83] Donde, a realização da entrada com moeda estrangeira deve ficar sujeita ao regime das entradas em espécie.

[84] Na redação inicial do CSC, o regime era ainda mais rigoroso: era necessário apresentar ao Notário, aquando da escritura pública de constituição da sociedade, a guia de depósito das entradas numa instituição bancária. A partir do DL 237/01, de 30 de agosto, no entanto, a

# CAPITALIZAÇÃO DE SOCIEDADES

CSC)[85] e penal (cfr. artigo 519º CSC) o sócio que preste tal declaração quando a mesma não corresponda à verdade. Com a obrigação deste depósito bancário visa-se assegurar que os sócios realizam efetivamente as suas entradas em dinheiro[86].

Após a primeira alteração ao CSC[87], as entradas depositadas na instituição bancária podem ser levantadas nas circunstâncias referidas no artigo 277º, nº 5 CSC, nomeadamente no caso em que os sócios autorizem os gerentes ou administradores a fazê-lo (cfr. a alínea b) do referido normativo). Outra era a solução prevista na redação inicial daquela norma do CSC. Aí se estabelecia obrigatoriamente que tais levantamentos só podiam ser efetuados após o registo definitivo do contrato de sociedade. Esta não era, no entanto, a melhor solução, uma vez que no espaço de tempo que mediava entre o momento da constituição da sociedade e o registo, a sociedade ficava impossibilitada de utilizar, para o desenvolvimento da sua atividade, o dinheiro das entradas depositadas.

Note-se, finalmente, que esta exigência legislativa no sentido de que as entradas em dinheiro sejam depositadas numa instituição bancária à ordem da sociedade – visando, assim, assegurar o seu ingresso efetivo no património da sociedade – já não existe quanto às entradas em dinheiro realizadas em caso de aumento do capital social, nem quanto à parcela das entradas iniciais em dinheiro que a lei permite diferir para momento posterior à celebração do ato constitutivo da sociedade.

### 7.2.1.2 – O diferimento das entradas em dinheiro

As entradas, de acordo com o disposto no artigo 26º CSC, deverão ser, em princípio, realizadas no momento da celebração do contrato de sociedade. No entanto, esta mesma norma logo acrescenta ser possível "o diferimento

---

apresentação da guia de depósito passou a poder ser substituída pela declaração dos sócios de que o depósito bancário havia sido efetuado.

[85] Note-se que a responsabilidade civil é uma responsabilidade que se estende a todos os sócios fundadores – que responderão solidariamente –, a menos que provem que ignoravam, sem culpa, a falsidade da declaração (cfr. artigo 71º, nº 2 CSC).

[86] Não se deixe de dizer, no entanto, que o atual regime – ao bastar-se com a mera declaração dos sócios de que as entradas foram depositadas – fragilizou em grande medida a tutela inicialmente pretendida para a realização das entradas em dinheiro no momento da constituição da sociedade.

[87] Efetuada pelo DL 280/87 de 8 de julho.

QUESTÕES DE DIREITO SOCIETÁRIO EM PORTUGAL E NO BRASIL

da realização das entradas em dinheiro, nos casos e termos em que a lei o permita". Ora, para as SA, o artigo 277º, nº 2 CSC expressamente estabelece a possibilidade de diferimento de 70% das entradas em dinheiro, não podendo porém aquele diferimento exceder o prazo de cinco anos (cfr. artigo 285º, nº 1 CSC).

Em caso de aumento de capital, se a deliberação for omissa quanto ao diferimento das entradas em dinheiro, são elas exigíveis a partir do registo definitivo do aumento (cfr. artigo 89º, nº 2 CSC)[88].

## 7.2.2 – O regime nas sociedades por quotas
### 7.2.2.1 – A desnecessidade de depósito bancário
No direito anterior, tal como sucede ainda hoje para as SA, nas SQ as entradas em dinheiro deveriam ser depositadas numa instituição bancária, devendo os sócios declarar, no momento da constituição da sociedade, que aquele depósito foi efetuado. Com o novo regime legal, introduzido pelo DL 33/2011, deixou de ser necessário qualquer depósito bancário das entradas em dinheiro. A lei basta-se agora com a declaração de cada sócio[89] que, sob sua responsabilidade, confirme que já procedeu à entrega do valor da sua entrada ou que se compromete a entregá-lo, até ao final do primeiro exercício económico, "nos cofres da sociedade"[90] (cfr. artigo 202º, nºs 4 e 6 CSC). Apesar de o alcance da norma não ser evidente, deverá entender-se – cotejando esta norma com a do artigo 199º, al. b) CSC[91] – que o

---

[88] Trata-se de um regime aplicável a todos os tipos sociais, uma vez que a norma do artigo 89º CSC é uma norma da Parte Geral do código.

[89] A declaração deve ser efetuada individualmente por cada sócio, relativamente à entrada por si realizada.

[90] É, no mínimo, curiosa esta obrigação de que as entradas sejam entregues nos "cofres sociais". Não é porém, exigível que toda e qualquer sociedade disponha de um cofre. Por isso, o requisito legal deve ter-se por cumprido desde que o valor da entrada ingresse no património social, qualquer que seja a forma que esse movimento revista: por transferência ou depósito bancário, entrega diretamente à gerência da sociedade, etc.

[91] Na verdade, embora de forma não muito clara, parece resultar desta norma do artigo 199º, al. b) que o legislador pretende assegurar que até ao final do exercício económico esteja, pelo menos, realizado o "valor nominal mínimo da quota fixado por lei", vale dizer, um euro por quota (cfr. artigo 219º, nº 3 CSC).No mesmo sentido, vide M. ELISABETE RAMOS, "Artigo 199º", em *Código das sociedades comerciais em comentário*, vol. III, Coimbra, Almedina, 2011, anotação 1.3., pp. 190 ss.. Não se deixe, no entanto, de sublinhar que é no mínimo bizantino que o legislador sobre uma questão tão pequena – como seja a do momento da realização de um

CAPITALIZAÇÃO DE SOCIEDADES

que legislador terá pretendido, neste caso, é assegurar que o valor nominal mínimo da quota e, portanto, da entrada (i.é, 1 euro) seja realizado no momento da celebração do contrato de sociedade ou, o mais tardar, até ao final do primeiro exercício económico[92].

Se o sócio diferir para o final do primeiro exercício a realização desta sua entrada mínima, deverá ele, na primeira assembleia geral anual da sociedade subsequente a tal data, emitir a declaração acima mencionada (cfr. artigo 202º, nº 6 CSC).

Note-se que com o atual regime fica, neste tipo societário, ainda mais fragilizada a efetiva realização das entradas em dinheiro, uma vez que – bastando-se a lei com a mera declaração dos sócios[93] – se torna extremamente fácil não dar cumprimento a esta obrigação. Tenha-se, no entanto, presente que o(s) sócio(s), que preste(m) a declaração de que as entradas em dinheiro foram realizadas quando tal não corresponda à verdade, fica(m) sujeito(s) a responsabilidade civil (cfr. artigo 71º CSC) e penal (cfr. artigo 519º CSC).

Por outro lado, antes da alteração efetuada pelo DL 33/2011, as entradas em dinheiro só poderiam ser levantadas e utilizadas pelos gerentes, antes do registo definitivo da sociedade, nos casos e termos previstos no nº 5 do artigo 202º CSC, que continha um regime idêntico ao que ainda hoje se encontra em vigor para as SA e que acima se fez referência. Também esta norma foi eliminada pelo referido DL, o que significa que agora não há qualquer restrição à possibilidade de os gerentes, imediatamente após a realização das entradas, as utilizarem como bem entenderem, não necessitando de qualquer autorização dos sócios para esse efeito.

### 7.2.2.2 – A possibilidade de diferimento integral

O DL 33/2011 veio alterar profundamente o regime do diferimento das entradas em dinheiro nas SQ. Com efeito, no regime pregresso, o artigo 202º, nº 2 CSC consagrava a possibilidade de diferimento de apenas 50%

---

euro por quota! – tenha refletido de forma tão pouco clara o seu pensamento, dando origem a desnecessárias e intrincadas dúvidas quanto ao sentido da lei.

[92] Deve considerar-se – nos termos do artigo 26º, nº 2 CSC – que o exercício económico relevante para este efeito é o primeiro exercício após o registo definitivo da sociedade.

[93] De resto, compreende-se mal que sejam os próprios sócios – i.é, os devedores – a atestar que cumpriram a obrigação que sobre eles impendia. Seria mais curial e faria mais sentido que tal declaração fosse emitida pela gerência da sociedade.

QUESTÕES DE DIREITO SOCIETÁRIO EM PORTUGAL E NO BRASIL

do valor das entradas em dinheiro, conquanto estivesse assegurada, no momento da constituição, a realização do valor do capital social mínimo, que era de 5.000€.

Esta norma foi eliminada com o DL 33/2011, pelo que, hoje, poderá ser diferida a totalidade das entradas em dinheiro, devendo observar-se os limites temporais previstos no artigo 203º, nº 1 CSC. Desta baliza temporal, deve entender-se que fica apenas excecionada a enigmática[94] obrigação da realização de um euro por cada sócio, valor que deverá necessariamente ser pago, como se disse no ponto anterior, até ao final do primeiro exercício económico.

Trata-se, em todo o caso, de um regime de esdrúxula interpretação. Com efeito, o artigo 26º, nº 2 CSC refere, a este propósito, a possibilidade de as entradas serem realizadas "até ao termo do primeiro exercício económico, a contar da data do registo definitivo do contrato de sociedade". Ora, esta solução – cuja finalidade não se alcança – de fixar o final do primeiro exercício para a realização das entradas é, pelo menos aparentemente, contraditória com o regime do artigo 203º, nº 1 CSC que permite o diferimento das entradas até 5 anos. Não se poderá, contudo, deixar de considerar – se assim não fosse, o legislador do DL 33/2011 teria seguramente revogado esta norma – que o regime de diferimento das entradas em dinheiro, nomeadamente o respetivo prazo máximo, é o fixado naquele artigo 203º, nº 1 CSC. Donde, o diferimento das entradas em dinheiro pode ser fixado antes do fim do exercício económico, até ao final do exercício ou depois dele (desde que observado o limite temporal dos 5 anos previsto no artigo 203º CSC).

Por outro lado – também aqui sem que se compreenda o sentido do regime – aquele artigo 26º, nº 2 CSC estabelece, surpreendentemente, que o final de exercício relevante é o primeiro exercício económico após o registo! Pareceria, por isso, que se o registo nunca viesse a ser efetuado, não seria exigível dos sócios sequer aquele valor mínimo da entrada a que alude o artigo 199º, al. b). Deve, no entanto, entender-se que o disposto nesta norma tem de ser lido cotejadamente com o regime previsto no artigo 203º CSC. O que significa que, ainda que o registo não seja efetuado, as entradas diferidas vencer-se-ão necessariamente decorridos que sejam 5 anos sobre a celebração do contrato de sociedade.

---

[94] A adjetivação resulta do facto de o texto da lei ser obscuro e de não se conseguir alcançar a que se destina esta obrigação.

CAPITALIZAÇÃO DE SOCIEDADES

### 7.3 – As entradas em espécie. Traços essenciais do regime

As entradas em espécie – designação utilizada pelo nosso legislador na epígrafe do artigo 28º CSC – são as entradas em bens diferentes de dinheiro[95]. São três os traços essenciais do regime das entradas «in natura»: a integral liberação, a avaliação por um revisor oficial de contas (ROC) e a responsabilidade pela diferença (a *Differenzhaftung*)[96].

Como decorre do regime do artigo 26º CSC, e uma vez que a nossa lei não prevê a possibilidade do seu diferimento, as entradas *in natura* deverão ser integralmente realizadas até ao momento da celebração do contrato de sociedade.

Com efeito, a lei pretende assegurar a realização imediata deste tipo de entradas, que devem ser efetuadas até ao momento da constituição da sociedade. Isto significa, em regra, que no próprio ato de constituição da sociedade[97] se deve transmitir – se for esse o caso[98] – a propriedade do bem para sociedade.

Refira-se que aquela imediata integral liberação implica tão-só – atento o princípio consensualístico que vigora no nosso ordenamento jurídico[99] – que o ato de transmissão tenha de estar realizado até ao momento da constituição da sociedade, não sendo necessário, para aquele desiderato, que até à mesma data deva ser feita a entrega à sociedade do bem que constitui a entrada do sócio.

O CSC exige, por outro lado, que as entradas em espécie (em "bens diferentes de dinheiro") sejam objeto de uma avaliação por parte de um revisor oficial de contas sem interesses na sociedade (artigo 28º, nº 1 CSC), ao contrário do que sucedia antes do CSC, em que eram os próprios sócios que avaliavam esses bens.

O regime do artigo 28º CSC traduz-se na elaboração de um relatório por um perito independente, que deve ter o conteúdo mínimo previsto no nº 3

---

[95] Sobre a controversa questão de saber se as entradas em espécie devem necessariamente ter por objeto bens suscetíveis de penhora, veja-se Tarso Domingues, *Variações...*, pp. 187 ss..

[96] Sobre as particularidades do regime aplicável a algumas especiais entradas em espécie (*v.g.*, as entradas com *know-how*, com créditos e com o mero gozo de bens), vide Tarso Domingues, *Variações...*, pp. 219 ss..

[97] Mas poderá ser num ato praticado em momento anterior.

[98] A entrada em espécie pode consistir na simples cedência do gozo do bem (vide a referência feita *supra* na nota 73).

[99] Cfr. artigo 408º CC.

QUESTÕES DE DIREITO SOCIETÁRIO EM PORTUGAL E NO BRASIL

do artigo 28º CSC e ser elaborado com uma antecedência não superior a 90 dias relativamente à data da formalização do contrato, devendo ainda ser dado a conhecer aos sócios fundadores "pelo menos quinze dias antes da celebração do contrato", e ficando sujeito às formalidades de publicidade prescritas na lei (cfr. artigo 28º, nºs 3 a 6 CSC). Esta publicidade obrigatória do relatório do ROC determina que o pedido de registo da constituição da sociedade – quando haja entradas em espécie – tenha também de ser instruído com aquele relatório.

Com esta solução visa-se precisamente – com a intervenção de um *expert* independente e sem interesses na sociedade – assegurar que o valor atribuído à participação social se identifique (*rectius*, não seja superior – cfr. artigo 25º CSC) ao valor venal do bem que constitui a entrada.

Finalmente, e este é um aspeto do regime que importa sobretudo sublinhar, caso se verifique ulteriormente a existência de erro naquela avaliação e, consequentemente, que o valor estimado do bem não corresponde ao seu valor real (e que, por isso, o valor da participação social é superior ao valor da entrada), sobre o sócio recairá aquilo que se pode designar por uma "responsabilidade pela diferença" (*Differenzhaftung*[100]): o sócio será responsável pela diferença porventura existente, que deverá repor, que resulte da avaliação correta do bem e o valor da sua participação social (cfr. artigo 25º, nºs 2 e 3 CSC).

### 7.4 – As quase entradas ou entradas dissimuladas

O fim pretendido com o regime jurídico das entradas em espécie – no sentido de evitar a sobreavaliação dos bens *in natura* que constituam a entrada de um sócio – seria facilmente defraudado com a admissibilidade das chamadas "quase entradas".

Na verdade, se permitisse à sociedade, logo após a constituição, adquirir – com o dinheiro das entradas e pelo preço que entendesse – um bem a um sócio, isso equivaleria, para todos os efeitos, à realização de uma entrada em espécie por parte deste, deitando por terra todo esforço legislativo feito quanto a este tipo de entradas no momento da constituição.

A aquisição do bem nestas condições traduzir-se-ia, de facto, e daí a designação que lhe é atribuída pela doutrina, numa entrada em espécie

---

[100] Vide KÜBLER, *Gesellschaftsrecht*, p. 230; K. SCHMIDT, *Gesellschaftsrecht*, p. 892; e LUTTER/ HOMMELHOFF, *GmbH-Gesetz*, p. 187.

470

CAPITALIZAÇÃO DE SOCIEDADES

dissimulada[101] ou, ainda, como preferem alguns autores, numa "quase entrada".

Deste modo, para evitar que um sócio – tratar-se-á, normalmente, dum sócio dominante –, pretendendo fugir ao regime imperativo e particularmente rigoroso das entradas em espécie (mormente a avaliação por parte de um revisor oficial de contas), realizasse, no momento da constituição, uma entrada em dinheiro e, de seguida, vendesse à sociedade – pelo preço que então poderia discricionariamente estabelecer – o bem com que efetivamente pretendia entrar para a sociedade, a lei, no artigo 29º CSC veio expressamente proibir a aquisição de bens a acionistas exceto quando estejam reunidos certos requisitos[102].

A primeira nota que importa aqui referir é a de que aquela norma se aplica, exclusivamente, às SA e já não às SQ (cfr. artigo 29º, nº 1 CSC)[103].

Por outro lado, o regime ali estatuído não se aplica à aquisição de bens em Bolsa, em processo judicial executivo, ou a aquisições compreendidas no objeto da sociedade[104] (cfr. artigo 29º, nº 2 CSC).

Daquele regime ficam ainda excluídas as compras de bens de pequeno valor[105], bem como as aquisições efetuadas fora do chamado "período sus-

---

[101] Vide MARIA ÂNGELA COELHO, "Aumento de capital", pp. 243 ss.

[102] Trata-se de um regime que resulta do artigo 11º da Segunda Diretiva sobre sociedades, o qual, por sua vez, se baseou, em grande medida, no regime da *Nachgründung* previsto no ordenamento jurídico alemão, no § 52 AktG. Veja-se, sobre esta matéria, por todos, K. SCHMIDT, *Gesellschaftsrecht*, Koln, Carl Heymanns Verlag, 2002, pp. 892 ss.

[103] A aplicação daquele regime justificar-se-ia igualmente, a nosso ver, nas SQ. Diferentemente, os redatores do Anteprojeto de Coimbra (cfr. notas ao artigo 14º, pp. 16 ss.) colocavam sérias reservas à aplicação do regime da *Nachgründung* às SQ. O legislador português, e uma vez que a Segunda Diretiva abrange apenas, entre nós, as SA – apesar da colocação da norma na Parte Geral do CSC – limitou-se a aplicá-la às SA e SC por ações. Note-se, porém, que a solução portuguesa – de não alargar aquela regra às SQ – é igualmente consagrada pela generalidade dos ordenamentos jurídicos que nos são próximos. Cfr. FERRER CORREIA *et als.*, "Sociedade por quotas de responsabilidade limitada, Anteprojecto de Lei – 2ª redacção", p. 17.

[104] Seria, de facto, ir longe de mais, colocar entraves a que, p. ex., uma sociedade têxtil pudesse comprar matérias primas a um sócio pelo simples facto de ele ser seu acionista.

[105] De bens de valor inferior a 2% ou 10% do capital social, consoante este for igual ou superior a € 50.000 (cfr. artigo 29º, nº 1, al. b) CSC). A Diretiva, seja qual for o valor do capital social, apenas determina a aplicação do regime a aquisições cujo valor exceda "um décimo do capital subscrito".

QUESTÕES DE DIREITO SOCIETÁRIO EM PORTUGAL E NO BRASIL

peito", que se prolonga até dois anos após a celebração do contrato de sociedade[106] ou de aumento capital (cfr. artigo 29º, nº 1, al. c) CSC)[107].

Deste modo, fora das situações atrás referidas, se uma sociedade pretender adquirir[108] um bem a um acionista[109], terão cumulativamente de ser cumpridos os seguintes requisitos:

a) o contrato de aquisição deverá ser reduzido a escrito, sob pena de nulidade (artigo 29º, nº 4 CSC);

b) a aquisição deverá ser previamente aprovada pela assembleia geral[110], devendo a deliberação ser registada e publicada (cfr. artigo 29º, nºs 1 e 3 CSC), sob pena de ser ineficaz em relação à sociedade (artigo 29º, nº 5 CSC); e

c) o bem a adquirir deverá ser avaliado por um revisor oficial de contas nos mesmos termos previstos para as entradas em espécie (artigos 29º, nº 3 e 28º CSC).

Fica assim em grande medida, desincentivada e acautelada a eventualidade de os sócios de uma SA poderem contornar o regime imperativo das entradas em espécie.

[106] Abrangendo também o período anterior à celebração do contrato de sociedade.

[107] Refira-se que a aplicação deste regime sempre que se procede a um aumento de capital (com o consequente "renascimento" de um período suspeito) – solução que, entre nós, está expressamente consagrada na lei (cfr. artigo 29º, nº 1, al. c) CSC) – não é imposta pela Diretiva (cfr. artigo 11º da Segunda Diretiva). Já foi, de resto, defendido que esta solução – de alargar o regime ao caso do aumento de capital – é contrária ao direito comunitário, uma vez que o referido artigo 11º tem caráter excecional e que, por isso, o respetivo regime não pode ser estendido a outros momentos para além da constituição da sociedade. Vide a referência a esta posição em MARIA ÂNGELA COELHO, "Aumento de capital", p. 244 que, porém, com ela não concorda.

[108] Aquela aquisição não terá necessariamente de resultar de uma compra. A lei utiliza propositadamente o vocábulo "contravalor" e não "preço", de modo a abranger outros negócios que não apenas o contrato de compra e venda. Com efeito, o prejuízo que se visa prevenir poderá muito bem ser causado, p. ex., através de um contrato de troca. A necessária existência de um contravalor a prestar pela sociedade já implica, no entanto, que a aquisição seja onerosa. Ficam, pois, igualmente de fora da alçada da norma as aquisições gratuitas.

[109] Acionista que terá de ser fundador da sociedade ou ter-se tornado sócio no período ("suspeito") de dois anos após a celebração do contrato de sociedade. Cfr. artigo 29º, nº 1, al. a) CSC.

[110] Naquela deliberação não pode votar o acionista (fundador ou não) a quem os bens sejam adquiridos (cfr. artigos 29º, nº 3, in fine e 384º, nº 6, al. d) CSC).

CAPITALIZAÇÃO DE SOCIEDADES

## 8 – A mora e o incumprimento da obrigação de entrada

A precípua importância atribuída à obrigação de entrada explica também as gravosas consequências que a lei postula[111] para o sócio que se encontre numa situação de simples mora na sua realização, a saber:

a) a impossibilidade de distribuição de lucros (cfr. artigo 27º, nº 4 CSC);
b) a impossibilidade de exercício do direito de voto (cfr. artigo 384º, nº 4 CSC para as SA, aplicável às SQ por força do disposto no artigo 248º, nº 1 CSC); e
c) o vencimento de todas as prestações do sócio relativas a entradas (cfr. artigo 27º, nº 6 CSC).

Acresce que o não cumprimento da obrigação de entrada poderá culminar na perda da participação social e até na exclusão do sócio da sociedade[112]. Note-se que, mesmo neste caso, a preocupação de assegurar o cumprimento integral das entradas levou a que a lei estabelecesse que o sócio remisso e com ele todos os anteriores titulares da participação social fiquem responsáveis, perante a sociedade, pela diferença entre o produto da venda e a parte da entrada em dívida (cfr. artigo 206º, nº 1 e 286º, nº 1 CSC).

## 9 – A proibição da restituição das entradas: o princípio da intangibilidade do capital social

As entradas realizadas pelos sócios, destinadas à cobertura do capital social, ficam, por outro lado, sujeitas a um vínculo de indisponibilidade – que resulta da lei – e que implica que os valores à sociedade conferidos pelos sócios, não podem mais retornar ao património destes. Trata-se de um fundo patrimonial posto em comum e que não pode, pelos sócios, ser desafetado dos fins e funções para que foi constituído, salvo em caso de liquidação da sociedade ou de redução do capital social[113].

---

[111] Podendo o pacto social estabelecer ainda outras penalidades – cfr. artigo 27º, nº 3 CSC.

[112] Cfr. artigos 203º ss. e 285º e 286º CSC.

[113] Redução do capital social exuberante (i.é, do capital que excede as necessidades de financiamento da atividade da empresa, bem como as exigências de tutela dos credores sociais), já não redução do capital determinada por perdas, pois, neste caso, não poderá haver devolução de capital aos sócios (cfr. artigo 94º, nº 1 CSC).

Trata-se de uma regra que resulta do chamado princípio da intangibilidade do capital social: este, diz-se, é intangível, querendo com isso significar-se que os sócios "não podem tocar" no capital social, i.é, aos sócios não poderão ser atribuídos bens nem valores que sejam necessários à cobertura do capital social. É uma solução que se alcança obstando a que o património líquido da sociedade desça – por virtude da atribuição de bens aos sócios – abaixo do capital social (cfr. artigos 32º e 33º CSC).

O capital social funciona, pois, como uma cifra de retenção, como a linha d'água (ou o círculo imaginário ou invisível, a que se referia THALLER[114]) que, sem identificação de bens concretos, retém no ativo bens que correspondem ao valor da soma das entradas, impedindo, desse modo, a sua devolução aos sócios.

## 10 – Os direitos dos credores quanto às entradas

Finalmente, dos aspetos mais relevantes do regime da entrada, importa ainda assinalar que, porque se trata de um direito irrenunciável da sociedade[115], o artigo 30º CSC veio permitir, a qualquer credor, a possibilidade de – subrogando-se à própria sociedade – exigir dos sócios o pagamento das entradas, a partir do momento em que estas sejam exigíveis ou, antes ainda desse momento, quando tal seja necessário para conservar ou satisfazer o seu crédito[116].

Note-se que o credor não pode exigir ao sócio que lhe pague diretamente o seu crédito. O que o artigo 30º CSC consagra é uma ação subrogatória por parte dos credores; i. é, permite-se-lhes que, substituindo-se à sociedade (a credora da prestação), possam exigir do sócio o pagamento

---

[114] E. THALLER, "De l'augmentation du capital par transformation en atives, soit du passif, soit des réserves de la societé", *AnnDrComm*, 1907, p. 177, que escrevia que o capital social constituiria "une ligne d'arrêt toute idéale, tracée dans l'actif sans identifier les valeurs précises autour du cercle de la valeur primitive des apports. Dans l'intérieur de ce cercle, la société prend l'engagement de ne pas retirer cet actif et elle le rend indisponible au regard des créanciers, tout ce qui déborde ce cercle demeure disponible".

[115] E porque o respetivo regime está também ordenado à tutela dos interesses dos credores: tenha-se presente a função de garantia desempenhada pelo capital social.

[116] A sociedade poderá, porém, fazer soçobrar este pedido dos credores, nos termos do nº 2 do artigo 30º CSC: "satisfazendo-lhes os seus créditos com juros de mora, quando vencidos, ou mediante o desconto correspondente à antecipação, quando por vencer, e com despesas acrescidas".

CAPITALIZAÇÃO DE SOCIEDADES

do valor da sua entrada em falta, valor esse que ingressará no património social, servindo depois para liquidar os débitos aos credores sociais (de todos eles e não apenas de quem promoveu a ação subrogatória[117]).

Por outro lado, a lei confere também aos credores meios de reação no caso em que a sociedade pretenda devolver aos sócios parte das entradas por eles realizadas, o que será possível através de uma redução do capital exuberante (cfr. artigo 96º CSC).

---

[117] Cfr. artigo 609º CC.

# DESCONSIDERAÇÃO DA PERSONALIDADE JURÍDICA E TUTELA DE CREDORES

# Desconsideração da Personalidade Jurídica e Tutela de Credores

ANA FRAZÃO[*]

## 1. Considerações iniciais

A proposta do presente artigo é a de oferecer uma visão panorâmica a respeito da desconsideração da personalidade jurídica no Brasil, tendo como foco as discussões que se apresentam no âmbito do direito material[1].

---

[*] Diretora da Faculdade de Direito da Universidade de Brasília – UnB, onde é Professora Adjunta de Direito Civil e Comercial.

[1] Faz-se essa advertência porque a desconsideração da personalidade jurídica desperta igualmente, no Brasil, uma série de controvérsias processuais, notadamente relacionadas ao momento processual em que o assunto pode ser invocado, aos instrumentos processuais que podem ser utilizados para tal fim e à questão da necessária observância do contraditório e da ampla defesa por parte dos sócios e/ou administradores cujos patrimônios forem atingidos pela medida. Para acabar com as inúmeras discussões, o novo projeto de Código de Processo Civil brasileiro, ainda em tramitação, disciplina, nos seus arts. 62 a 65, o chamado "incidente de desconsideração da personalidade jurídica", dispondo que *"em caso de abuso da personalidade jurídica, caracterizado na forma da lei, o juiz pode, em qualquer processo ou procedimento, decidir, a requerimento da parte ou do Ministério Público, quando lhe couber intervir no processo, que os efeitos de certas e determinadas obrigações sejam estendidas aos bens particulares dos administradores ou dos sócios da pessoa jurídica"*, bem como assegurando aos sócios e administradores prazo de quinze dias para defesa e produção de provas.

QUESTÕES DE DIREITO SOCIETÁRIO EM PORTUGAL E NO BRASIL

Apesar de se tratar de tema presente no pensamento jurídico brasileiro há mais de quarenta anos, pode-se afirmar que a desconsideração da personalidade jurídica ainda é assunto absolutamente controverso, subsistindo dúvidas e questionamentos sobre vários dos seus pressupostos e desdobramentos.

Daí porque é impossível abordar o tema sem analisar a rica casuística enfrentada pelos tribunais nacionais, especialmente pelo Superior Tribunal de Justiça, a quem cabe dar a última palavra sobre o direito federal infraconstitucional no Brasil, para o fim de uniformizá-lo.

É nesse contexto que se insere o presente artigo, que pretende, a partir do exame inicial da evolução da própria personalidade jurídica e da teoria da desconsideração no direito brasileiro, apontar, em seguida, os principais aspectos que vêm ocupando a atenção da doutrina e da jurisprudência atuais, destacando aqueles em relação aos quais ainda não há soluções minimamente definidas.

## 2. A personalidade jurídica no direito brasileiro

Seguindo o exemplo francês, o Código Comercial brasileiro de 1850 disciplinava as sociedades comerciais sem fazer menção à personalidade jurídica, tendo em vista que havia, na época, inúmeras controvérsias a respeito da própria existência de tais entes[2].

Daí a importância paradigmática do Código Civil de 1916, que reconheceu a personalidade jurídica de todas as sociedades civis ou mercantis (artigo 16), identificando-a com a própria capacidade de direito. Em seguida, dispôs que *"as pessoas jurídicas têm existência distinta da dos seus membros"* (artigo 20)[3], consagrando expressamente o princípio da autonomia da pessoa jurídica.

O Código Civil de 1916 ainda adotou, como regra, o regime das disposições normativas, de forma que a criação das pessoas jurídicas condicionou-se apenas ao registro dos seus atos constitutivos, salvo quando lei especial determinasse a autorização ou a aprovação governamental.

---

[2] Correa de Oliveira (1979, p. 95) mostra, citando os doutrinadores favoráveis e os contrários, que era extremamente controversa, na época da elaboração do Código Comercial, a questão do reconhecimento da personalidade jurídica às sociedades comerciais e civis.

[3] Ressalta-se que o referido dispositivo não encontra correspondência no atual Código Civil.

## DESCONSIDERAÇÃO DA PERSONALIDADE JURÍDICA E TUTELA DE CREDORES

É claro que, na época, os embates teóricos sobre a pessoa jurídica, que marcaram a Europa desde o século XIX, ganhavam repercussão na doutrina brasileira, que progressivamente veio a aceitar a teoria da realidade técnica[4], hoje acolhida pela maior parte dos doutrinadores nacionais.

Todavia, como o Código Civil criou um sistema totalmente liberal em matéria de concessão de personalidade[5], acabou propiciando uma compreensão excessivamente tecnicista da pessoa jurídica[6], eclipsando discussões importantes, tais como as funções de tais entes, o interesse próprio e as finalidades socialmente úteis que lhes justificariam a existência e mesmo a organização necessária para manifestar e defender o interesse coletivo.

A possibilidade de fácil criação de sociedades limitadas, introduzida no Brasil pelo Decreto-lei 3.708, de 1919, foi mais um passo para estimular a compreensão tecnicista da pessoa jurídica. Afinal, o benefício da responsabilidade limitada podia ser facilmente estendido a qualquer arranjo societário, independentemente do tamanho ou da natureza, sem qualquer requisito mais substantivo, já que não se exigia capital social mínimo nem havia qualquer outra regra que pudesse proteger, efetivamente, os credores sociais.

Não é sem razão que, após a introdução da sociedade limitada no direito brasileiro, os modelos societários com separação patrimonial imperfeita, nos quais persistia a responsabilidade solidária ou subsidiária dos sócios pelas obrigações sociais, nunca tiveram maior utilização[7].

---

[4] Dentre os doutrinadores brasileiros que exaltam as vantagens da teoria da realidade técnica, encontram-se Orlando Gomes (2001, p. 188) e Silvio Venosa (2008, p. 230).

[5] É preciso o diagnóstico de Corrêa de Oliveira (1979, p. 97) tendo por base a disciplina do Código Civil de 1916: *"Temos, portanto, no Brasil, um regime minimalista, monista, e, ao contrário dos precedentes europeus em matéria de monismo (França), totalmente liberal em matéria de concessão da personalidade. Mínimos são os requisitos de analogia para que se reconheça a personalidade jurídica, visto que são considerados ontologicamente pessoas as sociedades, quaisquer que sejam, as associações e as fundações. E, ao mesmo tempo, é liberal a atitude do Poder Público, pois que não existe o sistema da concessão de personalidade, embora exista o sistema – excepcional e restrito – de autorização para constituição ou funcionamento."*

[6] A análise de Domingos Kriger Filho (2005, pp. 989-990) sobre o art. 20, do antigo Código Civil, é precisa: *"O problema se agrava quando o regramento acerca da pessoa jurídica é essencialmente técnico, no sentido de ser silente acerca dos fins consagrados na utilização desse ente, o que pode induzir à ideia de que inexistem limitações nesse campo."*

[7] Ressalta-se que o atual Código Civil, de 2002, mantém a previsão de tipos societários personalificados com separação patrimonial imperfeita. Como exemplo, tem-se a sociedade em nome coletivo, na qual os sócios respondem, solidária e ilimitadamente, pelas obrigações sociais, nos termos do art. 1.039.

QUESTÕES DE DIREITO SOCIETÁRIO EM PORTUGAL E NO BRASIL

Assim, especialmente no âmbito empresarial, a pessoa jurídica passou a ser vista principalmente como técnica acessível de separação patrimonial e, consequentemente, como estímulo ao investimento produtivo. Não houve maiores reflexões sobre os limites e os cuidados relacionados à socialização parcial do risco empresarial que é inerente à separação patrimonial perfeita.

O saldo de todo esse processo é a persistência, em certa medida, até os tempos atuais, de uma visão tecnicista da pessoa jurídica, o que ajuda a entender o diagnóstico de Calixto Salomão Filho (2011, p. 255) sobre as dificuldades enfrentadas para a aplicação da teoria da desconsideração:

> *"Característico da jurisprudência brasileira é o valor paradigmático atribuído à pessoa jurídica, que fez com que a separação patrimonial seja frequentemente reafirmada e sua desconsideração só seja admitida em presença de previsão legal expressa ou de comportamentos considerados fraudulentos."*

Embora não se concorde integralmente com as conclusões do autor, especialmente porque a jurisprudência brasileira mais recente vem alargando o espectro da desconsideração da personalidade jurídica, é inequívoco que o ranço tecnicista continua a ser um obstáculo para a aplicação da teoria.

Com efeito, como se verá em seguida, a desconsideração é questão que depende necessariamente de uma prévia compreensão sobre os fins e as funções das pessoas jurídicas, sem o que não há como se constatar, de forma adequada, as disfunções, os abusos ou mesmo os motivos relevantes que justificariam a medida.

Muitas das dificuldades que vêm sendo observadas no direito brasileiro quanto à desconsideração decorrem exatamente da pouca reflexão sobre as pessoas jurídicas, o que tanto pode propiciar a aplicação restritiva da teoria, como também o seu indevido alargamento, com graves efeitos sobre a atividade empresarial e sobre o investimento produtivo.

## 3. Breve evolução histórica da aplicação da teoria da desconsideração da personalidade jurídica no direito brasileiro

As reflexões doutrinárias sobre a desconsideração da personalidade jurídica iniciaram-se no direito brasileiro a partir do final da década de 60[8], asso-

---

[8] Suzy Koury (2011, p. 129, notas 1 e 2) faz um breve traçado da evolução da doutrina brasileira sobre o assunto, destacando o pioneirismo de Rubens Requião.

## DESCONSIDERAÇÃO DA PERSONALIDADE JURÍDICA E TUTELA DE CREDORES

ciando a aplicação da teoria à fraude e ao abuso de direito[9]. Desde cedo, ficou claro que a desconsideração não se confundiria com a despersonalização, já que a primeira envolve apenas a suspensão ou a ineficácia temporária da autonomia patrimonial da pessoa jurídica para efeitos específicos[10].

Vale ressaltar que tal aspecto sempre foi acolhido pela jurisprudência dominante, especialmente a do Superior Tribunal de Justiça, para o qual a desconsideração seria caso de ineficácia relativa da própria pessoa jurídica e não de determinados negócios jurídicos. Daí porque a desconsideração poderia ser invocada a qualquer momento, sem necessidade de ação autônoma[11], não lhe sendo aplicáveis, nem mesmo por analogia, os prazos da ação pauliana e da ação revocatória na falência[12].

[9] A compreensão da desconsideração como um remédio contra a fraude e o abuso de direito é defendida, até hoje, por muitos doutrinadores, dentre os quais se encontra Fábio Ulhoa Coelho (2007, p. 32).

[10] Nesse sentido, Gama e Brasil (2009, p. 9) afirmam que a desconsideração deve ser vista como hipótese de ineficácia temporária da personalidade jurídica.

[11] É o que o Superior Tribunal de Justiça decidiu ao julgar recentemente o AgRg no AREsp 9.925/MG (Rel. Ministra NANCY ANDRIGHI, TERCEIRA TURMA, julgado em 08/11/2011, DJe 17/11/2011), cuja ementa é clara ao afirmar que *"a aplicação da teoria da desconsideração da personalidade jurídica dispensa a propositura de ação autônoma para esse fim."* Vale ressaltar que tal julgado reflete o entendimento de julgados anteriores.

[12] Vale ressaltar trecho da ementa do REsp 1180714/RJ (STJ, Rel. Ministro LUIS FELIPE SALOMÃO, QUARTA TURMA, julgado em 05/04/2011, DJe 06/05/2011):

*"DIREITO CIVIL E COMERCIAL. DESCONSIDERAÇÃO DA PERSONALIDADE JURÍDICA. SEMELHANÇA COM AS AÇÕES REVOCATÓRIA FALENCIAL E PAULIANA. INEXISTÊNCIA. PRAZO DECADENCIAL. AUSÊNCIA. DIREITO POTESTATIVO QUE NÃO SE EXTINGUE PELO NÃO-USO. DEFERIMENTO DA MEDIDA NOS AUTOS DA FALÊNCIA. POSSIBILIDADE. AÇÃO DE RESPONSABILIZAÇÃO SOCIETÁRIA. INSTITUTO DIVERSO. EXTENSÃO DA DISREGARD A EX-SÓCIOS. VIABILIDADE.*

*1. A desconsideração da personalidade jurídica não se assemelha à ação revocatória falencial ou à ação pauliana, seja em suas causas justificadoras, seja em suas consequências. A primeira (revocatória) visa ao reconhecimento de ineficácia de determinado negócio jurídico tido como suspeito, e a segunda (pauliana) à invalidação de ato praticado em fraude a credores, servindo ambos os instrumentos como espécies de interditos restitutórios, no desiderato de devolver à massa, falida ou insolvente, os bens necessários ao adimplemento dos credores, agora em igualdade de condições (arts. 129 e 130 da Lei n.º 11.101/05 e art. 165 do Código Civil de 2002).*

*2. A desconsideração da personalidade jurídica, a sua vez, é técnica consistente não na ineficácia ou invalidade de negócios jurídicos celebrados pela empresa, mas na ineficácia relativa da própria pessoa jurídica – rectius, ineficácia do contrato ou estatuto social da empresa -, frente a credores cujos direitos não são satisfeitos, mercê da autonomia patrimonial criada pelos atos constitutivos da sociedade.*

QUESTÕES DE DIREITO SOCIETÁRIO EM PORTUGAL E NO BRASIL

Outros aspectos importantes da teoria, paulatinamente reforçados pela doutrina, foram:

(i) que a desconsideração, longe de pretender acabar com o instituto da pessoa jurídica, teria a finalidade de aprimorá-lo e aperfeiçoá-lo[13];

(ii) que a desconsideração apenas faria sentido em se tratando de sociedades personificadas, constituídas validamente e com separação patrimonial perfeita[14];

(iii) que a desconsideração teria por finalidade principal a proteção dos credores sociais, já que os sócios e a própria sociedade contariam com outros instrumentos de tutela, como as hipóteses de responsabilidade direta de sócios e administradores[15];

(iv) que o pressuposto da desconsideração não seria qualquer ilicitude, mas sim uma ilicitude relacionada à atividade societária, que se mostrasse incompatível com os pressupostos e funções da personalidade jurídica[16].

---

*3. Com efeito, descabe, por ampliação ou analogia, sem qualquer previsão legal, trazer para a desconsideração da personalidade jurídica os prazos decadenciais para o ajuizamento das ações revocatória falencial e pauliana.*

*4. Relativamente aos direitos potestativos para cujo exercício a lei não vislumbrou necessidade de prazo especial, prevalece a regra geral da inesgotabilidade ou da perpetuidade, segundo a qual os direitos não se extinguem pelo não-uso. Assim, à míngua de previsão legal, o pedido de desconsideração da personalidade jurídica, quando preenchidos os requisitos da medida, poderá ser realizado a qualquer momento. (...)"*

[13] Merece destaque a lição de Fábio Ulhoa Coelho (2007, pp. 35-36): *"O objetivo da teoria da desconsideração da personalidade jurídica (disregard doctrine ou piercing the veil) é exatamente possibilitar a coibição da fraude, sem comprometer o próprio instituto da pessoa jurídica, isto é, sem questionar a regra da separação de sua personalidade e patrimônio em relação aos de seus membros. Em outros termos, a teoria tem o intuito de preservar a pessoa jurídica e sua autonomia, enquanto instrumentos jurídicos indispensáveis à organização da atividade econômica, sem deixar ao desabrigo vítimas de fraude."*

[14] Como lecionam Gama e Brasil (2009, p. 6), *"as hipóteses em que é cabível a aplicação da teoria da desconsideração da personalidade jurídica pressupõem a existência de uma sociedade constituída de forma válida e formalmente perfeita."* Acrescenta Alexandre Couto Silva (2009, p. 160) que o campo de aplicação da teoria são as sociedades anônimas, limitadas e cooperativas que tenham optado pela responsabilidade limitada dos sócios.

[15] De acordo com Alexandre Couto Silva (2009, p. 269), *"a teoria da desconsideração é exclusivamente disponível para credores, não sendo para a própria sociedade ou para os sócios."*

[16] Segundo Calixto Salomão Filho (2011, p. 262), *"o elemento característico do método da desconsideração da personalidade jurídica está em buscar seu fundamento na atividade societária e não em determinado ato."*

DESCONSIDERAÇÃO DA PERSONALIDADE JURÍDICA E TUTELA DE CREDORES

Como não havia no Brasil, até 1990, dispositivo legal específico sobre o assunto, a desconsideração da personalidade jurídica foi se desenvolvendo como desdobramento do abuso de direito. Embora o Código Civil de 1916 fosse omisso a respeito do abuso, a doutrina sempre se posicionou a favor da necessidade da sua proibição[17], utilizando o critério da anormalidade do exercício do direito para a sua identificação[18].

A inexistência de dispositivos legais específicos também levou a que a desconsideração fosse frequentemente confundida com hipóteses legais de responsabilidade direta de administradores e sócios em decorrência de atos ilícitos, tal como a prevista no Código Tributário Nacional[19], ou com outras hipóteses de responsabilidade direta, como ocorre na legislação trabalhista, que adota uma definição bastante extensa de empregador, pre-

---

[17] Embora o Código Civil de 1916 fosse omisso a respeito do abuso de direito, a doutrina logo começou a entender que a proibição do abuso decorria da interpretação a *contrario sensu* do seu art. 160, II. Afinal, se este dispositivo afirmava não ser ato ilícito o decorrente do exercício regular de um direito, a conclusão contrária seria a de que o exercício irregular de um direito seria ato ilícito. O próprio Clóvis Bevilaqua (1921, v. 1, pp. 420-421) defendia que o nosso Código Civil teria realmente acolhido a teoria do abuso de direito, em razão das tendências socializadoras em relação às quais o direito não poderia permanecer impassivo. É claro que, em razão de não haver uma regra expressa sobre o abuso de direito, sempre houve significativa controvérsia na doutrina nacional a respeito do instituto. Para muitos autores, como Caio Mário da Silva Pereira (2000, p. 118), não se poderia sequer extrair do Código Civil o reconhecimento do abuso de direito. Para Orlando Gomes (2001, p. 130), não teria havido, no Código Civil, o propósito de consagrar a teoria do abuso de direito, motivo pelo qual esta teria decorrido da *interpretação construtiva*. No entanto, a doutrina foi consolidando-se no entendimento de que o abuso de direito decorreria, sim, da interpretação a *contrario sensu* do art. 160, I, do Código Civil, como é o caso de Eduardo Espínola (1939, v. I, p. 617) e Pontes de Miranda (2000, Tomo II, p. 338).

[18] No que se refere aos critérios de identificação do abuso, aí é que as divergências mostraram-se desde cedo, sendo fácil encontrar, no direito brasileiro, representantes de praticamente todas as teorias existentes para explicar o abuso de direito. Porém, a teoria da anormalidade, tal como proposta por Saleilles, angariou vários adeptos, dentre os quais Bevilaqua (1921, p. 422), Eduardo Espínola (1939, v. I, p. 617) e San Tiago Dantas (1972, p. 99).

[19] Assim prevê o art. 135, do Código Tributário Nacional: *"São pessoalmente responsáveis pelos créditos correspondentes a obrigações tributárias resultantes de atos praticados com excesso de poderes ou infração de lei, contrato social ou estatutos: (...) III – os diretores, gerentes ou representantes de pessoas jurídicas de direito privado."*

QUESTÕES DE DIREITO SOCIETÁRIO EM PORTUGAL E NO BRASIL

vendo a responsabilidade solidária das pessoas jurídicas sujeitas à mesma direção ou controle[20].

Somente em 1990, o Código de Defesa do Consumidor veiculou a primeira regra do direito brasileiro sobre a desconsideração da personalidade jurídica, nos seguintes termos:

> "Art. 28. O juiz poderá desconsiderar a personalidade jurídica da sociedade quando, em detrimento do consumidor, houver abuso de direito, excesso de poder, infração da lei, fato ou ato ilícito ou violação dos estatutos ou contrato social. A desconsideração também será efetivada quando houver falência, estado de insolvência, encerramento ou inatividade da pessoa jurídica provocados por má administração.
>
> § 1° (Vetado).
>
> § 2° As sociedades integrantes dos grupos societários e as sociedades controladas, são subsidiariamente responsáveis pelas obrigações decorrentes deste código.
>
> § 3° As sociedades consorciadas são solidariamente responsáveis pelas obrigações decorrentes deste código.
>
> § 4° As sociedades coligadas só responderão por culpa.
>
> § 5° Também poderá ser desconsiderada a pessoa jurídica sempre que sua personalidade for, de alguma forma, obstáculo ao ressarcimento de prejuízos causados aos consumidores.»

As críticas ao referido dispositivo legal foram inúmeras, na medida em que (i) foi omitida a fraude como hipótese de desconsideração, (ii) foi mantida a confusão entre as hipóteses de desconsideração e as de responsabilidade direta de administradores e (iii) foi prevista, no § 5º, hipótese extremamente genérica que, se interpretada isoladamente, poderia levar

---

[20] Vale reproduzir a Consolidação das Leis Trabalhistas, na parte em que disciplina o assunto: *"Art. 2º – Considera-se empregador a empresa, individual ou coletiva, que, assumindo os riscos da atividade econômica, admite, assalaria e dirige a prestação pessoal de serviço. § 1º – Equiparam-se ao empregador, para os efeitos exclusivos da relação de emprego, os profissionais liberais, as instituições de beneficência, as associações recreativas ou outras instituições sem fins lucrativos, que admitirem trabalhadores como empregados. § 2º – Sempre que uma ou mais empresas, tendo, embora, cada uma delas, personalidade jurídica própria, estiverem sob a direção, controle ou administração de outra, constituindo grupo industrial, comercial ou de qualquer outra atividade econômica, serão, para os efeitos da relação de emprego, solidariamente responsáveis a empresa principal e cada uma das subordinadas."*

486

# DESCONSIDERAÇÃO DA PERSONALIDADE JURÍDICA E TUTELA DE CREDORES

à conclusão de que bastaria a insolvência ou a insuficiência patrimonial para que houvesse a desconsideração[21].

Todavia, as críticas doutrinárias não tiveram maior repercussão sobre o legislador brasileiro que, a partir do Código de Defesa do Consumidor, prosseguiu no tratamento da desconsideração da personalidade jurídica sem o devido rigor técnico. O melhor exemplo é o art. 18, da Lei de Defesa da Concorrência (Lei 8.884/94), cuja redação é a seguinte[22]:

> *"A personalidade jurídica do responsável por infração da ordem econômica poderá ser desconsiderada quando houver da parte deste abuso de direito, excesso de poder, infração da lei, fato ou ato ilícito ou violação dos estatutos ou contrato social. A desconsideração também será efetivada quando houver falência, estado de insolvência, encerramento ou inatividade da pessoa jurídica provocados por má administração."*

Tal orientação foi mantida na atual Lei de Defesa da Concorrência (Lei 12.529/2011), recentemente aprovada, que disciplina a desconsideração da mesma maneira:

> *"Art. 34. A personalidade jurídica do responsável por infração da ordem econômica poderá ser desconsiderada quando houver da parte deste abuso de direito, excesso de poder, infração da lei, fato ou ato ilícito ou violação dos estatutos ou contrato social.*
>
> *Parágrafo único. A desconsideração também será efetivada quando houver falência, estado de insolvência, encerramento ou inatividade da pessoa jurídica provocados por má administração."*

---

[21] Dentre as críticas mais contundentes, destaca-se a de Fábio Ulhoa Coelho (2007, p. 50): *"No direito brasileiro, o primeiro dispositivo legal a se referir à desconsideração da personalidade jurídica é o Código de Defesa do Consumidor, no art. 28. Contudo, tais são os desacertos do dispositivo em questão que pouca correspondência se pode identificar entre ele e a elaboração doutrinária da teoria. Com efeito, entre os fundamentos legais da desconsideração em benefício dos consumidores, encontram-se hipóteses caracterizadoras de responsabilização de administrador que não pressupõem nenhum superamento da forma da pessoa jurídica. Por outro lado, omite-se a fraude, principal fundamento para a desconsideração. A dissonância entre o texto da lei e a doutrina nenhum proveito traz à tutela dos consumidores, ao contrário, é fonte de incertezas e equívocos."* Vale ressaltar que tal opinião é compartilhada por importantes doutrinadores brasileiros, como é o caso de Sérgio Campinho (2011, p. 74). As controvérsias a respeito do polêmico § 5º serão retomadas adiante, no próximo capítulo.

[22] Daí a conclusão de Fábio Ulhoa Coelho (2007, p. 54) de que *"como o legislador de 1994 praticamente reproduziu, no art. 18 da Lei Antitruste, a redação infeliz do dispositivo equivalente do Código de Defesa do Consumidor, acabou incorrendo nos mesmos desacertos. Desse modo, a segunda referência legal à desconsideração no direito brasileiro também não aproveitou as contribuições da formulação doutrinária, perdendo consistência técnica."*

QUESTÕES DE DIREITO SOCIETÁRIO EM PORTUGAL E NO BRASIL

Outro dispositivo legal que também acabou gerando controvérsias, desta vez por seu laconismo, foi o art. 4º, da Lei de Proteção ao Meio Ambiente (Lei 9.605/98), que se limita a prever que *"poderá ser desconsiderada a pessoa jurídica sempre que sua personalidade for obstáculo ao ressarcimento de prejuízos causados à qualidade do meio ambiente."*

É esse, em síntese, o quadro normativo brasileiro até que o novo Código Civil, de 2002, entrou em vigor, disciplinando, de forma genérica, a desconsideração da personalidade jurídica, como se verá a seguir.

## 4. O novo Código Civil e a cláusula geral de desconsideração da personalidade jurídica

Somente com o advento do novo Código Civil, que manteve o regime das disposições normativas em relação às pessoas jurídicas, é que o direito brasileiro passou a ter uma cláusula geral de desconsideração, contida no art. 50, assim redigido:

> *"Em caso de abuso da personalidade jurídica, caracterizado pelo desvio de finalidade, ou pela confusão patrimonial, pode o juiz decidir, a requerimento da parte, ou do Ministério Público, quando lhe couber intervir no processo, que os efeitos de certas e determinadas relações de obrigações sejam estendidos aos bens particulares dos administradores ou sócios da pessoa jurídica."*

O referido artigo foi bem recebido pela doutrina, pois, como conclui Calixto Salomão Filho (2011, p. 258), *"introduziu definição de desconsideração da personalidade jurídica que contribuiu para colocar a questão da desconsideração em moldes teóricos mais corretos."*

Acresce que a previsão da desconsideração foi inserida no contexto de um código que, tendo como diretrizes básicas a operabilidade, a socialidade e a eticidade, parte da premissa de que os direitos subjetivos e as liberdades não podem ficar confinados a uma definição do tipo formal-legalista; precisam, pelo contrário, ser modulados diante das suas finalidades sociais e econômicas, da moral, da boa-fé, dos bons costumes, da aceitação ou reprovabilidade social das condutas, dentre outros critérios.

Eis porque o novo Código Civil brasileiro prevê, no seu art. 187, cláusula geral expressa de vedação ao abuso do direito, nos seguintes termos:

*"Também comete ato ilícito o titular de um direito que, ao exercê-lo, excede manifestamente os limites impostos pelo seu fim econômico ou social, pela boa-fé ou pelos bons costumes."*

O cotejo entre os artigos 50 e 187, do Código Civil, mostra a nítida conexão entre ambos. Afinal, assim como a desconsideração está lastreada na noção de desvio de finalidade – mesmo a confusão patrimonial, embora tenha sido destacada pelo legislador, não deixa de ser um desvio da finalidade de manutenção da separação patrimonial entre a pessoa jurídica e as pessoas de seus sócios ou administradores -, a definição geral do abuso de direito também tem no desvio de finalidade um dos seus elementos definidores, associado à boa-fé e aos bons costumes.

Pouco importa que nenhum dos dispositivos tenha feito expressa menção à fraude ou ao dolo, tendo em vista que a definição geral de abuso de direito abarca, com maior razão, as modalidades intencionais, raciocínio que se aplica integralmente às hipóteses de desconsideração da personalidade jurídica. Com efeito, nunca houve maiores controvérsias em relação à ilicitude de práticas dolosas, como as fraudes ou os atos emulativos.

Assim, tem-se que a desconsideração da personalidade jurídica tem evidentes conexões com o abuso de direito, inclusive na parte em que este último possibilita analisar os direitos e as situações jurídicas privadas tanto sob um viés qualitativo, para verificar a sua compatibilidade com as finalidades sociais e econômicas e com a boa-fé, como também sob um viés quantitativo, para o fim de averiguar se o titular do direito ou da situação jurídica não agiu com excesso ou desproporção diante dos objetivos pretendidos.

O art. 50, do Código Civil brasileiro, portanto, andou bem ao dar continuidade à tradição de vincular a desconsideração da personalidade jurídica ao desvio de finalidade e, consequentemente, ao abuso de direito. Dessa maneira, uma abordagem exclusivamente funcional da desconsideração, que não tenha como pressuposto a abusividade da utilização da personalidade jurídica e a sua consequente ilicitude[23], não encontra guarida no texto codificado.

---

[23] Vale ressaltar que a abordagem da desconsideração baseada no desvio de função busca exatamente identificá-la por parâmetro distinto da ilicitude. É o caso de Fábio Konder Comparato (2005, p. 356), cuja posição é a seguinte: *"O verdadeiro critério parece-nos ligado à interpretação funcional do instituto, decisiva nessa matéria, como acima frisamos. Toda pessoa jurídica é criada para o desempenho de funções determinadas, gerais e especiais. A função geral da personalização*

QUESTÕES DE DIREITO SOCIETÁRIO EM PORTUGAL E NO BRASIL

Vale advertir, inclusive, que ao vincular o abuso de direito e a desconsideração da personalidade jurídica à ilicitude, o atual Código Civil não adotou posição anacrônica ou restritiva, como entende parte da doutrina brasileira[24]. Basta lembrar que a culpa, na atualidade, deve ser vista não como um fato exclusivamente psicológico, mas sim como um fato social, revelador de que o agente descumpriu um dever jurídico quando poderia ter agido de forma diferente.

Consequentemente, o juízo sobre a culpa passou a envolver a avaliação sobre a reprovabilidade da conduta a partir de um critério abstrato de diligência, deslocando-se dos parâmetros da previsibilidade e da cognoscibilidade do agente ofensor para envolver a própria omissão do comportamento devido. Assim, é inequívoco que essa nova noção de culpa repercute na noção de ilicitude, facilitando a sua prova e tornando-a compatível com a defesa dos valores mais importantes do ordenamento jurídico, tais como a adequada utilização das pessoas jurídicas.

No caso específico da desconsideração, ainda cabe lembrar que, mesmo tendo esta como pressuposto a ilicitude, os aspectos funcionais das pessoas jurídicas normalmente destacados pela doutrina – criação de um centro autônomo de interesses e estabelecimento da separação patrimonial – podem ser perfeitamente avaliados ao se examinar o desvio de finalidade que justificará a desconsideração.

Dessa maneira, conclui-se que o Código Civil brasileiro, ao conceber a desconsideração como solução para o abuso da utilização da pessoa jurí-

---

*de coletividades consiste na criação de um centro de interesses autônomo, relativamente às vicissitudes que afetam a existência das pessoas físicas que lhe deram origem, ou que atuam em sua área: fundadores, sócios, administradores. (...) A desconsideração da personalidade jurídica é operada como consequência de um desvio de função, ou disfunção, resultante sem dúvida, no mais das vezes, de abuso ou fraude, mas que nem sempre constitui um ato ilícito."*

[24] Não se desconhece a crítica que parte da doutrina brasileira faz ao fato de o abuso de direito ter sido previsto pelo novo Código Civil como modalidade de ato ilícito. Exemplo desta posição é a de Tepedino, Barboza e Bodin (2007, p. 346): *"Não foi feliz, todavia, o legislador de 2002, ao definir o abuso de direito como espécie de ato ilícito. A opção legislativa contraria a doutrina mais moderna do abuso de direito, que procura conferir-lhe papel autônomo na ciência jurídica (Cunha de Sá, Abuso, p. 121). A ultrapassada concepção do abuso de direito como forma de ato ilícito, na prática, condicionava sua repressão à prova da culpa, noção quase inerente ao conceito tradicional de ilicitude. No direito civil contemporâneo, ao contrário, a aferição de abusividade no exercício de um direito deve ser exclusivamente objetiva, ou seja, deve depender tão-somente da verificação da desconformidade concreta entre o exercício da situação jurídica e os valores tutelados pelo ordenamento civil-constitucional."*

dica, acolheu acertadamente a teoria maior como regra geral, o que acaba gerando uma cisão com searas específicas nas quais vem prevalecendo a teoria menor, o que será mais bem abordado no capítulo seguinte.

## 5. Os campos de aplicação da teoria maior e da teoria menor da desconsideração

Como já se mencionou no Capítulo 3, o primeiro dispositivo legal sobre desconsideração da personalidade jurídica no direito brasileiro – o art. 28, do Código de Defesa do Consumidor – trouxe várias controvérsias, especialmente no que se refere ao alcance do § 5º, segundo o qual *"também poderá ser desconsiderada a pessoa jurídica sempre que sua personalidade for, de alguma forma, obstáculo ao ressarcimento de prejuízos causados aos consumidores."*

Uma das interpretações possíveis do dispositivo era a de que estaria ele acolhendo, no âmbito do Direito do Consumidor, a teoria menor, para a qual a insolvência da pessoa jurídica é suficiente para justificar a desconsideração.

Vários argumentos foram trazidos pela doutrina para demonstrar que a interpretação finalística e sistemática do referido § 5º levaria à conclusão de que deveria prevalecer a teoria maior, para ao fim de se exigir, ao lado da insolvência, o abuso da personalidade jurídica. Tal posição é precisamente resumida por Fábio Ulhoa Coelho (2007, pp. 52-53):

*"No tocante ao § 5º do art. 28 do CDC, note-se que uma primeira e rápida leitura pode sugerir que a simples existência de prejuízo patrimonial suportado pelo consumidor seria suficiente para autorizar a desconsideração da pessoa jurídica. Essa interpretação meramente literal, no entanto, não pode prevalecer por três razões. Em primeiro lugar, porque contraria os fundamentos teóricos da desconsideração. Como mencionado, a disregard doctrine representa um aperfeiçoamento do instituto da pessoa jurídica, e não a sua negação. Assim, ela só pode ter a sua autonomia patrimonial desprezada para coibição de fraudes ou abuso de direito. A simples insatisfação do credor não autoriza, por si só, a desconsideração, conforme assenta a doutrina na formulação maior da teoria. Em segundo lugar, porque tal exegese literal tornaria letra morta o caput do mesmo art. 28 do CDC, que circunscreve algumas hipóteses autorizadoras do superamento da personalidade jurídica. Em terceiro lugar, porque essa interpretação equivaleria à eliminação do instituto da pessoa jurídica no campo do direito do consumidor e, se tivesse sido esta a intenção da lei, a norma para operacionalizá-la poderia ser direta, sem apelo à teoria da desconsideração."*

QUESTÕES DE DIREITO SOCIETÁRIO EM PORTUGAL E NO BRASIL

Apesar da força dos argumentos supramencionados, o Superior Tribunal de Justiça, no famoso julgamento do RESP 279273, ocorrido em 2004, acabou entendendo – por uma maioria apertada, de 3 votos contra 2 – que o art. 28, § 5º, do CDC, acolhe efetivamente a teoria menor em relação ao consumidor, nos termos da seguinte ementa:

*"Responsabilidade civil e Direito do consumidor. Recurso especial. Shopping Center de Osasco-SP. Explosão. Consumidores. Danos materiais e morais. Ministério Público. Legitimidade ativa. Pessoa jurídica. Desconsideração. Teoria maior e teoria menor. Limite de responsabilização dos sócios. Código de Defesa do Consumidor. Requisitos. Obstáculo ao ressarcimento de prejuízos causados aos consumidores. Art. 28, § 5º.*

- *Considerada a proteção do consumidor um dos pilares da ordem econômica, e incumbindo ao Ministério Público a defesa da ordem jurídica, do regime democrático e dos interesses sociais e individuais indisponíveis, possui o Órgão Ministerial legitimidade para atuar em defesa de interesses individuais homogêneos de consumidores, decorrentes de origem comum.*
- *A teoria maior da desconsideração, regra geral no sistema jurídico brasileiro, não pode ser aplicada com a mera demonstração de estar a pessoa jurídica insolvente para o cumprimento de suas obrigações. Exige-se, aqui, para além da prova de insolvência, ou a demonstração de desvio de finalidade (teoria subjetiva da desconsideração), ou a demonstração de confusão patrimonial (teoria objetiva da desconsideração).*
- *A teoria menor da desconsideração, acolhida em nosso ordenamento jurídico excepcionalmente no Direito do Consumidor e no Direito Ambiental, incide com a mera prova de insolvência da pessoa jurídica para o pagamento de suas obrigações, independentemente da existência de desvio de finalidade ou de confusão patrimonial.*
- *Para a teoria menor, o risco empresarial normal às atividades econômicas não pode ser suportado pelo terceiro que contratou com a pessoa jurídica, mas pelos sócios e/ou administradores desta, ainda que estes demonstrem conduta administrativa proba, isto é, mesmo que não exista qualquer prova capaz de identificar conduta culposa ou dolosa por parte dos sócios e/ou administradores da pessoa jurídica.*
- *A aplicação da teoria menor da desconsideração às relações de consumo está calcada na exegese autônoma do § 5º do art. 28, do CDC, porquanto a incidência desse dispositivo não se subordina à demonstração dos requisitos previstos no caput do artigo indicado, mas apenas à prova de causar, a mera existência da pessoa jurídica, obstáculo ao ressarcimento de prejuízos causados aos consumidores.*

*DESCONSIDERAÇÃO DA PERSONALIDADE JURÍDICA E TUTELA DE CREDORES*

– *Recursos especiais não conhecidos."*

(REsp 279.273/SP, Rel. Ministro ARI PARGENDLER, Rel. p/ Acórdão Ministra NANCY ANDRIGHI, TERCEIRA TURMA, julgado em 04/12/2003, DJ 29/03/2004, p. 230)

Como se pode observar pela ementa, que retrata fielmente as razões de decidir, fica muito claro que, embora a teoria maior seja a *"regra geral no sistema jurídico brasileiro"*, a teoria menor deve ser adotada excepcionalmente para searas específicas, dentre as quais se encontram o Direito do Consumidor e o Direito Ambiental, entendimento que vem sendo mantido em julgados supervenientes[25].

O RESP 279273 tornou-se, assim, um marco na jurisprudência brasileira, passando a orientar diversos outros julgamentos, tanto por parte do Superior Tribunal de Justiça, como também pelos tribunais estaduais e mesmo pelos tribunais trabalhistas. Aliás, sobre o Direito do Trabalho, pode-se afirmar que tem sido a regra a adoção da teoria menor, seja com base na interpretação extensiva do art. 2º, da CLT[26], seja até mesmo com base na utilização analógica da regra do art. 28, § 5º, do Código de Defesa do Consumidor[27].

Contudo, embora a orientação do Superior Tribunal de Justiça venha sendo mantida até hoje, não se pode considerar a questão definitivamente superada, seja porque alguns dos fundamentos adotados pelos votos vencedores no RESP 279273 são extremamente controversos[28], seja porque o

[25] Como exemplo, cita-se a seguinte ementa: *"(...) – A regra geral adotada no ordenamento jurídico brasileiro é aquela prevista no art. 50 do CC/02, que consagra a Teoria Maior da Desconsideração, tanto na sua vertente subjetiva quanto na objetiva . – Salvo em situações excepcionais previstas em leis especiais, somente é possível a desconsideração da personalidade jurídica quando verificado o desvio de finalidade (Teoria Maior Subjetiva da Desconsideração), caracterizado pelo ato intencional dos sócios de fraudar terceiros com o uso abusivo da personalidade jurídica, ou quando evidenciada a confusão patrimonial (Teoria Maior Objetiva da Desconsideração), demonstrada pela inexistência, no campo dos fatos, de separação entre o patrimônio da pessoa jurídica e os de seus sócios."* (REsp 970.635/SP, Rel. Ministra NANCY ANDRIGHI, TERCEIRA TURMA, julgado em 10/11/2009, DJe 01/12/2009)
[26] Ver nota nº 21.
[27] O estudo de Caliandro e Andrade (2010, pp. 41-44) faz uma análise da jurisprudência trabalhista para concluir que a simples inexistência de bens da pessoa jurídica já autoriza da desconsideração para o fim de responsabilizar os sócios pelos débitos trabalhistas.
[28] Com efeito, alguns votos justificam a desconsideração igualmente com base na ilicitude do evento que causou dano às vítimas – no caso, a explosão do Shopping -, sem mencionarem qualquer ilicitude na atividade societária.

QUESTÕES DE DIREITO SOCIETÁRIO EM PORTUGAL E NO BRASIL

grande problema da aplicação da teoria menor é que ela implica, em última análise, a negação absoluta da pessoa jurídica.

De fato, a separação patrimonial decorrente da pessoa jurídica é, por definição, um obstáculo ao ressarcimento dos credores. Dizer que pode haver a desconsideração sempre que a personalidade jurídica for um obstáculo ao ressarcimento dos credores – tal como está previsto no Código de Defesa do Consumidor, na Lei Antitruste e na Lei de Defesa do Meio Ambiente – é dizer, em outras palavras, que não se reconhece os efeitos da pessoa jurídica nessas searas.

A questão é realmente delicada, porque o entendimento oposto, ou seja, a aplicação da teoria maior, talvez não seja compatível com os esforços que vêm sendo feitos no Direito Societário para o fim de se proteger, de forma diferenciada, os pequenos credores, como consumidores e trabalhadores, ou os credores involuntários, tais como os decorrentes de atos ilícitos.

Em relação a esses tipos de credores, alguns dos pressupostos da responsabilidade limitada podem carecer de justificativa idônea. Mesmo a análise econômica do direito leva a tal conclusão, na medida em que parte da premissa de que o fundamento principal da responsabilidade limitada é a redução dos custos de transação, possibilitando ao credor assumir o risco do negócio e exigir benefícios em contrapartida. Todavia, esse argumento que não faz sentido para credores sem poder de barganha ou credores não contratuais.

Sem que haja essa diferenciação, a responsabilidade limitada acaba gerando muitas distorções, sendo perversa para os pequenos credores e para os credores involuntários, enquanto pode não ter repercussão significativa para os grandes credores que, por meio das diversas garantias normalmente exigidas em seus negócios, acabam sendo tutelados por uma "responsabilidade ilimitada".

Tais reflexões não vêm passando despercebidas para a doutrina brasileira, que já faz a distinção entre os chamados credores profissionais ou institucionais e os demais credores[29]. Todavia, feita a diferenciação entre os

---

[29] Calixto Salomão Filho (2011, pp. 272-273), por exemplo, menciona dois grandes grupos de credores: os profissionais ou institucionais, como as instituições financeiras, em relação aos quais há livre concorrência, e outros em relação aos quais não há concorrência, como os credores delituais e aqueles sem poder de barganha, dentre os quais se encontram os pequenos fornecedores e os empregados.

credores, a questão a ser colocada é se a proteção especial para os pequenos credores e os credores não contratuais – tais como consumidores e trabalhadores – exigiria necessariamente a adoção da teoria menor nesses campos.

Parece-nos que a resposta é negativa, de forma que o direito brasileiro deveria evoluir para uma solução menos drástica, que pudesse tornar a desconsideração mais efetiva em relação aos credores dignos de proteção especial, mas que preservasse minimamente o sentido da personalidade jurídica, inclusive naquilo em que esta protege o investimento produtivo e os interesses gerais dos consumidores.

Nesse sentido, não se pode negar que a separação patrimonial decorrente da personalização é um fator de redução dos custos de transação. A partir do momento em que a teoria menor é aplicada em determinadas searas, há inequívoco aumento do risco empresarial, que será repassado para o preço final de produtos e serviços, onerando a sociedade como um todo.

Esse é mais um motivo para se tratar a desconsideração sob o espectro da teoria maior, ainda que se admitindo a sua modulação, para o fim de facilitar a sua aplicação em relação aos credores vulneráveis e de restringi-la para os demais tipos de credores. Tal solução é proposta por Calixto Salomão Filho (2011, p. 273):

> *"Essa distinção entre credores tem influência direta sobre a desconsideração. Em face dela pode-se sustentar uma aplicação mais restritiva da desconsideração com relação àquelas credores, como os credores institucionais (profissionais) que têm o dever de verificar a situação econômica do devedor e têm a possibilidade de negociar uma taxa de risco."*

Todas essas razões demonstram que, não obstante a posição do Superior Tribunal de Justiça, a aplicação irrestrita da teoria menor em algumas searas continua a merecer maior reflexão no direito brasileiro.

## 6. A imprescindibilidade do requisito da insolvência ou da insuficiência patrimonial

Ficou claro, no capítulo anterior, que a teoria maior da desconsideração, tal como acolhida pelo art. 50, do Código Civil, é a regra geral do direito brasileiro. Apesar das distinções, a teoria maior e a teoria menor apresentam, como ponto comum, a necessidade da insolvência ou insuficiência

QUESTÕES DE DIREITO SOCIETÁRIO EM PORTUGAL E NO BRASIL

patrimonial como pressuposto necessário da desconsideração[30]. A diferença, como já foi visto, é que a teoria maior exige um *plus*, relacionado ao abuso da personalidade jurídica.

Não é sem razão que a necessidade da insolvência ou insuficiência patrimonial, mesmo para a aplicação da teoria menor, é requisito constantemente realçado pela Superior Tribunal de Justiça.

Não obstante, a questão ainda desperta muitas controvérsias no direito brasileiro. Basta lembrar, no plano doutrinário, que o Enunciado 281, da III Jornada de Direito Civil do Conselho da Justiça Federal, dispõe que *"a aplicação da teoria da desconsideração, descrita no art. 50 do Código Civil, prescinde da demonstração de insolvência da pessoa jurídica"*[31].

Ora, tal entendimento é contrário aos pressupostos da desconsideração, que, como remédio excepcional, não se mostra necessária nem adequada quando a pessoa jurídica tem bens para suportar suas dívidas.

Outro aspecto preocupante sobre o assunto, nos casos de incidência da teoria maior, é que há acórdãos de tribunais estaduais que vêm aplicando a desconsideração nas hipóteses de mera insolvência, muitas vezes sem nenhum fundamento ou sob a alegação de que a insolvência seria indício de fraude ou mesmo de uso abusivo de sua personalidade.

Entretanto, não há que se confundir insolvência com abuso da utilização da pessoa jurídica. A insolvência, por si só, pode resultar simplesmente do insucesso da atividade empresarial, fenômeno para o qual a ordem jurídica apresenta soluções específicas, tais como a falência ou a recuperação.

É fundamental destacar que a insolvência não tem como pressuposto a existência de qualquer abuso na utilização da pessoa jurídica. Equiparar a simples insolvência a um ato ilícito, além de negar o critério que distingue a teoria menor da teoria maior, representa uma violação ao art. 50, do Código Civil, nos termos da jurisprudência pacífica do Superior Tribunal de Justiça, aqui exemplificada pelos seguintes julgados:

---

[30] Não se considerará, para efeitos do presente trabalho, as diferenças existentes entre a insolvência e a insuficiência patrimonial, tendo em vista que nem a doutrina nem a jurisprudência brasileiras apresentam tal tipo de preocupação, já que o foco da desconsideração acaba sendo a inexistência de bens executáveis.

[31] As Jornadas são encontros de importantes doutrinadores promovidos periodicamente pelo Conselho da Justiça Federal, que têm por objetivo a discussão e aprovação de enunciados sobre temas importantes e controversos. Os enunciados aprovados pela maioria dos juristas presentes assumem, pois, o papel de "súmulas doutrinárias".

*"(...)*

*II – A responsabilização dos administradores e sócios pelas obrigações imputáveis à pessoa jurídica, em regra, não encontra amparo tão-somente na mera demonstração de insolvência para o cumprimento de suas obrigações (Teoria menor da desconsideração da personalidade jurídica). Faz-se necessário para tanto, ainda, ou a demonstração do desvio de finalidade (este compreendido como o ato intencional dos sócios em fraudar terceiros com o uso abusivo da personalidade jurídica), ou a demonstração da confusão patrimonial (esta subentendida como a inexistência, no campo dos fatos, de separação patrimonial do patrimônio da pessoa jurídica ou de seus sócios, ou, ainda, dos haveres de diversas pessoas jurídicas;*

*(...)"*

(REsp 1200850/SP, Rel. Ministro MASSAMI UYEDA, TERCEIRA TURMA, julgado em 04/11/2010, DJe 22/11/2010)

*"DESCONSIDERAÇÃO DA PESSOA JURÍDICA. ART. 50 DO CÓDIGO CIVIL DE 2002. 1) DISTINÇÃO DE RESPONSABILIDADE DE NATUREZA SOCIETÁRIA. 2) REQUISITO OBJETIVO E REQUISITO SUBJETIVO. 3) ALEGAÇÃO DE DESPREZO DO ELEMENTO SUBJETIVO AFASTADA.*

*I – Conceitua-se a desconsideração da pessoa jurídica como instituto pelo qual se ignora a existência da pessoa jurídica para responsabilizar seus integrantes pelas consequências de relações jurídicas que a envolvam, distinguindo-se a sua natureza da responsabilidade contratual societária do sócio da empresa.*

*II – O artigo 50 do Código Civil de 2002 exige dois requisitos, com ênfase para o primeiro, objetivo, consistente na inexistência de bens no ativo patrimonial da empresa suficientes à satisfação do débito e o segundo, subjetivo, evidenciado na colocação dos bens suscetíveis à execução no patrimônio particular do sócio – no caso, sócio-gerente controlador das atividades da empresa devedora. (...)"*

(REsp 1141447/SP, Rel. Ministro SIDNEI BENETI, TERCEIRA TURMA, julgado em 08/02/2011, DJe 05/04/2011)

Assim, torna-se imperioso, para o direito brasileiro, chegar ao consenso de que a insolvência ou insuficiência patrimonial é pressuposto indispensável para a desconsideração, qualquer que seja a teoria adotada, bem como que, no caso da teoria maior, há que haver também a existência do abuso da personalidade jurídica, requisito que não está atendido com a mera demonstração da insolvência ou insuficiência patrimonial.

## 7. As controvérsias sobre as principais hipóteses de desconsideração com base na teoria maior

Mesmo quando se está diante dos casos de incidência da teoria maior, existem muitas dúvidas e certa ambivalência no tratamento das hipóteses mais comuns de desconsideração.

É verdade que os casos de fraude, dolo e confusão patrimonial acabam suscitando discussões mais no campo probatório, tendo em vista que são hipóteses claras de aplicação da desconsideração. Destaca-se apenas que a confusão patrimonial, embora não deixe de ser uma espécie de desvio de finalidade, é muitas vezes vista como hipótese objetiva da desconsideração, distinta das demais condutas abusivas.

Entretanto, no que se refere às demais hipóteses culposas de desconsideração – abuso da personalidade, desvio de finalidade, dissolução irregular e outras –, estão todas elas cercadas de controvérsias, inclusive no plano conceitual.

A primeira dificuldade é a confusão, ainda reinante na jurisprudência brasileira, entre as hipóteses de desconsideração e as hipóteses de responsabilidade direta de sócios e administradores de sociedades empresárias.

A segunda dificuldade é que muitos julgados, inclusive do próprio Superior Tribunal de Justiça, acabam negligenciando a possibilidade do abuso da personalidade jurídica em sua modalidade culposa, salvo nas hipóteses de confusão patrimonial. Assim, é como se a desconsideração tivesse como foco tão somente a fraude, as demais condutas dolosas e a confusão patrimonial[32].

A terceira dificuldade é que não há uma sistematização entre as hipóteses culposas de desconsideração. Muitas vezes o desvio de finalidade é tratado como uma categoria autônoma diante do abuso de direito, quando, na verdade, é apenas um critério identificador do abuso. Isso pode ser visto nos seguintes acórdãos do Superior Tribunal de Justiça:

> *"(...) 2. A jurisprudência da Corte, em regra, dispensa ação autônoma para se levantar o véu da pessoa jurídica, mas somente em casos de abuso de direito – cujo delinea-*

---

[32] Basta lembrar que o REsp 1200850/SP (Superior Tribunal de Justiça, Rel. Ministro MASSAMI UYEDA, TERCEIRA TURMA, julgado em 04/11/2010, DJe 22/11/2010), citado no capítulo anterior, desmembra o desvio de finalidade justificador da desconsideração nos atos intencionais ou na confusão patrimonial.

## DESCONSIDERAÇÃO DA PERSONALIDADE JURÍDICA E TUTELA DE CREDORES

*mento conceitual encontra-se no art. 187 do CC/02 -, desvio de finalidade ou confusão patrimonial, é que se permite tal providência. Adota-se, assim, a "teoria maior" acerca da desconsideração da personalidade jurídica, a qual exige a configuração objetiva de tais requisitos para sua configuração.*

(REsp 693.235/MT, Rel. Ministro LUIS FELIPE SALOMÃO, QUARTA TURMA, julgado em 17/11/2009, DJe 30/11/2009)

*"3. A desconsideração da personalidade jurídica é medida de caráter excepcional que somente pode ser decretada após a análise, no caso concreto, da existência de vícios que configurem abuso de direito, desvio de finalidade ou confusão patrimonial, o que não se verifica na espécie."*

(AgRg no REsp 623.837/RS, Rel. Ministro VASCO DELLA GIUSTINA, TERCEIRA TURMA, julgado em 08/02/2011, DJe 17/02/2011)

As mesmas incertezas ocorrem com a dissolução irregular que, embora também possa ser vista como modalidade de abuso, é muitas vezes considerada como hipótese distinta. Aliás, sobre a dissolução irregular, vale ressaltar que, apesar de se tratar de questão ainda controversa na doutrina e na jurisprudência dos tribunais estaduais, o Superior Tribunal de Justiça já pacificou seu entendimento no sentido de que se trata, por si só, de hipótese autorizadora da desconsideração, como se observa pela seguinte ementa:

*"(...) II – A desconsideração da personalidade jurídica é um mecanismo de que se vale o ordenamento para, em situações absolutamente excepcionais, desencobrir o manto protetivo da personalidade jurídica autônoma das empresas, podendo o credor buscar a satisfação de seu crédito junto às pessoas físicas que compõem a sociedade, mais especificamente, seus sócios e/ou administradores.*

*III – Portanto, só é admissível em situações especiais quando verificado o abuso da personificação jurídica, consubstanciado em excesso de mandato, desvio de finalidade da empresa, confusão patrimonial entre a sociedade ou os sócios, ou, ainda, conforme amplamente reconhecido pela jurisprudência desta Corte Superior, nas hipóteses de dissolução irregular da empresa, sem a devida baixa na junta comercial. Precedentes. (...)"*

(REsp 1169175/DF, Rel. Ministro MASSAMI UYEDA, TERCEIRA TURMA, julgado em 17/02/2011, DJe 04/04/2011)

QUESTÕES DE DIREITO SOCIETÁRIO EM PORTUGAL E NO BRASIL

É interessante notar que o julgado supramencionado, além de tratar da dissolução irregular como hipótese de desconsideração, também faz menção ao excesso de mandato, sendo mais um exemplo da confusão normalmente existente entre as hipóteses de desconsideração e de responsabilidade pessoal do sócio ou administrador.

Ainda sobre a dissolução irregular, a Súmula 435, do Superior Tribunal de Justiça, afirma que *"presume-se dissolvida irregularmente a empresa que deixar de funcionar no seu domicílio fiscal, sem comunicação aos órgãos competentes, legitimando o redirecionamento da execução fiscal para o sócio-gerente."* Embora trate de matéria tributária e relacionada à responsabilidade direta de sócios, o enunciado contém referência a ser aplicada igualmente às hipóteses de desconsideração.

De qualquer forma, o que importa ressaltar é que o abuso da personalidade jurídica, o desvio de finalidade e a dissolução irregular acabam sendo tratados como hipóteses autônomas de desconsideração, sem que haja maior esforço para se buscar o que apresentam de comum[33] e sem que haja maior consistência na definição de cada uma das referidas hipóteses.

Até o presente momento, nem a doutrina nem a jurisprudência brasileiras conseguiram oferecer parâmetros consistentes para a identificação do abuso da personalidade jurídica em sua modalidade culposa, o que traz dificuldades para a consolidação da teoria. Ainda não se percebeu nem mesmo que o abuso de direito é a categoria abrangente para qual convergem todos os outros exemplos.

Todavia, um aspecto positivo da jurisprudência dos tribunais estaduais[34] e do Superior Tribunal de Justiça é a cautela que vem impondo para a aplicação da desconsideração, sob o fundamento de que se trata de remédio excepcional e que apenas pode ser utilizado diante de fatos inequívocos configuradores do abuso da personalidade jurídica, não se justificando

---

[33] Sobre isso, é importante destacar que pesquisa de jurisprudência coordenada por Caliendo e Andrade (2010), com base em 830 acórdãos dos mais diversos tribunais brasileiros, classifica as hipóteses de desconsideração nas seguintes categorias: abuso, confusão patrimonial, dissolução irregular, desvio de finalidade, fraude e "outros".

[34] Assim conclui o estudo de Andrade e Caliandro (2010, p. 29): *"A jurisprudência dos Estados tem procurado seguir os critérios legais para a aplicação da técnica da desconsideração, estabelecendo que se trata de medida excepcional, a fim de ressalvar o risco eventual da banalização. A circunstância de não serem encontrados desde logo bens da pessoa jurídica, não deve configurar, de forma automática, uma hipótese de desconsideração."*

500

DESCONSIDERAÇÃO DA PERSONALIDADE JURÍDICA E TUTELA DE CREDORES

diante de meros receios e conjecturas. Tal preocupação fica clara em vários acórdãos do Superior Tribunal de Justiça, dentre os quais se destacam os seguintes:

> *"(...) I. Nos termos do Código Civil, para haver a desconsideração da personalidade jurídica, as instâncias ordinárias devem, fundamentadamente, concluir pela ocorrência do desvio de sua finalidade ou confusão patrimonial desta com a de seus sócios, requisitos objetivos sem os quais a medida torna-se incabível. (...)"*

(REsp 1098712/RS, Rel. Ministro ALDIR PASSARINHO JUNIOR, QUARTA TURMA, julgado em 17/06/2010, DJe 04/08/2010)

> *"RECURSO ORDINÁRIO. MANDADO DE SEGURANÇA CONTRA ATO JUDICIAL. TERCEIROS. ARRESTO DE BENS DE SÓCIO. DESCONSIDERA-ÇÃO DA PERSONALIDADE JURÍDICA. DECISÃO NÃO FUNDAMENTADA. RECURSO A QUE SE DÁ PROVIMENTO PARA CONCEDER A ORDEM.*
> *(...)*
> *2. A possibilidade de ignorar a autonomia patrimonial da empresa e responsabilizar diretamente o sócio por obrigação que cabia à sociedade, torna imprescindível, no caso concreto, a análise dos vícios no uso da pessoa jurídica por se tratar de medida que excepciona a regra de autonomia da personalidade jurídica, e como tal, deve ter sua aplicação devidamente justificada, pois atinge direito de terceiro que não fez parte da relação processual original.*
> *3. Na hipótese em exame, o magistrado, sem apresentar qualquer justificativa, sem, até mesmo, afirmar que estava desconsiderando a personalidade jurídica da empresa, arrestou mais de 800 (oitocentos) hectares de terra e um caminhão de propriedade de um dos sócios. (...)"*

(RMS 25.251/SP, Rel. Ministro LUIS FELIPE SALOMÃO, QUARTA TURMA, julgado em 20/04/2010, DJe 03/05/2010)

## 8. A subcapitalização como causa de desconsideração

Um tema ainda pouco explorado no direito brasileiro é o da subcapitalização como hipótese justificadora da desconsideração. Chega a ser paradoxal a existência de poucos posicionamentos doutrinários e jurisprudenciais sobre a questão, ainda mais quando se consideram as inúmeras facilidades para a criação de sociedades limitadas no Brasil.

Com efeito, como não há regras sobre capital social mínimo nem outras que poderiam assegurar, de alguma maneira, a proteção dos credores, existem inúmeras sociedades limitadas com capital social manifestamente incondizente com suas atividades.

Assim, era de se esperar uma maior atenção dos doutrinadores e tribunais brasileiros aos casos de subcapitalização, hipótese em que há evidente desvio de finalidade da personalidade jurídica, uma vez que a separação patrimonial, ao invés de ser utilizada para a socialização parcial do risco empresarial, acaba sendo empregada para a transferência praticamente total do risco empresarial para os credores sociais.

Consequentemente, a desconsideração da personalidade jurídica com base na subcapitalização acaba sendo um dos poucos instrumentos de que os credores sociais, especialmente os pequenos credores e os credores não contratuais, dispõem, no Brasil, para não terem que suportar a transferência total do risco empresarial.

No plano doutrinário, alguns autores já vêm defendendo a desconsideração na hipótese de subcapitalização, especialmente na modalidade dolosa ou qualificada[35]. As maiores dificuldades ocorrem em relação à subcapitalização simples ou culposa, já que, como ensina Calixto Salomão Filho (2011, p. 246), a medida pode ser excessiva nesses casos, até porque a constatação da subcapitalização simples é dificílima.

Outro problema que se coloca diante da subcapitalização é o de saber a extensão da desconsideração nessa hipótese. Afinal, a prevalecer o raciocínio de que houve a transferência indevida do risco empresarial para os credores, a responsabilidade pessoal dos sócios e gestores nessa hipótese deveria ser correspondente a este desvio, ou seja, apenas deveria corresponder à difereça entre o capital social efetivamente fixado e o capital social que seria desejável.

Em sentido próximo, Calixto Salomão Filho (2011, p. 247) sustenta que nem haveria necessidade da desconsideração nessa hipótese, já que bastaria se considerar como capital social "real" o valor dos empréstimos feitos pelos sócios à sociedade em situação de crise:

> "O mais correto parece ser considerar a fixação do capital social como componente da business judgment rule do sócio e admitir a desconsideração somente nos casos em que a

---

[35] Alexandre Couto Silva (2009, p. 271) defende que *"casos de capitalização adulterada, subcapitalização ou insolvência intencional fundamentam a aplicação da teoria."*

*subcapitalização for extremamente evidente (qualificada). Até porque, como será visto, existe remédio mais eficaz contra a subcapitalização. É muito mais conveniente nesses casos adotar uma visão realista e ampla do capital, considerando como tal todos aqueles empréstimos (e não raros) feitos pelos sócios à sociedade em uma situação de crise."*

Realmente, considerada uma visão mais realista do capital social, poder-se-ia recorrer diretamente ao art. 1.052, do Código Civil, claro no sentido de que todos os sócios de uma sociedade limitada respondem solidariamente pela integralização do capital. Entretanto, não se deixaria de estar desconsiderando a personalidade jurídica, ainda que por vias transversas, na medida em que se buscaria aumentar, de forma cogente, o capital social formalmente constituído, impondo tal responsabilidade solidariamente aos sócios. A peculiaridade da solução é que haveria um limitador à responsabilidade dos sócios, que seria o próprio valor do capital social real ou adequado.

Tais medidas, no momento, não deixam de ser meras propostas, pois ainda não têm sido aplicadas na prática brasileira. Como já se afirmou, são ainda muito poucos os casos de desconsideração por subcapitalização[36], o que faz com que não existam parâmetros jurisprudenciais consistentes sobre o assunto. Basta lembrar, inclusive, que não há ainda pronunciamento do Superior Tribunal de Justiça sobre a matéria.

Assim, a subcapitalização é certamente um dos assuntos que ainda está a merecer maior atenção por parte da doutrina e da jurisprudência brasileiras.

## 9. A natureza jurídica da responsabilidade dos sócios ou administradores na hipótese de desconsideração

Outra grande controvérsia diz respeito à natureza da responsabilidade dos sócios e administradores na hipótese de desconsideração da personalidade jurídica, para o fim de se saber se seria subsidiária ou solidária.

A doutrina e a jurisprudência majoritárias inclinam-se no sentido de que a referida responsabilidade é subsidiária, motivo pelo qual os credo-

---

[36] A pesquisa de Caliendro e Andrade (2010) apontou apenas um acórdão no qual isso ocorreu. Trata-se de julgado do Tribunal de Justiça do Rio Grande do Sul em que se entendeu que a desconsideração deveria ser aplicada quando a devedora, sociedade familiar, não tem qualquer patrimônio, ao contrário do seu sócio.

QUESTÕES DE DIREITO SOCIETÁRIO EM PORTUGAL E NO BRASIL

res precisam primeiro tentar satisfazer seus créditos com o patrimônio da pessoa jurídica e, somente na impossibilidade, podem redirecionar sua pretensão contra o patrimônio de sócios e administradores.

A ideia que vem prevalecendo, pois, é a de que os credores, mesmo no âmbito de aplicação da teoria menor da desconsideração, precisam comprovar que a pessoa jurídica é uma barreira para o seu ressarcimento, como se observa pelo seguinte julgado do Superior Tribunal de Justiça:

> *"(...) 5. A desconsideração da pessoa jurídica consiste na possibilidade de se ignorar a personalidade jurídica autônoma da entidade moral para chamar à responsabilidade seus sócios ou administradores, quando utilizam-na com objetivos fraudulentos ou diversos daqueles para os quais foi constituída. Portanto, (i) na falta do elemento "abuso de direito"; (ii) não se constituindo a personalização social obstáculo ao cumprimento da obrigação de reparação ambiental; e (iii) nem comprovando-se que os sócios ou administradores têm maior poder de solvência que as sociedades, a aplicação da disregard doctrine não tem lugar e pode constituir, na última hipótese, obstáculo ao cumprimento da obrigação. (...)"*

(REsp 647493/SC, Rel. Ministro João Otávio de Noronha, SEGUNDA TURMA, julgado em 22/05/2007, DJ 22/10/2007, p. 233)

O problema é que uma análise mais atenta da jurisprudência revela a existência de acórdãos que redirecionam a execução contra sócios e administradores diante da primeira dificuldade na execução contra a pessoa jurídica, sem terem um cuidado maior para apurar se realmente é caso de insolvência. Com isso, cria-se uma subversão inaceitável na aplicação da teoria.

Outra dúvida que surge é a de saber se existe solidariedade entre os sócios ou administradores atingidos pela desconsideração. Embora haja posicionamentos doutrinários contrários[37], tem-se que a solidariedade é uma decorrência do art. 942, do Código Civil que, ao tratar das cláusulas gerais da responsabilidade civil extracontratual, prevê a solidariedade entres os partícipes do ato ilícito, ao afirmar que *"os bens do responsável pela*

---

[37] O estudo de Caliandro e Andrade (2010, p. 31) chega à seguinte conclusão: *"Tendo em vista que o artigo 50 não estabeleceu de forma expressa essa consequência, cumpre considerar inexistente a solidariedade, em face da noção geral de que a solidariedade não se presume (artigo 265)."*

504

*ofensa ou violação do direito de outrem ficam sujeitos à reparação do dano causado; e, se a ofensa tiver mais de um autor, todos responderão solidariamente pela reparação."*

Assim, verificada a ilicitude, todos os partícipes devem ser solidariamente responsáveis pela reparação da integralidade do dano. Vale inclusive ressaltar recente julgado do Superior Tribunal de Justiça que afastou possibilidade de limitação da responsabilidade dos sócios nessa hipótese:

> *"RECURSO ESPECIAL – DIREITO CIVIL – ARTIGOS 472, 593, II e 659, § 4º, DO CÓDIGO DE PROCESSO CIVIL – FUNDAMENTAÇÃO DEFICIENTE – INCIDÊNCIA DA SÚMULA 284/STF – DESCONSIDERAÇÃO DA PERSONALIDADE JURÍDICA DA SOCIEDADE EMPRESÁRIA – MEDIDA EXCEPCIONAL – OBSERVÂNCIA DAS HIPÓTESES LEGAIS – ABUSO DE PERSONALIDADE – DESVIO DE FINALIDADE – CONFUSÃO PATRIMONIAL – DISSOLUÇÃO IRREGULAR DA SOCIEDADE – ATO EFEITO PROVISÓRIO QUE ADMITE IMPUGNAÇÃO – BENS DOS SÓCIOS – LIMITAÇÃO ÀS QUOTAS SOCIAIS – IMPOSSIBILIDADE – RESPONSABILIDADE DOS SÓCIOS COM TODOS OS BENS PRESENTES E FUTUROS NOS TERMOS DO ART. 591 DO CPC – RECURSO ESPECIAL PARCIALMENTE CONHECIDO E, NESSA EXTENSÃO, IMPROVIDO.*
>
> *(...) V – A partir da desconsideração da personalidade jurídica, a execução segue em direção aos bens dos sócios, tal qual previsto expressamente pela parte final do próprio art. 50, do Código Civil e não há, no referido dispositivo, qualquer restrição acerca da execução, contra os sócios, ser limitada às suas respectivas quotas sociais e onde a lei não distingue, não é dado ao intérprete fazê-lo.*
>
> (REsp 1169175/DF, Rel. Ministro MASSAMI UYEDA, TERCEIRA TURMA, julgado em 17/02/2011, DJe 04/04/2011)"

De tudo quanto se observou, pode-se afirmar que o direito brasileiro vem caminhando no sentido de considerar a responsabilidade dos sócios e administradores, na hipótese de desconsideração, subsidiária em relação à sociedade, mas solidária em relação a eles.

QUESTÕES DE DIREITO SOCIETÁRIO EM PORTUGAL E NO BRASIL

## 10. A extensão subjetiva e quantitativa da desconsideração da personalidade jurídica

Importante discussão existente no direito brasileiro sobre a desconsideração diz respeito à sua extensão subjetiva e quantitativa, especialmente para o fim de se saber se poderiam ser responsabilizados sócios minoritários ou que não exercem funções de administração e, nesse caso, em que proporção.

No plano doutrinário, encontram-se várias advertências no sentido de que a desconsideração apenas poderia atingir o sócio ou o administrador responsável pelo ato abusivo[38]. Entretanto, há que sustente que a desconsideração também deve atingir os detentores do controle, ainda que indireto, ou aqueles que se beneficiaram da ilicitude[39]. Merece destaque o Enunciado 7, da I Jornada de Direito Civil promovida pelo Conselho da Justiça Federal, segundo o qual *"só se aplica a desconsideração da personalidade jurídica quando houver a prática de ato irregular, e limitadamente, aos administradores ou sócios que nela hajam incorrido."*

Sobre o tema, o Superior Tribunal de Justiça tem importante julgado em que afastou a responsabilidade do mero sócio ou acionista, afirmando que a desconsideração apenas poderá atingir os administradores e os sócios gerentes:

> *"COMERCIAL. DESPERSONALIZAÇÃO. SOCIEDADE POR AÇÕES. SOCIEDADE POR QUOTAS DE RESPONSABILIDADE LIMITADA.*
>
> *A despersonalização de sociedade por ações e de sociedade por quotas de responsabilidade limitada só atinge, respectivamente, os administradores e os sócios-gerentes; não quem tem apenas o status de acionista ou sócio."*

(REsp 786345/SP, Rel. Ministro HUMBERTO GOMES DE BARROS, Rel. p/ Acórdão Ministro ARI PARGENDLER, TERCEIRA TURMA, julgado em 21/08/2008, DJe 26/11/2008)

---

[38] Gama e Brasil (2009, p. 13) citam a tese de doutorado de Alexandre Ferreira de Assumpção Alves, para quem *"a desconsideração deve ser usada para, atingindo diretamente o patrimônio do sócio responsável pelo ato abusivo, conservar o patrimônio da pessoa jurídica e também dos demais sócios não envolvidos na subversão."*

[39] Para Gama e Brasil (2009, p. 13), a medida pode atingir os que agiram de forma abusiva ou aqueles que, de alguma forma, se beneficiaram da conduta. Também sustentam (op. cit., p. 8) os autores que *"não apenas o patrimônio das pessoas físicas dos controladores, dos administradores ou dos diretores pode ser atingido quando se desmascara uma pessoa jurídica, mas também e principalmente outras pessoas jurídicas ou físicas que direta ou indiretamente detêm o capital e o controle da pessoa desconsiderada."*

506

Outro importante acórdão do Superior Tribunal de Justiça é o que defende que a desconsideração deve atingir aqueles que, embora não tenham participado da ilicitude, dela se beneficiaram:

> *"(...) – A desconsideração não é regra de responsabilidade civil, não depende de prova da culpa, deve ser reconhecida nos autos da execução, individual ou coletiva, e, por fim, atinge aqueles indivíduos que foram efetivamente beneficiados com o abuso da personalidade jurídica, sejam eles sócios ou meramente administradores. (...)"*

(REsp 1036398/RS, Rel. Ministra NANCY ANDRIGHI, TERCEIRA TURMA, julgado em 16/12/2008, DJe 03/02/2009)

Vale ressaltar o voto da Ministra Nancy Andrigui no precedente supramencionado, que tem como suporte com suporte a doutrina autorizada de Calixto Salomão Filho, de aplicação importantíssima em se tratando dos grupos societários:

> *"Na desconsideração, importa mais saber quem se beneficiou do abuso da personalidade do que saber quem o praticou com culpa. A lição de Calixto Salomão Filho é bastante clara nesse sentido:*
> *"[Na desconsideração], o sujeito responde por dívida própria, decorrente não de um ato, mas de uma atividade abusiva. Trata-se de responsabilidade societária, que não pode ser confundida com responsabilidade civil nem tampouco com responsabilidade civil aplicada ao direito societário. Seu caráter distintivo está na prática de uma atividade lesiva e no fato de que o responsável será sempre o seu beneficiário, que não se confunde necessariamente com os executores da atividade lesiva. Assim, em uma sociedade isolada, a desconsideração atingirá o patrimônio do controlador e não do administrador que executou suas ordens. Em uma sociedade pertencente a um grupo em que o benefício foi transferido a outra sociedade controlada e não à holding, será aquela e não esta última a ser atingida pela desconsideração" (Calixto Salomão Filho. O Novo Direito Societário . São Paulo: Malheiros, 1998, p. 202)."*

Logo, pode-se chegar à conclusão de que a desconsideração deve atingir prioritariamente os sócios que detenham poder de controle ou comando, bem como os administradores. Todavia, não há maior clareza, na jurisprudência, se tal responsabilidade decorre da mera condição de comando ou administração ou do pressuposto da prática da ilicitude. Dessa maneira, resta saber se o controlador ou administrador que não tenha participado da ilicitude nem dela se beneficiado pode ser afastado dos efeitos da desconsideração.

Paralelamente a tal discussão, a jurisprudência oferece também outros critérios importantes para a desconsideração: a participação na ilicitude que resultou no abuso da personalidade jurídica ou ao menos a obtenção de benefícios dessa ilicitude. Dessa maneira, até mesmo sócios minoritários, que não exercem nenhum poder de comando ou de administração, poderiam ser atingidos pela desconsideração na hipótese de terem participado da ilicitude – que pode ser perpetrada, por exemplo, por uma decisão assemblear – ou dela se beneficiado.

Tais hipóteses são mais restritas, mas não se pode ignorar a possibilidade de abusos da personalidade jurídica perpetrados até mesmo pela totalidade dos sócios. Basta lembrar a hipótese de subcapitalização dolosa, ilicitude que pode ser atribuída, via de regra, a todos os sócios, especialmente em se tratando de uma sociedade de pessoas.

Dessa maneira, não se pode afirmar, no contexto do direito brasileiro, que é pressuposto da desconsideração que o sócio seja controlador ou administrador. A participação na prática ilícita ou nos benefícios dela resultantes é também importante critério para determinar a medida.

É claro que a questão da responsabilização do sócio minoritário precisa ser vista com grande cuidado em se tratando de sociedades anônimas abertas, pois, nelas, o estímulo para o investimento decorre da certeza que o investidor tem em relação à responsabilidade limitada. Assim, a extensão da desconsideração da personalidade jurídica a acionistas minoritários, mesmo com base em suposto benefício que tenham obtido em virtude da ilicitude, pode ser solução inadequada.

Entretanto, não há maiores problemas em se estender os efeitos da desconsideração aos sócios minoritários de sociedades de pessoas, nas hipóteses em que tenham participado da ilicitude ou dela se beneficiado. Na hipótese em que apenas se beneficiaram, sem terem participado da ilicitude, pode-se até cogitar de direito de regresso contra os partícipes, bem como da limitação dos efeitos da desconsideração ao valor do benefício obtido por cada um.

Por fim, resta saber se a desconsideração pode atingir ex-sócios. O Superior Tribunal de Justiça tem interessante precedente que permite a desconsideração em relação a ex-sócios mesmo por dívida contraída após a saída deles, sob o fundamento de que a insolvência decorreu de atos praticados enquanto ainda eram sócios. A ementa é esclarecedora:

> *"(...) 7. Em sede de processo falimentar, não há como a desconsideração da personalidade jurídica atingir somente as obrigações contraídas pela sociedade antes da saída dos sócios. Reconhecendo o acórdão recorrido que os atos fraudulentos, praticados quando os recorrentes ainda faziam parte da sociedade, foram causadores do estado de insolvência e esvaziamento patrimonial por que passa a falida, a superação da pessoa jurídica tem o condão de estender aos sócios a responsabilidade pelos créditos habilitados, de forma a solvê-los de acordo com os princípios próprios do direito falimentar, sobretudo aquele que impõe igualdade de condição entre os credores (par conditio creditorum), na ordem de preferência imposta pela lei. (...)"*

(REsp 1180714/RJ, Rel. Ministro Luis Felipe Salomão, QUARTA TURMA, julgado em 05/04/2011, DJe 06/05/2011)

É interessante notar, neste último julgamento, que o critério preponderante da desconsideração foi realmente a prática da ilicitude na condição de sócio, não sendo suficiente para ensejar a exoneração de responsabilidade que a dívida em si tenha sido contraída após a saída do sócio.

De tudo que se viu, é fácil concluir que ainda existem várias discussões a respeito da eficácia subjetiva e quantitativa da desconsideração, notadamente em relação aos pressupostos da responsabilização de sócios e administradores, principalmente quando os sócios forem minoritários.

## 11. A desconsideração e o problema dos grupos empresariais

A questão da desconsideração em matéria de grupos é complexa, já que neles a confusão patrimonial é inerente à sua própria formação[40]. Destaca-se que, na prática brasileira, a legislação é permissiva e possibilita a prevalência absoluta dos grupos de fato.

Do ponto de vista doutrinário, há certo consenso no sentido de que a noção de controle que deve orientar a desconsideração nessas hipóte-

---

[40] Vale ressaltar a precisa explicação de Fábio Konder Comparato (2005, pp. 357-358): *"Ora, essa perda da autonomia da gestão empresarial traduz-se, frequentemente, senão sempre, pelo sacrifício dos interesses de cada sociedade ao interesse global do grupo. Os patrimônios sociais tendem a confundir-se, e tudo se passa nesse campo, como frisou um autor, analogamente ao princípio dos vasos comunicantes."*

ses[41]. Já no plano jurisprudencial, o Superior Tribunal de Justiça vem entendendo que, se a divisão entre as sociedades pertencentes ao grupo for meramente formal, a desconsideração poderia atingir as sociedades pertencentes ao mesmo grupo econômico, que não precisariam ser nem mesmo citadas para responder pela medida:

> *"CIVIL E PROCESSUAL CIVIL. RECURSO ESPECIAL. DESCONSIDE-RAÇÃO DA PERSONALIDADE JURÍDICA. CONFUSÃO PATRIMONIAL. CABIMENTO. EMPRESAS PERTENCENTES AO MESMO GRUPO ECO-NÔMICO. DIVISÃO MERAMENTE FORMAL. (...)*
> *3. A confusão patrimonial existente entre sócios e a empresa devedora ou entre esta e outras conglomeradas pode ensejar a desconsideração da personalidade jurídica, na hipótese de ser meramente formal a divisão societária entre empresas conjugadas. Precedentes.*
> *4. A superação da pessoa jurídica afirma-se como um incidente processual e não como um processo incidente. No caso, o reconhecimento da confusão patrimonial é absolutamente contraditório com a pretendida citação das demais sociedades, pois, ou bem se determina a citação de todas as empresas atingidas pela penhora, ou bem se reconhece a confusão patrimonial e se afirma que se trata, na prática, de pessoa jurídica única, bastando, por isso, uma única citação. Havendo reconhecimento da confusão, descabe a segunda providência." (...)*

(REsp 907.915/SP, Rel. Ministro Luis Felipe Salomão, QUARTA TURMA, julgado em 07/06/2011, DJe 27/06/2011)

Já outros precedentes exigem, além da existência do grupo e da estrutura meramente formal das sociedades participantes, a prática também da ilicitude:

> *"DIREITO CIVIL. PROCESSUAL CIVIL. LOCAÇÃO. EXECUÇÃO. DIS-POSITIVO CONSTITUCIONAL. VIOLAÇÃO. EXAME. IMPOSSIBILIDADE. COMPETÊNCIA RESERVADA AO SUPREMO TRIBUNAL FEDERAL. CER-*

---

[41] É o que leciona Fábio Konder Comparato (2005, p. 355): «*Essa desconsideração da personalidade jurídica é sempre feita em função do poder de controle societário. É este o elemento fundamental, que acaba predominando sobre a consideração da pessoa jurídica, como ente distinto dos seus componentes.*" No mesmo sentido, Suzy Kouri (2011, p. 211) afirma que é a noção de controle, aliada à existência de um interesse comum, que deve orientar a desconsideração nos casos de grupos empresariais.

*CEAMENTO DE DEFESA. NÃO-OCORRÊNCIA. DESCONSIDERAÇÃO DA PERSONALIDADE JURÍDICA. PRESSUPOSTOS. AFERIÇÃO. IMPOSSIBI-LIDADE. SÚMULA 7/STJ. DISSÍDIO JURISPRUDENCIAL. NÃO-OCORRÊN-CIA. RECURSO ESPECIAL CONHECIDO E IMPROVIDO.*

*(...)*

*3. A desconsideração da pessoa jurídica, mesmo no caso de grupos econômicos, deve ser reconhecida em situações excepcionais, quando verificado que a empresa devedora pertence a grupo de sociedades sob o mesmo controle e com estrutura meramente formal, o que ocorre quando diversas pessoas jurídicas do grupo exercem suas atividades sob unidade gerencial, laboral e patrimonial, e, ainda, quando se visualizar a confusão de patrimônio, fraudes, abuso de direito e má-fé com prejuízo a credores.*

*4. Tendo o Tribunal a quo, com base no conjunto probatório dos autos, firmado a compreensão no sentido de que não estariam presentes os pressupostos para aplicação da disregard doctrine, rever tal entendimento demandaria o reexame de matéria fático--probatória, o que atrai o óbice da Súmula 7/STJ. Precedente do STJ.*

*5. Inexistência de dissídio jurisprudencial.*

*6. Recurso especial conhecido e improvido.*

(REsp 968.564/RS, Rel. Ministro Arnaldo Esteves Lima, QUINTA TURMA, julgado em 18/12/2008, DJe 02/03/2009)

*"FALÊNCIA. ARRECADAÇÃO DE BENS PARTICULARES DE SÓCIOS--DIRETORES DE EMPRESA CONTROLADA PELA FALIDA. DESCONSI-DERAÇÃO DA PERSONALIDADE JURÍDICA (DISREGARD DOCTRINE). TEORIA MAIOR. NECESSIDADE DE FUNDAMENTAÇÃO ANCORADA EM FRAUDE, ABUSO DE DIREITO OU CONFUSÃO PATRIMONIAL. RECURSO PROVIDO.*

*(...)*

*2. A jurisprudência da Corte, em regra, dispensa ação autônoma para se levantar o véu da pessoa jurídica, mas somente em casos de abuso de direito – cujo delineamento conceitual encontra-se no art. 187 do CC/02 -, desvio de finalidade ou confusão patrimonial, é que se permite tal providência. Adota-se, assim, a "teoria maior" acerca da desconsideração da personalidade jurídica, a qual exige a configuração objetiva de tais requisitos para sua configuração.*

*3. No caso dos autos, houve a arrecadação de bens dos diretores de sociedade que sequer é a falida, mas apenas empresa controlada por esta, quando não se cogitava de sócios solidários, e mantida a arrecadação pelo Tribunal a quo por "possibilidade de ocorrência de desvirtuamento da empresa controlada", o que, à toda evidência, não é suficiente para a*

QUESTÕES DE DIREITO SOCIETÁRIO EM PORTUGAL E NO BRASIL

*superação da personalidade jurídica. Não há notícia de qualquer indício de fraude, abuso de direito ou confusão patrimonial, circunstância que afasta a possibilidade de superação da pessoa jurídica para atingir os bens particulares dos sócios.*

*4. Recurso especial conhecido e provido."*

(REsp 693.235/MT, Rel. Ministro LUIS FELIPE SALOMÃO, QUARTA TURMA, julgado em 17/11/2009, DJe 30/11/2009)

Com maior razão, a desconsideração deve ocorrer diante de conluios e práticas ilícitas existentes dentro do grupo para prejudicar credores:

*"PROCESSO CIVIL. FALÊNCIA. EXTENSÃO DE EFEITOS. SOCIEDA-DES COLIGADAS. POSSIBILIDADE. AÇÃO AUTÔNOMA. DESNECESSI-DADE. DECISÃO INAUDITA ALTERA PARTE. VIABILIDADE. RECURSO IMPROVIDO.*

*1. Em situação na qual dois grupos econômicos, unidos em torno de um propósito comum, promovem uma cadeia de negócios formalmente lícitos mas com intuito substancial de desviar patrimônio de empresa em situação pré-falimentar, é necessário que o Poder Judiciário também inove sua atuação, no intuito de encontrar meios eficazes de reverter as manobras lesivas, punindo e responsabilizando os envolvidos.*

*2. É possível ao juízo antecipar a decisão de estender os efeitos de sociedade falida a empresas coligadas na hipótese em que, verificando claro conluio para prejudicar credores, há transferência de bens para desvio patrimonial. Inexiste nulidade no exercício diferido do direito de defesa nessas hipóteses.*

*3. A extensão da falência a sociedades coligadas pode ser feita independentemente da instauração de processo autônomo. A verificação da existência de coligação entre sociedades pode ser feita com base em elementos fáticos que demonstrem a efetiva influência de um grupo societário nas decisões do outro, independentemente de se constatar a existência de participação no capital social.*

*4. Na hipótese de fraude para desvio de patrimônio de sociedade falida, em prejuízo da massa de credores, perpetrada mediante a utilização de complexas formas societárias, é possível utilizar a técnica da desconsideração da personalidade jurídica com nova roupagem, de modo a atingir o patrimônio de todos os envolvidos.*

*5. Recurso especial não provido."*

(REsp 1259018/SP, Rel. Ministra NANCY ANDRIGHI, TERCEIRA TURMA, julgado em 09/08/2011, DJe 25/08/2011)

DESCONSIDERAÇÃO DA PERSONALIDADE JURÍDICA E TUTELA DE CREDORES

O que se observa é que, afora as hipóteses de dolo e conluios, não há maior clareza sobre os pressupostos da desconsideração nas hipóteses de grupos, especialmente no que diz respeito à confusão patrimonial, até porque o Superior Tribunal de Justiça não pode reexaminar matéria de fato, tendo que adotar necessariamente a moldura fática das instâncias inferiores.

## 12. Considerações finais

Como se procurou mostrar ao longo dos capítulos antecedentes, a partir do novo Código Civil brasileiro, ficou claro que o direito brasileiro adotou cláusula geral de desconsideração da personalidade jurídica baseada na teoria maior, ou seja, na prática do abuso ou desvio de finalidade. Todavia, subsistem hipóteses específicas de desconsideração – Direito do Trabalho, Direito do Consumidor, Direito Ambiental e Direito da Concorrência –, que vêm sendo interpretadas pela jurisprudência no sentido do acolhimento da teoria menor, apesar de todos os inconvenientes desta última.

Além dos questionamentos relacionados à pertinência e à adequação da teoria menor, bem como sobre a necessidade de se oferecer proteção diferenciada aos credores vulneráveis, o exame da doutrina e da jurisprudência brasileiras mostra que ainda estão a merecer maior reflexão os seguintes assuntos: (i) a necessidade da insolvência como pressuposto indispensável da desconsideração, tanto no âmbito da teoria maior como da teoria menor; (ii) a melhor compreensão e sistematização das modalidades culposas da desconsideração, (iii) a subcapitalização como causa de desconsideração; (iv) a definição da natureza jurídica da responsabilidade dos sócios e administradores atingidos pela desconsideração; (v) a definição dos critérios para se determinar quem pode ser atingido pela desconsideração, quais os pressupostos e em que medida e (vi) a questão dos pressupostos da desconsideração nos grupos empresariais.

Apesar das controvérsias e das questões em aberto, pode-se destacar o esforço da doutrina e da jurisprudência brasileiras para, de uma forma geral, evitar a banalização da desconsideração, afirmando que se trata de medida excepcional para a tutela de credores, que precisa levar em conta a importância da personalidade jurídica para a atividade econômica e que, exatamente por isso, necessita ser ampla e criteriosamente justificada pelo juiz que a decretar.

## 13. Referências bibliográficas

BEVILAQUA, Clovis. *Código Civil. Comentários.* 2ª ed. vol. I. Rio de Janeiro: F. Alves, 1921.

CALIENDO, Paulo; ANDRADE, Fábio Siebeneichler de (Coordenadores Acadêmicos). *Série Pensando o Direito. Desconsideração da personalidade Jurídica.* Nº 29/2010. Brasília: Secretaria de Assuntos Legislativos do Ministério da Justiça – SAL, 2010.

CAMPINHO, Sérgio. *Direito de Empresa.* São Paulo: Renovar, 2011.

COELHO, Fábio Ulhoa. *Curso de Direito Comercial.* Volume II. São Paulo: Saraiva, 2007.

COMPARATO, Fábio Konder; SALOMÃO FILHO, Calixto. *O poder de controle na sociedade anônima.* Rio de Janeiro: Forense, 2005.

DANTAS, San Tiago. *O conflito de vizinhança e sua composição.* Rio de Janeiro: Forense, 1972.

ESPÍNOLA, Eduardo. *Tratado de Direito Civil Brasileiro.* Volume I. Rio de Janeiro: Freitas Bastos, 1939.

GAMA, Guilherme Calmon Nogueira da; BRASIL, Deilton Ribeiro. "Aspectos relevantes (materiais e processuais) da teoria da desconsideração da personalidade jurídica." In: GAMA, Guilherme Calmon Nogueira da (Coord.). *Desconsideração da personalidade jurídica. Visão crítica da jurisprudência.* São Paulo: Atlas, 2009.

GOMES, Orlando. *Introdução ao Direito Civil.* Atualizador Humberto Theodoro Júnior. Rio de Janeiro: Saraiva, 2001.

KOURY, Suzy Elizabeth Cavalcante. *A desconsideração da personalidade jurídica. (Disregard doctrine) e os grupos de empresas.* Rio de Janeiro: Forense, 2011.

MADALENO, Rolf. *A desconsideração judicial da pessoa jurídica e da interposta pessoa física no Direito de Família e no Direito das Sucessões.* Rio de Janeiro: Forense, 2009.

MIRANDA, Pontes de. *Tratado de Direito Privado.* Atualizado por Vilson Rodrigues Alves. 2ª ed., Tomo II. Campinas: Bookseller, 2000.

OLIVEIRA, J. Lamartine Corrêa de. *A dupla crise da pessoa jurídica.* São Paulo: Saraiva, 1979.

PEREIRA, Caio Mário da Silva. *Instituições de Direito Civil.* Volume IV. Rio de Janeiro: Forense, 2000.

SALOMÃO FILHO, Calixto. *O Novo Direito Societário.* São Paulo: Malheiros, 2011.

SILVA, Alexandre Couto. *A aplicação da desconsideração da personalidade jurídica no direito brasileiro.* Rio de Janeiro: Forense, 2009.

TEPEDINO, Gustavo; BARBOZA, Heloísa Helena; MORAES, Maria Celina Bodin de. *Código Civil interpretado conforme a Constituição da República.* Volume I. Rio de Janeiro: Renovar, 2007.

VENOSA, Sílvio de Salvo. *Direito Civil. Parte Geral.* São Paulo: Atlas, 2008.

# Desconsideração da personalidade jurídica e tutela de credores

MARIA DE FÁTIMA RIBEIRO[*]

## 1. A "desconsideração da personalidade jurídica" da sociedade comercial como meio de tutela dos seus credores

Tem sido proposto em Portugal o recurso à "desconsideração da personalidade jurídica" como solução para o problema da tutela dos credores das sociedades comerciais, por quotas ou anónimas, em determinados grupos de casos (nos quais se entende que ao comportamento dos sócios deve corresponder a perda do benefício da limitação da responsabilidade) – nomeadamente na subcapitalização material, na "mistura de patrimónios", no controlo da sociedade por um sócio e na "descapitalização" voluntária da empresa societária (ou seja, tipicamente, para aqueles casos em que se entende que os sócios agiram em prejuízo do ente societário e, reflexamente, dos seus credores)[1]. Defende-se a "desconsideração da personalidade jurídica" da sociedade com o objectivo de permitir aos credores a possibilidade de exigirem a satisfação dos seus créditos aos sócios da

---

[*] Professora da Faculdade de Direito da Universidade Católica Portuguesa.

[1] Sobre estes grupos de casos, cf. MARIA DE FÁTIMA RIBEIRO, *A Tutela dos Credores da Sociedade por Quotas e a "Desconsideração da Personalidade Jurídica"*, Almedina, Coimbra, 2009, pp. 177 ss..

QUESTÕES DE DIREITO SOCIETÁRIO EM PORTUGAL E NO BRASIL

sociedade "desconsiderada"[2]. Este mecanismo, de criação doutrinária e jurisprudencial, não se encontra previsto ou regulado pelo direito positivo português – como, de resto, acontece nos restantes países da Europa.

No continente europeu, as primeiras tentativas de, em casos concretos, pôr em causa o hermetismo da personalidade jurídica de sociedades comerciais remontam ao final do século XIX (terá sido pioneiro o caso Salomon v. Salomon & Co. Ltd.[3]), mas os trabalhos doutrinais de teorização da "desconsideração da personalidade jurídica" apenas começam a surgir a partir de meados do século passado (sendo o mais representativo desses trabalhos a obra *Rechtsform und Realität juristischer Personen*, de Rolf Serick)[4]. A fundamentação dogmática da figura sempre constituiu um problema de difícil solução, tendo surgido essencialmente nesse âmbito as teorias do abuso, subjectivo ou objectivo (institucional), da personalidade jurídica[5] e as teorias da aplicação da norma (que partem da *ratio* da norma cuja aplicação está em causa para decidir se essa norma vai aplicar-se, no caso concreto, à pessoa colectiva ou às pessoas que constituem o seu substrato pessoal)[6]. Todavia, cedo surgiram, por seu turno, as chamadas teorias negativistas, que rejeitam a existência de um instituto "desconsideração da personalidade jurídica" – teorias que ganharam expressão, sobretudo, no final do século passado, particularmente no âmbito das construções que propõem a revisão do conceito de pessoa colectiva para o entender como uma expressão linguística utilizada para resumir uma dada disciplina nor-

---

[2] Este problema distingue-se daquele outro que consiste na "desconsideração da personalidade jurídica" de sociedade comercial com o objectivo de imputar aos seus sócios características, conhecimentos ou comportamentos da sociedade e vice-versa. Sobre esta última modalidade de "desconsideração da personalidade jurídica", cf. MARIA DE FÁTIMA RIBEIRO, *A Tutela dos Credores da Sociedade por Quotas e a "Desconsideração da Personalidade Jurídica"*, cit., pp. 133 ss., 300 ss. e 312 ss..

[3] Cf. MARIA DE FÁTIMA RIBEIRO, *A Tutela dos Credores da Sociedade por Quotas e a "Desconsideração da Personalidade Jurídica"*, cit., pp. 97 ss., nota 34.

[4] Cf. MARIA DE FÁTIMA RIBEIRO, *A Tutela dos Credores da Sociedade por Quotas e a "Desconsideração da Personalidade Jurídica"*, cit., pp. 98 ss..

[5] Tema que será retomado *infra*, ponto 3.

[6] Cf. MARIA DE FÁTIMA RIBEIRO, *A Tutela dos Credores da Sociedade por Quotas e a "Desconsideração da Personalidade Jurídica"*, cit., pp. 99 ss..

mativa[7]. A estas teses negativistas deve ser reconhecido o mérito de trazerem maior rigor à análise do problema da tutela dos credores sociais (nomeadamente, privilegiando soluções que, no direito positivo de cada ordenamento jurídico, permitem assegurar essa tutela), partindo da realidade jurídica que é a personalidade da pessoa colectiva[8].

Em Portugal, a doutrina cedo se manifestou favorável à recepção deste mecanismo, que acolheu com receptividade crescente. Todavia, só muito recentemente surgiram as primeiras monografias sobre o tema[9]. Por seu turno, os tribunais, que começaram por actuar de modo extremamente cauteloso, parecem cada vez mais tentados a resolver os problemas de tutela dos credores sociais através da "desconsideração da personalidade jurídica", mesmo em casos em que a mesma solução pode ser assegurada com recurso à aplicação das regras do direito positivo.

## 2. A distinção entre responsabilidade de gerentes e administradores e responsabilidade de sócios

Em primeiro lugar, cumpre esclarecer que, em regra, estará *prima facie* em causa nos referidos grupos de casos a responsabilidade dos membros do órgão de administração da sociedade[10], não a dos seus sócios. É certo que, frequentemente, os sócios serão membros desse órgão (sobretudo nas sociedades por quotas e nas sociedades anónimas de pequena dimensão), o que contribui bastante para que possa existir alguma confusão na análise destas questões, a par da habitual referência ao "sócio-gerente": existe nesta expressão uma sugestão de "fungibilidade" entre as figuras do sócio e do gerente, que acaba por esbater a necessária nitidez do discurso jurídico. Mas numa sociedade comercial o órgão que detém as funções de gestão e de representação é o órgão de administração, pelo que a prática

---

[7] Cf. Maria de Fátima Ribeiro, *A Tutela dos Credores da Sociedade por Quotas e a "Desconsideração da Personalidade Jurídica"*, cit., pp. 110 ss.. Voltaremos ao tema *infra*, ponto 6.

[8] Cf. Maria de Fátima Ribeiro, *A Tutela dos Credores da Sociedade por Quotas e a "Desconsideração da Personalidade Jurídica"*, cit., pp. 125 ss..

[9] Cf. a análise de Maria de Fátima Ribeiro, *A Tutela dos Credores da Sociedade por Quotas e a "Desconsideração da Personalidade Jurídica"*, cit., pp. 299 ss..

[10] Cf. Maria de Fátima Ribeiro, *A Tutela dos Credores da Sociedade por Quotas e a "Desconsideração da Personalidade Jurídica"*, cit., pp. 103 ss, nota 51.

QUESTÕES DE DIREITO SOCIETÁRIO EM PORTUGAL E NO BRASIL

de qualquer dos actos característicos destes casos, em nome da sociedade, pressupõe a actuação dos seus membros.

Acresce ao exposto que a responsabilidade de gerentes e administradores, neste contexto, dificilmente poderá ficar excluída pelo facto de os respectivos actos assentarem em deliberação social (o que, tendo em conta o disposto no artigo 259º do CSC, será mais frequente no âmbito da sociedade por quotas[11])[12]: qualquer deliberação dos sócios cujo conteúdo, directa ou indirectamente, ponha em causa a prossecução do interesse social, nos termos do artigo 6º do CSC, será nula (por força da aplicação do artigo 56º, nº 1, alínea d), do CSC). Ainda que não seja claramente esse o caso, sempre subsiste a possibilidade de essa deliberação ser considerada abusiva; então, se for de afirmar a sua anulabilidade, nos termos dos artigos 58º, nº 1, alínea b), do CSC[13], os sócios que tenham formado maioria podem ser chamados a responder solidariamente para com a sociedade pelos pre-

[11] Cf. MARIA DE FÁTIMA RIBEIRO, *A Tutela dos Credores da Sociedade por Quotas e a "Desconsideração da Personalidade Jurídica"*, cit., pp. 454 ss., nota 135.

[12] Ou seja, a responsabilidade dificilmente poderá ser afastada pelo recurso ao preceituado no artigo 72º, nº 5, do CSC.

[13] VASCO DA GAMA LOBO XAVIER, *Anulação de Deliberação Social e Deliberações Conexas* (reimpressão), Almedina, Coimbra, 1998, pp. 367 ss., defendeu a interpretação restritiva do nº 4 do artigo 17º do Decreto-Lei nº 49 381, a cujo texto corresponde actualmente o nº 5 do artigo 72º do CSC, ao excluir a responsabilidade dos administradores quando o acto ou omissão assente em deliberação da assembleia geral, na parte que se refere à deliberação anulável. Para VASCO DA GAMA LOBO XAVIER, últ. ob. cit., pp. 368 ss., a interpretação do texto legal é necessariamente restritiva para os casos em que os administradores *"tiveram consciência"* do facto, sabiam que a deliberação seria, muito provavelmente, impugnada, e não ignoravam que a respectiva execução poderia provocar prejuízos consideráveis e dificilmente remediáveis pela anulação subsequente. Contudo, a solução defendida é a mesma, ainda, nos casos em que os administradores não estavam na posse de todos estes dados: os administradores devem, perante uma deliberação social, examinar as "probabilidades de anulação" e os "inconvenientes da [...] execução" de deliberação que muito provavelmente será anulada, sendo responsáveis perante a sociedade se não actuarem no sentido que, em concreto, melhor sirva a sociedade (cf. VASCO DA GAMA LOBO XAVIER, *Anulação de Deliberação Social ...*, cit., pág. 372). O contrário, nota o Autor, ob. cit., pp. 369 ss., traduziria a ideia – irrazoável – de que os administradores, perante uma deliberação da assembleia geral, estão "dispensados de quaisquer averiguações e apreciações". Esta posição tem colhido a adesão da doutrina. Cf. MARIA DE FÁTIMA RIBEIRO, *A Tutela dos Credores da Sociedade por Quotas e a "Desconsideração da Personalidade Jurídica"*, cit., pág. 601, nota 115.

juízos causados (o que, indirectamente, vai prover à tutela dos interesses dos credores sociais)[14].

Assim, cumpre salientar desde já que o ponto de partida desta análise é a distinção clara entre a responsabilidade de sócios e a responsabilidade de gerentes e administradores[15]. Por isso, numa mesma situação pode estar em causa, simultaneamente, a responsabilidade de uns e de outros – a títulos (e com fundamentos) diferentes. E se a mesma pessoa é sócio e membro do órgão de administração da sociedade, poderá responder enquanto sócio e enquanto gerente ou administrador, desde que estejam preenchidos os requisitos de que a lei o faz depender em cada caso.

## 3. A subsidiariedade do recurso à "desconsideração da personalidade jurídica"

Simplesmente, quanto à responsabilidade do sócio enquanto tal, é de afirmar a subsidiariedade do recurso à chamada "desconsideração da personalidade jurídica"[16]: se as pretensões dos credores sociais puderem ser satisfeitas através do recurso a institutos jurídicos legalmente consagrados, não deve recorrer-se a este mecanismo de contornos vagos e imprecisos, fruto da elaboração – entre nós, errática – da doutrina e da jurisprudência e propiciador de casuísmo e insegurança jurídica[17]. A não ser

---

[14] Sobre o tema, cf., desenvolvidamente, MARIA DE FÁTIMA RIBEIRO, *A Tutela dos Credores da Sociedade por Quotas e a "Desconsideração da Personalidade Jurídica"*, cit., pp. 557 ss..

[15] Neste sentido, cf. JORGE MANUEL COUTINHO DE ABREU, *Diálogos com a Jurisprudência, II – Responsabilidade dos administradores para com credores sociais e desconsideração da personalidade jurídica*, in "Direito das Sociedades em Revista", Março 2010, ano 2, vol. 3, 49-64, pp. 52 ss..

[16] Fala-se de um "princípio de subsidiariedade", ou *Subsidiarität der Durchgriffshaftung*. Cf. RUDOLF NIRK, *Zur rechtsfolgenseite der Durchgriffshaftung*, in "Festschrift für Walter Stimpel", Walter de Gruyter, Berlin/New York, 1985, 443-462, pág. 460; DANIEL ZIMMER, *Internationales Gesellschaftsrecht*, Recht und Wirtschaft, Heidelberg, 1996, pág. 333; HOLGER ALTMEPPEN, *Existenzvernichtungshaftung und Scheinauslandsgesellschaften*, in "Festschrift für Volker Röhricht zum 65. Geburtstag", Otto Schmidt, Köln, 2005, 3-24, pp. 6 ss.; ECKARD REHBINDER, *Konzernaußenrecht und allgemeines Privatrecht. Eine rechtsvergleichende Untersuchung nach deutschem und amerikanischem Recht*, Gehlen, Bad Hommburg/Berlin/Zürich, 1969, pp. 101 ss..

[17] Cf. MARIA DE FÁTIMA RIBEIRO, *A Tutela dos Credores da Sociedade por Quotas e a "Desconsideração da Personalidade Jurídica"*, cit., pp. 76 ss.. A insegurança resulta, fundamentalmente, da ausência de determinação precisa dos pressupostos que possibilitem ao juiz "desconhecer a personificação de um ente". Cf. FRANCISCO CAPILLA RONCERO, *La Persona Jurídica. Funciones y Disfunciones*, Tecnos, Madrid, 1984, pp. 70 ss.; JOSÉ MIGUEL EMBID IRUJO, *Los grupos de*

QUESTÕES DE DIREITO SOCIETÁRIO EM PORTUGAL E NO BRASIL

assim, em rigor, tal solução violaria as mais elementares regras do Direito, pois é de repudiar o recurso à chamada "desconsideração da personalidade jurídica", visando colmatar uma lacuna, sempre que não esteja concretamente demonstrado que a situação em análise não encontra solução no ordenamento legal vigente[18]. Para mais, nas sábias palavras de BAPTISTA MACHADO, "[s]empre que seja possível resolver um problema dentro de quadros jurídicos mais precisos e rigorosos, é metodologicamente incorrecto recorrer a quadros de pensamento de contornos mais fluidos"[19].

Então, a "desconsideração da personalidade jurídica" da sociedade nos referidos grupos de casos não se apresenta, em geral, como a via adequada para, em primeira linha, assegurar a tutela dos seus credores sociais, por duas ordens de razões. Desde logo, porque o nosso ordenamento jurídico coloca à disposição do intérprete, para o efeito, uma multiplicidade de soluções, como se analisará neste trabalho. Depois, os já referidos problemas de casuísmo e a insegurança no recurso a este mecanismo, bem como a falta de rigor dogmático na respectiva fundamentação, são fragilidades que comprometem a eficiência de uma solução deste teor, sobretudo quando

---

*sociedades en el derecho comunitario y español*, in "Revista Crítica de Derecho Inmobiliario", nº 599, 1990, 31-54, pp. 53 ss.; NICHOLAS MATHEY, *Recherche sur la personnalité morale en droit privé*, tese de Doutoramento em Direito apresentada e defendida na Universidade Paris II, Paris, 2001, pp. 554 ss.; STEPHEN M. BAINBRIDGE, *Abolishing veil piercing*, in "Journal of Corporation Law", Spring 2001, 479-535, pág. 481; *idem, Abolishing LLC veil piercing*, in "University of Illinois Law Review", nº 1, 2005, 77-106, pp. 78 ss.; Cândido Paz-Ares, *La sociedad mercantil: atributos y límites de la personalidad jurídica. Las cuentas en participación*, in VVAA, "Curso de Derecho Mercantil RODRIGO URÍA/AURELIO MENÉNDEZ. I. Empresario, Establecimiento Mercantil y Actividad Empresarial. Derecho de la Competencia y de la Propiedad Industrial e Intelectual. Derecho de Sociedades" (coord. MARÍA LUISA APARICIO GONZÁLEZ), 2ª ed., Civitas, Madrid, 2006, 567-612, pp. 589 ss..

[18] Cf. MARIA DE FÁTIMA RIBEIRO, *Da pertinência do recurso à "desconsideração da personalidade jurídica" para tutela dos credores sociais – Ac. do TRL de 29.4.2009, Proc. 5499/04"*, in "Cadernos de Direito Privado", n.º 27, Julho/Setembro 2009, pp. 35-56, pp. 55 ss.; *idem, O capital social das sociedades por quotas e o problema da subcapitalização material*, in "Capital Social Livre e Acções sem Valor Nominal" (coord. Maria Miguel Carvalho/Paulo de Tarso Domingues), Almedina, Coimbra, 2011, 43-84, pp. 75 ss.. É a este propósito que se fala de "subsidiariedade" do recurso à "desconsideração da personalidade jurídica", questão que retomaremos *infra*, ponto 3.

[19] JOÃO BAPTISTA MACHADO, *Introdução ao Direito e ao Discurso Legitimador*, 9ª reimpressão, Almedina, Coimbra, 1996, pág. 199.

DESCONSIDERAÇÃO DA PERSONALIDADE JURÍDICA E TUTELA DE CREDORES

se põe em causa um dos pilares dos institutos sociedade por quotas e sociedade anónima, que é o da limitação da responsabilidade dos sócios[20].

Entre nós, a proibição do abuso do direito tem sido o fundamento maioritariamente adoptado pela doutrina que analisa e aceita o recurso a soluções que passam pela "desconsideração da personalidade jurídica", quer para efeitos de imputação, quer de responsabilidade[21].

Mas mesmo o recurso ao abuso do direito, neste contexto, exige reflexão cuidada[22]. Cabe começar por esclarecer que a própria concepção do abuso do direito não pode deixar de partir de critérios objectivos (até porque a exigência da consciência do abuso viria a beneficiar "aqueles que não conhecem escrúpulos"[23])[24]; e também no âmbito da tentativa de fun-

[20] Cf. MARIA DE FÁTIMA RIBEIRO, *A Tutela dos Credores da Sociedade por Quotas e a "Desconsideração da Personalidade Jurídica"*, cit., pp. 76 ss.; *idem, Desconsideração da personalidade jurídica e "descapitalização" de sociedade*, in "Revista de Direito e de Estudos Sociais", Jullho/Dezembro 2011, nºs 3-4, 173-212, pp. 179 ss..

[21] Cf. LUÍS BRITO CORREIA, *Direito Comercial. Vol. II. Sociedades Comerciais*, AAFDL, Lisboa, 1989, pp. 243 ss.; PEDRO CORDEIRO, *A Desconsideração da Personalidade Jurídica das Sociedades Comerciais* (reimpressão da edição de 1989), AAFDL, Lisboa, 1994, pp. 105 ss., e 122 ss.; JOSÉ DE OLIVEIRA ASCENSÃO, *Direito Comercial. Volume IV. Sociedades Comerciais*, Lisboa, 1993, pp. 86 ss.; ELISEU FIGUEIRA, *Desconsideração da personalidade jurídica das sociedades de capitais*, in "Tribuna da Justiça", nº 4-5, 1990, 76-88, pp. 87 ss.; JORGE MANUEL COUTINHO DE ABREU, *Da Empresarialidade. As Empresas no Direito*, Almedina, Coimbra, 1996, pp. 205 ss.; *idem, Diálogos com a Jurisprudência, II*, cit., pp. 57 ss.; ANTÓNIO MENEZES CORDEIRO, *O Levantamento da Personalidade Colectiva no Direito Civil e Comercial*, Almedina, Coimbra, 2000, pág. 123; DIOGO PEREIRA DUARTE, *Aspectos do Levantamento da Personalidade Colectiva nas Sociedades em Relação de Domínio. Contributo para a Determinação do Regime da Empresa Plurissocietária*, Almedina, Coimbra, 2007, pp. 319 ss.; . RICARDO COSTA, *Responsabilidade dos gerentes de sociedade por quotas perante credores e desconsideração da personalidade jurídica – Ac. do TRP de 29.11.2007, Proc. 0735578*, in "Cadernos de Direito Privado", nº 32, Outubro/Dezembro 2010, 45-70..., cit., pp. 62 ss.; ANA FILIPA MORAIS ANTUNES, *O abuso da personalidade jurídica colectiva no direito das sociedades comerciais. Breve contributo para a temática da responsabilidade civil*, in VVAA, "Novas Tendências da Responsabilidade Civil", Almedina, Coimbra, 2007, pp. 60 ss..

[22] Cf. MARIA DE FÁTIMA RIBEIRO, *A Tutela dos Credores da Sociedade por Quotas e a "Desconsideração da Personalidade Jurídica"*, cit., pp. 105 ss., e 161 ss.; *idem, O capital social das sociedades por quotas e o problema da subcapitalização material*, cit., pp. 59 ss..

[23] Cf. HEINRICH EWALD HÖRSTER, *A Parte Geral do Código Civil Português. Teoria Geral do Direito Civil*, Almedina, Coimbra, 1992, pág. 282.

[24] Por isso, qualquer construção jurídica que parta da noção de abuso acaba por ser objectivada (cf. PIRES DE LIMA/ANTUNES VARELA, *Código Civil Anotado. Volume I*, 4ª ed., com a colaboração de HENRIQUE MESQUITA, Coimbra Editora, Coimbra, 1987, pág. 298; INOCÊNCIO GAL-

vão Telles, *Direito das Obrigações*, 7ª ed., Coimbra Editora, Coimbra, 1997, pág. 15; António Menezes Cordeiro, *Tratado de Direito Civil Português. I. Parte Geral. Tomo IV. Exercício Jurídico*, Almedina, Coimbra, 2005, pág. 373), centrada no excesso objectivo cometido no exercício do direito (embora sejam sempre relevantes considerações de ordem subjectiva quanto aos casos de violação dos limites impostos pela boa fé e pelos bons costumes; já o limite do "fim social ou económico" do direito parece representar a consagração de um critério puramente objectivo. Cf. Heinrich Ewald Hörster, *A Parte Geral do* Código Civil Português ..., cit., pág. 282). Também José de Oliveira Ascensão, *Direito Comercial. Vol. IV* ..., cit., pp. 86 ss., apela a uma "orientação *funcional*" para a sua fundamentação dogmática da desconsideração da personalidade jurídica ("a sociedade e a sua personalidade são funcionais, como toda a realidade jurídica"), mas numa abordagem que pretende ultrapassar a própria referência do abuso do direito ao fim económico e social (tratar-se-á da "*manifestação, no campo da personalidade jurídica, da componente funcional de todo o instituto*", embora a desfuncionalização só possa levar à desconsideração se à função postergada for de reconhecer carácter injuntivo). Mesmo António Menezes Cordeiro, *Da Boa Fé no Direito Civil. Vol. II*, Almedina, Coimbra, 1984, pp. 1232 ss., ao analisar a relação da "teoria da penetração na personalidade colectiva" com a referência a uma função social e económica do direito subjectivo, vem ultrapassar os limites que o apelo a tal função parece colocar. É certo que a referência à função social e económica do direito subjectivo permite concluir que os comportamentos levados a cabo pelas pessoas, no âmbito da discricionariedade que o Direito lhes atribui ou reconhece, devem respeitar o escopo social e económico que presidiu à constituição dos seus "espaços de liberdade" (quer produzindo uma maior utilidade pessoal, quer social). Também é certo que a teoria da penetração na personalidade colectiva pode fazer apelo à ideia de função social e económica da personalidade colectiva, quando a esta se tenha recorrido para contornar uma lei, violar deveres contratuais ou prejudicar fraudulentamente terceiros. Mas para António Menezes Cordeiro, últ. ob. cit., pág. 1233, parece fazer mais sentido o recurso à ideia de boa fé – na linha de Helmut Coing, *Zum Problem des sogennanten Durchgriffs bei juristischen Personen*, in "Neue Juristische Wochenschrift", 1977, 1793-1797, pp. 1793 ss., o Autor reconhece maior eficácia, para a determinação das situações que convocam uma solução "desconsideradora", à aplicação das regras interpretativas dos contratos, à proibição do *venire contra factum proprium* e à determinação do fim de normas singulares. De resto, António Menezes Cordeiro, *Tratado de Direito Civil Português. I. Parte Geral. Tomo IV* ..., cit., pp. 371 ss., elege a boa fé como base jurídico-positiva do abuso do direito e da respectiva consagração legal no artigo 334º do Código Civil (explica o Autor que o fim económico e social dos direitos não é um instituto autónomo, uma vez que "a sua ponderação obriga, simplesmente, a melhor interpretar as normas instituidoras dos direitos, para verificar em que termos e em que contexto se deve proceder ao exercício"). Então, em síntese, a boa fé deve ser sempre respeitada no exercício dos direitos, ou seja, devem ser observados no exercício dos direitos "os valores fundamentais do próprio sistema que atribui os direitos em causa" (esta posição decorre da posição adoptada por António Menezes Cordeiro, *Tratado de Direito Civil Português. I. Parte Geral. Tomo IV* ..., cit., pp. 366 ss., no âmbito da construção de uma base ontológica do abuso do direito: o

# DESCONSIDERAÇÃO DA PERSONALIDADE JURÍDICA E TUTELA DE CREDORES

damentação dogmática da "desconsideração da personalidade jurídica" da pessoa colectiva vieram conquistar espaço as teorias institucionais ou do abuso objectivo. Daí resulta que se considera relevante uma utilização objectivamente ilícita do instituto pessoa colectiva, como os tribunais alemães cedo afirmaram[25] e tem sido defendido pela doutrina e jurisprudência dos restantes países europeus[26].

Mas a doutrina levanta a questão de saber em que termos poderá operar a responsabilização do sócio, uma vez que o artigo 334.º do Código Civil apenas parece proscrever o comportamento abusivo[27]: directamente, a eficácia desta norma é "preclusiva ou impeditiva"[28]. Para resolver satisfatoriamente o problema, pode ser proposta a adesão à construção de SINDE MONTEIRO[29]: a esta luz, a proscrição do abuso do direito consagrada no

---

abuso do direito assenta na "disfuncionalidade intra-subjectiva", ou seja, numa conduta do agente "contrária ao sistema").

[25] Cf. a decisão do BGH de 30 de Janeiro de 1956, in "Entscheidungen des Bundesgerichtshofes in Zivilsachen" 20, 4, pp. 12 ss., sobretudo pág. 13, onde se afirma que a teoria subjectiva do abuso é demasiado restritiva. Para mais desenvolvimentos, cf. OTTMAR KUHN, *Strohmanngründung bei Kapitalgesellschaften*, J. C. B. Mohr (Paul Siebeck), Tübingen, 1964, pp. 214 ss.; GEORG KUHN, *Haften die GmbH-Gesellscahfter für Gesellschaftsschulden persönlich?*, in "Festschrift für Robert Fischer", Walter de Gruyter, Berlin/New York, 1979, 351-364, pp. 353 ss.; GÜNTER WEICK, *Einleitung zu §§ 21-89*, in "STAUDINGER BGB. Erstes Buch. Allgemeiner Teil. §§ 21-103", 13ª ed., Sellier – de Gruyter, Berlin, 1995, pp. 22 ss. (GÜNTER WEICK concentra-se, particularmente, na proibição de *venire contra factum proprium*).

[26] Cf. PETER ERLINGHAGEN, *Haftungsfragen bei einer unterkapitalisierten GmbH*, in "GmbH--Rundschau", 1962, 169-176, pág. 176. Também na doutrina italiana se resolvem os casos de responsabilização do sócio pelas dívidas sociais com base no abuso do direito, mais precisamente, do abuso do direito dos sócios a invocarem a limitação da sua responsabilidade. Cf. FRANCESCO GALGANO, *Diritto Civile e Commerciale. Vol. III. L'Impresa e le Società. Tomo II. Le Società di Capitali e le Cooperative*, 4ª ed., Cedam, Padova, 2004, pág. 115 (deve ter-se presente que existe aqui uma identificação entre limitação da responsabilidade e personalidade jurídica, própria das doutrinas alemã e italiana, e que resulta do critério através do qual, nestas ordens jurídicas, se atribui a personalidade jurídica às sociedades).

[27] Cf. MARIA DE FÁTIMA RIBEIRO, *A Tutela dos Credores da Sociedade por Quotas e a "Desconsideração da Personalidade Jurídica"*, cit., pp. 162 ss., nota 147.

[28] Cf. MANUEL ANTÓNIO CARNEIRO DA FRADA, *Teoria da Confiança e Responsabilidade Civil*, Almedina, Coimbra, 2004, pp. 165 ss., nota 121; RICARDO ALBERTO SANTOS COSTA, *A Sociedade por Quotas Unipessoal no Direito Português. Contributo para o Estudo do seu Regime Jurídico*, Almedina, Coimbra, 2002, pp. 723 ss., nota 951.

[29] JORGE FERREIRA SINDE MONTEIRO, *Responsabilidade por Conselhos, Recomendações ou informações*, Almedina, Coimbra, 1989, pp. 545 ss..

QUESTÕES DE DIREITO SOCIETÁRIO EM PORTUGAL E NO BRASIL

artigo 334º do Código Civil também revelaria o carácter ilegítimo do comportamento em causa, pelo que a norma poderá ter um conteúdo delitual, a "desentranhar" pela doutrina e pela jurisprudência. Em consequência, a violação do disposto no artigo 334º do Código Civil constituirá ilícito[30] que autoriza o recurso às regras sobre responsabilidade civil[31]. De resto, cumpre referir que já existe entre nós tradição doutrinal na defesa da responsabilização civil daquele que actua abusivamente no exercício de direitos, em violação do disposto no artigo 334º do Código Civil[32]/[33].

---

[30] Por a norma constituir *"cláusula residual* de ilicitude". Cf. RICARDO ALBERTO SANTOS COSTA, *A Sociedade por Quotas Unipessoal ...*, cit., pág. 723, nota 951.

[31] Neste sentido, cf. também PEDRO PAIS DE VASCONCELOS, *Teoria Geral do Direito Civil*, 4ª ed., Almedina, Coimbra, 2007, pp. 668 ss.. Assim, nas palavras de CARNEIRO DA FRADA, ultrapassa-se a "eficácia meramente *preclusiva* da conduta inadmissível", fundamentando-se a responsabilidade própria dos sócios perante os credores sociais (MANUEL ANTÓNIO CARNEIRO DA FRADA, *Teoria da Confiança e Responsabilidade Civil*, cit., pág. 170, nota 121). Também COUTINHO DE ABREU chega ao mesmo resultado, mas adicionando o abuso do direito aos casos constantes na previsão do artigo 483º do Código Civil, "como forma de antijurídico" (JORGE MANUEL COUTINHO DE ABREU, *Do Abuso de Direito. Ensaio de um Critério em Direito Civil e nas Deliberações Sociais Abusivas*, reimpressão da edição de 1983, Almedina, Coimbra, 1999, pp. 76 ss.).

[32] Nesta linha, cf. ADRIANO PAES DA SILVA VAZ SERRA, *Abuso do direito (em matéria de responsabilidade civil)*, in "Boletim do Ministério da Justiça", nº 85, Abril – 1958, 243-360, pp. 253 e 327; FERNANDO DE SANDY LOPES PESSOA JORGE, *Ensaio sobre os pressupostos da responsabilidade civil*, Lisboa, 1968, pág. 201; FERNANDO AUGUSTO CUNHA DE SÁ, *Abuso do Direito*, Almedina, Coimbra, 1997 (reimpressão da edição de 1973), pp. 638 ss.; RUI DE ALARCÃO, *Direito das Obrigações. Texto elaborado pelos Drs. J. Sousa Ribeiro, J. Sinde Monteiro, Almeno de Sá e J. C. Proença, com base nas Lições do Prof. Doutor Rui de Alarcão ao 3º Ano Jurídico*, Coimbra, 1983, pág. 224; PIRES DE LIMA/ANTUNES VARELA, *Código Civil Anotado. Volume I*, 4ª ed. (com a colaboração de HENRIQUE MESQUITA), Coimbra Editora, Coimbra, 1987, pág. 299; MÁRIO JÚLIO DE ALMEIDA COSTA, *Direito das Obrigações*, 10ª edição, Almedina, Coimbra, 2006, pág.; MANUEL ANTÓNIO CARNEIRO DA FRADA, *Uma "Terceira Via" no Direito da Responsabilidade Civil?*, Almedina, Coimbra, 1997, pp. 55 ss.; LUÍS MANUEL TELES DE MENEZES LEITÃO, *Direito das Obrigações. Vol. I. Introdução. Da Constituição das Obrigações*, 6ª ed., Almedina, Coimbra, 2007, pág. 297; MARIA JOÃO SARMENTO PESTANA DE VASCONCELOS, *Algumas questões sobre a ressarcibilidade delitual de danos patrimoniais puros no ordenamento jurídico português*, in VVAA, "Novas Tendências da Responsabilidade Civil", Almedina, Coimbra, 2007, 147-206, pp. 191 ss., especialmente pág. 199.

[33] De resto, tal construção encontrava consagração expressa no Anteprojecto do Código Civil da autoria de VAZ SERRA – cf. ADRIANO PAES DA SILVA VAZ SERRA, *Direito das obrigações (parte resumida) – continuação*, in "Boletim do Ministério da Justiça", nº 101, Dezembro – 1960,

DESCONSIDERAÇÃO DA PERSONALIDADE JURÍDICA E TUTELA DE CREDORES

Simplesmente, cabe aqui, em nosso entender, um reparo: sempre que esteja em causa a responsabilização do sócio perante os credores sociais no âmbito da alegada "desconsideração da personalidade jurídica", o recurso à proibição do abuso do direito, ainda que apenas no âmbito da sua eficácia meramente preclusiva ou impeditiva, terá automaticamente efeitos responsabilizadores. Se o sócio deixar de poder invocar, perante os credores sociais, a existência da sociedade de responsabilidade limitada, ou mesmo só os preceitos que lhe atribuem o "benefício da responsabilidade limitada", ele responderá, necessariamente, perante esses credores, por ser essa a consequência do facto de já não "existir", em concreto, a personalidade jurídica da sociedade em causa, ou do facto de ele já não ser, em concreto, "sócio de responsabilidade limitada". Este esclarecimento releva no âmbito da qualificação da responsabilidade do sócio – que, neste último caso, será uma responsabilidade patrimonial, enquanto à luz das teses descritas terá o carácter de responsabilidade aquiliana. Ora, sempre que se defenda a responsabilização do sócio através do recurso ao instituto da responsabilidade civil, não se justifica o apelo à chamada "desconsideração da personalidade jurídica".

De todo o modo, como se expõe, o recurso à "desconsideração da personalidade jurídica" não é, em geral, necessário nem adequado para os grupos de casos enumerados.

**4. A análise dos grupos de casos em que se defende a "desconsideração da personalidade jurídica" à luz do ordenamento jurídico português**
Tradicionalmente, defende-se o recurso à "desconsideração da personalidade jurídica" de sociedade comercial nos casos de controlo da sociedade por um sócio, subcapitalização material e "mistura de patrimónios"; recentemente, defende-se a mesma solução para os casos da chamada "descapitalização" da sociedade (ou atentado à sua existência).

---

13-161 –, onde a matéria aparecia tratada na parte consagrada ao Direito das Obrigações, precisamente como fonte das obrigações: no capítulo dedicado à responsabilidade civil, previa--se nos artigos 735º e 736º, a pp. 116 ss., que os actos praticados em abuso do direito, quando causadores de danos e enquanto "antijurídicos", gerariam obrigação de indemnizar.

QUESTÕES DE DIREITO SOCIETÁRIO EM PORTUGAL E NO BRASIL

## a) O controlo da sociedade por um sócio

O controlo da sociedade por um sócio não pode (ou já não pode), como facilmente se percebe, constituir só por si fundamento para a responsabilização ilimitada desse sócio pelas dívidas da sociedade – não é o facto de um sócio controlar a sociedade que ameaça a tutela dos seus credores e que, portanto, reclama uma reacção jurídica, mas antes (e apenas) o facto de um sócio, por controlar a sociedade, adoptar comportamentos que possam pôr em causa a satisfação dos credores sociais; então, essa reacção deve dirigir-se aos comportamentos do sócio pelos quais este causa o referido dano e não à situação de facto que lhes subjaz. De resto, com a consagração legal da possibilidade de constituição de sociedades unipessoais, deixou de fazer sentido a inclusão desta situação no grupo de casos que reclamam a "desconsideração da personalidade jurídica" (apesar de subsistirem, no ordenamento jurídico português, normas que discriminam negativamente a sociedade unipessoal e o seu sócio único; é, nomeadamente, o caso do artigo 270º-F, n.º 4, do CSC[34]).

Todavia, ainda se defende a "desconsideração da personalidade jurídica", para estes casos, no âmbito das relações de domínio, ou seja, quando uma sociedade pode exercer sobre outra uma influência dominante. Em nosso entender, nessas situações, a tutela dos credores da sociedade dominada estará assegurada pelo recurso às regras que consagram a responsabilidade dos membros do órgão de administração (artigos 72º e ss. do CSC) e daquelas que estabelecem a possível responsabilidade solidária do sócio controlador (artigo 83º do CSC)[35].

---

[34] Cf. MARIA DE FÁTIMA RIBEIRO, *O âmbito de aplicação do artigo 270º-F, nº 4, do CSC e a responsabilidade "ilimitada" do sócio único*, in "Direito das Sociedades em Revista", ano 1, volume 2, 2009, 201-235, *passim*.

[35] Cf. MARIA DE FÁTIMA RIBEIRO, *A Tutela dos Credores da Sociedade por Quotas e a "Desconsideração da Personalidade Jurídica"*, cit., pp. 255 ss.. Subsistirá apenas a questão de saber como tutelar os interesses dos credores sociais quando a responsabilidade dos membros do órgão de administração e, consequentemente, do sócio controlador, fique afastada com fundamento no facto de o acto danoso ter assentado em deliberação social (o que excluirá a responsabilidade que resulta dos artigos 72º e seguintes do CSC e a responsabilidade solidária que resultaria do artigo 83º do mesmo diploma). Aí, propomos o recurso ao regime da invalidade das deliberações abusivas, nomeadamente, para a responsabilização daquele sócio que tenha, com o seu voto abusivo, formado a maioria necessária para a aprovação da deliberação em causa, em termos que desenvolvemos na últ. ob. cit., pp. 557 ss..

526

## DESCONSIDERAÇÃO DA PERSONALIDADE JURÍDICA E TUTELA DE CREDORES

### b) A subcapitalização material da sociedade

Também a subcapitalização material não pode, em nosso entender, constituir fundamento para a aplicação deste mecanismo[36] – sobretudo tendo em conta as mais recentes alterações legislativas em matéria de capital social mínimo necessário para a constituição de sociedades por quotas. Por subcapitalização material originária deve entender-se a situação em que os sócios colocam ao dispor da sociedade, que constituem, meios de financiamento manifestamente insuficientes para a prossecução da actividade económica que constitui o seu objecto social, sem que essa insufi-

---

[36] Distinta da subcapitalização material é a subcapitalização formal ou nominal, que existe quando o financiamento de que a sociedade necessita é concedido, directa ou indirectamente, pelos sócios, não a título de entrada, mas através de empréstimos ou outros actos de natureza equivalente do ponto de vista financeiro; em consequência, o valor desse financiamento não ingressa no capital social da sociedade em causa (não constitui "capital próprio"), sendo que o objectivo dos sócios é precisamente o de não sujeitar a quantia que lhe corresponde às regras que tutelam a conservação do capital social e ao consequente risco. Só pode falar-se, porém, de subcapitalização quando exista desproporção manifesta entre este tipo de financiamento dos sócios e o valor do capital social. Para a distinção entre subcapitalização formal ou nominal e subcapitalização material, cf. HERBERT WIEDEMANN, *Gesellschaftsrecht. Ein Lehrbuch des Unternehmens- und Verbandsrechts. Tomo I. Grundlagen*, C.H. Beck'sche, München, 1980, pp. 568 ss.; PETER ULMER, *Anh. § 30. Gesellschafterhaftung bei Unterkapitalisierung*, in "GmbHG HACHENBURG Großkommentar. Tomo I. Allgemeine Einleitung; §§ 1-34", 8ª ed., Walter de Gruyter, Berlin/New York, 1992, pp. 1068 e 1073; RAÚL VENTURA, *Sociedades por Quotas. Vol. II. Comentário ao Código das Sociedades Comerciais* (reimpressão), Almedina, Coimbra, 1996, cit., pág. 78; VOLKER EMMERICH, *§ 13, Juristische Person; Handelsgesellschaft*, in "SCHOLZ Kommentar zum GmbH-Gesetz. Tomo I. §§ 1-44. Anhang Konzernrecht", 9ª ed., Otto Schmidt, Köln, 2000, pág. 677; DIETER REUTER, *Vor § 21*, in "Münchener Kommentar zum Bürgerliches Gesetzbuch. Tomo I. Allgemeiner Teil. §§ 1-240", 4ª ed., C.H. Beck, München, 2001, pp. 425 ss.; KARSTEN SCHMIDT, *Gesellschaftsrecht*, 4ª ed., Carl Heymanns, Köln/Berlin//Bonn/München, 2002, pp. 248 ss.; ALEXANDRE MOTA PINTO, *Do Contrato de Suprimento. O Financiamento da Sociedade entre Capital Próprio e Capital Alheio*, Almedina, Coimbra, 2002, cit., pp. 107 ss.; GÜNTER H. ROTH, *§ 5. Stammkapital; Stammeinlage*, in "ROTH/ALTMEPPEN GmbHG. Gesetz betreffend die Gesellschaften mit beschränkter Haftung. Kommentar", 5ª ed., C. H. Beck, Munique, 2005, pp. 102 ss.; JUAN J. MÉNDEZ, *Responsabilidades emergentes de la infracapitalización societaria*, in "Derecho Comercial y de las Obligaciones", 2005-A, ano 38, nº 212, 651-700, pp. 680 ss.; GÖTZ HUECK/LORENZ FASTRICH, *§ 13. Rechtsnatur der GmbH*, in "BAUMBACH/HUECK GmbH-Gesetz", 18ª ed., C.H.Beck, München, 2006, pág. 237; CARMEN BOLDÓ RODA, *Levantamiento del Velo y Persona Jurídica en el Derecho Privado Español*, 4ª ed., Aranzadi, Navarra, 2006, pp 361 ss.; FRANCISCO VICENT CHULIÁ, *Introducción al Derecho Mercantil*, 19ª ed., Tirant lo Blanch, Valencia, 2006, pp. 485 ss..

QUESTÕES DE DIREITO SOCIETÁRIO EM PORTUGAL E NO BRASIL

ciência seja compensada por empréstimos (ou outros meios de natureza financeira equivalente) por parte dos sócios[37]. A subcapitalização material será superveniente se esta insuficiência vier a verificar-se já depois de constituída a sociedade, ou seja, se os meios colocados ao dispor da sociedade deixam de ser suficientes em virtude, nomeadamente, de uma alteração do respectivo objecto social[38]/[39].

Actualmente, o legislador português parece ter prescindido de atribuir ao capital social qualquer papel no âmbito da garantia dos credores na sociedade por quotas, autorizando a externalização total do risco de exploração da empresa societária: com as alterações introduzidas pelo Decreto-Lei nº 33/2011, de 7 de Março, "[o] montante do capital social é livremente fixado no contrato de sociedade, correspondendo

---

[37] Cf. CÁNDIDO PAZ-ARES, *Sobre la infracapitalización de las sociedades*, in "Anuario de Derecho Civil", 1983, 1587-1639, pág. 1594; HERBERT WIEDEMANN/KASPAR FREY, *Gesellschaftsrecht*, 6ª ed., C.H. Beck, München, 2002, pág. 273. Entre nós, cf. RUI PINTO DUARTE, *A subcapitalização das sociedades no Direito Comercial*, in "Fisco", 1996, 55-64, pp. 56 ss.; PAULO DE TARSO DOMINGUES, *Do Capital Social. Noção, Princípios e Funções*, 2ª ed., Coimbra Editora, Coimbra, 2004, pp. 223 e 229 ss.; PAULO OLAVO CUNHA, *Direito das Sociedades Comerciais*, 4ª ed., Almedina, Coimbra, pp. 468 ss.; ALEXANDRE MOTA PINTO, *Capital social e tutela dos credores. Para acabar de vez com o capital social mínimo nas sociedades por quotas*, in "Nos 20 Anos do Código das Sociedades Comerciais. Homenagem aos Profs. Doutores A. Ferrer Correia, Orlando de Carvalho e Vasco Lobo Xavier. Volume I. Congresso Empresas e Sociedades", Coimbra Editora, Coimbra, 2007, 837-861, pp. 846 ss.; JORGE MANUEL COUTINHO DE ABREU, *Subcapitalização de sociedade e desconsideração da personalidade jurídica*, in "Capital Social Livre e Acções sem Valor Nominal" (coord. Maria Miguel Carvalho/Paulo de Tarso Domingues), Almedina, Coimbra, 2011, 37-41, pp. 38 ss.. Para uma análise dos elementos que compõem esta definição de subcapitalização material, cf. WOLFGANG VONNEMANN, *Haftung von GmbH-Gesellschaftern wegen materieller Unterkapitalisierung*, in "GmbH-Rundschau", 1992, 77-83, pp. 80 ss..

[38] Cf. CÁNDIDO PAZ-ARES, *Sobre la infracapitalización de las sociedades*, cit., pág. 1618, que admite que a subcapitalização superveniente possa conduzir apenas à responsabilização dos sócios controladores, ao invés do que defende para os casos de subcapitalização originária, que conduzirão à responsabilização de todos os sócios. No mesmo sentido, cf. JORGE MANUEL COUTINHO DE ABREU, *Curso de Direito Comercial. Vol. II. Das Sociedades*, 4ª ed., Almedina, Coimbra, 2011, pág. 185.

[39] Cf. CÁNDIDO PAZ-ARES, *Sobre la infracapitalización de las sociedades*, cit., pág. 1618, que admite que a subcapitalização superveniente possa conduzir apenas à responsabilização dos sócios controladores, ao invés do que defende para os casos de subcapitalização originária, que conduzirão à responsabilização de todos os sócios. No mesmo sentido, cf. JORGE MANUEL COUTINHO DE ABREU, *Curso de Direito Comercial. Vol. II. Das Sociedades*, 4ª ed., Almedina, Coimbra, 2011, pág. 185.

## DESCONSIDERAÇÃO DA PERSONALIDADE JURÍDICA E TUTELA DE CREDORES

à soma das quotas subscritas pelos sócios"; uma vez que o valor mínimo de cada quota não pode ser inferior a um euro, está o capital social mínimo indirectamente fixado em um euro para as sociedades unipessoais e em dois ou mais euros para as pluripessoais (correspondendo o número de euros ao número de sócios)[40]. Esta evolução terá resultado de uma conjugação de factores: a influência do exemplo norte-americano e de alguns países da Europa, bem como a tentativa de manutenção da competitividade do tipo societário sociedade por quotas no espaço europeu[41].

Como o legislador nunca impôs aos sócios a obrigação de dotarem a sociedade comercial de um capital social mínimo materialmente adequado a cada projecto empresarial específico[42], sempre foi, como é hoje, relativamente frequente o fenómeno da subcapitalização da sociedade de responsabilidade limitada, embora essa subcapitalização seja, essencialmente, "uma confissão de esperança de crédito"[43]: os sócios sabem que o capital social não é suficiente para o desenvolvimento da actividade económica correspondente ao objecto social, mas esperam obter o crédito necessário para suprir essa falha, ainda que, para o efeito, se vejam forçados a garantir pessoalmente tal crédito. Nos casos em que existe manifesta desproporção entre o capital social (e outros meios de financiamento provenientes dos sócios) e a actividade que a sociedade prossegue ou se propõe prosseguir,

---

[40] Além disso, estas entradas devem ser realizadas até ao momento da celebração do negócio jurídico pelo qual se constitui a sociedade; mas se se tratar de entradas em dinheiro podem ser entregues pelos sócios nos cofres da sociedade até ao final do primeiro exercício económico (sem prejuízo de estipulação contratual que preveja o seu diferimento).

[41] Sobre o tema, cf. MARIA DE FÁTIMA RIBEIRO, *A Tutela dos Credores da Sociedade por Quotas e a "Desconsideração da Personalidade Jurídica"*, cit., pp. 180 ss., nota 167; *idem, O capital social das sociedades por quotas e o problema da subcapitalização material*, in "Capital Social Livre e Acções sem Valor Nominal" (coord. Maria Miguel Carvalho/Paulo de Tarso Domingues), Almedina, Coimbra, 2011, 43-84, pp. 50 ss.; MARIA MIGUEL CARVALHO, *O novo regime jurídico do capital social das sociedades por quotas*, in "Capital Social Livre e Acções sem Valor Nominal" (coord. Maria Miguel Carvalho/Paulo de Tarso Domingues), Almedina, Coimbra, 2011, 9-35, pp. 18 ss..

[42] Cf. UWE BLAUROCK, *Mindestkapital und Haftung bei der GmbH*, in "Festschrift für Thomas Raiser zum 70. Geburtstag", De Gruyter Recht, Berlin, 2005, 3-22, pp. 7 ss..

[43] Cf. RAÚL VENTURA, *Sociedades por Quotas. Vol. II...*, cit., pág. 76.

QUESTÕES DE DIREITO SOCIETÁRIO EM PORTUGAL E NO BRASIL

o intérprete sente-se compelido a procurar uma reacção da ordem jurídica que tutele, concretamente, os interesses dos credores sociais[44].

Ora, a "desconsideração da personalidade jurídica" da sociedade subcapitalizada não se apresenta como a via adequada para a tutela dos seus credores, por duas ordens de razões. Desde logo, a ausência de imposição legal de dotação de um capital social mínimo adequado ao objecto da sociedade implica a inexistência de lacuna carecida de preenchimento ao nível da responsabilidade (nem sequer pode afirmar-se a existência de uma lacuna ao nível da exigência de um capital social mínimo necessário para a constituição de sociedade adequado ao objecto social, pois não pode reconhecer-se a existência de lacuna quando o legislador estatui expressamente em sentido contrário[45]: um euro é capital social manifestamente inadequado para a exploração de qualquer actividade). Depois, a falta de rigor dogmático, a insegurança e o casuísmo no recurso a este mecanismo são fragilidades que comprometem a eficiência de uma solução deste teor, nos termos já expostos *supra*.

Porém, as propostas de solução para o problema da subcapitalização material nem sempre conduzirão, em rigor, à "desconsideração da personlidade jurídica" da sociedade, pois os autores que defendem neste grupo de casos a responsabilização dos sócios não se satisfazem, em regra, com um desequilíbrio ou uma desproporção de carácter objectivo entre o capital social necessário e o capital social efectivo[46]: exigem, como pressuposto para o recurso à solução supostamente "desconsiderante", que o facto de o capital social ser insuficiente tenha sido claramente

---

[44] Cf. GIUSEPPE B. PORTALE, *Capitale sociale e società per azioni sottocapitalizzata*, in "Rivista delle Società", 1991, nº 1, 3-124, pp. 41 ss..

[45] Ou seja, não é possível identificar aqui uma "*incompletude* contrária ao plano do Direito vigente". Cf. JOÃO BAPTISTA MACHADO, *Introdução ao Direito e ao Discurso Legitimador*, cit., pp. 194 ss..

[46] Essa é a posição daquela doutrina (minoritária) que defende a responsabilidade ilimitada do sócio de responsabilidade limitada em todos os casos de subcapitalização simples (*einfachen Unterkapitalisierung*), ou seja, sempre que fosse possível verificar que os sócios não dotaram, em concreto, a sociedade de capital suficiente para a exploração do seu objecto negocial, independentemente do seu conhecimento do facto. É o caso de KARL WINKLER, *Die Haftung der Gesellschafter einer unterkapitalisierten GmbH*, in "Der Betriebs-Berater", 1969, 1202-1207, pág. 1202; ULRICH IMMENGA, *Die personalistische Kapitalgesellschaft*, cit., pp. 402 ss.; HERBERT WIEDEMANN, *Gesellschaftsrecht. Ein Lehrbuch des Unternehmens- und Verbandsrechts. Tomo I ...*, cit., pp. 565 ss. (sobretudo, pág. 572).

530

## DESCONSIDERAÇÃO DA PERSONALIDADE JURÍDICA E TUTELA DE CREDORES

conhecido dos sócios; e que estes estivessem conscientes da existência de uma grande – muito superior ao habitual – probabilidade de insucesso comercial à custa dos credores (ou seja, que se trate de uma *qualifizierte Unterkapitalisierung*)[47]. Logo, sujeita-se a possibilidade de recurso à "desconsideração da personalidade jurídica" à verificação do requisito da culpa dos sócios a responsabilizar[48]. Nesta perspectiva, já não

---

[47] Esta posição predominava entre a doutrina alemã que considerava a subcapitalização um dos grupos de casos de responsabilidade *Durchgriff*. Cf. PETER ULMER, *Gesellschafterdarlehen und Unterkapitalisierung bei GmbH und GmbH & Co. KG – Zehn Thesen*, in *Festschrift für Konrad Duden zum 70. Geburtstag*, C. H. Beck'she, München, 1977, 661-683,pág. 679; *idem*, *Die GmbH und der Gläubigerschutz*, in GmbHR, 1984, 256-264, pp. 261 ss.; *idem*, *Anh. § 30. Gesellschafterhaftung bei Unterkapitalisierung*, cit., pág. 1090; ECKARD REHBINDER, *Zehn Jahre Rechtsprechung zum Durchgriff im Gesellschaftsrecht*, in "Festschrift für Robert Fischer", de Gruyter, Berlin/New York, 1979, 579-603, pp. 584 ss.; MARCUS LUTTER, *Die zivilrechtliche Haftung in der Unternehmensgruppe*, cit., pp. 247 ss.; WALTER STIMPEL, *Durchgriffshaftung bei der GmbH: Tatbestände, Verlustausgleich, Ausfallhaftung*, in "Bilanz- und Konzernrecht. Festschrift für Reinhard Goerdeler", IDW, Düsseldorf, 1987, 601-621, pág. 608; HANS-JOACHIM PRIESTER, *Die eigene GmbH als fremder Dritter – Eigensphäre der Gesellschaft und Verhaltenspflichten ihrer Gesellschafter*, in "Zeitschrift für Unternehmens- und Gesellschaftsrecht", 1993, 512-533., pág. 526; THOMAS RAISER, *Die Haftungsbeschränkung ist keine Wesensmerkmal der juristischen Person*, in "Festschrift für Marcus Lutter zum 70. Geburtstag. Deutsches und europäisches Gesellschafts-, Konzern- und Kapitalmarktrecht", Otto Schmidt, Köln, 2000, 637-650, pág. 650; BARBARA GRUNEWALD, *Gesellschaftsrecht*, 6ª ed., Mohr Siebeck, Tübingen, 2005, pp. 206 ss.; CHRISTOPH PHILIPP/THOMAS WEBER, *Materielle Unterkapitalisierung als Durchgriffshaftung im Lichte der jüngeren BGH-Rechtsprechung zur Existenzvernichtung*, in "Der Betrieb", 2006, 142-145, cit., pág. 144. Entre nós, acolhe solução semelhante ALEXANDRE MOTA PINTO, *Do Contrato de Suprimento ...*, cit., pp. 124 ss.; *idem*, *Capital social e tutela dos credores ...*, cit., pág. 25.

[48] Mais precisamente, do dolo eventual. Cf. WERNER FLUME, *Allgemeiner Teil des bürgerlichen Rechts. Tomo I. Parte 2. Die juristische Person*, Springer Verlag, Berlin/Heidelberg/New York//Tokyo, 1983, pp. 82 ss.; HANS CHRISTOPH GRIGOLEIT, *Gesellschafterhaftung für interne Einflussnahme im Recht der GmbH*, C. H. Beck, München, 2006, pág. 243. Então, na ordem jurídica alemã, estará em causa a aplicação, a estes casos de "subcapitalização qualificada", do § 826 BGB, que prevê a responsabilidade pelos danos causados dolosamente através de comportamentos ofensivos dos bons costumes. Cf. GÖTZ HUECK/LORENZ FASTRICH, § 13. Rechtsnatur der GmbH, cit., pp. 237 ss.. Também a doutrina e a jurisprudência espanholas parecem convergir neste ponto, concluindo que, então, apenas poderá estar em causa nos casos de subcapitalização material a responsabilidade daqueles sócios que possam exercer uma influência dominante na sociedade em apreço, e nunca a dos meros "sócios investidores". Cf. FRANCISCO VICENT CHULIÁ, *Introducción al Derecho Mercantil*, cit., pp. 486 ss.. Recorde-se, contudo, que CÁNDIDO PAZ-ARES, *Sobre la infracapitalización de las sociedades*, cit.,

QUESTÕES DE DIREITO SOCIETÁRIO EM PORTUGAL E NO BRASIL

estará em causa o recurso a uma verdadeira solução "desconsiderante", mas apenas à aplicação directa do instituto da responsabilidade civil por factos ilícitos[49]/[50].

Em qualquer caso, uma responsabilização directa dos sócios perante os credores sociais – apesar de não pôr necessariamente em causa, como se expõe, a personalidade jurídica da sociedade, nem tampouco a sua autonomia patrimonial – não se apresenta como adequada, por ser

pág. 1618, se afasta desta orientação, defendendo a responsabilidade de todos os sócios nos casos de subcapitalização material originária.

[49] Cf. ULRICH KAHLER, *Die Haftung des Gesellschafters im Falle der Unterkapitalisierung einer GmbH*, in "Der Betriebs-Berater", 1985, 1429-1434, pp. 1431 ss.; JOSÉ MASSAGUER, *El capital nominal. Un estudio del capital de la sociedad anónima como mención estatutaria*, in "Revista General de Derecho", 1990, 5547-5604, pp. 5573 e 5574; GIUSEPPE PORTALE, *Capitale sociale e società per azioni sottocapitalizzata*, cit., pp. 87 ss.; GÜNTER H. ROTH, *Unterkapitalisierung und persönliche Haftung*, in "Zeitschrift für Unternehmens- und Gesellschaftsrecht", 1993, 170-209, pp. 204 ss.; PAUL HOFFMANN, *Zum "Durchgriffs"-Problem bei der unterkapitalisierten GmbH*, in "Neue Juristische Wochenschrift", 1966, 1941-1946, pág. 1946; ALEXANDRE MOTA PINTO, *Do Contrato de Suprimento ...*, cit., pp. 127 ss.; HERBERT WIEDEMANN/KASPAR FREY, *Gesellschaftsrecht*, cit., pág. 274; CHRISTOPH PHILIPP/THOMAS WEBER, *Materielle Unterkapitalisierung als Durchgriffshaftung ...*, cit., pp. 144 ss.. A verdade é que a actuação da jurisprudência dos diversos países europeus tem sido bastante prudente (e, mesmo, cada vez mais prudente) no que respeita à possibilidade de solucionar o problema através do recurso a uma solução *Durchgriff*. Cf. a análise exaustiva, até 1973, de GEORG WINTER, *Die Haftung der Gesellschafter im Konkurs der unterkapitalisierten GmbH*, Athenäum, Frankfurt, 1973, pp. 64 ss..

[50] De resto, entre nós, COUTINHO DE ABREU exclui aqui a responsabilidade dos sócios (responsabilidade supostamente decorrente da "desconsideração da personalidade jurídica" da sociedade) perante aqueles credores "fortes" (de entre os voluntários ou contratuais) que "conheciam a situação de subcapitalização e /ou assumiram, com escopo especulativo, os riscos (quando podiam não contratar ou exigir garantias de um ou mais sócios)", por aplicação do disposto no artigo 570º do Código Civil (culpa do lesado) – do que se infere que, para o Autor, a responsabilidade dos sócios nestes casos em que defende a "desconsideração" da personalidade jurídica é, afinal, responsabilidade civil. Cf. JORGE MANUEL COUTINHO DE ABREU, *Subcapitalização de sociedade e desconsideração da personalidade jurídica*, cit., pág. 40. Também TARSO DOMINGUES funda a responsabilidade que decorre da "desconsideração" da personalidade jurídica da sociedade no instituto da responsabilidade aquiliana (em consequência do abuso do direito do sócio ou dos sócios em causa) – afirma o Autor que esta é "a melhor solução que pode fundar a aplicação do *Durchgriff*" –, sem questionar, sob prisma algum, a permanência da personalidade jurídica da sociedade em causa. Cf. PAULO DE TARSO DOMINGUES, *Artigo 201º. Capital social livre*, in AAVV, "Código das Sociedades Comerciais em Comentário" (coord. de J. M. Coutinho de Abreu), vol III (arts. 175º a 245º), Almedina, Coimbra, 2011, pp. 217 ss..

## DESCONSIDERAÇÃO DA PERSONALIDADE JURÍDICA E TUTELA DE CREDORES

juridicamente infundada e excessiva[51], pelo que tende a ser abandonada[52]/[53]. De facto, e como já se assinalou em sede própria, a subcapita-

---

[51] Cf. MARKUS GEIBLER, *Zukunft, Stillstand oder Geltungsverlust für die Durchgriffshaftung im Recht der GmbH?*, in "GmbH-Rundschau", 1993, 71-79, pp. 77 ss.; MATTEO TONELLO, *La dottrina del piercing the veil nell'american corporate law*, in "Contratto e Impresa", 1998, 165-255, pp. 195 ss.; CARMEN BOLDÓ RODA, *La dottrina del* levantamiento del velo *della personalità giuridica nel diritto privato spagnolo*, in "Contratto e Impresa", 1998, 256-313, pág. 293; ULRICH EHRICKE, *Zur Begründbarkeit der Durchgriffshaftung in der GmbH, insbesondere aus methodischer Sicht*, in "Archiv für die Civilistische Praxis", 1999, 257-304, pp. 275 ss.; TIM DRYGALA, *Stammkapital heute – Zum veränderten Verständnis vom System des festen Kapitals und seinen Konsequenzen*, in "Zeitschrift für das gesamte Handelsrecht und Wirtschaftsrecht", 2006, 587-637, pp. 633 ss.; WOLFGAGNG VONNEMANN, *Haftung von GmbH-Gesellschaftern wegen materieller Unterkapitalisierung*, cit., pp. 77 ss.; JAN WILHELM, *Rechtsform und Haftung bei der juristischen Person*, Carl Heymanns, Köln/Berlin/Bonn/München, 1981, pp. 308 ss.; WERNER FLUME, *Allgemeiner Teil des bürgerlichen Rechts. Tomo I. Parte 2 ...*, cit., pp. 79 ss.; STEFANO LOMBARDO/ NILS WUNDERLICH, Über den ökonomischen Sinn und Unsinn eines Haftungsdurchgriffs im Recht der *Kapitalgesellschaften*, in "German Working Papers in Law and Economics" (www. bepress.com/gwp), Paper 29, 2004, 1-39, pp. 24 ss..

[52] Em sentido contrário, defendendo que a desconsideração da personalidade jurídica "permite ocorrer a anomalias de comportamento desta natureza", cf. JOSÉ DE OLIVEIRA ASCENSÃO, *Direito Comercial. Vol. IV ...*, cit., pp. 78 ss.. Ainda na doutrina pátria, defende o recurso à responsabilização (subsidiária) ilimitada dos sócios perante os credores sociais nos casos de subcapitalização material qualificada MANUEL COUTINHO DE ABREU, *Curso de Direito Comercial. Vol. II ...*, cit., pág. 185; e, em termos próximos, ALEXANDRE MOTA PINTO, *Do Contrato de Suprimento ...*, cit., pp. 124 ss.; *idem, Capital social e tutela dos credores ...*, cit., pág. 861. Já DIOGO PEREIRA DUARTE, *Aspectos do Levantamento da Personalidade Colectiva nas Sociedades em Relação de Domínio ...*, cit., pp. 311 ss., apenas admite o levantamento da personalidade da sociedade nos casos de subcapitalização manifesta, perante credores involuntários, mas sem fazer depender o recurso a essa técnica da má fé ou dolo dos sócios (o que, para o Autor, corresponderia à adesão a uma concepção subjectivista do abuso do direito, figura a que DIOGO PEREIRA DUARTE recorre para fundamentar dogmaticamente o levantamento da personalidade colectiva). Também ANTÓNIO MENEZES CORDEIRO, *Tratado de Direito Civil Português. I. Parte Geral. Tomo III. Pessoas*, 2ª ed., Almedina, Coimbra, 2007, pág. 687, considera que "ainda há margem" para considerar a subcapitalização material um "tipo de casos próprios do levantamento", por poder essa solução "auxiliar no apuramento do escopo das normas em presença", nomeadamente ao "apontar a função do capital social como regra de tutela dos credores"; PAULO DE TARSO DOMINGUES, *Artigo 201º. Capital social livre*, in AAVV, "Código das Sociedades Comerciais em Comentário" (coord. de J. M. Coutinho de Abreu), vol III (arts. 175º a 245º), Almedina, Coimbra, 2011, pp. 213 ss..

[53] Esta tendência é confirmada pela análise da jurisprudência mais recente do *Bundesgerichtshof*, nomeadamente no seu acórdão *Gamma*, de 28 de Abril de 2008, onde foi expressamente rejei-

QUESTÕES DE DIREITO SOCIETÁRIO EM PORTUGAL E NO BRASIL

lização é um fenómeno até certo ponto assumido e tolerado pelo legislador, sobretudo no âmbito do modelo da sociedade por quotas[54]. Um mecanismo que permitisse aos tribunais responsabilizar directamente os sócios sempre que, em concreto, considerassem uma determinada sociedade subcapitalizada poderia transformar-se num entorse ao princípio da responsabilidade limitada dos sócios em determinados tipos societários, relativamente aos quais o legislador pretendeu, precisamente, favorecer a realização de projectos empresariais arriscados[55].

Acresce ao exposto que, uma vez que resulta do regime legal de determinados tipos societários que o legislador autoriza a transferência de parte significativa dos riscos da actividade empresarial para os credores da sociedade, não pode ser inequivocamente afirmada a existência de uma obrigação legal de capitalização adequada, o que põe em causa a possibilidade de responsabilização dos sócios pela subcapitalização da sociedade[56].

---

tada a possibilidade de os sócios de uma sociedade subcapitalizada serem responsabilizados através do recurso à *Haftungsdurchgriff*, por inexistência de lacuna que o justificasse. Contudo, o tribunal deixou expressamente em aberto a possibilidade de aplicação do § 826 BGB, desde que verificados os respectivos pressupostos (note-se que se trata, aqui, de uma responsabilidade interna, dos sócios perante a sociedade). Cf. a análise de HOLGER ALTMEPPEN, *Zur vorsätzlichen Gläubigerschädigung, Existenzvernichtung und materiellen Unterkapitalisierung in der GmbH. Zugleich Besprechung BGH v. 28.4.2008 – II ZR 264/06, ZIP 2008, 1232 "Gamma"*, in "Zeitschrift für Wirtschaftsrecht", 2008, 1201-1207, pp. 1201 ss.; HANS CHRISTOPH GRIGOLEIT/MARKUS S. RIEDER, *GmbH-Recht nach dem MoMig*, C.H.Beck, München, 2009, pág. 34.

[54] Pode afirmar-se que o legislador permite a limitação da responsabilidade dos sócios da sociedade por quotas na exploração da empresa e que esse é, até, um fenómeno "economicamente desejável", ainda quando seja transferida para os credores uma parte significativa dos riscos dessa exploração, enquanto aos sócios cabe a totalidade dos proveitos. Cf. JOCHEN VETTER, *Grundlinien der GmbH-Gesellschafterhaftung*, in "Zeitschrift für Unternehmens- und Gesellschaftsrecht", 2005, 788-831, pág. 789.

[55] Cf. CARMEN BOLDÓ RODA, *La dottrina del* levantamiento del velo *della personalità giuridica nel diritto privato spagnolo*, cit., pág. 293.

[56] Entre nós, cf. RAÚL VENTURA, *Sociedades por Quotas. Vol. II ...*, cit., pp. 80 ss.; ALEXANDRE MOTA PINTO, *Do Contrato de Suprimento ...*, cit., pág. 128. No mesmo sentido, à luz da ordem jurídica italiana, cf. GIUSEPPE RAGUSA MAGGIORE, *Trattato delle Società. II. Le Società di Capitali. La Società per Azioni. Formazione della Società per Azioni. Nuovo Diritto Societario*, Cedam, Padova, 2003, pág. 201. Na ordem jurídica alemã, cf., nomeadamente, HERBERT WIEDEMANN, *Gesellschaftsrecht. Ein Lehrbuch des Unternehmens- und Verbandsrecht. Tomo I ...*, cit., pp. 570 ss.; JAN WILHELM, *Rechtsform und Haftung bei der juristischen Person*, cit., pp. 308 ss.; WERNER FLUME, *Allgemeiner Teil des bürgerlichen Rechts. Tomo I. Parte 2 ...*, cit., pp. 79 ss.; WOLFGANG

DESCONSIDERAÇÃO DA PERSONALIDADE JURÍDICA E TUTELA DE CREDORES

Cabe neste contexto, ainda, considerar a evolução legislativa recente relativa ao papel dos sócios no nível de capitalização da sociedade comercial. É sintomática, a este propósito, a alteração mais recente do artigo 35º do CSC, ou seja, do regime vigente no nosso ordenamento jurídico para as "perdas graves", a que o legislador se refere como "perda de metade do capital", que é a situação em que o património líquido da sociedade desce significativamente abaixo do valor do capital social, por razões que não dependem da vontade dos sócios[57]. Do texto do artigo 35º do CSC resulta agora que a situação de "perdas graves" impõe aos membros do órgão de

VONNEMANN, *Haftung von GmbH-Gesellschaftern wegen materieller Unterkapitalisierung*, cit., pp. 78 ss.; GEOR BITTER, *Der Anfang vom Ende des "qualifiziert faktischen GmbH-Konzerns". Ansätze einer allgemeinen Missbrauchshaftung in der Rechtsprechung des BGH*, in "Wertpapier Mitteilungen: Zeitschrift für Wirtschafts- und Bankrecht", 2001, 2133-2141, pág. 2134; DIETER REUTER, *Vor § 21*, cit., pág. 426; KARL LARENZ/MANFRED WOLF, *Allgemeiner Teil des Bürgerlichen Rechts*, 9ª ed., C.H.Beck, München, 2004, pág. 152; JOCHEN VETTER, *Grundlinien der GmbH-Gesellschafterhaftung*, cit., pp. 815 ss. (a pág. 819, o Autor qualifica a própria questão da subcapitalização material como "anacrónica", perante as recentes evoluções no que respeita à chamada *1-Euro-GmbH*); FRIEDRICH KÜBLER/HEINZ-DIETER ASSMANN, *Gesellschaftsrecht. Die privatrechtlichen Ordnungsstrukturen und Regelungsprobleme von Verbänden und Unternehmen*, 6ª ed., C.F.Müller, Heidelberg, 2006, pág. 296.

[57] Na "descapitalização", foram colocados ao dispor da sociedade meios suficientes para o exercício da actividade que constitui o objecto social, mas, por razões de mercado e em virtude do funcionamento da empresa, o valor do património da sociedade desceu perigosamente abaixo do nível desses meios considerados suficientes. No fundo, a diferença reside no carácter dos factos que deram origem à falta de adequação dos meios necessários à exploração da empresa: se os sócios tomam decisões que podem determinar a necessidade de mais meios, como a alteração do objecto, fala-se de subcapitalização superveniente; se os sócios dotaram a sociedade de meios suficientes, mas a sociedade veio a perdê-los, fala-se de descapitalização. No primeiro caso, assiste-se a uma transferência voluntária, operada pelos sócios, do risco da exploração empresarial para terceiros. No segundo caso, a situação vai naturalmente ser prejudicial para os credores sociais, mas não é conscientemente causada pelos sócios, que vêem também os seus interesses ameaçados. Não cabe aqui a situação em que existem condutas da sociedade que provocam uma diminuição real do património social com a intenção de prejudicar os credores da sociedade (o que acontece se a sociedade destruir, danificar, inutilizar ou fizer desaparecer parte do seu património) e que acabam por ter como consequência a insolvência da mesma. Neste caso, está preenchido o tipo legal de crime de insolvência dolosa, punível nos termos do artigo 227º do Código Penal (punição que se estende ao gerente de facto). Cf. PEDRO CAEIRO, *Anotação ao artigo 227º (Insolvência dolosa)*, in "Comentário Conimbricense do Código Penal. Parte Especial. Tomo II. Artigos 202º a 307º", dirigido por JORGE DE FIGUEIREDO DIAS, Coimbra Editora, Coimbra, 1999, 407-433, pp. 412 ss..

QUESTÕES DE DIREITO SOCIETÁRIO EM PORTUGAL E NO BRASIL

administração o dever de convocarem ou mandarem convocar uma assembleia geral de sócios[58], para que estes deliberem sobre medidas de nivelamento entre capital social e "capital próprio da sociedade" (património social). No entanto, a manutenção da situação de desconformidade entre estes dois valores já não é fundamento de dissolução da sociedade, por sentença proferida a requerimento de algum interessado ou automática; pelo que essa situação pode manter-se, se tal corresponder à vontade dos sócios expressa em assembleia geral, por tempo indeterminado[59]/[60]. Acresce ao exposto, ainda, que também ao nível das alterações introduzidas ao regime da redução do capital social se assiste à atribuição, aos sócios, de uma crescente liberdade: resulta do actual regime da redução do capital social que os sócios podem livremente decidir[61] que já não lhes interessa manter a dimensão da empresa e recuperar parte do seu investimento na sociedade, ou seja, o reembolso do capital investido, embora essa operação represente uma potencial diminuição da garantia dos credores sociais[62], apesar dos mecanismos de tutela consagrados no artigo 96º do CSC. Nestes termos,

---

[58] Dever que, para RICARDO ALBERTO SANTOS COSTA, *Responsabilidade civil societária dos administradores de facto*, in J. M. COUTINHO DE ABREU/RICARDO COSTA/M. ÂNGELA COELHO BENTO SOARES/A. SOVERAL MARTINS/ALEXANDRE MOTA PINTO/GABRIELA F. DIAS, "Temas Societários", Almedina, Coimbra, 2006, 23-43, pág. 43, pode ser razoável estender aos administradores de facto.

[59] Cf. ALEXANDRE MOTA PINTO, *O artigo 35º do Código das Sociedades Comerciais na sua versão mais recente*, in J. M. COUTINHO DE ABREU/RICARDO COSTA/M. ÂNGELA COELHO BENTO SOARES/A. SOVERAL MARTINS/ALEXANDRE MOTA PINTO/GABRIELA F. DIAS, "Temas Societários", Almedina, Coimbra, 2006, 107-151, pp. 133 ss.. Para a análise das razões que levaram o legislador português a abandonar um regime que teria nas sociedades um impacto de "consequências draconianas", cf. MIGUEL PUPO CORREIA, *Direito Comercial. Direito da Empresa*, 10ª ed. (com a colaboração de ANTÓNIO JOSÉ TOMÁS/OCTÁVIO CASTELO PAULO), Edinforum, Lisboa, 2007, pág. 211.

[60] Sobre esta evolução legislativa, cf. MARIA DE FÁTIMA RIBEIRO, *O capital social das sociedades por quotas e o problema da subcapitalização material*, cit., pp. 70 ss..

[61] Uma vez que o Decreto-Lei nº 8/2007, de 17 de Janeiro, veio eliminar a necessidade de intervenção do tribunal nas operações de redução do capital social, ficando estas dependentes de simples deliberação dos sócios.

[62] Cf. PAULO OLAVO CUNHA, *Direito das Sociedades Comerciais*, cit., pp. 516 ss. e 549 ss.; *idem*, *O novo regime da redução do capital social e o artigo 35º do Código das Sociedades Comerciais*, in "Prof. Doutor Inocêncio Galvão Telles: 90 Anos. Homenagem da Faculdade de Direito de Lisboa", Almedina, Coimbra, 2007, 1023-1078, pág. 1034; PAULO DE TARSO DOMINGUES, *Variações sobre o Capital Social*, Almedina, Coimbra, 2009, pp. 539 ss..

## DESCONSIDERAÇÃO DA PERSONALIDADE JURÍDICA E TUTELA DE CREDORES

o legislador português reconhece aos sócios a liberdade de procederem a uma redução da própria dimensão do projecto empresarial em cuja exploração consiste a actividade do ente societário, permitindo-lhes, de certo modo, o "desinvestimento" pessoal e financeiro na sociedade comercial[63].

De tudo o que fica exposto retira-se que a tutela dos credores de sociedade subcapitalizada deve realizar-se, não através da responsabilização dos sócios (a menos, evidentemente, que um sócio, apesar de não ser parte na relação contratual entre a sociedade e um credor, suscite neste uma confiança pessoal, contribuindo de modo significativo para criar neste a confiança de que a sociedade terá meios para satisfazer as obrigações que, para ela, decorram da conclusão do negócio em causa; nesse caso – e até porque o sócio pode ser visto como alguém directamente interessado, do ponto de vista económico, na celebração do negócio –, ele poderá vir a responder perante esse credor por *culpa in contrahendo*[64]), sobre os quais não recai afinal nenhum dever de capitalização adequada, mas através da responsabilização dos administradores e gerentes, de direito e de facto, particularmente no que toca à inobservância do dever de apresentação pontual da sociedade à insolvência; e, consequentemente, do rigoroso apuramento das consequências que podem advir da respectiva violação. Interessa, também, salientar que impende sobre os gerentes de sociedade por quotas constituída com um capital social manifestamente insuficiente para a prossecução do seu objecto o dever de procurarem obter os meios de financiamento adequados e, caso isso não seja possível, o dever de informarem os sócios desse facto. Ainda no âmbito da concretização do dever de cuidado, atente-se no facto de os gerentes não deverem obediência a toda e qualquer instrução dos sócios de sociedade subcapitalizada no sentido de prosseguirem, sem os meios de financiamento necessários, a actividade da sociedade. De outro modo, estarão sujeitos à responsabilidade resultante da aplicação dos artigos 72º e seguintes do CSC[65].

---

[63] Cf. MARIA DE FÁTIMA RIBEIRO, *O capital social das sociedades por quotas e o problema da subcapitalização material*, cit., pp. 73 ss..

[64] O tema será retomado *infra*, ponto 6.

[65] Neste sentido, cf. RUI PINTO DUARTE, *A subcapitalização das sociedades – notas de Direito Privado e de Direito Fiscal*, em curso de publicação.

## QUESTÕES DE DIREITO SOCIETÁRIO EM PORTUGAL E NO BRASIL

### c) A "descapitalização" da sociedade

Também se tem defendido o recurso à "desconsideração da personalidade jurídica" para os casos de "descapitalização" da sociedade, ou seja, tipicamente, para aqueles casos em que bens, trabalhadores e oportunidades de negócio de uma determinada sociedade são "transferidos" para a esfera de um dos seus sócios ou para uma outra sociedade entretanto constituída por estes, em prejuízo da primeira – sobretudo, em prejuízo do seu património e, reflexamente, dos seus credores[66]. O facto de se pretender responsabilizar os sócios prende-se com a circunstância de este "desvio" se efectuar normalmente em seu favor, ou de outra sociedade entretanto constituída pelos mesmos sócios da sociedade "descapitalizada" (ou por pessoas especialmente relacionadas com estes, como os respectivos cônjuges).

Em primeiro lugar, cumpre esclarecer que, em regra, mais uma vez estará *prima facie* em causa neste tipo de situações a responsabilidade dos membros do órgão de administração da sociedade, não a dos seus sócios. A prática dos factos carcaterizadores deste grupo de casos só pode ser levada a cabo pelo órgão de administração, quando muito em obediência a deliberação da assembleia geral. De todo o modo, como se expõe, o recurso à "desconsideração da personalidade jurídica" não é, em geral, necessário nem adequado para os casos de "descapitalização" da sociedade[67] – o que só poderá justificar-se se, no caso, puder afirmar-se a existência de mistura

[66] Neste sentido, cf. JORGE MANUEL COUTINHO DE ABREU, *Diálogos com a Jurisprudência, II*, cit., pp. 57 ss.; RICARDO COSTA, *Responsabilidade dos gerentes de sociedade por quotas perante credores e desconsideração da personalidade jurídica...*, cit., pp. 55 ss.; PAULO DE TARSO DOMINGUES, *Artigo 201º. Capital social livre*, cit., pág. 220.

[67] De resto, à mesma conclusão se chegou recentemente na Alemanha, depois da institucionalização de um grupo de casos *Haftungsdurchgriff* denominado *Existenzvernichtungshaftung* (sobre o tema, cf. MARIA DE FÁTIMA RIBEIRO, *A Tutela dos Credores da Sociedade por Quotas e a "Desconsideração da Personalidade Jurídica"*, cit., pp. 268 ss.): com efeito, o comportamento dos sócios que, atentando contra a existência ou subsistência da sociedade, ponha em causa a satisfação dos credores sociais, gera – a menos que se trate, simultaneamente, de um caso de "mistura de patrimónios", nos termos que serão definidos *infra* – responsabilidade interna, ou seja, os sócios responderão perante a própria sociedade e não perante os credores reflexamente prejudicados; pelo que a *Existenzvernichtung* deixa de justificar o recurso à "desconsideração da personalidade jurídica" da sociedade (na verdade, é hoje geralmente aceite na doutrina e na jurisprudência alemãs que apenas a "mistura de patrimónios" o pode justificar). Para mais desenvolvimentos, cf. MARIA DE FÁTIMA RIBEIRO, *A Tutela dos Credores da Sociedade por Quotas e a "Desconsideração da Personalidade Jurídica"*, cit., pp. 289 ss..

de patrimónios[68]. Apesar de, cada vez mais, se afirmar a existência de um dever de lealdade que impende sobre os sócios (também) de sociedades de capitais – dever que pode gerar para estes a obrigação de indemnizarem a sociedade (e não os seus credores) –, é consensual que à sociedade não é reconhecido nenhum direito à existência (ou melhor, à subsistência) e que o colectivo dos sócios é livre de, em cada momento, se desinteressar da empresa societária (mesmo quando tem a intenção de reinvestir num projecto de características em tudo semelhantes). Contudo, neste caso, a sociedade deverá ser dissolvida e liquidada nos termos estabelecidos na lei – passando, eventualmente, por um processo de insolvência[69].

Então, afastada que está – em princípio – a possibilidade de fazer responder os patrimónios dos sócios pelas obrigações da sociedade, a resposta ao problema da tutela dos credores sociais deverá encontrar-se no regime legal vigente, tendo em conta as especificidades e os contornos do caso em análise[70].

### d) A "mistura de patrimónios"

O grupo de casos "mistura de patrimónios" merece uma abordagem distinta. Só existe "mistura de patrimónios" para o efeito de "desconsideração da personalidade jurídica" de sociedade comercial se a autonomia patrimonial da sociedade – a separação entre o património da sociedade e o património de sócio ou sócios – não tiver sido respeitada[71]; mas ainda

---

[68] Nos termos que se definirão na alínea d) deste ponto 3.

[69] Sobre o tema, cf., desenvolvidamente, MARIA DE FÁTIMA RIBEIRO, *Desconsideração da personalidade jurídica e "descapitalização" de sociedade*, cit., pp. 190 ss., notas 32 ss..

[70] O tema será retomado *infra*, pontos 5 e 6.

[71] Os exemplos de comportamentos dos sócios que a ilustram são inúmeros: um sócio imputa as suas despesas pessoais (nomeadamente, alimentação, vestuário, ou viagens) à sociedade, fazendo-as pagar através do património desta última; os trabalhadores da sociedade prestam serviços pessoais a um sócio (por exemplo, efectuam trabalhos de reparação ou construção civil na sua residência), continuando a ser pagos pela sociedade, como se tivessem estado sempre ao seu serviço; um sócio age de forma a tornar impossível a manutenção de uma contabilidade social organizada, servindo-se frequentemente do dinheiro e das contas bancárias da sociedade como se fossem seus, e vice-versa. Não pode deixar de salientar-se que da análise deste quadro de situações resulta que a "mistura de patrimónios" só existe se o sócio puder, de alguma forma, "controlar" a vida da sociedade e, sobretudo, os titulares do respectivo órgão de gestão (recorde-se que, frequentemente, o sócio em causa será, ele próprio, gerente único da sociedade; ou, até, seu gerente de facto) e de fiscalização (se existir, em concreto, órgão de

## QUESTÕES DE DIREITO SOCIETÁRIO EM PORTUGAL E NO BRASIL

é de exigir que não seja possível identificar/individualizar os actos pelos quais não foi respeitada a separação entre esses patrimónios (por outras palavras, "opacidade" contabilística)[72]. A este propósito, cabe reafirmar que o leque de actos normalmente identificáveis na "descapitalização" não constitui fundamento para que se possa equacionar a negação da personalidade jurídica da sociedade em cujo contexto são praticados. Todavia, por vezes, apesar de se poder afirmar a existência de actos que põem em causa a integridade do património societário, em benefício dos sócios, é impossível identificar cada um deles, deixando de ser possível determinar com clareza a composição do mesmo – e esta situação é normalmente acompanhada de "opacidade contabilística".

Aí, a par de outros meios (como a responsabilidade de gerentes e administradores), a "desconsideração da personalidade jurídica" será o mecanismo apto para tutelar os interesses dos credores sociais – embora, no fundo, a personalidade jurídica da sociedade já estivesse previamente desconsiderada, por força da inexistência da respectiva autonomia patrimonial[73]. Na verdade, a "mistura de patrimónios", assim definida, constitui um típico grupo de casos neste contexto[74], única situação na qual, em nosso

---

fiscalização). Dadas as características deste tipo societário, a sociedade por quotas é frequentemente palco de situações de domínio, formal (quando se trate de sociedade unipessoal) ou material (quando a sociedade tenha mais do que um sócio, mas em condições que permitem a um deles o seu controlo total). O domínio ou controlo da sociedade, como já ficou exposto, não constitui, à partida, um problema e não merece, por isso, o repúdio da ordem jurídica. Mas é verdade que andam muitas vezes associados a esta circunstância comportamentos que põem em causa os interesses dos eventuais sócios minoritários e, no que respeita ao objecto do nosso trabalho, dos credores sociais.

[72] MARIA DE FÁTIMA RIBEIRO, *A Tutela dos Credores da Sociedade por Quotas e a "Desconsideração da Personalidade Jurídica"*, cit., pp. 262 ss..

[73] Cf. MARIA DE FÁTIMA RIBEIRO, *A Tutela dos Credores da Sociedade por Quotas e a "Desconsideração da Personalidade Jurídica"*, cit., pp. 265 ss., e pp. 341 ss..

[74] Cf. PETER ERLINGHAGEN, *Haftungsfragen bei einer unterkapitalisierten GmbH*, in "GmbH--Rundschau", 1962, pp. 170 ss.; ECKARD REHBINDER, *Konzernaußenrecht und allgemeines Privatrecht...*, cit., pág. 156; ULRICH IMMENGA, *Die personalistische Kapitalgesellschaft Eine rechtsvergleichende Untersuchung nach deutschem GmbH-Recht und dem Recht der Corporations in den Vereinigten Staaten*, Athenäum, Bad Homburg, 1970, pp. 398 ss.; WALTER STIMPEL, *Durchgriffshaftung bei der GmbH: Tatbestände, Verlustausgleich, Ausfallhaftung*, in *Bilanz- und Konzernrecht. Festschrift für Reinhard Goerdeler*, IDW, Düsseldorf, 1987, pp. 606 ss.; HANS-JOACHIM MERTENS, *Anhang nach § 13. Durchgriff*, in *HACHENBURG Gesetz betreffend die GmbH Großkommentar, Tomo I, §§ 1-34*, 8ª ed., Walter de Gruyter, Berlin/New York, 1992, pp. 591 ss.; MARKUS GEIBLER,

## DESCONSIDERAÇÃO DA PERSONALIDADE JURÍDICA E TUTELA DE CREDORES

entender, é de afirmar sem reservas a insubsistência da personalidade jurídica da sociedade[75] para, consequentemente, fazer os sócios responder perante os credores sociais (de facto, uma vez posta em causa a autonomia patrimonial de sociedade comercial, fica arredada a possibilidade de se afirmar a personalidade jurídica desse ente[76]).

*Zukunft, Stillstand oder Geltungsverlust für die Duchgriffshaftung im Recht der GmbH?*, cit., pp. 74 ss.; THOMAS RAISER, *Die Haftungsbeschränkung ist keine Wesensmerkmal der juristischen Person*, in "Festschrift für Marcus Lutter zum 70. Geburtstag. Deutsches und europäisches Gesellschafts-, Konzern- und Kapitalmarktrecht", Otto Schmidt, Köln, 2000, pp. 644 ss.; VOLKER EMMERICH, § 13, Juristische Person; Handelsgesellschaft, cit., pp. 677 ss.; GEORG BITTER, *Der Anfang vom Ende des "qualifiziert faktischen GmbH-Konzerns"...*, cit., pp. 2139 ss.; HOLGER ALTMEPPEN, *Zur Entwicklung eines neues Gläubigerschutzkonzeptes in der GmbH*, in "Zeitschrift für Wirtschaftsrecht", 2002, pág. 1559; HANS-GEORG KOPPENSTEINER, *Anh.* § 318, in "Köllner Kommentar zum Aktiengesetz. Band VI. §§ 14-22 AktG, §§ 291-328 AktG und Meldepflichten nach §§ 21 ff. WpHG, SpruchG", 3ª ed., Carl Heymannns, Köln/Berlin/München, 2004, pp. 1180 ss.; THOMAS RAISER, § 13. *Juristische Person; Handelsgesellschaft*, in PETER ULMER/ MATHIAS HABERSACK/MARTIN WINTER *GmbHG Großkommentar. Tomo I. Einleitung. §§ 1-28*, Mohr Siebeck, Tübingen, 2005, pp. 948 ss.; ULRICH HAAS, *Kapitalerhaltung, Insolvenzanfechtung, Schadenersatz und Existenzvernichtung – wann wächst zusammengehört?*, in "Zeitschrift für Wirtschaftsrecht", 2006, pág. 1381.

[75] Cf. MARIA DE FÁTIMA RIBEIRO, *A Tutela dos Credores da Sociedade por Quotas e a "Desconsideração da Personalidade Jurídica"*, cit., pp. 260 ss..

[76] A autonomia patrimonial encontra expressão em dois sentidos: ser o património da sociedade o único responsável pelo cumprimento das suas obrigações (os bens alheios a esse património não respondem pelas dívidas da sociedade) e ser esse património apenas responsável pelo cumprimento das obrigações da sociedade (os bens que integram esse património não respondem por dívidas de outras pessoas jurídicas, nomeadamente pelas dívidas dos sócios). Se este segundo aspecto é essencial para que possa afirmar-se a existência de autonomia patrimonial, o mesmo não acontece quanto ao primeiro: existem casos em que o património dos sócios (na sua totalidade ou em parte) é ou poderá ser responsável pelas obrigações do ente social (a ideia de personalidade jurídica não exige a forma mais perfeita da autonomia patrimonial, que traduziria o duplo fenómeno indicado: pressupõe apenas o último aspecto referido). Nestes casos, a autonomia será imperfeita, embora não inexistente (e o facto de outros patrimónios ou bens de outros patrimónios virem responder pelas obrigações da sociedade não põe em causa a ideia de personalidade jurídica. Cf. ANTÓNIO FERRER CORREIA, *Lições de Direito Comercial. Vol. II. Sociedades Comerciais. Doutrina Geral*, com a colaboração de VASCO LOBO XAVIER, MANUEL HENRIQUE MESQUITA, JOSÉ MANUEL SAMPAIO e ANTÓNIO AGOSTINHO CAEIRO, ed. policopiada, Universidade de Coimbra, 1968, pp. 62 ss.; VASCO LOBO XAVIER, *Sociedades Comerciais. Lições aos Alunos de Direito Comercial do 4º Ano Jurídico*, ed. policopiada, Coimbra, 1987, pp. 18 ss.; J. LAMARTINE CORRÊA DE OLIVEIRA, *A Dupla Crise da Pessoa Jurídica*, Saraiva, São Paulo, 1979, pág. 261; GILLES GOUBEAUX, *Personna-*

## QUESTÕES DE DIREITO SOCIETÁRIO EM PORTUGAL E NO BRASIL

Mas a questão da tutela dos credores sociais é geradora, nestas situações específicas de "mistura de patrimónios", de algumas perplexidades. Desde logo, porque àqueles credores está, à partida, vedado o acesso a uma informação completa e fidedigna acerca da factualidade relevante, suficiente para que a situação em causa possa ser reconduzida a este "grupo de casos": uma vez que faz parte do seu quadro caracterizador o facto de existir "opacidade contabilística", será praticamente impossível que a realidade patrimonial e empresarial da sociedade seja suficientemente conhecida de terceiros. Então, a questão da distribuição do ónus da prova assume um papel essencial, à qual o recurso ao disposto no artigo 344º, nº 2, do Código Civil permite dar resposta adequada: deve deslocar-se para a esfera da parte "que tiver culposamente tornado impossível a prova ao onerado" o ónus de demonstrar que a autonomia patrimonial ainda existe. Por outras palavras: perante indícios seguros da existência de comportamentos de sócios que impliquem desrespeito pela separação de patrimónios e uma vez que os credores sociais não se encontram, em princípio, em condições de fazer a prova dos factos relevantes, deverá caber aos sócios a quem tais comportamentos são imputados, a fim de evitarem as conse-

---

*lité morale, droit des personnes et droit des biens*, in "Études Dédiées à René Roblot. Aspects du Droit Commercial Français", LGDJ, Paris, 1984, pp. 209 ss.; HANS CHRISTOPH GRIGOLEIT, *Gesellschafterhaftung für interne Einflussnahme im Recht der GmbH*, cit., pp. 10 ss.): a responsabilidade do sócio de responsabilidade ilimitada (nas sociedades em que podem existir, ou seja, sociedades em nome colectivo e sociedades em comandita) será – como se exporá em sede própria – sempre subsidiária. Quando um sócio pode responder solidariamente com a sociedade (poderá ser o caso da responsabilidade do quotista prevista no artigo 198º, nº 1, do CSC, que tanto pode revestir natureza subsidiária como solidária), essa responsabilidade será necessariamente limitada (note-se que esta última possibilidade foi prevista pelo legislador apenas para o caso da sociedade por quotas, o que demonstra, mais uma vez, a importância que pode revestir a concreta pessoa do sócio, neste tipo social, para os credores sociais). Concluindo, podemos afirmar com ANTÓNIO FERRER CORREIA, *A autonomia patrimonial como pressuposto da personalidade jurídica*, in "Revista de Legislação e de Jurisprudência", ano 115º, 1982-1983, nºs 3694-3705, pág. 43, que a ideia de personalidade jurídica apenas postula a insensibilidade do património social às obrigações contraídas por outro sujeito económico e jurídico no prosseguimento dos seus fins pessoais. E que "[s]e outros patrimónios vierem somar as suas forças às do acervo dos bens separados, não será isso uma razão por si decisiva para a negação da personalidade jurídica" (de resto, o mesmo acontece na fiança, sem que seja posta em causa a manutenção da personalidade jurídica do devedor. Idêntico argumento pode ser encontrado em HANS CHRISTOPH GRIGOLEIT, *Gesellschafterhaftung für interne Einflussnahme im Recht der GmbH*, cit., pág. 11).

542

## DESCONSIDERAÇÃO DA PERSONALIDADE JURÍDICA E TUTELA DE CREDORES

quências que eventualmente venham a ser estabelecidas para o caso de "mistura de patrimónios", fazerem a prova de que os comportamentos que atentaram contra a separação patrimonial podem ser individualizados e os respectivos efeitos no património social neutralizados através do recurso às soluções do direito civil e/ou societário positivo. Nos casos em que os sócios não fizerem ou não conseguirem fazer essa prova, pode afirmar-se a insubsistência da autonomia patrimonial da sociedade e a impossibilidade de determinação exacta daquele que seria o património social na ausência dos referidos comportamentos dos sócios. Em suma, pode afirmar-se a existência de uma situação de "mistura de patrimónios", para o efeito de fazer o património desses sócios responder pelas obrigações sociais.

Neste caso, já não subsistindo a personalidade jurídica – instituto cuja existência não prescinde da existência da autonomia patrimonial do ente personificado –, responderão as pessoas que constituem o substrato pessoal da sociedade, ou seja, os sócios. Cabe ainda, todavia, dar resposta à questão de saber se todos os sócios deverão ser chamados a responder, ou apenas aqueles a quem é imputável a "mistura de patrimónios" e, em qualquer caso, com que fundamento. Uma das vias possíveis – com a vantagem de poder conduzir apenas à responsabilização daqueles sócios cujos comportamentos deram origem à situação e daqueles que nisso consentiram – será, em nosso entender, o recurso à aplicação analógica do regime da sociedade comercial antes do registo[77].

## 5. Os sócios das sociedades "de responsabilidade limitada" e os meios de tutela dos interesses dos credores sociais disponíveis no ordenamento jurídico português

Assim sendo, excluído que está o recurso à "desconsideração da personalidade jurídica" nos casos em análise[78], com excepção da situação de "mistura de patrimónios", cabe analisar os meios de que o intérprete pode

---

[77] Cf. MARIA DE FÁTIMA RIBEIRO, *A Tutela dos Credores da Sociedade por Quotas e a "Desconsideração da Personalidade Jurídica"*, cit., pp. 341 ss..

[78] Note-se que não fica, de modo algum, afastada a possível responsabilidade interna dos sócios. Por outras palavras: como ficou exposto *supra*, os sócios que, com o seu comportamento, tenham violado o dever de lealdade, podem ter de responder perante a sociedade. Cf. JORGE MANUEL COUTINHO DE ABREU, *Diálogos com a jurisprudência, II*, cit., pág. 59. Sobre o tema, cf. MARIA DE FÁTIMA RIBEIRO, *A Tutela dos Credores da Sociedade por Quotas e a "Desconsideração da Personalidade Jurídica"*, cit., pp. 509 ss..

QUESTÕES DE DIREITO SOCIETÁRIO EM PORTUGAL E NO BRASIL

lançar mão para assegurar a tutela dos credores de sociedades que, pela actuação dos seus sócios ou dos membros do seu órgão de administração, se mostram incapazes de os satisfazer.

Em regra, os sócios das sociedades ditas "de responsabilidade limitada"[79] não responderão directamente perante os credores sociais, a menos que a tal se tenham obrigado nos termos do artigo 198º do CSC (aplicável exclusivamente à sociedade por quotas[80]). Mas respondem perante a sociedade pela realização da sua entrada (além disso, na sociedade por quotas, por todas as entradas convencionadas no contrato social), bem como – em certos casos – pelos danos que lhe tenham causado, nomeadamente na qualidade de sócios controladores[81]; nestas hipóteses, os sócios poderão ser demandados pelos credores em via sub-rogatória (desde que preenchidos os pressupostos de que a lei o faz depender). Apesar de, cada vez mais, se afirmar a existência de um dever de lealdade que impende sobre os sócios (também) de sociedades de capitais[82]/[83]

---

[79] Incluímos nesta classificação, essencialmente, as sociedades anónimas e as sociedades por quotas, por serem tipos societários onde nenhum sócio responde ilimitadamente pelas dívidas societárias. Preferimos esta designação à de sociedades de capitais, por neste último caso não existir consenso acerca da qualificação das sociedades por quotas. Cf. MARIA DE FÁTIMA RIBEIRO, *A Tutela dos Credores da Sociedade por Quotas e a "Desconsideração da Personalidade Jurídica"*, cit., pp. 331 ss..

[80] Sobre o sentido desta norma, cf. MARIA DE FÁTIMA RIBEIRO, *A Tutela dos Credores da Sociedade por Quotas e a "Desconsideração da Personalidade Jurídica"*, cit., pp. 37 ss..

[81] Cf. MARIA DE FÁTIMA RIBEIRO, *A Tutela dos Credores da Sociedade por Quotas e a "Desconsideração da Personalidade Jurídica"*, cit., pp. 624 ss..

[82] O dever de lealdade dos sócios é um princípio jurídico estruturante do direito das sociedades (cf. HERBERT WIEDEMANN, *Zu den Treuepflichten im Gesellschaftsrecht*, in "Festschrift für Theodor Heinsius", Walter de Gruyter, Berlin/New York, 1991, 949-966, pág. 949; KARSTEN SCHMIDT, *Gesellschaftsrecht*, 4ª ed., Carl Heymanns, Köln/Berlin/Bonn/München, 2002, pp. 587 ss.; MARCUS LUTTER, *Theorie der Mitgliedschaft. Prolegomena zu einem Allgemeinen Teil des Korporationsrecht*, in "Archiv für die civilistische Praxis", 1980, 84-159, pp. 102 ss.; VOLKER EMMERICH, § 13, Juristische Person; Handelsgesellschaft, in "SCHOLZ Kommentar zum GmbH-Gesetz. Tomo I. §§ 1-44. Anhang Konzernrecht", 9ª ed., Otto Schmidt, Köln, 2000, pp. 656 ss.; Ángel García Vidal, *Las Instrucciones de la Junta General a los Administradores de la Sociedad de Responsabilidad Limitada*, Aranzadi, Navarra, 2006, pp. 149 ss.), que não se encontra plasmado numa precisa norma legal (cf. JORGE MANUEL COUTINHO DE ABREU/ALEXANDRE SOVERAL MARTINS, *Grupos de Sociedades. Aquisições tendentes ao domínio total*, Almedina, Coimbra, 2003, pág. 53. Por seu turno, KARSTEN SCHMIDT, *Gesellschaftsrecht*, cit., pág. 588, concretiza que os deveres de lealdade constituem, no âmbito do direito societário, "uma parte

DESCONSIDERAÇÃO DA PERSONALIDADE JURÍDICA E TUTELA DE CREDORES

importante do 'direito não escrito'", com um fundamento complexo que não pode ser reconduzido, estritamente, ao princípio da boa fé – no que é acompanhado por JORGE MANUEL COUTINHO DE ABREU, *Interés social y deber de lealtad de los socios*, in "Revista de Derecho de Sociedades", nº 19, 2002, 39-56, pág. 51: este Autor fundamenta o dever de lealdade dos sócios na própria *"natureza da sociedade como instrumento para a prossecução de determinado fim ou a satisfação de interesses sociais"*, natureza essa que os sócios devem respeitar, actuando "dentro do círculo do que é permitido por esse fim ou interesses". Também para HANS CHRISTOPH GRIGOLEIT, *Gesellschafterhaftung für interne Einflussnahme im Recht der GmbH*, cit., pp. 300 ss., este dever deriva do próprio contrato de sociedade, uma vez que ele resulta da prossecução do fim da sociedade), mas se manifesta em diversas disposições do CSC (atente-se, nomeadamente, no disposto nos artigos 58º, nº 1, alínea b), 83º, 180º e 477º, 181º, nº 5, 214º, nº 6, 291º, nº 6, 242º, nº 1, 251º, 384º, nº 6, nomeadamente, todos do CSC). Nalguns casos, o legislador subordina os comportamentos dos sócios, expressa ou indirectamente, ao interesse da sociedade (note-se que, em geral, o dever de lealdade dos sócios tem um conteúdo negativo, traduzindo-se num dever de omitir comportamentos ou não fazer algo que ponha em causa o interesse social; cf. JORGE MANUEL COUTINHO DE ABREU, *Abusos de minoria*, in "Problemas do Direito das Sociedades", Almedina, Coimbra, 2002, 65-70, pág. 67. Afasta-se desta tese PEDRO PAIS DE VASCONCELOS, *A Participação Social nas Sociedades Comerciais*, 2ª ed., Almedina, Coimbra, 2006, pp. 333 ss., embora o Autor conclua que, na prática, a concretização do dever de lealdade é mais negativa do que positiva). Raras vezes o legislador permite aos sócios o sacrifício do interesse social (como expõem JORGE MANUEL COUTINHO DE ABREU e ALEXANDRE SOVERAL MARTINS, *Grupos de Sociedades* ..., cit, pág. 61, a norma do nº 3 do artigo 490º do CSC, que permite a aquisição tendente ao domínio total, implica o sacrifício do interesse social). O conteúdo e extensão do dever de lealdade variam consoante o tipo societário, ou seja, consoante a preponderância do elemento pessoal ou do elemento capital na sociedade, e a posição ou o poder dos sócios no caso concreto. Entre nós, cf. ANTÓNIO AVELÃS NUNES, *O Direito de Exclusão de Sócios nas Sociedades Comerciais*, Almedina, Coimbra, 1968, pp. 85 ss.; JORGE MANUEL COUTINHO DE ABREU/ALEXANDRE SOVERAL MARTINS, *Grupos de Sociedades* ..., cit., pp. 54 ss.; PEDRO PAIS DE VASCONCELOS, *A Participação Social nas Sociedades Comerciais*, cit. pp. 312 ss..

[83] O dever é mais intenso e extenso nas sociedades de pessoas do que nas de capitais, bem como para os sócios maioritários ou de controlo do que para ao minoritários (cf. ANTÓNIO AGOSTINHO CAEIRO, *A exclusão estatutária do direito de voto nas sociedades por quotas*, in "Boletim da Faculdade de Direito da Universidade de Coimbra", Suplemento XVIII, 1971, 5-98, pp. 50 ss.; VOLKER EMMERICH, § 13, Juristische Person; Handelsgesellschaft, cit., pág. 657; BARBARA GRUNEWALD, *Die Haftung der Mitglieder bei Einflussnahmen auf abhängige eingetragene Vereine*, in "Festschrift für Thomas Raiser zum 70. Geburtstag", De Gruyter Recht, Berlin, 2005, 99-110, pág. 103), isto porque o comportamento dos sócios não se reflecte da mesma maneira na sociedade, nem os efeitos desse comportamento têm sempre o mesmo peso na

QUESTÕES DE DIREITO SOCIETÁRIO EM PORTUGAL E NO BRASIL

– dever que pode gerar para estes a obrigação de indemnizarem a sociedade (e não os respectivos credores) –, é consensual que à sociedade não é reconhecido nenhum direito à existência (ou melhor, à subsistência)[84] e que o colectivo dos sócios é livre de, em cada momento, se desinteressar da empresa societária (mesmo quando tem a intenção de reinvestir num projecto de características em tudo semelhantes)[85]. Contudo, neste caso,

prossecução do interesse social (a prossecução do interesse social depende mais da pessoa dos sócios e do seu comportamento nas sociedades ditas de pessoas do que nas sociedades anónimas, podendo afirmar-se com ANTÓNIO AVELÃS NUNES, *O Direito de Exclusão de Sócios nas Sociedades Comerciais*, cit., pp. 87 ss., que "o *dever de colaboração* dos accionistas, além da obrigação de *apport*, não terá, geralmente, uma carga positiva").

[84] Não pode afirmar-se um "interesse na existência" da sociedade, entendido como um interesse da própria sociedade, enquanto ente, na sua existência/subsistência, essencialmente semelhante ao direito à vida reconhecido na esfera jurídica das pessoas singulares. Este "direito à vida" não existe na esfera jurídica das pessoas colectivas em si mesmas; cabe aos sócios determinarem, aquando da celebração do contrato de sociedade ou, a qualquer altura, através de deliberação social – artigo 141º, nº 1, alíneas a) e b), do CSC, para as sociedades comerciais, e artigo 1007º, alíneas a) e b), do Código Civil, para as sociedades civis –, quando se extingue a pessoa jurídica por eles criada.

[85] De facto, quando se pretende, nesta sede, responsabilizar o sócio pelo facto de este retirar "valores" da sociedade, pretende-se ainda abranger as situações em que o sócio priva a sociedade de valores que não fazem parte do património social tal como consta do balanço, como é o caso de oportunidades de negócio, mão-de-obra especializada, ou segredos de fabrico ou comercialização, para os utilizar em proveito próprio ou de terceiros; no fundo, sempre que o sócio se comporta como concorrente da sociedade. Em síntese, coloca-se a questão de saber se pode o sócio concorrer com a sociedade, por si ou através de outra sociedade que ele controla ou administra; e, consequentemente, a de apurar se os sócios podem "desinteressar-se" do projecto empresarial a prosseguir através da sociedade. Ora, à luz do ordenamento jurídico português, a obrigação de não concorrência dirige-se apenas ao sócio de sociedade por quotas que seja, simultaneamente, gerente ou administrador e pretenda obter o consentimento. Na verdade, uma vez que os artigos 254º e 398º, nº 3, do CSC proíbem os gerentes e os administradores de exercerem actividade concorrente com a da sociedade, o sócio não poderá concorrer com a sociedade quando seja, simultaneamente, seu gerente ou administrador; e, acrescentamos, deve ser equiparado ao gerente ou administrador de direito, também para este efeito, o gerente ou administrador de facto. Simplesmente, a actividade concorrente poderá ser exercida se os sócios consentirem (como explica RAÚL VENTURA, *Sociedades por Quotas. Vol. III. Comentário ao Código das Sociedades Comerciais* (reimpressão), Almedina, Coimbra, 1996, pág. 60, "protegem-se interesses dos sócios, de que estes podem dispor"), embora seja certo que o sócio que seja simultaneamente gerente ou administrador está, nos termos do disposto nos artigos 251º, nº 1, alínea e) e 384º, nº 6, alínea a), impedido de votar em deliberação para o efeito (cf. RAÚL VENTURA, *Sociedades por Quotas. Vol. III ...*, cit., pág. 60). De resto, se o sócio

## DESCONSIDERAÇÃO DA PERSONALIDADE JURÍDICA E TUTELA DE CREDORES

a sociedade deverá ser dissolvida e liquidada nos termos estabelecidos na lei – passando, eventualmente, por um processo de insolvência[86].

Então, afastada que está – em princípio – a possibilidade de fazer responder os patrimónios dos sócios pelas obrigações da sociedade, a resposta ao problema da tutela dos credores sociais deverá encontrar-se no regime legal vigente, tendo em conta as especificidades e os contornos do caso em análise.

Desde logo, qualquer acto que não seja necessário ou conveniente para a prossecução do fim lucrativo viola o disposto no artigo 6º do CSC e é nulo[87], sendo os credores da sociedade pessoas interessadas, nos termos do artigo 605º do Código Civil, para arguir essa nulidade. Depois, ainda, qualquer acto – seja oneroso ou gratuito – que ponha em causa a consistência do património social e o torne insuficiente para a satisfação dos credores da sociedade pode ser impugnado, nos termos do artigo 610º

---

da sociedade por quotas ou anónima não for gerente ou administrador de direito e não puder ser considerado gerente ou administrador de facto, não impende sobre ele qualquer dever de não concorrer com a sociedade (ao contrário do que acontece com o sócio de sociedade em nome colectivo, que, nos termos do disposto no artigo 180º, está proibido de exercer, por conta própria ou alheia, actividade concorrente com a da sociedade, ainda que não exerça funções de gerência; também neste caso a proibição cessa se os outros sócios derem o seu consentimento, pelo que se entende que ela existe no interesse dos outros sócios; cf. Luís Menezes Leitão, *Pressupostos da Exclusão de Sócio nas Sociedades Comerciais*, 1ª reimpressão, AAFDL, Lisboa, 1995, pp. 65 ss.; Raúl Ventura, *Novos Estudos sobre Sociedades Anónimas e Sociedades em Nome Colectivo. Comentário ao Código das Sociedades Comerciais*, Almedina, Coimbra, 1994, pág. 247), pelo que a sua actuação deve ser analisada nos mesmos termos em que o seria o comportamento, no mercado, de um terceiro não sócio. Por outras palavras, a menos que os actos praticados violem as regras da concorrência, à luz das quais poderão ser apreciados, não deve o sócio ser responsabilizado pelos danos causados à sociedade pelo mero facto de ter exercido, directa ou indirectamente, actividade concorrente com a da sociedade, ou por se ter desinteressado do seu exercício no âmbito da sociedade em causa, nem pode entender-se que tal actuação constitui violação do dever de lealdade para com a sociedade.

[86] Maria de Fátima Ribeiro, *A responsabilidade dos administradores na crise da empresa*, in "I Congresso Direito das Sociedades em Revista", Almedina, Coimbra, 2011, 391-413, pp. 393 ss..

[87] Se o negócio não respeitar o fim da sociedade, seja ela unipessoal ou pluripessoal e de qualquer tipo, será nulo por violação do artigo 6º, nº 1, do CSC, por força do artigo 294º do Código Civil. Cf. Agostinho Cardoso Guedes, *A limitação dos poderes dos administradores das sociedades anónimas operada pelo objecto social no novo Código das Sociedades Comerciais*, in "Revista de Direito e Economia", nº 13, 1987, 127-159, pág. 131; Alexandre Soveral Martins, *Capacidade e representação das sociedades comerciais*, in "Problemas do Direito das Sociedades", Almedina, Coimbra, 2002, 471-496, pp. 472 ss.; Jorge Manuel Coutinho de Abreu, *Curso de Direito Comercial. Vol. II...*, cit., pp. 189 ss..

QUESTÕES DE DIREITO SOCIETÁRIO EM PORTUGAL E NO BRASIL

do Código Civil[88]. Ainda pode ter lugar a aplicação do disposto nos artigos 31º e seguintes do CSC, se por algum meio os actos em causa corresponderam a uma distribuição ilícita de bens aos sócios (com particular destaque para o disposto no artigo 34º, que obriga à restituição desses bens à sociedade, equiparando-se ao seu recebimento qualquer facto que tenha feito beneficiar ilicitamente o património desses sócios)[89]. Se a sociedade

[88] Se os negócios foram gratuitos, nem sequer existem vantagens em recorrer a este instituto, afirmada que está a possibilidade de declaração de nulidade dos mesmos. Se os negócios foram onerosos e serviram o fim da sociedade, então a impugnação pauliana pode ser uma via de tutela eficiente dos interesses dos credores sociais, mas pressupõe a prova de que a sociedade transmitente e o terceiro adquirente agiram de má fé, ou seja, como resulta do nº 2 do artigo 612º do CSC, com consciência do prejuízo que os actos causavam aos credores sociais. Será necessário, portanto, provar que a sociedade e o terceiro, que pode ser também uma sociedade comercial, agiram conscientes do prejuízo que o acto pudesse causar aos credores daquela; ora, tal poderá implicar a imputação à sociedade/terceiro da má fé de sócio(s) seu(s). Na verdade, o STJ já se pronunciou, assumidamente, pelo recurso ao mecanismo da "desconsideração da personalidade jurídica" para efeitos de imputação à sociedade da má fé dos sócios, no âmbito dos pressupostos da impugnação pauliana. No Acórdão do STJ de 21 de Janeiro de 2003 (AFONSO CORREIA), disponível in www.dgsi.pt, decidia-se, entre outras questões, da possibilidade de aplicação do instituto da impugnação pauliana a negócios celebrados entre um comerciante/devedor e uma sociedade da qual apenas ele e as suas duas filhas eram sócios (negócios pelos quais tinha sido transmitida a propriedade de determinados bens imóveis do primeiro), uma vez que, tratando-se de actos onerosos, o artigo 612º do Código Civil exige a má fé do devedor e do terceiro, entendendo-se aqui por má fé a mera consciência do prejuízo que o acto causa ao credor. O Tribunal não duvidou da má fé do devedor alienante e da sociedade adquirente, afirmando que os sócios desta se apresentaram "com a roupagem da sociedade" e vendo neste caso uma "[h]ipótese clássica de desconsideração da personalidade colectiva". Sobre os requisitos da impugnação pauliana, cf. JOÃO DE MATOS ANTUNES VARELA, Das Obrigações em Geral. Vol. II, 7ª ed., Almedina, Coimbra, 1977, pp. 447 ss.; MÁRIO JÚLIO DE ALMEIDA COSTA, Direito das Obrigações, 11ª ed., Almedina, Coimbra, 2008, pp. 860 ss.. LUÍS MANUEL TELES DE MENEZES LEITÃO, Garantias das Obrigações, 2ª ed., Almedina, Coimbra, 2008, pp. 71 ss.; JOÃO CURA MARIANO, Impugnação Pauliana, 2ª ed., Almedina, Coimbra, 2008, pp. 155 ss.. Para a análise de um caso em que se defendia o recurso à "desconsideração da personalidade jurídica" da sociedade, quando a tutela dos credores sociais estaria (também) assegurada pela impugnação pauliana de actos da mesma sociedade, cf. MARIA DE FÁTIMA RIBEIRO, Da pertinência do recurso à "desconsideração da personalidade jurídica" para tutela dos credores sociais..., cit., pp. 45 ss..

[89] Sendo certo que os credores sociais podem, nos termos do nº 3 do mesmo artigo, propor acção para restituição à sociedade das importâncias em causa, a restituição dos bens também pode ser pedida pela sociedade. Os interesses de terceiros estão, aqui, particularmente acautelados, também pelo facto de os sócios serem obrigados a restituir tudo o que indevidamente receberam ainda que estejam de boa fé, desconhecendo a irregularidade. Cf. PAULO

DESCONSIDERAÇÃO DA PERSONALIDADE JURÍDICA E TUTELA DE CREDORES

foi entretanto declarada insolvente, podem ser resolvidos em benefício da massa todos os actos prejudiciais à mesma que, praticados dentro dos quatro anos anteriores à data do início do processo, tenham diminuído, frustrado, dificultado, posto em perigo ou retardado a satisfação dos seus credores, preenchidos que estejam os requisitos expostos no artigo 120º do CIRE; todavia, para os actos referidos no artigo 121º, a resolução é incondicional[90].

Uma vez que também está quase sempre em causa, sobretudo nos casos de "descapitalização", a "transferência" de vários dos elementos da empresa da sociedade devedora para uma outra sociedade e que o objectivo deste conjunto de operações é, frequentemente, que esta beneficie da reputação e da clientela da primeira, não é raro que se possa reconhecer a prática de actos de concorrência desleal, ou seja, de actos de concorrência contrários às normas e usos honestos de qualquer ramo de actividade económica, tal como definidos pelo artigo 317º do CPI[91] – actos de entre os quais destacamos aqueles que são susceptíveis de criar confusão com a empresa, o estabelecimento, os produtos ou os serviços da sociedade devedora. Salienta-se que o recurso às regras que tutelam os direitos de propriedade industrial da sociedade devedora permite a responsabilização da sociedade entretanto constituída (e para a qual foram transferidos os activos empresariais da primeira) pelos danos resultantes, para aquela, da sua violação, nos termos do disposto no artigo 338º-L do CPI. Este é um meio de tutela eficiente dos interesses dos credores sociais, uma vez que eles podem, agindo em via sub-rogatória, pedir para a sociedade devedora uma indemnização calculada segundo regras que, aparentemente, são expressão de funções que ultrapassam a ressarcitória (na medida em que a norma autoriza o tribunal a atender, na determinação do respectivo montante, não apenas aos

---

DE TARSO DOMINGUES, *Do Capital Social. Noção, Princípios e Funções*, cit., pp. 139 ss.. Só nos casos em que os bens tenham sido indevidamente recebidos a título de lucros ou reservas a obrigação de restituição está dependente da prova de que eles conheciam ou, tendo em conta as circunstâncias, não deviam ignorar a irregularidade da distribuição, nos termos do disposto no artigo 34º, nº 1, do CSC.

[90] Cf. FERNANDO DE GRAVATO MORAIS, *Resolução em Benefício da Massa Insolvente*, Almedina, Coimbra, 2008, pp. 48 ss..

[91] Para a análise desta cláusula geral, já constante do artigo 260º do Código da Propriedade Industrial anteriormente vigente, cf. JOSÉ DE OLIVEIRA ASCENSÃO, *Concorrência Desleal. Parte Geral*, Associação Académica da Faculdade de Direito de Lisboa, Lisboa, 2000, pp. 141 ss.; ADELAIDE MENEZES LEITÃO, *Estudo de Direito Privado sobre a Cláusula Geral da Concorrência Desleal*, Almedina, Coimbra, 2000, *passim*.

QUESTÕES DE DIREITO SOCIETÁRIO EM PORTUGAL E NO BRASIL

danos emergentes e lucros cessantes sofridos pela parte lesada, mas ainda ao lucro obtido pelo infractor)[92].

A tutela dos credores sociais é ainda assegurada pelo recurso às regras de responsabilização de gerentes e administradores. Estes serão responsáveis pelos danos causados pela prática dos actos cuja subsistência ou validade possa ser posta em causa através do recurso aos mecanismos que foram referidos, mas também por outros comportamentos bastante comuns no tipo de situações em análise, como o desvio de oportunidades de negócio para uma outra sociedade[93]. Esta será uma responsabilidade interna, ou seja, perante a própria sociedade que administram, mas os credores sociais podem subrogar-se à sociedade no caso de inércia desta[94] – e deve ter-se presente que o facto de o acto ou omissão assentar em deliberação da assembleia geral de sócios apenas afasta esta responsabilidade se essa deliberação não for nula, o que será o caso se o seu conteúdo for contrário ao disposto no artigo 6º do CSC. À responsabilidade dos titulares do órgão de administração acresce ainda a responsabilidade solidária de sócios que possam, nos termos do disposto nas diversas alíneas do artigo 83º do CSC, ser considerados sócios controladores[95].

Mas os credores sociais têm ainda ao seu dispor uma acção directa contra gerentes e administradores quando estes tenham culposamente violado normas destinadas à protecção daqueles[96], sempre que, em consequência,

[92] Para a análise das funções que, além da ressarcitória, pode desempenhar a indemnização, no âmbito das consequências da violação, pelos membros do órgão de administração, da violação de não apropriação de oportunidade de negócio societária, cf. MARIA DE FÁTIMA RIBEIRO, *O dever de os administradores não aproveitarem, para si ou para terceiros, oportunidades de negócio societárias*, em curso de publicação.

[93] Sobre a responsabilidade de gerentes e administradores pelo desvio de oportunidades de negócio societárias em benefício próprio ou de terceiros, cf. MARIA DE FÁTIMA RIBEIRO, *O dever de os administradores não aproveitarem, para si ou para terceiros, oportunidades de negócio societárias*, em curso de publicação.

[94] Não está, naturalmente, excluído o recurso à acção directa dos credores sociais prevista no artigo 78º, nº 1, do CSC se, por força do desvio da oportunidade de negócio, o património social deixou de conseguir satisfazer esses credores.

[95] Cf. MARIA DE FÁTIMA RIBEIRO, *A Tutela dos Credores da Sociedade por Quotas e a "Desconsideração da Personalidade Jurídica"*, cit., pp. 624 ss..

[96] Normas de protecção que podem ter natureza legal ou estatutária. Sobre o tema, bem como sobre o sentido da expressão "norma de protecção", em geral e particularmente quando se trate de normas de protecção de credores sociais, cf. MARIA DE FÁTIMA RIBEIRO, *A Tutela dos Credores da Sociedade por Quotas e a "Desconsideração da Personalidade Jurídica"*, cit., pp. 459

## DESCONSIDERAÇÃO DA PERSONALIDADE JURÍDICA E TUTELA DE CREDORES

o património social se tenha tornado insuficiente para a satisfação dos respectivos créditos, nos termos do artigo 78º, nº 1, do CSC. Entre outros preceitos legais que podem ser aqui convocados (como é, nomeadamente, o caso do artigo 6º do CSC[97]), destaca-se que os artigos 18º e 19º do CIRE devem ser considerados normas de protecção dos credores sociais; o facto de os gerentes e administradores não terem apresentado a sociedade à insolvência nos sessenta dias seguintes à data em que tenham ou devessem ter conhecido a sua situação de insolvência constitui ilícito passível de integrar a hipótese da norma referida[98].

Simplesmente, a acção regulada no número 1 do artigo 78º pressupõe a alegação e prova dos factos constitutivos da responsabilidade dos administradores aí previstos, o que apresenta algumas dificuldades. Desde logo, é preciso demonstrar a violação culposa de disposições legais ou contratuais destinadas à protecção dos credores sociais[99]. Mas a maior dificuldade parece assentar aqui na prova do nexo de causalidade entre este facto e o dano, ou seja, em mostrar que os credores/autores não conseguem obter da sociedade a satisfação dos seus créditos porque a prática destes factos pelos administradores tornou o património social insuficiente para o efeito. Mais concretamente, quanto à violação da obrigação de apresentação tempestiva da sociedade à insolvência, os credores devem provar que, se a sociedade tivesse sido apresentada à insolvência no momento devido, os seus créditos teriam sido satisfeitos, na totalidade ou em maior medida; e que, devido ao não cumprimento deste dever por parte dos administradores, o património social já não tem condições para os satisfazer, ou apenas pode fazê-lo em soma inferior. A medida do dano será, aqui, a diferença entre estes dois montantes[100]. Tal demonstração é, ao que tudo indica, muito

---

ss.; RICARDO COSTA, *Responsabilidade dos gerentes de sociedade por quotas perante credores e desconsideração da personalidade jurídica...*, cit., pp. 52 ss..

[97] Cf. JORGE MANUEL COUTINHO DE ABREU, *Diálogos com a Jurisprudência, II*, cit., pág. 53; RICARDO COSTA, *Responsabilidade dos gerentes de sociedade por quotas perante credores e desconsideração da personalidade jurídica...*, cit., pág. 54.

[98] Cf. MARIA DE FÁTIMA RIBEIRO, *A responsabilidade de gerentes e administradores pela actuação na proximidade da insolvência de sociedade comercial*, in "O Direito", 142º, 2010, I, 81-128, pp. 126 ss.; *idem*, *A responsabilidade dos administradores na crise da empresa*, cit., pp. 391 ss..

[99] Sobre o problema, cf. MARIA DE FÁTIMA RIBEIRO, *A Tutela dos Credores da Sociedade por Quotas e a "Desconsideração da Personalidade Jurídica"*, cit., p. 460, notas 140 e 141.

[100] Cf. GAUDENCIO ESTEBAN VELASCO, «La acción individual de responsabilidad», cit., pág. 210.

QUESTÕES DE DIREITO SOCIETÁRIO EM PORTUGAL E NO BRASIL

difícil. A análise das decisões dos nossos tribunais superiores permite concluir que, nestes casos, os autores não conseguem fazer a prova deste nexo de causalidade[101]. Pelo que seria desejável a consagração legal expressa da responsabilidade de gerentes e administradores neste contexto, a exemplo do que já aconteceu entre nós e ainda acontece na generalidade dos outros países do espaço europeu[102].

## 6. A possível responsabilidade dos sócios por *culpa in contrahendo*

Finalmente, existem situações nas quais não está em causa a personalidade jurídica da sociedade e os sócios podem – e devem – ser directamente responsabilizados pelos danos causados aos credores sociais: é de afirmar a *culpa in contrahendo* de qualquer sócio cuja intervenção, no negócio entre a sociedade e os credores sociais, tenha fundadamente constituído, para estes, "um autónomo factor de confiança, pela credibilidade e competência, que o próprio reivindica e o mercado lhe reconhece [...], de que retira proventos". Pois se os sócios tiverem participado nas negociações de contrato entre a sociedade e terceiro e, embora não sendo partes no contrato, tiverem podido "influenciar significativamente o processo negocial e o seu desfecho, com intervenção causal na produção de danos", pode entender-se, com a nossa doutrina, que eles estão incluídos no "círculo de responsabilidade" desenhado pelo artigo 227º do Código Civil, especificamente por violação dos deveres de informação[103]/[104]. Note-se que nesta posição

---

[101] MARIA DE FÁTIMA RIBEIRO, *A responsabilidade de gerentes e administradores pela actuação na proximidade da insolvência de sociedade comercial*, cit., p. 128; *idem, A responsabilidade dos administradores na crise da empresa*, cit., pp. 400 ss.; JORGE MANUEL COUTINHO DE ABREU, *Diálogos com a Jurisprudência, II*, cit., pág. 54.

[102] Cf. a análise de MARIA DE FÁTIMA RIBEIRO, *A responsabilidade de gerentes e administradores pela actuação na proximidade da insolvência de sociedade comercial*, cit., pp. 84 ss.; *idem, A responsabilidade dos administradores na crise da empresa*, cit., pp. 397 ss..

[103] Cf. JOAQUIM DE SOUSA RIBEIRO, *Responsabilidade pré-contratual. Breves anotações sobre a natureza e regime*, in "Estudos em Homenagem ao Professor Doutor Manuel Henrique Mesquita", vol. II, Boletim da Faculdade de Direito da Universidade de Coimbra, Studia Iuridica nº 96, Coimbra Editora, Coimbra, 2009, 745-767, pág. 759. Neste sentido, cf. já MANUEL A. CARNEIRO DA FRADA, *Uma "terceira via" no Direito da Responsabilidade Civil?* Almedina, Coimbra, 1997, pp. 98 ss.; *idem, Teoria da Confiança e Responsabilidade Civil*, cit., pp. 154 ss.; CARLOS FERREIRA DE ALMEIDA, *Contratos I. Conceito. Fontes*, 4ª ed., pp. 209 ss..

[104] Também MANUEL A. CARNEIRO DA FRADA, *Teoria da Confiança e Responsabilidade Civil*, cit., pp. 169 ss., depois de procurar na responsabilidade por *culpa in contrahendo* um fundamento para a responsabilização dos sócios de sociedade por quotas ou anónima nos casos em

## DESCONSIDERAÇÃO DA PERSONALIDADE JURÍDICA E TUTELA DE CREDORES

estarão geralmente os gerentes e administradores das sociedades comerciais[105] – até porque, por força do exercício das suas funções, participarão quase sempre nas negociações entre a sociedade que representam e os terceiros que com ela contratam; todavia, nada obsta a que também os sócios possam actuar nos referidos termos (importante é que se retenha que, caso um sócio participe sistematicamente em negociações da sociedade, em condições de as influenciar significativamente, deve ser ponderada a sua qualificação como gerente ou administrador de facto[106], para o efeito de o sujeitar, ainda, às regras de responsabilidade, perante a sociedade ou os próprios credores sociais, que o Código das Sociedades prevê nos artigos 72º e seguintes)[107].

A existência dos referidos deveres de informação é de afirmar neste contexto, uma vez que existe, normalmente, assimetria informativa: os sócios e/ou membros do órgão de administração da sociedade têm fácil acesso a conteúdos relevantes para a celebração do contrato, conteúdos esses a que a outra parte não pode aceder, pelo menos com dispêndio razoável de esforço. E uma vez que a sua afirmação assenta neste desequilíbrio, cessam os deveres de informar onde começa o ónus de a outra parte diligenciar no sentido de obter a informação relevante[108].

O que acaba de se expor vale para o grupo de casos em análise, mas também para as situações em que a sociedade, através da actuação dos seus

---

que esteja em causa a invocação da "desconsideração da personalidade jurídica" da sociedade, acaba por concluir, na pág. 173, que esta "aceitação [...] da existência de normas jurídicas a imputar directamente aos sócios determinados prejuízos pela sua conduta torna em rigor perfeitamente dispensável o recurso à desconsideração enquanto noção técnica".

[105] Cf. MANUEL A. CARNEIRO DA FRADA, *Uma "terceira via" no Direito da Responsabilidade Civil?*, cit., pág. 99.

[106] Cf. MARIA DE FÁTIMA RIBEIRO, *A Tutela dos Credores da Sociedade por Quotas e a "Desconsideração da Personalidade Jurídica"*, cit., pp. 465 ss.. Este fenómeno é particularmente visível nos casos em que a sociedade por quotas tenha carácter personalista, ou quando seja unipessoal. Cf. HANS CHRISTOPH GRIGOLEIT, *Gesellschafterhaftung für interne Einflussnahme im Recht der GmbH*, cit., pág. 115.

[107] Cf. MANUEL A. CARNEIRO DA FRADA, *Teoria da Confiança e Responsabilidade Civil*, cit., pp. 120 ss., e 169 ss..

[108] Cf. JOAQUIM DE SOUSA RIBEIRO, *Responsabilidade pré-contratual. Breves anotações sobre a natureza e regime*, cit., pág. 752. Nas palavras de MANUEL A. CARNEIRO DA FRADA, *Uma "terceira via" no Direito da Responsabilidade Civil?*, cit., pág. 103, "a imprudência ou a incúria do confiante tornam injustificada a sua protecção".

QUESTÕES DE DIREITO SOCIETÁRIO EM PORTUGAL E NO BRASIL

representantes ou com intervenção dos seus sócios, continua a estabelecer relações contratuais com terceiros depois de esgotado o prazo durante o qual deveria ter sido apresentada à insolvência[109], ou quando a sociedade se encontra em situação de manifesta subcapitalização material[110].

Contudo, cabe aqui uma especificação: se, em qualquer destes contextos, os sócios e/ou os membros do órgão de administração da sociedade levaram terceiros a contratar com a mesma através do emprego de sugestão ou artifício – que não sejam usuais nem considerados legítimos segundo as concepções dominantes no comércio jurídico –, com a intenção de induzir ou manter em erro esses terceiros, as declarações negociais destes podem ser anuladas com base no facto de a sua vontade ter sido determinada por dolo – sendo certo que, por estarmos perante dolo de terceiro, se deve considerar que a sociedade tinha ou devia ter conhecimento dele, nos termos dos artigos 253º e 254º do Código Civil[111].

Ainda é possível considerar que o dolo é do próprio contraente e não de terceiro, ou seja, que existe dolo da sociedade, desde que se impute à sociedade o dolo do sócio – e aí (como, de resto, na anterior afirmação de imputação à sociedade do conhecimento do dolo do seu sócio) estaríamos eventualmente no âmbito do recurso à "desconsideração da personalidade jurídica" para efeitos de imputação (e não de responsabilidade)[112]/[113]. Toda-

---

[109] Cf. MARIA DE FÁTIMA RIBEIRO, *A responsabilidade dos administradores na crise da empresa*, cit., pág. 403, nota 38.

[110] MARIA DE FÁTIMA RIBEIRO, *O capital social das sociedades por quotas e o problema da subcapitalização material*, cit., pág. 74.

[111] Cf. CARLOS FERREIRA DE ALMEIDA, *Contratos I. Conceito. Fontes*, cit., pp. 211 ss.. O Autor esclarece que o titular do direito potestativo de anulação pode cumular o pedido de indemnização com a anulação do contrato, ou optar apenas pelo pedido de indemnização (possibilidade que não fica excluída pelo facto de se manter o contrato em vigor).

[112] Valem aqui, *mutatis mutandis*, as considerações que já tivemos oportunidade de tecer em sede de imputação à sociedade da má fé de sócio, no âmbito da impugnação pauliana de negócio jurídico celebrado entre a sociedade e terceiro. Cf. MARIA DE FÁTIMA RIBEIRO, *A Tutela dos Credores da Sociedade por Quotas e a "Desconsideração da Personalidade Jurídica"*, cit., pp. 319 ss.; *idem, Da pertinência do recurso à "desconsideração da personalidade jurídica" para tutela dos credores sociais*, cit., pp. 54 ss.; *idem, Contrato de franquia (franchising): o recurso à "desconsideração da personalidade jurídica" para tutela dos interesses do franquiador (Acórdão do Tribunal da Relação do Porto, de 22 de Junho de 2009)*, in "Cadernos de Direito Privado", nº 27, 2009, 1-19, pp. 17 ss..

[113] Em qualquer caso, é ainda pensável a possibilidade de anulação de negócio jurídico celebrado entre a sociedade e terceiro quando, no contexto em análise, não possa falar-se de dolo,

## DESCONSIDERAÇÃO DA PERSONALIDADE JURÍDICA E TUTELA DE CREDORES

via, também neste tipo de casos uma significativa parte da doutrina nega a necessidade de recurso a tal solução, uma vez que ao mesmo resultado se chegaria através de uma interpretação finalista das normas em causa (estamos no âmbito das chamadas teses "negativistas" relativamente à "desconsideração da personalidade jurídica", que – recordamos – têm encontrado expressão significativa na doutrina italiana, particularmente no âmbito daquelas construções que propõem a revisão do conceito de pessoa colectiva, no sentido de o entender como uma expressão linguística utilizada para resumir uma dada disciplina normativa[114]).

---

mas tão-só de erro, nos termos dos artigos 251º e 247º do Código Civil. A lei sujeita a anulabilidade ao facto de o declaratário (neste caso, a sociedade) conhecer ou não dever ignorar a essencialidade, para o declarante, do elemento sobre que incidiu o erro. Cf. CARLOS FERREIRA DE ALMEIDA, *Contratos I. Conceito. Fontes*, cit., pp. 211 ss..

[114] Estas construções partem da proposta de revisão do conceito de pessoa colectiva de ASCARELLI, numa tentativa de ultrapassar a incerteza a que, necessariamente, conduz o recurso à "desconsideração da personalidade jurídica". Neste âmbito, será de referir especificamente a construção de FRANCESCO GALGANO (cf. FRANCESCO GALGANO, *Rapport Général sur les groupements et organismes sans personnalité juridique en droit civil*, in "Travaux de l'Association Henri Capitant. Tome XXI. Les groupements et organismes sans personnalité juridique", Dalloz, Paris, 1969, 5-19, pp. 17 ss.; *idem, Persona giuridica*, in "Digesto. Discipline Privatistiche. Sezione Civile", 4ª ed., UTET, Torino, 1989, 392-407, pág. 401), através da qual o Autor, partindo de uma concepção muito específica de pessoa colectiva, propõe uma solução que não pode ser considerada *Durchgriff* para problemas a que costuma atribuir-se essa natureza. GALGANO define "abuso da personalidade jurídica" como toda e qualquer situação em que exista um aproveitamento do "regime especial" estatuído pelo legislador para as pessoas colectivas "em situações distintas daquelas que justificam a sua aplicação"; pelo que o problema se coloca, necessariamente, "nos mesmos termos em que se coloca, para o intérprete, qualquer problema de aplicação de normas" (cf. FRANCESCO GALGANO, *Persona giuridica*, cit., pp. 403 ss.: para resolver um problema de abuso da personalidade jurídica, o intérprete deverá, nas palavras do Autor, verificar se estão preenchidos, na situação concreta, "os pressupostos de aplicação da disciplina especial sintetizada na noção de pessoa colectiva"; sendo a resposta negativa, a solução consistirá na "desaplicação" da disciplina especial, "restituindo-se" a vigência ao direito comum). Para mais desenvolvimentos, cf. MARIA DE FÁTIMA RIBEIRO, *A Tutela dos Credores da Sociedade por Quotas e a "Desconsideração da Personalidade Jurídica"*, cit., pp. 116 ss., nota 98.

# FUSÃO E CISÃO DE SOCIEDADES

# Incorporação, Fusão e Cisão no Direito Brasileiro

PEDRO MARCELO DITTRICH[*]

## 1. Introdução

As operações societárias têm grande importância na vida prática das sociedades. Elas representam mecanismos de reorganização que são utilizados com frequência pelos empresários no desenvolvimento de suas atividades. Na maior parte das vezes, as operações societárias têm fins econômicos, como o ganho de escala de produção, a obtenção de novas tecnologias ou o planejamento tributário[1] e, em última instância, o aumento da lucratividade das sociedades. Não é incomum, também, a utilização dessas operações para a solução de conflitos entre os sócios da sociedade.

No atual contexto de crescimento e desenvolvimento da economia brasileira, as operações societárias ganham maior relevância ainda. Muitas sociedades estrangeiras, reconhecendo no país um mercado lucrativo para suas atividades, encontram nas operações societárias uma forma de expandir suas atividades em solo nacional. Por outro lado, as sociedades

---

[*] Mestre em Direito Comercial pela Faculdade de Direito da Pontifícia Universidade Católica de São Paulo; Especialista em Direito Internacional pela Faculdade de Direito da Universidade Federal do Rio Grande do Sul (UFRGS); Graduado em Direito pela UFRGS; Graduado em Engenharia Elétrica pela Escola de Engenharia da UFRGS.

[1] COELHO, Fábio Ulhoa. *Curso de direito comercial: de acordo com o novo Código Civil e alterações da LSA*. v. 2. 5. ed. rev. e atual. São Paulo: Saraiva, 2002, p. 480.

QUESTÕES DE DIREITO SOCIETÁRIO EM PORTUGAL E NO BRASIL

nacionais, até para competirem com as estrangeiras que chegam, optam por reestruturar suas atividades e lançam mão das operações de incorporação, fusão e cisão.

Neste contexto, o objetivo do presente texto é descrever os conceitos e as principais características das operações societárias de incorporação, fusão e cisão no direito brasileiro. Para tanto, o trabalho foi estruturado em 6 partes; além da introdução, nos tópicos 2, 3 e 4 são vistos os conceitos e as principais características específicas das operações de incorporação, fusão e cisão, respectivamente. No tópico 5, são expostos alguns aspectos comuns às três operações societárias objetos deste trabalho. São vistos o protocolo e a justificação, e aspectos dos direitos dos debenturistas, do direito de retirada dos sócios dissidentes e também da averbação da sucessão. Por fim, tendo em vista sua destacada importância no âmbito das operações societárias, no último tópico se aprofunda o estudo sobre a proteção dos credores das sociedades envolvidas nas operações de incorporação, fusão e cisão.

## 2. A incorporação

O conceito legal de incorporação está expresso na Lei das Sociedades Anônimas (Lei nº 6.404/1976 – LSA), no art. 227. Segundo este dispositivo, a incorporação é a *"operação pela qual uma ou mais sociedades são absorvidas por outra, que lhes sucede em todos os direitos e obrigações"*.

O Código Civil brasileiro (Lei nº 10.406/2002 – NCCB) traz, em seu art. 1.116, um conceito idêntico[2]. Segundo o NCCB, na *"incorporação, uma ou várias sociedades são absorvidas por outra, que lhes sucede em todos os direitos e obrigações"*.

A doutrina brasileira, a seu turno, também oferece seus conceitos de incorporação. Para ULHOA COELHO, "é a operação pela qual uma sociedade (incorporada) é absorvida por outra (incorporadora)"[3].

---

[2] MUNIZ, Ian de Porto Alegre. *Fusões e aquisições – aspectos fiscais e tributários.* 2.ed. São Paulo : Quartier Latin, 2011, p. 90 e ss. Para este autor, o advento das regras sobre incorporação, fusão e cisão do Novo Código Civil Brasileiro trouxe insegurança jurídica para o sistema normativo do país. Nas próprias palavras do autor, *"a regulamentação do Novo Código Civil é redundante e representou uma 'contribuição de piora' para o sistema jurídico"*.

[3] COELHO, Fábio Ulhoa. *Curso de direito comercial: de acordo com o novo Código Civil e alterações da LSA.* v. 2. 5. ed. rev. e atual. São Paulo: Saraiva, 2002, p. 479.

INCORPORAÇÃO, FUSÃO E CISÃO NO DIREITO BRASILEIRO

Para REQUIÃO, "é a operação pela qual uma ou mais sociedades, de tipos iguais ou diferentes, são absorvidas por outras"[4]. CARVALHOSA, por sua vez, define incorporação como o *"negócio plurilateral que tem como finalidade a integração de patrimônios societários, através da agregação do patrimônio de uma sociedade em outra, com a extinção de uma delas."*[5].

Como bem lembrou REQUIÃO em seu conceito acima transcrito, a incorporação, assim como a fusão e a cisão, pode ser realizada entre sociedades de tipos iguais ou diferentes[6]. Assim, por exemplo, uma companhia pode incorporar outra sociedade anônima, bem como pode incorporar uma sociedade limitada. A seu turno, uma sociedade limitada pode incorporar outra de mesmo tipo, ou pode incorporar uma anônima, por exemplo.

Analisando-se o fenômeno da incorporação, observa-se que, a rigor, uma sociedade não absorve a outra. O que ocorre, na realidade, é a transferência, *in totum*, do patrimônio da incorporada para a incorporadora. Assim, a incorporação ou a absorção é do patrimônio, e não da sociedade propriamente dita[7].

Há que se notar, ainda, que a sociedade incorporada, ao final da operação, acaba por se extinguir. Isto se dá como efeito da transferência total do seu patrimônio e de seus sócios[8].

[4] REQUIÃO, Rubens. *Curso de direito comercial.* v. 2. 20. ed. São Paulo: Saraiva, 1995, p. 207.

[5] CARVALHOSA, Modesto. Comentários à lei de sociedades anônimas: Lei nº 6.404, de 15 de dezembro de 1976, com as modificações das Leis nº 9.457, de 5 de maio de 1997, e nº 10.303, de 31 de outubro de 2001. v. 4. t. 1, 3. ed. rev. e atual. São Paulo: Saraiva, 2003, p. 266.

[6] Decorrência lógica e legal (*caput* do art. 223 da LSA) do fato das operações societárias poderem ser realizadas entre sociedades de tipos iguais ou distintos é a necessidade dessas operações serem aprovadas pelas sociedades envolvidas de acordo com as regras que regem cada uma delas. Assim é que, por exemplo, no caso das companhias, as operações devem ser aprovadas de acordo com as regras para alteração dos seus estatutos, ou seja, para as operações de fusão, cisão e incorporação no que se refere à incorporada, de acordo com art. 136 da LSA, ou seja, com *quorum* qualificado, devendo ser aprovada por no mínimo metade das ações com direito a voto. No que se refere à incorporadora, a decisão sobre a operação deve se dar nos termos do art. 129 da LSA, ou seja, por maioria absoluta dos votos. Em qualquer caso, se a companhia for fechada, o estatuto pode prever especificamente quorum maior do que o legal.

[7] Por conveniência, comodidade e costume, a doutrina e a jurisprudência admitem a utilização da expressão "sociedade incorporada". A expressão, quando utilizada, deve ser compreendida nos termos em que foram colocados aqui, ou seja: na realidade, não é a sociedade que é incorporada, mas sim seu patrimônio.

[8] BULGARELLI, Waldirio. *Fusões, incorporações e cisões de sociedades.* 6. ed. São Paulo: Atlas, 2000, p. 107. Apesar de se referir à extinção de sociedade na fusão, a afirmação também é pertinen-

QUESTÕES DE DIREITO SOCIETÁRIO EM PORTUGAL E NO BRASIL

A transferência integral de patrimônio que ocorre na incorporação implica na transferência de todos os direitos e obrigações da incorporada. A incorporadora, por sua vez, recebe esses direitos e obrigações no exato estado em que se encontravam antes da operação[9]. Ocorre, portanto, o fenômeno jurídico da sucessão universal[10].

A lei, como visto, expressamente previu este fenômeno. As sociedades incorporadas são sucedidas em todos os direitos e obrigações pela incorporadora. No que tange às obrigações, isto significa que a sociedade incorporadora assumirá a responsabilidade pelo seu cumprimento perante todos os credores da sociedade que foi incorporada.

Como contrapartida da transferência patrimonial que ocorre, os sócios da incorporada recebem ações ou quotas da incorporadora. E isso ocorre diretamente, sem passar pelo patrimônio da incorporada[11]. Os sócios da incorporada passam a ser sócios da incorporadora.

Há que se notar que a extinção da incorporada ocorre sem dissolução e liquidação. Não há liquidação porque não há partilha do patrimônio, nem liquidação de débitos previamente à extinção. O patrimônio da incorporada se agrega ao da incorporadora diretamente, como forma de integralização do capital subscrito pela incorporada na incorporadora.

Assim, para resumir o que foi dito sobre o conceito de incorporação, pode-se citar a lição de BULGARELLI. Para esse autor, as características da incorporação são as seguintes: a) *"ser um processo eminentemente societário, ou seja, efetivado sempre entre duas ou mais sociedades (art. 227)"*; b) *"a absorção de sociedade ou sociedades, por outra sociedade (art. 227)"*; c) *"a transmissão global do patrimônio – todos os direitos e obrigações – e a sucessão universal, 'opus legis'"*; d) *"a participação dos acionistas ou sócios das incorporadas diretamente na*

---

te à incorporação: *"a sociedade se extingue porque transmitiu seu patrimônio e seus sócios, portanto, como efeito necessário da fusão* [ou, no caso, da incorporação]*"*. Assim, ao final da operação de incorporação, os sócios não mais terão este *status* em relação à incorporada, mas se tornarão sócios da incorporadora. (comentários entre colchetes apostos).

[9] BULGARELLI, Waldirio. *Op. cit.*, p. 107.

[10] Nas palavras de Modesto Carvalhosa (*Op. cit.*, p. 26): "Acarreta a sucessão ope legis, a título universal, de todos os direitos, obrigações e responsabilidades anteriormente assumidos pela sociedade incorporada, por parte da incorporadora."

[11] Veja o art. 223, § 2º, da LSA.

*sociedade incorporadora*"; e e) *"a extinção das sociedades incorporadas e a permanência da incorporadora"*[12].

Deve-se lembrar, também, que o conceito da operação societária de incorporação não se confunde com outras figuras jurídicas também denominadas de incorporação. Assim, a incorporação de que se cogita neste trabalho é distinta da incorporação imobiliária[13], como também é diferente da incorporação de reservas de capital[14], e tampouco se confunde com a incorporação de bens ao capital social[15]. Ressalte-se, além disso, que, apesar de terem procedimentos semelhantes, a incorporação de ações[16], também conhecida como falsa incorporação, e a incorporação propriamente dita[17], por contraste chamada de autêntica, são institutos diversos, especialmente nos seus efeitos, uma vez que, na incorporação de ações, a sociedade incorporada remanesce como subsidiária integral, enquanto na incorporação autêntica a incorporada resta extinta.

A efetivação da incorporação depende de deliberação dos sócios de ambas as sociedades, incorporada e incorporadora. Esta deliberação pode se dar em assembleia-geral de acionistas para as sociedades anônimas (LSA, art. 122, VIII) ou em reunião ou assembleia de quotistas para as sociedades limitadas (NCCB, art. 1.071, VI)[18]. Devem ser atendidas as condições para alteração do estatuto ou do contrato social, respectivamente[19].

A referida assembleia-geral ou os sócios da limitada, de cada uma das sociedades, deverão aprovar as bases do negócio, lançadas no protocolo[20]. Após, deverá ocorrer a aprovação do aumento de capital da incorpora-

---

[12] BULGARELLI, Waldirio. *Op. cit.*, p. 217.

[13] Para conhecer a definição de incorporação imobiliária veja o parágrafo único do art. 28 da Lei nº 4.591/1964.

[14] Veja o art. 200, IV, da LSA.

[15] Veja o art. art. 8º, §§ 2º e 4º da LSA.

[16] Veja o art. 252 da LSA.

[17] CARVALHOSA, Modesto. Comentários à lei de sociedades anônimas: Lei nº 6.404, de 15 de dezembro de 1976, com as modificações da Lei nº 11.638, de 28 de dezembro de 2007. v. 4. t. 2, 3. ed. rev. e atual. São Paulo: Saraiva, 2009, p. 140.

[18] Deve-se observar a exceção do § 3º do art. 1.071, que dispensa a realização de reunião ou assembleia quando todos os sócios decidirem por escrito o assunto que seria objeto da reunião ou assembleia.

[19] COELHO, Fábio Ulhoa. *Op. cit.*, p. 480. Veja, também, a Nota nº 6.

[20] Sobre o protocolo, veja adiante o item dedicado a este instrumento das operações societárias.

QUESTÕES DE DIREITO SOCIETÁRIO EM PORTUGAL E NO BRASIL

dora, a ser subscrito pela incorporada e realizado mediante a versão do patrimônio líquido desta última. Cabe também à assembleia-geral ou aos sócios da incorporadora a nomeação dos peritos que avaliarão o patrimônio líquido da incorporada.

No que diz respeito à incorporada, seus administradores deverão ser autorizados a praticar todos os atos relativos à incorporação, entre eles a subscrição do aumento de capital da incorporadora. Note-se, também, que a subscrição que a sociedade incorporada realiza não é em seu próprio nome, mas no de seus sócios.

Para finalizar a operação, nova deliberação da incorporadora é necessária. Nesta deverão ser aprovados a própria operação e o referido laudo de avaliação do patrimônio da incorporada. Feita esta aprovação, a incorporada restará extinta[21], cabendo os atos de arquivamento e publicação, como dever legal, à incorporadora.

Deve-se ressaltar que os atos de registro, dos quais fazem parte o arquivamento e a publicação, não são meras formalidades. Deles decorrem importantes consequências. Por exemplo, contra terceiros, os atos de incorporação somente têm validade e eficácia após a publicação[22]. Por fim, outra consequência importante é que os prazos previstos nos arts. 232 da LSA e 1.122 do NCCB, que dispõem sobre mecanismos de proteção dos credores, passam a contar a partir da publicação dos atos de incorporação.

Quanto aos credores das sociedades que participam da incorporação, caso se sintam prejudicados, poderão tentar anular a operação. O meio para isso será a ação anulatória, cujos pressupostos são o crédito anterior à operação e o prejuízo do credor. O prazo para impetrar a ação é de sessenta dias para os credores de companhias, e noventa para as sociedades regidas pelo NCCB, entre elas as limitadas, ambos contados da publicação dos atos da incorporação. Segundo os termos do art. 232 da LSA, trata-se de prazo decadencial e, portanto, não é passível de interrupção ou suspensão.

Impetrada a ação, a sociedade incorporadora poderá consignar o valor da dívida líquida. Se o fizer, o juiz ficará impedido de declarar a nulidade da incorporação. Sendo a dívida ilíquida, a sociedade poderá garantir a execução, fato que, segundo a lei, leva à suspensão da ação anulatória.

---

[21] Ressalte-se que a extinção se dá em virtude da lei e não por vontade dos sócios da incorporadora.

[22] CARVALHOSA, Modesto. *Op. cit.*, p. 290.

Por fim, se a incorporadora vier a falir nos prazos referidos, qualquer credor anterior poderá pedir ao juízo da falência a separação de patrimônios, para que os créditos anteriores sejam suportados pelos patrimônios originais das sociedades. O efeito da separação alcança todos os credores.

## 3. A fusão

O conceito legal de fusão, da mesma forma que o de incorporação, está expresso na LSA e no NCCB[23]. Apesar de escritos de forma distinta, o conceito intrínseco a ambos os dispositivos é o mesmo. Na LSA temos que a fusão "é a operação pela qual se unem duas ou mais sociedades para formar sociedade nova, que lhes sucederá em todos os direitos e obrigações"[24]. Tem-se, no NCCB, focado em um dos principais efeitos da operação, que a *"fusão determina a extinção das sociedades que se unem, para formar sociedade nova, que a elas sucederá nos direitos e obrigações"*[25].

Para ULHOA COELHO, a fusão *"é a união de duas ou mais sociedades, para a formação de uma nova"*[26]. Já para REQUIÃO, a fusão *"é a operação pela qual se unem duas ou mais sociedades, de tipos iguais ou diferentes, para formar sociedade nova, que lhes sucederá em todos os direitos e obrigações"*[27].

O conceito de BULGARELLI também é bastante próximo ao da lei: *"Trata-se da união de duas ou mais sociedades que se extinguem dando lugar a criação de uma nova, que as sucede em todos os direitos e obrigações"*[28]. PEIXOTO, a seu turno, agrega o elemento patrimonial à sua definição: *"Fusão é a reunião do patrimônio de duas ou mais sociedades, passando a formar uma nova e única"*[29].

---

[23] O conceito de fusão já estava presente na legislação brasileira do século XIX, conforme se depreende do art. 213 do Decreto nº 434, de 4 de julho de 1891, *in verbis*: *"Art. 213. A fusão de duas ou mais sociedades anonymas, em uma só, se considerará como constituição da nova sociedade, e, portanto, se realizará de conformidade com os arts. 65 e seguintes deste decreto"*.

[24] Veja o art. 228 da LSA.

[25] Veja o art. 1.119 do NCCB.

[26] COELHO, Fábio Ulhoa. *Op. cit.*, p. 479.

[27] REQUIÃO, Rubens. *Op. cit.*, p. 208.

[28] BULGARELLI, *Op. cit.*, p.219.

[29] PEIXOTO, Carlos Fulgêncio da Cunha. *Sociedades por ações*. v.5. São Paulo: Saraiva, 1973, p. 25.

QUESTÕES DE DIREITO SOCIETÁRIO EM PORTUGAL E NO BRASIL

Assim, na fusão, duas ou mais sociedades decidem constituir nova sociedade, para a qual verterão todos os seus patrimônios[30]. Como na incorporação, a transferência do patrimônio se dá em bloco, *in totum*.

Percebe-se que na fusão, a rigor, não são as sociedades que se unem. Na verdade, o que ocorre é a união de patrimônios, que irão formar o patrimônio da nova sociedade que é constituída.

Dessa forma, a sociedade nova resultante da fusão de outras assumirá todos os direitos daquelas e, em relação às obrigações, será responsável pelo cumprimento de todas elas. Da mesma forma como ocorre na incorporação, os direitos e obrigações são recebidos inalterados em seu objeto e conteúdo. Ocorre a sucessão universal, aliás, como a própria lei previu ao determinar que a nova sociedade *"sucederá* [as que se fundem] *em todos os direitos e obrigações"*[31].

Na fusão, a lei também não faz restrição ao tipo das sociedades que a podem realizar. Podem se fundir, por exemplo, companhias com outras companhias. Sociedades limitadas com outras limitadas. Uma limitada com uma companhia.

As sociedades que se fundem, ao final da operação, acabam extintas. Não lhes resta patrimônio, tampouco sócios[32]. Estes sócios, em contrapartida ao patrimônio líquido que foi transferido, receberão ações ou quotas da nova sociedade resultante da fusão. E este fato se dá diretamente, não passando as ações ou quotas pelo patrimônio das sociedades que se extinguem.

Na fusão, de forma semelhante à incorporação, a extinção se dá independentemente de dissolução ou liquidação. Não há partilha de bens entre os sócios, nem tampouco o pagamento de obrigações com fins de liquidação. Direitos e obrigações passam diretamente para a nova sociedade, enquanto as ações ou quotas desta passam diretamente para os sócios das extintas.

---

[30] O conceito legal de fusão exige que duas ou mais sociedades se unam, o que afasta, definitivamente, a possibilidade de fusão para a figura dos empresários, pessoas físicas. Na hipótese de dois empresários se unirem para constituir uma nova sociedade, estar-se-á diante apenas de uma constituição, e não de fusão.

[31] Art. 228 da LSA. (comentário entre colchetes aposto).

[32] BULGARELLI, Waldirio. *Op. cit.,* p. 219. Ocorre, no dizer do autor, o efeito *"extintivo-associativo"*, haja vista que ao mesmo tempo em que se extinguem as fusionadas, nova sociedade é criada com o patrimônio e sócios das extintas.

INCORPORAÇÃO, FUSÃO E CISÃO NO DIREITO BRASILEIRO

Assim, pode-se fazer um paralelo com a lição de BULGARELLI sobre a incorporação[33], e resumir as características da fusão que são atinentes ao seu conceito: a) *"ser um processo eminentemente societário, ou seja, efetivado sempre entre duas ou mais sociedades"*; b) a união de dois patrimônios para formar um terceiro pertencente à nova sociedade; c) *"a transmissão global do patrimônio – todos os direitos e obrigações – e a sucessão universal, 'opus legis'"*; d) *"a participação dos acionistas ou sócios"* das que se fundem *"diretamente na nova sociedade"*; e e) a criação de uma nova sociedade e a extinção das que se fundem.

A efetivação da fusão, da mesma forma que a incorporação, também depende de deliberação dos sócios de ambas as sociedades que se fundem. A assembleia-geral da companhia ou os sócios da limitada deverão aprovar o protocolo de fusão, que conterá as bases da operação, inclusive o projeto de ato constitutivo da nova sociedade que será constituída caso a operação seja aprovada por ambas as sociedades.

Cada sociedade deverá nomear peritos para avaliar o patrimônio das outras sociedades envolvidas. No momento da aprovação dos respectivos laudos, a lei veda que os sócios se manifestem sobre o laudo de sua própria sociedade.

Apresentados os referidos laudos de avaliação, será convocada assembleia ou reunião de constituição da nova sociedade. Nesta assembleia ou reunião estarão presentes os sócios das diversas sociedades que pretendem realizar a fusão. Neste momento, os laudos serão aprovados ou rejeitados. Caso sejam aprovados, constituir-se-á a nova sociedade.

Como se trata de nova sociedade, as regras de constituição do tipo societário da sociedade que se cria deverão ser observadas. Constituindo-se uma companhia, por exemplo, deverão ser observadas as normas do art. 80 e seguintes da LSA[34]. Se limitada, as disposições do NCCB, em especial as do art. 981 e seguintes.

Constituída a nova companhia, os atos de arquivamento e publicação caberão aos administradores da nova sociedade. Ressalte-se, novamente, que se trata de providência importante, haja vista que dessas formalidades dependem a validade e eficácia dos atos de fusão contra terceiros, além de ser determinante para a contagem de prazos importantes (art. 232 da LSA e 1.122 do NCCB).

---

[33] BULGARELLI, Waldirio. *Op. cit.*, p. 217.
[34] CARVALHOSA, Modesto. *Op. cit.*, p. 287.

QUESTÕES DE DIREITO SOCIETÁRIO EM PORTUGAL E NO BRASIL

Os credores considerados prejudicados das sociedades que participam da fusão também poderão tentar anular a operação. O meio para isso será a ação anulatória, cujos pressupostos são o crédito anterior à operação e o prejuízo do credor. O prazo para impetrar a ação é de sessenta dias para os credores de companhias, e noventa para os de limitadas, ambos contados da publicação dos atos da fusão. Os meios para se elidir a declaração de nulidade são os mesmos da incorporação: a consignação do valor, se a dívida for líquida e, se ilíquida, a garantia da execução.

Por fim, se a nova sociedade vier a falir nos prazos referidos, também poderá ser pedida a separação de patrimônios, para que os bens originais de cada sociedade suportem as respectivas obrigações anteriores à operação. O efeito da separação também alcança todos os credores.

## 4. A cisão

Entre as operações societárias positivadas no direito brasileiro[35], a cisão foi a última que recebeu tratamento expresso na lei. Esta operação somente ingressou no ordenamento jurídico brasileiro com o advento da Lei nº 6.404 (LSA), em 1976, enquanto as demais já constavam de instrumentos normativos anteriores, como, por exemplo, o Decreto-lei nº 2.627, de 1940, e o Decreto nº 434, de 1891, que já trazia previsão sobre a fusão de sociedades anônimas.

O conceito legal de cisão está expresso no art. 229 da LSA. O NCCB, por sua vez, não tratou da cisão, a não ser em único momento, no art. 1.122[36], que dispõe sobre mecanismos de proteção de credores das sociedades que participam da operação societária.

Segundo o art. 229 da LSA, a cisão "é a operação pela qual a companhia transfere parcelas do seu patrimônio para uma ou mais sociedades, constituídas para esse fim ou já existentes, extinguindo-se a companhia cindida, se houver versão de todo o seu patrimônio [cisão total], *ou dividindo-se o seu capital, se parcial a versão* [cisão parcial]".

A doutrina, evidentemente, também apresenta seus conceitos. Para ULHOA COELHO, "*a cisão é a operação pela qual uma sociedade empresária trans-*

---

[35] Segundo leciona Fábio Ulhoa Coelho (*Op. cit.*, p. 480), "*as operações societárias são quatro: transformação (mudança do tipo societário), incorporação (absorção de uma sociedade por outra), fusão (união de sociedades) e cisão (divisão da sociedade, ou transferência de parte de seu patrimônio).*"

[36] COELHO, Fábio Ulhoa. *Op. cit.*, p. 478.

*fere para outra, ou outras, constituídas para essa finalidade ou já existentes, parcelas do seu patrimônio, ou a totalidade deste"*[37]. Por sua vez, para CARVALHOSA *"a cisão constitui negócio jurídico desassociativo, consubstanciado em contrato plurilateral que afeta a personalidade jurídica da companhia cindenda, que será extinta (art. 219) ou parcialmente destituída de parte de seu patrimônio (cisão parcial), com permanência integral de sua estrutura jurídica"*[38].

Diferentemente da incorporação e da fusão, a ideia de transferência patrimonial está expressa no conceito legal de cisão, apesar de estar presente em todas as referidas operações. O conceito legal é claro: a sociedade que se cinde transfere parcelas de seu patrimônio.

Esta transferência patrimonial pode se dar para uma ou mais sociedades. Estas podem preexistir, ou serem constituídas especificamente para o fim da operação.

Se a sociedade transferir todo o seu patrimônio, ressalte-se que sempre em parcelas e, neste caso, para mais de uma sociedade, ocorrerá a chamada cisão total. A sociedade cindida, assim, restará extinta ao final da operação, vazia de patrimônio e sócios. Apesar da extinção, da mesma forma que nas demais operações societárias, não ocorre dissolução nem liquidação.

Se a transferência patrimonial não for total, a sociedade cindida continuará existindo após a operação. Trata-se da cisão parcial.

Na cisão também ocorre a sucessão. Entretanto, o fenômeno se dá de forma distinta da incorporação e da fusão. Nestas, ao final da operação resta apenas uma única sociedade, que sucede a que se extingue, em todos os direitos e obrigações. Ocorre, como visto, a sucessão universal.

Na cisão parcial, a sociedade que recebe a parcela patrimonial sucede a primeira somente nos direitos e obrigações expressamente relacionados no ato da cisão. Os demais direitos e obrigações permanecem com a cindida. A responsabilidade de ambas pelo cumprimento das obrigações da cindida, entretanto, nos termos do art. 233 da LSA, é solidária.

No caso de cisão total, hipótese de extinção da cindida como efeito da versão de todo o seu patrimônio, as sociedades que receberem as parcelas patrimoniais sucederão àquela nos direitos e obrigações expressamente relacionados no ato de cisão. Nos não relacionados, caso de omissão[39],

---

[37] COELHO, Fábio Ulhoa. *Op. cit.*, p. 479.
[38] CARVALHOSA, Modesto. *Op. cit.*, p. 226.
[39] COELHO, Fábio Ulhoa. *Op. cit.*, p. 482.

QUESTÕES DE DIREITO SOCIETÁRIO EM PORTUGAL E NO BRASIL

responderão de forma proporcional ao patrimônio líquido recebido. Da mesma forma como ocorre na cisão parcial e nos termos do art. 233 da LSA, as sociedades que receberam as parcelas patrimoniais respondem solidariamente pelas obrigações da sociedade extinta.

Na cisão, bem como nas demais operações societárias, não há restrição quanto ao tipo da sociedade que a realiza. Assim, por exemplo, tanto companhias como sociedades limitadas podem ser cindidas. Da mesma forma, as sociedades beneficiárias do patrimônio da que se cinde também podem ser companhias ou outra sociedade regida pelo NCCB.

Se a cisão se der com transferência de parcela patrimonial à sociedade nova, não será necessária a existência de protocolo[40]. Bastará a justificação, contendo os mesmos elementos protocolares (art. 229, §2º)[41].

A assembleia ou os sócios da sociedade que se cindirá, se aprovarem a justificação, nomearão peritos para avaliar a parcela do patrimônio a ser transferida. Nova assembleia ou reunião dos sócios constituirá a nova sociedade.

Se a cisão envolver beneficiária existente, as regras são distintas das vistas acima. Aplicam-se as normas pertinentes à incorporação[42].

Por seu turno, o dever de arquivamento e publicação dos atos da cisão é das sociedades que continuarem a existir após a operação. Se total a cisão, caberá às beneficiárias o dever de arquivar e publicar os respectivos atos. Se parcial, tanto beneficiárias quanto a própria cindida têm esse dever.

Na cisão, os sócios da cindida, em contrapartida ao patrimônio transferido, receberão ações das beneficiárias, na exata proporção das que possuíam. Eventual atribuição em proporção diferente da original demandará aprovação de todos os acionistas ou quotistas, inclusive dos que não têm direito à voto[43].

---

[40] O protocolo tem natureza contratual. É instrumento eminentemente bilateral, onde as sociedades envolvidas na operação societária pactuam os seus diversos interesses. No caso, como quem decide sobre a cisão é apenas a cindida, não há porque se ter um instrumento contratual. Basta a justificação.

[41] *"Art. 229. (...) § 2º Na cisão com versão de parcela do patrimônio em sociedade nova, a operação será deliberada pela assembleia-geral da companhia à vista de justificação que incluirá as informações de que tratam os números do artigo 224; (...)"*

[42] Veja o art. 229, §3º e o art. 227.

[43] Veja o art. 229, §5º.

INCORPORAÇÃO, FUSÃO E CISÃO NO DIREITO BRASILEIRO

Tendo em vista a pluralidade de sociedades que continuam a existir ao final da operação de cisão, foi possível ao legislador engendrar outro mecanismo de proteção aos credores da cindida. Trata-se da solidariedade, instituto que, por suas características, serve como garantia da prestação a que os credores têm direito[44].

No caso de se tratar de cisão total, com extinção da cindida, as sociedades receptoras de seu patrimônio responderão solidariamente por todas as suas obrigações que, por evidente, serão anteriores à operação. Se a hipótese for de cisão parcial, a cindida e as beneficiárias do seu patrimônio responderão solidariamente por todas as obrigações da primeira anteriores ao ato de cisão. No que diz respeito às obrigações posteriores, caberá exclusivamente à cindida o seu adimplemento.

O direito de regresso do devedor solidário que pagar além de sua quota-parte é disciplinado pelo disposto no §1º do art. 229 da LSA. Cada sociedade receptora responderá pelas obrigações relacionadas no ato de cisão. Se a cisão for parcial, as obrigações não relacionadas caberão à cindida. Se total, as beneficiárias responderão proporcionalmente ao patrimônio líquido recebido.

Não obstante ter oferecido mecanismo de proteção aos credores, o legislador, para a cisão parcial, previu o afastamento da referida solidariedade por ato entre as sociedades partícipes da operação. O protocolo poderá prever que as sociedades beneficiárias somente serão responsáveis pelas obrigações anteriores da cindida que expressamente assumirem, sem solidariedade entre si ou com a cindida.

Os credores, entretanto, na hipótese de existência de pacto que afaste a solidariedade, poderão se opor ao ajuste, estritamente no que diz respeito aos seus próprios créditos. Para que tenha eficácia a oposição, com o afastamento da cláusula de solidariedade em relação aos créditos dos opositores, os credores deverão notificar a sociedade cindida no prazo de noventa dias, contados a partir da publicação dos atos de cisão.

---

[44] Segundo Orlando Gomes (*Obrigações*. 8. ed. Rio de Janeiro: Forense, 1992, p. 278) a solidariedade não se constitui em uma garantia propriamente dita, como a fiança ou o aval. Entretanto, segundo o autor, "*por seu mecanismo, desempenha o mesmo papel. Se, em vez de um só devedor, o credor tem vários devedores vinculados por* solidariedade, *aumentam as possibilidades de realização de seu direito de crédito, por isso que pode exigir a dívida toda de qualquer deles, à sua escolha*". (destaques originais).

QUESTÕES DE DIREITO SOCIETÁRIO EM PORTUGAL E NO BRASIL

Além desse mecanismo, há outro mecanismo no NCCB que pode ser utilizado pelos credores para a proteção do seu crédito. Se a cisão não envolver sociedade por ações, o credor anterior por ela prejudicado poderá promover a anulação da operação (art. 1.122)[45].

## 5. Aspectos comuns às operações de incorporação, fusão e cisão
### 5.1. O protocolo

O protocolo é instrumento que tem por objeto as condições da operação, seja ela a fusão, a incorporação ou a cisão com incorporação em sociedade existente. Como visto anteriormente, o protocolo tem natureza contratual, bilateral, nele sendo pactuados os diversos aspectos da operação. Daí porque a lei previu a desnecessidade do protocolo para o caso da cisão com versão do patrimônio da cindida para sociedade nova, a ser constituída, uma vez que a decisão sobre a operação resta unicamente com os sócios da cindida e, portanto, desnecessário um instrumento contratual bilateral. Segundo a LSA, basta a justificação, contendo, pelo menos, os elementos protocolares mínimos (art. 224 e art. 229, §2º).

Segundo BULGARELLI, o protocolo corresponde a um pacto prévio, sendo *"um documento entre as administrações das sociedades interessadas, o qual, submetido posteriormente à apreciação das assembleias gerais* [ou aos sócios da limitada] *dessas sociedades, será convolado em contrato definitivo"*[46]. Para este autor, o protocolo é instrumento de grande importância, uma vez que *"dele decorrem as condições concertadas entre as sociedades e que orientam a execução da fusão* [e da incorporação e da cisão]*"*[47].

O protocolo pode ser firmado pelos órgãos da administração das sociedades envolvidas ou pelos sócios. Segundo BULHÕES PEDREIRA, nas sociedades que possuem acionistas ou sócios controladores, geralmente são estes que negociam e firmam o protocolo[48].

---

[45] COELHO, Fábio Ulhoa. *Op. cit.*, p. 483.

[46] BULGARELLI, Waldirio. *Comentários à lei das sociedades anônimas – arts. 166 a 174 e 201 a 234.* São Paulo: Saraiva, 1978, p. 148.

[47] BULGARELLI, Waldirio. *Op. cit.*, p. 148. (comentários entre colchetes apostos).

[48] LAMY FILHO, Alfredo e BULHÕES PEDREIRA, José Luiz (coordenadores). *Direito das companhias.* Rio de Janeiro: Forense, 2009, p. 1.756.

INCORPORAÇÃO, FUSÃO E CISÃO NO DIREITO BRASILEIRO

O art. 224 da LSA[49], que trata especificamente sobre o protocolo, prevê uma lista de cláusulas mínimas que devem constar do protocolo. Trata-se de lista meramente exemplificativa.

Entre essas condições mínimas se encontram o número e as características das ações ou, se quotas, a sua quantidade, a serem atribuídas em substituição aos direitos de sócio que se extinguirão, além dos critérios que determinam a respectiva relação de substituição.

Se se tratar de cisão, fará parte do protocolo a especificação dos direitos e obrigações que farão parte dos respectivos patrimônios. Se a cisão for parcial, o protocolo poderá prever, ainda, que as sociedades beneficiárias do patrimônio da cindida serão responsáveis apenas pelas obrigações que lhe forem transferidas, afastando-se a solidariedade com as demais envolvidas, sem prejuízo do direito de oposição dos credores atingidos pelo afastamento da solidariedade.

Entre outros elementos também citados pelo art. 224, o protocolo também terá a indicação do valor do capital das sociedades a serem criadas ou do aumento ou redução do capital das sociedades partícipes da operação. Os projetos de contrato social ou de estatutos que deverão ser aprovados para a concretização da operação são elementos essenciais a serem incluídos no protocolo.

Por fim, no que se refere ainda ao conteúdo do protocolo, CARVALHOSA observa: "*o negócio definitivo estará inteiramente contido no protocolo, na medida em que todos os seus elementos devem ser nele definidos, devendo ter, inclusive, como*

---

[49] Veja o texto do art. 224: "*Art. 224. As condições da incorporação, fusão ou cisão com incorporação em sociedade existente constarão de protocolo firmado pelos órgãos de administração ou sócios das sociedades interessadas, que incluirá: I – o número, espécie e classe das ações que serão atribuídas em substituição dos direitos de sócios que se extinguirão e os critérios utilizados para determinar as relações de substituição; II – os elementos ativos e passivos que formarão cada parcela do patrimônio, no caso de cisão; III – os critérios de avaliação do patrimônio líquido, a data a que será referida a avaliação, e o tratamento das variações patrimoniais posteriores; IV – a solução a ser adotada quanto às ações ou quotas do capital de uma das sociedades possuídas por outra; V – o valor do capital das sociedades a serem criadas ou do aumento ou redução do capital das sociedades que forem parte na operação; VI – o projeto ou projetos de estatuto, ou de alterações estatutárias, que deverão ser aprovados para efetivar a operação; VII – todas as demais condições a que estiver sujeita a operação. Parágrafo único. Os valores sujeitos a determinação serão indicados por estimativa.*"

QUESTÕES DE DIREITO SOCIETÁRIO EM PORTUGAL E NO BRASIL

*anexo, a ser posteriormente juntado, o laudo de avaliação dos patrimônios líquidos envolvido*"[50].

## 5.2. A justificação

A justificação é documento que serve para instruir a assembleia-geral ou os sócios sobre a operação de que se cogita, seja incorporação, fusão ou cisão. Apesar do art. 225 da LSA falar apenas em *"assembleia-geral das companhias"*, é certo que a exigência da justificação se aplica aos demais tipos societários.

A justificação, nas palavras de BULHÕES PEDREIRA, fornece as informações necessárias à assembleia-geral ou aos sócios para verificar se a operação é do interesse da sociedade, além de indicar, nos casos em que há previsão de direito de recesso, o valor do reembolso que será devido se a operação for aprovada[51].

Para CARVALHOSA, o objetivo da justificação é assegurar aos sócios *"o conhecimento de todas as condições da operação, das repercussões que terá sobre os seus direitos, e do valor de reembolso que lhes caberá, caso prefiram usar do direito de retirada"*[52].

O art. 225 da LSA prevê uma lista com as informações mínimas que devem constar da justificação[53]. A lista, assim como a constante no art. 224 da LSA, que trata do protocolo, também não é exaustiva.

Por fim, deve-se lembrar que, nos termos do art. 229, §2º, no caso de cisão com transferência de parcela do patrimônio da cindida para sociedade a ser criada, a justificação deverá conter também os elementos aplicáveis do protocolo, já que se está diante de decisão unilateral da sociedade a ser cindida, fato que não se harmoniza com a natureza bilateral do protocolo.

---

[50] CARVALHOSA, Modesto. *Op. cit.*, p. 239.

[51] LAMY FILHO, Alfredo e BULHÕES PEDREIRA, José Luiz (coordenadores). *Op. cit.*, p. 1.760.

[52] CARVALHOSA, Modesto. *Op. cit.*, p. 249-250.

[53] Veja o art. 225 da LSA: *"Art. 225. As operações de incorporação, fusão e cisão serão submetidas à deliberação da assembleia-geral das companhias interessadas mediante justificação, na qual serão expostos: I – os motivos ou fins da operação, e o interesse da companhia na sua realização; II – as ações que os acionistas preferenciais receberão e as razões para a modificação dos seus direitos, se prevista; III – a composição, após a operação, segundo espécies e classes das ações, do capital das companhias que deverão emitir ações em substituição às que se deverão extinguir; IV – o valor de reembolso das ações a que terão direito os acionistas dissidentes."*

## 5.3. Direitos dos debenturistas

As operações de incorporação, fusão e cisão de companhias emissoras de debêntures que estejam em circulação, para se efetivarem, dependem da aprovação da assembleia de debenturistas, expressamente convocada para este fim. É o que dispõe o *caput* art. 231 da LSA.

A aprovação referida será dispensada se o resgate das debêntures for assegurado no documento protocolar, em um prazo de até seis meses após a operação[54]. O prazo é contado a partir da data de publicação dos atos da respectiva operação, enquanto o resgate é mera faculdade do debenturista, ou seja, este pode decidir se deseja ou não o resgate antecipado das debêntures.

No caso de promessa de resgate na operação de cisão, seja total ou parcial, a cindida e as sociedades que absorverem parcelas do seu patrimônio responderão solidariamente pelo resgate das debêntures. Inaplicável ao caso, portanto, as regras de afastamento da solidariedade perfiladas no parágrafo único do art. 233 da LSA.

## 5.4. Direito de retirada

A aprovação da incorporação e da fusão é, em princípio, hipótese de recesso. O sócio dissidente em relação à essas operações tem direito de se retirar da sociedade. A exceção está na companhia aberta, que tem ações com liquidez e dispersão no mercado. Neste caso, não será possível o exercício do direito de recesso e a maneira do acionista insatisfeito com a operação se desligar da companhia será a venda de suas ações no mercado.

É de se notar, segundo informa ULHOA COELHO[55], que o acionista da incorporadora não tem direito de se retirar da sociedade. No caso de sociedade limitada a regra é diversa: os sócios minoritários da incorporadora têm direito de retirada, segundo os termos do art. 1.077 do NCCB.

Na cisão, a regra é não existir o direito de retirada. Entretanto, se *"em razão da operação societária, verificarem-se consequências que, por lei, confeririam o direito de recesso, este também existirá na cisão"*[56]. ULHOA COELHO cita os casos em que esta última hipótese pode ocorrer: a) *"objeto social da sociedade sucessora é substancialmente diverso da sociedade cindida"*; b) *"a sucessora parti-*

---

[54] COELHO, Fábio Ulhoa. *Op. cit.*, p. 483.
[55] COELHO, Fábio Ulhoa. *Op. cit.*, p. 484.
[56] COELHO, Fábio Ulhoa. *Op. cit.*, p. 484.

QUESTÕES DE DIREITO SOCIETÁRIO EM PORTUGAL E NO BRASIL

*cipa de grupo econômico não integrado pela cindida"*; e c) *"o dividendo obrigatório previsto no estatuto da sucessora é inferior ao previsto no da cindida"*[57].

No caso da operação envolver companhias abertas, a regra do §3°. do art. 223 da LSA determina que as sociedades sucessoras também sejam abertas. O prazo legal para se realizarem as formalidades de abertura de capital é de cento e vinte dias, contados da data da assembleia-geral que aprovar a operação. Permanecendo, no entanto, a sucessora sob o regime fechado, exsurge o direito de recesso, a ser provido nos termos do art. 45 da LSA.

## 5.5. Averbação da sucessão

Diz a lei que a certidão passada no registro do comércio é documento hábil para a averbação da sucessão nos respectivos registros públicos competentes (LSA – art. 234). Sobre o assunto, CARVALHOSA lembra que o dispositivo é abrangente, *"no sentido de que o título do registro comercial vale para o efeito de translação de propriedade imobiliária ou mobiliária"*[58]. E completa, informando além dos limites do dispositivo legal mencionado: *"além da averbação e da transcrição, típicas figuras do direito registrário, também deve ocorrer a inscrição da sucessão junto aos órgãos públicos, visando não somente a matrícula das novas pessoas jurídicas, mas também da assunção de responsabilidades legais e contratuais que cabiam à anterior sociedade"*.

## 6. Proteção dos Credores

Como bem salientou ULHOA COELHO quanto aos créditos tributários e trabalhistas, *"o regime jurídico correspondente confere ao credor garantias"* para que as operações societárias não o prejudiquem. No caso de créditos de natureza civil, a LSA e o NCCB fazem esse papel[59].

Além disso, o regime de tratamento dos direitos dos credores varia de acordo com a operação societária realizada[60]. Em termos práticos, isto significa que o regime aplicável à fusão e à incorporação é diferente do regime aplicável à cisão. Incorporação e fusão, tendo em vista as suas características comuns, podem ser tratadas de forma unitária. Em vista das diversas configurações que pode adotar no direito brasileiro, torna-se conveniente tratar a cisão de forma separada.

---

[57] COELHO, Fábio Ulhoa. *Op. cit.*, p. 485.
[58] CARVALHOSA, Modesto. *Op. cit.*, p. 334.
[59] COELHO, Fábio Ulhoa. *Op. cit.*, p. 482.
[60] COELHO, Fábio Ulhoa. *Op. cit.*, p. 482.

## 6.1. Incorporação e Fusão

Como visto, tanto a incorporação como a fusão implicam na transferência *in totum* do patrimônio de uma ou mais sociedades para outras, que recebem estes patrimônios. Em ambos os casos, como efeito da transferência total de patrimônio, as sociedades que os transmitem são extintas. A transferência do patrimônio determina a alteração no elemento pessoal (subjetivo) do complexo de relações jurídicas que o compõe. As beneficiárias da transferência, receptoras do patrimônio, ocupam o lugar das fusionadas ou incorporadas. Estas são substituídas por aquelas.

Além disso, as relações jurídicas integrantes do patrimônio transferido não são alteradas em seus objetos e conteúdos[61]. Trata-se de sucessão.

É de se notar que, tanto na incorporação quanto na fusão, a transferência em bloco do patrimônio é uma imposição legal. A própria estruturação estabelecida na lei para essas operações impede que o patrimônio das sociedades seja transferido em partes ou que direitos ou obrigações sejam transferidos isoladamente. É o que se depreende dos respectivos dispositivos legais, que expressam que a beneficiária do patrimônio sucederá a transmissora *"em todos os direitos e obrigações"*[62-63].

---

[61] Este fato é decorrência do procedimento legal das operações de incorporação e fusão, onde os credores e devedores das sociedades envolvidas não se manifestam sobre a transferência de patrimônio, a não ser para pedir judicialmente a anulação da operação, conforme previsto no art. 232 da LSA. Quando se manifestam, como ocorre com os debenturistas, não o fazem em relação ao conteúdo de seus direitos, mas somente para aprovar ou não a operação. Dessa forma, é necessário que as relações jurídicas respectivas mantenham-se inalteradas, com seus objetos e conteúdos intocados. Além disso, é de se notar que a falta de manifestação específica dos credores a respeito das suas respectivas relações jurídicas determina que não ocorre novação. Isto porque, não havendo manifesta intenção de novar, este instituto jurídico não se manifesta. Daí exsurge o efeito de que os acessórios e garantias das dívidas permanecem intocados.

[62] Veja o texto os dispositivos da LSA: *"Art. 227. A incorporação é a operação pela qual uma ou mais sociedades são absorvidas por outra, **que lhes sucede em todos os direitos e obrigações.**"* e *"Art. 228. A fusão é a operação pela qual se unem duas ou mais sociedades para formar sociedade nova, **que lhes sucederá em todos os direitos e obrigações.**"* (destaques apostos)

[63] Modesto Carvalhosa (*Op. cit.*, p. 227), por exemplo, vê como efeito mais relevante da incorporação, fusão e também da cisão a *"sucessão 'ope legis', a título universal, de todos os direitos, obrigações e responsabilidades anteriormente assumidas pelas sociedades que se extinguem"*. BULGARELLI (*Fusões, incorporações e cisões de sociedades. 6. ed. São Paulo: Atlas, 2000, p. 108.*) também se posiciona no mesmo sentido. Referindo-se à fusão, mas, sem sombra de dúvida, podendo a afirmativa ser aplicada à incorporação, o professor paulista lecionava que *"opera-se, portanto, a sucessão universal, segundo a maioria da doutrina, pois trata-se de transmissão "uno acto" do patrimônio*

QUESTÕES DE DIREITO SOCIETÁRIO EM PORTUGAL E NO BRASIL

A sucessão universal na fusão e na incorporação implica na assunção, pela sucessora, de todos os direitos e obrigações da sucedida, no exato estado em que se encontravam no momento anterior à operação, ou seja, *"se mantêm íntegros quanto ao direito material que representam, nos prazos convencionados ou legais"*[64]. A sucessão, assim, é mecanismo de proteção dos credores das sociedades incorporadas ou fundidas, de modo a lhes evitar ou reduzir eventuais prejuízos.

Além disso, é importante se notar que a sucessão universal global na incorporação e na fusão ocorre por força de lei e, portanto, não é passível de modificações ou ajustes entre as partes da operação, ou de estabelecimento de condições ou de qualquer outro tipo de acordo entre sucedido e sucessor. Realizada a transferência do patrimônio total, a incorporadora e a nova sociedade que resulta das que se fusionam se tornam responsáveis pelo adimplemento de todas as obrigações das sociedades que se extinguem, nos exatos termos e condições em que foram assumidas pelas sucedidas, bem como passam a ser titulares de todos os direitos a elas pertencentes. É de se destacar, também, que todos os gravames que eventualmente existam sobre o patrimônio transferido subsistem no patrimônio consolidado da sucessora, uma vez que a sucessão é um modo derivado de aquisição de direitos e obrigações[65].

É de se notar, ainda, que os efeitos destas transferências patrimoniais, sejam internos – em relação aos sócios e às sociedades – ou externos, em relação a terceiros, inclusive credores, não ocorrem ao mesmo tempo. No caso da incorporação, os efeitos internos da transferência de patrimônio se

---

*inteiro, 'in universum ius', portanto, os vínculos obrigacionais, os direitos reais, os direitos sobre bens imateriais, transmitem-se, subsumidos globalmente".*

[64] CARVALHOSA, Modesto. *Op. cit*, p. 284.

[65] Diferentemente do que ocorre na cisão, na fusão e na incorporação não há que se falar em solidariedade entre as participantes das respectivas operações societárias. Isto porque ao final da operação, seja fusão ou incorporação, restará apenas uma sociedade sucessora. Por outro lado, a solidariedade é fenômeno que pressupõe, necessariamente, a pluralidade de credores ou devedores, não podendo estar presente quando restar credor ou devedor unitário. Ressalte-se, contudo, que a não implicação em solidariedade da incorporação e fusão não significa que os direitos e obrigações transferidos à sucessora não possam operar em regime de solidariedade. Como há sucessão – e isto significa que o sucessor toma o lugar do antecessor sem modificação do objeto e conteúdo das relações jurídicas –, se o sucedido havia contraído alguma obrigação ou algum crédito de forma solidária, a solidariedade permanecerá na transferência, tanto passiva como ativa.

INCORPORAÇÃO, FUSÃO E CISÃO NO DIREITO BRASILEIRO

dão logo após a integralização do aumento de capital da incorporada, que é o momento em que a transferência de patrimônio realmente se consolida. Na fusão, os efeitos internos se dão a partir do momento da constituição da nova sociedade, na assembleia convocada especialmente para este fim. Externamente, entretanto, os efeitos da transferência de patrimônio se dão, em ambos os casos, somente após a publicação[66].

A legitimidade para agir judicial ou extrajudicialmente em defesa dos direitos integrantes do patrimônio transferido passa para a incorporadora ou para a nova sociedade resultante da fusão imediatamente após a transferência, não sendo necessário se aguardar o arquivamento. CARVALHOSA leciona neste sentido: *"Assim, a legitimidade em juízo ou fora dele passa desde logo para a nova sociedade* [ou para a incorporadora], *mesmo antes do arquivamento. Ademais, as ações em curso, em que figuram as sociedades fundidas* [ou a(s) incorporada(s)] *e as que houverem de ser propostas ou defendidas, o serão pela nova sociedade* [ou pela incorporadora], *por interesse próprio e não por substituição processual"*[67].

Por outro lado, apesar dos efeitos contra os credores somente se darem após o arquivamento, momento em que, pela publicidade, se supõe que fiquem sabendo da operação, nada impede que os mesmos venham a demandar as sociedades beneficiárias antes mesmo da finalização dos trâmites de arquivamento, mas a partir do momento em que esteja consolidada a sucessão pela transferência patrimonial, devendo, por questão de admissão da ação, fazerem prova da operação.

Segundo o art. 232, da LSA, o credor prejudicado pela operação de incorporação ou de fusão pode requerer, judicialmente, a anulação da operação.

Segundo CARVALHOSA, o termo "credor prejudicado" não pode ser entendido senão como o que sofre dano por ato ilícito, não tendo os atos lícitos ínsitos aos procedimentos de fusão ou incorporação o condão de prejudicar o credor no sentido de torná-lo legitimado a pleitear a anulação da operação. Nas palavras do autor: *"somente poderá o credor arguir prejuízo quando há um dano por ele sofrido em seu direito de crédito, seja pela sua não recepção integral pela incorporadora ou pela resultante da fusão, seja pela alteração*

---

[66] No dizer de Modesto Carvalhosa (*Op. cit*, p. 274), *"quanto a terceiros, o negócio apenas tem validade e eficácia após cumprir os trâmites de publicidade (art. 289)"*, incluso nestes últimos, segundo o autor, a publicação e o arquivamento dos respectivos documentos no registro do Comércio.

[67] CARVALHOSA, Modesto. *Op. cit*, p. 290. (comentários entre colchetes apostos).

*da natureza jurídica de tais créditos, seja ainda, e principalmente, pela alteração das garantias sem seu expresso consentimento. (...) Assim, qualquer alteração no crédito ou nas suas garantias será considerada uma lesão aos direitos do credor individual da sociedade, que, no caso, resulta dos negócios reorganizativos"*.[68] De acordo com este pensamento, então, a redução da capacidade de pagamento não seria motivo para o ingresso com a ação anulatória, uma vez que advém de uma operação reconhecida como lícita.

ULHOA COELHO, entretanto, adota posição distinta. Para este autor, se o credor considerar que a garantia de atendimento ao seu crédito não possui a qualidade que possuía antes da operação, poderá se resguardar ingressando com a ação anulatória: *"Assim, por exemplo, quando a sociedade incorporadora possuir ativo inferior ao passivo, o credor da incorporada terá a garantia patrimonial de seu crédito reduzida, já que o patrimônio líquido da sucessora será forçosamente menor que o da sociedade absorvida"* [69].

A redução da capacidade de pagamento de que se cogita, entretanto, não deve ser motivo *a priori* para o ingresso com a ação anulatória. Isto porque a situação dos credores da sociedade que tiver uma capacidade melhor de pagamento (razão entre ativo e passivo) do que a outra que participa da operação sempre irá piorar após a operação de fusão ou incorporação. Isto decorre da própria natureza das operações: ativos (direitos) e passivos (obrigações) se interpenetram, são somados e vão formar o patrimônio consolidado da sociedade que remanesce; a razão "ativo/passivo" do patrimônio consolidado será maior do que a de uma das sociedades envolvidas, mas será menor para outra. Isto significa, em suma, que os credores de uma das sociedades terão sua situação piorada, enquanto que a situação dos credores da outra será melhorada[70].

Assim, caso a piora na situação dos credores fosse motivo, *a priori*, para o ingresso da ação de anulação prevista no dispositivo citado, a conclusão seria a de que todas as operações de fusão e incorporação poderiam ser anuladas. Certamente não é este o alcance da norma. Portanto, não se pode dizer que a redução da capacidade de pagamento do patrimônio consolidado será sempre motivo para o credor ingressar com a ação anula-

---

[68] CARVALHOSA, Modesto. *Op. cit*, p. 327.

[69] COELHO, Fábio Ulhoa. *Op. cit.*, p. 482.

[70] A única exceção a essa situação seria a participação de sociedades em situações idênticas, com capacidades de pagamento exatamente iguais, caso em que as situações dos credores após a operação não seriam modificadas.

tória. Entretanto, é fato que essa redução pode significar um real prejuízo ao credor, conforme alertou ULHOA COELHO. Caberá ao juiz, em última instância, verificar se a redução analisada revela um real prejuízo ao credor, a ponto de colocar o recebimento de seu crédito em risco.

É importante que se note, ainda, que o credor que tem direito de ingressar com a ação anulatória é aquele anterior à operação. Além de ser credor anterior, deverá observar, como visto, os prazos decadenciais: a) de sessenta dias após a publicação dos atos referentes à fusão ou incorporação, se for credor de sociedade por ações (art. 232 da LSA) ou b) de noventa dias após a referida publicação, se for credor de sociedade limitada (art. 1.122 do NCCB).

O último requisito essencial para a propositura da ação anulatória é a comprovação do prejuízo. Conforme observa CARVALHOSA, este prejuízo *"pode ser efetivo (atual) ou potencial ou eventual"*[71].

Após o ingresso da ação de anulação, a incorporadora ou a nova sociedade resultante da fusão poderá consignar o valor do crédito líquido ou garantir o juízo para discutir o valor do crédito ilíquido[72]. No primeiro caso, a ação de anulação ficará prejudicada, ou seja, o juiz não poderá anular a operação societária respectiva. No segundo, a ação anulatória ficará suspensa.

Se nos prazos referidos, sessenta dias para as companhias e noventa para as limitadas, sobrevier a declaração da falência da sociedade remanescente da operação, poderão os credores anteriores solicitar ao juízo da falência a separação dos patrimônios transferidos para que as massas suportem os seus respectivos débitos, constituindo-se este outro mecanismo de proteção dos credores[73]. Em outras palavras, os ativos dos patrimônios anteriores à operação suportarão os débitos que constituíam os respectivos patrimônios.

Nota VALVERDE que a falência é única, da sociedade incorporadora ou da nova resultante da fusão. Entretanto, formam-se duas massas[74].

---

[71] CARVALHOSA, Modesto. *Op. cit.*, p. 327.

[72] Segundo Modesto Carvalhosa (*Op. cit.*, p. 329), o valor da consignação ou da garantia devem conter não só o valor do principal, mas também juros e despesas judiciais decorrentes do processo.

[73] No caso, a regra vale para os credores de todas a sociedades envolvidas na operação, ou seja, das que se fundem, da incorporada e da incorporadora.

[74] VALVERDE, Trajano de Miranda. Sociedades por ações. v. 3. Rio de janeiro: Forense, 1953, p. 89.

Por outro lado, os credores posteriores à operação, por terem no patrimônio consolidado a garantia de seus créditos, concorrerão em ambas as massas pelo valor integral da dívida. VALVERDE se posiciona no mesmo sentido[75].

Por fim, no que se refere aos debenturistas, que também são credores das companhias, há tratamento diferenciado na LSA, se comparado ao tratamento dispensado aos demais credores civis. Como aventado, os detentores de debêntures, antes da efetivação da operação de fusão, incorporação ou cisão, e como pressuposto destas operações, deverão se manifestar em assembleia geral de debenturistas, especialmente convocada para este fim, na qual aprovarão ou não as respectivas operações[76].

Caso as sociedades participantes da operação garantam, no protocolo[77], o resgate das debêntures no prazo de até seis meses a contar da publicação das atas das assembleias que efetivarem as operações, a referida aprovação restará dispensada. Caso contrário, a assembleia de debenturista terá, necessariamente, que se manifestar.

Por outro lado, no caso de manifestação favorável, na incorporação e na fusão, a incorporadora e a nova sociedade resultante da fusão, como sucessoras, deverão honrar o pagamento das debêntures. No caso de reprovação, restará às sociedades participantes, caso queiram levar à diante a operação, resgatar as debêntures antes de efetivarem a fusão ou a incorporação ou, então, fazer a promessa protocolar de resgate no prazo previsto na lei.

Em conclusão, portanto, percebe-se que os credores anteriores das sociedades que participam da fusão e da incorporação possuem alguns

---

[75] VALVERDE, Trajano de Miranda. Op. cit., p. 89. "*Os credores posteriores à operação concorrerão em ambas as massas pela totalidade dos seus créditos, pois que a solidariedade dêsses patrimônios pelo pagamento dêsses créditos é indiscutível. Elas estavam unidas e confundidas, e pertenciam, como pertencem, à mesma pessoa jurídica, quando nasceu a relação de obrigação. Baseados, certamente, nos valores, que compunham o ativo da sociedade incorporadora ou da nova sociedade, é que com esta ou aquela, conforme o caso, êles transacionaram. A separação dêsses patrimônios não os pode, conseguintemente, prejudicar.*"

[76] Veja o art. 231 da LSA: "*Art. 231. A incorporação, fusão ou cisão da companhia emissora de debêntures em circulação dependerá da prévia aprovação dos debenturistas, reunidos em assembleia especialmente convocada com esse fim. § 1º Será dispensada a aprovação pela assembleia se for assegurado aos debenturistas que o desejarem, durante o prazo mínimo de 6 (seis) meses a contar da data da publicação das atas das assembleias relativas à operação, o resgate das debêntures de que forem titulares. § 2º No caso do § 1º, a sociedade cindida e as sociedades que absorverem parcelas do seu patrimônio responderão solidariamente pelo resgate das debêntures.*"

[77] CARVALHOSA, Modesto. *Op. cit.*, p. 323.

mecanismos legais de proteção de seus créditos, a saber: a) sucessão; b) ação anulatória; c) separação de patrimônios, no caso de falência; e d) aprovação da operação pelos debenturistas de companhia emissora desses títulos.

## 6.2. Cisão

A cisão, a seu turno, não possui o caráter de unidade das incorporações ou fusões. Ao contrário, diversas formas de reorganização societária podem ser utilizadas sob a mesma denominação de cisão[78-79].

E é pela existência destas diversas possibilidades que a cisão possui as várias fórmulas de responsabilidade por sucessão dispostas no §1º do art. 229 da LSA. Pelo mesmo motivo, várias possibilidades de solidariedade estão dispostas no art. 233 da mesma lei.

No que diz respeito à sucessão, vê-se que, como regra geral da cisão, a sociedade que recebe parte do patrimônio da cindida sucede a esta apenas nos direitos e obrigações relacionados no protocolo. Se houver a versão completa do patrimônio da cindida, o que determinará sua extinção, as sociedades que receberem o patrimônio daquela sucederão a mesma, nos

---

[78] Na cisão, diversas "fórmulas" de reorganização societária podem ser utilizadas. São elas: **a) cisão total:** a.1) uma sociedade divide e transfere todo o seu patrimônio para duas ou mais sociedades novas, criadas para este fim (cisão pura), extinguindo-se; a.2) uma sociedade divide e transfere todo o seu patrimônio para duas ou mais sociedades existentes, extinguindo-se (cisão absorção); a.3) uma sociedade divide e transfere todo o seu patrimônio para duas ou mais sociedades, sendo pelo menos uma nova ou pelo menos uma existente, extinguindo-se; **b) cisão parcial:** b.1) uma sociedade divide e transfere parte de seu patrimônio para uma ou mais sociedades novas, permanecendo ao final da operação com capital reduzido; b.2) uma sociedade divide e transfere parte de seu patrimônio para uma ou mais sociedades existentes, permanecendo ao final da operação com capital reduzido; b.3) uma sociedade divide e transfere parte de seu patrimônio para duas ou mais sociedades, sendo pelo menos uma nova ou pelo menos uma existente, permanecendo ao final da operação com capital reduzido.

[79] Existe, também, uma fórmula "alternativa" de "cisão", chamada por Bulgarelli (*Comentários à lei das sociedades anônimas – arts. 166 a 174 e 201 a 234*. São Paulo: Saraiva, 1978, p. 171) de "cisão-holding", em que uma sociedade divide e transfere todo o seu patrimônio para sociedades constituídas para esse fim, permanecendo como holding das que receberam seu patrimônio. Sob o ponto de vista da definição legal de cisão, entretanto, esta operação denominada "cisão-holding", apesar de possuir algumas características da cisão, como a divisão e transferência patrimonial, não possui outras essenciais, como o recebimento pelos sócios da cindida das ações das sociedades que recebem o patrimônio daquela e, portanto, não pode ser caracterizada como cisão, conforme o conceito legal.

direitos e obrigações não relacionados, de forma proporcional aos patrimônios líquidos recebidos. Sendo o caso de cisão parcial, com versão de parte do patrimônio da cindida, os direitos e obrigações não relacionados permanecerão no patrimônio da cindida, não havendo sucessão quanto a estes.

Retomando-se as definições de sucessão universal e singular, se dá a primeira quando há a transferência de um patrimônio, globalmente, ou de uma quota-parte indeterminada, abstrata, considerados unitariamente como distintos dos diferentes direitos ou obrigações que os compõem. A sucessão singular, por sua vez, se dá quando há a transferência de determinados direitos ou obrigações, particular ou individualmente considerados.

Com base nessas definições, pode-se concluir que na cisão pode se dar tanto a sucessão universal, de uma quota-parte patrimonial indeterminada, quanto a sucessão a título singular. No primeiro caso, o sucessor assumirá os direitos e obrigações constantes do complexo patrimonial recebido, independentemente de estarem individualmente referenciados. No segundo caso, hipótese de sucessão singular, assumirá apenas os direitos e obrigações individualmente considerados.

A sucessão na cisão, diferentemente do que ocorre na fusão e na incorporação, pode não servir como mecanismo de proteção dos credores da cindida. Primeiro, porque a divisão patrimonial que ocorre sempre diminuirá o patrimônio da cindida; depois, porque a solidariedade legalmente prevista para compensar essa diminuição pode ser afastada pelas sociedades que recebem o patrimônio da cindida.

A solidariedade na cisão pode se dar de duas formas[80]. Ocorrendo a extinção da cindida, por efeito da transferência de todo o seu patrimônio e sócios, as sociedades beneficiárias – receptoras de parcelas patrimoniais – responderão solidariamente por todas as obrigações da cindida. Caso subsista a cindida, ocorrendo, portanto, a cisão parcial, as beneficiárias respondem, conjuntamente com a cindida, por todas as obrigações desta última, desde que anteriores à operação.

---

[80] Como se trata de solidariedade, haverá direito de regresso para a sociedade que pagou além da quota-parte a que estava obrigada. Informam o direito de regresso as regras do § 1º do art. 229 da LSA: *"§ 1º Sem prejuízo do disposto no artigo 233, a sociedade que absorver parcela do patrimônio da companhia cindida sucede a esta nos direitos e obrigações relacionados no ato da cisão; no caso de cisão com extinção, as sociedades que absorverem parcelas do patrimônio da companhia cindida sucederão a esta, na proporção dos patrimônios líquidos transferidos, nos direitos e obrigações não relacionados."*

A solidariedade, entretanto, pode ser afastada por disposição entre as sociedades que participam da cisão, ou seja, por acordo entre a cindida e as beneficiárias. É o que se depreende do parágrafo único do art. 233 da LSA[81].

Afastada a solidariedade por ato entre as partícipes da cisão parcial, pode o credor da cindida[82] se opor à estipulação. Deverá, para ser eficaz tal oposição, notificar a sociedade no prazo de noventa dias, contados da publicação dos atos da operação[83]. O credor, portanto, para se proteger, deverá ser credor atento[84].

O efeito da notificação será o de determinar, em relação ao credor oponente, a solidariedade entre as sociedades partícipes da cisão. Em outros termos, em relação ao credor que fizer a notificação, a solidariedade entre a cindida e as beneficiárias permanecerá[85]. Poderá este credor, então, demandar qualquer uma das sociedades partícipes da operação para ver o seu crédito satisfeito.

---

[81] *"Art. 233. Na cisão com extinção da companhia cindida, as sociedades que absorverem parcelas do seu patrimônio responderão solidariamente pelas obrigações da companhia extinta. A companhia cindida que subsistir e as que absorverem parcelas do seu patrimônio responderão solidariamente pelas obrigações da primeira anteriores à cisão. Parágrafo único. O ato de cisão parcial poderá estipular que as sociedades que absorverem parcelas do patrimônio da companhia cindida serão responsáveis apenas pelas obrigações que lhes forem transferidas, sem solidariedade entre si ou com a companhia cindida, mas, nesse caso, qualquer credor anterior poderá se opor à estipulação, em relação ao seu crédito, desde que notifique a sociedade no prazo de 90 (noventa) dias a contar da data da publicação dos atos da cisão."*

[82] Apesar do parágrafo único do art. 233 fazer referência à "qualquer credor", o que poderia levar à conclusão de que estariam aí inclusos os credores das beneficiárias, o caput do dispositivo se refere apenas aos credores da cindida, o que leva à conclusão de que a expressão "qualquer credor" diz respeito a qualquer credor da cindida.

[83] Em relação a esta notificação, a pergunta que surge na doutrina é: a qual sociedade se deve notificar: a cindida ou a beneficiária? TEIXEIRA E GUERREIRO (*Op. cit.*, p. 690) tentam responder a questão: *"O texto legal é impreciso* [parágrafo único do art. 233 da LSA]: (...) *Tudo indica que à sociedade cindida, que, afinal, seria a parte devedora da obrigação transferida, sobre a qual tem interesse o credor."*

[84] Neste sentido, CARVALHOSA (*Op. cit.*, p. 332) faz um alerta importante: o pressuposto da notificação em questão é a *"validade da cláusula de exclusão de solidariedade"*. Não havendo esse pressuposto de licitude da exclusão da solidariedade, *"o remédio será o pedido de anulação do negócio de cisão parcial"*.

[85] Modesto Carvalhosa (*Op. cit.*, p. 333) pensa de forma diferente. Para este autor, o efeito da oposição é o de *"suspender [a] eficácia do negócio de cisão"*. Além disso, o autor, considerando esta suspensão, afirma que os benefícios da oposição não se restringem ao opositor, mas se estendem a todos os credores.

É necessário se ressaltar que, até o advento do novo código civil, diferentemente da incorporação e da fusão, não havia previsão legal expressa de ação anulatória que pudesse proteger o credor prejudicado da cindida. Após a edição do NCCB, em 2002, o direito positivo brasileiro passou a ter tal previsão.

O art. 1.122 do NCCB garante[86] ao credor anterior prejudicado pela cisão o direito de pedir a anulação da operação. Evidentemente, assim como na fusão e na incorporação, o credor deverá atender aos requisitos necessários para ingressar com a ação anulatória: existência de crédito anterior e prejuízo real ou potencial do credor.

Os meios de elisão da ação anulatória na cisão são os mesmos que os da incorporação e da fusão. Se a dívida for líquida, o depósito da quantia impede a declaração de nulidade. Se ilíquida, garantida a execução, suspende-se o processo.

Em princípio, o dispositivo se aplica somente se a cisão não envolver sociedade por ações[87], uma vez que a LSA não possui qualquer disposição neste sentido. Entretanto, parece não ser desarrazoado, exatamente pela omissão da LSA em relação à ação anulatória, que se aplique o art. 1.089 do NCCB[88], para, na sequência, aplicar o art. 1.122 no caso de cisão de companhia.

Assim, se poderia concluir que, no caso de cisão, os credores de sociedades anônimas também poderiam ingressar com a ação anulatória. Além do mais, não há, no caso, motivo para se discriminarem os credores das companhias em relação aos das sociedades limitadas. Desta forma, após o NCCB, os credores das companhias ganharam nova proteção para os seus direitos de crédito.

Além da previsão da ação anulatória, o § 3º do mesmo art. 1.122 do NCCB também previu, no caso de falência da cindida nos noventa dias

---

[86] Veja o art. 1.122 do NCCB: "*Art. 1.122. Até noventa dias após publicados os atos relativos à incorporação, fusão **ou cisão, o credor anterior, por ela prejudicado, poderá promover judicialmente a anulação deles.** § 1º A consignação em pagamento prejudicará a anulação pleiteada. § 2º Sendo ilíquida a dívida, a sociedade poderá garantir-lhe a execução, suspendendo-se o processo de anulação. § 3º **Ocorrendo, no prazo deste artigo, a falência da sociedade incorporadora, da sociedade nova ou da cindida, qualquer credor anterior terá direito a pedir a separação dos patrimônios, para o fim de serem os créditos pagos pelos bens das respectivas massas.**"* (destaques apostos)

[87] COELHO, Fábio Ulhoa. *Op. cit.*, p. 483.

[88] Veja o art. 1.089 do NCCB: "*Art. 1.089. A sociedade anônima rege-se por lei especial, aplicando-se-lhe, nos casos omissos, as disposições deste Código.*"

posteriores à publicação dos atos relativos à operação, a possibilidade de qualquer credor anterior pedir *"a separação dos patrimônios, para o fim de serem os créditos pagos pelos bens das respectivas massas".* O dispositivo vale para as sociedades limitadas e, aplicando-se o raciocínio acima disposto, para as companhias cindidas.

Ressalte-se que o dispositivo legal faz referência expressa à falência da cindida. Evidentemente, se a cindida permanece para falir, se trata de hipótese de cisão parcial. A cisão total, tendo em vista a extinção da cindida, não está abrangida pelo dispositivo, até porque depois de extinta não poderia a sociedade falir. Por outro lado, a regra também não se aplica no caso de declaração de falência das beneficiárias do patrimônio da cindida, por não haver previsão legal.

Se o dispositivo em estudo se aplica, exclusivamente, à cindida parcialmente que vem a falir, a conclusão a que se chega é que se está diante de um dispositivo, no mínimo, confuso: em primeiro lugar, deve-se ter em mente que a cindida não recebe nenhum patrimônio, pelo contrário, apenas transfere parte de seu patrimônio; assim, como permanece com seu próprio patrimônio reduzido, não há que se falar em patrimônio da cindida a ser separado. O único patrimônio que pode ser separado é o da sociedade beneficiária.

Por fim, no que tange aos debenturistas credores da companhia cindida, valem as mesmas observações realizadas para os casos de incorporação e fusão. Como pressuposto da operação, a assembleia geral de debenturistas, especialmente convocada para este fim, deverá se manifestar sobre a aprovação da cisão. A referida aprovação restará dispensada caso as sociedades participantes da operação garantam o resgate das debêntures no prazo de até seis meses, a contar da publicação das atas das assembleias que efetivarem as operações[89]. Neste caso, a cindida e as beneficiárias responderão solidariamente pelo resgate das debêntures. O mesmo vale para a cisão total, restando solidárias as sucessoras. Ressalte-se que o resgate é uma faculdade dos debenturistas, que poderão optar por não terem seus títulos resgatados, caso isso lhes seja mais benéfico.

Caso não haja a referida garantia do resgate, a assembleia de debenturistas terá que se manifestar. Se a manifestação for favorável à cisão, o resgate dos títulos será responsabilidade da sociedade apontada no proto-

---

[89] COELHO, Fábio Ulhoa. *Op. cit.*, p. 483.

colo. Se o protocolo for omisso, restará com a cindida, se a cisão for parcial. Se total, as sucessoras responderão proporcionalmente ao patrimônio líquido recebido, observadas, em qualquer caso, as regras sobre a solidariedade.

Há ainda a hipótese da assembleia de debenturistas reprovar a operação. Neste caso, para que a operação se realize, poderão as sociedades interessadas na cisão fazer a promessa protocolar prevista no § 1º do art. 231 da LSA. Um segunda hipótese será resgatar antecipadamente as debêntures.

Em conclusão, de acordo com o que se viu, os mecanismos de proteção dos credores na cisão são: a) sucessão; b) solidariedade; c) ação anulatória; e d) aprovação da operação pelos debenturistas de companhia emissora desses títulos.

## Bibliografia

BULGARELLI, Waldirio. *Fusões, incorporações e cisões de sociedades.* 6. ed. São Paulo: Atlas, 2000.

—. *Comentários à lei das sociedades anônimas – arts. 166 a 174 e 201 a 234.* São Paulo: Saraiva, 1978.

CARVALHOSA, Modesto. *Comentários à lei de sociedades anônimas: Lei nº 6.404, de 15 de dezembro de 1976, com as modificações das Leis nº 9.457, de 5 de maio de 1997, e nº 10.303, de 31 de outubro de 2001.* v. 4. t. 1, 3. ed. rev. e atual. São Paulo: Saraiva, 2003, t. 2, 3. ed. 2009.

COELHO, Fábio Ulhoa. *Curso de direito comercial: de acordo com o novo Código Civil e alterações da LSA.* São Paulo: Saraiva, 2002, v. 1 (6. ed. rev. e atual.), v. 2 (5. ed. rev. e atual.) e v. 3 (3. ed. atual.)

—. *Curso de direito civil.* 2. ed. rev. São Paulo: Saraiva, v. 2., 2005.

GOMES, Orlando. *Obrigações.* 8. ed. Rio de Janeiro: Forense, 1992.

GUERREIRO, José Alexandre Tavares e TEIXEIRA, Egberto Lacerda. *Das sociedades anônimas no direito brasileiro.* v. 2. São Paulo: Bushatsky, 1979.

LAMY FILHO, Alfredo e BULHÕES PEDREIRA, José Luiz (coord.). *Direito das companhias.* Rio de Janeiro: Forense, 2009.

LOPES, Mauro Brandão. *A cisão no direito societário.* São Paulo: Revista dos Tribunais, 1980.

MUNIZ, Ian de Porto Alegre. *Fusões e aquisições – aspectos fiscais e tributários.* 2. ed. São Paulo: Quartier Latin, 2011, p. 90 e ss.

PEIXOTO, Carlos Fulgêncio da Cunha. *Sociedades por ações.* São Paulo: Saraiva, 1973, v. 4 e 5.

REQUIÃO, Rubens. *Curso de direito comercial.* v. 2. 24. ed. São Paulo: Saraiva, 2005.

VALVERDE, Trajano de Miranda. *Sociedades por ações.* Rio de janeiro: Forense, 1953, v. 3. (p. 64 e ss.)

# Fusão e Cisão de Sociedades (Portugal)[*]

Fábio Castro Russo[**]

## I. Enquadramento

À semelhança do que sucede noutros ordenamentos jurídicos, a fusão e a cisão de sociedades comerciais encontram-se regulamentadas no direito

---

[*] O estudo apresentado pretende abordar sumariamente os regimes da fusão e da cisão de sociedades à luz do direito societário português; por conseguinte, e salvo em casos pontuais, não é feita referência a outros ramos do Direito com óbvio interesse para a matéria tratada (direito fiscal, direito do trabalho, direito da concorrência, etc.).

Bibliografia citada: J. Engrácia Antunes, *Os Grupos de Sociedades – Estrutura e Organização Jurídica da Empresa Plurissocietária*, 2ª ed., Coimbra, Almedina, 2002; Sofia Carreiro, «A fusão», *in* Paulo Câmara (coord.), *Aquisição de Empresas*, Coimbra Ed., 2011, págs. 127 a 155; P. Olavo Cunha, *Direito das Sociedades Comerciais*, 4ª ed., Coimbra, Almedina, 2010; P. de Tarso Domingues, *Variações sobre o Capital Social*, Coimbra, Almedina, 2009; D. Costa Gonçalves, «Artigo 97º» a «Artigo 129º», *in* A. Menezes Cordeiro (coord.), *Código das Sociedades Comerciais Anotado*, 2ª ed., Coimbra, Almedina, 2011; Id., «Fusões transfronteiriças. A transposição da 10ª Directriz e a Proposta de Lei nº 236/X», *RDS*, ano I (2009), nº 2, págs. 339 a 377; O. Vogler Guiné, «Artigo 117º-G», «Artigo 117º-H», *in* J. Coutinho de Abreu (coord.), *Código das Sociedades Comerciais em Comentário*, vol. II, Coimbra, Almedina, 2011; Heinrich Hörster, *A Parte Geral do Código Civil Português – Teoria Geral do Direito Civil*, Coimbra, Almedina, 1992; Elda Marques, «Artigo 97º», «Artigo 99º» a «Artigo 117º-B», «Artigo 117º-D», «Artigo 117º-F», «Artigo 117º-I», «Artigo 117º-J», *in* J. Coutinho de Abreu (coord.), *Código (...)*, vol. II, cit.,; Elda Marques, O. Vogler Guiné, «Artigo 98º», «Artigo 117º-C», «Artigo 117º-E», *in* J. Coutinho de Abreu (coord.), *Código (...)*, vol. II, cit.; M. Duro

## QUESTÕES DE DIREITO SOCIETÁRIO EM PORTUGAL E NO BRASIL

societário português, constando os respectivos regimes dos arts. 97º a 129º CSC[1].

Mais precisamente, as normas atinentes à fusão de sociedades acham--se contidas no Capítulo IX do Título I, ou «Parte Geral»[2], do CSC, seja no que respeita a *fusões internas* (Secção I: arts. 97º a 117º), seja no que respeita a *fusões transfronteiriças* (Secção II: arts. 117º-A a 117º-L); por sua vez, as disposições que conformam a cisão de sociedades constituem o Capítulo X da Parte Geral do CSC (arts. 118º a 129º), sem prejuízo da remissão genérica aí efectuada para o regime da fusão (art. 120º).

De resto, e pondo de parte antecedentes mais remotos[3], desde a entrada em vigor do DL nº 598/73, de 8 de Novembro, que ambos os institutos gozam de foros de cidadania no ordenamento jurídico-societário português.

---

TEIXEIRA, «A cisão no Direito português», *O Direito*, ano 138º (2006), págs. 593-660); JOANA VASCONCELOS, *A Cisão de Sociedades*, UCP, Lisboa, 2001; RAÚL VENTURA, *Fusão, Cisão, Transformação de Sociedades*, Coimbra, Almedina, 1990.

Principais siglas e abreviaturas utilizadas: ac. (acórdão), al. (alínea), art. (artigo), CC (Código Civil), CEF (Centro de Estudos Fiscais), CIRC (Código do Imposto sobre o Rendimento das Pessoas Colectivas), CPC (Código de Processo Civil), CRegCom (Código do Registo Comercial), CSC (Código das Sociedades Comerciais), CT (Código do Trabalho), DL (Decreto-Lei), EEE (Espaço Económico Europeu), L (Lei), tb. (também), TFUE (Tratado sobre o Funcionamento da União Europeia), ROC (Revisor Oficial de Contas), SGPS (sociedade gestora de participações sociais), SROC (Sociedade de Revisores Oficiais de Contas), STJ (Supremo Tribunal de Justiça), UE (União Europeia).

[**] Advogado; Assistente da Faculdade de Direito da Universidade Católica Portuguesa – Porto.

[1] Aprovado pelo DL nº 262/86, de 2 de Setembro, e a que se referirão as disposições legais doravante citadas, salvo indicação em contrário. À data de 10 de Janeiro de 2012, a última alteração a este diploma legal foi a que resultou do DL nº 53/2011, de 13 de Abril, que incidiu, precisamente, sobre a matéria aqui em análise.

[2] Sendo assim os institutos mencionados comuns a todos os tipos sociais conhecidos do legislador luso: sociedades em nome colectivo (arts. 175º e segs.), sociedades por quotas (arts. 197º e segs.), sociedades anónimas (arts. 271º e segs.) e sociedades em comandita (arts. 465º e segs.), simples ou por acções, em qualquer dos casos quer as sociedades a fundir ou cindir sejam comerciais (art. 1º, nºs 1 e 2), quer sejam civis sob forma comercial (art. 1º, nº 4). Excepção ao que se escreveu no corpo do texto será o disposto no art. 117º-A, nº 2, respeitante à (in)aplicabilidade do regime das fusões transfronteiriças a sociedades em nome colectivo e a sociedades em comandita simples.

[3] Cf. COSTA GONÇALVES, «Artigo 97º», cit., págs. 333 e segs., e «Artigo 118º», cit., págs. 471 e segs.; RAÚL VENTURA, *Fusão* (...), cit., págs. 13 e segs. e 331 e segs..

FUSÃO E CISÃO DE SOCIEDADES (PORTUGAL)

Não obstante, a adesão de Portugal à então Comunidade Económica Europeia (1986) ditou e continua a ditar alterações legislativas, decorrentes da transposição das directivas vigentes neste domínio[4].

Com efeito, em 1978 foi adoptada a «Terceira Directiva»[5], a qual impôs aos Estados membros da UE «a regulamentação da fusão mediante incorporação de uma ou várias sociedades numa outra e a fusão mediante a constituição de uma nova sociedade» (art. 2º dessa directiva), ainda que a regulamentação da fusão apenas fosse obrigatória quanto a determinados tipos sociais (em Portugal, as sociedades anónimas).

A «Sexta Directiva»[6], relativa à cisão de sociedades (anónimas), veio a ser aprovada quatro anos mais tarde.

Mais recentemente, em 2005, foi adoptada a «Décima Directiva»[7], respeitante à fusão transfronteiriça de sociedades «de responsabilidade limitada» (sociedades por quotas, sociedades anónimas e sociedades em comandita por acções, no que a Portugal respeita).

Portanto, e em síntese, o regime legal português em vigor nesta matéria é simultaneamente marcado por antecedentes normativos nacionais e por legislação comunitária, sem prejuízo da natural influência, por via doutrinal, do direito societário de outros Estados membros da UE (essencialmente Alemanha, França e Itália).

---

[4] Nos termos do art. 288º do TFUE, essa transposição é obrigatória.

[5] Directiva 78/855/CE do Conselho, de 9 de Outubro, que conheceu já várias alterações. "A redacção actual desta directiva é a que resulte de «consolidações» promovida pela Directiva 2011/35/UE do Parlamento Europeu e do Conselho, de 5 de Abril".

[6] Directiva 82/891/CE do Conselho, de 17 de Dezembro, tb. já por diversas vezes alterada. De notar a «notável diferença entre a terceira e a sexta directivas, visto que esta não impõe aos Estados membros a adopção do instituto da cisão, mas apenas que, se as suas legislações admitirem tal instituto, o disciplinem de acordo com os preceitos da directiva» (RAÚL VENTURA, *Fusão* (...), cit., pág. 330).

[7] Directiva 2005/56/CE do Parlamento Europeu e do Conselho, de 26 de Outubro, alterada pela Directiva 2009/109/CE do Parlamento Europeu e do Conselho, de 16 de Setembro. Não existe qualquer directiva respeitante a cisões transfronteiriças (sobre o ponto, cf. COSTA GONÇALVES, «Introdução/Artigos 117º-A a 117º-L», cit., pág. 439).

## II. Fusão
## 1. Fusão interna[8]
## a) Noção e modalidades

O legislador português não define a fusão[9]. Efectivamente, limita-se a estabelecer que «[d]uas ou mais sociedades, ainda que de tipo diverso, podem fundir-se mediante a sua reunião numa só» (art. 97º, nº 1), acrescentando que essa *reunião* pode realizar-se «[m]ediante a transferência global do património de uma ou mais sociedades [*sociedades incorporadas*] para outra [*sociedade incorporante*] e a atribuição aos sócios daquelas de partes, acções ou quotas destas» (art. 97º, nº 4, al. *a*), correspondente à *fusão por incorporação* ou *fusão-absorção*) ou «[m]ediante a constituição de uma nova sociedade, para a qual se transferem globalmente os patrimónios das sociedades fundidas, sendo aos sócios destas atribuídas partes, acções ou quotas da nova sociedade» (art. 97º, nº 4, al. *b*), que trata a *fusão por constituição de nova sociedade, fusão-criação*[10] ou *fusão concentração*).

O «tipo diverso» referido no nº 1 do art. 97º é o tipo social: assim, o direito português admite as chamadas *fusões heterogéneas*, de que constitui exemplo a fusão por incorporação de uma sociedade por quotas numa sociedade anónima[11].

À luz do direito português, portanto, a fusão pode ocorrer *por incorporação*[12] ou por *constituição*; em qualquer dos casos, está em causa a reunião do património e dos sócios de duas ou mais sociedades numa

---

[8] Muito embora a Secção I do referido Capítulo X não tenha sido epigrafada (contrariamente ao que sucedeu com a Secção II, cuja epígrafe é «fusões transfronteiriças») decorre dos arts. 117º-B e 117º-E e de algumas disposições registais, como as als. *p*) e *r*) do nº 1 do art. 3º CRegCom), que os arts. 97º a 117º regulam fusões internas.

[9] COSTA GONÇALVES, «Artigo 97º», cit., pág. 337; ELDA MARQUES, «Artigo 97º», cit., pág. 158.

[10] ENGRÁCIA ANTUNES, *Os Grupos* (...), cit., pág. 49.

[11] Num sentido amplo, haverá fusão heterogénea tb. quando a diversidade respeite não ao tipo, mas ao objecto ou à sede (RAÚL VENTURA, *Fusão* (...), cit., pág. 36).

[12] A doutrina distingue ainda algumas hipóteses específicas de fusão por incorporação: a *fusão invertida, reverse merger* ou *downstream merger*, em que a sociedade filha incorpora a sociedade mãe, a *upstream merger*, em que a sociedade mãe incorpora a sociedade filha (relevando aqui o art. 116º) e ainda a *sidestream merger*, em que sociedades incorporantes e incorporada são integralmente detidas pela mesma sociedade mãe, sendo assim «irmãs» (ELDA MARQUES, «Artigo 116º», cit., págs. 320-1).

## FUSÃO E CISÃO DE SOCIEDADES (PORTUGAL)

única[13], promovendo-se uma *concentração empresarial primária ou na unidade*[14].

O art. 112º estabelece os efeitos decorrentes da fusão, os quais se verificam com o registo desta (dito, por esta razão, *constitutivo*), e que, por contribuírem para o enquadramento dogmático do instituto, devem ser considerados elementos definidores da fusão[15]. Esses efeitos são os seguintes:

*(i)* *extinção da(s) sociedade(s) incorporada(s) ou, na fusão por constituição, das sociedades fundidas* (art. 112º, al. *a*)). Por assim ser, a fusão acarreta a extinção de pelo menos uma das sociedades que nela participem. Para um amplo sector doutrinal, este efeito deve ser habilmente interpretado, já que, mais do que uma «extinção» (enquanto «morte»), haverá uma «transformação», do que decorrerá que, verdadeiramente, o efeito extintivo consistirá «apenas» na perda da individualidade jurídica da(s) sociedade(s) incorporada(s) ou das sociedades fundidas. O STJ português acolheu já esta tese, sustentando que «[d]um ponto de vista substancial, que não apenas formal, a extinção das sociedades incorporadas referida no art. 112º, al. a), CSC não constitui uma verdadeira extinção, mas sim, e apenas, uma transformação dessas sociedades»[16/17];

*(ii)* *transmissão do património (activo e passivo) da sociedade(s) extinta(s) para a sociedade incorporante ou para a nova sociedade* (art. 112º, al. *a*)). Este efeito prende-se directamente com o primeiro, ou seja, com a extinção da(s) sociedade(s) incorporada(s) ou fundidas, como

---

[13] RAÚL VENTURA, *Fusão* (...), cit., págs. 14-5.

[14] ENGRÁCIA ANTUNES, *Os Grupos* (...), cit., pág. 48. O mesmo não se diga a respeito da cisão, com excepção do que sucede no âmbito de uma cisão-fusão (ou talvez mais propriamente, numa cisão parcial-fusão-incorporação). Cf. ENGRÁCIA ANTUNES, últ. ob. cit., pág. 49, em nota; ELDA MARQUES, últ. ob. cit., em nota.

[15] ELDA MARQUES, «Artigo 97º», cit., pág. 158.

[16] Ac. do STJ de 6 de Dezembro de 2006 (rel. Oliveira Barros), proc. 06B3458, disponível em http://www.dgsi.pt.

[17] Cf. COSTA GONÇALVES, «Artigo 97º», cit., págs. 337-8 (referindo ser esta a tese hoje em dia prevalecente em Portugal) e «Artigo 112º», cit., págs. 416-7 (onde sustenta «a necessidade de limitar a compreensão do efeito extintivo tão só à cessação da autonomia jurídica das sociedades incorporadas ou fundidas»). Vd. tb. JOANA VASCONCELOS, *A Cisão* (...), cit., pág. 239.

aliás resulta de ambos se acharem estatuídos na al. *a*) do art. 112º.
Com efeito, a perda da personalidade jurídica da ou das sociedades extintas conduz a que as mesmas não possam ser titulares de
quaisquer direitos ou achar-se adstritas a quaisquer obrigações,
razão pela qual a sociedade incorporante ou a nova sociedade
subentram nas posições jurídicas por aquelas ocupadas;

(iii)  *aquisição, pelos sócios da(s) sociedade(s) extinta(s), da qualidade de sócios
da sociedade incorporante ou da nova sociedade* (art. 112º, al. *b*)). Este
terceiro efeito – referido também no art. 97º, nº 4, a propósito de
cada uma das modalidades de fusão – é meramente tendencial,
ainda que constitua «a principal característica distintiva do instituto no direito europeu»[18]. Por força da proibição de atribuição de
participações próprias («auto-participações») à sociedade incorporante constante do art. 104º, nº 3, aplicável à fusão por incorporação[19], pode muito bem suceder que a fusão não implique a
atribuição de quaisquer participações sociais[20]. Admitindo, porém,
que, como o mais das vezes sucede, essa atribuição vem a ocorrer,
ela deverá observar a relação de troca[21] que haja sido estabelecida.
Por sua vez, esta deverá respeitar uma regra de proporcionalidade
(art. 103º, nº 2, al. *c*)[22]), o que por razões várias, pode levar a que
se verifiquem *restos*, isto é, casos em que, por força de fracccionamentos, não é possível atribuir uma única participação[23] ou um
número inteiro de participações[24] na sociedade incorporante ou

---

[18]  ELDA MARQUES, «Artigo 97º», cit., pág. 162.

[19]  Que não abrange as participações na sociedade incorporante na esfera da sociedade incorporada, às quais se aplica o art. 317º, nº 3, al. *c*). Assim, cf. RAÚL VENTURA, *Fusão* (...), cit.,
págs. 133-4.

[20]  O que pode suscitar dificuldades no plano fiscal (cf. ELDA MARQUES, «Artigo 116º», cit.,
pág. 324, em nota).

[21]  Ou seja, a «relação de equivalência ou de paridade entre as participações primitivas e as
novas participações» (ELDA MARQUES, «Artigo 97º», cit., pág. 162, em nota), para o que
«basta determinar o valor de cada acção, dividindo o valor da sociedade pelo número de
acções» (RAÚL VENTURA, *Fusão* (...), cit., págs. 77 e segs.). A relação de troca deverá constar
do projecto de fusão (cf. art. 98º, nºs 1, al. *e*), e 3).

[22]  Salvo consentimento dos sócios prejudicados (art. 103º, nº 2) ou na hipótese prevista na
parte final da al. *c*) do nº 2 do art. 103º.

[23]  Nesta hipótese, cf. a parte final da al. *c*) do nº 2 do art. 103º.

[24]  No caso em que são várias, como sucede relativamente às acções (de sociedades anónimas).

FUSÃO E CISÃO DE SOCIEDADES (PORTUGAL)

na nova sociedade aos sócios das sociedades extintas. O recurso à faculdade conferida pelo art. 97º, nº 5, é uma das formas[25] de superar esta dificuldade, podendo assim os sócios a quem caibam *restos* ser compensados com «quantias em dinheiro que não excedam 10% do valor nominal das participações que lhes forem atribuídas»[26].

## b) Projecto de fusão

O *iter* que culmina com a fusão inicia-se[27] com o respectivo projecto (art. 98º), elaborado conjuntamente pelas administrações[28] das sociedades que pretendam fundir-se. Encontrando-se sujeito a registo comercial e a consulta (cf. *infra*), o projecto deverá naturalmente ser elaborado por escrito[29].

Uma vez que, ao contrário do que sucede na generalidade das legislações europeias[30], o direito português não exige a elaboração de qualquer relatório autónomo por parte dos órgãos de administração das sociedades participantes, facilmente se compreende que todos os «elementos necessários ou convenientes para o perfeito conhecimento da operação visada» devam constar do projecto (art. 98º, nº 1), ainda que apenas como anexos deste. Sem embargo dessa cláusula geral, o legislador luso indicou, nas várias alíneas do nº 1, os elementos obrigatórios do projecto, sendo eles os seguintes:

---

[25] Para lá de outros expedientes técnicos-jurídicos de que se poderá lançar mão, como sejam reduções ou aumentos de capital ou a atribuição de «direitos parciais», para quem os admita. Sobre esta última figura (de difícil aplicação prática), cf. COSTA GONÇALVES, «Artigo 97º», cit., págs. 343-5; ELDA MARQUES, «Artigo 97º», cit., págs. 168-9; RAÚL VENTURA, *Fusão* (...), cit., págs. 87-8.

[26] Desenvolvidamente, incluindo sobre os casos em que a quantia em dinheiro não se destine à compensação de restos, cf. ELDA MARQUES, «Artigo 97º», cit., págs. 162 e segs..

[27] Sem prejuízo da (mais que) provável existência de uma fase prévia de negociações (cf. SOFIA CARREIRO, «A fusão», cit., págs. 133-4; COSTA GONÇALVES, «Artigo 98º», cit., pág. 348).

[28] Cf., aliás, o art. 406º, al. *m*), no que respeita às sociedades anónimas.

[29] Cf., p. ex., COSTA GONÇALVES, «Artigo 98º», cit., pág. 349. O projecto pode ainda ser elaborado através de modelo electrónico (art. 98º, nº 4, e Portaria nº 1256/2009, de 14 de Outubro), disponível em https://www.portaldaempresa.pt/cve/pt/eol/ModeloMinutasProjectos. htm (os vários modelos aí apresentados são «meramente exemplificativos», como o art. 2º, nº 2, proclama).

[30] ELDA MARQUES, VOGLER GUINÉ, «Artigo 98º», cit., pág. 179, em nota.

QUESTÕES DE DIREITO SOCIETÁRIO EM PORTUGAL E NO BRASIL

«a) A modalidade, os motivos, as condições e os objectivos da fusão, relativamente a todas as sociedades participantes;

b) O tipo, a firma, a sede, o montante do capital e o número de matrícula no registo comercial de cada uma das sociedades, bem como a sede e a firma da sociedade resultante da fusão;

c) A participação que alguma das sociedades tenha no capital de outra;

d) O balanço de cada uma das sociedades intervenientes, donde conste designadamente o valor dos elementos do activo e do passivo a transferir para a sociedade incorporante ou para a nova sociedade;

e) As partes, acções ou quotas a atribuir aos sócios da sociedade a incorporar nos termos da alínea a) do nº 4 do artigo anterior [*art. 97º*] ou das sociedades a fundir nos termos da alínea b) desse número e, se as houver, as quantias em dinheiro a atribuir aos mesmos sócios, especificando-se a relação de troca das participações sociais;

f) O projecto de alteração a introduzir no contrato da sociedade incorporante ou o projecto de contrato da nova sociedade;

g) As medidas de protecção dos direitos de terceiros não sócios a participar nos lucros da sociedade;

h) As modalidades de protecção dos direitos dos credores;

i) A data a partir da qual as operações da sociedade incorporada ou das sociedades a fundir são consideradas, do ponto de vista contabilístico, como efectuadas por conta da sociedade incorporante ou da nova sociedade;

j) Os direitos assegurados pela sociedade incorporante ou pela nova sociedade a sócios da sociedade incorporada ou das sociedades a fundir que possuem direitos especiais;

l) Quaisquer vantagens especiais atribuídas aos peritos que intervenham na fusão e aos membros dos órgãos de administração ou de fiscalização das sociedades participantes na fusão;

m) Nas fusões em que seja anónima a sociedade incorporante ou a nova sociedade, as modalidades de entrega das acções dessas sociedades e a data a partir da qual estas acções dão direito a lucros, bem como as modalidades desse direito».

FUSÃO E CISÃO DE SOCIEDADES (PORTUGAL)

É manifesto não caber aqui uma análise, ainda que sumária, dessas várias als.[31]. Não obstante, será porventura oportuno deixar algumas notas sobre as als. *c*), *d*), *f*) e *i*).

Começando pela al. *c*), ela visa permitir a aplicação dos arts. 104º (limitação ao exercício de direito de voto no caso de uma sociedade participante na fusão ser titular de participações noutra sociedade participante – nºs 1 e 2 – e proibição de atribuição de participações próprias na sociedade incorporante – nº 3) e 116º (incorporação de sociedade detida pelo menos a 90% por outra, caso em que se aplica um regime simplificado de fusão[32]). Com efeito, só conhecendo as participações que intercedam entre as sociedades participantes será possível aplicar os mencionados preceitos.

A inclusão dos balanços de cada uma das sociedades participantes (al. *d*)) tem em mira o conhecimento da real situação patrimonial dessas mesmas sociedades, normalmente por referência ao valor contabilístico do acervo patrimonial de cada uma delas. De resto, esse conhecimento é imprescindível à fixação da relação de troca aplicável (al. *e*)), devendo ainda ser relativamente actual (o que, nos termos do nº 2 do art. 98º, poderá acarretar a necessidade de elaboração de um balanço intercalar).

A referência ao «projecto de alteração a introduzir no contrato da sociedade incorporante» que consta da al. *f*) permite pôr em evidência que, sempre que seja necessária a atribuição de participações sociais aos sócios da sociedade incorporada (como se escreveu *supra*, é a regra), o capital social da sociedade incorporante deverá ser aumentado para execução da fusão e consequente atribuição das referidas participações, salvo quando a socie-

---

[31] Para esse efeito, cf. COSTA GONÇALVES, «Artigo 98º», cit., págs. 350 e segs.; ELDA MARQUES, VOGLER GUINÉ, «Artigo 98º», cit., págs. 180 e segs.; RAÚL VENTURA, *Fusão* (...), cit., págs. 63 e segs.

[32] A simplificação consiste, desde logo, na inaplicabilidade das «disposições relativas à troca de participações sociais» (sendo a sociedade incorporada detida a 100% pela incorporante, o art. 104º, nº 3, impede a atribuição de participações), «aos relatórios dos órgãos sociais e de peritos» e «à responsabilidade desses órgãos e peritos» (art. 116º, nº 2). A isto acresce que a fusão pode mesmo ser registada sem prévia deliberação das assembleias gerais (art. 116º, nº 3), o que suscita algumas dificuldades de compreensão relativamente aos casos em que não há domínio total da sociedade dependente (com desenvolvimento, cf. ELDA MARQUES, «Artigo 116º», cit., pág. 335). Nestes casos, aliás, os sócios minoritários da sociedade incorporada gozam de um direito de exoneração (art. 116º, nº 4), cuja verificação depende da verificação de exigentes pressupostos.

QUESTÕES DE DIREITO SOCIETÁRIO EM PORTUGAL E NO BRASIL

dade incorporante disponha já (ou venha a dispor por força da fusão) de participações sociais que possa utilizar para esse efeito[33].

A al. *i*) tem que ver com a chamada «retrodatação» da fusão[34], que permite que, para efeitos contabilísticos (e fiscais – art. 74º, nºs 7 e 8, CIRC), a fusão tenha uma eficácia anterior à do respectivo registo. É assim possível, p. ex., a transferência dos resultados realizados pela(s) sociedade(s) incorporada(s) ou pelas sociedades fundidas, «para efeitos de serem incluídos no lucro tributável da sociedade beneficiária [*sociedade incorporante ou nova sociedade*] respeitante ao mesmo período de tributação em que seriam considerados por aquelas sociedades» (art. 74º, nº 8, CIRC).

## c) Fiscalização do projecto de fusão
Elaborado o projecto, deverá o mesmo ser objecto de fiscalização (art. 99º), seja interna, isto é, pelo órgão de fiscalização de cada sociedade participante (art. 99º, nº 1), sempre que ele exista[35], seja externa, isto é, por ROC ou SROC independente (que poderá ser comum a todas ou algumas das sociedades participantes, se estas nisso acordarem – cf. nºs 2 e 3 do art. 99º).

O órgão de fiscalização de cada sociedade participante deverá emitir o seu *parecer* sobre o projecto de fusão, ao passo que o ROC ou a SROC independentes deverão elaborar um *relatório* «donde constará o seu parecer fundamentado sobre a adequação e razoabilidade da relação de troca das participações sociais» (art. 99º, nº 4)[36].

Cumpre ainda salientar a possibilidade de, por acordo unânime dos sócios de todas as sociedades participantes, se dispensar a fiscalização externa (art. 99º, nº 6), não havendo assim lugar a qualquer fiscalização (caso nenhuma das sociedades participantes se encontre provida de órgão de fiscalização) ou sendo esta apenas interna[37].

---

[33] Cf. tb. ELDA MARQUES, «Artigo 112º», cit., arts. 298 e segs., e RAÚL VENTURA, *Fusão* (...), cit., págs. 80-2.

[34] RAÚL VENTURA, *Fusão* (...), cit., pág. 288 («cláusula de retrodatação»).

[35] É o que sucede nas sociedades anónimas, cuja fiscalização compete, por regra, a um conselho fiscal ou a um fiscal único (cf. arts. 278º, nº 1, al. *a*), e 413º, nº 1) e em algumas sociedades por quotas (cf. art. 262º).

[36] Não sendo qualquer um deles vinculativo (DURO TEIXEIRA, «A cisão (...), cit., pág. 610).

[37] Sendo a fiscalização externa dispensada e acaso se esteja perante uma fusão por constituição de nova sociedade, haverá que ter em conta o disposto no art. 28º (vd. tb. art. 106º, nº 2), razão pela qual as «entradas» em espécie deverão ser «objecto de um relatório elabo-

## d) Registo e publicação do projecto de fusão

À fiscalização do projecto segue-se o registo do mesmo (arts. 100º, nº 1, 1ª p., CSC, e 3º, nº 1, al. *p*) CRegCom) e respectiva publicação (arts. 100º, nºs 1, 2ª p., e 5, CSC, e 70º, nº 1, al. *a*), CRegCom). Como o registo de que aqui se trata ocorre por *depósito* («mero arquivamento dos documentos que titulam factos sujeitos a registo», no dizer do art. 53º-A, nº 5, CRegCom), não há qualquer controlo de legalidade do projecto de fusão por parte dos serviços do registo comercial (art. 47º CRegCom). Assim se compreende que o registo em apreço seja praticamente imediato, devendo ocorrer no próprio dia em que for pedido (art. 54º, nº 3, CRegCom).

Ainda no que tange à publicação do projecto, o aditamento introduzido no final do art. 100º, nº 1, pelo DL nº 53/2011 («, sendo de imediato publicado») implica que hoje em dia não só o *registo do projecto* deva ser publicado, conforme resultava já do art. 100º, nº 5, mas também *o próprio projecto*[38]. A diferença é de vulto e, como é óbvio, de molde a propiciar um maior conhecimento do conteúdo do projecto de fusão.

## e) Direito de consulta de sócios, credores e trabalhadores

Uma vez publicado o projecto (*rectius*, o registo do mesmo), o nº 1 do art. 101º atribui aos sócios, credores e trabalhadores das sociedades participantes o direito de consulta e obtenção de cópia integral do projecto de fusão (al. *a*)), bem como dos documentos enumerados nas als. *b*) e *c*)[39].

Os sócios das sociedades participantes são os primeiros destinatários do mencionado direito. Até para que possam exercer de modo devidamente esclarecido os direitos de voto de sua titularidade (arts. 100º, nº 2, 1ª p.,

---

rado por um revisor oficial de contas sem interesses na sociedade» (nº 1). Neste sentido, vd. ELDA MARQUES, «Artigo 106º», cit., pág. 281 (em sentido contrário, mas em momento em que não era ainda admitida a dispensa da fiscalização, cf. JOANA VASCONCELOS, *A Cisão* (...), cit., pág. 255, e DURO TEIXEIRA, «A cisão (...)», cit., pág. 634). Compreende-se que assim seja: as regras atinentes à formação do capital da nova sociedade não podem ser postergadas pelos sócios das sociedades participantes (aqui fundidas), ao contrário da fiscalização externa do projecto que, por se destinar em primeira linha à tutela dos interesses dos próprios sócios, pode por eles ser dispensada.

[38] Em termos práticos, é disponibilizada uma versão digitalizada do projecto no «Portal das Publicações» do Ministério da Justiça (http://publicacoes.mj.pt/).

[39] Ainda que do art. 101º, nº 1, não conste o prazo pelo qual a documentação deverá ser disponibilizada, parece resultar dos arts. 100º, nº 2, *in fine*, e 101º-A que esse prazo será de um mês (a partir da publicação do registo do projecto).

QUESTÕES DE DIREITO SOCIETÁRIO EM PORTUGAL E NO BRASIL

102º e 103º), é imprescindível que estejam ou, pelo menos, possam estar devidamente informados sobre a fusão projectada (p. ex., relação de troca constante do projecto de fusão).

No que toca aos credores das sociedades participantes[40], a sua tutela passa essencialmente pelo direito de oposição que lhes é atribuído nos termos do art. 101º-A, cujo fundamento é o prejuízo que da fusão derive para a realização dos seus direitos (anteriores à publicação do registo do projecto). Por assim ser, o direito de consulta é, de algum modo e em termos práticos, pressuposto do exercício do direito de oposição – será através da consulta dos documentos previstos nas várias als. do art. 101º, nº 1, que os credores das sociedades participantes poderão aferir do eventual prejuízo para eles resultante da fusão[41]. Os credores potencialmente prejudicados dispõem do prazo de um mês após a publicação do registo do projecto para deduzir oposição judicial à fusão (art. 1488º CPC), desde que «tenham solicitado à sociedade a satisfação do seu crédito ou a prestação de garantia adequada, há pelo menos 15 dias, sem que o seu pedido tenha sido atendido» (art. 101º-A)[42]. Assim, através da dedução de oposição impedirão a inscrição definitiva da fusão no registo comercial (art. 101º-B) e, atento o carácter constitutivo do registo, a própria fusão, até que se verifique algum dos factos previstos nas várias als. do art. 101º-B.

Por fim, também os representantes dos trabalhadores – ou, caso estes não existam, os próprios trabalhadores – gozam do aludido direito de consulta (art. 101º, nº 1). Efectivamente, o interesse dos trabalhadores na consulta do projecto é claro: as «sinergias» e «economias de escala» que tantas vezes motivam a fusão (cf. tb. o art. 98º, nº 1, al. *a*)) repercutem-se em muitos casos sobre a sua actividade, se concretizadas. Ademais, os trabalhadores poderão ainda, através dos respectivos representantes e previamente à data fixada para a reunião da assembleia geral de cada uma das sociedades participantes destinada a aprovar a fusão, apresentar o seu próprio parecer sobre a fusão projectada, devendo este ser «anexado ao relatório elaborado pelos órgãos da sociedade e pelos peritos» (art. 101º, nº 2).

---

[40] Não se tem em vista o regime específico de protecção de determinados credores – obrigacionistas «comuns» ou «especiais» – previsto nos arts. 101º-C e 101º-D.

[41] Quanto a este, cf. ELDA MARQUES, «Artigo 101º-A», cit., págs. 214-5.

[42] Os credores disporão assim de 15 dias a partir da publicidade do registo do projecto para interpelarem a sociedade participante sua devedora, sendo este um prazo «demasiadamente exíguo» (OLAVO CUNHA, *Direito* (...), cit., pág. 853).

FUSÃO E CISÃO DE SOCIEDADES (PORTUGAL)

## f) Aprovação da fusão

O passo seguinte da fusão tem que ver com a aprovação da mesma pela assembleia geral de cada sociedade participante (cf. arts. 100º, nº 2, 102º e 103º)[43]. A assembleia deverá reunir «decorrido, pelo menos, um mês sobre a data da publicação da convocatória» (art. 100º, nº 2, 2ª p.), podendo esta ser «automática e gratuitamente publicada em simultâneo com a publicação do registo do projecto, se os elementos referidos no número anterior [nº 3] forem indicados no pedido de registo do projecto» (art. 100º, nº 4). Os elementos previstos no nº 3 do art. 100º são dois: por um lado, a menção de que «o projecto e a documentação anexa podem ser consultados, na sede de cada sociedade, pelos respectivos sócios e credores sociais»; por outro, «a data designada para a assembleia».

Não obstante, é relativamente frequente que a deliberação de aprovação da fusão seja tomada por assembleia universal ou por deliberação unânime por escrito, ao abrigo do art. 54º – cuja aplicabilidade, aliás, é expressamente ressalvada pelo art. 100º, nº 6.

«A deliberação é tomada, na falta de disposição especial, nos termos prescritos para a alteração do contrato de sociedade» (art. 103º, nº 1). Tomando em consideração os dois tipos sociais mais relevantes em Portugal sob um prisma prático, quer isto dizer que a deliberação deverá ser tomada por «maioria de três quartos dos votos correspondentes ao capital social ou por número ainda mais elevado de votos exigido pelo contrato de sociedade» (art. 265º, nº 1), no caso das sociedades por quotas, e por uma maioria de dois terços dos votos emitidos (art. 386º, nº 3), quando a sociedade participante seja anónima[44].

Contudo, existindo sócios prejudicados com a fusão será necessário obter o consentimento dos mesmos em ordem a que a fusão possa ser registada (103º, nº 2)[45], não bastando assim a deliberação da fusão pelos sócios das sociedades participantes. O referido prejuízo resultará da verificação de alguma das hipóteses constantes das als. a) a c) do nº 2 do art. 103º, ou seja,

---

[43] Como se referiu já, a aplicação do regime simplificado de fusão permite dispensar a prévia deliberação das assembleias gerais, desde que verificados determinados requisitos (art. 116º, nº 3).

[44] Cf. tb. arts. 383º, nº 2, e 386º, nº 4.

[45] Relativamente a direitos especiais atribuídos a determinadas categorias de acções, o consentimento em apreço deverá resultar de aprovação pela assembleia especial de cada categoria (art. 103º, nº 3).

de se aumentarem as obrigações dos sócios (p. ex., incorporação de uma sociedade anónima por uma sociedade em nome colectivo, caso em que, atento o disposto no art. 175º, nº 1, os sócios da incorporada passarão a ser responsáveis pelas obrigações da sociedade incorporante), de serem afectados direitos especiais (ex.: o direito especial à gerência – art. 257º, nº 3) ou ainda de ser alterada a proporção das participações sociais dos sócios.

Ainda no que toca à deliberação da fusão, importa salientar que os sócios que votem contra o projecto de fusão gozarão do direito de se exonerarem, se tal direito lhes for atribuído pela lei ou pelo contrato de sociedade (art. 105º, nº 1). Uma vez que a lei *não atribui* tal direito (excepção é o caso previsto no art. 3º, nº 5, na eventualidade de a fusão implicar a transferência da sede para o estrangeiro), resta a hipótese – decerto pouco frequente – de o direito de exoneração ser atribuído contratualmente.

### g) Registo da fusão

À deliberação da fusão por todas as sociedades participantes seguir-se-á o registo da mesma (art. 111º) e consequente produção dos efeitos da fusão (art. 112º).

Com efeito, no direito societário português actual não é em princípio necessário que a fusão seja formalizada através de escritura pública, contrariamente ao que sucedia até à entrada em vigor do DL nº 76-A/2006, de 29 de Março (a red. então vigente do art. 106º, nº 1, previa a celebração de uma «escritura de fusão»). A forma a observar pelo «acto de fusão» é agora a «exigida para a transmissão dos bens das sociedades incorporadas ou, no caso de constituição de nova sociedade, das sociedades participantes nessa fusão» (art. 106º, nº 1). Uma vez que o princípio vigente no direito privado português é o da liberdade de forma (art. 219º CC), a formalização do «acto de fusão», por escritura pública ou documento particular autenticado, apenas será necessária quando por ela se opere a transmissão de imóveis[46]. Por regra, pois, a deliberação da fusão pela assembleia geral de cada uma das sociedades participantes será bastante ao registo da mesma[47].

---

[46] Com efeito, os negócios jurídicos pelos quais se transmitam imóveis devem ser celebrados por escritura pública ou por documento particular autenticado (cf., para a compra e venda e para outros negócios onerosos com eficácia real, os arts. 875º e 939º CC, respectivamente).

[47] Ainda que esteja em causa uma fusão por constituição de nova sociedade, já que, em face do disposto no nº 4 do art. 7º, o nº 1 deste preceito será inaplicável (neste sentido, cf. SOFIA CARREIRO, «A fusão», cit., pág. 142).

FUSÃO E CISÃO DE SOCIEDADES (PORTUGAL)

Diferentemente do registo do projecto de fusão, o registo de que agora se cuida é um registo por transcrição (cf. arts. 3º, nº 1, al. *r*), e 53º-A, nº 5, *a contrario sensu*, CRegCom[48]), sujeito a publicação obrigatória (art. 70º, nº 1, al. *a*) CRegCom).

## h) Responsabilidade emergente da fusão e nulidade da fusão

O direito societário português estabelece ainda expressamente a responsabilidade dos membros do órgão de administração e do órgão de fiscalização (se existente) de cada uma das sociedades participantes na fusão pelos danos causados à sociedade e aos seus sócios e credores, acaso não tenha sido observada a «diligência de um gestor criterioso e ordenado» (art. 114º, nº 1), não sendo essa responsabilidade posta em causa pela extinção da(s) sociedade(s) incorporadas ou das sociedades fundidas (art. 114º, nº 2). Atenta essa extinção, o art. 115º contempla regras específicas destinadas à efectivação da responsabilidade em tal cenário.

Quanto à nulidade da fusão (art. 117º), o aspecto central a reter tem que ver com as restrições postas à respectiva declaração, por confronto com o que sucede no direito privado comum. Em primeiro lugar, os fundamentos de nulidade são apenas dois, ambos previstos no art. 117º, nº 1: a «inobservância da forma legalmente exigida» (que, pelas razões já expostas, terá perdido relevância) ou a «prévia declaração de nulidade ou anulação de alguma das deliberações das assembleias gerais das sociedades participantes» (não obstante prévia, poderá ocorrer no mesmo processo[49]). Em segundo lugar, a acção pela qual se peça a declaração de nulidade da fusão «só pode ser proposta enquanto não tiverem sido sanados os vícios existentes» (p. ex., mediante renovação da deliberação nula ou anulável, sempre que ela seja possível – cf. art. 62º), «mas nunca depois de decorridos seis meses a contar da publicação da fusão definitivamente registada ou da publicação da sentença transitada em julgado que declare nula ou anule alguma das deliberações das referidas assembleias gerais» (art. 117º, nº 2), pondo-se assim em causa a regra segundo a qual a nulidade pode

---

[48] Deve tb. ser feita menção ao art. 67º-A CRegCom, cujo nº 1, promovendo claramente a segurança do tráfego jurídico, estabelece que «[o] registo da fusão interna na entidade incorporante ou o registo da nova entidade resultante da fusão interna determina a realização oficiosa do registo da fusão nas entidades incorporadas ou fundidas na nova entidade».

[49] Costa Gonçalves, «Artigo 117º», cit., pág. 432; Elda Marques, «Artigo 117º», cit., pág. 340.

## QUESTÕES DE DIREITO SOCIETÁRIO EM PORTUGAL E NO BRASIL

ser invocada a todo o tempo (art. 286º CC). Por fim, e tendo em vista a protecção de terceiros, o nº 5 do art. 117º introduz um desvio à regra dos efeitos retroactivos[50] e restitutivos da declaração de nulidade constante do art. 289º, nº 1, CC: na fusão por incorporação, «[o]s efeitos dos actos praticados pela sociedade incorporante depois da inscrição da fusão no registo comercial e antes da decisão declarativa da nulidade não são afectados por esta»; na fusão por constituição de nova sociedade (que, dada a nulidade da fusão, nunca existiu), pelas obrigações por ela contraídas «respondem as sociedades fundidas» (que, portanto, nunca se extinguiram).

## 2. Fusão transfronteiriça

A fusão transfronteiriça é aquela que ocorre entre (pelo menos) uma sociedade[51] sujeita à lei pessoal portuguesa, isto é, cuja sede efectiva se situa em território português[52], e (pelo menos) uma sociedade sujeita à lei pessoal de um outro Estado membro da UE ou do EEE[53]. O seu regime é relativamente recente[54] – foi introduzido no CSC[55] em 2009 – e resulta da transposição da Décima Directiva.

---

[50] É dúbio que se possa falar em termos gerais de um efeito retroactivo da declaração de nulidade, não obstante o disposto no art. 289º, nº 1, CC (vd. HEINRICH HÖRSTER, *A Parte Geral (...)*, cit., pág. 590).

[51] Devendo a sociedade em apreço – isto é, a sociedade com sede em Portugal (ELDA MARQUES, «Artigo 117º-A», cit., pág. 349) – ser uma sociedade por quotas, anónima ou em comandita por acções, como preceitua o art. 117º-A, nº 2, que quebrou a «tradição nacional de extensão a todos os tipos sociais da admissibilidade da operação» (ELDA MARQUES, «Artigo 117º-A», cit., pág. 350). Não sendo esse o caso, não será de aplicar o regime próprio das fusões transfronteiriças, ainda que não pareça ficar inviabilizada uma fusão nos termos aplicáveis às fusões internacionais não-comunitárias (assim, cf. COSTA GONÇALVES, «Artigo 117º-A», cit., págs. 446-7).

[52] Resulta do art. 3º, nº 1, que, sem embargo da ressalva constante da 2ª p. desta disposição legal, a lei pessoal de cada sociedade é a do Estado em que se situe a sua sede efectiva, adoptando-se assim o critério do *siège réel*.

[53] Para além dos Estados-membros da UE, o EEE integra ainda a Islândia, o Liechtenstein e a Noruega.

[54] O que não impediu, contudo, a sua aplicação efectiva, como sucedeu com a noticiada incorporação da Deutsche Bank (Portugal), S. A., na Deutsche Bank Europe GmbH.

[55] O regime da participação dos trabalhadores consta da L nº 19/2009, de 12 de Maio (a mesma que alterou o CSC, aditando-lhe as disposições de direito societário atinentes à fusão transfronteiriça).

FUSÃO E CISÃO DE SOCIEDADES (PORTUGAL)

Outras fusões internacionais (p. ex., fusão por incorporação de uma sociedade portuguesa numa sociedade sujeita à lei pessoal brasileira) não estão contempladas no âmbito de aplicação deste regime, sem prejuízo de serem possíveis à luz do consignado no art. 33º, nº 4, CC, segundo o qual «[a] fusão de entidades com lei pessoal diferente é apreciada em face de ambas as leis pessoais». Claro está que as dificuldades de ordem prática serão de monta.

Em face do que se disse inicialmente, a *differentia specifica* da fusão trans-fronteiriça está no respectivo âmbito de aplicação[56]. Na verdade, e por-que há uma única noção de fusão[57], seja ela interna ou transfronteiriça, o regime aplicável à fusão transfronteiriça é, com ressalva das especificida-des impostas pelos arts. 117º-A e segs. (designadamente o complexo sis-tema de fiscalização da fusão aqui vigente), o da fusão interna, como aliás decorre do disposto no art. 117º-B. Assim, p. ex., à elaboração do projecto de fusão aplicar-se-á o art. 117º-C (específico da fusão transfronteiriça)[58], bem como o art. 98º, que respeita ao «regime geral» (ou seja, ao regime da fusão interna).

A esta luz, não suscita especiais dificuldades que, tal como a fusão interna, também a fusão transfronteiriça possa ocorrer por incorporação (incluindo de sociedade totalmente detida pela sociedade incorporante, como prevê o art. 117º-I) ou por constituição de uma nova sociedade.

---

[56] Costa Gonçalves, «Artigo 117º-A», cit., pág. 444. O regime das fusões transfronteiri-ças apenas será aplicável «desde que pelo menos duas dessas sociedades sejam regidas pelas legislações de diferentes Estados-Membros» (art. 1º da Décima Directiva). É inequívoco que esse regime não será aplicável, p. ex., a uma fusão por incorporação de uma sociedade com sede em Portugal numa sociedade com sede em Angola; mais dúvidas suscita a hipótese de, p. ex., uma sociedade cuja lei pessoal seja a brasileira incorporar uma sociedade a que se apli-que o direito português e uma outra a que se aplique o direito espanhol. Neste caso, duas das sociedades participantes são «regidas pelas legislações de diferentes Estados-Membros». Ainda assim, a participação na fusão de uma sociedade sujeita ao direito de outro Estado que não seja membro da UE ou do EEE parece por si só excluir a aplicação do regime da fusão transfronteiriça (Elda Marques, «Artigo 117º-A», cit., pág. 351, em nota).

[57] Elda Marques, «Artigo 117º-A», cit., pág. 347, criticando a redacção do art. 117º-A, nº 1.

[58] Cujo alcance real é menor do que se poderia julgar numa primeira leitura, já que, com excep-ção da al. *c*) e, porventura, da al. *d*) (a admitir-se que não resultaria já da «cláusula geral» do art. 98º, nº 1), tudo o mais decorrerá já do art. 98º, nº 1. Cf., desenvolvidamente, Elda Mar-ques, Vogler Guiné, «Artigo 117º-C», cit., págs. 361 e segs..

## QUESTÕES DE DIREITO SOCIETÁRIO EM PORTUGAL E NO BRASIL

De especial interesse – porque específico das fusões transfronteiriças – é o controlo da legalidade das fusões transfronteiriças previsto no art. 117º-G[59], que, no que a Portugal respeita, está a cargo dos serviços do registo comercial.

Esse controlo desdobra-se em dois momentos: no primeiro, que culmina com a emissão do *certificado prévio*, está em causa «a verificação do cumprimento das formalidades prévias à fusão, em face das disposições legais aplicáveis, do projecto comum registado e publicado e dos relatórios dos órgãos da sociedade e dos peritos que, no caso, devam existir» (arts. 117º-G, nºs 2, al. *a*), e 3). O pedido de emissão do certificado em apreço «deve ser instruído com o projecto de fusão e os relatórios de órgãos sociais e de peritos que, no caso, devam existir» (art. 74º-A, nº 2, CRegCom).

O segundo momento de fiscalização da legalidade, que ocorre aquando do pedido de registo da fusão transfronteiriça, tem por objecto a «[a]provação do projecto comum de fusão transfronteiriça, nos mesmos termos, pelas sociedades nela participantes» e a «[f]ixação das disposições relativas à participação dos trabalhadores», sempre que a ela deva haver lugar (arts. 117º-G, nºs 2, al. *b*), e 4, als. *a*) e *b*)). Assim, o pedido de registo da fusão deve ser acompanhado do certificado prévio e do «projecto comum de fusão transfronteiriça aprovado pela assembleia geral» (artigo 117º-G, nº 5).

Atendendo ao texto legal, o primeiro momento de controlo da legalidade não parece exigir a prévia deliberação da fusão por parte da(s) sociedade(s) participante(s) sujeita(s) à lei portuguesa[60], o que suscita críticas por parte de alguma doutrina[61].

Uma outra especificidade da fusão transfronteiriça prende-se com o disposto no art. 117º-L, atinente à (in)validade da dessa fusão, cujo cotejo com o preceito correspondente aplicável à fusão interna – o art. 117º – é esclarecedor. Com efeito, se o legislador nacional havia já introduzido sérias limitações à declaração de nulidade da fusão interna, na fusão transfronteiriça é mesmo vedada a declaração de nulidade da fusão «que já tenha

---

[59] No mesmo sentido, cf. COSTA GONÇALVES, «Fusões (...)», cit., págs. 349 e 353.

[60] Este foi, aliás, o entendimento adoptado pelos serviços do registo comercial num certificado prévio de fusão transfronteiriça consultado pelo A..

[61] VOGLER GUINÉ, «Artigo 117º-G», cit., págs. 381 e segs., para quem «a emissão do certificado prévio para uma sociedade portuguesa participante da fusão somente poderá ser emitida após a sua assembleia geral ter aprovado a fusão e a acta ou cópia da acta ter sido remetida nos termos legais aos serviços de registo comercial» (págs. 382-3).

FUSÃO E CISÃO DE SOCIEDADES (PORTUGAL)

começado a produzir efeitos»[62], o que decorre de imposição comunitária (art. 17º da Décima Directiva).

## III. Cisão
### a) Noção e modalidades

Tal como a fusão, a cisão não é definida pelo legislador[63], que se limita a estabelecer quais as suas possíveis modalidades no art. 118º. É claro, porém, que a cisão é um «processo de divisão de património social entre diversas sociedades»[64], o qual permite a «fragmentação da actividade empresarial em diversos centros de imputação jurídica»[65]. Efectivamente, a cisão é, de algum modo, a *mirror image* da fusão: se esta conduz à reunião de sociedades (isto é, dos respectivos patrimónios e sócios), aquela conduz à divisão de sociedades[66], sendo atribuídas participações sociais na(s) sociedade(s) beneficiária(s) aos sócios da sociedade cindida.

Como se viu *supra*, a fusão contempla, quanto às suas modalidades, a fusão por incorporação e a fusão por constituição de nova sociedade. No que toca à cisão, o panorama é bastante mais complexo.

Em primeiro lugar, e diferentemente do que sucede na fusão quanto à(s) sociedade(s) incorporada(s) ou fundidas, nem sempre a sociedade cindida perde a sua individualidade jurídica. Estará aqui em causa, pois, uma *cisão parcial*, contrapondo-se esta à *cisão total*[67], em que a divisão ocorrida determina a extinção[68] da sociedade cindida. Como revela o art. 118º, nº 1, o direito societário português conhece ambas as hipóteses de cisão.

---

[62] Dado que a fusão não é um *continuum*, antes produzindo efeitos *ipso lege* e em simultâneo com a sua inscrição no registo (art. 112º), a expressão utilizada («começado a produzir efeitos») presta-se a reparos (COSTA GONÇALVES, «Artigo 117º-L», cit., pág. 470).

[63] Definição essa que tb. não consta da Sexta Directiva, como salienta RAÚL VENTURA (*Fusão* (...), cit., pág. 332).

[64] COSTA GONÇALVES, «Artigo 118º», cit., pág. 474.

[65] COSTA GONÇALVES, «Artigo 118º», cit., pág. 472.

[66] A cisão-fusão apresenta especificidades (cf. nota 14).

[67] Cf. os arts. 2º, nº 1, 21º, nº 1, e 17º, nº 1, al. *c*), da Sexta Directiva. Contudo, do seu art. 25º resulta uma equiparação de outras operações à cisão, incluindo-se assim a cisão parcial (RAÚL VENTURA, *Fusão* (...), cit., pág. 344; DURO TEIXEIRA, «A cisão (...)», cit., pág. 597).

[68] Cf. o que se acha escrito *supra* sobre o efeito extintivo da fusão.

QUESTÕES DE DIREITO SOCIETÁRIO EM PORTUGAL E NO BRASIL

Em segundo lugar, e sem prejuízo da primeira distinção (*cisão parcial/ cisão total*), o legislador estabelece várias modalidades de cisão nesse art. 118º, nº 1, permitindo «a uma sociedade [*sociedade cindida*]:

a) Destacar parte do seu património para com ela constituir outra sociedade;

b) Dissolver-se e dividir o seu património, sendo cada uma das partes resultantes destinada a constituir uma nova sociedade;

c) Destacar partes do seu património, ou dissolver-se, dividindo o seu património em duas ou mais partes, para as fundir com sociedades já existentes ou com partes do património de outras sociedades, separadas por idênticos processos e com igual finalidade».

Na al. *a*) é tratada a *cisão simples*, que é uma hipótese de cisão parcial. Ex.: um determinado conjunto de elementos activos e passivos que integram o património social de *A, S. A.*, é destacado da mesma para constituir *B, S. A.* (sociedade resultante), sendo correspondentemente atribuídas acções de *B, S. A.*, aos sócios de *A, S. A.*[69]/[70].

O art. 123º prescreve requisitos (ou impedimentos[71]) próprios desta modalidade de cisão[72], sendo de destacar o constante da al. *a*) do seu nº 1. Em ordem à salvaguarda do princípio da integridade do capital[73], impe-

---

[69] Em face do teor literal dessa al. *a*), perguntou-se já se seria admitida a *cisão simples múltipla* ou *plúrima*, com vários destaques (e constituição de várias sociedades) em simultâneo, sendo a resposta afirmativa consensual na actualidade (cf. COSTA GONÇALVES, «Artigo 118º», cit., pág. 476, ELDA MARQUES, «Artigo 118º», cit., pág. 407, em nota, e, em 2001, JOANA VASCONCELOS, *A Cisão* (...), cit., págs. 144-147). Em defesa da posição que sustenta, ELDA MARQUES socorre-se tb. do disposto no art. 73º, nº 2, al. *a*), CIRC, bem como dos contributos do direito comparado (loc. cit.). Negando o carácter unitário da *cisão simples múltipla*, cf. RAÚL VENTURA, *Fusão* (...), cit., pág. 379.

[70] O direito português admite a constituição de sociedades por quotas (art. 270º-A) e anónimas (art. 488º) unipessoais. No entanto, a hipótese colocada no corpo do texto não se confunde com a de constituição de sociedade unipessoal, pois aí as acções de *B, S. A.*, seriam atribuídas a *A., S. A.*, e não aos sócios desta sociedade.

[71] Cf. RAÚL VENTURA, *Fusão* (...), cit., pág. 385.

[72] Aplicável, na verdade, a todos os casos de cisão parcial (incluindo, portanto, cisão parcial--fusão), como sublinha RAÚL VENTURA (*Fusão* (...), cit., pág. 408). Cf. tb. TARSO DOMINGUES, *Variações* (...), cit., págs. 524-5.

[73] TARSO DOMINGUES, *Variações* (...), cit., pág. 524.

FUSÃO E CISÃO DE SOCIEDADES (PORTUGAL)

de-se a cisão sempre que o valor do património (situação líquida ou capital próprio) da sociedade cindida se torne, por força da cisão, «inferior à soma das importâncias do capital social e da reserva legal»[74], a não ser que se proceda, «antes da cisão ou juntamente com ela, à correspondente redução do capital social». Assim, e muito embora a redução do capital social da sociedade cindida não seja sempre necessária no direito português[75], é muito frequente que a mesma seja deliberada para permitir a execução da cisão, caso em que, aliás, o seu regime será «atenuado» face àquele que lhe seria normalmente aplicável (art. 125º)[76].

Ainda quanto à cisão simples, é mister notar que não há nela total liberdade quanto à determinação dos elementos que compõem o acervo patrimonial destacado. Com efeito, o art. 124º[77] estabelece que este apenas pode compreender «[p]articipações noutras sociedades, quer constituam a totalidade quer parte das possuídas pela sociedade a cindir, para a formação de nova sociedade cujo exclusivo objecto consista na gestão de participações sociais» (al. *a*)) ou «[b]ens que no património da sociedade a cindir estejam agrupados, de modo a formarem uma unidade económica» (al. *b*)). Daqui decorre, portanto, que, estando em causa a constituição de uma sociedade «cujo exclusivo objecto consista na gestão de participações sociais» (uma SGPS ou *holding* pura[78]), a parcela patrimonial destacada apenas poderá englobar participações sociais[79]; em todos os outros casos, os elementos

---

[74] E ainda, eventualmente, de prestações suplementares (art. 123º, nº 2).

[75] RAÚL VENTURA, *Fusão* (...), cit., pág. 386.

[76] Cf. tb. TARSO DOMINGUES, *Variações* (...), cit., pág. 525, e JOANA VASCONCELOS, *A Cisão* (...), cit., págs. 256-7.

[77] Cujo campo de aplicação não se circunscreve à cisão simples referida no seu nº 1, devendo considerar-se abrangida tb. a cisão parcial-fusão (RAÚL VENTURA, *Fusão* (...), cit., pág. 408).

[78] O regime das SGPS foi aprovado pelo DL nº 495/88, de 30 de Dezembro, já com várias alterações. A sua idiossincrasia reside no respectivo objecto social, que, nos termos do art. 1º, nº 1, desse regime, consiste na «gestão de participações sociais de outras sociedades, como forma indirecta de exercício de actividades económicas». Sobre o tema, cf., recentemente, ENGRÁCIA ANTUNES, «As Sociedades Gestoras de Participações Sociais», *DSR*, ano I (2009), vol. 1, págs. 77 a 113.

[79] E tb. certas dívidas (cf. RAÚL VENTURA, *Fusão* (...), cit., pág. 393). Numa óptica fiscal, cf. o parecer do *CEF* publicado na *CTF*, nº 420 (2007), págs. 465 e segs., que esteve na base do despacho de 30 de Janeiro de 2008 do Subdirector-Geral (processo 330/2007). Com base na actual redacção do art. 73º, nº 2, CIRC (aí ainda art. 67º, porque anterior à «renumeração» dos preceitos deste diploma legal), negou-se nesse parecer a aplicação do regime de neutrali-

QUESTÕES DE DIREITO SOCIETÁRIO EM PORTUGAL E NO BRASIL

patrimoniais (activos e passivos) destacados deverão formar uma «unidade económica», conceito que não se acha densificado no CSC[80].

Na al. *b*) do n.º 1 do art. 118.º encontra-se prevista a *cisão-dissolução*[81], na qual o património da sociedade cindida, que se extingue (logo, cisão total), é dividido por duas ou mais sociedades, nas quais são atribuídas participações aos sócios da sociedade cindida. Ex.: o património da sociedade *A, Lda.*, é destacado e dividido em duas parcelas, das quais uma visa a constituição da sociedade *B, S. A.*, e o outro a constituição da sociedade *C, Lda.*. Por conseguinte, a sociedade *A, Lda.*, extingue-se, sendo atribuídas participações em *B, S. A.*, e em *C, Lda.*, aos seus sócios.

Muito embora não haja aparentemente quaisquer limitações à liberdade de determinação de cada um dos acervos patrimoniais destacados, já que o art. 124.º se refere apenas à cisão simples[82], alguma doutrina pergunta se não será de aplicar tal disposição legal também a esta modalidade de cisão[83].

Já a aplicabilidade dos arts. 126.º a 127.º-A não suscita dúvidas, desde logo por o legislador mencionar expressamente a cisão-dissolução em cada um deles. Do art. 126.º[84] resulta que esta deverá abranger todo o património da sociedade cindida (n.º 1); por assim ser, o n.º 2 regula a repartição dos «bens»

---

dade fiscal à cisão simples de participações sociais, pois esta não consubstancia, «por si só, um ramo de actividade. Todavia, se conjuntamente com as participações se verifica a transmissão de outros elementos patrimoniais que configuram, no seu conjunto, uma infra-estrutura associada à gestão dessas participações, numa interacção funcional com os títulos, estaremos perante um verdadeiro ramo de actividade» (sobre o ponto, cf. tb. DURO TEIXEIRA, «A cisão (...)», cit., pág. 627.). Diferentemente, a cisão-dissolução (que poderá, pelo menos em certos casos, ser configurada como um alternativa à cisão simples de participações sociais) é fiscalmente neutra, como se reconhece no aludido parecer (pág. 469).

[80] Já os arts. 285.º, n.º 1, CT, e 73.º, n.º 4, CIRC densificam conceitos análogos para efeitos próprios desses ramos do Direito.

[81] Por não haver qualquer dissolução, mas sim extinção, a expressão não é rigorosa (RAÚL VENTURA, *Fusão* (...), cit., pág. 337).

[82] Cf. tb. nota 77.

[83] Com resposta afirmativa, cf. COSTA GONÇALVES, «Artigo 124.º», cit., págs. 490-1; com posição contrária, cf. ELDA MARQUES, «Artigo 126.º», cit., pág. 454, e RAÚL VENTURA, *Fusão* (...), cit., págs. 400-1. Tendo em conta o disposto no art. 73.º, n.º 2, al. *b*), CIRC (do qual não consta qualquer menção ao «ramo de actividade»), pelo menos o legislador fiscal parece admitir a inexistência de qualquer unidade económica.

[84] Não obstante o elemento literal do art. 126.º, a doutrina tem entendido ser o mesmo de aplicar a outros casos de cisão total que não apenas a cisão-dissolução, isto é, cisão total--fusão-incorporação e cisão total-fusão por constituição (RAÚL VENTURA, *Fusão* (...), cit.,

FUSÃO E CISÃO DE SOCIEDADES (PORTUGAL)

(activo) e «dívidas» (passivo) da sociedade cindida pelas novas sociedades, sempre que a deliberação de cisão não tenha estabelecido o «critério
de atribuição de bens ou de dívidas que *não* constem do projecto definitivo de cisão» (nº 2, itálico meu). No que concerne ao activo, prescreve-se
a sua repartição «na proporção que resultar do projecto de cisão», isto é,
na proporção do activo atribuído a cada uma das novas sociedades no projecto de cisão[85] (cf. tb. o art. 119º, al. *d*)), relevando aqui o valor do activo
líquido, isto é, a diferença entre o activo e o passivo atribuídos[86]. Quanto
ao passivo, estabelece-se a responsabilidade solidária das sociedades beneficiárias (nº 2, *in fine*), podendo por conseguinte os credores da sociedade
cindida exigir a satisfação dos seus direitos a qualquer uma delas[87]. Por seu
turno, o art. 127º[88] prevê, «[s]alvo acordo diverso entre os interessados»[89],
uma participação proporcional dos sócios da sociedade cindida («sociedade
dissolvida») nas novas sociedades, sendo aplicável nesta última hipótese o
regime simplificado de cisão contemplado no art. 127º-A[90].

A última modalidade de cisão que o art. 118º, nº 1, trata é a *cisão-fusão*
(al. *c*)), que conhece várias sub-modalidades. A sociedade a cindir poderá,

pág. 408, COSTA GONÇALVES, «Artigo 124º», cit., pág. 495; ELDA MARQUES, «Artigo 126º»,
cit., págs. 452-3).

[85] RAÚL VENTURA, *Fusão* (...), cit., pág. 402.

[86] JOANA VASCONCELOS, *A Cisão* (...), cit., pág. 199; ELDA MARQUES, «Artigo 126º», cit.,
pág. 456.

[87] O legislador não estabelece o critério de repartição do passivo «esquecido» para efeitos
de exercício do direito de regresso, parecendo dever relevar o mesmo critério (proporção do
activo líquido atribuído) que preside à repartição dos bens não atribuídos (cf., p. ex., RAÚL
VENTURA, *Fusão* (...), cit., pág. 403).

[88] Porventura aplicável tb. à cisão total-fusão (RAÚL VENTURA, *Fusão* (...), cit., pág. 408) e à
cisão parcial com pluralidade de sociedades beneficiárias (a favor, cf. JOANA VASCONCELOS,
*A Cisão* (...), cit., pág. 177, e ELDA MARQUES, «Artigo 127º», cit., pág. 461; contra, cf. COSTA
GONÇALVES, «Artigo 127º», cit., pág. 497).

[89] O acordo em apreço permitirá «aos sócios acordarem em participar nas sociedades beneficiárias em termos diversos: procedendo a uma repartição dos sócios ou grupos de sócios pelas
sociedades beneficiárias e/ou modificando [...] a proporção da participação que lhes cabia na
sociedade cindida relativamente à participação atribuída no capital duma ou mais sociedades
beneficiárias» (ELDA MARQUES, «Artigo 127º», cit., pág. 460-1). Evidenciando este aspecto,
cf. DURO TEIXEIRA, «A cisão (...)», cit., pág. 595.

[90] A «simplificação» é consubstanciada na inexigibilidade da «elaboração e disponibilização do balanço a que se refere a al. d) do nº 1 do art. 98º e dos relatórios dos órgãos sociais e
de peritos».

QUESTÕES DE DIREITO SOCIETÁRIO EM PORTUGAL E NO BRASIL

desde logo, «[d]estacar partes do seu património [...] para as fundir com sociedades já existentes». Por não haver extinção da sociedade cindida, a cisão é parcial; por as sociedades beneficiárias da cisão serem pré-existentes a esta, a fusão em apreço será por incorporação (cf. *supra*). Logo, estaremos perante uma *cisão parcial-fusão-incorporação*. Claro está que a fusão poderá não ocorrer com sociedades pré-existentes, antes com «partes do património de outras sociedades, separadas por idênticos processos e com igual finalidade»: haverá assim uma *cisão parcial-fusão-constituição*. Se se atentar agora nos casos em que a sociedade cindida se extingue (*ergo*, cisão total), as duas ou mais parcelas do património (por se tratar de cisão total, de todo o património) poderão igualmente destinar-se à fusão com sociedades pré-existentes ou com partes do património de outras sociedades também cindidas: teremos assim as duas hipóteses restantes, ou seja, *cisão total-fusão-incorporação* ou *cisão total-fusão-constituição*.

São especialmente aplicáveis à cisão-fusão os arts. 128º («requisitos especiais da cisão-fusão», muito embora se possa dizer que esta norma «deveria ter âmbito geral»[91]) e, especificamente quanto à cisão-fusão-constituição, seja ela parcial ou total, o art. 129º, cujo nº 2 deve ser alargado a todas as demais hipóteses de cisão em que venha a ter lugar a constituição de novas sociedades[92].

## b) Projecto de cisão

Tal como sucede no âmbito da fusão (art. 98º), também a cisão tem como alicerce o respectivo projecto, ao qual se refere o art. 119º. Na verdade, e dadas as características próprias da cisão, que determinam algumas especificidades do respectivo projecto (cf., p. ex., a al. *d*) deste art. 119º), o legislador optou por autonomizar o conteúdo deste projecto, ao invés de se limitar a remeter, «com as necessárias adaptações» (art. 120º), para o art. 98º.

---

[91] ELDA MARQUES, «Artigo 128º», cit., pág. 471 (a norma dever-se-ia considerar aplicável «quer se trate de fusão ou de cisão, em qualquer das suas modalidades»). A «entender-se como salvaguarda das excepções ao princípio da transmissão universal», contudo, esta disposição legal será «redundante» (JOANA VASCONCELOS, *A Cisão* (...), cit., pág. 250), devendo ser objecto de uma interpretação ab-rogante (DURO TEIXEIRA, «A cisão (...)», cit., pág. 633).

[92] COSTA GONÇALVES, «Artigo 129º», cit., pág. 499.

612

## c) Direito aplicável

Tendo em conta que, como se mencionou, a cisão pode ser tida, pelo menos nos seus traços gerais e exceptuando a cisão-fusão, como uma operação inversa da fusão, muitas das disposições a esta aplicáveis podem, *mutatis mutandis*, conhecer aplicação também àquela. É isso mesmo que se prescreve em termos genéricos no art. 120º, do qual resulta serem aplicáveis à cisão, p. ex., os arts. 97º, nºs 2 e 5, 100, nº 1, 101º-A, 103º, 112º e 117º.

## d) Responsabilidade por dívidas

Com o propósito de salvaguardar os credores do «perigo da redução do acervo patrimonial garante da satisfação das dívidas da sociedade cindida»[93], o legislador português estabeleceu no art. 122º um especial regime de responsabilidade por dívidas, do qual resulta, através da responsabilidade solidária aí prevista, uma «reconstituição da unidade do património cindido»[94].

Assim, prevê o nº 1 que «[a] sociedade cindida responde solidariamente pelas dívidas que, por força da cisão, tenham sido atribuídas à sociedade incorporante ou à nova sociedade». Como a norma pressupõe a continuidade da personalidade jurídica da sociedade cindida, este nº 1 terá como campo de aplicação a cisão parcial. Como tal, a sociedade cindida continuará a responder pelas dívidas atribuídas à sociedade beneficiária pelas quais era já responsável anteriormente à cisão[95].

Diferentemente, o nº 2 do art. 122º prescreve a responsabilidade solidária das sociedades beneficiárias «pelas dívidas da sociedade cindida anteriores à inscrição da cisão no registo comercial». Dado que, como não poderia deixar de ser, cada sociedade beneficiária responde pelas suas próprias dívidas, incluindo as que lhe tenham sido atribuídas por força

---

[93] ELDA MARQUES, «Artigo 122º», cit., pág. 431. Como é sabido, o património do devedor constitui a garantia geral das obrigações (art. 601º CC).

[94] ELDA MARQUES, «Artigo 122º», cit., pág. 431.

[95] Questão mais complexa é a de saber se a responsabilidade da sociedade cindida pode ser meramente conjunta e já não solidária, à semelhança do que se prevê no art. 122º, nº 2, 2ª p.. De facto, é comum que do projecto de cisão conste tal menção, o que, a admitir-se, conduzirá a um agravamento da posição do credor, que, ocorrida a cisão, terá que demandar uma pluralidade de devedores em ordem à plena satisfação do seu crédito e não um único. Admitindo tal hipótese, cf. JOANA VASCONCELOS, *A Cisão* (...), cit., pág. 197, assim como ELDA MARQUES, «Artigo 122º», cit., págs. 433-4. Negando-a, cf. RAÚL VENTURA, *Fusão* (...), cit., pág. 378.

da cisão, a responsabilidade em apreço respeita às dívidas da(s) demais sociedade(s) beneficiária(s), as quais, anteriormente ao registo da cisão, se encontravam na esfera jurídica da sociedade cindida. Esta responsabilidade, porém, é limitada («até ao valor dessas entradas», ou seja, até ao valor do activo líquido atribuído a cada uma das sociedades beneficiárias[96]), e, devendo sempre ser plural, poderá ser conjunta ao invés de solidária (art. 122º, nº 2, *in fine*)[97].

---

[96] JOANA VASCONCELOS, *A Cisão* (...), cit., págs. 198-9.

[97] A delimitação do exacto campo de aplicação do art. 122º, nº 2, não é consensual. Segundo RAÚL VENTURA, pressupõe-se a extinção da sociedade cindida, logo cisão total (*Fusão* (...), cit., pág. 380). Diferentemente, ELDA MARQUES admite a sua aplicação tb. no domínio da cisão parcial («Artigo 122º», cit., pág. 435).

# ÍNDICE

APRESENTAÇÃO                                                      5

PLANO DA OBRA                                                     7

## CORPORATE GOVERNANCE                                          9

### CORPORATE GOVERNANCE
Beatriz Zancaner Costa Furtado                                   11

### CORPORATE GOVERNANCE EM PORTUGAL
Pedro Maia                                                       43

## RESPONSABILIDADE DE GERENTES E ADMINISTRADORES               87

### RESPONSABILIDADE CIVIL DOS ADMINISTRADORES DE SOCIEDADES NO DIREITO BRASILEIRO
Marcelo Vieira von Adamek                                        89

### RESPONSABILIDADE CIVIL DE GERENTES E ADMINISTRADORES EM PORTUGAL
J. M. Coutinho de Abreu                                          131

## O PODER DOS SÓCIOS NAS SOCIEDADES                            159

### O PODER DOS SÓCIOS
Rodrigo R. Monteiro de Castro                                    161

### O PODER DOS SÓCIOS
Paulo Olavo Cunha                                                189

## QUESTÕES DE DIREITO SOCIETÁRIO EM PORTUGAL E NO BRASIL

## A PROTEÇÃO DO SÓCIO MINORITÁRIO   217

A PROTEÇÃO DO SÓCIO MINORITÁRIO
NA LEI DAS SOCIEDADES ANÔNIMAS BRASILEIRA
MANOEL DE QUEIROZ PEREIRA CALÇAS   219

A PROTEÇÃO DO SÓCIO MINORITÁRIO
NO CÓDIGO DAS SOCIEDADES PORTUGUÊS
ARMANDO TRIUNFANTE   253

## TRANSMISSÃO DE PARTICIPAÇÕES SOCIAIS   277

TRANSMISSÃO DE PARTICIPAÇÕES SOCIAIS
MURILO ZANETTI LEAL   279

AS FORMALIDADES DA TRANSMISSÃO DE QUOTAS E ACÇÕES
NO DIREITO PORTUGUÊS: DOS PRINCÍPIOS À PRÁTICA
JORGE SIMÕES CORTEZ (com a colaboração de INÊS PINTO LEITE)   313

## SOCIEDADES UNIPESSOAIS   345

A SOCIEDADE UNIPESSOAL NO DIREITO BRASILEIRO
FÁBIO ULHOA COELHO   347

SOCIEDADES UNIPESSOAIS
– PERSPETIVAS DA EXPERIÊNCIA PORTUGUESA
MARIA ELISABETE GOMES RAMOS   365

## CAPITALIZAÇÃO DE SOCIEDADES   397

SOCIEDADE UNIPESSOAL E CAPITAL SOCIAL MÍNIMO
A EIRELI E O TEMA DA PROTEÇÃO DE CREDORES:
PERSPECTIVAS A PARTIR DE UMA ANÁLISE COMPARATIVA
IVENS HENRIQUE HÜBERT   399

CAPITALIZAÇÃO DE SOCIEDADES
PAULO DE TARSO DOMINGUES   443

## DESCONSIDERAÇÃO DA PERSONALIDADE JURÍDICA
## E TUTELA DE CREDORES   477

DESCONSIDERAÇÃO DA PERSONALIDADE JURÍDICA
E TUTELA DE CREDORES
ANA FRAZÃO   479

DESCONSIDERAÇÃO DA PERSONALIDADE JURÍDICA
E TUTELA DE CREDORES
    Maria de Fátima Ribeiro      515

**FUSÃO E CISÃO DE SOCIEDADES**      557

INCORPORAÇÃO, FUSÃO E CISÃO NO DIREITO BRASILEIRO
    Pedro Marcelo Dittrich      559

FUSÃO E CISÃO DE SOCIEDADES (PORTUGAL)
    Fábio Castro Russo      589